城市轨道交通系列教材

城市轨道交通线路规划与设计

易思蓉　编著

科学出版社
北　京

内 容 简 介

本书主要阐述了城市轨道交通系统线路规划与设计的基本理论和方法，系统介绍了城市轨道交通系统分类及特点、城市轨道交通系统设计基础、城市轨道交通需求预测方法、城市轨道交通线网规划与设计的原理和方法、轨道交通综合选线及线路平面设计理论和方法、线路纵断面设计理论和方法、限界与横断面设计理论与方法、城市轨道交通车站设计原理和方法，及城市轨道交通轨道结构设计的基本知识。本书以培养21世纪高级专门人才为宗旨，尽可能收纳了城市轨道交通线路规划与设计中的基本理论和方法，注重内容体系的科学性和合理性。

本书可作为高等院校土木工程、铁道与城市轨道工程、交通土建等专业的本科教材，也可作为相关专业大专课程的选用教材，并可供城市轨道交通领域的工程技术人员学习、参考。

图书在版编目(CIP)数据

城市轨道交通线路规划与设计 / 易思蓉编著.—北京：科学出版社，2013（2021.7 重印）

ISBN 978-7-03-037472-1

Ⅰ.①城… Ⅱ.①易… Ⅲ.①城市铁路-轨道交通-铁路线路-规划②城市铁路-轨道交通-铁路线路-设计 Ⅳ.①U239.5

中国版本图书馆 CIP 数据核字（2013）第 097570 号

责任编辑：杨 岭 于 楠 / 封面设计：墨创文化

责任校对：陈 靖 华宗琪 / 责任印制：邝志强

科学出版社出版

北京东黄城根北街16号

邮政编码：100717

http://www.sciencep.com

成都锦瑞印刷有限责任公司印刷

科学出版社发行 各地新华书店经销

*

2013 年 8 月第 一 版 开本：787×1092 1/16

2021 年 7 月第十次印刷 印张：24 1/4

字数：640 000

定价：39.80 元

“城市轨道交通系列教材”编委会

前　言

城市轨道交通系统包括地铁、轻轨、磁浮交通系统和城际快速轨道交通等多种形式。随着我国社会经济发展和城市化进展的加快，城市轨道交通系统在21世纪面临着巨大的发展机遇。城市轨道交通工程也成为土木类专业毕业生就业的重要领域之一。

“城市轨道交通工程”是土木工程专业为适应我国城市轨道交通发展而新增加的重点专业方向之一。“城市轨道交通线路规划与设计”是该专业方向的主干课程之一。为满足该课程教学的需要，急需一本系统介绍城市轨道交通线路规划和设计基本概念、基本原理、基本方法的书。

国外尚无专门系统介绍城市轨道交通线路规划与设计的书。国内的相似教材有同济大学叶霞飞著《城市轨道交通规划与设计》、北京交通大学毛保华著《城市轨道交通规划与设计》。这两种书主要针对交通运输专业的教学内容，着重介绍系统规划的内容，而对有关线路设计的知识，仅是概略介绍，并不适合“城市轨道交通线路规划与设计”课程使用。

笔者作为我国首届城市轨道交通中青年专家之一，于2000年就为土木工程专业开设了“城市轨道交通线路规划与设计”课程，并根据多年从事城市轨道交通系统线路规划与设计科学研究、教学和工程咨询中所积累的知识和经验，在参考大量书籍和资料的基础上编写了同名讲义。经过10余年的试用，讲义不断得以完善，城市轨道交通工程线路与车站设计的部分内容已纳入《铁路选线设计（第二版）》和《铁路选线设计（第三版）》。《铁路选线设计》被相关院校广泛使用，受到使用者一致好评，并获2007年“四川出版奖－图书奖”一等奖，2011年被评为普通高等教育国家级精品教材。

本书以标准轨距轮轨城市轨道交通系统线路规划与设计的基本理论和方法的阐述为重点，兼顾轻轨系统、磁浮交通和城际铁路等其他城市轨道交通系统线路规划与设计的理论和方法的介绍。

本书第一章介绍了城市轨道交通系统分类及特点、城市轨道交通的地位与作用、城市轨道交通发展概况和我国城市轨道交通系统基本建设程序；第二章概略介绍了城市轨道交通系统设计基础所涉及的车辆、信号与列车控制、供电系统、城市轨道交通列车开行计划、旅客输送能力和城市轨道交通车辆牵引计算等基础性知识；第三章介绍了城市轨道交通需求预测中的资料采集与交通调查方法、四阶段交通需求预测方法、出行生成的预测、分布交通量的预测、交通方式划分、轨道交通量分配等基本原理和方法；第四章介绍了线网规划设计原则与规划内容、轨道交通线网合理规模、城市轨道交通线网结构、城市轨道交通线网设计、轻轨交通线网规划、轨道交通线网方案评价等城市轨道交通线网规划与设计的基本原理和方法；第五章介绍了线路走向、线路平面位置与敷设方式选择、车站与主要换乘点分布、车辆段及基地选址、联络线分布等轨道交通综合选线知识，并结合工程实际，介绍了轨道交通综合选线实例分析；第六章系统介绍了轨道交通线路平面线形、直线、圆曲线、缓和曲线，平面设计计算、区间正线线间距、第二线平面计算设计等线路平面设计理论和方法；第七章介绍了线路坡度设计、坡段连接、坡段长度、坡段设计对行车费用的影响、线路纵断面设计方法等轨道交通线路纵断面设计理论和方法；第八章介绍了轨道交通限界的种类、区间直线地段的限界、限界设计方法、横断面设计等城市轨道交通限界与横断面设计理论与方法；第九章从车站分类、中间站设计、换乘站设计、车辆段与停车场、城市轨道交通枢纽规划与设计等方面系统介绍了城市轨道交通车站设计的原理和方法；最后第十章，介绍了城市轨道交通轨道结构设计的基本知识。

本书第十章由张家岭参与编写。在本书的编写过程中，笔者参阅了国内外大量优秀教材和学术论著，在此，谨向书中提到的和参考文献中列出的诸位学者表示衷心的感谢。

感谢科学出版社对本书编辑出版过程的热心支持和许多建设性的建议。

由于编写这方面的教材还是初次尝试，书中内容不尽完善，热忱希望同行专家及使用本书的读者提出宝贵意见，并将其函告西南交通大学土木工程学院道路与铁道工程系（邮政编码 610031），以便修订时参考。

编著者

2013 年 1 月

于成都西南交通大学

目　　录

前言

第一章　绪论 …… 1

第一节　城市轨道交通系统分类及特点 …… 1

第二节　城市轨道交通的地位与作用 …… 6

第三节　城市轨道交通发展概况 …… 11

第四节　我国城市轨道交通系统基本建设程序 …… 29

第二章　城市轨道交通系统设计基础 …… 34

第一节　车辆 …… 34

第二节　信号与列车控制 …… 42

第三节　供电系统 …… 45

第四节　城市轨道交通列车开行计划 …… 49

第五节　旅客输送能力 …… 56

第六节　城市轨道交通车辆牵引计算 …… 60

第三章　城市轨道交通需求预测 …… 78

第一节　概述 …… 78

第二节　资料采集与交通调查 …… 80

第三节　四阶段交通需求预测方法 …… 96

第四节　出行生成的预测 …… 98

第五节　分布交通量的预测 …… 101

第六节　交通方式划分 …… 107

第七节　轨道交通量分配 …… 114

第八节　轨道交通线网初客流量预测 …… 115

第九节　我国轨道交通客流量预测现状 …… 117

第四章　轨道交通线网规划 …… 119

第一节　轨道交通线网规划概述 …… 119

第二节　轨道交通线网规划的原则与内容 …… 120

第三节　轨道交通线网合理规模 …… 128

第四节　城市轨道交通线网结构 …… 137
第五节　城市轨道交通线网设计 …… 143
第六节　轨道交通线网方案评价 …… 155
第五章　轨道交通综合选线 …… 169
第一节　概述 …… 169
第二节　线路走向与路由 …… 169
第三节　线路平面位置与敷设方式选择 …… 176
第四节　车站与主要换乘点分布 …… 181
第五节　车辆段及基地选址 …… 192
第六节　联络线分布 …… 196
第七节　轨道交通选线实例分析 …… 204
第六章　线路平面设计 …… 210
第一节　概述 …… 210
第二节　直线 …… 212
第三节　圆曲线 …… 215
第四节　缓和曲线 …… 224
第五节　平面设计计算 …… 231
第六节　区间正线线间距 …… 233
第七节　第二线平面计算 …… 239
第八节　线路平面图 …… 249
第七章　线路纵断面设计 …… 254
第一节　概述 …… 254
第二节　线路坡度设计 …… 254
第三节　坡段连接 …… 260
第四节　坡段长度 …… 265
第五节　坡段设计对行车费用的影响 …… 268
第六节　线路纵断面设计方法 …… 270
第八章　限界与横断面 …… 275
第一节　概述 …… 275
第二节　限界的种类 …… 275
第九章　城市轨道交通车站设计 …… 293
第一节　车站分类 …… 293
第二节　中间站设计 …… 294
第三节　换乘站设计 …… 303
第四节　车辆段与停车场 …… 320

第五节 城市轨道交通枢纽规划与设计 …… 332
第十章 轨道结构 …… 343
第一节 钢轨 …… 343
第二节 扣件 …… 346
第三节 轨枕 …… 355
第四节 道床 …… 356
第五节 道岔 …… 362
第六节 轨距加宽 …… 366
第七节 无缝线路 …… 367
参考文献 …… 377

第一章　绪　　论

第一节　城市轨道交通系统分类及特点

一、城市轨道交通系统分类

城市中使车辆在固定导轨上运行并主要用于城市客运的交通系统称为城市轨道交通系统。城市轨道交通系统是依据城市交通总体规划的要求，设置全封闭或部分封闭的专用轨道线路，以列车或单车形式，运送相当规模客流量的公共交通方式。

目前，世界上已有40多个国家的140多个城市拥有或正在规划建设城市轨道交通系统。城市轨道交通可按构筑物形态、运营方式、适用车辆类型及运输能力等进行分类。

按构筑物的形态或轨道相对于地面的位置划分，城市轨道交通可分为以下三类。

(1)地下铁道：位于地下隧道内的铁路称为地下铁道；

(2)地面铁路：位于地面的铁路称为地面铁路；

(3)高架铁路：位于地面高架桥上的铁路称为高架铁路。

按运营方式划分，城市轨道交通可分为以下三类。

(1)传统的城市轨道交通：服务范围以中心城区为主的城市轨道交通，通常站间距在1 km以内。

(2)区域快速铁路：服务范围包括城市郊区的轨道交通系统，通常站间距较大，包含地面线路或高架线路。

(3)市郊铁路：位于城市范围内，部分或全部服务于城市客运的那些城市间铁路，通常其所有权不属于所在城市的政府，而属于铁路部门，主要运送城市郊区与市区间的乘客，故也称为通勤铁路。这种铁路通常在郊区采用平交道口形式，在市区为高架或地下铁路。其站间距长，运营组织方式与城市间铁路相近，可开行不停靠全部或部分中间站的直达列车。

按车辆类型及运输能力划分，城市轨道交通可分为地下铁道、轻轨交通、单轨交通、有轨电车、自动导向轨道交通、磁悬浮轨道交通、直线电机轨道交通和市域快速轨道交通等类型。常用的是前面5种。

(1)地下铁道。简称地铁，是一种大运量的轨道运输系统，采用钢轮钢轨体系，标准轨距为1435 mm，主要在大城市地下空间修筑的隧道中运行，当条件允许时，也可穿出地面，在地面或高架桥上运行。按照选用车型的不同，又可分为常规地铁和小断面地铁，根据线路客运规模的不同，又可分为高运量地铁和大运量地铁。国际隧道协会将地铁定义为轴重相对较重，单方向输送能力在3万人次/h以上的城市轨道交通系统。一般线路全封闭，在市中心区全部或大部分位于地下隧道内，因而可实现信号控制的自动化，具有容量大、速度快、安全、准时、舒适、运输成本低、不占城市用地，但建设成本高等特点，适用于出行距离较长、客运量需求大的城市中心区域。一般认为人口超过百万的大城市就应考虑修建地铁。地铁系统常用车型有 A 型车、B 型车和 Lb 型车(直线电机)。

(2)轻轨交通。在有轨电车的基础上发展起来的城市轨道交通系统，是一种中运量的轨道运输系统，采用钢轮钢轨体系，标准轨距为 1435 mm，主要在城市地面或高架桥上运行，线路采用地面专用轨道或高架轨道，若遇繁华街区，也可进入地下或与地铁接轨。输送能力为 1.5 万～3.0 万人次/h。它的车辆轴重较轻，施加在轨道上的荷载相对于城市铁路和地铁的荷载来说比较轻，因而称为轻轨。站台标准有高低之分，路权形式也有多种。它具有运量较大、速度快、乘坐舒适、安全、运行经济、建设成本低等特点。其基本车型有 C 型车和 Lb 型直线电机车辆。

(3)单轨交通。又称为独轨交通，是一种车辆与特制轨道梁组合成一体运行的中运量轨道运输系统，轨道梁不仅是车辆的承重结构，同时也是车辆运行的导向系统。单轨系统可分为跨座式和悬挂式两种，前者跨在一根走行轨道上行走，其重心位于走行轨道上方；后者车辆悬挂于可在轨道梁上行走的走行装置的下面，其重心处于轨道梁的下方。因其轨道梁比较窄，仅为 85 cm，故具有对城市的景观及日照影响较小、通过小半径曲线能力和爬坡能力强等优点。但是，独轨车有运能小、速度低、能耗大、粉尘污染等缺点。由于橡胶粉尘与混凝土轨面的滚动摩擦阻力比钢轨大，所以其能耗要比普通钢轮钢轨的轨道交通大约 40%；橡胶轮与轨道间的摩擦会形成橡胶粉尘，对环境有轻度污染；列车运行在区间发生事故时，面积狭小的轨道梁难以安设救援设施，疏散和救援工作都比较困难。该系统适宜于在市区较窄的街道上建造高架线路。其占地面积少，建设适应性较强，主要适用于：城市道路高差较大、道路半径小及线路地形条件较差的地区；旧城改造已基本完成且改造后的城市道路比较狭窄的地区；市郊与城区之间的联络线；旅游区或景点的观光线路。目前，单轨交通多用于运动会、体育场、机场和大型展览会等场所与市区的短途联系。

(4)有轨电车。通常采用地面线，有时有隔离的专用路基和轨道。隧道或高架区间仅在交通拥挤的地带才采用有轨电车。旧式的有轨电车由于与公共汽车及行人共用街道路权，且平交道口多，因而其运行所受的干扰多，速度慢，通行能力低，单向运输能力一般在 1 万人次/h 以下。现代有轨电车与性能较差的轻轨交通已很接近，只是车辆尺寸稍小一些，运营速度接近 20 km/h，单向运能可达 2 万人次/h。在有轨电车的基础上发展起来的城市轨道交通系统，输送能力为 1.5 万～3.0 万人次/h。它的车辆轴重较轻，施加在轨道上的荷载相对于城市铁路和地铁的荷载来说比较轻，因而称为轻轨。站台标准有高低之分，路权形式也有多种。它具有运量较大、速度快、乘坐舒适、安全、运行经济、建设成本低等特点。

(5)自动导向轨道交通。是一种车辆采用橡胶轮胎在专用轨道上运行的中运量旅客运输系统。其列车沿着特制的导向装置行驶，车辆运行和车站管理采用计算机控制，可实现全自动化和无人驾驶，通常在繁华市区线路可采用地下隧道，市区边缘或郊区宜采用高架结构(如巴黎 14 号线、日本海鸥线)。系统适用于机场专线或城市中客流相对集中的点到点运营线路。

(6)磁悬浮轨道交通。在常温条件下，利用电导磁力悬浮技术使列车上浮，从而克服阻力，因此，车厢不需要车轮、车轴、齿轮传动机构和架空电线网，列车运行方式为悬浮状态，采用直线电机驱动行驶，主要在高架桥上运行，特殊地段也可在地面或地下隧道中运行。目前用于城市客运交通系统的基本车型有高速磁悬浮列车(最高速度为 400～500 km/h)和中、低速磁悬浮列车(最高速度为 100 km/h)。

(7)直线电机轨道交通。是在传统旋转电机的基础上发展起来的，具有完全不同的驱动特点。车辆与轨道之间实现了无接触的牵引和制动特性。将旋转电机转变为扁平的直线感应电机后，使得车厢底板高度降低、车辆断面小、轴重轻、动力性能好，相比旋转电机轨道交通有许多优势。实践证明，直线电机轨道交通具有爬坡能力强、曲线半径小、噪声低、维修工作量小、安全性能好等优点，适合在城市地形复杂、地面建筑物密集、地下空间资源紧张的大中城市中采用。在城市内，直线电机轨道交通建在地下，可充分发挥选线灵活的特点，可穿越已有地铁、河流；在郊区，采用高架线可充分发挥车辆轴重轻，横断面小和振动、噪声较小的特点，与周边环境能很好地结合，具有良好的景观效果。然而，由于直线电机定子与感应板之间存在一定的气隙(8～12 mm)，直线电机车辆的牵引耗能在一定程度上高于旋转电机车辆。

(8)市域快速轨道交通。是一种大运量的轨道运输系统，客流量可达到 20 万～45 万人次/d(一般不采用高峰小时客运量的概念)。市域快速轨道交通适用于城市区域内重大经济区之间中长距离的客运交通。由于其设站较为稀疏，站间距普遍较大，因此，可选用车速较高(120～160 km/h)的车型。

各种城市轨道交通系统的主要特点如表 1-1、表 1-2 所示。

表 1-1　几种城市轨道交通系统的主要指标

指标		地铁	轻轨交通	独轨交通	有轨电车	直线电机
平均站间距离/m	市区	500～800	800～1000	600～1200	700～1500	1000 左右
	市郊	1000 以上	1000 以上	—	2000 以上	2000 左右
最高行车速度/km		90	80	80	60	80～110
旅行速度/$(km \cdot h^{-1})$		30～45	25～35	18～43	16～20	30～40
行车最小间隔/s		50～90	90	90	90	120
每辆车容量/人		150～310	190～336	80～180	110	97～205
列车编组/辆		4～10	2～6	2～6	1～3	1～4
单向运输能力/(万人次 · h^{-1})		3～8	2～4	1～3	1～1.4	1.3～3.3

表 1-2　各种城市轨道交通系统特性比较表

中类	地铁			轻轨交通				有轨电车	磁悬浮交通		自动导向轨道交通	市域快速轨道交通
小类	A 型车	B 型车	直线电机 B 型车	C 型车	直线电机 C 型车	跨座式单轨	悬挂式单轨	D 型车	中低速	高速	胶轮特制	地铁车或专用车
线路形式	全封闭			全封闭或半封闭		全封闭		半封闭或混行	全封闭		全封闭	全封闭或半封闭
运量等级	大	大	大	中	中	中	低	低	中	中	中	中

续表

中类	地铁			轻轨交通				有轨电车	磁悬浮交通		自动导向轨道交通	市域快速轨道交通
运能/(万人次·h^{-1})	4.5~8	3~5	3~4	2~4	3~4	1~3	0.8~1.25	0.6~1	2~3	1~2.5	1.5~3	20~45万人次/d
最高速度/(km·h^{-1})	≥80			≥80	≥80	≥70	≥100 ≤150	≥400	—	≥80 ≤160		
速度/(km·h^{-1})	≥35	≥35	≥35	25~35	25~35	30~35	≥20	15~25	—	—	≥20	—
编组辆数/辆	4~8	1~3	2~6	4~6	—	1~2	3~8	5~8	2~6	—		
列车最大长度/m	100~190	80~160	70~140	60~90	35~100	60~85	—	25	40~150	130~260	17~52	—
适用范围	地下、地面或高架			高架、地面或地下		高架		地面	高架或地面		高架或地下	市域中、长距离客运交通

二、城市轨道交通系统特点

城市轨道交通系统与道路交通系统都属于城市公共交通系统，但城市轨道交通系统有着道路系统无法比拟的优点。

(1)运营速度快、运载能力大。运营速度是指全程运行时间(包括停靠时间)内的平均速度。道路系统交叉点多，区间段短，各种交通流相互交织，交通组织比较复杂，目前我国大城市的常规道路公共交通运营速度平均仅为 12～18 km/h。城市轨道交通系统则不受其他交通系统的干扰，运营速度较高，市区线速度为 40～50 km/h，市域线一般在 60 km/h 左右，最高可达 120～160 km/h。因此城市轨道交通系统的准点率也较高。普通公共汽车每车平均约载 80 人，若每分钟发车一次，在忽略其他影响因素的情况下，大容量公共汽车每小时允许客运量约为 1 万人次；而轻轨每车可载 250 人，每小时可发车 30 次，以其挂接车辆数为 4 计，则每小时可载 3 万人次；地铁由于在地下运行，不占城市地面资源，编组数更多，可达 8～10 辆，其小时客运输送能力可达 6 万人次以上。

(2)能源消耗低，对环境的影响小。由表 1-3 可知，轨道交通每位乘客的每千米必需能耗是 209 kJ，私人汽车的能耗是轨道交通的 12 倍，公共汽车是轨道交通的 3 倍多一些。

表 1-3　不同运输方式的能量消耗

运输方式	能量消耗/[kJ·(人·km)$^{-1}$]	比率
私人汽车	2480	11.9
公共汽车	670	2.31
轨道交通	209	1.0

城市交通系统对环境的影响可粗略地用市容、大气污染、噪声三个指标来衡量。地铁系统大多建在地面以下，对城市原有的风貌和地面建筑没有影响，也不会增加地面交通的拥挤和噪声、废气等污染。轻轨交通系统的地面线路部分对城市的市容风貌也几乎

没有不利影响，甚至还可给城市增加部分景观。质量良好的轻轨车辆运行时噪声一般可控制在 75 dB(A)以下(距轨道 15 m 处测量值)，在高架线路上运行的轻轨车辆采取适当的消噪措施后，也可将噪声控制在 80 dB(A)以下，均比公共汽车的噪声[85 dB(A)]低。而且，以电传动的轨道车辆不会产生任何燃烧废气，与以内燃机驱动的汽车相比具有绝对的环保优势。总而言之，从对城市环境的影响程度来看，轻轨、地铁远优于汽车。表 1-4给出了轨道交通和汽车产生的有害气体的比较。其中需要特别注意的是，给全球气候带来严重危害的 CO_2，汽车的单位释放量是轨道交通的 26.70 倍。

表 1-4 不同交通工具产生的有害气体的比较

方式	CO_x	NO_x	SO_x
汽车/ [g·(人·km)$^{-1}$]	1230	2.57	0.21
轨道交通/ [g·(人·km)$^{-1}$]	46	1.79	0.11
汽车/轨道交通	26.70	1.40	1.90

占有土地资源方面，假如城市轨道交通为 0.2 m^2，则公共电（汽）车、小型汽车、摩托车、自行车占地分别是它的 4.6 倍、115 倍、100 倍和 50 倍。城市轨道交通发展到一定规模后，可以明显减少交通用地需求。从长远来看，随着城市土地不断增值，城市轨道交通节约的用地将产生十分可观的收益。除此之外，轨道交通客运量大、速度快的特点，也能对城市及其周边的土地利用产生巨大影响，有利于集约利用土地资源。

(3)安全与公平兼顾。城市轨道交通一般都设有护栏，运行在专用轨道上，没有车辆和人群的干扰，再加上轨道交通一般都安装了自动列车监控系统(automatic train superrision，ATS)、自动列车控制系统(automatic train control，ATC)和自动列车运行装置(automatic train operation，ATO)，并全部由电子计算机操纵，因此很少出现交通事故。相反，汽车在行驶过程中与其他机动车、非机动车、行人等有较多路线交叉，在这种情况下，汽车运输造成的伤亡率远远超过轨道交通。两者的伤亡比较见表 1-5。从表中可以得出，汽车运输的死亡率是轨道交通的 225.8 倍，伤害率是轨道交通的 8078 倍。

表 1-5 轨道交通和汽车的伤亡比较 [单位：人·(10 亿人·km)$^{-1}$]

方式	死亡	伤害
轨道交通	0.053	0.106
汽车	11.97	856.3

以轨道交通为主体的城市交通对保障市民出行的安全十分有利，同时作为公共交通工具也使大多数市民能公平地享有高效便捷的交通设施，体现了生态城市的“安全与公平”原则。

(4)促进城市产业及经济加速发展。城市轨道交通作为一个长期性的固定资产投资项目，是实现经济跨越式发展和改善城市经济结构的引擎，为城市相关产业发展、商业贸易繁荣和产业结构升级提供了持久性动力。在带动产业发展方面，城市轨道交通的发展涉及建筑、设计、监理、建材、机械制造、信息、电子、冶金、装备制造等城市产业，城市轨道交通项目的巨大投资可有效带动相关产业和城市经济的发展；在促进商业繁荣方面，城市轨道交通网络具有强大的资源聚集和释放效应，使网内的客流、物流、资金流、信息流等资源和服务在城市各区域乃至城市间快速流通，促进房地产、商贸、旅游、娱乐等城市商业的繁荣；在改善经济结构方面，城市轨道交通发展将有效提升设计、监理、咨询、培训、保险等城市高端服务业在国民经济中的比重，同时城市轨道交通项目的固定资产投资具有强大的投资杠杆效应，可以带动电子信息、机电设备、装备制造等先进制造业的发展。

第二节　城市轨道交通的地位与作用

一、解决城市公共交通问题的途径

随着城市的发展以及人们生活水平的提高，人们的出行次数和出行距离均有增加，交通流量更有大幅度增加。根据预测，到2020年，我国20多个大城市主要干道的高峰小时单向断面客流量将高达3万～7万人次/h。如此巨大的客流量，单采用运能0.8万～0.9万人次/h的公共汽车已不能解决问题，与机动车道分离行驶的自行车只能作为短途客运的补充，而大量发展私人轿车更不符合中国国情。我国许多大城市建设用地十分有限，不能无限扩展道路。

城市轨道交通因其运量大、快速、正点、低能耗、少污染、乘坐舒适方便等优点，常被称为“绿色交通”。世界范围内人口向城市集中，城市化步伐加快，大中型城市普遍出现人口密集、住房紧张、交通阻塞、环境污染严重、能源匮乏等所谓“城市问题”。城市轨道交通经过150多年的发展，机车车辆、自动控制、通信和信号等技术有了很大进步，很多方面代表和体现了当今高新技术发展的水平。发达国家的经验表明，城市轨道交通是解决大中城市公共交通运输的根本途径。

因此，应结合城市的总体规划，做好城市快速轨道交通规划，有计划、分期分批地建造地下铁道、城市轻轨、市郊快速铁路、市域快速轨道交通、城际快速轨道交通，并与公共汽车、出租车轮渡、铁路等交通工具有机结合，互为补充。

二、发展城市轨道交通系统，适应发展绿色城市的要求

按构筑物的形态或轨道交通相对于地面的位置划分，城市轨道交通可分为地下铁路（地铁）、地面铁路和高架铁路。

地铁由于建于地下，因此对周围环境无噪音、景观等方面的影响，占地也甚少，还有运量大、速度快、安全准时、不受其他交通干扰、能充分利用城市地下空间等优点；在城市中心区，人口密集，客流集中，而且商业发达，建筑密集，应以重点发展地下铁道为主。但是地铁建设耗资巨大，且施工周期长。据资料估算，在运送能力相同的情况下，轨道交通线区间的高架线路造价约为隧道的1/3；高架车站约为地下车站的1/9；与

地铁相比，高架铁路不仅能降低土建工程造价，而且还可节省通风、环控、排水沟、照明及防灾等机电设备的投资，同时还能大大缩短工期。因此，结合城市的道路情况和规划情况，合理地进行城市轨道交通地下、地面、高架各个段落的研究，对于节省投资、缩短建设工期、加速城市轨道交通建设的实际需求至关重要。为了节省投资，在客流达不到地铁标准的情况下，可以考虑修建高架轻轨交通线路。

由于高架铁路建造在地上，所以能否在市区建造高架铁路的关键在于其带来的噪音、景观影响及其系统模式。国外经验表明，尽管在城市中心区采用地面线、高架线存在破坏城市景观、噪音大、扰民等不利方面，但只要规划设计得当，这些缺点都是能够克服的。在发达国家，城市轨道交通也绝非全在地下，甚至有的较繁华的市区也有高架线和地面线。如世界著名的旅游城市夏威夷的檀香山建了一条全封闭的高架线路，设计得比较讲究，不但不会破坏景观，而且还可以给环境增色。

目前，世界各国在高架轨道交通的噪音治理及高架轨道与周围环境协调的研究上已取得了一系列成果，高架铁路在国外大城市中得到了广泛应用。我国的上海、大连、沈阳等城市也都在拟建高架轨道交通系统。实践表明，线路高架化可以有效地克服城市地下水位高、土质差等自然条件对地下线路建设和使用带来的不利因素。它也是降低造价和运营费用以及缩短工期的最有效措施。在市区采用高架铁路的最大障碍是噪音和景观问题。高架铁路的景观也与高架道路一样，可通过一些工程技术措施和美学设计，使其造型简洁、美观，与周围环境协调，富有时代气息。一般而言，高架铁路的荷载比高架道路轻，车道窄，因而高架铁路的桥梁、立柱可以做得更轻巧细小。其景观问题比高架道路更容易处理，且无废气污染。据国外资料，高架轨道交通的噪音比高架道路的低，只要设计合理，高架铁路的景观问题不会成为它在市区修建的障碍。在噪音污染方面，可通过优化线路平面和空间位置，合理规划轨道交通线路两侧土地用途，来克服轨道交通噪音给环境带来的不利影响。

城市轨道交通类型选择应与城市地形地理相协调。对于山城，由于城市建筑本身具有层次感，轨道交通选择高架线路，能较好地与环境景观协调一致。例如日本东京市区至机场的高架轨道交通线路，不仅没有破坏城市环境，相反成为了城市的一个景观。由于东京是一座山城，高架轨道交通线路在市区穿过，远看像一条城市的腰带，乘坐在列车中的乘客不仅会有在建筑群中穿行的感觉，还可以在半山腰观看东京市景。中国的重庆也是一座山城，城市的建筑和市政设施适应地形而建设，穿过市区的轨道交通采用高架线路，容易与城市整体建设协调一致，成为城市中的景观。

在平坦地形的城市中修建高架线路，若注意轨道交通线路与环境的协调一致，也会取得良好效果。穿过城市中心区的高架线路的缺点之一是破坏城市景观，如果能将轨道交通线路设计与周围市政设施建设协调一致，不仅不会破坏景观，还可增加城市美景。如将城市轨道交通通过公园、旅游景点附近的线路设计为高架线路，并且注意选择合理的设计高程，则可使轨道交通线路成为旅游景点的一道风景，一方面乘客可乘列车观光旅游景点的风景，另一方面，轨道交通线路又点缀了景点的风景。

穿过市区的高架轨道交通线路应与城市绿化带设置协调一致，或者线路从绿化带中央穿过，或者从绿化带边缘通过，高架线路两侧种植高度适度的矮树丛，使轨道交通线路与城市绿化带融为一体。一方面绿化带隔开轨道交通通道与建筑设施，起到空间隔音屏障的作用，另一方面轨道交通线路又点缀了城市绿化带。绿化带两侧的建筑设施的布置可按商业中心和居民居住区的用途分层次布置。离轨道交通线路较近的商业中心，本身属于嘈杂环境，商业中心内的人群对周边环境的噪音敏感度低，轨道列车通过时引起的噪音完全不会干扰商业中心内人群的正常活动。商业中心外层的居民住宅区，离轨道交通线路较远，同时通过商业中心的隔断，轨道交通线路引起的噪音也完全不会干扰居民的正常生活。通过这种在平面、空间的分层次布局，线路还可改善城市建设的景观，使轨道交通成为城市绿化走廊的一个亮点。

三、城市轨道交通系统发展与城市发展的关系

国外大城市的发展表明，大城市的规模和交通系统的发展，与交通技术水平的提高有着极大的关系。由于现代交通运输技术的进步，大容量快速轨道交通系统已成为城市公共交通的骨干。这不但解决了大城市客运问题，还为大城市进一步发展提供了条件。

东京大都市圈以东京都 23 个区为中心，向外辐射半径 80 km 的城市带，包括东京都周围的埼玉县、千叶县、神奈川县等，其中城市 26 座，总面积 13400 km^2，占全国面积的 3.5%，总人口 3400 万人，占全国人口的 27%，城市化水平达到 80%以上。东京大都市圈的主要旅客运输方式是轨道交通。2003 年都市圈各种运输方式的日均旅客发送量为：JR（日本铁路公司）铁路 1457.9 万人，私营铁路 1367.2 万人，地铁 812.6 万人，公共汽车 451.7 万人，出租车 198.2 万人，路面电车 10.9 万人。目前，轨道交通承担的客运比例已经达到 86%，在高峰时段这一比例更是高达 91%，居全球首位。东京大都市圈的轨道交通路网密度非常高，轨道交通网络总长度为 2246.4 km，密度为 222 m/km^2。东京 23 区的网络长度为 584.8 km，密度高达 947.8 m/km^2。东京大都市圈存在的轨道交通类型有：公交型普通铁路、地铁、微型地铁、独轨铁路、定向人群运输 GMT 和有轨电车。

伦敦是英国的首都。由内伦敦 12 个区和外伦敦 20 个区组成的伦敦中心城(即伦敦的行政区域)人口 725 万人，面积为 1578 km^2。伦敦轨道交通呈放射状布置，地铁线路共有 12 条，总长 415 km，市郊铁路共有 3000 km，日客流量 300 万人次，占伦敦公交总运送人数的 48%。伦敦完善的轨道交通网络也是在城市发展史上几次大的交通危机后促成的。第一次是 19 世纪中叶，由于人口增长和伦敦市区的扩张，城市交通一度处于极度拥挤的状态，为缓解危机，伦敦采取了将客运铁路引入市内的做法；第二次是在 19 世纪末，由于经济的发展和伦敦市区的不断外延，再次导致了市中心的交通拥堵，伦敦的应对措施是大量修建地铁。至 20 世纪初，伦敦具备了较为完善的内城地铁系统。

大巴黎地区总面积 12072 km^2，占全国国土面积的 2.2%，拥有 1096.5 万人口，占法国总人口的 18.9%，大约 950 万人居住在建成区，人口密度为 902 人/km^2，它包括 8 个县区连同巴黎及 3 个密集城市化区，再加上 5 个新城和 1281 个自治公社管理区。这种结构形式是大巴黎地区行政区划的典型代表。巴黎城市的发展主要分为两个阶段。一是战后重建阶段，二次世界大战之后，法国同欧洲各国一样，城市规划建设工作的重点是

战后重建，这一时期整个法国经济呈快速稳定增长趋势，与此同时人口亦大幅度提高，1946～1975年法国人口总量净增加1200万，从1946年的4000万提高到1975年的5200万。经济与人口的变化使整个法国在20世纪50年代面临着城市化进程加快的局面，但由于该阶段正处于战后过渡转折时期，行政干预力量非常微弱，交通建设也十分落后。城市的建设发展主要集中在巴黎周边10～15 km范围左右的内外郊区，这使巴黎地区在60年代面临重重困难，如人口增长、住房危机、交通设施落后、缺乏公共设施等。二是60年代的总体规划，1965年制定的巴黎地区城市总体规划的最大贡献就是沿城市主要发展轴和城市交通轴建设卫星新城，这在当时与国外其他类似城市密集地区的规划比较中属先进的规划方法，这一做法对促进巴黎周边地区的城市化进程起到了极大的影响作用，并且已成为1965年巴黎总体规划的代表特征。1965年的巴黎城市总体规划中有一项基本原则就是区域城市发展一体化，为了达到这一目标就必须建立随意随处可达的区域性交通运输体系，令人欣慰的是，几十年的巨资投入使这一目标完全实现了。500 km的高速公路网、地区性地铁的建设、快速干道的延伸、铁路网的更新改造以及城市公共交通运输系统的完善使得大巴黎地区成为了世界上服务最完善的大都市地区，这对以后的地区发展具有非常重要的意义。目前，巴黎大区内地铁所占的份额最大约40%，RER（区域特快铁路）及市郊铁路约30%，城市轨道交通方式加起来所占的市场份额则达到了城市公共交通的70%左右。

从东京、伦敦、巴黎三个城市及城轨系统的发展可以看出，轨道交通系统对城市的发展有着重要的促进作用，表现在：①多样化的轨道交通系统促进了大都市圈的形成。地铁、轻轨、市区铁路等不同形式的轨道交通的组合，为大城市向半径为100 km的区域范围进行辐射提供了必不可少的条件。②轨道交通系统引导城市空间结构的发展。轨道交通系统向外延伸为城市的向外扩张提供了基础，例如东京郊区的居民区沿着辐射状城市轨道形成区域发展，并在城市轨道交通的终点站产生城市次中心。另外轨道交通促进了城市中心功能的集中、居住与工作的分离和分区，促进了各分区间交通的快速化。③美化城市生态环境。轨道交通的发展既有利于降低路面上的机动车交通量，又为城市居民出行提供了快速的交通方式。同时轨道交通系统采用电力能源，大大减少了污染性气体的排放量，提升了城市的空气质量。

四、城市轨道交通发展和城市规模的关系

首先，我们来看图1-1。图1-1简单描述了日本东京的城市轨道交通的发展和城市规模不断扩大的关系。从图中可以看出，城市的发展是随着城市轨道交通的发展一步步完成的。

从图1-1中可以清晰地看出东京市中心、郊区、都市圈的发展和城市轨道交通网络的发展紧密相关。日本的第一条铁路线在1872年开通，采用英国技术修建，从下关到横滨，全长29 km。随后，政府决定大力发展轨道交通，但是面临资金不足的问题，同时许多私人企业愿意在铁路上投资，最后政府采取和私人合作的方法修建铁路，1900年，铁路已发展到6000 km，其中私人铁路就占了4674 km。到20世纪30年代，铁路主干网

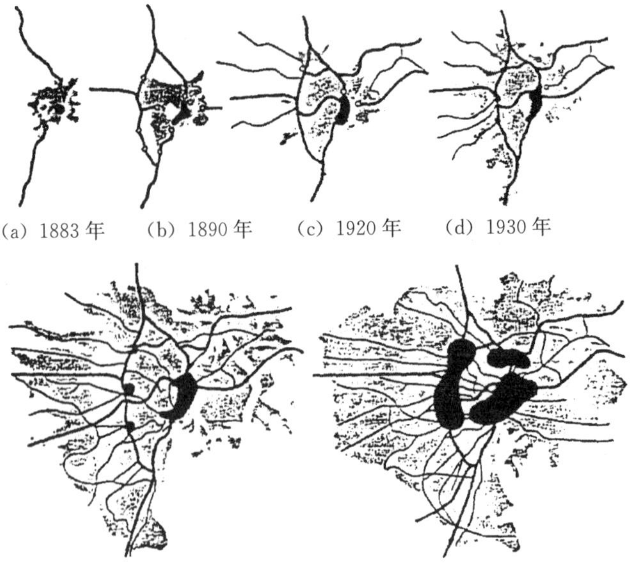

(a) 1883 年 (b) 1890 年 (c) 1920 年 (d) 1930 年

(e) 1960 年 (f) 1980 年

图 1-1 东京城市轨道交通网络的发展和城市的扩展示意图

Source：Research Report on Tokyo's Development into Multi-centric Metropolis by Tokyo Metropolitan Government，1959

络已基本形成，政府致力于发展各分支铁路和原有铁路的延伸，服务于城市和其他地区，除新干线外的大部分铁路都是在当时规划的。由于日本首先在东京开始修建铁路，很自然，东京成了轨道交通的中心地带，铁路的发展使城市向外扩张成为必然，且私营铁路的发展也对东京市区的膨胀起着推动作用。因此，东京和其邻近区域的发展较其他地区更为迅速。

二战后，由于东京城市人口增加，污染严重，加之小汽车激增和城市街道通行能力有限的矛盾日益突出，越来越多的居民选择在郊区工作。1970～1995 年，人口大量向郊区发展，东京的 23 个区人口普遍减少，三个中心区的人口减少达 40%，但埼玉、神奈川和千叶三个地区人口剧增，从 1955 年的 697 万人增长到 1995 年的 2080 万人，同时多摩区的人数也由 107 万人增长到 381 万人。

但是东京市区的工作人口一直呈增长趋势，每天从埼玉、神奈川和千叶三个地区和多摩而来的大量的通勤人员涌入东京的 23 个辖区，尤其是涌向市中心，使东京面临着如何在较长的距离内，以最有效而快速的方式来输送大量乘客的问题。在此期间东京修建了大量的城市地铁，有效地解决了这一问题并不断扩大了城市的规模。

需要指出的是，东京地铁虽然是效法欧洲技术修建而成的，但在修建时，着重开发主要车站及其邻近的公共聚集场所，这些场所能促进地下商业中心的建设，而且与地下车站连成一片，使地铁这一公益性基础设施获得了新的活力，取得了较好的经济效益和社会效益。

第三节　城市轨道交通发展概况

一、城市轨道交通在城市发展中的历程

总体来看，城市轨道交通的发展大体经历了以下几个阶段：

1. 初步发展阶段(19 世纪 60 年代以前)

从 19 世纪开始，大量的人口涌入城市，伦敦人口几乎以每 10 年增长 20%的速度发展，从 1801 年的 100 万人，迅速发展到 1871 年的 400 万人，到一战前人口超过了 700 万人，城市面积由 1840 年的 25 km^2 发展到 1900 年的 100 km^2。与此同时，纽约的人口也从 1800 年的 79000 人，发展到 1910 年的 476 万人，1910～1940 年是纽约人口发展最快的时期，1940 年人口已达 745 万，城市面积也大幅扩张。

19 世纪初期，伦敦、纽约都还只是步行城市，除少数贵族拥有私人马车外，商人和中产阶级虽也有钱乘坐马拉的公共交通工具，但大量的工人上下班还是采用步行方式。且 1840 年以前，纽约处在相对较小的规模，城市也没有像现在这样按功能分成诸如办公区、工业区、居住区等，大部分商业活动集中在曼哈顿、坎纳街、港口和华尔街地区。

1836 年，伦敦出现第一条铁路，从伦敦桥到格林尼治。早期的铁路由于运费太高，不适合作为大量短距离通勤人员的交通工具，铁路运输更关注长距离的、城市间的运输。虽然铁路没有直接服务于城市轨道交通，但它使得城市从傍水而建的约束中解脱出来，其腹地范围不断扩大，在半个世纪不到的时间扩大了 3～6 倍，大大促进了城市交通需求的发展。当时城市的公共交通主要通过马车来实现，后来将马车放在钢轨上运行，还可以利用由多匹马组成的马队来提高牵引力，增大车辆规模，降低运输成本及票价，使更多的人乘坐公共交通工具成为可能。当时，经济的发展吸引了大量的欧洲移民涌入纽约，商业活动迅速扩张到曼哈顿以外的地区，人口也迅速增长，许多居民不得不在远离工作单位的地方寻找栖身之所，马车轨道使人们向曼哈顿的北部移动(这里有勒姆河)，开发了市中心区作为新的居住地，但由于马车行驶速度缓慢，单纯依靠它已不能开发新的居住地。同时，大量的马车作为交通工具造成了严重的交通阻塞和环境污染。

2. 第一次发展高潮(1863～1930 年)

地面环境恶化，交通状况拥挤，显而易见的办法就是建立快速地铁来实现人口的迅速移动。在城市财政的支持下，1863 年，伦敦在帕丁顿的法灵顿街和毕晓普路之间修建了第一条城市地铁，采用明挖法施工，以蒸汽机车牵引，当年就运送旅客 1000 万人次。很快，地铁向外延伸，和都市商业铁路连在一起，形成伦敦市区的快速轨道服务系统，伴随着后来在技术上的一些突破，使工人远离伦敦市区成为可能。从 19 世纪 60 年代开始，一些铁路公司开始以便宜的往返票形式吸引工人选择铁路作为交通方式，工人也随之向伦敦东部移动，很快，恩菲德地区和瓦尔珊斯坦等地区发展起来，铁路网在伦敦地

区极速发展，尤其是南泰晤士河区域铁路发展极为迅速，极大地促进了该地区经济发展，到 1900 年，铁路在伦敦占有极为重要的地位，城市约有 5%的区域归铁路所有。20 世纪初，伦敦地铁和地面铁路发展迅速，市区乘车人数从 1900 年的 228 万人增长到 1913 年的 400 万人，在大伦敦铁路乘车的人数从 1900 年的 550 万人增长到 1913 年的 725 万人。

在伦敦 1863 年建成的地铁的启示下，纽约于 1868 年建成高架铁路，并在 1870 年扩展到 9 号大道的 30 号街道地区，在 1880 年，2 号、3 号、6 号大道相继开通了高架铁路，并在 6 号大道 53 号街道处与 9 号大道实现了连接，将曼哈顿的东、西、北部连接起来。1886 年，东线通过哈林河将南布鲁克斯地区连接起来，同时布鲁克林地区也通过高架铁路和纽约连在一起，城市进一步扩大。虽然这些高架铁路将几个区域有效地连接在一起，但还不能满足纽约人口增长的需要。1900 年，纽约开始修建地铁，于 1904 年投入运营，第一年年底日运量就达到了 40 万人次，票价相当于 5 美分。

在此期间，电气化和隧道掘进技术改变了城市铁路的状况。电气化铁路的应用，使地面轨道运输更为迅速，成本更低，使更多的人乘坐火车成为可能。随之，更多的人搬往郊区，寻找更好的居住条件，使市区的规模进一步扩大。同时电力技术应用在隧道内，消除地铁内的污染，使地铁可以建在地下更深的区域。1890 年，从伦敦市区到南伦敦区建成了世界上第一条电气化地铁，快速便捷地完成市内旅客运输任务，越来越多的电气化铁路和地铁将伦敦的许多地区联系在一起，使更多的通勤人员可以从更远的郊区进入伦敦工作，更多的人可以搬到伦敦的西部生活，从而实现了伦敦西部的开发。

在纽约，随着人口的增长，铁路两侧建成了许多公寓，使这些地区成为人口最为稠密的区域，面临着高发病率、高犯罪率、酗酒、色情和家庭破坏等问题。人们需要向一些人口密度较小、居住条件较好的地区迁移，布鲁克斯、布鲁克林、王后区都是较好的选择，同时，大量的通勤人员需要有快速、便捷、便宜的公共交通工具，经过多方考虑，纽约政府顶着资金压力，计划修建了多条地铁，并使原有的地铁变为双线。这一计划取得了很好的效果，双线地铁大部分在 1910～1920 年开放，而纽约人口的增长集中在 1910～1940 年，在此期间形成了距市中心 6.5～19 km 的曼哈顿中心商业区(CBD)。在地铁的带动下，生活在拥挤城市内的居民搬迁到条件更好的地方居住。到 1930 年，快速轨道交通线运送旅客 2 亿多人次。

另外，地铁并非是纽约唯一的铁路通勤交通工具，另有三条独立的像新泽西到曼哈顿一样的快速轻轨运输线为通勤人员服务，每年也运送较多的旅客。

可以说，在此期间，城市轨道交通成为了公共交通的主体。

3. 停滞萎缩阶段(1924～1949 年)

二战的爆发和汽车工业的发展，导致城市轨道交通的停滞和萎缩。汽车由于其灵活性、便捷性和可达性，一度成为城市交通的宠儿，得到飞速发展。而轨道交通因投资大，建设周期长，所以一度失宠。这个阶段尤其对城市地面轨道交通造成了很大的影响。此时，只有少数一些大的都市发展了城市地铁。1920～1940 年开通的 IND（独立地铁系统）使纽约的城市轨道交通系统增加了 97 km，开发了市区的一些新的区域，并逐渐替代了原有的高架铁路系统。同一时期，在伦敦市区出现了很多机动公共汽车，由于缺乏统一的管理和面临着激烈的竞争，机动公共汽车一般只有载满乘客才出发或者相互追赶到下一车站争取更多的乘客，交通秩序比较混乱，伦敦地区从 1924 年开始治理，但收效不大。1933 年成立的旅客运输管理局使公共汽车、地面轨道和地铁合作起来。在 20 世纪 30 年代末期，更多的隧道把伦敦市区和外围联系起来，越来越多的中产阶级向伦敦郊区迁移，使伦敦向外蔓延，如鲁斯利普和哈罗都成为了居住区。1928～1934 年，每年乘车人数超过 1 亿人次。

4. 第二次发展高潮(1949～1969 年)

二战后，由于和平年代城市人口增加，污染严重，很多人选择在市区外居住，加之小汽车激增和城市街道通行能力有限的矛盾日益突出，很多城市都面临着如何在较长的距离内，以最有效而快速的方式来输送大量乘客的问题。东京在此期间修建了大量的城市地铁，有效地解决这一问题的同时，不断扩大了城市的规模。在英国，快速发展的工业和过量的人口开始了从伦敦、伯明翰等大城市迁出的尝试，这就意味着可以在缓解城市交通堵塞的同时，在原来的经济萧条地区创造更多的工作岗位。同时一些政府机构在这些经济萧条地区的建立，也鼓励着更多的政府机构和私人企业搬迁到伦敦的郊区，有效地缓解了城市人口密度过高的问题。但利用公共交通工具进入市区的通勤人员持续增加，要求进一步改善原有的轨道交通环境和修建新的地铁线路。

从 20 世纪 50 年代开始，纽约发生了很大的变化，一些地区的人数增加的同时，一些地区的人数减少，很多人口增加地区向曼哈顿的人口流动进一步增加，需要建设越来越多的城市轨道交通系统。1968 年形成了目前纽约大都市的基本框架，随着各地区政府部门的建立，各地区都得到了较大的发展，形成了纽约大都市圈。

5. 快速发展阶段(1970 年至今)

世界各国城市化的趋势，导致人口高度集中，要求轨道交通高速发展以适应日益增加的客流运输，各种技术的发展也为轨道交通奠定了良好的基础。伦敦在 1971 年建成了“维多利亚线”，1979 年建成了“欢乐佳节线”，并对原有线路、车站、车辆等设施进行了大规模的整修、改建和更新换代，基本上建成了伦敦地铁交通系统，地铁沿线的经济得到了充分发展。在此期间，伦敦的城市轻轨交通也得到了一定的发展，在 20 世纪 80 年代初期，伦敦议会认为应该给城市公共交通工具更多的特权和优惠的票价来吸引更多人选择公共交通工具作为出行工具。伦敦政府在 80 年代，致力于发展伦敦的港口地区，认为港口可发展成为商业、办公、居住一体的地区，同时港口对经济繁荣时期的白领阶层也有巨大的吸引力。由于地铁造价的高昂，政府选择轻轨作为新的交通工具，在 1987 年、1991 年分别开通了两条轻轨线路，并在 1994 年、1999 年对轻轨线路进行了大的扩展，每天有 55000 多人次乘坐地铁上下班。

在过去的 20 年里，曼哈顿的工作岗位进一步增加，加之原来人口流动的影响，需要进一步扩展纽约的城市轨道交通系统。1981 年，纽约提出建立快速可靠的地铁、公共汽车、通勤铁路系统。经过不断的努力，1997 年，纽约地铁运送通勤旅客 11 亿 1000 万人次，同时有其他旅客 376 万多人次，另外还有 1 亿 8000 多万人次乘坐三条通勤城市轻轨，5 亿多人次乘坐公共汽车，6200 多万人次乘坐新泽西到曼哈顿的轻轨。

另外，作为国际化的大都市，这些城市都面临着如何将多种交通工具进行有效连接的问题。有很多人乘坐飞机到达世界各地，如何将这些旅客及时地从市区转移出去也是一大问题。伦敦地铁车站连接着市内的希思罗及盖特威克两大机场，乘客下火车或下飞机后可以换乘地铁。甚至有的旅馆后门就连着地铁车站，实现了地铁和旅馆的连接。东京也有专门的地铁连接各大机场。

城市轨道交通在此期间得到了充足的发展。

二、国际大都市轨道交通的应用现状

目前，在城市交通中起主要作用的是地铁和城市铁路，其中地铁在城市轨道交通中占主导地位。下面我们将对东京、纽约、伦敦、巴黎 4 个城市的地铁系统进行简要介绍。

伦敦不仅是世界上最早修建地铁的城市，而且其规模居世界前列。伦敦市轨道交通分为两大类，一类是国家铁路，一类是地铁。国家铁路除了规划建设的以外，目前仍在运行的主要是普通的国家铁路、地上铁路、码头区轻轨、电车连线。伦敦轨道交通吸纳线路呈放射状布置，地铁线路共有 12 条线，总长 415 km，市郊铁路共有 3000 km，其中地下部分 167 km，车站总数 270 个。日客流量 300 万人次，约占伦敦公交总运送人数的 48%。伦敦轨道交通如图 1-2 所示。

图 1-2 伦敦轨道交通示意图

巴黎是世界上人口密度最高，公共交通网络最为完善的城市之一。整个巴黎大区占地面积 2011 km^2，平均半径为 62 km，拥有 1169 万居民，人口密度为 973 人/km^2。通常称的小巴黎也就是巴黎市区，面积105 km^2，平均半径6 km，人口219万，人口密度约为2万人/km^2，分布比较均匀。而郊区人口分布则比较集中，多在市区快线或市郊铁路站附近。巴黎大区庞大的轨道交通系统已有100多年的历史，每天要承担1400万人次的交通出行。其中地铁和市区快线在人们出行中占有重要的地位。巴黎的城市轨道交通主要由16条地铁线、5条市区快线、8条市郊铁路线、3条有轨电车和1条铁路有轨电车组成。

(1)地铁。服务于距巴黎中心半径约为6～8 km的范围，其中历史最悠久的1号线已有100多年的历史，最早于1900年投入运营，目前正在进行全自动化改造。整个地铁网络线路总长214 km，总共有300个站点，其中62个站点可以实现与其他线路的换乘，平均站间距548 m。除无人驾驶的14号线平均运营速度约为40 km/h外，其余线路平均运营速度均为20 km/h。16条线路中，2号线、6号线为半环线，其他为穿越线，导致大量线路穿越市区的夏特莱站。大巴黎区域快速轨道交通网共有5条穿越线，每条线路含有多个分支，服务于距巴黎市区半径为40～50 km的范围。其中最早的线路A线于1977年开始投入运营。整个网络共有站点257个，线路总长度为587 km。

(2)市郊铁路。巴黎总共有8条市郊铁路，不同于巴黎市区的地铁网络全部是新建的，市郊铁路旨在利用原有的铁路网络实现大巴黎的通勤交通。它们一般是射线线路，只将郊区乘客送至市中心区的6个火车站，而不穿越市区。整个市郊铁路网络全长为1296 km，此类线路通常站间距较大，运营速度较高，服务范围为整个巴黎大区，服务半径为60 km。

(3)有轨电车。总共3条线路，主要服务于巴黎市区，用以弥补巴黎市中心环线的不足，平均运营速度20 km/h。其中1号线位于巴黎市区北面，总长12 km，沿线设有26个站，平均站间距440 m，于1992年投入运营。2号线位于巴黎市区西面，全长11.3 km，共设13个站，平均站间距942 m，于1997年投入运营。3号线位于巴黎市区南部，全长7.9 km，共设17个站点，平均站间距490 m，于2006开始运营。

巴黎城市轨道交通线网如图1-3所示。

东京地区为典型的单向集中型城市结构，可以分为核心部分的商业中心和分散在外围的住宅以及商业和工业地区。核心地区以东京为中心，方圆15 km，毗连的外围地区从中心外延达50 km，在商业中心工作的人们每天从市郊乘坐列车通勤。大东京都市圈2500 km^2范围内共有铁路及各种有轨交通系统2246 km。平均铁路线为222 m/km^2。每天早晨从郊区到市中心的客运量达400万人次/h。

日本城市轨道交通主要有以下几种：高架铁路和地铁(重轨铁路)、线性电机地铁、AGT(自动导轨电车)、单轨系统(悬挂和跨座)。各种交通方式之间相互协调，形成了一个总长度为2246 km的多样化轨道交通网络。东京轨道交通系统线网为非对称式的放射环状结构。城市中心区(内城区)主要由地铁提供服务；外围区主要由地铁及私营铁路提供服务；郊区则主要由私营铁路和国铁JR线提供服务。其中，地铁共有12条线路(其中环线1条，放射线11条)，总长度为292 km，运营速度为30～35 km/h，站间距约为1 km，日客运量超过900万人次。铁路重点承担近郊区和都市圈内市际间及市内的出行，运营速度达40～120 km/h，站间距为2～6 km左右。

东京城市轨道交通线网如图1-4所示。

纽约地铁于 1904 年开始运营，目前已拥有世界上规模最大的地铁网络，包括 27 条线路，全长 443.2 km，其中地下线路 257.9 km，共设有 504 个车站，包括 277 座地下车站和 153 座高架车站，尤其在曼哈顿市区，平均每平方千米就有 3.83 个车站。纽约地铁日客运量超过 320 万人次，占公交系统总运量的 70%左右。

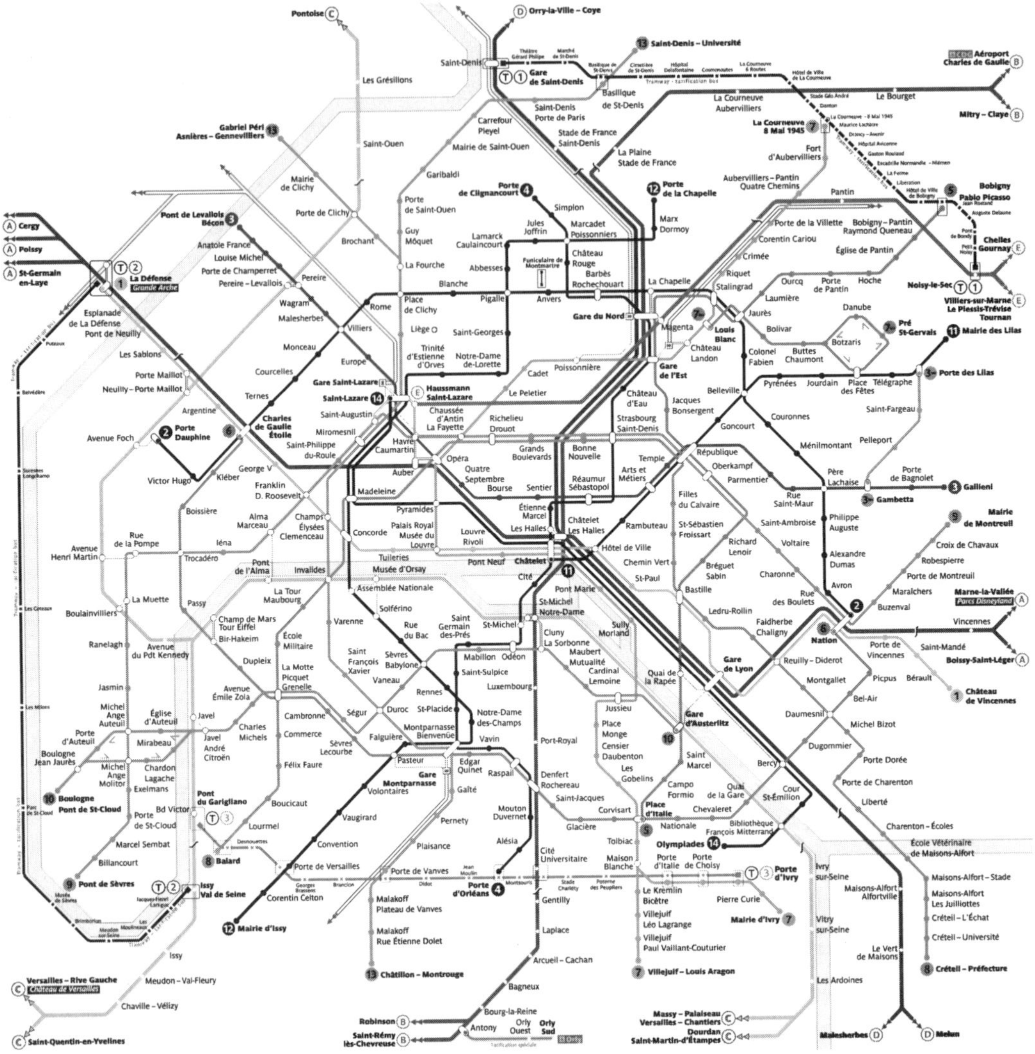

图 1-3 巴黎城市轨道交通线网示意图

国际 4 大都市的城市轨道交通主要参数见表 1-6。

表 1-6 世界主要城市地铁情况

城市名称	线路长度/km	线路条数/条	车站数目/座	车辆保有量/辆	年输送旅客人次/百万
纽约	443.2	27	504	6141	1170
伦敦	415	12	270	3922	812
巴黎	315.4	19	438	4342	1380
东京	248.7	12	235	3155	2640

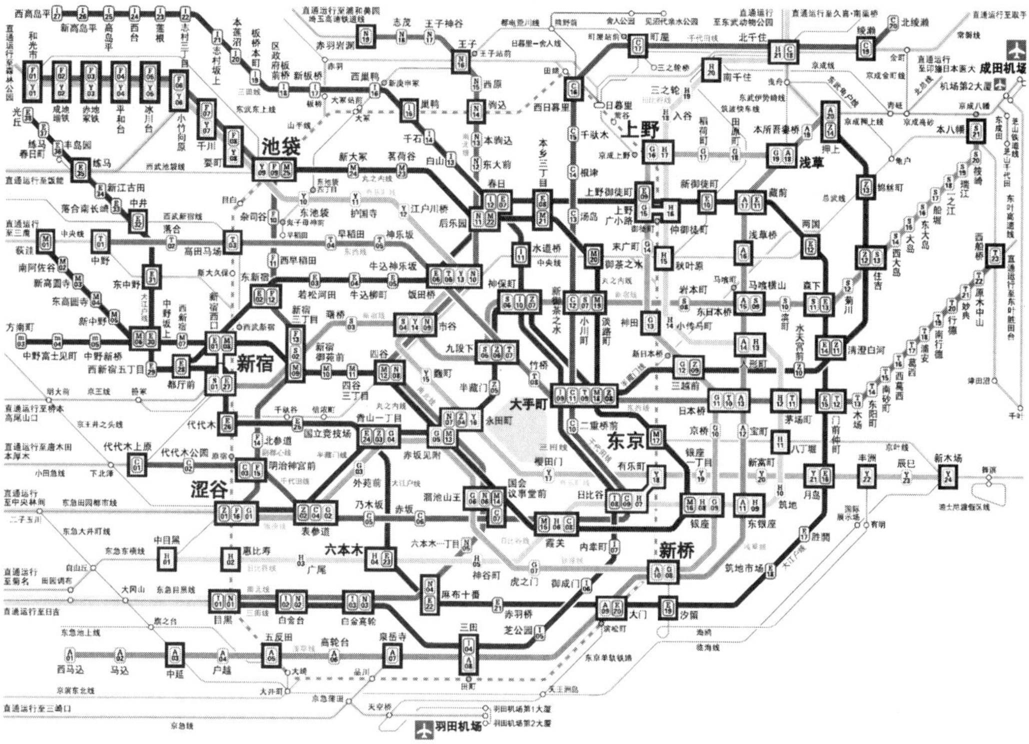

图 1-4 东京城市轨道交通线网示意图

三、我国城市轨道交通概况

(一)我国城市轨道交通发展建设概况

我国城市轨道交通系统的发展大致可划分为 4 个阶段。

1. 20 世纪 60 年代前有轨电车时代

在我国，有轨电车是最早出现的城市轨道交通系统。北京的有轨电车早在 1900 年就已经出现了。最初从德国引进有轨电车，修建了一条有轨电车线路，从马家堡到永定门，全长 7.5 km。建成后不久，还未怎么行驶，北京城就兴起了义和团运动，团民们拆毁了轨道，砸烂了电车，以后一直未能恢复。1922 年 3 月，北京有轨电车线路工程正式动工，于 1924 年年底竣工。这条线路由前门起，经天安门、西单、西四、新街口到西直门，全长 9 km，行驶的有轨电车共 10 辆。1943 年，北京的有轨电车的在册车数共 144 辆，每日出车可达百辆，载客十余万人，可算是有轨电车问世以来的鼎盛时期。但到日本投降前夕，每日的运营车数则下降到 20～30 辆，一些线路因无车而停驶。抗战胜利后，电车股份公司由国民政府接收，有轨电车运营有所恢复，增加了运营车辆，延长了行车线路里程。1947 年，最高日出车曾达 82 辆。但 1948 年后，每天的出车又降到 20～30 辆。到 1948 年 1 月 3 日，北京全市能够行驶的有轨电车仅剩 49 辆，平均每日出车 23

辆，有时仅有几辆，并且时开时停，基本处于瘫痪状态。新中国成立以后，人民政府接管电车公司，职工们开展了以修复旧车为内容的“百辆车”活动，到1952年，不仅修复了全部旧电车，而且自己设计和制造了新型电车，使电车总数发展到175辆。1956年，又进一步发展到240辆，运营线路增加到9条，线路长度超过49 km。经过几年的努力，有轨电车在内外城基本形成了互相连接的线路网。在此期间，上海、沈阳、天津、哈尔滨等城市都修建了有轨电车。

有轨电车虽然为市民的出行带来了方便，但其自身却存在着一些缺陷，如轨道影响翻修路面和市政建设、容易造成交通拥堵、速度慢、噪音大等。鉴于有轨电车存在的这些问题，我国相继拆除了有轨电车，目前仅剩大连还存在有轨电车并继续发展。

2. 20世纪80年代前的初建时期

由于经济实力和技术水平的限制，中国大运量城市轨道交通建设起步较晚。北京是我国最早建设地铁的城市。北京地铁的建设从20世纪50年代开始筹划，新中国第一个五年计划期间，国务院就决定修建北京地铁，1962年2月4日，北京地铁正式上马；1962年夏，国家进入三年困难时期，北京地铁不得不下马，只保留了一个地铁研究所，继续收集国内外地铁建设的有关资料，进行修建地铁的研究工作。1965年，随着国民经济的好转，北京地铁的建设方案被重新提上议程。中央决定北京军区司令员杨勇挂帅，地铁由北京军区、北京市和铁道部共同出面组织。北京地铁研究时间比较长，陆续提出过60多个建设方案，其中有“三横三竖一个圈”的方案。有关专家坐车在北京市转了好多圈，最后终于定下初步的线路设计是“一环两线”。1969年9月20日，长23.6 km的北京地铁1号线第一期工程在开工4年零3个月后，在建国20周年大庆前建成并正式通车，比预计的通车时间晚了1年多。到20世纪80年代末，只有北京地铁1号线和环线共计40 km线路建成运营。其后天津于1980年建成长7.4 km的地铁。80年代以前，我国地铁的规划与建设，除了实现城市客运的功能之外，更重要的是考虑战备的要求。

3. 20世纪90年代的发展期

进入20世纪90年代后，为适应城市快速发展的需要和缓解城市交通的紧张状况，我国政府加大了对城市交通基础设施的投入，开始强调轨道交通对城市交通系统和引导城市发展的作用，发展大运量轨道交通系统的理念开始显现。90年代，上海、广州、深圳、大连开始了轨道交通项目建设。

4. 21世纪的快速发展阶段

2000年以后，我国大城市人口的增加和城市规模的不断扩大，使城市交通需求迅速增长，尽管近年来城市道路及车辆拥有量都有了大幅度的提高，但交通问题依然日益突出，表现为交通阻塞，车速降低，车祸频繁，停车困难，高峰时间交通拥挤，废气、噪声危害严重。尽管城市道路面积的增加使交通阻塞暂时有所缓解，但是由于新增道路交通畅通，引来了更多的车辆，时隔不久，新增或拓宽的道路又恢复到了昔日的拥挤程度。而且道路的增长是有限的，而城市交通量的增长却是无止境的。我国城市交通学者通过总结国内外城市交通发展的经验教训，越来越深刻地认识到交通需求与供给的矛盾，并达成共识：大城市的交通问题的解决必须依赖公共交通的发展，特大城市还必须建立一个以轨道交通系统为骨干，以公共交通为主体，多种交通方式相互协调的综合交通系统。

2003 年国务院办公厅国办发（2003）81 号文规定：申报发展地铁条件为地方财政一般预算收入在 100 亿元以上，国内生产总值达到 1000 亿元以上，城区人口在 300 万人以上，线路客流规模达到单向高峰小时 3 万人以上；申报发展轻轨条件为地方财政一般预算收入在 60 亿元以上，国内生产总值达到 600 亿元以上，城区人口在 150 万人以上，线路客流规模达到单向高峰小时 1 万人以上。

随着我国经济的发展和城市化进程的加快，我国大城市的数量和规模增长很快，目前我国达到 81 号文发展条件的共有 33 座城市，其中 12 座城市满足建设地铁的条件，21 座城市满足建设轻轨的条件。但单从经济发展条件考虑，2009 年我国共有 95 座城市满足城市轨道交通的发展条件，其中满足发展地铁的有 61 座，满足发展轻轨的有 34 座。81 号文真正起作用的条件为人口条件。

2000 年以前，全国仅有北京、香港、上海、广州 4 个城市拥有轨道交通线路。进入 21 世纪以来，随着中国经济的飞速发展和城市化进程的加快，城市轨道交通也进入大发展时期，其中香港有完整的轨道交通网络，北京、上海也形成了地下、地面和高架立体轨道交通体系。截至 2009 年底，我国城市轨道交通运营里程已经突破 900 km。我国的城市轨道交通行业步入了一个跨越式发展的新阶段，中国已成为世界最大的城市轨道交通市场。

根据各城市近期轨道交通发展规划，预计到 2020 年，中国城市轨道交通总长度将超过 3000 km。

目前已经有城市轨道交通在运营的城市有北京、上海、广州、深圳、长春、大连、武汉、西安、成都、重庆等十多个城市；在建的城市也很多，如杭州、哈尔滨、苏州、宁波、昆明等，报建的城市有厦门、东莞等。

目前全国每年城市轨道交通的建设投资大约 200 亿元。就申报立项的城市来讲，到 2013 年建设投资将达 2000 亿元。各城市修建轨道交通呼声强烈。

(二)我国主要城市轨道交通规划与建设概况

1. 我国城市轨道交通建设规划概况

中国目前有 18 个城市正在建设城市轨道交通系统，到 2011 年底，全国运营线路总长 481 km，正在建设线路总长 287 km，全国拟规划建设轨道交通 1628 km。中国大陆地区轨道交通投入运营的城市分布如图 1-5 所示。

2. 北京城市轨道交通系统

北京 1969 年开通第一条地铁线路，长 24 km；1970～2008 年，运营里程为 200 km（历经 39 年）；2009 年，运营里程为 228 km；2010 年底，北京开通运营了 5 条通往远城区的昌平线、亦庄线、房山线、大兴线、顺义线轨道交通，运营里程 108 km，加上已运营线路 228 km，总计北京轨道交通线路达到 14 条，运营里程达到 336 km。截至 2011 年底，北京城市轨道交通运营里程达 430 km。北京近期地铁线网如图 1-6 所示。

2015 年，北京地铁建设规划建设目标达 666 km。五环路内线网密度达 0.64 km/km^2，投资约 3500 亿元。2020 年，建设目标达 977 km。

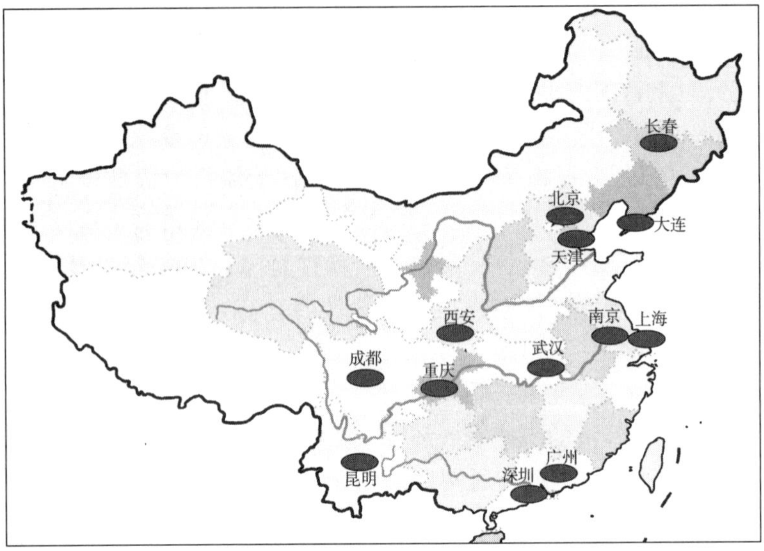

图 1-5　轨道交通投入运营的城市分布示意图

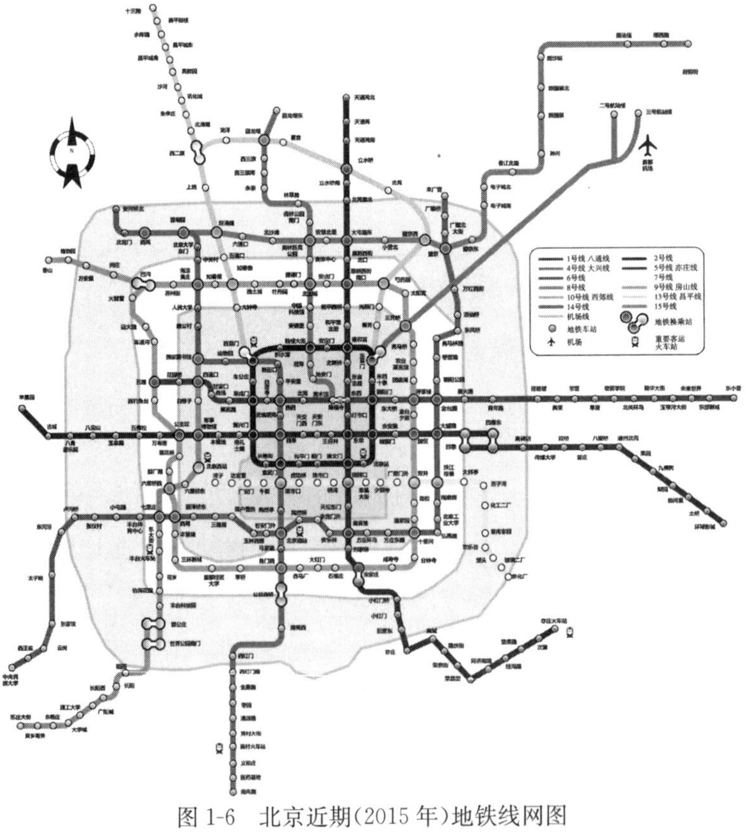

图 1-6　北京近期(2015 年)地铁线网图

3. 上海城轨系统

上海地铁的第一条线路于 1995 年 4 月 10 日正式运营。1995～2000 年，地铁 2 号线、3 号线一期建成通车，总里程达 82 km。2000～2011 年，地铁 4 号线～地铁 11 号线建成，1、2、3 号线也进行了延长，总里程达 420 km。另外，上海磁悬浮示范运营线于 2002 年 12 月正式投入运营。上海市目前城市轨道交通线网如图 1-7 所示。

上海城市轨道交通系统，近期及远期规划分别达到 510 km 和 970 km。

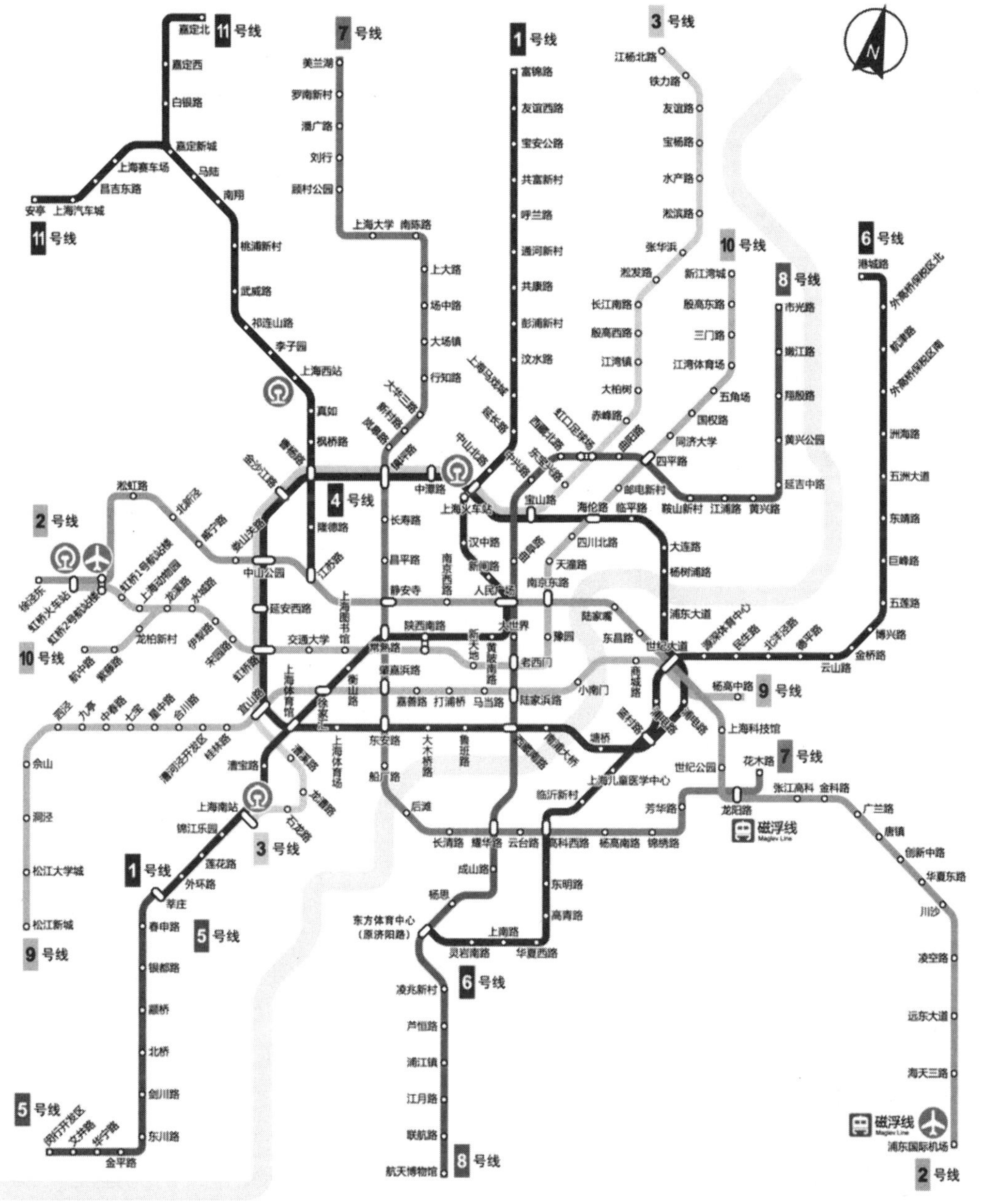

图 1-7　上海市目前城市轨道交通线网图

4. 广州城轨系统

广州地铁 1 号线于 1993 年 12 月 28 日正式动工，1997 年 6 月 28 日起开始试运营，首段开通西朗—黄沙段，全线于 1998 年 12 月 28 日竣工，1999 年 6 月 28 日正式通车。2000 年至今，新建 2 号线、3 号线、4 号线、5 号线、8 号线、广佛线及 APM 线，广州地铁总里程 236km(包括广佛线广州段)。近期(2020 年)线网规划共 19 条轨道线，线网总里程 817 km，站点 383 座。广州轨道近期线网如图 1-8 所示。

图 1-8 广州轨道近期（2020 年）线网示意图

远期(2040 年)线网共 21 条轨道线，线网总里程 905 km，站点 413 座。线网结构为“十”字线+环线+“X”+放射线。

5. 深圳城轨系统

深圳城轨系统的形式目前主要是地铁，始建于 1999 年，于 2004 年 12 月 28 日正式通车。截至 2011 年 6 月，深圳地铁二期工程已全线开通 5 条线路，全长共计 178 km(图 1-9)。深圳市规划局在 2007 年 7 月组织编制了《深圳市轨道交通规划》，同时与深圳市发改委共同组织编制了《深圳市城市轨道交通建设规划(2011～2020)》。规划提出了深圳市轨道交通的近期建设方案及远期线网方案。在地铁部分，近期方案的重点是在一、二期工程基础上，提出 2011～2020 年间的建设方案，其中包括龙华线的北延段(三期)，以及 8 条新建的地铁线路：6～12 号线，总长约 245.4 km。远期方案规划了至 2030 年的 16 条地铁线路，总长 585.3 km，设站 357 座。其中组团快线 4 条、干线 6 条、局域线 6

条。深圳地铁三期工程已于 2012 年 1 月开工建设，包括 6、7、8、9、11 号线，总长约 170 km，建设总投资估算约 1256 亿元。建成后，深圳城市轨道交通线路将达到 10 条，通车里程约 348 km，将形成比较完善的城市轨道交通网络。

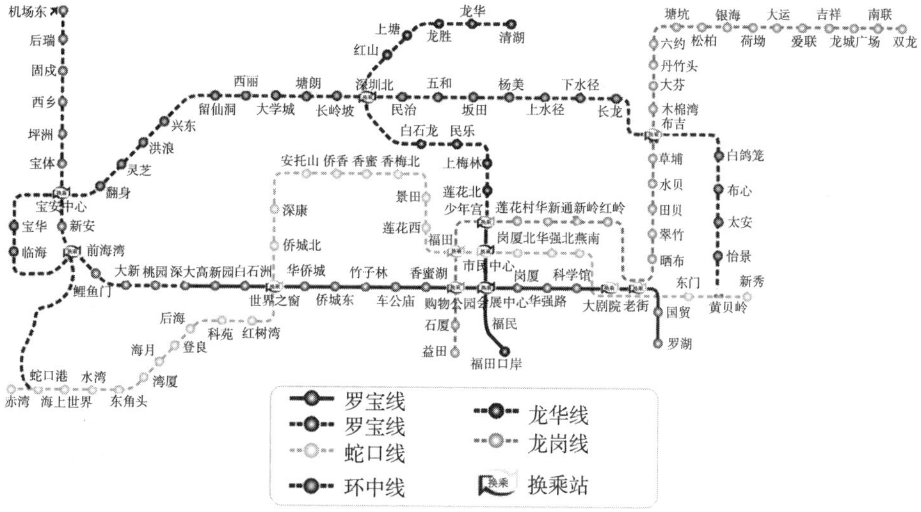

图 1-9 深圳目前城轨路网示意图

6. 成都市轨道交通系统规划与建设

成都市是四川省省会，是西南地区科技、金融、商贸中心和交通、通信枢纽，是中国西部重要中心城市和新型工业基地，是国家历史文化名城和旅游中心城市。

成都轨道交通系统于 2005 年 12 月正式开工建设，2010 年 10 月地铁 1 号线一期工程建成通车。成都是中国西部第一座开工建设地铁的城市。按照成都市“五大兴市战略”中的“交通先行”战略要求，成都市正积极推进地铁多个线路建设。其中，地铁 2 号线一期工程于 2012 年 9 月底前开通试运营；2 号线西延线将于 2013 年 5 月底开通试运营；2 号线东延线将于 2014 年开通试运营；4 号线一期将于 2015 年底开通试运营。

依据 2004 年版成都市总体规划及成都市综合交通规划，成都市城市快速轨道交通线网由 7 条线组成，线路全长 274.15 km。1 号线：大丰镇—华阳镇(广都)31.6 km；2 号线：龙泉东—郫筒镇(石牛坝)50.65 km；3 号线：新都(红星村)—双流(板桥村)49.28 km；4 号线：温江(大学城)—十陵东 38.9 km；5 号线：驷马桥—华阳西(江河)24.63 km；6 号线：沙湾—华阳东(四河)/琉璃厂—航空港 37 km；7 号线：西南交大西(生态)—龙潭乡(龙潭东)41.93 km。其中 1、2、3、4 号线为骨干线，其余线路为辅助线。

2011 年 3 月，成都市城市轨道交通最新发展规划获批，该规划中的轨道交通线网由 23 条线路组成环+放射的线网形态，全长 937 km。新的规划中，轨道交通线网由三个层次构成：

(1)第一层次：(1～8 号线)4 条骨干线+4 条辅助线组成 1 环 4 主 3 辅的城市快速轨道交通网；

(2)第二层次：2 条市域铁路+9 条市域快线(9～17 号线)组成 1 环 9 放射 1 连接的市域轨道交通网；

(3)第三层次：为应对未来发展需要，预留 4 条区域规划线。

线网由 8 条市区线和 9 条市域线构成：1～8 号线为市区线，主要承担中心城区内部出行，兼顾外围组团与中心城区的联系，具有中长距离、大运量出行的特点。9～17 号线为市域线，主要服务中心城区和外围组团以及外围组团间的快速出行，兼顾中心城区内部出行，具有快速、长距离、中运量的出行特点。成都轨道未来线网如图 1-10 所示。

图 1-10　成都轨道交通未来线网示意图

根据成都市未来城市发展目标，结合交通需求、线网密度、经济承受能力以及建设能力，成都市市区快速轨道交通线网规划(2020 年)共由 10 条线路(不含成灌线、成彭线)组成，总长 401.5 km，其中 1、2、3、4 号线为城市骨干线，5、6、7、8 号线为城市辅助线，10 号线一期是连接双流机场的市域快线，9 号线一期是位于中心城区南部三、四环间的市域半环线。线路敷设原则为中心城区主要范围内采用地下线，其余路段结合地形和技术要求尽可能采用高架方式。成都市轨道交通系统线路规划如图 1-11 所示。

四、我国城际轨道交通的发展战略

目前，我国城市进入了高速发展时期，形成了较多的城市发展群体，其中规模较大的城市群主要是长三角城市群、珠三角城市群、京津冀城市群、中原城市群和长株潭城市群，如图 1-12 所示。

自 2003 年以来，基于城际轨道交通比较优势，以及我国资源、能源的实际，我国陆续规划和实施了长三角、珠三角、环渤海京津冀、中原城市群和长株潭城市群等区域的城际轨道交通网，并在其他一些地区陆续开工了一批城际轨道交通项目。

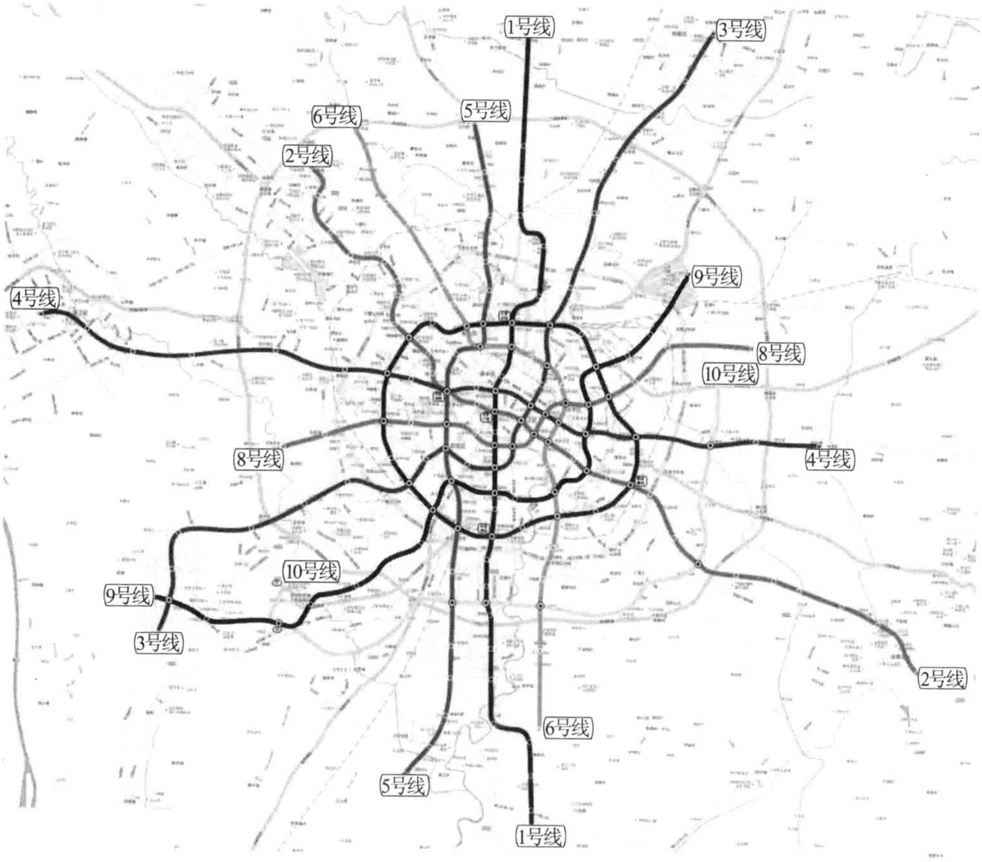

图 1-11　成都市轨道交通系统线路规划示意图

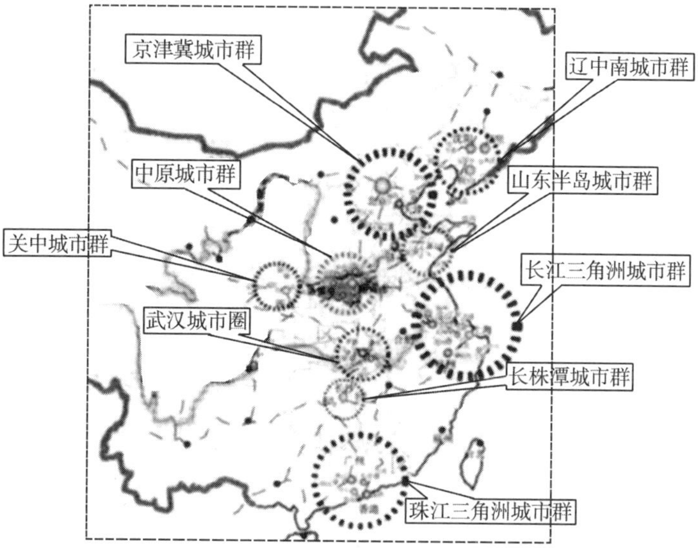

图 1-12　城市群区位示意图

1. 长江三角城市群城际轨道交通网规划

长江三角洲地区土地面积 10.01 万 km^2，人口 7600 万，人口密度为 755.2 人/km^2。长江三角洲规划建设以上海为中心，以沪宁、沪杭(甬)为两翼的城际轨道交通主构架，覆盖区内主要城市，基本形成以上海、南京、杭州为中心的“1～2 小时交通圈”。到 2020 年，长江三角洲地区城际轨道交通总里程达到 815 km。主要项目包括沪宁城际、沪杭城际、杭甬城际、常州—江阴—常熟—苏州城际、苏州—嘉兴城际。

2. 珠江三角洲地区城际轨道交通网规划

珠江三角洲经济区由广州、深圳、佛山、珠海、东莞、中山、惠州、江门、肇庆等 9 个城市组成的地区，区域面积共 4.17 万 km^2，常住总人口为 4491 万人，人口密度达到 1077 人/平方公里。规划的珠江三角洲地区城际轨道交通网络呈“三环八射”的基本构架。三环包括广佛环线、环珠江口的中环线和环珠江口的大环线。八条放射线包括广州至清远、广州至惠州、东莞至惠州、深圳至惠州、珠海至斗山、江门至恩平、肇庆经高明至南沙、佛山至肇庆等八条城际线。广深交通走廊内形成广深铁路、广深港高速铁路、穗莞深城际、佛莞深城际组成的 4 条 10 线轨道交通线路格局。广珠交通走廊内形成广珠城际、广珠铁路、广佛珠城际组成的 3 条 5 线轨道交通线路格局。整个线网能够实现珠江三角洲地区“内圈成网、外圈通连、覆盖全区、通达四邻”的规划目标。

规划珠江三角洲地区城际轨道交通线路 20 条，联络线 3 条，线网总长 1874.5 公里，线网密度 4.5 km/100 km^2。远景珠三角地区轨道交通（含城市轨道交通、国铁等）线网密度达 11.8 km/100 km^2，与巴黎都市圈 13.4 km/100 km^2 基本相当。见图 1-13。

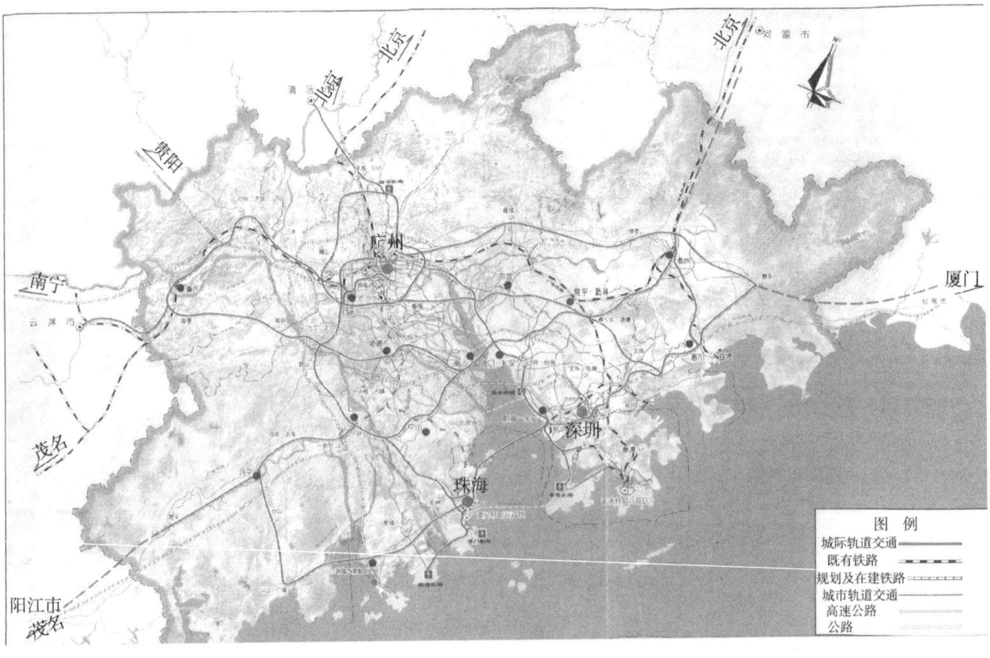

图 1-13　珠江三角地区城际轨道交通网规划图

3. 环渤海京津冀地区城际轨道交通网规划

规划建设以北京为中心，以京津为主轴，以石家庄、秦皇岛为两翼的城际轨道交通网络，覆盖京津冀地区的主要城市，基本形成以北京、天津为中心的“2 小时交通圈”。到 2020 年，京津冀地区城际轨道交通总里程达到 710 km。主要项目包括北京—天津—塘沽城际、北京—石家庄城际、北京—唐山—秦皇岛城际。

4. 中原城市群城际轨道交通规划

中原城市群以郑州为中心，包括洛阳、开封、新乡、焦作、许昌、平顶山、漯河、济源共 9 个省辖(管)市。土地面积 5.87 万 km^2，总人口 4018 万，人口密度 684 人/km^2，区域城镇化水平 39.5%。

中原城市群采用以洛阳—郑州—开封、新乡—郑州—漯河为主轴，以新乡—焦作—济源—洛阳、洛阳—平顶山—漯河为发展轴，以郑州—焦作、平顶山—许昌为联络线的“十”字半环形的城际轨道交通线网架构，线网总里程 994.5 km，如图 1-14 所示。

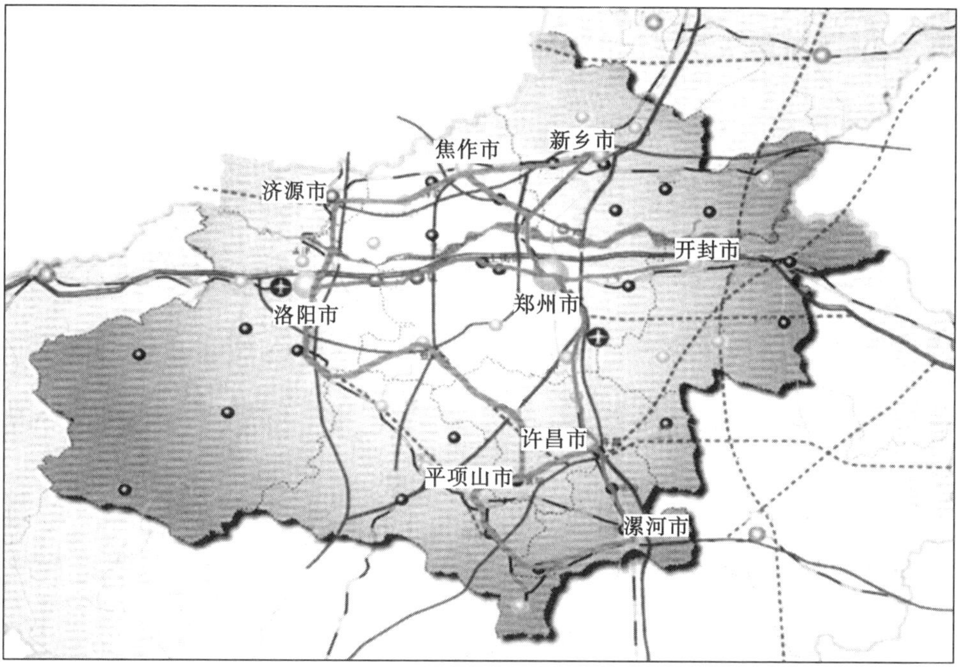

图 1-14 中原城市群城际轨道交通“十”字半环形线网架图

5. 长株潭城市群的城际轨道交通网

长株潭城市群主要包含长沙市、株洲市、湘潭市，土地面积 2.8 万 km^2，总人口 1299.5 万。长株潭城市群的城际轨道交通网以“人”字形为核心线的城际轨道交通线网构架。线网方案由市内、市际两种技术标准，核心、骨干、加密三个层次的 4 条线路组成，线路总长 150.13 km，共设 38 座车站，市内线平均站间距为 2～3 km，市际线平均站间距为 8～10 km（图 1-15）。

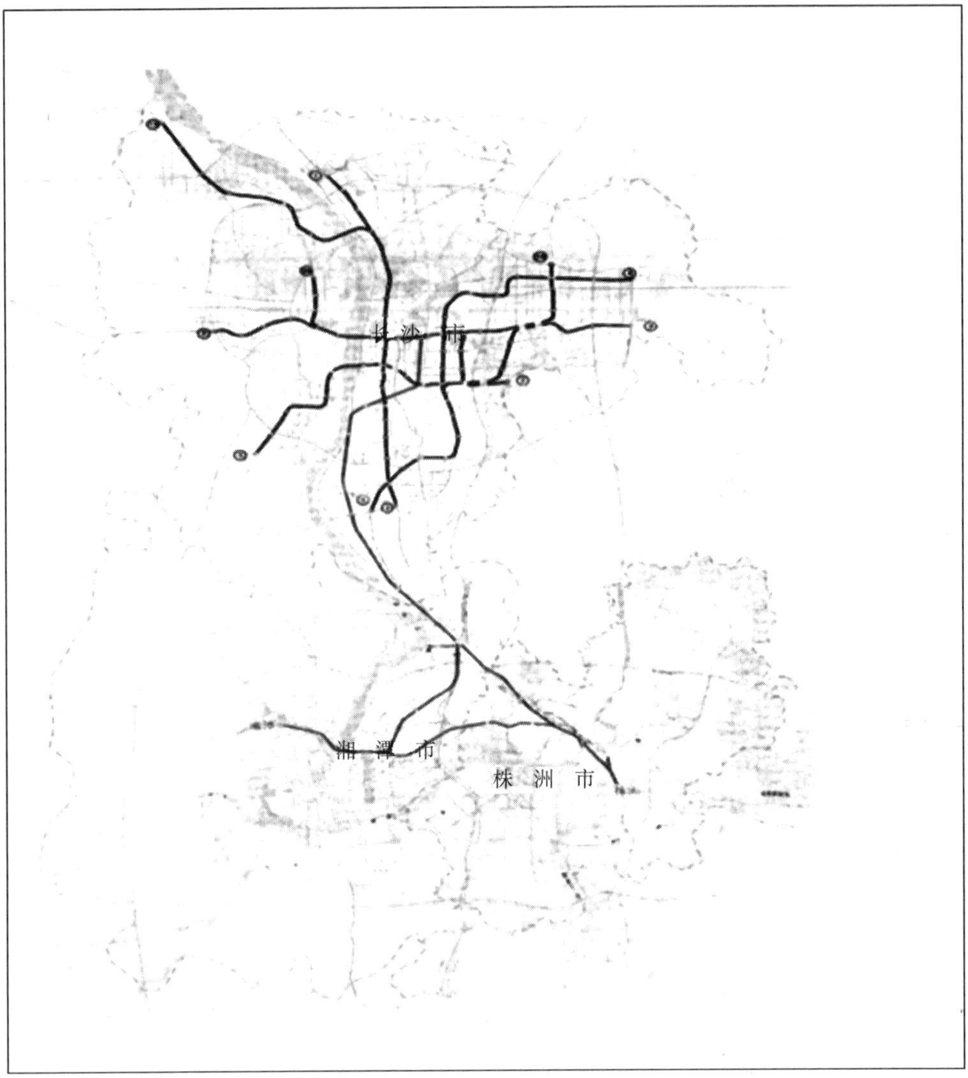

图 1-15　长株潭城市群城际轨道交通线网规划示意图

近年来，随着区域经济的快速发展和城市群的逐渐形成，陆续规划或实施了其他一些发展较快区域的城际轨道交通项目。当前已开工或拟开工的主要城际轨道交通项目基本情况见表 1-7。

表 1-7　已开工或拟开工的主要城际轨道交通项目情况

序号	线路	里程/km	车站数/座	速度目标值/(km·h^{-1})	总投资/亿元
1	京津城际	115	5	300	205.4
2	广珠城际	143(主线 117，支线 26)	21（主线 16，支线 5）	直达 200，站站停 140	178
3	广佛城际	32.16	21	80	146.75
4	昌九城际	131.27(新线 91.5)	7	200	58.32
5	长吉城际	109(新线 96)	5	200	86

续表

序号	线路	里程/km	车站数/座	速度目标值/(km·h^{-1})	总投资/亿元
6	宁安城际	257.4	11	200(预留 250)	253.3
7	成绵乐城际	314.6	19(预留 4)	直达 250，站站停 160	228.48
8	沪宁城际	296	30	直达 250，站站停 160	224
9	海南东环城际	308	24	200	192.2
10	宁杭城际	251.45	11	大站直达 300(初期 250) 站站停 200	203

第四节　我国城市轨道交通系统基本建设程序

一、城市轨道交通系统规划与设计的重要性和主要内容

1. 城市轨道交通系统规划与设计的重要性

城市轨道交通规划与设计是一项涉及城市规划、交通工程、建筑工程以及社会经济等多种学科理论的系统工程。城市轨道交通项目工期长、投资大，在城市规划中，城市轨道交通网络的规划与设计非常重要，直接影响城市的基本布局和功能定位，对城市发展有极强的引导作用，对促进城市结构调整、城市布局整合，对整个城市土地开发、交通结构以及城市和交通运输系统的可持续发展都有巨大影响。

城市轨道交通具有大运量、高速度、独立专用轨道的特点，可以作为大城市公共交通系统的骨干运输方式。要真正成为城市客运骨干系统，城市轨道交通就要承担较大比例的城市客运周转量。单一的城市轨道交通线因其客流吸引范围和线路走向的局限，一般很难达到这种骨干要求。因此，城市轨道交通必须形成网络。

城市轨道交通系统规划与设计工作涉及多个专业和学科，是一项复杂的系统工程，也是一项“系统性、专业性、前沿性”很强的工作。资料表明，过去西方一些城市对线网规划与设计研究并不系统，主要利用市场经济杠杆来决定城市轨道交通网建设方案。例如，不少早期形成城市轨道交通网络的城市中，往往在中心区局部有多条城市轨道交通线集中在一条交通走廊内，重合很长的距离。这种情况造成工程难度增加，致使投资增加和线网结构不合理，甚至造成城市中心区土地畸形发展。

我国作为发展中国家，各大城市正处于快速发展期，不同于西方发达国家城市处于发展成熟期，做好城市轨道交通系统规划与设计工作更具有独特的意义，保障空间预留、避免今后高昂的工程建设成本是基本前提。

2. 城市轨道交通系统规划与设计的主要内容

切合实际的、科学的规划与设计是未来城市轨道交通良好运营的基础。一般认为，城市轨道交通系统规划与设计的主要内容包括以下几方面：

(1)特定城市社会与经济环境下城市轨道交通系统的功能定位。主要包括城市经济地理特征分析、城市规划总体目标与城市交通结构的协调性分析、城市轨道交通的功能评估等。

(2)城市轨道交通线网规划。主要包括线网规模确定、线网构架方案选择和方案评估等，线网规划是城市轨道交通线路设计和建设的基础。

(3)城市轨道交通系统客流预测。在城市规划与综合交通规划基础上进行客流预测，是确定城市轨道交通网络及线路建设规模、能力水平的依据。

(4)城市轨道交通工程可实施规划。主要包括车站、车辆段、换乘点的选址与规模，线路敷设方式规划，线网建设顺序与运营以及城市轨道交通与地面交通的衔接设计等内容。

(5)城市轨道交通系统的线路和车站设计。包括线路的走向、线路平纵断面设计、车站的数量及分布、车站的站型设计以及换乘站的设计等。

(6) 城市轨道交通的枢纽设计与规划。主要包括城市地区枢纽点规划、枢纽客流分析、枢纽换乘设计、枢纽用地分析、枢纽不同方式间的协调等。

(7)城市轨道交通系统与其他交通方式的衔接设计。主要研究城市轨道交通系统与其他交通方式的衔接，包括地面交通、城市间交通等，具体包括车站周边其他交通方式站点布局及设计。

(8)城市轨道交通系统的安全防护设计。安全防护的内容包括地震防护、火灾防护、水灾防护以及杂散电流防护等设施的设计，需要考虑城市轨道交通运营中的安全对策与应急措施。

(9)城市轨道交通运营规划。从规划与设计阶段开始考虑运营问题是一条城市轨道交通线路建设成功与否的重要前提条件，直接关系到城市轨道交通系统建设目标的实现。这些内容也可以作为工程可实施规划的内容。

二、我国城市轨道交通系统建设程序

(一)城市轨道交通建设项目的特点

城市轨道交通建设项目是大型的综合性系统工程，与一般的建设项目相比，它具有投资大、建设周期长、专业繁多、涉及面广的特点。具体来说，主要表现在以下几个方面：

(1)投资大。一项城市轨道交通建设项目投资动辄几十亿、几百亿元，京、沪、穗近年来修建地铁的综合平均造价已高达 6～8 亿元/km。投资的巨大使得工程的资金风险很大。

(2)工期长。一个城市轨道交通建设项目从筹划运作到运营使用，一般需要 5 年左右的时间。如受政府审批和资金筹措等方面的因素影响，时间会更长。

(3)涉及面广。城市轨道交通项目是一个城市的生命线工程，直接关系到居民的生产、生活，关系到城市的国民经济发展，除能解决沿线及周边地区的交通外，还能促进房地产市场、旅游市场的开发，带动整个地区乃至城市的繁荣和发展。在建设过程中，会涉及城市交通、建筑、市政、环保等方面，甚至带动相关产业的发展，所涉及的方方面面及建设的意义，是一般建设项目远不能比拟的。

(4)系统、专业多，接口繁杂。城市轨道交通项目包括土建、机电、运营管理和投资经济4大系统，分为20多个子系统、30多个专业，有多个单独的分项分部工程，各系统、专业接口复杂。

由于城市轨道交通的上述特点，必须对其项目进行科学的建设管理，以确保工程质量和投资效益。

一个项目从提出项目设想、开发、建设、施工到开始生产活动这个过程，一般称为项目建设周期。这个周期主要可以分为三个阶段：投资前阶段、投资阶段和运营阶段。一个城市轨道交通项目周期的各个阶段及其主要的活动如图1-16所示。

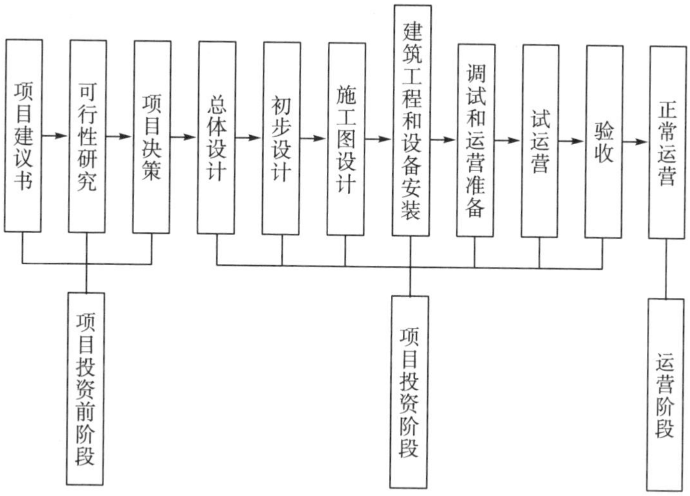

图1-16　城市轨道交通项目周期的各个阶段及其主要活动

根据我国现行的投资建设程序，投资前期工作主要包括轨道线网规划、机会研究、预可行性研究及可行性研究，从而得到项目建议书、可行性报告以及进行项目决策。

城市轨道交通项目是重大的基础设施项目，按我国目前基本的建设程序规定，需要国家进行审批，主要的审批程序有：轨道线网的审批、项目建议书(预可行性研究报告)的审批、可行性研究报告的审批、初步设计的审批。

总结近几年国内各个城市的城市轨道交通建设及参考国外的建设，可以归纳出以下三种建设模式。

第一种模式：政府作为投资的主体，委托项目法人代行政府控制的职能。这种模式在已建成的地铁线路中已采用，如北京地铁复八线、城市铁路；上海地铁1、2号线；广州地铁1号线。

第二种模式：采用多元投资体制，促进城市轨道交通商业化运作。这种模式在目前正在建设的北京地铁5号线和上海正在建设的几条线路中采用。

第三种模式：交钥匙工程，即由工程总承包商负责整个项目的融资、设计咨询、施工及运营。目前因国内公司资金实力方面的原因，这种模式暂时还未采用。

(二)我国城市轨道交通项目建设程序

城市轨道交通项目必须严格执行国家基本建设程序。现行基本建设程序包括：线网规划、线网近期建设规划、项目可行性研究、工程勘察设计、工程施工、试运行、试运营、竣工验收和项目后评价。

线网规划和线网近期建设规划的主要内容如前所述。可行性研究、工程勘测设计、试运营应依据国家有关法规取得相关政府授权部门的审批或许可。

1. 可行性研究

城市轨道交通建设项目可行性研究通常包括预可行研究和可行性研究两个阶段。

预可行性研究文件是项目立项的依据，应按轨道交通项目建设的长远规划，充分利用国家和行业资料，经调查踏勘后编制。在预可行性研究中，要从宏观上论证项目的必要性，为项目建议书提供必要的基础资料。其内容和深度主要包括：系统研究建设项目在路网及交通运输中的意义和作用，论证项目的必要性；解决拟建规模、线路起讫点和线路走向方案；提出主要技术标准、各项主要技术设备设计原则的初步意见和主要工作内容；对相关工程和外部协作条件作初步分析；提出建设时机及工期、主要工程数量、投资估算、资金筹措设想；初步进行经济评价；从宏观上分析对自然和社会环境的影响。

预可行性研究中，对影响线路走向方案选择的长距离、大面积地质条件极其复杂的地区，应开展遥感工作，编制遥感地质报告，对线路走向方案作出地质评价。

地形、地质特别复杂的地区，线路可能方案较多；范围较大的地区，应在预可行性研究中提出加深地质工作的具体意见，经审查后，在初测前安排加深地质工作，确定初测方案，指导后续地质工作。

可行性研究是项目决策的依据，应根据批准的项目建议书，从技术可行性、经济合理性上进行全面深入的论证，采用初测资料编制。其内容和深度主要包括：解决线路方案、接轨点方案、建设规模、轨道交通系统主要技术标准和主要技术设备的设计原则；进一步落实各设计年度的客货运量，提出主要工程数量、主要设备概数、主要材料概数、用地及拆迁概数、建设工期、投资估算、资金筹措方案、外资使用方案、建设及经营管理体制的建议；深入进行财务评价和国民经济评价；阐明对环境与水土保持的影响和防治的初步方案，以及节约能源的措施。可行性研究的工程数量和投资估算要有较高的精度。

2. 初步设计

初步设计文件是项目建设的主要依据，应根据批准的可行性研究，采用定测资料编制。其内容和深度主要包括：解决各项工程设计原则、设计方案和技术问题；提出工程数量、主要设备数量、主要材料数量、用地及拆迁数量、施工组织设计及总概算；确定环境保护和水土保持措施。初步设计文件经审查、修改、批准后，作为控制建设总规模和总概算的依据，应满足工程招标承包、设备采购、征用土地和进行施工准备的需要。初步设计概算(静态)与国家批复的投资估算(静态)差额不应大于10%。

3. 施工图

施工图文件是工程实施和验收的依据，应根据已审批的初步设计和补充定测资料编制。施工图为施工提供需要的图表和必要的设计说明，详细说明施工时应注意的具体事项和要求，并编制投资检算。

4. 工程施工和设备安装

建设单位根据设计文件，进行工程施工和设备安装。

5. 验交试运营

由建设单位会同设计、施工和铁道部有关单位组织验收，验收合格，轨道交通线路交城轨公司投入运营，基本建设阶段结束。

6. 后评估

在城市轨道交通运营若干年后，由建设单位会同有关部门对立项决策、设计决策、设计质量、施工质量、技术经济指标、投资和经济效益等进行后评估，以总结经验，提高决策水平。

第二章　城市轨道交通系统设计基础

城市轨道交通是一个庞大复杂的技术系统，其专业涵盖了土建、机械、电气、电子信息、环境控制、运输组织等各个门类。城市轨道交通系统由一系列相关设施组成，这些设施包括车站、线路、车辆及车辆段、通信信号、环控系统以及给排水系统等，它们的协调工作是为用户提供满意服务的保证。轨道交通线路设计的基本原则是满足列车运行的安全、平顺和舒适。线路设计的基础数据包括车辆、供电系统、通信系统、信号系统、环控系统的基础条件和系统参数。

第一节　车　　辆

轨道交通系统的选择是与车辆类型紧密相连的。车辆类型不同，不仅是车辆大小尺寸及容量的差别，更重要的是车辆的轴重、允许通过最小曲线、最高运营速度等技术指标有较大差异，直接影响轨道交通线路的结构形式、线路位置选择、运营组织、输送能力等多个方面。

城市轨道交通车辆主要是指地铁车辆和轻轨车辆，它们是城市轨道交通工程最重要的设备，也是技术含量较高的机电设备。城市轨道交通车辆应具有先进性、可靠性和实用性，应满足大容量、安全、快速、舒适、美观和节能的要求。

一、城市轨道列车的分类

城市轨道列车是轨道交通系统的核心，是包括机械、电子、材料、计算机、控制及航空等现代技术的集中体现。根据城市轨道交通系统列车动力驱动轴的分布、动力设备的配置和列车车辆之间的连接方式及组成结构不同而划分为不同的类别：按列车动力轮对的分布和驱动设备的设置分为动力分散型和动力集中型；按列车车辆转向架布置和车辆之间的连接方式分为独立(转向架)式和铰接(转向架)式，如图 2-1 所示。

动力分散型列车是将由电机驱动的动力轮对分散布置在全部列车或列车的多组轮对上，同时将主要电器及机械设备吊挂在车辆下部，列车的全部车辆都可载客[图 2-1(a)、图 2-1(b)]；动力集中型列车是将电器和动力设备集中安装在位于列车两端的动力车上，仅有动力车的轮对是受电机驱动的动力轮对，动力车不载客，只有中间拖车(无动力轮对)可载客[图 2-1(c)、图 2-1(d)]。

独立式列车的每节车辆的车体都置于两台转向架上，车辆与车辆之间用密接式车钩相连接，每节车辆从列车上解钩后，可以独立行走[图 2-1(a)、图 2-1(c)]；铰接式列车是将车辆的车体间用弹性铰相连接，在相邻车体的连接处放置一个共用转向架，因此每节车辆不能从列车中解开成为一个独立可行的车辆[图 2-1(b)、图 2-1(d)]。

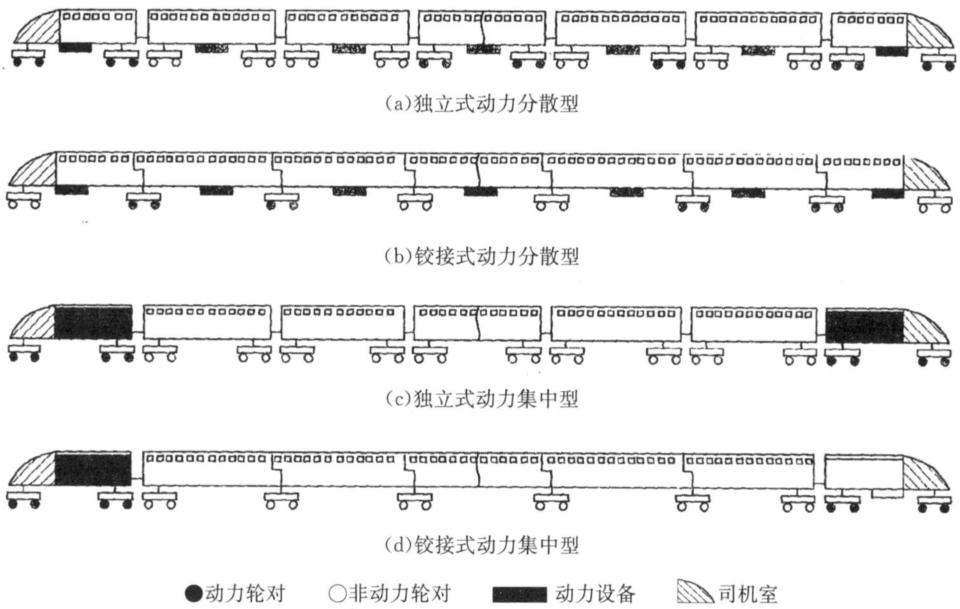

图 2-1　城市轨道交通列车分类示意图

由列车动力轮对两种分布类型和车辆连接与转向架布置的两种方式相互结合就出现了如图 2-1 所示的 4 种形式不同的城市轨道列车。

动力集中型城轨列车具有以下优点：

(1)它与传统的列车相似，便于按惯例进行运行管理和维修管理；

(2)故障相对较高的电器、机械设备集中在头车，运用中便于监测和进行技术保养，这些设备的工作环境也较清洁；

(3)机械、电器设备与载客车厢相隔离，车厢内噪声、振动较小。

动力集中型城轨列车的缺点在于：

(1)动力头车不能载客，相对减少了载客量；

(2)动力头车集中了全部动力设备，减轻设备重量比较困难；

(3)动力头车的制动能力受到黏着的限制，需要拖车分担部分制动功率，因此列车的制动性能欠佳。

动力分散型城轨列车具有以下优点：

(1)可较充分地利用车辆载客，增加列车载客量；

(2)将牵引动力设备和牵引电机的功率和重量分散，由列车的各个车辆负担，较易实现列车减轻轴重的要求；

(3)列车的牵引力分散在各个动力车轮上，可充分利用动力制动功率，因而列车具有较好的制动性能。

动力分散型城轨列车也存在一定的缺点：

(1)车辆下部设备安装在车下，其产生的振动和噪声会影响车厢内的舒适度，为隔振降噪增加了技术难度；

(2)动力设备安装在车下，要求体积小，工作环境差，分散的动力设备故障率相对较高；

(3)动力设备分装在各车辆，给车辆本身的减重增加了一定困难。

二、车辆构造及主要参数

(一)车辆基本构造

随着车辆制造技术的发展，目前城市轨道交通车辆已有许多类型，粗略地可分为地铁车辆和轻轨车辆，而后者又分为独轨车辆、轻型轨道车辆及线性电机车辆等类型。

地铁车辆有动车和拖车、带司机室和不带司机室等多种形式，例如上海地铁有带司机室拖车(A 型)、无司机室带受电弓的动车(B 型)和无司机室不带受电弓的动车(C 型)共三种车型。

轻型轨道车辆，简称轻轨车辆，分 4 轴、6 轴单铰接车和 8 轴双铰接车三种。20 世纪 60 年代初首先在德国的科隆—法兰克福修建的轻轨铁路，使用的是 U2 型 6 轴单铰双向运行的动车。

在一根导轨上运行的轨道车辆称为独轨车。独轨车分为悬吊式及跨座式两种。跨座式独轨铁路由日本率先于 1964 年在东京建成通车，作为城市现代化中的运量交通工具，目前仅在日本的三个城市和中国的重庆中运营。

线性电机车辆是 20 世纪 80 年代中期由加拿大率先研制的一种新型城市轨道交通工具。它使用了新型电机牵引、径向转向架等新技术，目前较好的是 MKII 型线性电机车，现在已在 4 个国家的 6 个城市中得到应用。

一般城市轨道交通车辆由 7 个部分组成：车体、动力转向架和非动力转向架、牵引缓冲装置、制动装置、受流装置、车辆内部设备、车辆电气系统。

1. 车体

车体分有司机室车体和无司机室车体两种。车体是容纳乘客和乘务员驾驶的地方，又是安装与连接其他设备的基础。现代城市轨道交通车辆车体均采用整体承载的钢结构或轻金属结构，一次挤压成型材，以达到在最轻的自重下满足强度的要求。车体一般分为底架、端墙和车顶等几部分。

车体采用挤压铝型材整体承载结构。车门采用内藏式门，驱动形式为电驱动。车门窗采用固定式大平面双层安全玻璃；司机室的前窗采用安全层压玻璃。防火及安全设施采用高阻燃、低烟、低毒释放材料；每辆车设灭火器，灭火器适合电气装置的灭火，列车司机室前端设紧急疏散门。

2. 转向架

转向架一般分动车转向架和拖车转向架两种，置于车体与轨道之间，用来牵引和引导车辆沿轨道方向行驶和承受与传递来自车体及线路的各种载荷并缓和其动力作用，是保证车辆运行平稳的关键部件。转向架一般由构架、弹簧悬挂装置、轮对轴箱和制动装置组成。动车转向架还设有牵引电动机及传动装置。

转向架结构型式有无摇枕、二系弹簧二轴转向架，构架为 H 型焊接钢结构构架，轴箱外置。一系悬挂为橡胶弹簧；二系悬挂为自由膜式空气弹簧。车轮采用国产整体碾钢轮。基础制动采用单元式踏面制动，由制动缸、闸瓦间隙调整器等组合而成。

牵引控制系统由受电弓(或第三轨)供电，采用 IGBT 元件作为牵引调控系统的主要逆变器，实现 VVVF 交流变频，控制三相感应电机驱动。

3. 牵引缓冲连接装置

车辆编组成列运行必须借助机械连接装置，即车钩。为了改善车辆纵向平稳性，一般在车钩的后部装设缓冲装置，以缓和列车冲动和撞击。另外城市轨道交通车辆车钩上还设有电路及气路自动连接设备。

4. 制动系统

制动系统是保证列车安全行驶所必不可少的装置，安装在每辆车上，确保列车在规定的距离内停车。城市轨道交通车辆采用电控空气制动设备，另外依靠牵引电动机可逆原理实施再生制动和电阻制动。

列车采用微机控制的模拟式空气制动机，通过再生制动、电阻制动和摩擦制动三者的合理结合，组成制动系统。系统具有防空转和防滑保护功能。

5. 受流装置

受流装置的作用是从接触网或导电轨将电流引入动车，通常称受流器。受流装置按其受流方式可分为以下 5 种形式：

杆型受流器：外形为两根平行杆，上部有两个受电轨(导线)，广泛用于城市无轨电车。

弓形受流器：为梯形结构，上部受流，弓可以升降，接触一根导线，下面由导轨构成电路，用于城市有轨电车。

侧面受流器：在车顶侧面受流，又称为“旁弓”，多用于矿山电力机车。

轨道式受流器：由底部导电轨受流，又称第三轨受流，空间可以被充分利用，多用于速度较高的隧道列车运行中。北京地铁及欧美大部分城市均采用这种方式。

辅助电源系统：辅助逆变器(静止逆变器)采用 IGBT 元件，向车辆提供 AC 380 V、AC 220 V、50 Hz 的电源和 DC 110 V 电源。蓄电池采用镍镉碱性电池，每列车两组，作为 DC 110 V 的备用电源，其容量可满足 45 min 事故照明及通风的需要。

6. 车辆内部设备

车辆内部设备包括服务于乘客的固定附属装置和服务于车辆运行的设备装置。属于前者的有：坐椅、扶手、照明、空调、通风、取暖设备等。服务于车辆运行的设备大多安装在车辆底部，包括蓄电池、继电器箱、主控制器箱、电动空压机单元、牵引箱、电阻箱及各类电气开关等。

另外，车辆还设空调和风道。每辆车空调制冷功率约为 2×40 kW。

7. 车辆电气系统

车辆电气系统包括车辆上的各种电气设备及其控制电路，按其功能可分为以下几种。

(1)主电路：指的是供车辆牵引动力的电路，主要由受流器、牵引箱、牵引电机、电阻、电抗器及电气开关等设备组成。

(2)控制与信息监控电路：用于对列车实施牵引、制动等操作，以及对设备状况进行监控、记录、预报的电路。

(3)辅助电路：通常由逆变器或发电机输出中级电压供车辆除牵引外其他动力设备使用，应急情况下由蓄电池维持供电。

(4)门控电路：对车门进行开、关控制的电路。

(5)列车信息管理系统：采用微机控制，可收集各子系统的信息，包括对牵引弓(或第三轨供电装置)控制、制动控制、辅助系统、车门、空调、照明、受电弓的检测，有故障诊断、显示报警和储存功能。故障显示器采用中英文对照，简化显示查询功能。

(6)ATC 和通信系统。

(二)车辆的主要参数

车辆有如下主要技术参数。

1. 车辆的长、宽、高

车辆的长、宽、高应分别测量其车体外部和内部尺寸，规划中主要采用车体的外部尺寸。车体外部长度是指车体最长部分的尺寸，也称为车辆最大长度；车体外部宽度是指车体最宽部分的尺寸，也称储量最大宽度；车体外部高度是指车辆顶部最高点离开钢轨水平面的距离，也称车辆最大高度。

2. 自重和载重

自重为车辆本身全部质量；载重为车辆允许的正常最大装载质量，均以吨(t)为单位。

3. 轴重

轴重是整个运行速度范围内该轴允许承担的并包括轮对在内的最大总质量。轴重的选择与线路、桥梁及车辆走行部分的设计标准有关。

4. 构造速度和最大运行速度

构造速度是指车辆设计时，安全及结构强度等条件允许的车辆最高行驶速度。车辆的实际行驶速度一般不允许超过构造速度。最大运行速度是车辆运行中的最大速度，通常比构造速度低 10%～15%。

5. 通过最小曲线半径

通过最小曲线半径指配以某种形式转向架的车辆在线路上运行或在车站、厂、段内调车所能安全通过的最小曲线半径。当车辆在此段曲线上行驶时，不得出现脱轨、倾覆等危及行车安全的事故，也不允许转向架与车体底架或车辆下部其他悬挂物相碰。

此外，车辆的技术参数还有车辆容量、最大起动加速度、最大制动减速度、供电电压等。

表 2-1 是 4 种类型轨道车辆的主要技术参数，由此可以比较各种车辆的主要性能。

表 2-1　各种轨道交通车辆性能对比表

主要技术参数	地铁车	轻型轨道车	悬吊式 独轨车	跨座式 独轨车	线性电机车 （MKII 型）
车辆最大长（m）×宽(m)×高(m)	(15～24)× (2.5～3)× (3～3.8)	(21～29)× (2.5～2.9)× (3～3.3)	9×2.5×3.3	14.8 × 2.98 × (5.1～5.3)	17.6×3.2×3.81
容量/人 定员状态 超员状态	 150～310 225～410	 190～336 285～500	 80 120	 120 180	 185 276
自重/$(t \cdot m^{-1})$	1.57～1.75	1.4～1.6			1.31
旅行速度 /$(km \cdot h^{-1})$	35～45	25～35	20～30	27～43	38～41
最大运行速度 /$(km \cdot h^{-1})$	80～100	60～70	65	80	80～100
最大加、减速度 /$(m \cdot s^{-2})$	1.2	1.2	1～1.2	1～1.2	1.0～1.34
驾驶方式	人工驾驶、 ATO	人工驾驶、 ATO	无人或有人驾驶、ATO、ATC	人工驾驶、 ATO、ATC	无人或有人驾驶、 ATO、ATC
供电电压/V	DC-600， 750,1500	DC-750 或 600	DC-1500	DC-1500	DC-1500
行驶装置	钢轮	钢轮	橡胶轮胎	橡胶轮胎	钢轮
行驶轨道	专用标准钢 轨道	专用标准 钢轨道	专用钢制桁架	专用预应力 混凝土桁架	专用标准钢轨道
最小曲线半径/m	运行线：300 车场线：250	运行线：150 车场线：80	运行线：60 车场线：30	运行线：60 车场线：30	运行线：70 车场线：35
最大坡度/‰	35	60	60～90	60～100	60～80
编组/(辆·列$^{-1}$)	4～10	1～3	2～4	2～6	4～6
单向运能 /(万人次·h^{-1})	3～8	2～4	1～2	1～2	2～3
噪音/dB(A)	车内：70～80 车外：80～85	车内：65～70 车外：75～82		车内：63～69 车外：73～78	车内：62～68 车外：70～76

轻轨车与地铁车相比，有车体较窄、运能较小、轴距较短、轴重较轻、噪声较低、爬坡和通过小半径曲线的能力较强、起动加速度和制动减速度较大等优点，但输送能力比地铁小。轻轨车与橡胶轮独轨比较，有能耗低(约低 40%)、技术成熟可靠等优点，但噪声大，在设置声屏障的情况下，景观差，又妨碍了乘客向窗外眺望。

与轻轨车和地铁车相比，独轨车因其采用橡胶轮和充气弹簧转向架，有噪声低、振动小、允许的最小曲线半径可以很小，较容易适应街道转弯，可大量减少拆迁工程。

与轻轨车和地铁车相比，线性电机车具有噪音低、体积小、重量轻、可通过小半径曲线、爬坡能力强、耗电量小等优点。由于动力系统不需要从旋转运动转换成直线运动，省去了齿轮箱等一系列传动机构，减少了许多噪声源。由于省去了一系列传动机构，使结构简化，且其轮径小，因此在容量保持不变的前提下，重量大大减轻。由于采用了径向转向架，MKII 型车的最小曲线半径仅为 35 m，在通过半径为 70 m 的曲线时可不减速，而一般轻轨车辆通过的最小曲线半径都在 150 m 以上，线性电机自重较轻，在相同的功率下，其电机牵引力较大，此外车辆是由电磁力直接驱动，牵引力不受轮轨间黏着系数的影响，可以充分发挥。线性电机车的缺点是电机的效率低（比一般旋转电机低 10%～30%），这是由于线圈与感应轨间的工作间隙较大（有 11 mm，而一般电机不足 3 mm），因而造成磁损耗；需要铺设一条与线路等长的感应轨，而目前这种车辆的制造技术及设备维修对国外的依赖性大，造价高。

三、车辆选型的基本原则

车辆选型应符合建设部颁发的《城市快速轨道交通工程项目建设标准（试行本）》有关规定，车辆选型应以本工程主要技术条件为依据，考虑既有线路车型因素，其技术指标应满足本工程线路条件和近、远期高峰小时客运量及行车组织（行车速度和行车间距）的要求。车辆选型和技术条件，应能适应当地的环境条件和气候条件。地面和高架为主的线路，应充分考虑车辆降噪措施；车辆主要功能，应根据工程的需要和城市经济条件分析确定。车辆主要部件和设备，应选用技术先进、成熟、安全、可靠和检修方便的产品，并充分考虑未来技术方向和发展趋势；车辆选型应充分考虑我国国情，努力提高本地化水平，降低造价，在引进关键技术设备时，应注意逐步实施本地化的可能性；车辆选型应考虑城市既有地铁线路运营车辆的技术条件，同一系统内车辆的主要技术规格宜统一，以方便运营管理和维修；车辆选型应充分考虑城市轨道交通的特点，在造型和色彩等方面力求统一和谐；车辆选型应符合我国现行《地下铁道车辆通用技术条件》（GB 7928—87）的规定。

1. 车辆选型与工程造价

我国许多大城市纷纷规划修建地铁或轻轨交通设施。在今后若干年内，我国城市轨道交通必将有较大的发展。但制约我国城市轨道交通建设的因素，主要是轨道交通投资大、设备造价高。要使轨道交通快速发展，必须将造价降下来。设备国产化是降低建设造价和运营成本的重要途径，因此开发具有国际先进水平的、价格相对较低的国产地铁列车非常必要。

另外，从我国地铁建设现状可以看出，车站建筑、隧道建筑、建筑设备、牵引供电、运营监控系统等建设项目的设计，工程规模和投资都与车辆类型和列车编组的选择，也就是与远期高峰小时断面客流量和行车密度有密切关系。远期（投入运营后 25 年）预测高峰小时断面客流量一般都很大，因而形成我国已建及在建地铁的如下状况：

（1）初、近期建筑规模偏大。特别是车站规模较大，长度一般为 250～400 m，车站总长约占线路总长的1/4，综合考虑乘客集散及装设自动售检票系统，配置设备用房，车站几乎都设计为双层或多层，形成车站建设规模及投资巨大。

(2)列车编组大。根据远期预测高峰小时断面客流量及车辆载客量(定员)选择车辆类型及列车编组，必然形成列车编组很大的现象。为保证必要的服务水准，车次密度还不能太低，形成初、近期及平峰期尤其是低峰期运行的列车载客率很低。

(3)维护管理费用大。就目前我国地铁建设状况而言，由于建设规模大、投资高、运营开支负担重，势必造成票价上升、客流吸引力下降、客运收入不理想的困境。

缓解目前存在问题的可行性措施很多，而采用灵活的编组方案来提高城市地铁的行车密度，减少列车编组，可以达到缩小土建规模、降低工程投资、节省运营费用、提高服务水平的目的。

为减少列车编组，就应在车辆的选型上采用灵活的组合方案，而这一切的实现都依赖于在车辆设计制造中合理安排转向架牵引系统、受电系统、司机室等，使之能够兼顾初、近期及远期的车辆编组要求。而目前在车辆国产化水平不高的情况下，车辆的主要结构型式在进口车辆的谈判时即已确定，今后再对其进行变更、改造十分困难，其成本也较高。因此，车辆的国产化不仅对车辆制造本身具有重要意义，而且对整个地铁系统工程造价的降低具有重要意义。

2. 检修制度

国内地铁车辆的检修制度采用的是按走行公里计算，由大修、架修、定修、月检、周检等修程组成。

从上述地铁车辆的主要组成可以看出，地铁车辆的装备水平高、制造质量优良，自动化程度高，在固定的一段线路上运行，其运行的环境条件也比国铁车辆要好，因而其定期检修周期比国铁的要长，但日常维修保养的条件及水平也相应地提高。这些对延长地铁车辆的使用寿命、提高检修质量、减小车辆段的规模、节省工程投资、提高运营经济效益十分有利。

对于每一条地铁运营线来说，由于车辆的架修、大修周期较长，故需要的检修台位也较少。大架修作业主要是将车组进行解体，在大架修库内采用架车机进行架车作业，各主要零部件进行全面地分解、清洗、检修、试验，其厂房设备投资高，检修人员素质要求高。若每条运营线都设置大架修设施，势必造成设备利用率低、专业化水平低，不利于运营经济效益和车辆检修质量的提高。因此，对于一个城市的地铁系统来说，在同类型的轨道交通系统线网上，各运营线在车辆的选型上应尽量一致，各运营线应有联络线互通，这样有利于车辆的维修管理，有利于车辆及检修资源的共享。对于一个城市的地铁或轻轨系统来说，应根据整个系统线网上车辆检修的工作量，统一建设1～2处大架修基地。

由于地铁车辆的定修作业主要是对制动系统、辅助机组、电器设备等进行针对性修理，其检修周期较短，检修内容简单，设备投资低，但检修车辆数量多，所以，每条运营线都应设置车辆的定修设施，一般不再考虑定修的检修资源的共享。

第二节　信号与列车控制

轨道交通的信号系统是最基础的控制系统，影响着轨道交通的行车速度及行车间隔时间，进而影响列车通过能力及输送能力，同时也是安全行车的重要保证。

一、闭 塞 方 式

轨道交通线路以车站为分界点划分为若干区间，以各线路的进站信号机柱或站界标的中心线为车站与区间的分界线。为了提高线路通过能力，在自动闭塞区段又将一个区间划分为若干个闭塞分区，以同方向两架通过信号机柱为闭塞分区的分界线。

轨道交通为了保证行车安全和提高运输效率，利用信号设备等来管理列车在区间运行的方法，称为闭塞方式，简称闭塞，办理闭塞所用的设备叫做闭塞设备。

轨道交通行车闭塞用信号的准许显示作为凭证时，当列车进入区间后凭证应自动取消，即信号机自动关闭准许显示。只有列车完全离开区间并再次办理闭塞时，才能再一次开放准许显示。

轨道交通信号技术分为固定闭塞与移动闭塞两种方式。

固定闭塞方式，即把区间线路按钢轨绝缘(有绝缘轨道电路)或电气绝缘(无绝缘轨道电路)分成若干闭塞分区，在每个闭塞分区内只准许一列列车运行，即将列车按空间间隔开。一般情况下，闭塞分区是用轨道电路或计轴装置来划分的，它具有列车定位和占用轨道的检查功能。固定闭塞的追踪目标点为前行列车所占用闭塞分区的始端，后行列车从最高速开始制动的计算点为要求开始减速的闭塞分区的始端，这两个点都是固定的，空间间隔的长度也是固定的，所以称为固定闭塞。

固定闭塞时列控系统采取分级速度控制模式，将速度分级，每两个速度等级间存在一个速差，其对应的信号显示就表达了这个速差意义，所以可以称为速差式信号显示。由图 2-2 可以看出，在固定闭塞中，后续列车必须与前一列车占用分区的进入端点保持一段安全距离，也就是说该种闭塞方式不注意前一列车在占用分区上的实际位置。为了改善这种状态，近年来开始使用移动闭塞。

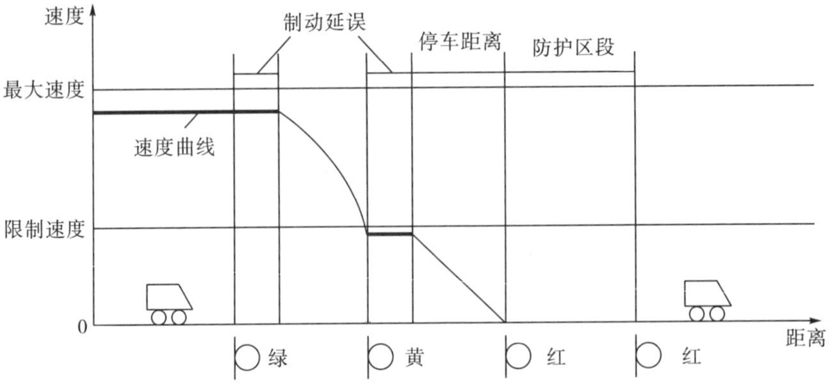

图 2-2　固定闭塞示意图

在采用滞后型阶梯式控制模式时，需要增加一个闭塞分区作为保护区段，所以运行列车间的空间间隔就大一些；采用其他分级速度控制模式时就不必增加一个闭塞分区作为保护区段。见图 2-3。

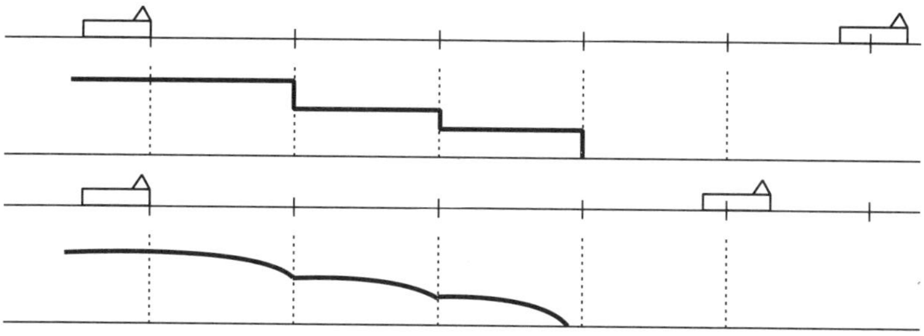

图 2-3　固定闭塞滞后型阶梯式控制模式示意图

移动闭塞就是根据先行列车和后续列车的速度、位置进行连续的列车运行间隔控制。各列车从车上向地上的控制装置传送其实际位置和速度等信息，根据其与先行列车间隔等因素，由地上装置向后续列车传送允许走行速度等信息(或由车上装置计算出允许走行速度)。这样每一后续列车都能安全地停在与先行列车尾部的实际位置保持一定安全距离的点上。这里所说的是与先行列车尾部的实际距离，而不是与先行列车所占用分区的入口点的距离，用移动闭塞代替固定闭塞最显著的作用就是最大限度地缩短列车在区间的运行间隔，如图 2-4 所示。

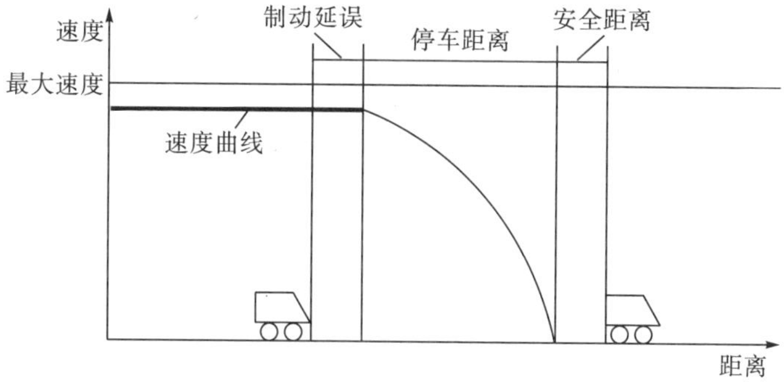

图 2-4　移动闭塞示意图

如图 2-4 所示，准移动闭塞时，列控系统采取目标距离控制模式，速度是不分级的，给出的是连续式一次速度控制曲线式的信号显示，所以其对应的信号显示制式可以称为速度式信号显示。

二、最小列车追踪间隔

为了保证行车安全，追踪列车与前行列车之间必须有一个最小的安全空间区间，最小列车追踪间隔与闭塞分区长度和列车长度有关，不同的闭塞方式最小追踪间隔不同。

图 2-5 是三显示自动闭塞最小的列车追踪间隔时分图，可按下式计算：

$$I = 0.06\,\frac{3l_{闭} + l_{列}}{v_{平均}}\,(\mathrm{min})$$

式中，$l_{闭}$——闭塞分区长度(m)，按规定，$l_{闭} \geqslant 1200$ m；

$l_{列}$——列车长度(m)；

$v_{平均}$——列车平均速度(km/h)；

0.06——化 km/h 为 m 的换算系数；

I——列车追踪间隔时分(min)。

计算时要按区段内最困难的线段考虑，即要按 $l_{闭}$ 最长的分区计算。

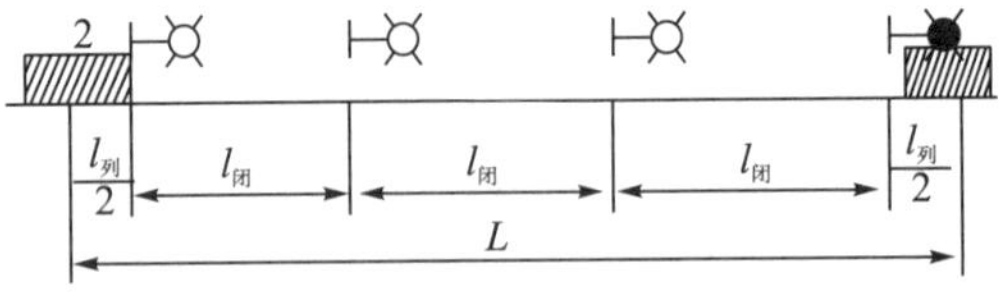

图 2-5 列车追踪间隔时分

从图 2-5 中可以看出，追踪列车 2 可以经常地在绿灯下运行。若先行列车 1 稍慢一点引起追踪间隔缩短，则列车 2 也有可能遇到黄灯，但只要列车 2 稍提高一些速度，该现象很快就会消失。所以，对追踪列车来说，可以保证它大部分时间内按该线路所允许的最高速度运行。这说明三显示自动闭塞列车追踪间隔按三个闭塞分区是最理想的办法。

反过来，先规定了列车追踪间隔时分，给定列车长度和平均运行速度，也可求出两列车中心之间的距离，应用该距离则可布置区间的通过信号机。

三、列车检测方式

传统的列车检测方式为有绝缘轨道电路检测，其平均长度在 250 m 左右(不含道岔区段)。有绝缘轨道电路要按闭塞分区长度切割钢轨装设大量的绝缘部件，其维修工作量相当大。

在车辆制动性能提高和车上装设列车自动保护系统(automatic train protection, ATP)的基础上，为了缩短列车运行间隔，把闭塞分区进一步细分为 150～200 m，能显著地提高地铁线路通过能力。随着闭塞分区的细分，以前的有绝缘轨道电路要增加很多的钢轨绝缘，这将使旅客舒适度降低和维修工作量大幅度增加，因此，国际上在新建线路和改造既有线路时，大都采用电气绝缘的无绝缘轨道电路代替有绝缘轨道电路。

在移动闭塞方式中，列车位置的检测有的不是由轨道电路实现的，而是由安装在线路中间的交叉感应线(每隔几十米交叉一次)实现的。列车通过交叉点时，车载感应器检测出交叉感应线变化的相位信息，以此在车上计算精确的实际列车位置。

四、车站信号控制方式

目前，世界各国地铁车站信号连锁设备大部分都为继电连锁设备。长期的使用表明，这种继电连锁设备，抗干扰能力强、工作稳定，可以较好地保证行车安全；但它却有故障检测和诊断能力差、与现代化的 ATS 系统结合难度大的缺点。随着微电子技术的高速发展，微机连锁设备被不断地引入车站信号控制领域。

从功能上讲，微机连锁系统大大超过继电连锁，能完成很多继电连锁无法完成的功能。微机连锁系统在软件和硬件方面都采用了模块结构，有利于实现连锁系统设计和制作标准化，提高了系统的通用性。连锁系统的适应性、扩展性加强了，并且可以利用微机存储量大、运算速度快、软件技术灵活等特点，构成具有丰富信息处理功能的一体化系统。在微机连锁系统中，可以应用多种抗干扰编码和故障诊断手段，从而更及时地发现硬件和软件的故障。发现故障后，更换备用插件即可恢复工作，使维修工作量减少，提高了系统的利用率，对于保持城轨列车较短的运行间隔具有十分重要的意义。

五、列车控制方式

以地面信号机为主体行车信号的人工驾驶列车方式，以闭塞分区分界点为标志进行点控制。地铁隧道内有时瞭望信号机受到一定限制(如在弯道处等)，且在车内没有具体表示出速度等级的要求，司机不能精确地驾驶列车，这无法适应地铁高密度运行的要求。以车内信号表示为主体的行车信号 ATP 设备，能为司机人工操纵失误采取补偿措施，改善列车控制状态，确保列车短间隔的运行。ATP 设备最主要的功能是实时监控由司机操纵的列车速度，当列车实际速度超过所占用闭塞分区的最大允许速度时，ATP 设备立即动作使列车紧急制动停车。列车上有 ATP 设备连续地向司机显示各种速度指标(如实际速度、该分区的允许速度和下一分区的限制速度等)。ATP 设备是故障－安全型设备，且利用微机技术实现了自诊断及故障显示。ATP 设备是安全地实现地铁列车高密度高速度运行所必备的车上信号设备。但是，ATP 设备只能实现监控列车上司机的操纵，在进行高密度、高速度运行时，司机手动操纵列车运行，负担太大，且更重要的是实现列车运行的最佳控制，应该采用列车自动驾驶方式，即 ATO 方式。

ATO 设备的功能是使列车比人工手动驾驶时具有更准确、更快及可重复的控制性能。ATO 设备能使列车具有精确度和性能的可重复性，能使站间运行时分、列车间隔和能量消耗实现最优化，这是人工驾驶所不能实现的。采用 ATO 设备后，司机只需要做开/关车门、按压出发按钮及监视运行等工作。

第三节　供 电 系 统

城市轨道交通系统中，供电系统需要占据一定的空间位置，对线路及车站位置规划有制约作用。供电系统包括供电电源、变电站、车辆受电方式等。

一、供 电 电 源

轨道交通供电系统需要满足列车牵引用电、线路及车站设备的动力用电及照明用电的要求，分为以下三类负荷。

一类负荷：各类消防用电、事故照明、通信信号电源及各变电所操作电源等。

二类负荷：一般照明、车辆段和停车场动力等。

三类负荷：空调用电、广告照明、自动扶梯等一和第二类负荷以外的其他用电负荷。

第一和第二类负荷用户因比较重要，不能中断供电，故需设置两路独立电源来确保可靠供电。

供电系统有分散式和集中式两种类型。分散式供电是分散性地从轨道交通系统外部引入电源，不便集中调度管理，因此一般不予采用，而常采用集中式供电。集中式供电是设置专用的变电所，对轨道交通各类设备进行供电。

二、变电站及变电所

城市轨道交通系统中，不同设备对电压的要求不同。例如，照明用电额定电压为220 V，电梯、鼓风机等动力设备用电要求380 V，而接触网根据系统所选配的车辆类型可能采用750 V、1500 V等电压。为了减少电能损耗，通常用较高电压传输。为此，轨道交通变电站通常分三个层次：主变电站(也称中心变电站)、牵引变电所、降压变电所。

(一)主变电站

主变电站负责从轨道交通系统外部引入高压电源，其电压通常为110 kV或35 kV。如果是110 kV，还需要降为35 kV，然后向各牵引变电所供电。同时，主变电站将电压从35 kV降为10 kV，对各降压变电所供电。例如，上海轨道交通明珠线实行集中式供电，全长约38.4 km，设4个主变电站；在各主变电站引入两路独立的110 kV电源，设置两台主变压器，将电压降至35 kV，向邻近的4～5座牵引变电所供电；另设置两台35 kV/10 kV变压器，将电压降为10 kV，向各降压变电所供电，经降压变电所降压为400 V/230 V，向轨道交通的动力及照明等设备供电。

(二)牵引变电所和降压变电所

牵引变电所主要是向接触网供电。降压变电所负责向轨道交通线路和车站的照明及动力设备进行供电。

根据轨道交通车辆的要求，接触网可采用直流制和交流制两种供电方式。交流制供电方式具有牵引变电所电气设备简单、供电距离长和接触网牵引电流小而构造简单等优点，但要求在其电动车辆上增设变压器、整流设备或用单相整流子电动机，具有体积庞大而自重较大的严重缺点。因此，除市郊铁路外，通常不予使用，而采用直流制供电方式。直流制的供电电压有3000 V、1200～1500 V、600～750 V三种类型。电压越高，输送距离越长，牵引变电所的间距可以越大，其数量就越少。由于使用3000 V直流电的车辆的制造比较困难，因此现在用得较多的是后两种。即在牵引变电所，需将35 kV的交流电降压、整流为1200～1500 V或600～750 V的电压供轨道交通车辆使用。

1. 数量及位置

牵引变电所及降压变电所的间距是按电压下降的允许范围和建设费用等因素决定的。对于牵引变电所，当使用电压为600～750 V时，每1.5～2 km左右设置一个变电所；当使用电压为1200～1500 V时，每3～4 km左右设置一个变电所。降压变电所一般在每个车站都设一个。上海轨道交通明珠线全线(包括停车场及车辆段)共设17座牵引变电站，平均间距为2.4 km；降压变电所共28个，在27个车站及1个车辆段处各设一个。

牵引变电所及降压变电所可以设置在地面及地下。设在地下，可以不占地面空间，保密性好，安保性强，如为地下隧道线路，还有与地铁调度及其他管理部门在同一活动平面上，联系工作、处理事故比较方便等优点。但电气设备设于地下也有不少缺点。地下变电所对地下建筑技术要求高，需要建造大型设备；在发生电气设备故障时，应有迅速排除烟气的密闭通风道。这些都将使地下变电所的建设费用增加。电气设备长期处于地下潮湿环境，潮湿空气中含盐量高，电气绝缘性能极易降低，电气和机械设备都易锈蚀，电气接点的故障率高，而值班人员在地下工作，也不利于健康。地下变电所还有设施搬运及换气困难的缺点。因此，在空间、城市规划等条件许可时，应尽量将变电所设在地面。

2. 牵引变电所的容量

变电所必要的容量 N_c 估算如下：

$$N_c = \frac{m \times 60 \times n \times c \times L}{I} \tag{2-1}$$

式中，N_c——变电所的必要容量，kW·h；

m——单线时为1，双线时为2；

c——每节车辆单位周转量的电能消耗，日本地铁取值为3.3～3.6(kW·h)/(车·km)；

n——列车的编组车辆数；

L——变电所分担区间距离，km；

I——列车运行时间间隔，min。

变电所的设备容量 E_c 计算如下：

$$E_c = \frac{N_c}{r} \tag{2-2}$$

式中，E_c——设备容量，kW·h；

r——比率，一般取0.70左右。

3. 牵引变电所的空间要求

设备的单位标准是：600 V时以1500 kW为单位，1500 V时以3000 kW为单位。每个单位所需的占地面积为20 m×5 m，再加上整个变电所的共用面积25 m×5 m。设置成地下变电所时，需要长度为25 m的隧道，净空为3.0 m，而共用部分最低净空只要达到2.8 m即可。

4. 搬运口及换气口设置

变电所设计时要考虑到有关设施的搬运要求及换气要求。在地下变电所的情况下，由于电气设备是利用轨道来搬运的，所以，在地下隧道的中层面设置搬运口，而在地下隧道的上层面设置搬运用的吊梁，如图 2-6 所示。

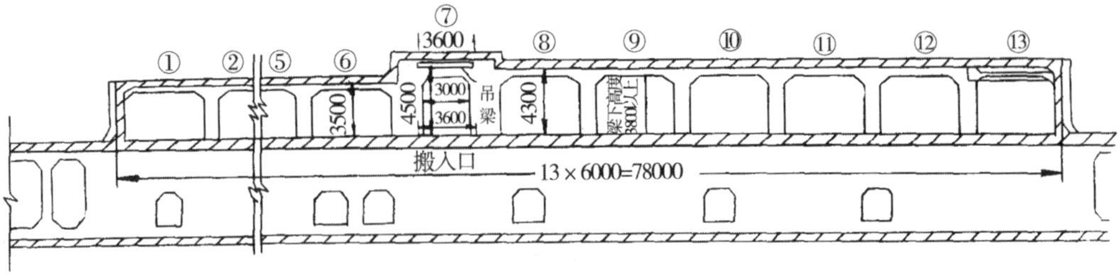

(a)纵断面图

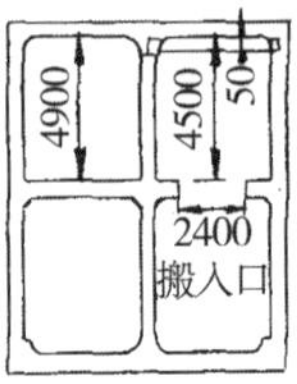

(b)吊梁部分横断面图

图 2-6 变电所空间结构示意图(尺寸单位：mm)

为了防止变电所内设备的温度上升，需要设置换气的设备。这种换气用鼓风机，有螺旋桨式鼓风机及多叶片环形鼓风机两种，前者噪音大，占用面积较小，约为隧道宽度×5 m，后者噪音小，占用面积较大，约为隧道宽度×10 m。一个变电所的换气需要 1～2 台 800 m^3/min 的鼓分机。

如果变电所的换气全部在隧道内进行，可能会引起隧道内温度上升。所以通常采用与隧道外部空气进行换气的方式。通风口的面积以从通风口的限制流速能得到与鼓风机能力相等的流量为原则进行确定。设置在人行道上的通风口的限制流速应控制在 3 m/s 以下，即使是专门在地上建造了换气塔的情况，其限制流速也应控制在 8.5～14 m/s 的范围内。通风口最好按吸气口、排气口设置于变电所的两端。当设在人行道上时，因占地面积大，所以应注意不影响行人步行，并取得道路管理部门及城市规划部门的许可。

三、车辆受电方式

轨道交通的受电方式可分为第三轨供电和架空接触网供电两种。

与架空接触网供电方式比较，第三轨供电方式的特点是：

(1)净空较小，可降低隧道断面高度，降低造价。例如，伦敦地铁隧道的圆形(内径)及矩形高度只有 3850 mm，东京地铁第三轨供电的矩形隧道高 4400 mm，而用接触网则需 5000～5200 mm。

(2)当线路位于地面或地面以上时，对城市景观的破坏程度较小。

(3)用钢轨作为接触轨材料造价较接触网低，且可节省有色金属铜，投资较少。架空接触网大约需铜材 3～4 t/km。

(4)安全性较差。第三轨沿列车走行钢轨平行架设，与钢轨距离只有 630 mm，离地面高 560 mm；因而工作人员进入轨道前，必须切断第三轨的电源，这给线路及信号设备的检修工作都带来不便。如果旅客途中抛掷或失落金属物件于第三轨，还会引起第三轨短路，导致停电事故。因此，第三轨供电方式不如架空接触网供电方式安全。

(5)不能和城市间铁路的市郊铁路联轨运行，因为市郊铁路多采用架空接触网供电系统。

目前，国外采用第三轨供电的城市轨道交通线路里程要多于采用架空接触网的里程，我国北京、天津也采用了第三轨供电方式。

第四节　城市轨道交通列车开行计划

列车开行计划是城市轨道交通系统日常运输组织的基础。列车开行计划编制的基础是客流、技术设备及其能力等，列车开行计划的内容除了全日行车计划外，还包括列车运行交路、列车停站设计和车辆运用计划等。

一、全日行车计划

全日行车计划是营业时间内各个小时开行的列车对数计划，它规定了城市轨道交通线路的日常运输任务，是编制列车运行图、计算运输工作量和确定车辆运用的基础资料。

全日行车计划编制的基础是客流计划。客流是指在单位时间内，城市轨道交通线路上乘客流动人数和流动方向的总和。客流的概念既表明了乘客在空间上的位移及其数量，又强调了这种位移带有方向性和具有起讫位置。客流可以是预测客流，也可以是实际客流。在建成新线投入运营的情况下，客流计划根据客流预测资料进行编制；在现有运营线路的情况下，客流计划根据客流统计资料和客流调查资料进行编制。

客流计划以站间发、到客流量数据作为原始资料，通过计算得到各站方向别上下车人数和全日分时最大断面客流量等客流数据。在客流计划编制过程中，高峰小时的断面客流量可以通过高峰小时站间发、到客流数据来计算，也可以通过全日站间发、到客流量数据来估算。在用全日站间发、到客流数据时，在求出全日断面客流量数据后，高峰小时的断面客流量按占全日断面客流量的一定比例来估算，比例系数的取值可通过客流调查来确定。

二、全日行车计划编制资料

1. 客运量

轨道交通的客运量是指一条或多条线路上各个区段在单位时间内单程或往返运送的实际或预测旅客量。

2. 客流

客流又称客流量，是指某一区段上，在单位时间内单方向或往返的实际旅客量或预测旅客量。

3. 居民流动量

也即一年内每个居民的平均乘行次数，表示居民流动的频繁程度，用一年内城市的客运量除以居民总数来计算。

4. 运程

每个旅客一次乘行的平均距离，取决于城市大小、形状、现有的各种运输方式的运输网总长度、结构形态、运输组织方式等因素。一般大城市的平均运程在 6～10 km。

5. 客流密度

是指每年经过每千米双线线路的旅客总数，用人/(km·a)表示。1975 年，莫斯科地铁约为 11000 万人/(km·a)，东京地铁为 7500 万人/（km·a)，北京地铁为 5100 万人/(km·a)，纽约和巴黎地铁约 2900 万人/(km·a)。

6. 车辆容量（v）

为车辆容纳乘客的数目，取决于车辆的大小(长度及宽度)、站位与座位的比例、旅客舒适度标准。通常地铁系统车辆的宽度约 3 m，长度在 23 m 左右。每节地铁车辆的定员标准与舒适度标准有关。我国目前城市交通普遍紧张，虽然每节车辆的定员只有 150～310 人，但是实际运营中，尤其在高峰期拥挤时段，往往超员运行，每节车辆乘客人数可达 225～410 人。

7. 列车编组数（n）

为一列车包含的车辆(动车、拖车)数量。编组数越大，输送能力越大，但列车长度会受车站站台长度的限制。在市郊铁路(如德国的 S-bahn)，列车长度可达 12 节，但在市区内的地铁，通常限制在 6～8 节，轻轨更少，限制在 3～4 节。香港及上海地铁多采用 6～8 节编组。

8. 列车行车间隔（I）

为两列车发车的时间间隔，通常单位用秒(s)。允许的最小行车间隔受信号设备性能限制，目前地铁最短可达到 75～90 s，轻轨可以短至 45 s。通常地铁采用的最小行车间隔是 90～120 s。

9. 营业时间

城市轨道交通系统营业时间的安排主要考虑了两个因素：一是方便乘客，满足城市生活的需要，即考虑城市居民出行活动的特点；二是满足轨道交通系统各项设备检修养护的需要。根据资料，世界上大多数城市的轨道交通系统营业时间为 18～20 h，个别城市是 24 h 运营，如美国的纽约和芝加哥。适当延长运营时间，是城市轨道交通系统提高服务水平的体现。

10. 全日分时最大断面客流量

全日分时最大断面客流量通常是在高峰小时断面客流量的基础上，根据全日客流分布模拟图计算确定。

11. 列车定员数（$p_{到}$）

列车定员数是列车编组辆数和车辆定员数的乘积，即 $p_{到}=v\times n$

列车编组辆数的确定以高峰小时最大断面客流量作为基本依据。在客流量一定的情况下，为达到一定的运能，除可采用增加列车编组辆数的措施外，也可采用缩短行车间隔时间的措施。但在行车密度已经较大时，为满足增长的客流需求，增加列车编组辆数往往成为首选措施。此时，城市轨道交通系统保有的运用车辆数是增加列车编组辆数的限制因素之一，其他限制因素还包括车站站台长度和车辆段停车线长度等。

车辆定员数的多少取决于车辆的尺寸、车厢内座位布置方式和车门设置数。在车辆限制范围内，车辆长宽尺寸越大载客越多，车厢内座位纵向布置较横向布置载客要多，车厢内车门区比座位区载客要多。

12. 线路断面满载率

线路断面满载率是指在单位时间内特定断面上的车辆载客能力利用率。在实际应用中，线路断面满载率通常是指早高峰小时、单向最大客流断面的车辆载客能力利用率，计算公式如下：

$$\beta=\frac{p_{\max}}{c_{\max}}\times 100\% \tag{2-3}$$

式中，β——线路断面满载率；

$p_{\max}$——单向最大断面客流量，人；

$c_{\max}$——高峰小时线路输送能力，人。

线路断面满载率既反映了高峰小时开行列车在最大客流断面的满载程度，也反映了乘客乘车的舒适程度。为了提高车辆运用效率、降低运输成本和提高经济效益，在编制全日行车计划时，轨道交通系统可采用列车在高峰小时适当超载的做法。

三、全日行车计划编制程序

1. 计算营业时间内各小时应开行列车数

计算公式如下：

$$n_i=\frac{p_{\max}}{p_{列}\beta} \tag{2-4}$$

式中，n_i——全日分时开行列车数，列或对；

$p_{列}$——列车定员数，人。

2. 计算行车间隔时间

计算公式如下：

$$t_{间隔} = \frac{3600}{n_i} \tag{2-5}$$

式中，$t_{间隔}$——行车间隔时间，s。

3. 最终确定全日行车计划

在已经计算得到各小时应开行列车数和行车间隔时间的基础上，应检查是否存在某段时间内行车间隔时间过长的情况。行车间隔时间过长，会增加乘客的候车时间，降低乘客的出行速度，不利于吸引客流。为方便乘客、提高服务水平，轨道交通系统在非高峰运营时间内，如 9：00～21：00 间的非高峰运营时间，最终确定的行车间隔时间标准一般不宜大于 6 min；而在其他非高峰运营时间内，最终确定的行车间隔时间标准也不宜大于 10 min。另外，对全日行车计划中的高峰小时行车间隔时间应检验是否符合列车在折返站的出发间隔时间。

四、列车开行方案

长期以来，我国城市轨道交通的列车开行方案基本上是采用长交路、站站停车方案。但现有轨道交通线路的延伸和城市轨道交通网络的形成，使列车运行组织面临新的问题，这就是在线路各区段客流相差悬殊时或不同轨道交通线路共线运行时，如何根据现有客流、设施条件，采用相适宜的列车开行方案，实现乘客服务水平、线路通过能力利用率和各项运营指标的最优化。

(一)列车运行交路

在列车开行计划中，列车交路规定了列车的运行区段、折返车站和按不同列车交路运行的列车对数。在线路各区段客流量不均衡程度较大的情况下，采用合理的列车交路，能在不降低服务水平的前提下提高车辆运用效率，避免运能虚靡，使行车组织做到经济合理。

列车交路有长交路、短交路和长短交路三种。长交路是指列车在线路的两个终点站间运行。短交路是指列车在线路的某一区段内运行，在指定的车站上折返。而长短交路是指列车在线路上的运行距离有长、短两种情形。

图 2-7(a)是长交路列车运行的图解，从行车组织的角度，长交路较短交路列车运行组织简单，对中间站折返设备要求也不高，但在各区段客流量不均衡程度较大的情况下，会产生部分区段运能的浪费。图 2-7(b)是短交路列车运行的图解，将长交路改为短交路，能适应不同客流区段的运输需求，运营也比较经济，但要求中间折返站具有两个方向的折返能力以及具有方便的换乘条件，从乘客的角度，服务水平有所降低。图 2-7(c)是长短交路列车运行的图解，长短交路混跑的组织方案，既能满足运输需求，又能提高运营

效益。因此，在线路各区段客流量不均衡程度较大的情况下，可以采用以长交路为主，短交路为辅的列车交路安排，组织列车在线路上按不同的密度行车。同样，当高峰期间客流在空间分布上比较均匀，而低谷期间客流在空间上分布相差悬殊时，也可以在低谷时间采用长短交路列车运行方案，组织开行部分在中间站折返的短交路列车。

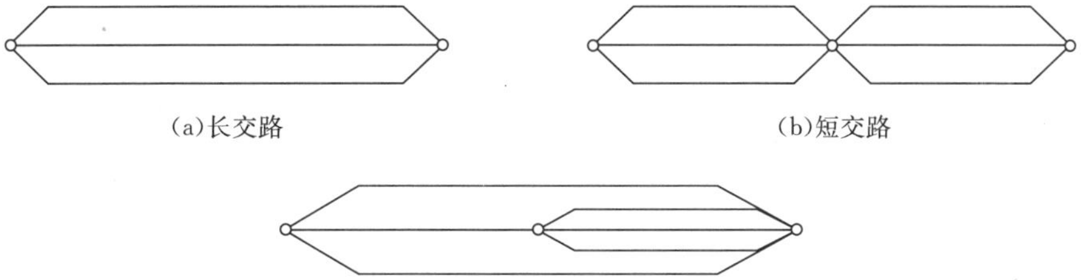

(a)长交路　(b)短交路

(c)长短交路

图 2-7　三种列车交路

(二)列车停站设计

传统的城市轨道交通列车停站设计，总是安排列车站站停车，但从优化列车运行组织、提高列车旅行速度和节约乘客出行时间出发，根据具体线路的客流特点，还可比选采用下面两种列车运行方案。

1. 跨站停车列车运行方案

如图 2-8 所示，该方案将全线列车分为 A、B、C 三类。A、B 两类车站按相邻分布原则确定，C 类车站按每隔若干个车站(图中是每隔 4 个)选择一站的原则确定。所有列车均应在 C 类车站停车作业，但在 A、B 两类车站则分别停车作业。

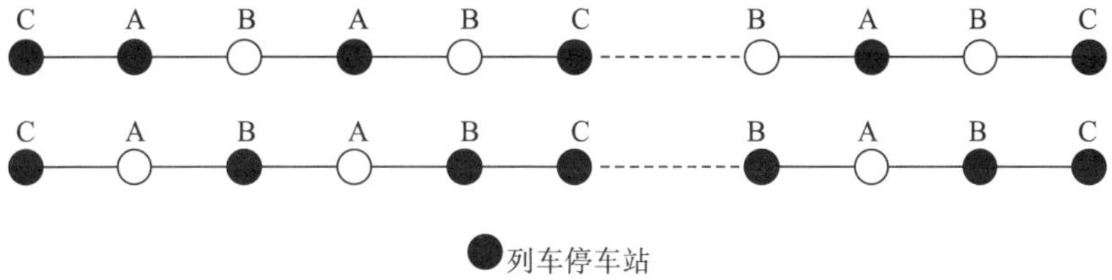

图 2-8　跨站停车列车运行方案停车示意图

跨站停车列车运行方案减少了列车停站次数，因而能压缩列车旅行时间和乘客乘车时间，提高列车旅行速度。同时，由于车辆周转加快，能减少车辆使用，降低运营成本。该方案的问题是：由于 A、B 两类车站的列车到达间隔加大，乘客候车时间有所增加；此外，在 A、B 两类车站间乘车的乘客需在 C 类车站换乘，给乘客带来不便。因此，该方案比较适合用于 C 类车站客流较大，而 A、B 两类车站客流较小，并且乘客平均乘车距离较远的情况。

2. 分段停车列车运行方案

该方案在长短列车交路的基础上，规定长交路运行列车在短交路区段外每站停车作业，在短交路区段内不停车通过；而短交路运行列车则在短交路区段内每站停车作业；

短交路列车的中间折返点作为换乘站。见图 2-9。

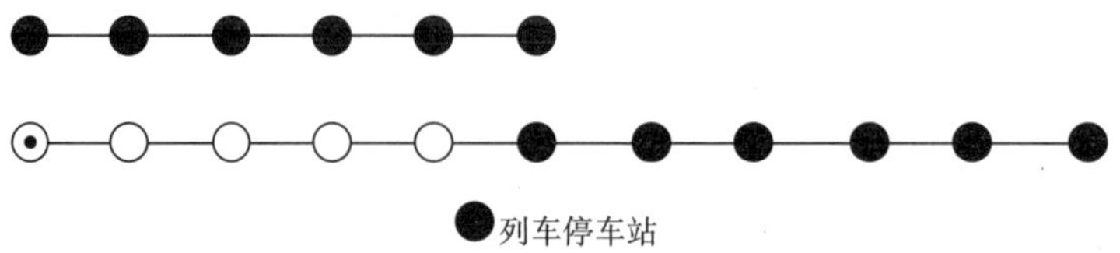

图 2-9　分段停车列车运行方案停车示意图

分段停车列车运行方案减少了长交路列车的停站次数，因而能压缩长途乘客在列车上消耗的时间；列车旅行速度的提高也有利于加快长交路运行车辆的周转。该方案的主要问题是：上下车不在同一交路区段的乘客需要换乘，增加了乘客在车站内消耗的时间。因此，采用分段停车列车运行方案的基本依据是乘客乘车时间得到的总节约应大于增加的总消耗。

五、车辆运用计划

(一)车辆运用分类

为完成乘客运送任务，轨道交通系统必须保有一定数量的车辆。车辆按运用上的区别，分为运用车、检修车和备用车三类。

1. 运用车

运用车是为完成日常运输任务而配备的技术状态良好的车辆，运用车的需要数与高峰小时开行列车对数、列车旅行速度及在折返站停留时间等各项因素有关，按下式计算：

$$N = \frac{n_{\text{高峰}}\theta_{\text{列}}m}{3600} \tag{2-6}$$

式中，N——运用车辆数，辆；

$n_{\text{高峰}}$——高峰小时开行列车数，对；

$\theta_{\text{列}}$——列车周转时间，s；

m——列车编组辆数，辆。

列车周转时间是指列车在线路上往返一次所消耗的全部时间。它包括了列车在区间运行、列车在中间站停车供乘客乘降，以及列车在折返站进行折返作业的全过程。

$$\theta_{\text{列}} = \sum t_{\text{运}} + \sum t_{\text{站}} + \sum t_{\text{折停}} \tag{2-7}$$

式中，$\sum t_{\text{运}}$——列车在线路上往返一次各区间运行时间的和，s；

$\sum t_{\text{站}}$——列车在线路上往返一次各中间站停站时间的和，s；

$\sum t_{\text{折停}}$——列车在折返站停留时间的和，s。

当列车在折返站的出发间隔时间大于高峰小时的行车间隔时间时，须在折返线上预置个列车进行周转，此时运用车数需相应增加。

2. 检修车

检修车是指处于定期检修状态的车辆。车辆的定期检修是一项有计划的预防性维修制度。车辆经过一段时间的运用后，各部件会产生磨耗、变形或损坏，为保证车辆技术状态良好和延长使用寿命，需要定期对车辆进行检修。

车辆的定期检修分成月检、定修、架修和大修(又称厂修)等，也有安排双周检与双日检的情形。不同的检修级别有不同的检修周期，表 2-2 为某地铁线路的车辆检修级别和检修周期表。车辆检修级别和检修周期是根据车辆各部件使用寿命以及车辆运行环境等因素综合考虑确定的。通过对车辆的不同部件制定不同的技术标准、检修级别和检修周期，使车辆在经过不同级别的定期检修后，能在整个检修周期内保持良好的技术状态。

表 2-2　车辆检修级别、周期及停时

检修级别	运用时间	走行公里/km	检修停时
双周检	2 周	4000	4 h
双月检	2 月	20000	2 d
定修	1 a	100000	10 d
架修	5 a	500000	25 d
大修	10 a	1000000	40 d

车辆检修周期是一个与车辆段建设规模和车辆段作业组织关系密切的技术指标，它也是推算检修车数的基础资料之一。检修周期主要是根据车辆运用的时间确定，但也有综合考虑车辆运用时间和走行千米确定的情况。在以运用时间确定检修周期的情况下，根据每种检修级别的年检修工作量和每种检修级别的检修停时，可以推算检修车数。

除车辆的定期检修外，车辆的日常检修有日检(又称列检)，检修停时为每日 2 h。此外，还应考虑车辆临修。车辆临修的停时按运用列车平均每年一次，每次 2 d 确定。

3. 备用车

为了适应客流变化，确保完成临时紧急的运输任务，以及预防运用车发生故障，必须保有若干技术状态良好的备用车辆。备用车的数量一般控制在运用车数的 10%左右。备用车原则上停放在线路两端终点站或车辆段内。

(二)车辆运用计划

车辆运用计划在列车运行图和车辆检修计划的基础上进行编制。车辆运用计划包括以下 4 个方面：

1. 排定车辆出入段顺序和时间

在新列车运行图下达后，车辆段有关部门应根据列车运行图的要求，及时排定运用车辆的出段顺序、时间和担当车次，回段顺序、时间和返回方向。出段时间根据列车运行图关于列车在始发站出发时刻的规定确定，出段时间应分别明确乘务员出勤时间、客车车底出库和出段时间。回段时间和返回方向同样也根据列车运行图确定。

2. 铺画车辆周转图

列车正线运行通常采用循环交路，根据列车运行图和车辆出段顺序，车辆运用计划以车辆周转图的形式规定了全日对应各出段顺序的车辆在线路上往返运行的交路、车辆在两端折返站到达和出发时间，以及车辆出入段时间和顺序。

3. 确定对应各出段顺序的车辆（列车车底）

根据车辆的运用情况和技术状态，在每日傍晚具体规定次日车辆的出段顺序和担当交路。在具体规定车辆的运用时，应注意使各列车车底的走行公里数能在一定时期内大体均衡。

4. 配备乘务员

为提高车辆利用效率和劳动生产率，轨道交通系统的乘务制度通常采用轮乘制。由于乘务员值乘的列车不固定，在编制车辆运用计划时，应对乘务员的出退勤时间、地点和值乘列车车次，以及工间休息和吃饭等同步作出安排。在安排乘务员的工作时，应注意乘务员的连续工作时间不要超劳。

第五节　旅客输送能力

轨道交通客流输送能力与客运量、客流特性、车辆容量、列车编组等技术条件有关。

一、城市轨道交通通过能力

城市轨道交通的通过能力是指在采用一定的车辆类型、信号设备和行车组织方法的条件下，城市轨道交通固定设备在单位时间内(通常是高峰小时)所能通过的最大列车数。对通过能力的正确计算和合理确定在城市轨道交通的新线规划设计和既有线日常运能安排、扩能技术改造方面具有重要的意义。

(一)影响通过能力的因素

城市轨道交通的通过能力应按下列固定设备的相关参数计算。

1. 线路

线路是指由区间和车站构成的整体，其通过能力主要受正线数目、列车运行控制方式、车辆技术性能、进出站线路平纵断面、列车停站时间和行车组织方法等因素影响。

2. 列车折返设备

其通过能力主要受车站折返线布置、信号和联锁设备种类、列车在折返站停站时间，以及调车进路长度与调车速度等因素影响。

3. 车辆段设备

其通过能力主要受车辆的检修台位、停车线等设备的数量和容量等因素影响。

4. 牵引供电设备

其通过能力主要受牵引变电所的数量、容量等因素影响。

城市轨道交通各项固定设备的通过能力通常各不相同，其中通过能力最小的固定设备限制了整个系统的通过能力，该项固定设备的通过能力即为城市轨道交通的最终通过能力。因此，城市轨道交通通过能力是各项固定设备的综合能力，如果各项固定设备的通过能力相差悬殊，则会产生某些固定设备通过能力的闲置现象。在各项固定设备中，限制城市轨道交通通过能力的固定设备通常是线路和列车折返设备。

在影响城市轨道交通通过能力的诸多因素中，权重最大的是列车运行控制方式和列车停站时间。列车运行控制方式是指列车运行间隔、速度的控制方式和行车调度指挥的方式，取决于采用的列车运行控制设备类型。

表 2-3 是三种列车运行控制方式下的城市轨道交通线路通过能力比较。

表 2-3　列车运行控制方式与线路通过能力

序号	闭塞设备	列车间隔控制	列车速度控制	行车调度指挥	通过能力
1	自动闭塞	追踪运行+列车自动防护	连续速度控制	行车指挥自动化	高
2	自动闭塞	追踪运行	点式速度控制	调度集中	中
3	双区间闭塞	非追踪运行	点式速度控制	调度监督	低

城市轨道交通车站一般不设置配线，列车只能在车站正线停车进行客运作业，致使列车追踪运行经过车站时的间隔时间远大于列车在区间追踪运行时的间隔时间。因此，列车停站时间是限制城市轨道交通线路通过能力的又一主要因素。

(二)通过能力计算

1. 线路通过能力计算

通过能力也称通行能力，以 1 h 单方向通过的列车数来衡量。

(1)自动闭塞行车。

自动闭塞行车时的线路通过能力计算公式为

$$N_{\max} = \frac{3600}{I} \tag{2-8}$$

式中，$N_{\max}$——1 h 内线路能够通过的最大列车数，列；

I——城市轨道交通追踪列车间隔时间，s。

若行车间隔时间 I 为 90～120 s，相应的通行能力为 40～30 对/h。

(2)双区间闭塞行车。

双区间闭塞是指列车连发间隔按同一时间两个区间内只准有一列列车占用进行控制，双区间闭塞列车运行周期如图 2-10 所示。

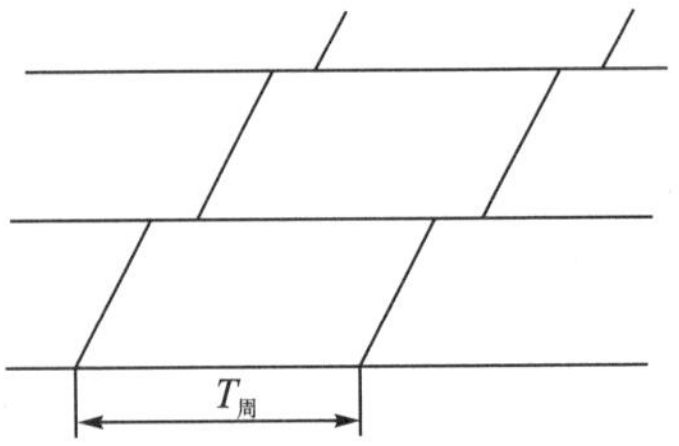

图 2-10　双区间闭塞运行周期

线路通过能力计算公式为

$$N_{max} = \frac{3600}{\sum t_{运}^{i} + t_{站} + \tau_{连}} \tag{2-9}$$

式中，$t_{运}^{i}$——区间运行时分，s；

$\tau_{连}$——连发间隔时间，s。

2. 列车折返设备通过能力

列车折返设备通过能力计算公式为

$$N_{折返} = \frac{3600}{I_{发}} \tag{2-10}$$

式中，$N_{折返}$——1 h 内列车折返设备能够折返的最大列车数，列；

$I_{发}$——列车折返出发间隔时间，s。

列车折返方式主要有站后折返和站前折返两种。站后折返通常是列车利用站后尽端折返线进行折返，站前折返则是列车经由站前渡线进行折返。折返方式不同，$I_{发}$ 的计算方法也不同。

(1)站后折返。

站后折返时的列车折返出发间隔时间如图 2-11 所示。

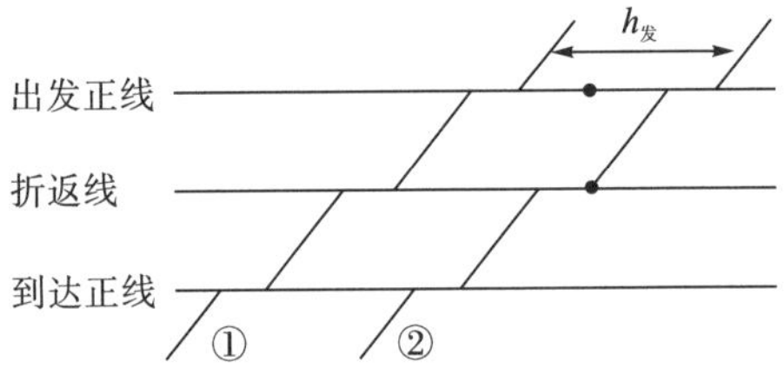

图 2-11　站后折返时列车出发间隔

折返列车②在折返线规定的停留时间结束后即能进入下行车站正线，此时折返列车①与②之间有最小的折返出发间隔时间 $h_{发}$，即

$$h_{发} = t_{离去} + t_{作业} + t_{确认} + t_{出线} + t_{站} \tag{2-11}$$

式中，$t_{离去}$——出发列车驶离车站闭塞分区的时间，s；

$t_{离去}$——车站为折返线停留列车办理调车进路的时间，包括道岔区段进路解锁延迟、排列进路和开放调车信号等各项时间，s；

$t_{确认}$——司机确认信号时间，s；

$t_{出线}$——列车从折返线至车站出发正线的走行时间，s；

$t_{站}$——列车停站时间，s。

(2)站前折返。

列车经由站前双渡线折返时，可以有侧向到达、直向出发和直向到达、侧向出发两种折返模式。从列车进站应减速、出站需加速以及乘客乘坐的舒适性考虑，侧向到达、直向出发是较为合理的列车进、出站运行组织办法。站前折返时的列车折返出发间隔如图 2-12 所示。

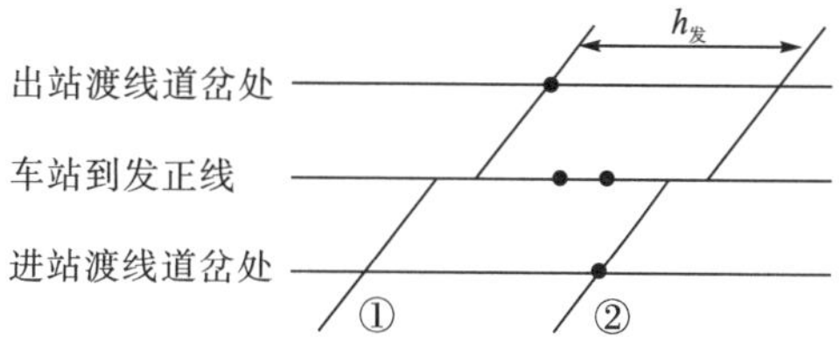

图 2-12　站前折返时列车出发间隔

进站列车②位于进站渡线道岔外方确认信号距离处时即能进入车站正线，此时折返列车①与②之间有最小的折返出发间隔时间 $h_{发}$，即

$$h_{发} = t_{离去} + t_{作业} + t_{确认} + t_{进站} + t_{站} \tag{2-12}$$

式中，$t_{作业}$——车站为进站列车办理接车进路的时间，包括道岔区段进路解锁延迟和排列进路等各项时间，s；

$t_{进站}$——列车从进站渡线道岔处至车站正线的走行时间，s。

3. 最终通过能力与使用通过能力

(1)最终通过能力。

如果城市轨道交通的最终通过能力受限制于线路或列车折返设备的通过能力，则最终通过能力可用下式计算：

$$N_{max}^{最终} = \frac{3600}{\max\{I, I_{发}\}} \tag{2-13}$$

式中，$N_{max}^{最终}$——城市轨道交通在 1 h 内最终能够通过的最大列车数，列。

(2)使用通过能力。

在日常行车组织中，由列车运行时分偏离、设备故障、行车事故和外界影响等带来的通过能力损失是不可避免的。因此，实际可使用的通过能力达不到理想作业状态下的理论计算能力。为合理安排列车运能、保证列车运行秩序，有必要通过计算确定使用通过能力。式(2-14)提出了计算思路：

$$n_{使用} = \frac{3600}{I + t_{损失}} \tag{2-14}$$

式中，$n_{使用}$——扣除能力损失后，城市轨道交通在 1 h 内能够通过的最大列车数，列；

$t_{损失}$——平均每列车分摊到的损失时间，s，可根据列车运行统计资料计算确定。

二、输送能力

输送能力为 1 h 单方向所能运送的旅客数，有时也称运输能力或运能，由列车的容量与线路通过能力的乘积来确定，单位为人/h。计算公式如下：

$$C = V \times N = v \times N$$

通过车辆容量、列车编组数及通过能力，可以估算线路的输送能力。如果每节车辆载客 150 人，采用 8 节编组，通过能力为 30 对/h，则输送能力为 36000 人/h。在西欧，由于舒适度标准较高，输送能力通常小于 25000 人/h；S-bahn 因与其他的交通方式共享路权(有部分交道口)，输送能力更低；轻轨线路输送能力一般为 5000～15000 人/h。

在美国和加拿大，舒适度标准为每位乘客 0.5 m^2(5.4 ft^2)，在通行能力为 30 对/h 时，现有的快速轨道交通系统高峰小时的输送能力为 20000～34000 人/h，轻轨约为 16000 人/h。在亚洲人口密集的大城市，舒适度标准比欧美国家低，其快速轨道交通系统的运能较大。香港地铁的高峰小时运量能达到 80000 人/h。上海地铁 2 号线，设计的最小间隔为 120 s，8 节编组，每节车辆载客量 310 人，每列车载客 2480 人，高峰小时输送能力能达到 74400 人/h，超员运行可达 98400 人/h。广州地铁 2 号线，设计的最小间隔为 120 s，6 节编组，每节车辆载客 310 人，每列车载客 1860 人，高峰小时输送能力能达到 55800 人/h。

第六节　城市轨道交通车辆牵引计算

轨道交通车辆牵引计算是研究列车在各种外力作用下，一系列与行车有关的实际问题，包括列车运行速度和时间、牵引质量、列车运行能耗、列车制动距离等问题的计算与解算。这些指标在轨道交通系统设计及既有线维护中，是计算铁路的通过能力、输送能力、线路纵断面坡段、运营支出等的基础资料，也是评比各设计方案优劣的主要依据。

牵引计算是以力学为基础，结合科学试验在运营实践的基础上得出的；很多计算公式及参数采用经验公式及试验数据。列车运动中，实际受力非常复杂。在牵引计算中，只研究对列车运动产生影响的外力，并将列车质点视为集中于列车中心进行分析计算。

一、作用于列车上的力

作用于列车上的力有牵引力、列车运行阻力及列车制动力。

(一)牵引力

牵引力是与列车运行方向相同并可由司机根据需要调节的外力。

1. 牵引力的形成与黏着限制

1)牵引力的形成

图 2-13 为动车的传动部分示意图。动车的动轴上装有电动机，通过齿轮传动装置将转矩传给动轴。由图可知，动轮上的转矩 M 对动车来说是内力，不能使动车前进。以力偶 F_1F_2代替转矩 M：

$$F_1 = F_2 = M/R$$

式中，R——动车动轮半径(动轮半磨耗时的半径)，其计算公式为

$$R = 0.5 \times (D_0 - b)$$

其中，D_0——动车组动轮名义直径，mm；

b——动轮的磨耗限度，mm。

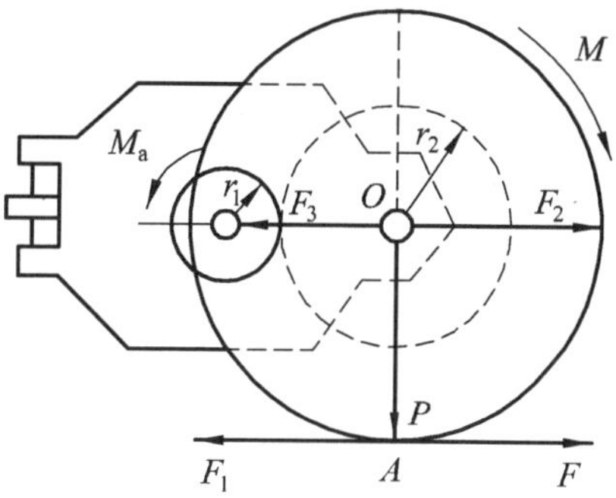

图 2-13　电力动车及电传动内燃动车牵引力的形成

F_2作用于动轮中心(轮轴的轴承上)，而F_1作用于钢轨上企图推移钢轨，但钢轨是固定不动的，因而轮心O点及轮轨接触点A必然产生个一反力矩，其大小与M相等而方向相反。力F_3为轴承作用于轮轴的反作用力，F为钢轨作用于车轮的反作用力。就整个动车来说，F_3为内力，轴承以力F_3作用于动轮轮轴，而轮轴也以大小相等、方向相反的力F_2反作用于轴承，二者相互平衡。显然，F是作用于动车上的唯一外力，也就是使动车前进的牵引力。F是依靠轮轨间的黏着产生由钢轨作用于动轮轮周上的反作用力。这种由钢轨作用于动轮轮周上的切向外力之和，即为动车轮周牵引力，简称动车牵引力。因此一个动轴的轮周牵引力为

$$F' = M/R$$

整辆动车的轮周牵引力为

$$\sum F = nF'$$

式中，n——动车动轴数。

2)轮轨黏着与黏着牵引力的限制

(1)轮轨间的摩擦与黏着。

根据对刚体平面运动的分析，对于沿钢轨滚动的车轮，车轮和钢轨的接触点在它们接触的瞬间是没有相对运动的，轮轨之间的纵向水平作用就是物理学上所说的静摩擦力，其最大值——“最大静摩擦力”是一个与运动状态无关的常量，它等于钢轨对车轮的垂向支持力与静摩擦系数的乘积。这是一种难以实现的理想状态。

实际上，车轮和钢轨在很大的压力作用下都有变形，为轮轨间接触而非点接触，不存在理想的瞬时转动中心；而车轮踏面又是圆锥形，加之列车运行中不可避免地要发生冲击和各种振动，所以，车轮在钢轨上滚动的同时必然伴随着微量的纵向和横向滑动，即实际不是纯粹的“静摩擦”状态，而是“静中有微动”或“滚中有滑”，轮轨间纵向水平作用力的最大值比物理的“最大静摩擦力”要小得多。

因此，轨道交通牵引和制动理论在分析轮轨间的纵向力问题时，不用“静摩擦”这个名词，而以“黏着”来代替它。相应的，黏着状态下轮轨间纵向水平作用力的最大值就称为黏着力，而将黏着力与轮轨间垂向荷载的比值称为黏着系数。

当轮轨间的纵向水平作用力超过了维持黏着状态的极限值——黏着力时，轮轨之间就会发生相对滑动，动轮在强大的力矩的作用下快速转动，但列车运动速度并不高；轮轨间的纵向水平作用力变成了滑动摩擦力，其值比黏着力要小得多，这种状态称为“空转”。在“空转”状态下，不仅牵引力急剧减小，钢轨和车轮也会受到严重的磨损，因此应该极力避免“空转”状态的发生。

(2)黏着牵引力的限制。

黏着牵引力是受轮轨间黏着力限制的动车组牵引力，其最大值为动轮荷载的重力乘

以轮轨间的黏着系数。动车黏着牵引力 F_μ 可表示为

$$F_{\mu\max} = P_\mu \cdot g \cdot \mu_j (\text{kN}) \tag{2-15}$$

式中，P_μ——机车粘着质量，t；

g——重力加速度，m/s^2；

μ_j——机车的计算黏着系数。

动车的轮周牵引力不能大于动车所能产生的黏着牵引力，称为粘着牵引力限制。

当牵引力大于轮轨最大黏着力 $F_{\mu\max}$时，动轮出现空转现象，此时轮轨间的摩擦力由静摩擦力变为动摩擦力，并且摩擦力急剧下降；动轴出现空转，将导致动车传动装置和走行部分损坏，同时引起轮轨接触面严重擦伤。因此，轮轨系统必须避免动轮空转，即保证

$$F_{\max} \leqslant F_{\mu\max} = P_\mu \cdot g \cdot \mu_j$$

轮轨间黏着系数 μ_j受很多因素影响，包括气候、动轮轮踏面和钢轨材质与表面状况、行车速度、动车有关部件状态等。当车轮在轨道上纯滚动时，其最大值接近轮轨间的摩擦系数。难以用理论方法计算，只能通过专门试验得出的试验公式表达。试验公式表示在正常黏着条件下计算黏着系数和动车运行速度的关系。

根据国内外试验研究可知，在一般钢轨上，μ 为 0.3～0.5；在干钢轨上撒一层石英砂时，μ 可达 0.6。当轨面上有一层薄油膜时，μ 甚至小于 0.15。图 2-14 为日本铁路车辆黏着系数实测结果。

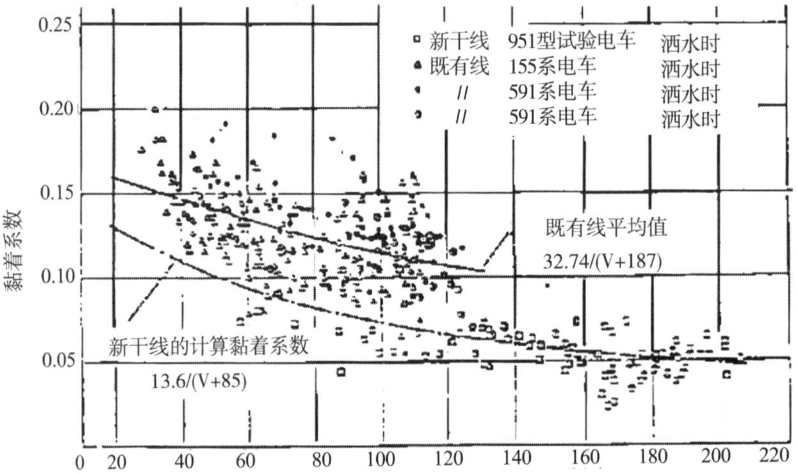

图 2-14 日本铁路车辆黏着系数实测结果

可见，黏着系数具有随机性，其变化范围很大，影响因素很多，很难准确计算，一般以计算黏着系数 μ_j 作为计算依据。

轮轨间黏着系数 μ_j 则受很多因素影响，包括气候、动轮轮踏面和钢轨材质与表面状况、行车速度、动车有关部件状态等，难以用理论方法计算，只能通过专门试验得出的试验公式表达。试验公式表示在正常黏着条件下计算黏着系数和列车运行速度的关系。动车牵引特性参照国外相关技术标准。

我国各种机车的计算黏着系数 μ_j 的试验公式为

国产各型电力机车：

$$\mu_j = 0.24 + \frac{12}{100 + 8V} \tag{2-16}$$

国产各型电传动内燃机车：

$$\mu_j = 0.248 + \frac{5.9}{75 + 20V} \tag{2-17}$$

式中，V ——行车速度，km/h。

国外高速动车组列车的计算黏着系数 μ_j 的试验公式为

日本(干轨)：

$$\mu_j = \frac{27.2}{85 + V} \tag{2-18}$$

日本(湿轨)：

$$\mu_j = \frac{13.6}{85 + V} \tag{2-19}$$

德国(湿轨)：

$$\mu_j = 0.7 \times \left(0.116 + \frac{9}{42 + V}\right) \tag{2-20}$$

德国(干轨)：

$$\mu_j = 0.116 + \frac{9}{42 + V} \tag{2-21}$$

式中，V 为行车速度，km/h。

2. 牵引力计算

轨道车辆的牵引力的计算是根据牵引特性曲线取值的。牵引特性曲线是表示动车轮周牵引力(纵轴)与运行速度(横轴)相互关系的曲线，通常由试验得到，如图 2-15。

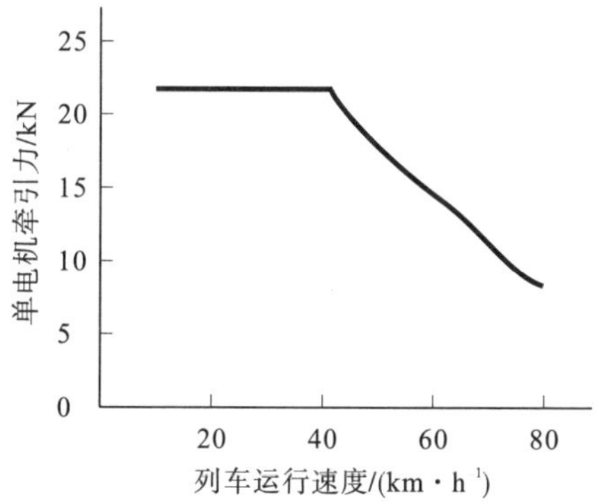

图 2-15 城轨车辆单电机牵引力曲线

城市轨道车辆牵引电机功率与速度的关系如表 2-4 所示。

表 2-4 城市轨道车辆牵引电机与速度的关系(B 型车)

车辆编组形式	最大运行速度/(km·h^{-1})	电机功率值/kW	
		a=0.35 m/s^2	a=0.4 m/s^2
二动一拖(四动两拖)	80	——	186.7
	100	——	233.3
	120	245.0	——
三动一拖(六动两拖)	100	——	207.4
	120	217.8	——
	140	254.1	——
五动二拖	100	——	——
	120	228.7	217.8
	140	366.8	——
五动三拖	80	——	199.1
	100	——	248.9
	120	161.3	——
全动车	120	163.3	——
	140	190.6	——
	160	217.8	——

图 2-16 为牵引电机最大牵引力与起动加速度的关系。

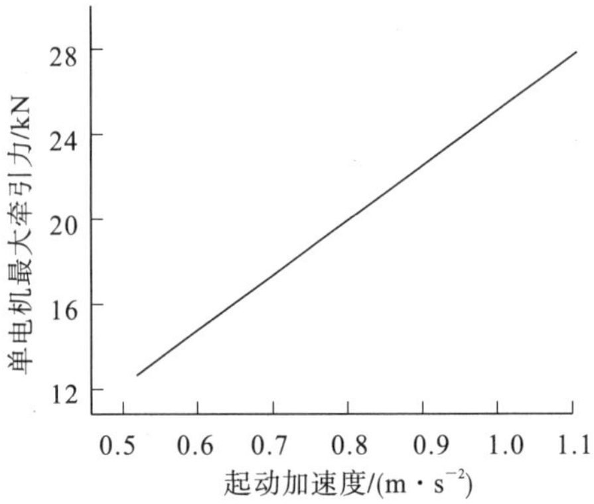

图 2-16 牵引电机最大牵引力与起动加速度的关系

世界各国已投入运营的 200 km/h 以上的高速列车普遍采用动车组牵引方式。牵引模式基本上分为两类：动力分散型动车组和动力集中型动车组。

动力分散型动车组由动车和拖车组成。动车是指既具有动力，又可载客的车辆；拖车是只载客而无动力装置的车辆。这类高速列车以日本新干线为代表。

动力集中型列车在其头尾两端配置动力车，而中间全部为拖车。动力车是不载客的动车。欧洲许多国家的高速列车都采用这类牵引模式，如法国的 TGV 和德国的 ICE 高速列车。

我国通过全面技术引进，最终实现国内制造的 CRH 系列动车组，为动力分散、交流传动的电动车组。CRH 系列动车组均采用三相交流异步电力电机，运行速度为 200 km/h以上；当牵引质量和速度目标值相同时，所需要的列车总功率相近。

动车组牵引力的计算可根据牵引特性曲线取值。不同的生产厂家给出的动车组牵引特性曲线形式有所不同，有的以单辆车牵引特性曲线的方式给出，有的以全列车特性曲线的方式给出。图 2-17 为 CRH 动车组的牵引特性曲线。在低速范围内，动车组的牵引力受起动电流的限制，如 CRH1 动车组在 0～50 km/h 的速度范围内，动车组牵引力受起动电流限制为一定值（325 kN）；当速度大于这一定值后，动车组牵引力受牵引电机功率的限制，随着速度的升高而降低。

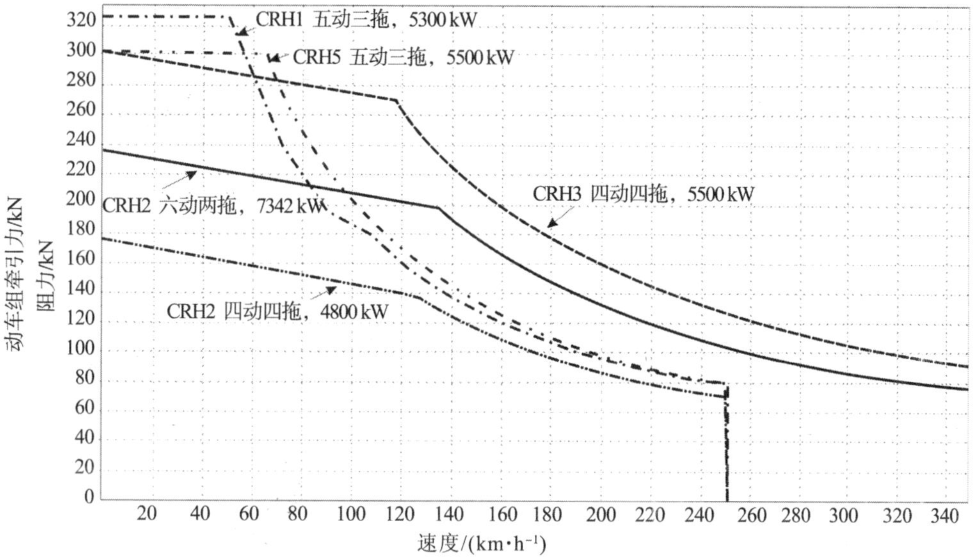

图 2-17 城际快速交通 CRH 动车组牵引特性曲线

我国生产的 CRH 系列高速动车组的牵引性能参数如表 2-5 所示。

表 2-5 CRH 高速动车组牵引性能参数表

参数 / 车型	V_s/(km·h^{-1})	F_s/kN	F_q/kN	P/t 动车	P/t 拖车	V_m/（km·h^{-1}）	车长/m 头车	车长/m 中车
CRH1	200	87	325	≤16	≤16	250	26.96	26.60
CRH2	200/300	132/83	237	≤14	≤14	250/330	25.70	25.00
CRH3	200/350	160/92	300	≤14	≤14	250/380	25.70	25.00
CRH5	200	95	300	≤17	≤16	250	27.60	25.00

注：V_s为最高运营速度；F_s为对应于最高运营速度时的牵引力；F_q 为起动牵引力；P 为动车轴重；V_m 为设计速度。

在已知速度的情况下，可利用线性插值法从牵引特性曲线上求出某点的牵引力。如图 2-17 所示，假设点 $A(V_1, F_1)$和 $B(V_2, F_2)$是某动车组牵引特性曲线上已知的两点，点 $X(V_x, F_x)$为两点间速度为 V_x 的牵引力待求点，运用线性插值法，该点牵引力为

$$F_x = \frac{(V_x - V_1)(F_2 - F_1)}{V_2 - V_1}$$

单位重力所对应的牵引力为

$$f_x = \frac{F_x \times 10^3}{M \times g} = \frac{F_1 + \dfrac{(V_x - V_1)(F_2 - F_1)}{V_2 - V_1}}{M \times g} \times 10^3$$

式中，F_x——所求点的动车组总牵引力，kN；

f_x——所求点的单位牵引力，N/kN；

V_x——所求点的速度，km/h；

M——动车组的总质量，t；

g——重力加速度，取 9.81 m/s^2。

牵引力还可以采用曲线拟合法进行计算。用函数 $y=f(x)$来表示牵引力和速度的关系，那么，对于牵引特性曲线上的任意一点，若速度已知，即可根据函数关系求得该点的牵引力。

(二)列车运行阻力

1. 概述

列车运行时，作用在列车上的阻止列车运行且不能由司机控制的外力称为列车运行阻力，简称列车阻力，一般用 W 表示。

试验表明，作用在车辆上的阻力与其质量成正比，故在牵引计算中采用单位阻力来计算总阻力，单位为 N/kN，用它乘以机车或车辆质量，就能得到轨道车辆总阻力。

根据阻力的性质，将阻力分为以下三类：

(1)基本阻力。列车在空旷地段沿平直轨道运行时遇到的阻力，该力在列车运行中总是存在的。基本阻力方向与列车运行方向相反。

(2)附加阻力。列车在线路上运行时受到的额外阻力，如坡道阻力、曲线阻力、隧道阻力等。附加阻力的种类随列车运行的线路平、纵断面情况而定。

(3)起动阻力。列车起动时的阻力。

2. 基本阻力

基本阻力由轴颈与轴承间的摩擦阻力、车轮与钢轨的滚动摩擦阻力、车轮在钢轨上的滑动摩擦阻力、轨道不平顺与车轮踏面擦伤等引起的冲击和振动阻力以及空气阻力构成。影响基本阻力的因素复杂，难以用纯理论公式求算，只能用通过大量试验综合得出的试验公式来计算。试验公式都用单位阻力 w_0的形式表达，其计算方法为

$$w_0 = a + bV + cV^2 \text{(N/kN 或者 N/t)}$$

式中，常数 a，b，c 由试验确定；V 为列车运行速度(km/h)。我国的基本阻力公式是在运行速度不小于 10 km/h、外温不低于−10 ℃、风速不大于 5 m/s 的条件下试验得出的。

(1)城轨车辆基本阻力。

一般地铁车辆的单位基本阻力公式为

$$w_0 = 2.27 + 0.00156V^2 \text{(N/kN)}$$

广州地铁车辆单位基本阻力公式为

$$w_0 = 2.75 + 0.000428V^2 (\text{N/kN})$$

上海明珠线轻轨车辆的基本阻力公式为

$$W_0 = 3100 + M(0.000673 + 0.0000913V) + 0.8632V^2 (\text{N})$$

天津快速轨道车辆的基本阻力公式为

$$W_0 = M_m(1.65 + 0.0247V) + M_t(0.78 + 0.0028V) + 9.8 \times [0.028 + 0.078(n-1)V^2] (\text{N})$$

式中，M——列车总质量，kg；

M_m——动车总质量，kg；

M_t——拖车总质量，kg；

V——列车速度，km/h；

n——每列车的车辆数。

重庆单轨车辆的基本阻力为

$$W_0 = M \cdot g \cdot f + \frac{C_D A v_f^2}{21.15} (\text{N})$$

式中，C_D——空气阻力系数，通常取 0.8；

f——滚动阻力系数，一般取 0.005；

v_f^2——单轨车辆相对风的速度，无风时即为单轨车辆运行速度 v，m/s。

(2)高速动车组单位基本阻力计算公式。

CRH 系列动车组的单位基本阻力可按下列公式计算。

CRH_1：　$w_0'' = 1.12 + 0.00542V + 0.000146V^2$ (N/kN)　(2-22)

CRH_2：　$w_0'' = 0.88 + 0.00744V + 0.000114V^2$ (N/kN)　(2-23)

CRH_3：　$w_0'' = 0.66 + 0.00245V + 0.000132V^2$ (N/kN)　(2-24)

CRH_5：　$w_0'' = 0.69 + 0.0063V + 0.00015V^2$ (N/kN)　(2-25)

3. 附加阻力

附加阻力取决于线路情况(坡道、曲线、隧道)及气候条件(大风、严寒等)。气候条件引起的附加阻力目前尚无可靠计算方法。因此，附加阻力仅计算坡道附加阻力、曲线附加阻力、隧道空气附加阻力。

1)坡道附加阻力

列车在坡道上运行时，其重力产生垂直于轨道的和平行于轨道的两个分力，垂直于轨道的分力被轨道的反力平衡，平行于轨道的分力即为列车坡道附加阻力。列车上坡时，坡道附加阻力方向与列车运行方向相反，阻力是正值；列车下坡时，坡道附加阻力方向与列车运行方向相同，阻力是负值。坡道附加阻力计算公式推导如下。

在图 2-18 中，设列车的质量为 M(t)，则其在坡道上运行时的重力为 $M \times g$，平行于轨道的分力 F_2 即为坡道附加阻力：

$$F_2 = M \times g \times \sin\alpha (\text{kN})$$

因为 α 角一般都很小(线路坡度 $i=34.9‰$ 时，$\alpha=2°$)，可令 $\sin\alpha \approx \tan\alpha$，于是得

$$F_2 = 1000M \times g \times \tan\alpha (\mathrm{N})$$

线路坡度 i 用千分率表示，$i=(h/l)\times 1000=1000\times\tan\alpha$，即 $\tan\alpha=i/1000$，故

$$F_2 = M \times g \times i (\mathrm{N})$$

因单位阻力的定义为单位质量阻力，故单位坡道附加阻力 w_i 为

$$w_i = \frac{M \times g \times i}{M \times g} = i (\mathrm{N/kN}) \qquad (2\text{-}26)$$

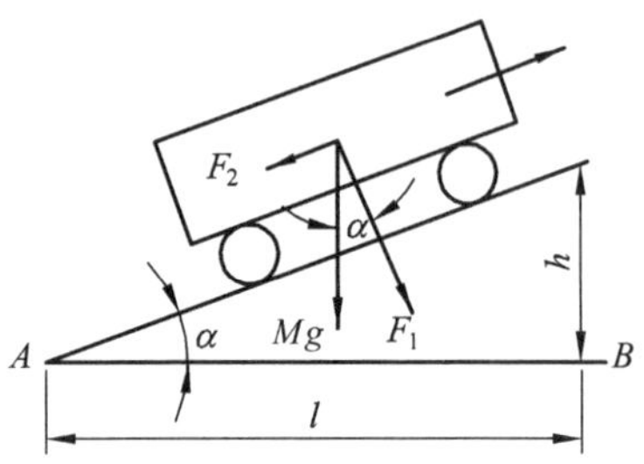

图 2-18 坡道附加阻力

式中，i 为坡度值(‰)，上坡为正值，下坡为负值。

可见，单位坡道附加阻力等于坡度的千分率。例如，列车在 6‰的上坡道上运行时，其单位坡道阻力为 6 N/kN；若为下坡，则单位坡道附加阻力为−6 N/kN。

2)曲线附加阻力

(1)引起曲线附加阻力的因素。

列车在曲线上运行比在直线上运行的阻力大，增大的部分称为曲线附加阻力。引起曲线附加阻力的因素主要是机车、车辆在曲线上运行时，轮轨间的纵向和横向滑动、轮缘与钢轨内侧面的摩擦增加，同时由于侧向力的作用，上、下心盘之间以及轴承有关部分摩擦加剧。由这些原因增加的阻力与曲线半径、列车运行速度、外轨超高、轨距加宽量、机车车辆的固定轴距和轴荷载等诸多因素有关，故难以用理论公式计算，通常采用试验方法，得出以曲线半径 R 为参数的试验公式。

(2)曲线附加阻力计算式。

由试验得到列车的单位曲线附加阻力 w_r 的计算公式为

$$w_r = \frac{600}{R} (\mathrm{N/kN}) \qquad (2\text{-}27)$$

速度大于 200 km/h 的高速列车的车辆单位曲线附加阻力 w_r 的计算公式为

$$w_r = \frac{2000}{R} (\mathrm{N/kN}) \qquad (2\text{-}28)$$

如果用圆曲线长度 L_y 与曲线转角 a 表示半径，则 $R=180L_y/(\pi\alpha)$，式(2-27)可写成

$$w_r = \frac{10.5\alpha}{L_y} (\mathrm{N/kN}) \qquad (2\text{-}29)$$

式(2-28)可写成

$$w_r = \frac{34.9\alpha}{L_y} (\mathrm{N/kN}) \qquad (2\text{-}30)$$

以上各式中，R，α，L_y——分别为曲线半径(m)、曲线转角(°)、曲线长度(m)。

(3)列车平均单位曲线附加阻力。

设列车长度为 L_L 且列车质量按长度均匀分布，列车延米质量为 q，则 $L_L \leqslant L_y$ 时，列车全长均受到曲线附加阻力的作用，列车受到的总的曲线附加阻力为

$$W_r = \frac{600}{R} \times g \times L_L \times q (\mathrm{N})$$

列车平均单位曲线附加阻力为

$$w_r = \frac{600}{R}(\text{N/kN}) \tag{2-31}$$

或

$$w_r = \frac{10.5\alpha}{L_y}(\text{N/kN}) \tag{2-32}$$

$L_L > L_y$时，列车仅有L_y长的一部分受到曲线附加阻力的作用，所以

$$W_r = \frac{600}{R} \times g \times L_y \times q(\text{N})$$

列车全长平均单位曲线附加阻力为

$$w_r = \frac{600}{R} \times \frac{L_y}{L_L}(\text{N/kN}) \tag{2-33}$$

或

$$w_r = \frac{10.5\alpha}{L_L}(\text{N/kN}) \tag{2-34}$$

如果列车同时位于多个曲线上，且列车全长范围内的曲线转角总和为$\sum\alpha$，则列车平均单位曲线附加阻力w_r为

$$w_r = \frac{10.5\sum\alpha}{L_L}(\text{N/kN}) \tag{2-35}$$

3)隧道空气附加阻力

列车在隧道内运行时，由于空气受隧道约束，不能向四周扩散，出现活塞现象，造成头部正压与尾部负压的压力差，产生阻碍列车运动的阻力。同时，由于车辆外形结构的原因，隧道内的空气产生紊流，造成空气与列车表面及隧道表面的摩擦，也对列车产生阻力。因此，列车在隧道中运行时，作用于列车上的空气阻力远较空旷地段大，增加的空气阻力称为隧道空气附加阻力。

隧道空气附加阻力与行车速度、列车长度、列车迎风面积和列车外形、隧道长度、隧道横截面积、隧道表面粗糙度等因素有关。这些因素的影响很复杂，难以推导出理论计算公式，一般采用试验方法得出经验公式。《列车牵引计算规程》建议在非限制坡地段采用下列公式来计算隧道内单位空气附加阻力：

$$w_s = 0.00013 \times L_s(\text{N/kN}) \tag{2-36}$$

$$W_S = 1.3 \times M \times g \times L_s \times 10^{-7}(\text{N})$$

以上各式中，L_s——隧道长度(m)；

L_L——列车长度(m)；

M——列车质量(t)。

在城市轨道交通系统设计中，考虑到列车质量轻，隧道附加阻力远小于坡道附加阻力和曲线附件阻力，因此，隧道附加阻力可忽略不计。

4)附加阻力换算坡度及加算坡度

(1)附加阻力换算坡度。

根据单位坡道附加阻力的计算公式［式(2-26)］，若将曲线附加阻力和隧道空气附加

阻力分别视为由坡度 i_r 和 i_s 产生的阻力，即令

$$w_r = i_r (\text{N/kN}), \quad w_s = i_s (\text{N/kN})$$

因此，我们把 i_r、i_s 分别称为曲线、隧道附加阻力换算坡度，或称为曲线、隧道当量坡度。

(2)加算坡度及列车平均单位阻力。

加算坡度 i_j 是指线路纵断面上坡段的坡度 i(上坡)与该坡道上的曲线、隧道等附加阻力换算坡度之和，即

$$i_j = i + i_r + i_s (‰) \tag{2-37}$$

对应的单位加算阻力为

$$w_j = w_i + w_r + w_s (\text{N/kN}) \tag{2-38}$$

列车总阻力为

$$W = W_0 + W_j = (M \times w_0'' + M \times i_j) \times g \times 10^{-3} (\text{kN})$$

轨道交通动车组列车平均单位阻力为

$$w = \frac{W}{M \times g} = w_0'' + w_i + w_r + w_s (\text{N/kN}) \tag{2-39}$$

5)其他附加阻力

除了上述各种附加阻力外，还有因大风或严寒等气候条件所引起的阻力。

由于列车运行的基本阻力公式是在一定的气候条件下进行试验求得的，所以气候条件变化时，列车的基本阻力亦将发生变化。风向与列车运行方向相反时列车阻力增大；风向与列车运行方向相同时则阻力减小。如果大风从列车侧面吹来，将使列车表面摩擦增大，并使车轮轮缘紧靠钢轨一侧，发生较大摩擦；同时，轴承摩擦以及轮间的滑动也会加剧，列车愈长时这种附加阻力就愈大。因此，这种侧向大风对列车运行是不利的。

严冬季节，在气温很低的地区，列车运行将增加额外阻力。由于轴承之间的润滑油黏度随着气温下降而增大，摩擦系数和摩擦阻力也随之增加；同时气温降低时，空气密度增大，空气阻力也有所增加。

由以上两种条件的变化而额外增加的阻力应由专门试验来确定，或者采用适当减少牵引质量的措施进行修正。

4. 起动阻力

列车起动是一个复杂的过程。由于轴承正常状态的滞后建立、轮轨间滚动摩擦阻力的加大，列车的动车、拖车停留时轴颈与轴承之间润滑油被挤出，油膜减薄；同时，轴箱内温度降低，油的黏度增大，故起动时，轴颈与轴承的摩擦阻力增大。此外，车轮压在钢轨上产生凹形变形比运行时大，增加了滚动阻力。同时，列车起动时，要求有较大的加速力以克服列车的静态惯性力。以及车钩间隙状态的差异导致各车辆之间拉紧起动过程复杂等，使得列车起动时的阻力大于列车进入正常状态时的阻力。因此，列车起动时应另行计算列车起动时的阻力。

根据我国试验结果，城轨车辆的单位起动阻力按 5 N/kN 计算。

（三）制动力

人为地制止列车运动，包括减速、阻止其运动或加速，均可称为制动。反之，对已施行制动的列车，解除或减弱其制动作用，均称为缓解。为对列车施行制动和缓解而安装在列车上的一整套设备，总称为制动装置。

由制动装置产生的与列车运行方向相反的外力称为制动力，它是人为的阻力，比列车运行中由于各种原因自然产生的阻力要大得多。所以，尽管在制动过程中列车运行阻力也起作用，但起主要作用的还是列车制动力。

按制动力的操纵控制方式，列车制动所采用的制动方式可分为空气制动、电制动和电空制动三类。

(1)空气制动。空气制动以机车上装置的空气压缩机产生的压缩空气为动力，推动机车车辆上的制动闸瓦压紧车轮轮箍，由摩擦产生制动，故称为空气制动。这种方式可以产生较大的制动力。

(2)电制动。操纵控制和原动力都用电的制动方式称为电磁制动，简称电制动，如电阻制动和再生制动。因电制动具有能够提供强大的制动力和其他诸多优点，已成为各种电力机车、电传动内燃机车和高速动车组的主要制动方式。

(3)电空制动。电空制动是电控空气制动的简称，它是在空气制动机的基础上，每辆车加装电磁阀等电气控制部件而形成的。电空制动的特点是制动作用的操纵控制使用电能，制动作用的原动力还是压缩空气；当制动机的控制失灵时，仍可实行空气压强控制，临时变成空气制动机。

电空制动机通过电气指令控制每辆车电磁阀的开闭，来控制制动管的充/排风(增/减压)，进而使三通阀动作，实现全列车的制动和缓解。因此，与空气制动机相比，它大大改善了列车前后制动和缓解的一致性，从而显著减轻了列车的纵向冲击，缩短了制动距离，电空制动本质上也是空气制动。我国高速动车组通常采用电空制动。

1. 空气制动力计算

(1)列车制动力的计算。

列车中各制动轴产生的制动力的总合，称为列车制动力，即

$$B = \sum (K \times \varphi_k)(\mathrm{kN}) \tag{2-40}$$

计算列车制动力的方法有实算法和换算法两种。在轨道交通系统设计中，常采用换算计算法。

换算法假定闸瓦摩擦系数与闸瓦压强无关，用一个不随闸瓦压强改变的换算摩擦系数 φ_h 代替实算摩擦系数 φ_k，以简化计算。

根据我国目前各种车辆的闸瓦压力的平均值，采用闸瓦压力 25 kN，得到换算摩擦系数公式为

$$\varphi_h = 0.356 \times \frac{3.6V + 100}{14V + 100} + 0.0007 \times (110 - V_0) \tag{2-41}$$

其中，V 和 V_0 分别为列车速度、制动初速(km/h)。

盘形制动闸片的换算摩擦系数按每块闸片实算闸片压力 $K=20$ kN，并折算到车轮踏面的 K 值计算，即

$$\varphi_h = 0.358 \times \frac{V+150}{2V+150} \tag{2-42}$$

采用换算摩擦系数后求得的制动力应与实算值相等。因此，实算的闸瓦压力 K 也应换算为换算闸瓦压力 K_h：

$$K_h \times \varphi_h = K \times \varphi_k$$

即

$$K_h = K\frac{\varphi_k}{\varphi_h}$$

每一车辆的换算闸瓦压力按下式计算：

$$K_h = 1.8 \times \frac{K+100}{5K+100} \times K(\text{kN}) \tag{2-43}$$

列车制动力为

$$B = \varphi_h\left(\sum K'_h + \sum K''_h\right)(\text{kN}) \tag{2-44}$$

式中，$\sum K'_h$ ——列车中的机车换算闸瓦压力之和(kN)；

$\sum K''_h$ ——列车中的车辆换算闸瓦压力之和(kN)；

其余符号意义同前。

(2)列车单位制动力与列车换算闸瓦压力。

依据换算闸瓦压力和换算摩擦系数计算列车单位制动力 b，可得

$$b = \frac{B \times 10^3}{M \times g} = 1000\varphi_h \times \frac{\sum K_h}{M \times g} = 1000\varphi_h\theta_h(\text{N/kN}) \tag{2-45}$$

式中，M——列车质量(t)，普通列车为 $P+G$。

φ_h——闸瓦与轮箍间的换算摩擦系数(因闸瓦材质而异，解算中磷、高磷及低摩合成闸瓦混编列车的运行时间时，可采用中磷闸瓦的换算摩擦系数)。

θ_h——列车换算制动率(其物理意义是列车换算闸瓦压力与列车所受重力的比值，即平均分配到每千牛列车重力上的闸瓦压力。按《铁路技术管理规程》，θ_h 不得小于：普通旅客列车为 0.58，盘形制动、高摩合成闸片的快速旅客列车为 0.32。

紧急制动时，列车换算制动率 θ_h 应取全值；而在解算列车进站时，θ_h 一般取全值的 50%；计算固定信号机的距离时，取全值的 80%。

2. 动力制动力计算

动力制动具有与空气制动不同的性能：在高速时制动力随速度的降低而增大，而在低速时制动力随速度的降低而减小。在长大下坡道上，采用动力制动可使列车安全地以较大速度行驶，提高线路通过能力；通过站场或在缓行区段，使用动力制动减速，可节省轮、瓦的磨耗。但是，动力制动只是在机车和动车上才有，所以它并不能代替空气制动而只能作为一种辅助的制动。由于低速时动力制动力随速度的降低而减小，列车在低速和停车时还必须依靠空气制动来控制。

(1)电力机车电阻制动特性曲线。

动力制动力的计算与牵引力类似，一般是参考制动特性曲线，运用线性内插法或曲线拟合法求解。

图 2-19 为 CRH2 动车组每辆动车的再生制动性能曲线。CRH2 动车组所有动车的车轴上都具有电制动，其电制动系统由受电弓、牵引变压器、牵引变流器及牵引电机组成。CRH2 动车组的常用制动设 1～7 级，常用制动时按速度－黏着特性曲线控制，并具有空重车载荷调整功能，可按载重来调节制动力。当列车运行速度较低时，电制动急剧衰减，因此，在 15 km/h 以下时不使用电制动。15～70 km/h 的速度范围为 VVVF 控制的恒力(或力矩)区。当速度为 70～250 km/h 时，制动力受电机功率的限制，随着速度的升高而减小。再生制动在最高级位常用制动时的减速特性如下：70 km/h 以下为 0.747 m/s^2，118 km/h 时为 0.619 m/s^2，200 km/h 时为 0.505 m/s^2。

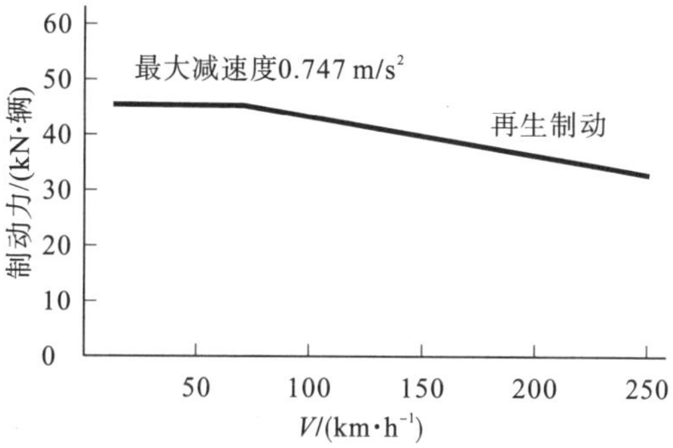

图 2-19 动车组再生制动特性曲线

(2)电制动力需要值的确定。

如果采用电制动控制，即按某一限制速度恒速下坡，根据合力为零的条件，可以求出所需要的电制动力 $B_{d(x)}$。

由 $M(i_j-w_0)\times g-B_{d(x)}=0$，得

$$B_{d(x)}=M\times g\times(i_j-w_0)(\mathrm{N}) \tag{2-46}$$

式中，$B_{d(x)}$——需要的电制动力(N)；

w_0——按限速计算的动车组车辆单位基本阻力(N/kN)；

i_j——列车运行坡道的加算坡度绝对值(‰)。

求得 $B_{d(x)}$后，可按机型查相应的电制动特性曲线图，若 $B_{d(x)}$在图中的使用范围内，说明可以用电阻制动控制列车按限速保持恒速下坡；如果超出使用范围，说明除采用电制动力外，还需辅以空气制动，使列车不超限速运行。

二、列车运动方程式

前面分析了动车牵引力、列车运行阻力、列车制动力的形成及其计算方法，这里将进一步分析这三种力作用于列车时，合力与列车加(减)速的数学关系，即列车运动方程式。然后即可运用列车运动方程式解算牵引质量、列车运行速度、运行时分、列车制动

等实际问题。

(一)列车运动状态分析

列车运行状态(加速、匀速、减速)决定于作用在列车上的合力，合力大小与机车工况及线路平、纵断面条件有关。动车有三种工况：

(1)牵引运行。此时作用于列车上的力为牵引力 F 和运行阻力 W，其合力 C 为

$$C = F - W$$

(2)惰力运行。此时作用于列车上的力仅有运行阻力 W，故合力 C 为

$$C = -W$$

(3)制动运行。此时作用于列车上的力为运行阻力 W 和制动力 B，故合力 C 为

$$C = -(W + B)$$

因 F、W、B 均随速度而变化，故合力 C 也随速度变化。当 $C>0$ 时，列车加速运行；当 $C=0$ 时，列车匀速运行；当 $C<0$ 时，列车减速运行。

(二)列车运动方程式

1. 列车运动方程式的一般形式

列车运动可以看成由两部分组成：全部质量集中于质心的平移运动和某些部分(如轮对等)的回转运动。所以列车的动能 E_d 亦由两部分组成，即

$$E_d = \frac{MV^2}{2} + \frac{\sum J\omega_h^2}{2} = \frac{MV^2}{2} + \sum \frac{JV^2}{2R_h^2}$$

$$= \frac{MV^2}{2}\left(1 + \sum \frac{J}{MR_h^2}\right) = \frac{MV^2}{2}(1 + \gamma)$$

式中，M——列车全部质量；

V——列车运行速度；

J——回转部分的转动惯量；

ω_h——回转部分的角速度，$\omega_h = \dfrac{V}{R_h}$，其中 R_h 为回转部分的回转半径；

γ——回转质量系数，动力集中式动车组取值为 0.06～0.08，动力分散式动车组取值为 0.08～0.11。

若视列车为刚性系统，则其动能增量为

$$\mathrm{d}E_d = M(1 + \gamma)V\mathrm{d}V$$

根据动能定律，刚性系统动能的增量等于所有作用于该系统的力在这段时间中所做的功。而这段时间内作用于列车的合力 C 所做的功为 $C \times V \times \mathrm{d}t$，故

$$M(1 + \gamma)V\mathrm{d}V = C \times V \times \mathrm{d}t$$

$$\frac{\mathrm{d}V}{\mathrm{d}t} = \frac{C}{(1 + \gamma) \times M} = \frac{g}{1000 \times (1 + \gamma)} \times \frac{C}{M \times g} = \frac{g}{1000 \times (1 + \gamma)} \times c$$

式中，$g \approx 9.81\ \mathrm{m/s^2} = 127000\ \mathrm{km/h^2}$；$c$ 为单位合力(N/kN)。故

$$\frac{\mathrm{d}V}{\mathrm{d}t}=\frac{127000}{1\ 000\times(1+\gamma)}\times c=\frac{127}{1+\gamma}\times c$$

令 $\frac{127}{1+\gamma}=\zeta$，称为加速度系数，代入上式可得出列车运动方程式的一般形式为

$$\frac{\mathrm{d}V}{\mathrm{d}t}=\zeta\times c$$

上式即为列车运动方程式的一般形式。加速度系数 ζ 的值取决于回转质量系数 g 的值，因机车车辆类型不同而不同。若取 $\gamma=0.06$，则 ζ 近似等于 120，则列车运动方程式可写为

$$\frac{\mathrm{d}V}{\mathrm{d}t}=120c(\mathrm{km/h^2}) \tag{2-47}$$

对式(2-47)积分，得列车运行时分为

$$t=\int\frac{\mathrm{d}V}{120c}(\mathrm{h})=\int\frac{0.5\mathrm{d}V}{c}(\mathrm{min})=\int\frac{30\mathrm{d}V}{c}(\mathrm{s}) \tag{2-48}$$

运行距离为

$$S=\int\mathrm{d}S=\int V\cdot\mathrm{d}t=\int\frac{V\mathrm{d}V}{120c}(\mathrm{km})=\int\frac{8.33V\mathrm{d}V}{c}(\mathrm{m}) \tag{2-49}$$

单位合力 c 与工况、线路条件(曲线阻力、坡道阻力等)有关。合力中的牵引力、基本阻力、制动力虽然是速度的函数，但曲线和坡道等附加阻力值仅与列车某时段所处位置有关，并非速度的函数。因此，单位合力 $c=f(V)$ 是因时、因地而异的。解答式(2-48)及式(2-49)的方法有直接积分法和近似积分法两种。近似积分法是目前广泛采用的方法。

2. 近似积分法解算列车运动方程式

将式(2-48)和式(2-49)中的积分上、下限间划分为若干更小的速度间隔 ΔV，假定每一个有限小的速度间隔内的单位合力 c 为常数(取 ΔV 范围内平均速度时的单位合力 c_p)，并设 ΔV 间隔内的初、末速为 V_1 和 V_2，则可解得列车运行时分和运行距离的近似积分公式。

(1) 运行时分：

$$\Delta t=\int_{V_1}^{V_2}\frac{0.5\mathrm{d}V}{c_p}=\frac{V_2-V_1}{2c_p}(\mathrm{min}) \tag{2-50}$$

$$t=\sum\Delta t(\mathrm{min}) \tag{2-51}$$

(2) 运行距离：

$$\Delta S=\int_{V_1}^{V_2}\frac{8.33V\mathrm{d}V}{c_p}=\frac{4.17\times(V_2^2-V_1^2)}{c_p}(\mathrm{m}) \tag{2-52}$$

$$S=\sum\Delta S(\mathrm{m}) \tag{2-53}$$

ΔV 取得愈小，计算结果愈精确。手工计算时，ΔV 一般取 10 km/h；计算机计算时，可根据精度要求取值。

在不同工况下，因列车受力组成不同，故式(2-50)和式(2-52)中的列车受力 c_p 组成可有不同的形式。

牵引运行：

$$c_p = f - w$$

惰力运行：

$$c_p = -w$$

制动运行：

$$c_p = -(w + \beta_b \times b)$$

式中，f——ΔV 间隔内的平均单位牵引力，$f = \frac{F}{M \times g} = \frac{F}{(P+G) \times g}$，$F$ 按 $V_p = \frac{V_1 + V_2}{2}$ 查牵引性能图；

w——ΔV 间隔内牵引运行的平均单位阻力，$w = w_0 + w_i + w_r + w_s$，其中 w_0 及 w_s 按 V_p 计算；

b——单位列车制动力，根据 V_p 按公式(2-45)计算；

β_b——单位列车制动力取值系数，紧急制动时取 1.0，进站制动时取 0.5。

三、运行速度与运行时分计算

列车在区间的运行速度和运行时分，是铁路的重要运营指标之一，也是评价线路设计优劣及估算运营支出的一项重要指标。解算列车运行速度及运行时分的方法，实际上就是结合线路情况解算列车运动方程式。

解算列车运行速度及站间运行时间的方法，从计算精度上可分为基于列车运动方程式的精确解法和基于均衡速度的粗略解法两类；从计算手段上可分为图解法和电算法(数值法)。随着电子计算机的普及，无论是精确解法还是均衡速度法，均已利用数值解法并采用计算机求解。以下简要介绍基于列车运动方程式的数值解法及均衡速度法。建设项目前期工作阶段或精度要求不高的概略计算时，可先化简线路纵断面坡度。

1. 数值解法

数值解法就是根据列车运动方程式的直接积分式、近似积分式或数值积分式解算列车的运行速度与运行时分(同时可计算能耗和机械功)。列车在区间运行的速度受多种因素限制，司机需根据不同情况和条件，通过合理操纵机车改变列车的工况，使列车的速度符合要求。由于坡度变化直接影响列车的运行速度，因此，通常是以坡段为基本单元进行计算的，数值解法的关键在于确定合理的工况及其变化点。

根据列车运动方程式推导出列车运行时分、距离、机车牵引机械功和能耗的计算公式。由于单位合力、牵引机械功和能耗均为运行速度 V 的插值函数，故在计算中可采用插值公式(如拉格朗日三点插值公式)对插值进行一元三点不等距分段插值，并采用数值积分法(如高斯数值积分)，求解上述各式。

2. 均衡速度法

均衡速度法是假定列车在每一个坡段上运行时，不论坡段长短，也不论进入坡段时的初速高低，都按该坡道的均衡速度(或限制速度)作等速运行考虑。按这样的速度来计算列车运行时能耗的方法称为均衡速度法。试验表明，均衡速度法与详细解法的走行时分略有不同。坡度变化不大时，均衡速度法中速度的超过部分(垂直影线部分)与其不足部分(水平影线部分)大体上可以抵消，只是在车站起动及进站停车时相差较大。所以，用均衡速度法计算时，要加起停车附加时分 t_q+t_t。当线路纵断面坡段很多，相邻坡段坡度差较大时，误差更大。故均衡速度法多用于概略计算。

从甲站至乙站运行时，因考虑甲、乙两站均停车，运行时分为

$$T_{\text{甲}-\text{乙}}=\sum(t_i\times L_i)+t_q+t_t \tag{2-54}$$

式中，t_q，t_t——起车、停车附加时分，与牵引种类、牵引质量及进出站线路纵断面情况有关，一般电力、内燃牵引时取 $t_q=1\sim3$ min，$t_t=1\sim2$ min；

L_i——某一坡段的长度(km)；

t_i——某一坡段上的每千米的运行时分(min/km)，上坡时 $t_i=60/V_{jh}$，其中 V_{jh} 为在合力曲线图上查得的均衡速度(km/h)；下坡时 $t_i=60/V_x$，V_x 为下坡限速(km/h)。

计算应分方向进行，是否应附加 t_q+t_t，应根据是否在该站停车而定。

第三章　城市轨道交通需求预测

第一节　概　　述

一、需求预测的意义

客运交通需求预测是城市轨道交通投资决策的基础，只有具备足够大的客运交通需求，建设轨道交通才是合理的。客运交通需求预测也是衡量建设项目经济成本和预测建设项目投入运营后经济效益的关键指标，有了科学合理的预测，才能对项目成本效益作出正确的评估，否则经济评估失真，将导致投资决策失误。城市轨道交通是城市综合交通方式中的一种，与其他交通方式共同构成城市交通运输系统。因此，在进行城市轨道交通需求预测时，必须与整个城市客运系统协同考虑。通常应该在城市客运交通总需求预测的基础上，预测城市轨道交通方式在城市综合交通中应分担的客流量。

城市轨道交通需求预测的目标是轨道交通系统建成通车后可能吸引的客流规模和其时空分布，具体指标包括轨道交通客运总量、客运周转量、各站上下车人数、各轨道交通线路之间换乘人数、区间上下行客流量、高峰小时运量等。这些指标是轨道交通设备配备和车站设计的基本依据，也是评价轨道交通规划路网优劣的重要依据。

随着交通工程学的发展，交通预测技术日趋成熟，交通预测的基本手段——交通模型，也随着计算机技术的发展和人们对城市交通规律认识的加深而得到逐步完善。模型的成熟程度是保证预测可信性的前提。模型的成熟程度体现在三个方面：

(1)模型结构与城市交通规律的吻合程度。这要求设计人员在长期的实际工作中，通过对城市交通规律的不断总结，对交通模型进行调整和加深，尽可能全面地模拟各种因素对城市交通的影响。比如广州市所采用的交通模型已经使用了6年，在数十次不同规模的交通研究中不断进行完善和调整，即便现在仍处于完善阶段。在国外，经过二三十年积累完善的交通模型更不乏其例。

(2)基础资料的完整程度和可靠性。交通预测的基本原理是由现在的交通情况推算未来交通情况，因此模型基础资料的完整程度和可靠性决定了模型预测结果的可信性。这就要求设计人员充分重视交通调查工作和模型基础数据的不断更新。详细而长期的交通调查是科学构造一切交通模型的基础。

(3)模型操作者的成熟程度。在模型参数标定过程中，不可避免地会加入设计人员的主观判断，这就要求模型设计人员对城市交通的现状和发展具备科学的理解，这种科学的理解是建立在大量实践之上的。交通预测的目的在于进行方案比较，因此预测结果的可比性是非常重要的。这一点与轨道交通可行性研究时进行的需求预测有很大差别，因为后者用来确定轨道交通系统规模和进行效益分析，强调的是准确性。

交通需求预测技术涉及的领域很广，常用的有四阶段模型和非集聚模型(即个人选择模型)。

四阶段法是欧美发达国家在20世纪50年代为了满足城市交通规划与建设的需要而开始研究的，到了20世纪70年代已经基本形成很有代表性的“四阶段”城市交通需求预测模式，称为四阶段模型。四阶段模型对远期总体规划最适用，它已经被广泛应用在交通规划中。

二、交通需求预测年限

轨道交通设计线交付运营后，客运量是随着国民经济的发展逐年增长的，设计线的能力必须与之适应。城市轨道交通工程的设计年度一般分为初期、近期和远期。初期为建成通车后的第三年，近期为交付运营后的第10年，远期为交付运营的第25年。

城市轨道交通系统设施的设计标准应使轨道交通设施的能力与运量增长相适应，既能满足日益增长的运输要求，又可节约轨道交通建设的初期投资。轨道交通线下基础设施和不易改、扩建的建筑物和设备，应按远期运量和运输性质设计，并适应长远发展的要求；对于易改、扩建的建筑物和设备，可按近期运量和运输性质设计，并预留远期发展的条件。

动车组的配置数量及变压器的安装容量等随运输需求变化而增减的运营设备，可按交付运营后第5年运量进行设计。

对于轨道交通项目，运量预测的目的是确定设计线的运能，客流预测应按初期、近期、远期设计年度分别预测，同时也应考虑整个线网的远景客流进行平衡性预测，经过综合分析，合理确定需求规模。

对于线网规划，城市轨道交通线网规划的年限应与城市总体规划一致，同时应对城市远景发展的轨道交通线网布局提出设想。根据线网规划的目的和总体要求，需求预测的年限应分为近期和远景。

轨道线网建设周期长、投资大，即便只是初具规模也要相当长的时间。对于近期年限的考察目的，主要是确定线网的基本骨架(基本线网)，并知道修建顺序。线网基本骨架是线网中最稳定的部分，因此要求客流预测具备相当的准确性，要求影响需求预测的规划条件尽量稳定。城市总体规划远期年限一般为10～15年，且城市总体规划年限范围内的规划条件比较稳定。轨道交通线网应以城市总体规划的远期作为线网规划近期年限。

考察远景年限的目的在于控制线网的最终发展规模的构架形态，并在城市中预留足够的条件以便将来线网的实施。为达到这一目的，远景状态应是城市在合理条件下饱和发展的状态，而达到这一状态需要多长时间是难以确定的，因此远景年限是不确定的。城市远景状态可以根据区域自然条件进行研究，以人口和就业分布状态来表示。一旦获得远景人口和就业分布，就可以构造远景出行矩阵，因此，远景规划不确定具体年限在预测技术上是可行的，但对于远景人口和就业分布，规划要求较高，必须委托当地权威部门进行研究。

第二节 资料采集与交通调查

对进行交通规划所需的各项资料进行调查分析，是交通规划的基础工作。调查资料是否全面、准确、真实，将直接影响交通预测及现状交通评价的准确性，进而影响交通系统规划的合理性。

交通调查分析是一项十分繁重的工作，涉及交通的源和流、交通设施以及与交通有关的社会、经济、自然、土地利用等多项基础资料。

一、概　　述

1. 资料采集的总体内容

城市交通不仅其自身是一个相互联系的系统，而且它还是城市大系统中的一个子系统。因此，城市交通的发展变化不仅与其自身的发展变化有关，而且会受到土地利用、社会经济发展变化等的极大影响。轨道交通规划要适应未来交通的发展，必须对交通系统现状以及影响交通发展变化的相关因素进行调查分析。除此之外，从土地利用等基本影响因素到最终的交通流形成，其间有十分复杂的机理和地方特点，要准确地分析未来交通的状况，必须对交通从基本因素的源和流的形成机理进行研究，这就需要对交通的源和流及其与基本因素之间的关系进行调查分析，也即进行起讫点调查。城市轨道交通规划资料采集的总体内容见图 3-1。

- 总体内容
  - 基础资料
    - 土地利用
    - 社会经济
    - 自然状况
  - 交通源流——起讫点调查
  - 交通现状
    - 道路交通
    - 轨道交通
    - 公共交通
    - 对外交通
  - 交通设施
    - 道路网
    - 轨道交通网
    - 公共交通设施
    - 对外交通设施

图 3-1　城市轨道交通规划资料采集的总体内容

2. 交通区划分

进行交通规划需要全面了解交通源及各交通源之间的交通流，但交通源一般是大量的，不可能对每个交通源进行单独研究。因此在交通规划过程中，需要将交通源合并成若干小区，这些小区被称为交通区。交通区划分是否适当将直接影响交通调查、分析、预测的工作量及精度。

交通区划分首先需确定划分交通区的区域。

划分交通区的区域除包括规划区域外，还应包括与规划区域有较大交通联系的其他区域，以及有较大过境交通经过规划区域的其他区域。

对于大城市，交通区划分的区域除其本身外，由于大城市有较强的辐射功能，因此交通区划分的区域还应考虑其辐射范围。对于中小城市，交通区划分的区域则应包括有较多过境交通经过城市的区域。

如前文所述，划分交通区的目的是全面了解交通源及交通源之间的流，在这个意义上，交通区划分越小越好。但交通区划分过小，会使调查、分析、预测等工作非常困难，工作量极大。因此，交通区划分的基本原则是在工作量最小的情况下全面反映交通的源流。

在进行交通规划时，交通区划分的多少、大小，应视交通的复杂程度和研究目的而具体确定。一般来说，规划区域内的交通区划分较小，规划区域外的交通区划分较大，而且离规划区域越远，交通区划分越大。交通矛盾突出的地方，交通区应划分得小些，反之则可划分得大些，如城市中心区的交通区划分一般较小，外围的交通区划分则可相对较大。

由于各种基础资料，如经济、人口等，一般都是按行政区划调查、统计、规划的，因此，为了基础资料收集的便利，交通区划分一般不应打破行政区划。在研究交通区之间的交通流时，交通区被作为交通源。因此，当交通区划分区域内有河流、铁道等构造物与天然分隔带时，应充分利用，将它们作为交通区的区界。为了交通分析、预测的方便，交通区内的用地性质、交通特点应尽量一致。

表 3-1 是美国城市进行交通规划时的交通区划分与城市类型、人口之间的关系表。

俄罗斯提出的城市交通区数量的推荐表如表 3-2，交通区的面积一般为 2～2.5 km^2。

表 3-1 美国城市交通区划分表

城市类型	城市人口/万人	交通区数量/个
Ⅰ	100～200	>50
Ⅱ	50～100	15～50
Ⅲ	25～50	8～20
Ⅳ	10～25	5～10

表 3-2 俄罗斯城市交通区划分表

调查区人口/万人	交通区面积/km^2		交通区人口/人	
	上、下限值	平均值	上、下限值	平均值
<7.5	0.28～5.25	1.38	120～2700	872
7.5～15	0.60～8.48	2.77	357～1692	954
15～30	0.60～10.03	3.30	545～2400	1296
30～100	2.03～25.68	5.55	1316～7175	2828
>100	1.45～33.32	7.83	2214～24659	7339

我国现已进行交通规划的城市，其市内交通区一般人口为 1 万～2 万人，面积为 1～2 km^2。图 3-2 是我国某市交通区划分示意图。

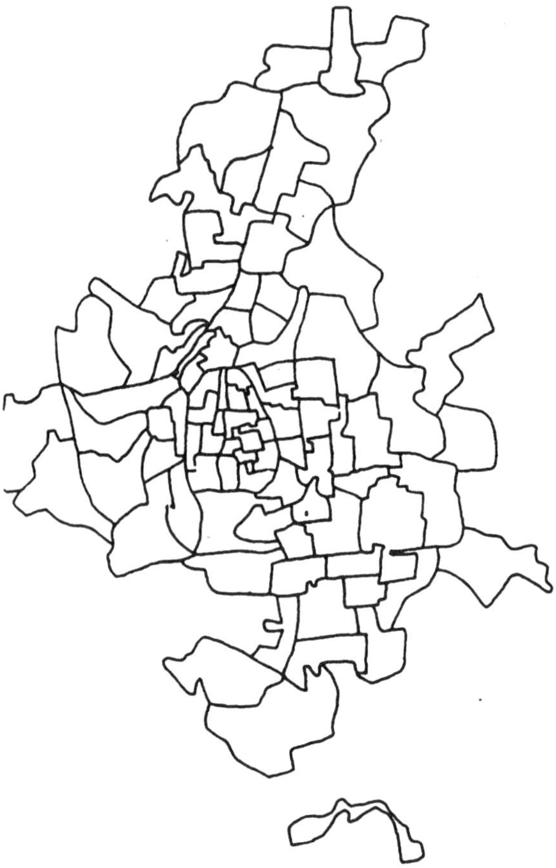

图 3-2　某市交通区划分示意图

对于城市轨道交通规划，其城市外区域的交通区主要根据道路网布局和行政区划进行划分，其交通区应尽量与对外交通流向一致。

二、基础资料调查分析

1. 土地利用调查

土地利用与交通有密切的关系，不同性质的土地利用，如居住区、工业区、商业区等有不同的交通特征，交通与土地利用的关系是进行交通预测的基本关系。交通调查、分析、预测的结果又可以反过来验证土地利用是否合理，为土地利用规划提供必要的依据。

土地利用与社会、经济状况也有密切的关系，例如居住区的人口会远高于工业区，工业区的产值又会远高于居住区，这种关系是社会经济分析预测的基本关系之一。

城市交通规划土地利用调查的内容包括城市现状及规划各种性质用地的布局、建筑密度及建筑高度的安排等，以及其他划分交通区的区域土地利用开发状况、现状和规划的用地安排、发展趋势等。

土地利用调查资料一般可从有关政府部门获得，如规划部门、土地管理部门等。

根据土地利用调查的成果，应对各交通区现状及未来的土地利用状况作出统计分析。

2. 社会经济调查分析

交通是直接为社会经济服务的，社会经济状况对交通有直接的影响，一定的社会经济状况对应一定的交通状况。对未来交通状况进行预测时，未来的社会经济状况是必需的基础资料之一。而对未来社会经济状况进行预测，以及建立交通与社会经济的关系时均需要现状及历史社会经济状况资料。

社会经济调查的内容包括：

(1)人口。包括人口的总量、分布、构成、增长状况等。

(2)国民经济。包括国民收入、各行业产值、投资状况等。

(3)产业。包括产业结构、布局。

(4)客货运输。包括运输量、各运输方式的比重。

(5)交通工具。包括交通工具拥有量、构成等。

表 3-3 和表 3-4 是典型的区域社会经济和综合运输调查表。

表 3-3 社会经济情况调查表

年份	土地面积/km²		人口/万人			工农业产值/万元			国民收入/万元		国民生产总值			社会生产总值					主要产品产量												
	总面积	耕地面积	总人口	非农业人口	农业人口	总产值	工业产值	农业产值	总收入	人均收入	总值	人均	农业	工业	建筑	运输	商业	煤炭	石油	金属矿石	钢铁	矿建材料	水泥	木材	非金属矿石	化肥	农药	盐	粮食	棉花	其他

为便于分析、预测未来的社会经济状况，社会经济调查应包括历史及现状的资料。根据社会经济的历史及现状资料，结合有关部门的规划，应对人口、经济的未来状况作出预测。社会经济预测最常用的方法是回归分析法，即建立社会经济指标与时间或其他相关因素间的回归方程，利用建立的回归方程进行预测。

社会经济历史及现状资料以及有关的规划、计划等，一般可从统计部门、计划经济部门、交通部门等政府部门获得。

社会经济的某些指标，如城市交通规划时的人口指标，必须预测出各交通区的状况，以便进行出行量预测。而人口指标的历史、现状及规划等一般不可能直接获得，只能获得某一区域如全市的资料，这时可先对该区域的总体指标情况进行调查分析，然后将其结合土地利用状况等分配到各交通区。

表 3-4 综合运输情况调查表

年份	全社会客运量/万人					全社会客运周转量/(万人·km)					全社会货运量/万 t					全社会货运周转量/(万 t·km)				
	铁路	公路	水运	空运	合计	铁路	公路	水运	空运	合计	铁路	公路	水运	空运	合计	铁路	公路	水运	空运	合计

城市各交通区的人口数可按下式计算：

$$PT_i = WPT \cdot \frac{A_i^0}{\sum_i A_i^0} = WPT \cdot A_i \tag{3-1}$$

式中，PT_i——交通区 i 人口数；

WPT——规划年城市总人口数；

A_i——交通区 i 人口分布吸引权。

$$A_i^0 = AO_i^0 \cdot q + AT_i^0 \cdot (1-q) \tag{3-2}$$

式中，AO_i^0——交通区 i 人口原分布吸引权；

AT_i^0——交通区 i 人口再分布吸引权；

q——人口原分布相对权。

$$AO_i^0 = \frac{PO_i \cdot (1+y_i)}{\sum_i PO_i \cdot (1+y_i)} \tag{3-3}$$

式中，PO_i——交通区 i 现状人口数；

y_i——交通区 i 改造后增加或减少的容量比例。

$$AT_i^0 = \frac{(CT_i - CO_i) \cdot BT_i \cdot CS_i}{\sum_i (CT_i - CO_i) \cdot BT_i \cdot CS_i} \tag{3-4}$$

式中，CT_i，CO_i——交通区 i 规划及现状居住用地面积；

BT_i——交通区 i 预测年开发率系数；

CS_i——交通区 i 人口毛密度。

3. 自然情况调查

自然情况调查的内容包括气候、地形、地质、自然资源、旅游资源等。

地形、地质等对交通系统的布局有很大的影响，地形、气候对交通状况也有一定影响，如山区城市或气候条件差的城市自行车交通就不会多等。

资源是生产资料和生活资料的源泉，自然界给劳动提供材料，而劳动则把材料转化为财富。对区域来说，资源的储量与分布可以从根本上影响和决定社会经济的结构、布局以及规模，进而影响并决定社会经济的基础设施之一——交通网的布局，所以资源就是交通运输的运量或潜运量。

资源调查应充分反映地方特点，重点放在影响地区专业化方向和产业结构特点的自然资源上。就矿藏性资源来说，调查的主要内容应包括：资源的储量、质量、分布、开发条件、外部协作以及业已开发的规模和开发计划等。表 3-5 是较为典型的区域矿藏资源调查表。旅游资源的调查主要内容应包括：旅游风景名胜，文物古迹的地点、等级、性质、地理位置、开发情况及开发计划。

表 3-5　主要矿产资源调查表

矿物名称	储藏地点	蕴藏量/万 t	现在开发规模	计划发展规模	备注

三、起讫点调查分析基础

起讫点调查，又称 OD(origin-destination)调查，是为了全面了解交通的源和流，以及交通源流的产生规律，对人、货、车移动，从出发到终止过程的全面情况，以及对有关的人、货、车的基本情况所作的调查。OD 调查在城市交通规划中占有极为重要的地位。

(一)基本概念与常用术语

出行：人、货、车完成某一目的(如上班、购物等)从起点到讫点的全过程，分别称为个人出行、货物出行、车辆出行。出行是指使用了公共交通设施的人、货、车的移动，因此，出行一般会有较远的距离。

起点：一次出行的出发地点，即 O 点。

讫点：一次出行的结束地点，即 D 点。

出行端点：出行起点、讫点的总称。

区内出行：起讫点都在同一交通区的出行。

区间出行：起讫点分别位于不同交通区的出行。

交通区重心：代表同一交通区内所有出行端点的某一集中点，是交通区交通源的中心，它不一定是交通区的几何中心。

期望线：又称愿望线，为连接各交通区重心间的直线，是交通区之间的最短出行距离，它的宽度表示交通区之间出行的次数。由期望线组成的期望线图，又称 OD 图，如图 3-3 所示。

主流倾向线：又称综合期望线，系将若干条流向相近的期望线合并汇总而成，目的是简化期望线图，突出交通的主要流向。

分隔查核线：为校核 OD 调查成果精度而在调查区内部按天然或人工障碍设定的调查线，可设一条或多条，它(们)将调查区划分成几个部分，用以实测穿越该线的各条道路断面上的交通量(图 3-4)。

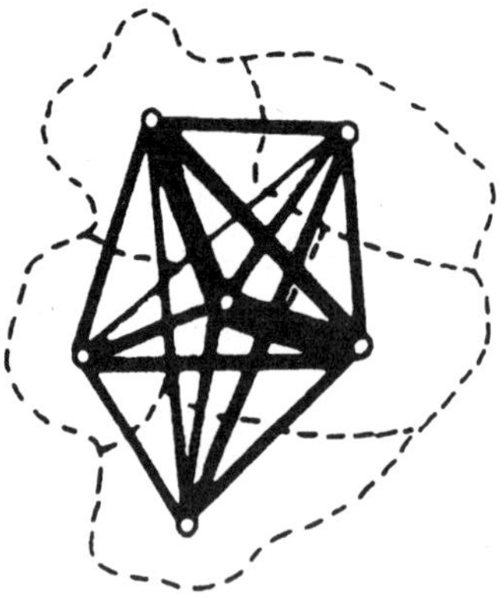

图 3-3　期望线图

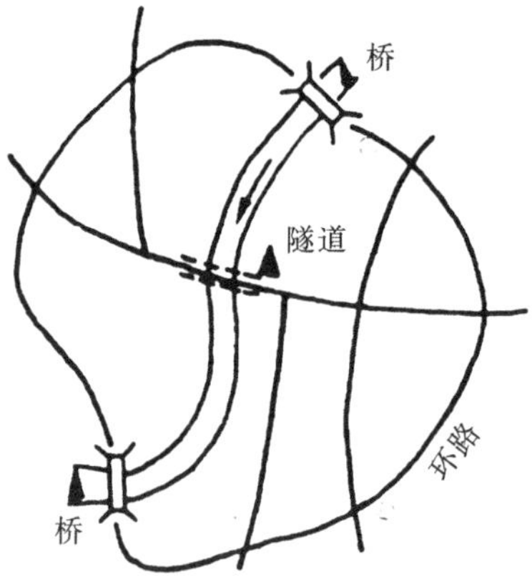

图 3-4　分隔查核线

境界线：包围全部调查区域的一条假想线，境界线上人口应尽量少，以减少调查工作量。

OD 表：一种表示各交通区之间出行量的表格。当交通区之间的出行不仅需要量而且需要方向时，用表示双向的矩形 OD 表格(表 3-6)；当只需要量时，则用表示双向之和的三角形 OD 表格(表 3-7)。表 3-7 中t_{ij}为交通区 i 与交通区 j 之间的出行量。

表 3-6　矩形 OD 表

起点 \ 讫点	A	B	C	$\sum$
A	10	30	20	60
B	34	40	50	124
C	18	54	26	98
$\sum$	62	124	96	282

表 3-7　三角形 OD 表

i \ j	1	2	3	…	n	$P_j=\sum_j t_{ij}$
1	t_{11}	t_{12}	t_{13}		t_{1n}	P_1
2	t_{21}	t_{22}	t_{23}		t_{2n}	P_2
3	t_{31}	t_{32}	t_{33}		t_{3n}	P_3
⋮	t_{11}	t_{11}	t_{11}		t_{11}	⋮
n	t_{n1}	t_{n2}	t_{n3}		t_{nn}	P_n
$A_j=\sum_i t_{ij}$	A_1	A_2	A_3		A_n	$T=\sum_i P_i+\sum_j A_j$

OD 调查的调查区除包括规划区域外，还应尽量包括与规划区域交通联系密切的附近区域，以便更好地反映规划区域与这些区域的交通关系。

(二)OD 调查的项目

城市交通的基本组成单元是人流和货流，在此基础上产生交通流。城市交通还包括内部交通、对外交通、过境交通三种性质和特点有所差异的组成部分，这三者特别是在交通方式特点上差异明显。同时，不同种类的交通互相交叉，因此，应对它们进行合理地组织。

城市交通规划的 OD 调查项目可按境界线内的 OD 调查和境界线 OD 调查两大类进行。

1. 境界线内 OD 调查

境界线内 OD 调查是对不通过境界线道路的出行 OD 所作的调查。境界线内 OD 调查包括客流 OD 调查、货流 OD 调查、机动车出行 OD 调查三类。

(1)客流 OD 调查。客流 OD 调查包括居民出行 OD 调查、流动人口出行 OD 调查、交通枢纽客流 OD 调查三个项目。

居民出行 OD 是指调查区域内居民在调查区内的出行 OD。流动人口出行 OD 是指调查区域内流动人口在调查区内的出行 OD。交通枢纽客流 OD 是指调查区域内铁路客站、客运码头、民航机场等交通枢纽运送的旅客，使用相应运输方式的对外、过境出行 OD。

(2)货流 OD 调查。货流 OD 调查包括境内货流 OD 调查及交通枢纽货流 OD 调查两个项目。

境内货流是指起讫点均在调查区范围内的货流。交通枢纽货流是指调查区域内铁路货站(场)、货运码头、民航机场等交通枢纽运送的货物，使用相应运输方式的对外、过境出行 OD。

(3)机动车出行 OD 调查。机动车出行 OD 调查包括公交车出行 OD 调查和境内其他机动车境内出行 OD 调查两个项目。境内其他机动车境内出行 OD 是指调查区内拥有的除公交车外的其他机动车在调查区内部的出行 OD。

公交车出行有其固定的线路和时间等，因此公交车出行有其特殊性，故单独调查。

2. 境界线 OD 调查

境界线 OD 调查是对通过境界线道路的车辆出行 OD 所作的调查。它包括境界线机动车出行 OD 调查和境界线自行车出行 OD 调查两个项目。

上述城市交通 OD 调查的项目在进行道路交通规划时，可根据规划城市的具体情况作适当的取舍、增补或合并，以便既能反映规划城市的交通流状况，又能把调查工作量减小到最少。对规划城市交通影响大、构成比例高的组成部分重点调查，对影响较小、构成比例较低的组成部分则作较为粗略的调查或合并在其他项目进行。

(三)OD 调查的抽样率

如果某项 OD 调查的调查范围不大、对象不多，可以采用全样调查。但在许多情况下，OD 调查均需按一定比例抽样，即应用数理统计的原理，在误差允许的前提下，通过抽样调查推断母体。

抽样率的大小与母体数量、调查对象的复杂程度以及调查统计分析的目标有关。母体越大，抽样率可越小；调查对象越复杂，抽样率应越大；调查统计分析的目标越多，抽样率应越大。例如，如果居民出行 OD 调查统计分析的目标是得出居民人均出行次数，则抽样率可较小，但如果其目标是要统计分析不同年龄、职业、性别等各种组合的居民的出行次数，抽样率则应较大。抽样率的大小还和抽样的方法有一定关系。

OD 调查抽样率的确定一般可采用两种方法：一是利用试调查或其他城市已经拥有的 OD 调查资料，考虑调查对象的母体数量、调查统计分析的目标以及抽样的方法，用数理统计的原理，通过分析抽样的误差确定；二是参照国内外的经验确定。目前国内外进行 OD 调查时，抽样率的确定多采用第二种方法，而且抽样率相差较大。

由数理统计的原理，可得出如下抽样率的计算公式：

$$\gamma = \frac{\lambda^2 \delta^2}{\Delta^2 N + \lambda^2 \delta^2} \tag{3-5}$$

式中，γ ——抽样率。

λ ——对于标准正态分布，一定的置信度对应的双侧分位数。当置信度为 68.3% 时，$\lambda = 1$；当置信度为 75% 时，$\lambda = 1.15$；当置信度为 90% 时，$\lambda = 1.65$；当置信度为 95% 时，$\lambda = 1.96$。

δ^2 ——母体的方差，当样本数足够大时，可用样本的方差代替。

N ——母体容量。

Δ ——控制误差的控制指标的容许绝对误差，其与相对误差的关系为 $\Delta = E\bar{X}$，其中 E 为相对误差，$\bar{X}$ 为控制指标的样本均值。

采用不同的控制指标往往会得出不同的抽样率。例如，在全面的居民出行 OD 调查中，控制指标多采用人均出行次数，用其他指标进行检验与调整，相对误差 E 一般不大于 20%，置信度一般取 95%，相应的 $\lambda = 1.96$，此时 N 即为城市人口量。

方差 δ^2 一般可根据试调查或其他城市已经拥有的 OD 调查资料统计确定。

表 3-8 是美、日等国进行全面的居民出行 OD 调查的抽样率建议标准。

表 3-8 美、日等国居民出行 OD 调查抽样率

城市人口/万人	抽样率/%	抽样比例	城市人口/万人	抽样率/%	抽样比例
5 以下	20	1∶5	30～50	6	1∶15
5～15	12.5	1∶8	50～100	5	1∶20
15～30	10	1∶10	100 以上	4	1∶25

在我国现已进行全面的居民出行 OD 调查的城市中，天津调查区域人口为 300 万，调查抽样率为户数的 4%；上海调查区域人口为 613 万，抽样率为户数的 3.3%：徐州调查区域人口为 50.3 万，抽样率为户数的 8.2%；沈阳调查区域人口为 278 万，抽样率为户数的 4%；成都的抽样率为人口的 4%；南京市调查区域人口为 150 万，抽样率为人口的 4.11%。

在我国现已进行机动车出行 OD 调查的城市中，多采用全样调查。城市货流 OD 调查有的城市采用全样调查，有的城市则采用抽样调查。城市境界线机动车出行 OD 调查多采用全样调查或大比例抽样调查。

交通枢纽客(货)流 OD 调查由于其总量不是太大，而且分布流向广，宜采用全样或大比例抽样调查。城市流动人口出行 OD 调查由于流动人口构成复杂、不同类别流动人口出行差异较大，对不同类别流动人口宜分别调查，并视其数量、对交通的影响程度采用不同的抽样率。对总数不是太大而对交通影响较大的流动人口类别应采用大比例抽样或全样调查。

四、起讫点调查的内容与方法

(一)城市居民出行 OD 调查

居民出行是构成城市交通的主要部分，因此对居民出行 OD 状况进行全面调查在城市交通规划中占有十分重要的地位。

居民出行 OD 调查的内容包括居民的职业、年龄、性别、收入等基础情况，以及各次出行的起点、讫点、时间、距离、出行目的、所采用的交通工具等出行情况。我国城市居民出行调查较为典型的表格设计见表 3-9。

表 3-9　居民出行调查表

<table>
<tr><td colspan="3">居住地址</td><td colspan="9">区　街道　居委会</td><td colspan="5">小区编号</td><td></td><td></td><td></td><td></td></tr>
<tr><td colspan="21">居民个人特征栏</td></tr>
<tr><td rowspan="2">性别</td><td>男</td><td>女</td><td rowspan="2">职业</td><td colspan="2">小学生</td><td colspan="2">中学生</td><td colspan="2">大中专学生</td><td colspan="2">工人</td><td colspan="2">服务人员</td><td>职员</td><td colspan="2">个体劳动者</td><td colspan="2">家务</td><td colspan="2">其他</td></tr>
<tr><td>1</td><td>0</td><td colspan="2">1</td><td colspan="2">2</td><td colspan="2">3</td><td colspan="2">4</td><td colspan="2">5</td><td>6</td><td colspan="2">7</td><td colspan="2">8</td><td colspan="2">9</td></tr>
<tr><td rowspan="2">公休</td><td>是</td><td>否</td><td rowspan="2">年龄</td><td colspan="2">6～14</td><td colspan="2">15～19</td><td colspan="2">20～25</td><td colspan="2">26～29</td><td colspan="2">30～39</td><td colspan="2">40～49</td><td colspan="2">50～59</td><td colspan="3">59 以上</td></tr>
<tr><td>1</td><td>0</td><td colspan="2">1</td><td colspan="2">2</td><td colspan="2">3</td><td colspan="2">4</td><td colspan="2">5</td><td colspan="2">6</td><td colspan="2">7</td><td colspan="3">8</td></tr>
<tr><td colspan="3" rowspan="2">出行常用的交通方式</td><td colspan="4">步行</td><td colspan="4">自行车</td><td colspan="4">公交车</td><td colspan="3">轻骑摩托</td><td colspan="3">单位车</td></tr>
<tr><td colspan="4">1</td><td colspan="4">2</td><td colspan="4">3</td><td colspan="3">4</td><td colspan="3">5</td></tr>
<tr><td rowspan="3">出行次序</td><td rowspan="3">出行时间</td><td>出发地点</td><td colspan="9">出行目的</td><td colspan="7">出行方式</td><td>到达地点</td><td>到达时间</td></tr>
<tr><td rowspan="2">详细地址或附近地物名称</td><td>上班</td><td>上学</td><td>公务出差</td><td>生活购物</td><td>文娱体育</td><td>探亲访友</td><td>看病</td><td>回程</td><td>其他</td><td>步行</td><td>自行车</td><td>公交车</td><td>出租车</td><td>轻骑摩托</td><td>单位车</td><td>其他</td><td rowspan="2"></td><td rowspan="2"></td></tr>
<tr><td>1</td><td>2</td><td>3</td><td>4</td><td>5</td><td>6</td><td>7</td><td>8</td><td>9</td><td>1</td><td>2</td><td>3</td><td>4</td><td>5</td><td>6</td><td>7</td></tr>
<tr><td></td><td></td><td></td><td></td><td></td><td></td><td></td><td></td><td></td><td></td><td></td><td></td><td></td><td></td><td></td><td></td><td></td><td></td><td></td><td></td><td></td></tr>
<tr><td></td><td></td><td></td><td></td><td></td><td></td><td></td><td></td><td></td><td></td><td></td><td></td><td></td><td></td><td></td><td></td><td></td><td></td><td></td><td></td><td></td></tr>
<tr><td></td><td></td><td></td><td></td><td></td><td></td><td></td><td></td><td></td><td></td><td></td><td></td><td></td><td></td><td></td><td></td><td></td><td></td><td></td><td></td><td></td></tr>
</table>

居民出行 OD 调查有多种不同的方法，有些方法适用于全面的调查，有些方法则适用于对居民出行 OD 某一方面的补充。如果只进行重点调查而不进行全面的调查，则对重点调查的不足部分应作适当的补充调查。根据国内一些城市进行居民出行 OD 调查的实践，全面的居民出行 OD 调查以家访调查法的效果较好。

1. 家访调查法

对居住在调查区的住户，进行抽样家访，由调查人员当面了解该住户中包括学龄儿童在内的全体成员全天的出行情况。

采用本方法必须辅以大张旗鼓的宣传，力求做到家喻户晓、老少皆知，并应注意密切依靠各级组织。

家访调查按调查表格逐项进行，一般来说问题不大，但调查人员仍需有充分的思想准备，以应付一些预料不到的局面，例如被访人的不合作态度、漫不经心、敷衍了事、随口编造等等。调查人员对此务必冷静、耐心对待，同时如实汇报，及时采取补救措施。

家访调查法一般能较全面、准确地获得居民出行 OD 信息，是面上的居民出行 OD 调查方法，但同时其工作量较大，组织工作务必注意。

2. 电话询问法

与家访调查法类似，在电话普及的国家电话询问法已能代替家访调查。被调查者可在电话本中随机选择，电话询问前 2～3 d 先发函告知调查项目。此方法与家访调查法相比成本低，取样可较多，但其结果可能具有倾向性。

3. 明信片调查法

将印有调查项目的明信片寄或发给居民，调查项目务必少而精，一般为 5～7 个题目，以免费寄回的方法可以增加回收率。回收率不小于 20%方为有效。此法简便，但调查内容不全面，有一定的局限性，可用于对居民出行 OD 的某一方面进行的重点调查，或作为补充调查的方法。

4. 工作出行调查法

对调查区内的职工抽样进行居住地点(即 O 点)和工作地点(即 D 点)的调查，由于这些资料可以从工作单位的档案中得到，因此工作量很小。虽然只能调查工作出行，但因这种出行对城市客运交通有很大影响，一般是形成交通高峰的主体，因此，此法可用于对居民工作出行 OD 所进行的重点调查。

5. 职工询问法

将调查表分发给就业中心，如大工厂或办公楼的全部职工，要求当天填好并交回。要登记分发给各个单位的表格总数和每个单位的职工总人数，以便能对每个单位的出行数据加以扩算。此法只能调查职工的出行 OD，可用于对职工的出行 OD 所进行的重点调查。职工出行一般在城市居民出行中占有相当大的比重。

6. 月票调查法

此法规定凡是购买公共汽车、电车、轮渡月票和铁路通勤票者均要填写一张出行 OD 调查表方能购票。此法方便、简单，但调查对象的代表性较差，调查结果有片面性。

(二)城市流动人口出行 OD 调查

流动人口是城市总人口中特殊的组成部分，流动人口的出行规律如出行次数、出行方式等与城市居民出行规律一般有较大的差异，在我国更是如此。因此，若要详细了解流动人口的出行状况，则需要对流动人口出行 OD 进行调查。

流动人口的组成十分复杂，按其在城市中停留的时间可分常住、暂住、当日进出等，按其来城市的目的又可分为出差、旅游、探亲、看病、经商、转车等。因此，流动人口出行 OD 调查难度较大，对不同类别的流动人口应采取不同的调查方法。常住、暂住流动人口一般可采用与居民出行 OD 调查类似的家访调查、电话询问等方法，对当日进出的流动人口则可采用在城市的出口，如车站、码头等直接询问的方法等。

流动人口出行 OD 调查的内容包括流动人口的职业、年龄、性别、收入、来城市的目的、停留时间等基础情况，以及各次出行的起点、讫点、时间、距离、出行目的、所采用的交通工具等出行情况。我国城市流动人口出行的典型调查表见表 3-10。

表 3-10 流动人口出行情况调查表

调查地点			调查人								
拟在本市天数			来本市目的	出差	劳务	经商	旅游	探亲访友	看病	生活购物	其他
在本市居住地点				1	2	3	4	5	6	7	8

一 日 出 行 情 况

出行次序	出发地点详细地址	出行目的					出行方式										到达地点详细地址
		上班	公务	生活	回程	其他	公交车	单位车		出租车		摩托车	自行车	三轮车	步行	其他	
								大客车	小客车	大客车	小客车						
		1	2	3	4	5	0	1	2	3	4	5	6	7	8	9	
1																	
2																	
3																	
4																	
5																	
6																	
7																	
8																	
9																	
10																	

(三)城市境内货流 OD 调查

货运交通是城市交通的一大组成部分，在我国城市交通中占有较大的比重。因此，全面地调查了解城市货流 OD 对进行城市交通规划有重要的意义。

城市货流有许多特点，如货种多而杂，货流点和吸引点多且分布广，有的货物由运输部门承运，有的则靠各单位自备车或运输专业户的车运输等。因此，在进行城市境内货流 OD 调查时，应充分考虑其复杂性，明确调查的对象和特点。

境内货流 OD 调查的内容包括货物所属单位的属性、经济指标、职工人数、占地面积等基础资料，以及货流的起点、讫点、时间、货物种类、吨位等出行情况。

表 3-11 和表 3-12 是进行货流 OD 调查的典型调查表。

调查一般可根据组织关系对货运单位分系统进行，即由各主管机构对所属单位自上而下地进行调查，以便组织和管理。调查通常可采用发放、回收表格，或由调查人员到各个单位进行直接询问的方法。

表 3-11　货源调查表

单位名称		主管部门		
单位地址		联系人		电话
年份	占地面积	职工人数/人	主要经济指标/万元	
货物名称	运入量	主要来源地	运出量	主要发送地
总运入量			总运出量	

表 3-12　货流调查表(运入)

单位名称							主管部门						
单位地址							联系人		电话			天气	
月　日　时	小货(2t以下)	中货(2～5t)	大货(5t以上)	额定吨位	货物名称	载货质量	周转量	起讫点					
	1	2	3					起点		讫点			

城市境内货流 OD 调查也可结合城市境内除公交车外的其他机动车辆境内出行 OD 调查进行，即通过后者载货情况的调查指标，反映一部分货流状况，不足部分再作适当的补充调查。

(四)机动车出行 OD 调查

城市公交车出行 OD 调查的内容包括行车路线、行车次数、行车时间等可直接由公交车公司的行车记录查得。

城市除公交车外的其他机动车辆境内出行 OD 调查，以及城市境界线机动车出行 OD 调查的内容，包括车辆的种类、起讫地点、行车时间、距离、载客载货情况等。

除城市公交车外的其他机动车出行 OD 调查的方法，一般有以下几种。

1. 发(收)表格法

即将调查表格发给机动车驾驶员，由他们逐项填写。填写前需做好动员和解说工作。对当日未出车的原因需予以说明。若为休息日则改填次日的出行情况，但在计算平均出车率等时应将这部分剔除。

调查表格的设计是该法中重要的一环，表中所用名词应尽量采用驾驶员熟悉的术语，选词应明确、不生二义，最好不加说明便能看懂，必须注释时宜用标号加在题目旁，不要写在表格最下端或背面。

此法可用于城市境内其他机动车辆境内出行 OD 的全面调查，通过我国一些城市的实践，效果较好，我国城市多采用此法。

2. 路边询问法

即在道路上设调查站，让车辆停止，询问驾驶员。此法询问工作可限为每天一个站，因此调查时间可能延长到一个星期以上或更长，以减少调查人员。调查过程中需要注意不要造成车辆过多的延误甚至阻塞，因此需要交警的协助，当交通量较大时可采用抽样的方法。

此法可用于城市境内其他机动车辆境内出行 OD 的全面调查，特别适合于城市境界线机动车出行 OD 的全面调查。

3. 登记车辆牌照法

即在道路网上设置若干调查站，由各调查站记下通过该站的全部车辆的末尾几位数字(一般只记后 3～4 位数字)，以及通过时间，然后汇总各个调查站的记录进行核对，第一次记到牌照的地点便作为该车辆的起点，最后一次记到牌照的地点便作为该车辆的讫点。

此法不干扰交通，但比较粗略，也只能得到起讫点分布的资料，可用于城市境内其他机动车辆境内出行 OD 的部分资料调查，对不足的部分，应作适当的补充调查。

4. 车辆拴签法

即在停车处将标签拴在车辆的挡风玻璃两侧或门拉手上，标签上要注明发标签地点和驶出时间，在其他停车处解下标签并记下地点和驶入时间。此法可调查出起讫点和行程时间，在交通量过大或人力有限时较为适用，可用于城市境内其他机动车辆境内出行OD的部分资料调查，对其调查资料的不足部分内容应作适当的补充调查。

5. 明信片调查法

与居民出行OD调查的方法类似，明信片调查法可用于城市境内其他机动车境内出行OD的全面调查。

（五）自行车出行OD调查

城市境界线自行车出行OD调查的内容包括起讫地点、行车时间、距离等。其调查方法可采用与机动车出行OD调查类似的路边询问法。城市境内自行车出行OD一般可由居民、流动人口出行OD调查反映，如欲着重对此进行研究，也可单独进行调查。

（六）交通枢纽客（货）流OD调查

城市交通枢纽客流OD调查的内容包括各客运交通枢纽发出、接收旅客出行的起点、讫点、时间、距离等。城市交通枢纽货流OD调查的内容包括各货运交通枢纽发出、接收货物出行的起点、讫点、时间、距离，以及货物的种类、吨位等。

交通枢纽客流OD调查可采用到有关单位收集有关资料与对旅客直接询问相结合的方法。交通枢纽货流OD资料一般可到有关单位收集。

五、交通与交通设施调查

交通与交通设施调查是交通规划调查工作的重要组成部分，其目的是为交通系统的现状评价、规划提供基础资料。

（一）交通调查

1. 城市道路网交通调查

城市道路网交通调查包括如下内容：

(1)交通量。交通量调查应以城市主次干道、主要交叉口、交通走廊、交通集中区域(如市中心区)等为重点，调查机动车、非机动车的交通量，在主要的行人集中地，还应进行行人交通量调查。交通量观测的基本方法是人工计数法，在选定的地点和规定的观测时间内，记录下通过观测点的车辆或行人数量，如观测交叉口的交通量，可分别记录左、右及直行车辆或行人数。

(2)车速。车速调查应以城市主干道、次干道、交通走廊、交通集中区域等为重点。

车速可采用人工量测或自动量测的方法来收集。方法的选择取决于可得到的仪器设备、人员和费用等。在人工量测方法中，车辆的车速是通过车辆经过一定长度路段的时间来测定的，只需一些简单的设备，但误差较大，精度不高。在自动量测方法中，则利用电测或机械装置来量测通过车辆的行驶速度，需要一定的仪器设备，但误差小，精度高。

(3)延误。必要时应在城市主干道、次干道、主要交叉口、交通走廊、交通集中区域等交通矛盾突出地点进行延误调查。对某一路线(路段)延误进行观测的方法主要包括两种：测试车法和直接观测法。在测试车法中，测试车辆在路线上作多次往返，车上的记录人员记录沿线车辆停止或速度低于某一设定标准时的时间。直接观测法则是对行驶在观测路线(路段)上的车辆直接记录其停止的时间。交叉口停车时间延误的观测方法主要包括：①从有利位置定时间断摄影。②利用延误仪记录各车辆停车时间的秒数，并累计。③抽样法。抽样统计一定时间间隔(如 15 s)内引道上停车的车辆数。当调查定时信号控制的交叉口时，抽样选择要避免在一个信号周期的相同部分内重复抽样，因此，抽样间隔不应小于一个信号周期。

(4)停车。停车调查应以交通集中区域为重点，进行包括机动车停车和非机动车停车的调查。停车调查的方法包括：①断续式调查。每隔一定时间调查停车区域内的停车情况。②连续式调查。开始存车到存车终止，连续不断地进行调查。③询问式调查。直接询问驾驶员或发给其调查卡片，填好后收回。

(5)交通事故。对交通事故的种类、地点、原因等进行调查。

(6)交通污染状况。对交通造成的大气污染、噪声等进行观测。

2. 城市公共交通调查

城市公共交通调查的主要内容为公交车辆的载客量。由于公交沿线各站的上下乘客数不会完全相同，因此，公交不同站点区间的载客量会有所不同，应分别对其进行调查。

城市公共交通车辆载客量调查的方法包括站点调查法和随车调查法两种。

(1)站点调查法。在各公交线路的各停靠站上设若干名观测员，记录各公交车辆在各停靠站的上客数及下客数。

(2)随车调查法。在公交车辆内设若干观测员，一般一个车门设一个，记录公交车辆在各停靠站的上、下客人数。

3. 城市出入口道路网交通调查

城市出入口道路网交通调查的内容包括各出入口道路各路段的交通量、车速，各交叉口的交通量、延误，以及发生在出入口道路上的交通事故情况。

(二)交通设施调查

1. 城市道路网调查

城市道路网调查包括如下内容：

(1)道路网总体布局。包括道路和停车场、加油站的位置。

(2)各路段状况。包括平面、纵断面、横断面、车道划分、分隔设施、路面质量等。

(3)各交叉口状况。包括形式、几何布置、控制状况等。

(4)各停车场状况。包括面积、停车方式、开放时间等。

(5)各加油站状况。包括规模、面积等。

2. 城市公共交通设施调查

城市公共交通设施调查包括如下内容：

(1)公交线网总体布局；

(2)各线路设站情况；

(3)各线路营运时间；

(4)各线路车辆配备。

3. 城市出入口道路网调查

城市出入口道路网调查包括如下内容：

(1)道路网总体布局；

(2)各路段状况；

(3)各交叉口状况；

(4)各停车场状况。

4. 城市对外交通枢纽调查

城市对外交通枢纽调查的内容包括各港、站、码头等对外交通枢纽布局，各港、站、码头等的容量，交通集散广场情况等。

第三节　四阶段交通需求预测方法

城市轨道交通客流预测是近年发展起来的一门学科。在 20 世纪 60 年代我国地铁建设之初，虽对地铁客流预测有所研究，但方法简单，尚属于启蒙阶段。当时以“战备为主，兼顾交通”为建设原则，对地铁客流预测的重要地位缺乏系统认识。自 80 年代开始，国家实行了改革开放政策，地铁建设原则也转变为“交通为主，兼顾战备”，在技术上与国外有了充分交流，从国外引进了客流预测方法及其数学模型，并随电子计算机技术发展，使得轨道交通客流预测成为一项专门的技术学科。

我国城市轨道交通客流预测实践中以四阶段交通需求预测模型为主。所谓四阶段预测，就是将预测过程分为 4 个阶段：生成预测、分布预测、方式划分预测、分配预测。客流预测工作主要有以下 5 个基本步骤。

(1)收集资料。主要包括土地利用规划资料及交通供给资料等。交通发展与土地利用之间有紧密的相互作用和联系，客流预测必须考虑到规划期限内有关的土地利用规划。土地利用资料主要是指交通区的人口数和不同用地类型的工作岗位数，它们是产生城市客流交通的根源。一般将城市研究区域划分为若干交通分区，交通供应资料包括各预测年度城市轨道交通线网、地面公交网及道路网。

(2)出行生成预测。它是指对每一个小区产生的和吸引的出行数量的预测，亦即预测发生在每一个小区的出行端数量。换言之，出行生成预测是预测研究对象地区内每一个小区的全部进出交通流，但并不预测这些交通流从何处来到何处去。

(3)出行分布预测。它是指从起点小区到讫点小区(OD)的交通量的预测，得到各预测年度全市全方式分目的出行分布矩阵表。

(4)方式划分预测。它是指对每组起、讫点间各种可能的交通方式(如地铁、公共汽车、自行车等)所承担的比例的预测，即决定出行者采用何种交通方式出行，从全方式出行分布中的轨道交通客流分布中分离出来。

(5)客流分配预测。将轨道交通方式的预测结果分配到所选择的城市轨道交通线网规划方案对应的综合交通线上，从而得到城市轨道交通线网各条线路上的客流量。

城市轨道交通需求预测模型如图 3-5 所示，四阶段交通需求预测系统一般由 4 个子模型组成：出行生成、出行分布、方式选择、路网分配。4 个子模型形成一个序列，前一个模型的输出结果为后一个子模型的输入数据，最后的子模型输出从起点到讫点以及采用某种交通工具行走某条路线的预测结果。

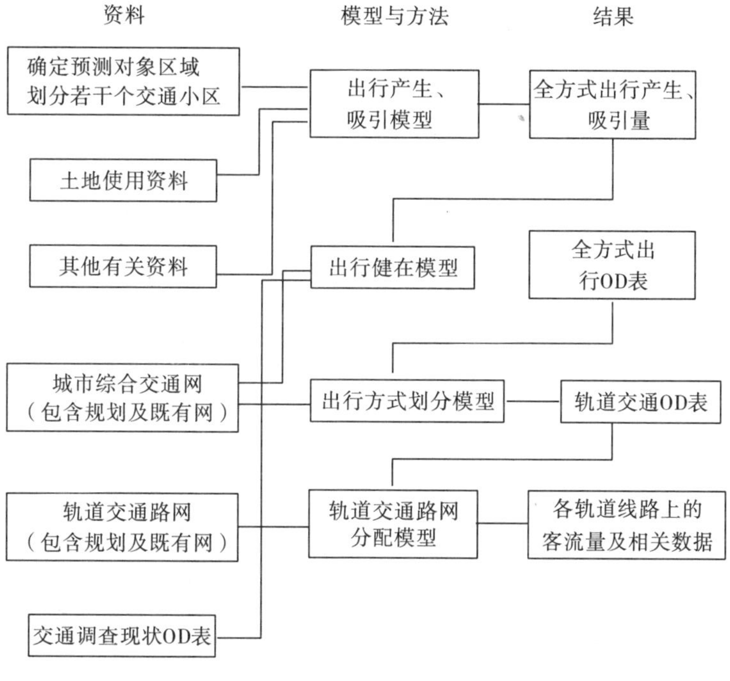

图 3-5　城市轨道交通规划四阶段预测方法

城市交通规划四阶段需求预测模型对应了一个连续的决策过程，如图 3-6 所示。图 3-6表现了人们决定进行一次出行(生成)，决定去何处(分布)，决定利用什么交通方式(方式选择)和决定选用哪条线路(分配)的一个过程，其预测过程的一个简单示意图如图 3-7 所示。

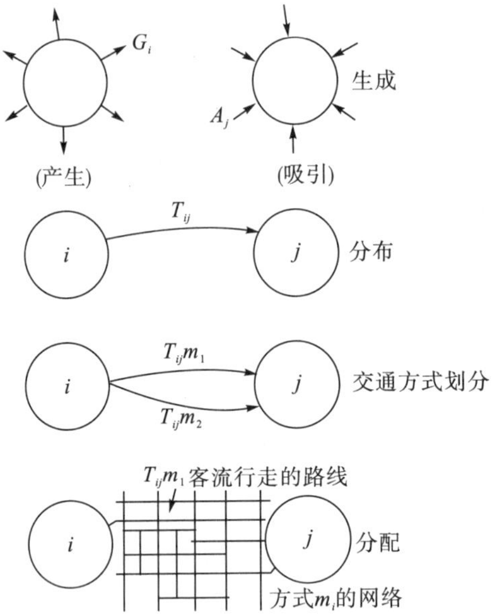

图 3-6　交通需求预测的顺序建模步骤

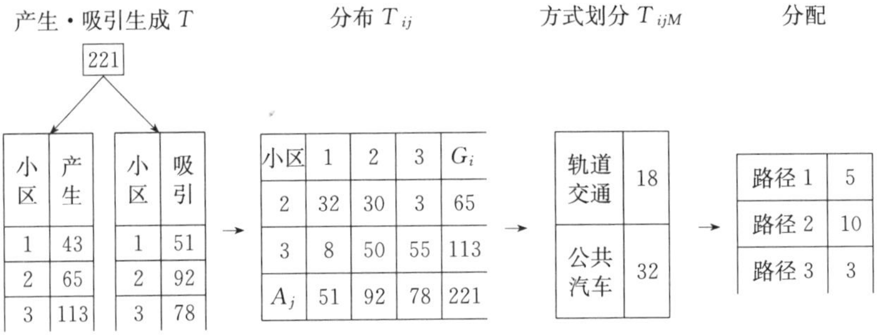

图 3-7　基于四阶段方法的轨道交通需求预测过程示意图

第四节　出行生成的预测

出行生成预测是需求预测中最基本的作业，即为四阶段预测法中的第一阶段。它的任务是预测每一个交通小区的出行产生、吸引量，一般以每天或某一高峰时段为基础。从某区域产生，或被某区域吸引的交通量的多少，直接反映了该区域的规模及其社会经济活动的状况。一般影响出行产生量的因素可分为两类：一类为住户的人口特性；另一类为住户的收入水平和小汽车拥有量。而影响出行吸引的因素，主要与建筑面积及其使用性质(商业、服务业、制造业等)有关。因为两者的影响因素不同，所以须将出行产生和出行吸引分别进行预测，以便使分析结果精确，也有利于出行分布的工作。

1. 出行率法

基本假定：某个社会经济指标(如面积、人口等)单位指标值所产生的交通量是一定的，即出行率始终为常数。

以G_i表示某交通小区 i 的产生或吸引交通量，Q_i表示该小区的某个社会经济指标值，则单位指标值所形成的产生或吸引交通量U_i为

$$U_i = \frac{G_i}{Q_i} \tag{3-7}$$

如果对所有的交通小区 $i=1, 2, \cdots, n$，U_i都是一个常数U，则U即可以认为是出行率。通过这个U即可求出小区i产生或吸引交通量，即

$$G_i = U \cdot Q_i \tag{3-8}$$

这就是出行率的基本原理。

社会经济指标常使用面积、人口等多种指标，通常由单一指标来求得对所有交通小区都稳定的常数U是很困难的。因此往往将这些指标加以分层，如对面积按土地利用性质分层，对人口按年龄、性别分层，然后求出各层交通发生率。

以U_j表示第j层($j=1, 2, \cdots, k$)的出行率，则第 i 个交通小区的产生或吸引交通量G_i可以按下式求得，即

$$G_i = \sum_{j=1}^{k} U_j \cdot Q_{ij} \tag{3-9}$$

式中，Q_{ij}为第i个交通小区中第j层的社会经济指标值，并存在下列关系：

$$Q_i = \sum_{j=1}^{k} Q_{ij} \tag{3-10}$$

这里可以利用的社会经济指标大体上有以下几类，括号内表示分层的方法。

(1)人口［按年龄、性别；按职业(除正规职业外，还应包括主妇、学生、儿童、无职业者等)类别］。

(2)白天人口(按企事业职工种类；按不同学校的学生类别)。

(3)面积(按土地利用类别)。

按以上分类方法，通过对将来人口及土地利用面积的预测，再乘以相应的出行产生率或出行吸引量，即可分别求出各小区将来的出行产生量与出行吸引量。

例：设某一交通小区 i 的面积为 4 km^2，假定其未来各类规划设施的占地面积如表3-13所示，试对该小区的出行生成进行预测。

表 3-13　小区各类土地利用的平均出行产生率

序号	设施分类	占地面积 Q_{ij}/km^2	平均出行产生率 U_i/(出行次数·m^{-2})
(1)	(2)	(3)	(4)
1	住宅	1.0	0.01317
2	商业	0.8	0.06015
3	娱乐	0.2	0.05917
4	医疗卫生	0.2	0.02304
5	交通运输	0.1	0.00451
6	机关	0.1	0.02639
7	文教	0.4	0.04693
8	工厂	1.2	0.00900

解：首先，设预测对象区域分为n个小区，对某种设施j($j=1, 2, \cdots, 8$)计算i小区($i=1, 2, \cdots, n$)内第j种设施的出行产生率U_j，即

$$U_j = \frac{1}{n}\sum_{i=1}^{n} U_{ij}$$

计算结果见表3-15第(4)栏。其次，参照公式(3-9)，计算出小区的出行产生率如下：

$$\begin{aligned} G_i &= \sum_{j=1}^{8} U_j Q_{ij} \\ &= (1.0 \times 0.01317 + 0.8 \times 0.06015 + 0.2 \times 0.05917 + 0.20 \times 0.02304 \\ &\quad + 0.1 \times 0.00451 + 0.1 \times 0.02639 + 0.4 \times 0.04693 + 1.2 \times 0.00900) \times 10^6 \\ &= 110394 \approx 11(\text{万人次}) \end{aligned}$$

同样的方法可求出其他各小区的出行吸引量。

2. 回归模型

在出行率法中，各个交通小区的出行量是通过单一的社会经济指标来决定的。而实际上，影响出行量大小的因素很多，所以该方法不太符合现实。因此人们提出了以产生量为因变量，以对其产生影响的所有社会经济指标为自变量，并基于现状数据资料进行回归分析的方法。据此而得到的模型称为回归模型。

取 k 个社会经济指标为自变量，设第 i 小区内第 j 个社会经济指标的值为 Q_{ij} $(j=1, 2, \cdots, k)$，则 i 小区的出行产生量 G_i 与 Q_{ij} 间的关系可以表示成下列模型：

$$G_i = f(Q_{i1}, Q_{i2}, \cdots, Q_{ij}, Q_{ik}) \tag{3-11}$$

当该模型取线性模型时，则有

$$G_i = b_0 + \sum_{j=1}^{k} b_j \cdot Q_{ij} \tag{3-12}$$

其中，b_0 为回归常数。

将所有小区的现状出行量 G_i $(i=1, 2, \cdots, n)$ 及相应的社会经济指标值 Q_{ij} $(i=1, 2, \cdots, n, j=1, 2, \cdots, k)$ 分别代入上述模型，得到 n 个线性方程式，并利用最小二乘法即可求出相应的回归常数与偏回归系数。将所有的回归系数代入式(3-12)，即可得到出行产生的回归预测模型。若上述 G_i 代表的是各小区的现状出行产生交通量，则所得到的模型是出行产生模型；若 G_i 代表的是各小区的现状出行吸引量，则对应的模型是出行吸引模型。

如日本丰田市的一个出行产生回归模型为

$$G_i = 247 + 1.398 Q_{i,1} + 1.078 Q_{i,2} + 0.1125 Q_{i,3}$$

式中，G_i——i 小区的出行产生量(次)；

$Q_{i,1}$——i 小区的总人口(人)；

$Q_{i,2}$——i 小区的事务所人数(人)；

$Q_{i,3}$——i 小区的商业及事务所占地面积(m^2)。

只要将预测到的未来相关社会经济指标代入上述模型，即可预测未来的出行产生量或吸引量。

如日本丰田市某一小区 i 的将来预测年度总人口为5万人，事务所人数为3万人，商业及事务所占地面积为 2×10^6 m^2，则该小区的出行产生量可以预测如下：

$$G_i = 247 + 1.398 \times 5 \times 10^4 + 1.078 \times 3 \times 10^4 + 0.1125 \times 2 \times 10^6$$
$$= 0.1125 \times 2 \times 10^6 = 32.7(\text{万人次})$$

标定出一个新的回归模型时，还须对其系数(特别是正、负号)的合理性作出判断。例如，在自变量总人口之前的系数出现正号是合理的，这说明人口越多，出行量应该越大；反之，若在总人口变量前出现负号，则明显不合理，因为这表达的是人口越多，相应的出行产生率越小。如果出现这种不合理的现象，则应重新选择其他经济指标作为变量，重新标定模型。

从上述方法可见，无论哪种方法，都是以个人出行调查的结果为基础的。即他们都是以个人出行调查时点的产生、吸引交通量为基础，预先求得交通量与社会经济指标间的关系，然后预测出未来规划年度相应的社会经济指标值，最后预测得到规划年度的交通量。但其间是以其函数关系不变为前提的。然而现实生活中，由于生活条件的改善，城市规划、土地利用规划等可能产生调整，或由于实施了新的交通项目，地区交通状态产生变化，因而作为确定出行产生、吸引交通量基础的地区性质也会产生变化。对于这些问题，应根据不同情况，对预测值进行适当调整。

通过该阶段的预测，得到如表 3-14 所示的预测结果。

表 3-14　未来出行产生、吸引交通量

O \ D	1	2	3	产生 G_i
1				43
2				65
3				113
吸引 A_j	51	92	78	221

第五节　分布交通量的预测

居民出行分布预测是利用各交通小区产生量 G_i 和吸引量 A_j (i，j 是交通小区序号)求各交通小区之间的分布(OD)量，即 O-D 矩阵(表 3-15)。所以出行分布模型是一种空间相互作用模型。分布交通量的预测方法主要有三大类：增长系数法、重力模型法及机会介入模型法。

表 3-15　OD 表

O \ D	1，2，…，j，…，n	合计
1 2 ⋮ i ⋮ n	i、j 间的分布量 t_{ij}	G_i (产生量)
合计	A_j(吸引量)	T(合计)

1. 增长系数法

增长系数法假定将来的交通小区与交通小区之间的出行分布模式与现在的分布模式基本一致，其分布量按系数增加。

1)基本原理

增长系数法预测的基本原理及步骤如下：

(1)以 t_{ij}、$G_i^{(0)}$、$A_j^{(0)}$ 分别表示现状 OD 表中 i、j 之间的交通量，i 小区产生量及 j 小区吸引量。

(2)假定已求得规划年度 i 小区的出行产生量和 j 小区的出行吸引量分别为 G_i、A_j。

(3)各小区的产生量、吸引量的增长系数 F_{gi}、F_{aj} 可由下式计算：

$$F_{gi}^{(0)}=\frac{G_i}{G_i^{(0)}},F_{aj}^{(0)}=\frac{A_j}{A_j^{(0)}} \tag{3-13}$$

(4)分布交通量预测值的第一次近似 $t_{ij}^{(1)}$ 可以由下式求得，即

$$t_{ij}^{(1)}=t_{ij}\times f[F_{gi}^{(0)},F_{aj}^{(0)}] \tag{3-14}$$

式中，$f(F_{gi}^{(0)},F_{aj}^{(0)})$ 是以 $F_{gi}^{(0)}$、$F_{aj}^{(0)}$ 为自变量的函数。

(5)第一次近似 OD 表的产生量 $G_i^{(1)}$、吸引量 $A_j^{(1)}$ 按下式计算：

$$G_i^{(1)}=\sum_j t_{ij}^{(1)},A_j^{(1)}=\sum_i t_{ij}^{(1)} \tag{3-15}$$

一般来说，$G_i^{(1)}$、$A_j^{(1)}$ 与 G_i、A_j 并不相等，所以用 $G_i^{(1)}$、$A_j^{(1)}$ 置换 $G_i^{(0)}$、$A_j^{(0)}$，重新计算调整系数，利用下式得出第二次计算值 $t_{ij}^{(2)}$，即

$$t_{ij}^{(2)}=t_{ij}^{(1)}\times f[F_{gi}^{(1)},F_{aj}^{(1)}] \tag{3-16}$$

(6)反复进行以上调整过程，当 $F_{gi}^{(k)}=\dfrac{G_i}{G_i^{(k)}}$，$F_{aj}^{(k)}=\dfrac{A_j}{A_j^{(k)}}$ 非常接近 1.0 时，该预测过程结束，其最后所得的 $t_{ij}^{(k)}$ 即为所求的分布交通量的预测值。

在上述过程中，$t_{ij}^{(k)}$ 计算式中的 $f(F_{gi},F_{aj})$ 的函数取不同形式，则可得不同的计算方法。常见的方法有平均增长系数法、底特律法和福来特法。

(1)平均增长系数法：

$$f=\frac{1}{2}\left[\frac{G_i}{G_i^{(0)}}+\frac{A_j}{A_j^{(0)}}\right] \tag{3-17}$$

(2)底特律法：

$$f=\frac{G_i}{G_i^{(0)}}\left(\frac{A_j/A_j^{(0)}}{\sum_j A_j/\sum_j A_j^{(0)}}\right) \tag{3-18}$$

(3)福来特法：

$$f=\frac{G_i}{G_i^{(0)}}\cdot\frac{A_j}{A_j^{(0)}}\cdot\frac{L_i+L_j}{2} \tag{3-19}$$

其中，L_i 为 i 交通小区的 L 系数；L_j 为 j 交通小区的 K 系数。它们由下式计算：

$$L_i=\frac{G_i^{(0)}}{\sum_j\left(t_{ij}^{(0)}\dfrac{A_j}{A_j^{(0)}}\right)},L_j=\frac{A_j^{(0)}}{\sum_i\left(t_{ij}^{(0)}\dfrac{Gi}{G_i^{(0)}}\right)} \tag{3-20}$$

平均增长系数法公式简单，但收敛较慢，随着计算机技术的发展，已逐渐被收敛速度较快的底特律法或福来特法所取代。

底特律法是 1956 年由 J. D. Carol 提出来的，其基本思想是：从 i 小区到 j 小区的交通量与 i 小区产生量的增长系数及 j 小区交通吸引相对于全区域的相对增长系数成比例增加。

福来特法是由 T. J. Fratar 开发的，其表达式(3-19)的推导过程如下：

(1)先从出行产生交通量的角度来分析，现状中从 i 小区产生的交通量到 j 小区的比例是

$$k_{ij} = \frac{t_{ij}^{(0)}}{\sum_j t_{ij}^{(0)}}$$

(2)而由于吸引交通量也分别在增长(增长率为 $F_{aj}^{(0)}$)，所以上述的比例 k_{ij} 变化如下：

$$k_{ij} = \frac{t_{ij}^{(0)} \cdot F_{aj}^{(0)}}{\sum_j t_{ij}^{(0)} \cdot F_{aj}^{(0)}}$$

(3)另一方面，i 小区的出行产生量（即 $G_i^{(0)} \cdot F_{gi}^{(0)}$）也在增加，因此 t_{ij} 可以用如下公式求取：

$$t_{ij} = G_i^{(0)} \cdot F_{gi}^{(0)} \frac{t_{ij}^{(0)} \cdot F_{aj}^{(0)}}{\sum_j t_{ij}^{(0)} \cdot F_{aj}^{(0)}} \tag{3-21}$$

(4)从出行吸引交通量的角度，按上述同样的方法考虑，可得

$$t_{ij} = A_j^{(0)} \cdot F_{aj}^{(0)} \frac{t_{ij}^{(0)} \cdot F_{gi}^{(0)}}{\sum_i t_{ij}^{(0)} \cdot F_{gi}^{(0)}} \tag{3-22}$$

由于式(3-21)、式(3-22)求得的结果都是 t_{ij}，将式(3-15)代入后即可得式(3-19)。

2)算例

已知表 3-16 所示的现状 OD 表及表 3-17 所示的规划年度的发生、吸引交通量，要求用平均增长系数法及福来特法预测将来 OD 表。其求解过程如下：

表 3-16　现状 OD 表

O \ D	1	2	3	合计
1	4	2	2	8
2	3	5	4	12
3	2	3	3	8
合计	9	10	9	28

表 3-17　将来的产生、吸引交通量

O \ D	1	2	3	合计
1				20
2				20
3				25
合计	25	18	22	28

(1)根据平均增长系数法，计算得到增长系数 F_{gi} 分别为 2.500，1.667，3.125；而 F_{aj} 分别为 2.778，1.800，2.444。将上述数值代入 f 和 $t_{ij}^{(k)}$ 的计算式，得到 $t_{ij}^{(k)}$ 的第一次发生、吸引交通量的近似值[表 3-18(a)]。从表中可以看出，第一次的发生、吸引交通量的近似值与将来的发生、吸引交通量不一致，所以利用新得到的数据重新进行系数调整，进行反复迭代计算。通过 6 次循环迭代，得到了表 3-18(b)所示的结果，合计栏的值与表 3-17的数值几乎一致。因此该结果可作为分布交通预测值的最后结果。

表 3-18 基于平均增长系数法的计算结果

(a)第一次近似值

O \ D	1	2	3	合计
1	10.5	4.3	5.0	19.8
2	6.7	8.7	8.2	23.6
3	5.9	7.4	8.3	21.6
合计	23.1	20.4	21.5	65.0

(b)最终结果

O \ D	1	2	3	合计
1	11.3	3.8	5.0	20.1
2	6.2	6.6	7.2	20.0
3	7.4	7.7	9.8	24.9
合计	24.9	18.1	22.0	65.0

表 3-19 *L* 系数的计算结果

O \ D	L_i	L_j
1	0.408	0.424
2	0.443	0.440
3	0.437	0.428

表 3-20 基于福来特法的计算结果

(a)第一次近似值

O \ D	1	2	3	合计
1	11.6	3.8	5.1	19.8
2	6.0	6.6	7.1	23.6
3	7.5	7.4	9.9	21.6
合计	25.1	17.8	22.1	65.0

(b)最终结果

O \ D	1	2	3	合计
1	11.3	3.8	5.0	20.1
2	6.1	6.8	7.1	20.0
3	7.5	18.1	22.0	24.9
合计	24.9	18.1	22.0	65.0

(2)福来特法相对比较复杂。除了要计算增长系数外，还要计算 L 系数，如表 3-19 所示。利用 L 系数，根据式(3-14)和式(3-19)计算得到的第一次近似值如表 3-20(a)所示。与表 3-18(a)相比，利用该方法的第一次近似值得到了较好的结果。实际上，本例只通过两次循环即得到了表 3-20(b)所示的最终结果。

2. 重力模型法

1)基本形式

重力模型法就是将牛顿万有引力定律应用于交通量分布预测而得到的模型。其基本假设是：交通小区 i、j 之间的分布交通量，与小区 i 的产生交通量及小区 j 的吸引交通量成正比，而与两小区间的距离成反比。

以 G_i、A_j、R_{ij} 分别表示 i 小区的出行量、j 小区的出行吸引量以及小区 i、j 之间的距离，则小区 i、j 之间的分布交通量可以表示如下：

$$t_{ij} = k \cdot \frac{G_i^{\alpha} A_j^{\beta}}{R_{ij}^{\gamma}} \tag{3-23}$$

式中，k、α、β、γ 为系数，当 t_{ij}、G_i、A_j、R_{ij} 为已知时(例如通过现状 OD 表获得)，则可以通过最小二乘法确定。

对上式两边取对数可得如下线性方程组：

$$\lg t_{ij} = \lg k + \alpha \lg G_i + \beta \lg A_j - \gamma \lg R_{ij} \tag{3-24}$$

通过对上式进行多元回归分析即可得到系数 k、α、β、γ。如果这些系数不随时间、场所而改变，则无论何时，只要给定出行产生量、出行吸引量及两小区间的距离，即可利用式(3-21)求得相应的 OD 分布交通量。

由上述方法求得的 OD 交通量 t_{ij} 按产生量、吸引量合计得到的 $\sum_i t_{ij}$ 、$\sum_j t_{ij}$ 有可能与给定的 G_i、A_j 不一致。若如此，可以将所得结果作为第一次近似值，然后通过增长系数法进行迭代计算，求得需要的结果。

该模型的结构可以看成由分子的 G_i^{α} 、A_j^{β} 和分母的 R_{ij}^{T} 两部分组成，前者表示产生分布交通的力量。根据经验，α、β 一般取值为 0.5～1.0。在实际处理时，有时也部分地预先给定 α、β，从而使求解过程简单。

模型的分母为分布交通阻抗项，γ 称为分布阻抗系数。通常可以将两交通小区间的距离、所需出行时间等指标作为分布交通的阻抗。而出行时间比距离更能反映实际情况。分布阻抗常采用以下几种形式得到：

(1)交通小区中心之间的直线距离；

(2)交通小区之间沿线距离；

(3)交通小区之间所需出行时间(时间距离)；

(4)交通小区间的所需出行费用(票价、燃料等)；

(5)距离函数的设定。

其中，第(2)、(3)、(4)点与使用何种交通手段有关，一般对公路、公共交通分别求出其数值，并取其平均值来代替该指标。另外，第(5)项的距离函数是将时间、费用等复杂因素加以合成，并将其换算成钱或时间而得到的一类函数。

2)计算实例

例：以表 3-16 的现状 OD 表为例，其各小区间的分布阻抗以时间距离给出，如表 3-21所示。设 $\alpha=\beta=1.0$，试用重力模型法预测分布交通量。

表 3-21　小区间时间距离表

O \ D	1	2	3
1	14	32	40
2	32	16	22
3	40	22	12

解：对所有的 OD 元素，将 t_{ij}、G_i、A_j，R_{ij} 的值代入式(3-24)，得到关于 k、γ 的 9 个方程式，用最小二乘法求得 $k=0.182$，$\gamma=0.52$。从而得到以下的重力模型：

$$t_{ij}=0.182\cdot\frac{G_i\cdot A_j}{R_{ij}^{0.52}}$$

将表 3-17 中的将来产生、吸引量和表 3-21 的时间距离代入上述模型，便可求得各小区 i、j 之间的分布交通量 t_{ij}，如表 3-22(a)所示。

表 3-22 基于重力模型法的计算结果

(a)基于重力模型的第一次近似值

O \ D	1	2	3	合计
1	23.1	10.8	11.8	45.7
2	15.0	15.5	16.0	46.5
3	16.7	16.4	27.5	60.6
合计	54.8	42.7	55.3	152.8

(b)基于平均增长系数法的一次收敛值

O \ D	1	2	3	合计
1	10.4	4.6	5.0	20.0
2	6.7	6.6	6.6	19.9
3	7.3	6.8	11.1	25.2
合计	24.4	18.0	22.7	65.1

由于表 3-22(a)中的 G_i、A_j 与表 3-17 中的 G_i、A_j 不一致，所以需要进行收敛计算。通过基于系数法的收敛计算，一次收敛计算的结果如表 3-22(b)所示。

从表 3-21 的时间距离可以看出，分布阻抗 R_{ij} 与 R_{ji} 相等的情况是很多的。因此，回归分析中，即使不对全 OD 元素进行，只对对角线一侧的三角形部分的 OD 元素进行，也会产生很大的误差。

3)修正重力模型

重力模型原理简单，且通用性很强。因此，许多研究者致力于修正它得到开发效率更高的模型。这些改进的模型统称为修正重力模型。

一般来说，重力模型中有待改进之处可归纳为以下几点：

(1)分布阻抗不采用象 R_{ij} 那样单纯的指标，而应采用更一般的函数 $f(R_{ij})$

(2)交通分布特性中，也有仅用产生量、吸引量和分布阻抗等指标难以说明的因素。特别不能忽视像特定的小区相互之间的固有的社会或历史的联系等类似的因素的影响。

(3)基于重力模型的预测值 t_{ij}，按产生、吸引量合计，从构造上很难保证它与未来产生量 G_i 及吸引量 A_j 相一致。

由 A. M. Voorhees 提出的改进重力模型，采用了如下的形式：

$$t_{ij} = \frac{A_j \cdot f(R_{ij})}{\sum_{j=1}^{n} A_j \cdot f(R_{ij})} \tag{3-25}$$

这里，$f(R_{ij})$称为分布阻抗函数，它具有以下几种基本形式：

(1) $f(R_{ij}) = R_{ij}^{-\gamma}$；

(2) $f(R_{ij}) = \exp(-bR_{ij})$；

(3) $f(R_{ij}) = a \cdot \exp(-bR_{ij}) \cdot R_{ij}^{-\gamma}$。

其中，(1)是重力模型的基本形式。另外如上所述，R_{ij} 本身也可以采用距离、时间等的合成指标。

若将基本模型式(3-23)中的阻抗函数以 $f(R_{ij})$来代替，并假定 $\alpha=\beta=1$，则可以得到如下模型：

$$t_{ij} = k \cdot G_i \cdot A_j \cdot f(R_{ij}) \tag{3-26}$$

为了满足 $\sum_{j=1}^{n} t_{ij} = G_i$ 的条件，则有

$$\sum_{j=1}^{n} k \cdot G_i \cdot A_j \cdot f(R_{ij}) = G_i$$

所以

$$k = \frac{1}{\sum_{j=1}^{n} A_j \cdot f(R_{ij})}$$

将 k 代入式(3-26)，即得修正模型式(3-25)。

美国公路局模型是在模型式(3-25)中引入反映地区间结合度的调整系数 K_{ij} 后得到的，即

$$t_{ij} = G_i \cdot \frac{A_j \cdot f(R_{ij}) \cdot K_{ij}}{\sum_{j=1}^{n} A_j \cdot f(R_{ij}) \cdot K_{ij}} \tag{3-27}$$

其中，K_{ij} 可按下述方法确定：

(1)令式(3-27)中 $K_{ij}=1$，利用现状 OD 表确定 $f(R_{ij})$的系数，以建立模型；

(2)在上述模型中，代入现状 OD 表中的 G_i、A_j、R_{ij}，计算 OD 交通量的计算值 T_{ij}；

(3)根据现状 OD 表的 OD 交通量 t_{ij} 和计算值 T_{ij} 的比值求取 K_{ij}；

(4)假定 K_{ij} 不随时间改变，对将来的分布交通量预测也适用。

上述修正重力模型是在 $\sum_{j=1}^{n} t_{ij} = G_i$ 的条件下得到的，但仍不满足 $\sum_{i=1}^{n} t_{ij} = A_j$ 的条件。也就是说，预测得到的分布交通量 t_{ij} 关于 i 的合计不一定能保证与给定的出行吸引量 A_j 相等。因此，由上述模型计算得到的 t_{ij} 仍然需要通过对吸引交通量的收敛计算进行修正。

第六节　交通方式划分

交通方式划分就是将各交通小区之间的分布交通量分配给各种交通方式，从而在各自的交通网上进行分配。客运交通一般分为两种方式：公共交通和个体交通。公共交通一般指公共电、汽车，以及轨道交通等；而个体交通，在国外主要是指小汽车，而国内目前自行车交通和步行交通在居民出行中占有相当大的比重。

交通方式划分依据其在四个阶段中的位置的不同，形成 4 类模型，如图 3-8 所示。

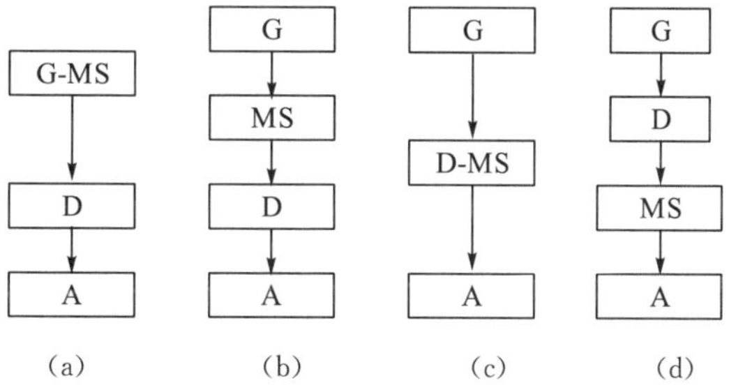

G. 出行生成；D. 出行分布；MS. 交通方式划分；A. 交通路网分配

图 3-8　交通方式划分的 4 种可能位置

图 3-8(a)表示一开始就按不同的交通方式统计各自的出行产生量；图 3-8(b)则表明

出行产生量和交通方式暂时没有联系，而在计算出行分布之前要完成方式划分工作；图 3-8(c)将交通方式划分作为出行分布程度的一部分，即两者同时进行，这种程序可以从出行分布的结果中对比不同交通方式的效果。图 3-8(d)指在交通路网分配之前先要完成交通方式划分。这种模式可以把行程费用、服务水平等作为交通方式划分的评价指标，下面重点介绍这种模型。

一、交通方式划分的基本模型

交通方式划分的基本模型有分担率曲线法(或转移曲线法)、函数模型、损失最小模型、非集聚模型等。

1. 分担率曲线法

根据个人出行调查的结构，以横轴表示影响交通方式分担率的某个主要因素(如距离)的特性值，以纵轴表示各交通方式的分担率，由此建立表示分担率变化的曲线，如图 3-9和图 3-10 所示。据此曲线，可以求得各交通方式的分担率。这种通过曲线将两种方式的分担率分为上下两部分的方式，非常简单易懂。图 3-9 以出行距离为自变量，制成了机动车(自行车、助动车、摩托车等除外)交通方式的分担率曲线。图 3-10 则是通过几条曲线将纵向高度分为几段，以表示各种交通方式分担率。这两类表达分担率的方式，其分担率的合计均为 100%，所以没有必要进行修正。

但是分担率的变化曲线往往随交通目的或交通利用者阶层的不同而不同。在这种情况下，往往需要在一个图中同时划出数条曲线，或针对不同交通目的或不同阶层的利用者分别画出数张分担率曲线图。另外，影响分担率的因素一般有多个，这时就需要先将其影响因素进行分类，然后分类制作分担率曲线。因此，尽管该方法简单明了，但很难表现复杂的分担率的变化。

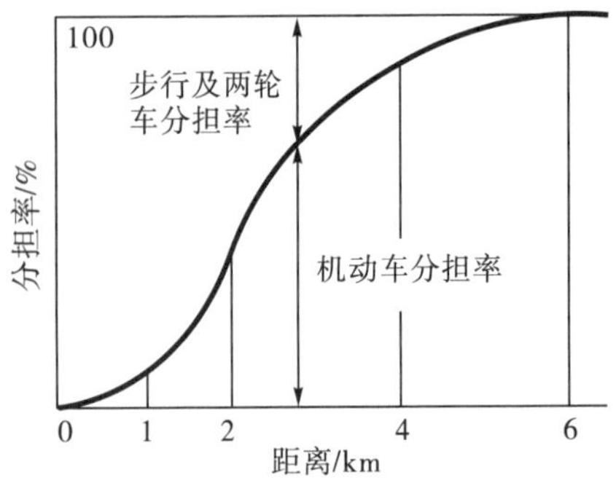

图 3-9 机动车分担率曲线(二者选一方式)

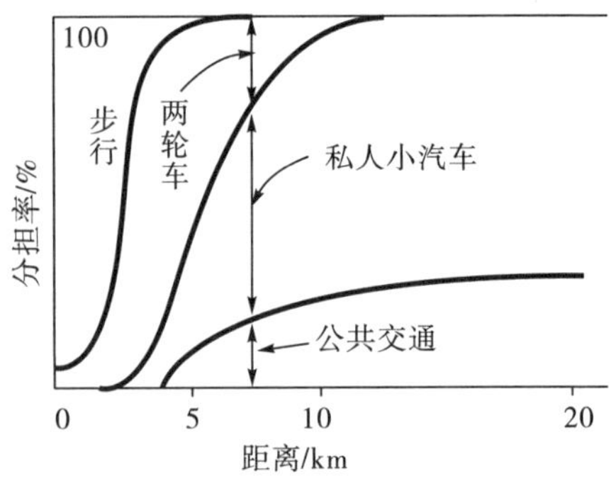

图 3-10 分担率曲线(多方式一次选择)

2. 函数模型法

以各种交通方式的分担率为因变量，以影响分担率变化的因素的特性值为自变量，利用回归分析方法，建立交通方式划分函数模型。当自变量为 1 h 时，可以简单地通过图形表示，类似于分担率曲线。该方法不能保证所有交通方式的分担率之和为 100%。

为了使全方式分担率合计值为100%，需要通过比例分配等方法加以调整。同时分担率 P 需要满足 $0<P<1.0$ 的条件。常用的满足该条件的分担率函数形式有以下三种：

$$P=a\cdot\exp(-bx) \tag{3-28}$$

$$P=1-\frac{c}{1+a\exp(-bx)} \tag{3-29}$$

$$P=ad^{-x} \tag{3-30}$$

以上各式中，a、b、c、d 为系数，可以通过个人出行调查的结果确定。而 x 为自变量，可以取为距离、交通方式之间的距离比或时间比等影响因素。

3. 损失最小模型

假定乘客按损失量最小为目标来选择交通方式。方式作为损失量的主要因素，可以考虑为票价和旅行时间，用下式表示：

$$S=C+d\times T \tag{3-31}$$

式中，S——损失量(元)；

C——票价(元)；

T——旅行时间(min)；

d——时间价值(元/min)。

假定存在三种交通方式分别为1、2、3，则各种交通方式给旅客带来的损失量分别表示如下：

$$S_1=C_1+d\times T_1$$
$$S_2=C_2+d\times T_2$$
$$S_3=C_3+d\times T_3$$

其中，d 的取值因人而异，其分布形态一般被假定为对数正态分布。在得到 d 的分布形态后，便可从损失率-时间价值曲线中求得各种交通方式的分担率(图3-11)。

下面以轨道交通与公共汽车的方式划分为例，介绍利用该方法求解其分担率的过程。

(1)在所有OD间，设定轨道交通及公共汽车线路方案，且各自都选择旅行时间最小的线路方案。

(2)决定各OD间轨道交通及公共汽车票价。

(3)决定各OD间轨道交通及公共汽车的旅行时间。轨道交通按列车时刻表查取，公共汽车按道路规格确定标准走行速度，然后根据OD间距离确定旅行时间。

(4)计算轨道交通、公共汽车的损失量(S_1、S_2)。

(5)求得轨道交通与公共汽车损失量相等的点 d 之值。

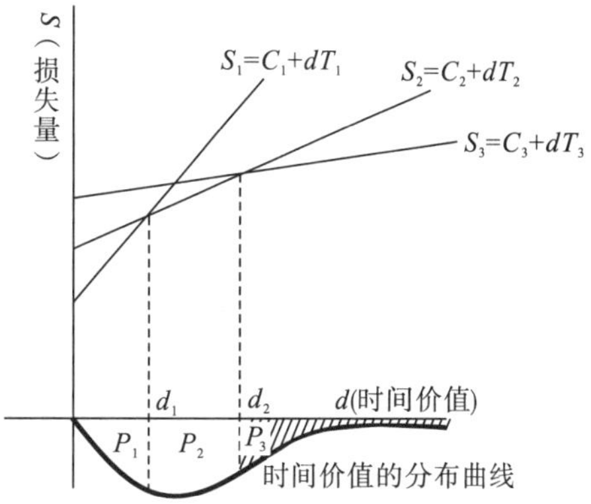

图3-11 损失量模型

注：①时间价值小于 d_1 的人，利用交通方式1；时间价值为 $d_1\sim d_2$ 的人，利用交通方式2；时间价值大于 d_2 的人，利用交通方式3。②P_1、P_2、P_3 的面积，分别表示交通方式1、2、3的分担率，且 $P_1+P_2+P_3=1$。

(6)假定 d 的分布为对数正态分布，则可从损失模型图中求取轨道交通与公共汽车的分担率。

(7)将各小区之间的分布交通量乘以相应的分担率，即可得到各小区之间各种交通的分担交通量。

4. 非集聚模型

交通需求分析中以非集聚分析为基础可建立非集聚模型，该模型的基本思想是：交通方式选择是乘客个人实施的行为，而OD交通量中的分担率只不过是个人基础上的综合。因此，它是将个人数据不经过处理而直接用来构造模型的分析方法，所以也称为非集聚行为模型或个人选择模型。目前，以交通方式划分为中心的非集聚模型，在实际交通规划中已逐渐开始得到应用。该方法特别适用于缺乏长期交通资料积累的发展中国家的城市轨道交通规划。

非集聚模型的基本公式为

$$P_i = \frac{\exp(V_i)}{\sum\limits_{j=J}\exp(V_j)} \tag{3-32}$$

式中，P_i——交通方式 i 的分担率；

J——利用可能的选择的集合(交通方式的个数)；

V_i——交通方式 i 的效用，其相应的表达式为

$$V_i = \beta_1 Z_{i1} + \beta_2 Z_{i2} + \cdots + \beta_k Z_{ik} \tag{3-33}$$

其中，$\beta_k(k=1,2,\cdots,K)$为待定参数，表示变量 Z_{ik} 对效用产生影响的重要度，需要采用极大似然估计法来确定；Z_i 为交通方式 i 的特性变量(如乘车时间、出行费用等)或乘客个人的社会经济属性(如有无私家车等)。

二、影响交通方式分担率的因素

交通方式分担率的影响因素很多，其中既有在交通规划中可操作的部分，也有不可操作的部分。图3-12列出了影响交通方式分担率的各种因素，图中带 * 的因素为规划中可操作的因素。同时，对于非集聚模型，这些因素可以直接使用；而对于其他预测模型，必须按小区进行集合并转化为小区特性后才能使用。而实用上所要求的分担率模型都希望像分担率曲线那样，通过少数具有代表性的因素来建立模型。因此，常常采用将图3-12中所示的若干个指标合成为某一单自变量的方法。

三、交通方式划分的基本程序

交通方式划分的基本程序如图3-13所示。

1. 设定交通路网

为了确定各种交通方式的交通量，首先必须建立各种交通方式的交通路网，该路网不

一定包含所有的交通路线，但要包含各小区间具有代表性的交通路径(包含规划中的线路)。

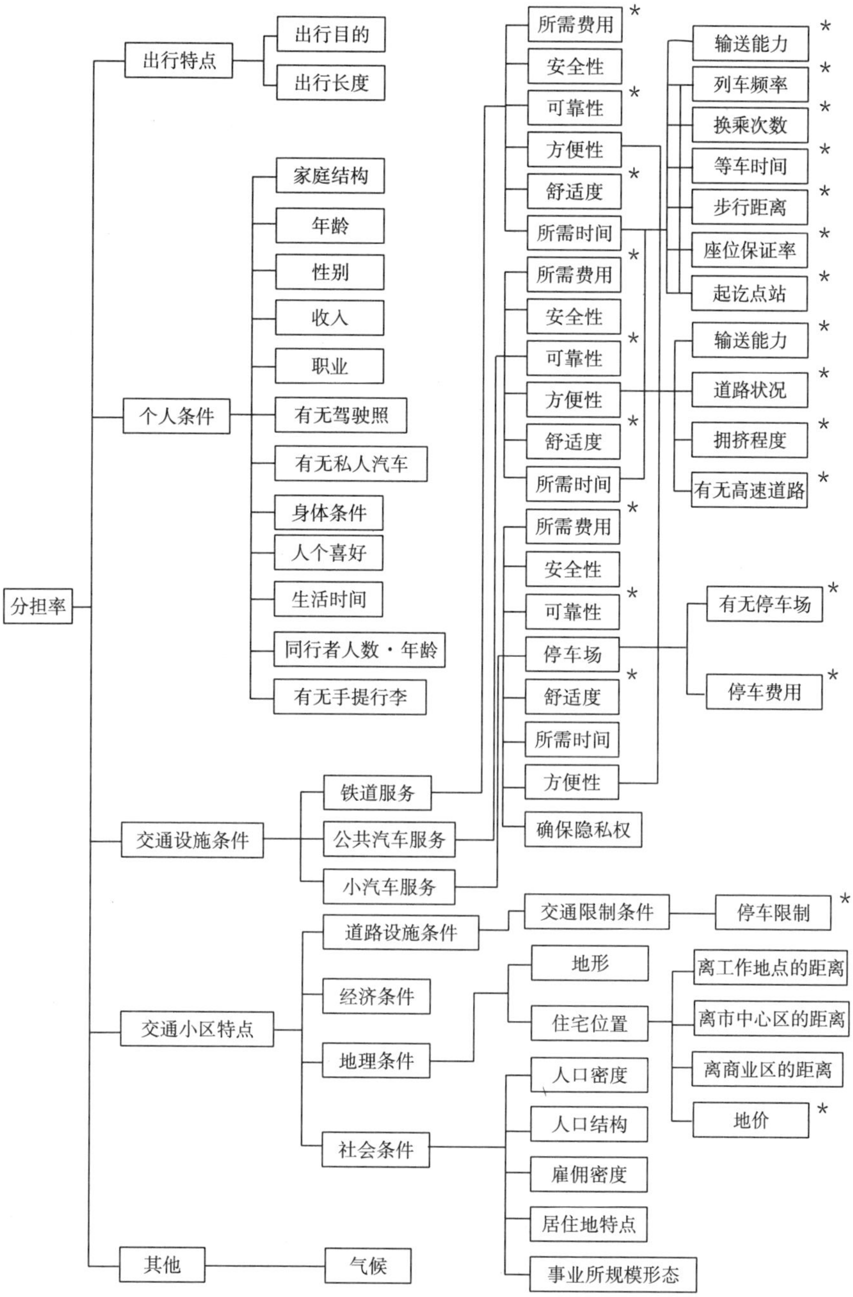

图 3-12　交通方式分担率的影响因素

2. 设定交通服务水平

交通服务水平是出行者选择交通方式时所考虑的对象，一般有乘车时间(列车速度)、费用、步行时间、换乘时间、等待时间、拥挤度、舒适度等。但拥挤度、舒适度等指标的量化非常困难。

3. 计算交通方式分担率

以第2点中求得的交通服务水平为基础，采用上述的某种模型计算各种交通方式的分担率。分担率计算的具体方法有两种，即二者择一法和多方式一次选择法。前者是一种首先将全方式交通量中的步行交通(包含两轮交通方式)与其他交通分离，其次再将私人汽车交通与公共交通分离，最后将公共汽车与轨道交通分离的一种逐步分离的方式，如图3-14所示。根据已有的OD调查结果，预先制作分担率曲线，然后逐一按交通方式求得各自的分担率和分担交通量。而后者是利用函数模型或分担率曲线一次全部决定所有交通方式分担率的方式。

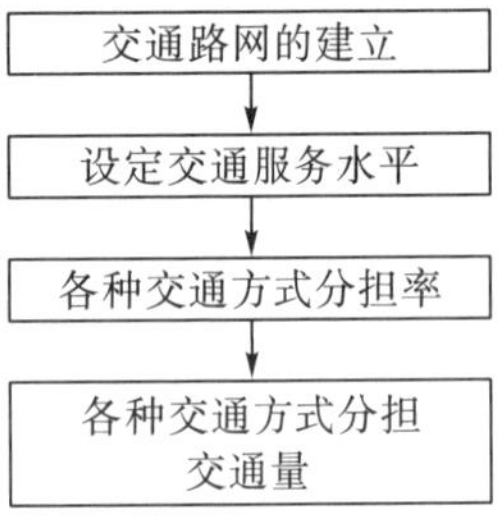

图3-13　交通方式划分的基本程序图

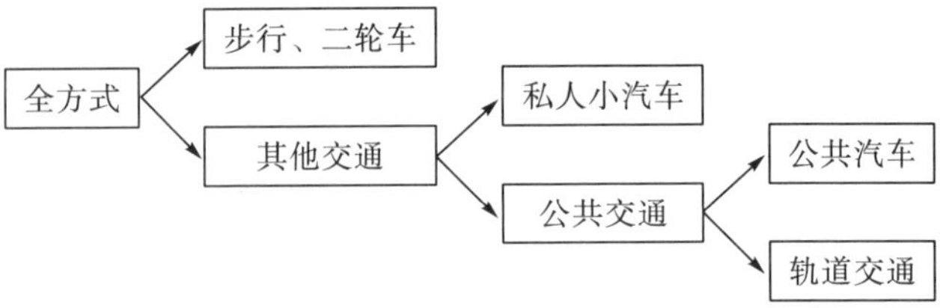

图3-14　二者选一的交通方式分担率划分方法

四、实 例 分 析

美国旧金山海湾地区交通研究所制作了图3-15所示的分担率曲线。它是以旅行时间比(轨道交通时间与其他交通方式所需时间的比值)为自变量来求取城市快速轨道交通分担率的一组曲线。曲线按是否通向市中心及是否为高峰时段通勤出行，分为4种。通过该组曲线，可以按是否去市中心及是否为高峰时段通勤出行共4类情况，分别求得各类中的轨道交通分担率，再乘以各类相应的出行数，然后合计即可得轨道交通量。

例1：设旧金山 i 交通小区与 j 交通小区之间，去市中心方向高峰时段通勤出行数为1000人次，去非市中心方向高峰时段通勤出行数为800人次，去市中心方向的其他出行数为700人次，去非市中心方向的其他出行数为500人次。假设轨道交通与其他交通的分担交通方式之间的旅行时间比为0.8，求 i 小区与 j 小区间轨道交通的分担交通量。

解：根据图3-15，当旅行时间比为0.8时，本例4类情况相应的轨道交通分担率分别为80.8%，48.5%，39.2%，26.9%，则 i 小区与 j 小区间的轨道交通分担量为

$$1000\times80.8\%+800\times48.5\%+700\times39.2\%+500\times26.9\%=1605(\text{人次})$$

若采用分担率曲线法，以二者选一的方法进行交通方式划分，则可以在二者选一的各个阶段，分别采用最适合的自变量(影响因素)来求取各种交通方式的分担率。在日本常采用该方法。

例2：用二者选一法预测日本广岛城市圈中和交通规划中的轨道交通分担交通量。

首先从全出行交通中，用步行分担率曲线分离出步行交通的分担交通量，此时，两小区之间的实际距离成为关键影响因素[图3-16(a)]。其次，利用公共交通分担率曲线将

公共交通分担量与私人小汽车交通分担量区别开来[图 3-16(b)]。最后利用轨道交通分担率曲线从公共交通分担量中分离出轨道交通的分担交通量[图 3-16(c)]。后两个分担率曲线，最关键的影响因素是基于各自交通方式的所需时间求得的时间距离比。同时在公共交通与私人小汽车交通的方式划分时，分担率曲线是按私人小汽车持有者与非持有者分为两类制成的[图 3-16(c)]。这一系列分担率曲线都是可以通过个人出行调查数据获得的。

制作分担率曲线需要大量的统计资料，我国在这方面积累较少。但国内一些大城市已经绘制了公共交通和自行车交通的分担率曲线，并在一些城市交通规划中得到了应用。

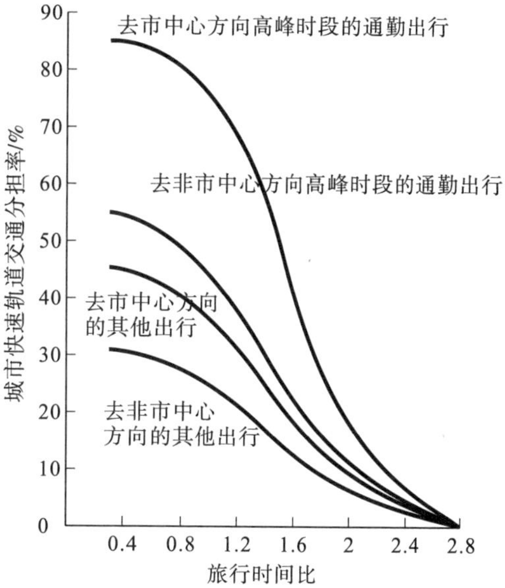

图 3-15　BARTS 的分担率曲线

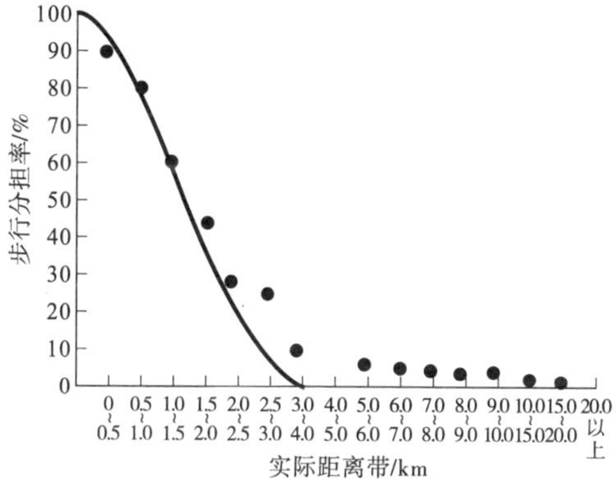

(a)步行分担率曲线

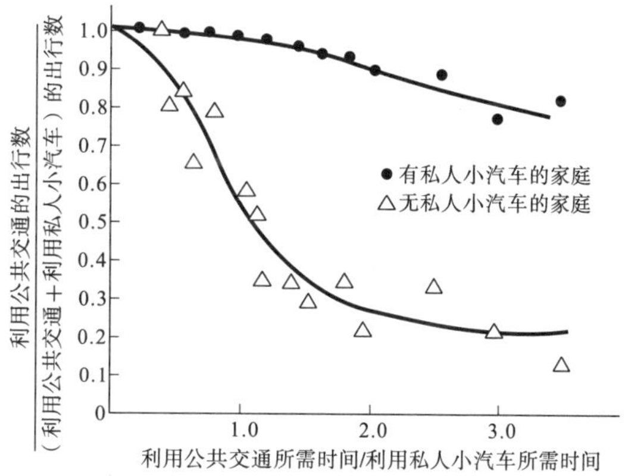

(b)公共交通分担率曲线

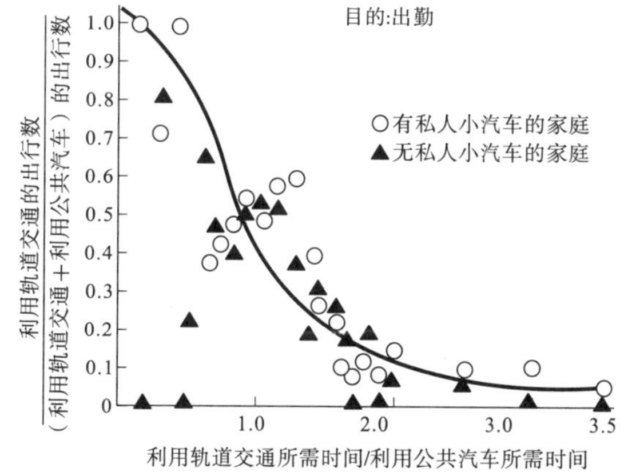

(c)轨道交通分担率曲线

图 3-16　广岛城市圈的分担率曲线群

第七节 轨道交通量分配

轨道交通量分配就是将交通方式划分阶段所得到的各小区之间的轨道交通量分配到将来的轨道交通路网上去，以求取路网中各轨道交通线路所需承担的交通量，从而为确定轨道交通设施规模等服务。

轨道交通分配的传统方法主要有以下两类。

(1)最短路径法。即将 OD 间的轨道交通量全部分配到相应的最短路径(路线)上去的方法。

(2)多路径概率分配法。即在 OD 间同时选定多条路径(路线)，按各条路径的特性值(如时间、所需费用等)的大小比例将各 OD 间的轨道交通量分配到各条路径(轨道交通线路)上去。

多路径概率分配法由于必须在大胆的假定条件下建立模型，所以在出行现状的表现力方面还存在很大的问题，因而应用较少。另一方面由于城市轨道交通容量大，路网比较单纯，路径选择自由度小，且旅行所需时间基本上不受拥挤程度的影响，因而最短路径法比较符合实际。同时，最短路径法的基本思想单纯易懂，加上长期以来缺乏比较有效的其他方法，所以它在国内外轨道交通规划中得到了广泛的应用。下面重点介绍最短路径法的基本思想。

轨道交通路网一般通过交点和路线区间来表现。在这里交点称为节点，路线区间以线代表，称为线链。最短路径法是通过将各路径的权值赋予各条线链，并对各条线链进行合计，比较其权值，从而决定最短路径的一种方法。链的权值泛指链的长度，但作为实用指标既可以是实际距离，也可以是所需费用、所需时间，或由它们复合而成的指标。

在交通规划中，现在常用的最短路径法是由莫尔于 1975 年首先提出，并在后来得到改进的一种方法，即 Dijkstra 法。该方法的基本思想可以通过图解法(也称为标记法)来说明。下面通过实例来说明该方法的求解过程。

例：某路网如图 3-17 所示。图中各条链上“()”内表示的是链的权值。该方法可以同时求出从一个节点到其他所有节点的最短路径，其中第一个节点称为根。试求以节点 A 为根的最短路径。

解：首先在各节点处准备一个用于标记的栏“[]”，如图 3-18 所示。栏内前一项用于标记与当前节点相关联的前一节点的标号，而后一项用于标记从当前节点到根之间的累计距离。“[]”中的负号表示无前节点，“()”中的负号表示无直接链。粗线表示的是最短路径。下面详细说明其求解过程。

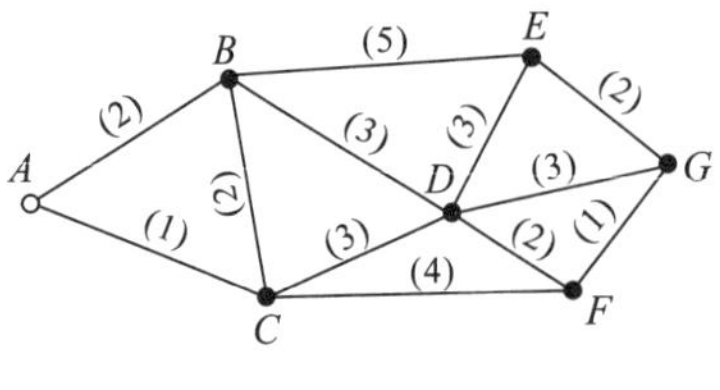

图 3-17 例题的路网图

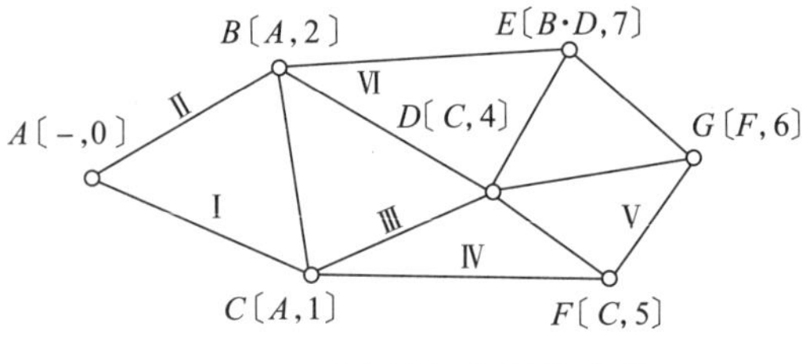

图 3-18 寻求最短路径的过程

步骤1：能与 A 节点相连的可能节点为 B、C，距离分别为(2)、(1)。取二者较小的链，并在节点 C 的标记栏内记入［A，1］。

步骤2：与节点 A、C 相连的可能节点为 B、D、F，相应的距根节点的距离(经由 A 时，经由 C 时)=(2，3)，(－，4)，(－，5)。最短链为经由 A 节点的 B 节点，所以在 B 节点的标记栏内记入［A，2］。

步骤3：与标记完成的3个节点相连的可能节点为 D、E、F。这些节点分别经由 A、B、C 到达根节点的距离为 $(A,B,C)=(-,5,4),(-,7,-),(-,-,5)$。取最短的链，在 D 节点的标记栏内记入［C，4］。

步骤4：按同样的方法，连接图3-18中Ⅳ的链，在 F 节点标记栏内记入［C，5］。

步骤5：按同样的方法，在 G 节点标记栏记入［F，6］。

步骤6：按同样的方法在 E 节点标记栏内记入［$B\cdot D$，7］。此处 $B\cdot D$ 表示在 E 的前一节点无论是 B 还是 D 都具有相同的距离。

通过以上的作业过程，所有节点都被标记，并与根节点联系。根据这些标记，从各节点反推回去即可得到最短路径。例如，G—A 的最短路径是 G—F—C—A，其距离为6。有了 G—A 的最短路径，则 G 所在的交通小区与 A 所在的交通小区之间的轨道交通量将全部被分配到 G—F—C—A 路径上。假如 G—A 之间的轨道交通量为100，则 G—F、G—C、C—A 三条链上的轨道交通量就都分配到100的交通量。

第八节　轨道交通线网初客流量预测

轨道交通线网初客流量预测主要指的是轨道交通步行吸引客流和自行车换乘吸引客流预测，一般来说，初客流预测只需考虑以下6种出行组合：①O—W—D；②O—Bic—D；③O—Bus—D；④O—W—Rail—W—D；⑤O—Bic—Rail—D；⑥O—Rail—Bic—D。

各组合中：O表示出行起点；D表示出行讫点；W表示步行方式；Bic表示自行车方式；Bus表示公交车方式；Rail表示轨道交通方式。

一般来说，轨道交通的影响范围总是在某个距离内，步行吸引范围通常是600 m，自行车换乘的吸引范围通常是2 km，因而可以在图上画出轨道交通线路对步行和自行车换乘吸引的范围，根据各小区在吸引范围内的面积占该小区总面积之比例，得出轨道交通有可能吸引的各小区之间的O-D量。例如，i 小区有1/3的面积在步行吸引范围内，j 小区有2/3的面积在步行吸引范围内，则O-D［i］［j］的2/9参与O—W—Rail—W—D这种组合方式的竞争。当然，该计算方法是基于这样的假设：各交通小区的出行是均匀的。

不同出行方式的交通阻抗值是不相同的，人们出行时总是力求选择交通阻抗最小的出行方式组合，但一般来说，交通阻抗值很难直观判断，所以，出行方式的选择具有随机性，综合考虑交通阻抗最小因素和随机因素的作用，可采用Logit模型进行出行方式预测：

$$P_k=\exp[-\theta R_k/\bar{R}]/\sum\exp[-\theta R_i/\bar{R}] \tag{3-34}$$

式中，P_k ——第 k 种出行方式组合的分担率(%)；

R_k ——第 k 种出行方式组合的交通阻抗值(换算成出行费用为元);

$\bar{R}$ ——各种出行方式组合的平均交通阻抗值(元);

m ——出行方式组合总数;

θ ——分配参数，一般取 3.0～3.5。

关于交通阻抗函数，我们综合考虑时间、费用、广义舒适度(反映出行舒适性、安全性、方便性、可靠性等特征的综合指标)三者的联系，如下式所示:

$$R = \sum (C_i L_j + \lambda_i T_i)/K_i \tag{3-35}$$

式中，R ——交通阻抗值(元);

C_i ——出行费用值(元/km);

λ_i ——时间价值，取对应规划年度的人均国民收入值(元/h);

T_i ——出行时间(h);

K_i ——广义舒适度系数。

利用上述多方式分担模型，将竞争类方式出行 O-D 量分配到交通网络(即地面道路网和轨道交通线网共同构成的联合网络)上去，首先得到的是轨道交通节点的上、下客流量。所谓轨道交通节点，是指轨道交通在地下或高架线上通过的地面道路网络节点，若轨道交通线路为路面形式，则轨道交通节点为轨道交通线路和道路相交接的点。由轨道交通节点上、下客流量，可以推算轨道交通站点的上、下客流量，进而推算出轨道交通线路各断面流量。下面简单介绍推算原理和方法。将轻轨线路分为上行和下行两个方向，计算仍采用概率分配模型，即

$$P_k = \exp[-\theta L_k/\bar{L}]/\sum \exp[-\theta L_i/\bar{L}] \tag{3-36}$$

式中，P_k ——某轨道交通节点上、下客流量分配到其邻近的第 k 个轨道交通站点的比例(%);

L_k ——轨道交通节点与其邻近的第 k 个轨道交通站点之间的距离;

$\bar{L}$ ——轨道交通节点与 m 个邻近轨道交通站点的平均距离，m 一般为 3;

θ ——分配参数。

对于上行轨道交通线路任一断面流量来说，下式成立:

$$Q[i] = Q[i-1] + u[i] - d[i] \tag{3-37}$$

式中，$Q[i]$ ——第 i 个断面的断面客流量;

$Q[i-1]$ ——第 $i-1$ 个断面的断面客流量;

$u[i]$ ——第 i 个轨道交通站点的上客量;

$d[i]$ ——第 i 个轨道交通站点的下客量。

对线路的起讫点来说，

$$Q[1] = u[s]$$

$$Q[e-1] = d[e]$$

其中，$Q[1]$、$Q[e-1]$ 分别为第一个断面和最后一个断面的断面流量，$u[s]$、$d[e]$ 分别为起点站的上客量和讫点站的下客量。对于轨道交通线路下行方向任一断面的客流量来说，有下式成立:

$$Q[i]=Q[i+1]+u[i]-d[i] \tag{3-38}$$

对线路的起讫点来说，

$$Q[e-1]=u[e]$$

$$Q[i]=d[s]$$

其中 $u[s]$、$d[e]$ 分别为讫点站的上客量和起点站的下客量。

由轨道交通流的初分配可以得到轨道交通线路各站点的上客量和下客量，以及各断面的客流量。很显然，这里的各个断面的客流量指标没有包含两种出行组合方式的客流量，即人们先乘坐公交再换乘轨道交通，或先乘坐轨道交通再换乘常规公交的客流量，通常这两种组合方式的客流量占轨道交通总客流量的10%～40%。

第九节　我国轨道交通客流量预测现状

20世纪70年代以来交通规划技术传入我国，运用定量的方法进行科学的预测已成为规划的主要手段。客流预测技术近几年在交通项目的应用中发展很快。城市轨道交通的客流预测基本上采用交通规划的常规方法，即搜集或利用居民出行调查资料，在预测城市客运总需求的基础上，通过交通方式划分预测城市轨道交通的客流量。

分析北京、上海、广州、成都、青岛等地城市轨道交通项目的有关资料可知，目前我国轨道客流预测模式主要可以分为两类：①不基于现状客流分布(OD分布)的预测模式；②基于现状客流分布(OD分布)的预测模式。

第一类预测模式的主要思路为将相关的公交线路的现状客流和自行车流量向轨道交通线路转移，得到虚拟的基年轨道交通客流。然后按照相关公交线路的历史资料和增长规律，确定轨道交通客流的增长率，推算远期轨道交通需求客流量；或者由公交预测资料，直接转换为远期城市轨道交通客流量。因此，这一类方法主要为趋势外推，在确定轨道交通客流增长率时可采用指数平滑法、多元回归法等方法。北京一、二期地铁线路的客流预测及复兴门—八王坟的线路预测均采用了此类预测模式。具体内容可参见北京一、二期地铁线路的客流预测报告。

第二类预测模式的主要思路为通过居民(常住人口、流动人口)出行调查，掌握现状全方式的出行分布，在此基础上，预测未来的全方式出行分布，然后通过方式划分，得到轨道交通的站间OD，即可计算出轨道交通客流量。这一预测模式即为交通需求分析中的四阶段模式。在实际应用中，目前国内项目在预测阶段的顺序、模型的选择、参数的标定上存在着许多差异，出现了许多预测方法名称，上海、广州、成都、青岛、大连等城市的轨道交通项目中的客流预测方法均属于此类预测模式。具体内容可参见上海、广州等城市的轨道交通项目中的客流预测报告。

城市轨道交通作为联系城市内部及周边地区的快速客运系统，是城市化进程中解决城市交通问题的重要措施和手段。由于轨道交通快速、高效、舒适的特点，其产生及发展必然会使得城市交通出行分布形态和交通结构发生变化。另外，目前中国大多数城市仍处于成长期，虽然其组团结构不会发生根本变化，但轨道交通影响区内的很多交通小区的用地性质、人口和就业岗位数将有较大的变化。随着交通的发展，城市其他中心的形成以及发展中心的转移，将逐渐形成组团带状形态。单纯的公交统计资料已经无法表征这些变化。

未来城市的交通方式构成与城市土地利用形态、产业布局、社会经济等诸多因素有关，因此未来城市交通方式的合理结构必须考虑城市总体规划及其他交通方式的存在。

城市轨道交通是城市客运公共交通的有机组成部分，轨道交通的充分发挥，有赖于常规公交的支持。轨道交通对客流量的吸引受公共交通发展水平及服务水平的制约。轨道站点是城市的客流集散点，亦是不同交通方式的换乘点。因此在预测轨道交通线网客流量时，必须从城市全方位的出行分布形态(OD分布)出发，从根本上把握住城市客流的主流和方向，使得预测既符合交通需求分析的一般技术方法，又体现出轨道交通对客流吸引和组织的技术特点。

第一类预测模式简单、易操作，在编制轨道交通项目建议书时可以采用，但在编制项目工程可行性研究时由于上述原因，达不到工程可行性研究的深度要求，因此应该选用第二类预测模式。近年来许多城市在轨道交通建设项目的前期工作中，客流预测均采用了第二类模式，也反映出这一点已成为共识。

第四章 轨道交通线网规划

第一节 轨道交通线网规划概述

一、轨道交通线网规划的目的和意义

城市轨道交通系统建设是庞大而复杂的系统工程，具有非可逆性，线路一经建成便不可更改。因此规划布局合理和规模适当的线网就显得很重要。它的好坏直接影响城市交通结构的合理性、工程项目的经济效益及社会效益。如果作为前期基础研究之一的线网规划出现失误，后期则难以挽回，因为用地控制、规划导向均与线网直接相关。

线网规划的目的可归纳如下：

(1)缓解中心区尤其是商业区交通的供需矛盾，强化土地资源所能提供的交通供给；

(2)加强主要出行方向(主要交通走廊)交通系统的速度和容量，以便于主城区外围与中心区的联系；

(3)串联城市大型客流集散点(交通枢纽、商业服务中心、行政中心、规划大型居住区、规划工业区、娱乐中心等)，实现客流的合理疏导；

(4)加强对外交通与市区的联系，方便卫星城镇与市区的联系，增强城市的辐射能力；

(5)以高品质的供给引导交通方式选择的良性转移；

(6)节约能源，避免大气污染，改善环境；

(7)启动内需，聚集商贸及房地产开发项目，支持旧城改造和新区开发项目，并成为城市产业发展的新增长点。

城市轨道交通线网的科学规划，可支持城市总体规划的实施和发展规律；有利于城市科学制定经济发展规划；有利于城市各项设施的建设；可为控制轨道建设用地提供基础；为轨道交通工程立项建设提供依据。

二、轨道交通线网规划的研究范围

城市轨道交通线网规划的研究范围包括：前提与基础研究、线网构架研究和实施规划研究。

1. 前提与基础研究

主要是对城市的人文背景和自然背景进行研究，从中总结指导轨道交通线网规划的

技术政策和规划原则。主要研究依据是城市总体规划和综合交通规划等。具体的研究内容包括城市社会经济现状和发展规划、城市交通现状和发展规划、城市工程地质分析、既有铁路利用分析和建设必要性论证等。

2. 线网构架研究

线网构架研究是线网规划的核心，通过“规模控制→方案构思→优化”的研究过程，规划较优的方案。这部分研究的主要内容包括：合理规模研究、线网方案的构思、线网方案客流测试、线网方案的综合评价。

3. 实施规划研究

实施规划是轨道交通规划可操作性的关键，集中体现了轨道交通的专业性，主要研究内容是工程条件、建设顺序、附属实施规划。具体内容包括车辆段及其他基地的选址与规模研究、线路敷设方式及主要换乘节点方案研究、修建顺序规划研究、轨道交通线网的运营规划、联络线分布研究、轨道交通线网与城市的协调发展及环境要求、轨道交通和地面交通的衔接等。

三、轨道交通线网规划的基本原理

轨道交通线网规划的规划期限内对整个轨道网的大致走向、总体结构、用地控制、车辆段及换乘站的配置作出规划，轨道交通线网规划的过程实际上是对初级线网不断优化完善的动态滚动过程。

主要有两类轨道交通线网的规划方法：解析法和系统分析法。

解析法：根据城市人口、土地资料，用运筹学的图论和数学规划的方法建立目标函数并求解，选出最优线路走向。

系统分析法：根据城市的交通现状和土地发展规划，构架初始线路或线网，用交通规划方法，进行轨道交通线网的预测，并评价择优。系统分析法是定性经验和定量数据相结合的动态规划方法。

第二节　轨道交通线网规划的原则与内容

一、规 划 原 则

1. 网络化的原则

城市轨道交通枢纽不是独立存在的，它的正常运转依靠周边的城市交通网络的支持，二者之间是相互制约的互动关系。在设计一座城市轨道交通枢纽的时候，应该对该区域的交通状况及发展有一个全面、系统的认识，并以此为基础对枢纽进行合理的功能定位。在枢纽和城市道路的接口处往往会出现瓶颈现象，而某一点的“瓶颈”将殃及整个枢纽正常功能的发挥。由此可以看出，单独去搞好某一个建筑的单体设计其作用是十分有限的，只有建立起一个系统的交通网络的概念才是搞好城市轨道交通枢纽设计的前提和基础。

2. 城市化的原则

城市轨道交通枢纽是解决城市交通问题的建筑，但在其发挥交通运输功能的同时，往往会对城市的整体结构和城市空间的完整性及连续性产生一定的负面影响。因此，在城市轨道交通枢纽(以及其他类似的交通建筑)的设计中必须引入城市设计的观念。不能让城市活动终止于建筑之外，而应该渗透于建筑之中，使城市轨道交通枢纽成为城市的一个有机的组成部分。

3. 发展的原则

任何建筑都会随着实际需求的变化而改变自身的功能定位，城市轨道交通枢纽建筑尤其如此。"交通"本身就是一个动态的概念，它是随着社会的发展而变化的。作为城市交通体系中一个有机的组成部分，轨道交通枢纽必须具备对这种变化的适应能力。同时，随着商业文化的冲击，城市轨道交通枢纽建筑也不可能是单纯的交通建筑，它必须是适应市场需求的集诸多城市功能于一身的综合体。

4. 环保的原则

城市轨道交通枢纽容纳的不光是人，还有公交车、出租车、地铁等交通工具。这些交通工具所产生的噪声、震动、废气等对城市环境和建筑的空间质量有严重的负面影响，这些都是设计中需要重点解决的问题。同时，城市轨道交通枢纽作为一种对城市发展有着重要影响的建筑形式，其环保的意义远不局限于一座建筑的范畴。只有建立起一套环保的交通体系才有可能产生环保的城市轨道交通枢纽建筑。

5. 人性化的原则

建筑的发展从始至终都贯穿着对人性的理解与思考。以上这些设计原则归根结底体现在"以人为本"的设计理念中，人性化的设计原则是城市轨道交通枢纽设计的根本原则。城市轨道交通枢纽是人使用的建筑，而非交通工具的建筑，建筑的空间也必须是人性化的空间。要把"以人为本"的设计理念落实于实践之中，就需要切实地分析和掌握人在城市轨道交通枢纽中的活动规律，并把它体现在城市轨道交通枢纽设计的各环节之中。

二、规划与设计的思想

1. 遵循总体规划，做好总体布局

城市轨道交通枢纽的总体布局应服从于城市总体规划。在构筑城市轨道交通枢纽规划时，应以城市总体规划为依据，并注意选点的合理性和布局的总体性。在规划时，既要充分尊重历史现实，又要为新的规划发展留有余地，要做到因地制宜、适当分散、相对集中、灵活布局。

2. 强化建设与管理相结合的理念，合理控制规模

城市轨道交通枢纽的规划内容主要有动态和静态规划。动态是指人流和车流，是运营组织的主体。静态是指地面道路、场站和建筑物，是运营配套的基础设施，其中地面道路、场站是为车辆服务的设施，建筑物包括公交站、火车站、地铁站等建筑，是为乘客集结和疏导服务的设施。人流、车流、道路以及场站的交通流线规划，就是动态与静态的联系。只有通过科学的规划和先进的管理措施，以人为本，强化管理理念，才能发挥城市轨道交通枢纽的综合运营功能，才能合理控制规模，提高土地利用价值。

3. 重点做好换乘的结构和功能规划，发挥枢纽的最佳效益

枢纽点应具备"换乘、停车、集散、引导"4大功能，其中最重要的功能是"换乘"。换乘包括内部换乘和外部换乘。枢纽点的城市轨道交通线，一般不少于两条，在城市轨道交通线网的交织点上构成换乘站，属于内部换乘；与地面的出租车、公交车、长途汽车、火车站或机场构成外部换乘。因此对城市轨道交通枢纽的换乘结构进行规划时，既要注意到城市轨道交通的内部和外部的换乘关系，又要兼顾到与其他交通方式之间的换乘关系。

三、规 划 内 容

城市轨道交通线网规划一般是指城市远期的轨道交通线网规划，即从长远角度全面、系统地研究城市市区或市域的轨道交通线网发展规划。线网规划年限一般与城市发展总体规划规定的年限相一致，但不应少于30年。对于城市发展潜力很大的城市，则需采用更长的远景期。线网规划的主要内容有以下几个方面。

1. 必要性研究

根据某城市的远期总体发展规划，论证城市是否需要发展城市轨道交通系统。由于一些城市总体规划的规划期不足30年，因此在进行城市轨道交通线网规划研究之前，需要进行城市发展战略研究及城市综合交通战略研究，以此作为城市轨道交通线网规划分析论证的基础。

城市轨道交通系统不仅需要很大的初期建设投资，而且需要很大的运营维护成本，如果没有足够的客流需求，轨道交通系统的正常运营可能面临巨额的亏损。当然，论证城市轨道交通的必要性是以其社会效益为依据的。目前，欧美国家的城市轨道交通系统多数是需要运营补贴的，但是它们在城市发展及城市综合交通系统中产生了远高于所获运营补贴金额的效益，这样的轨道交通系统则是必要的。

2. 线网规模研究

城市轨道交通线网规模是指线网的总长度及其线路的数目。不同的线网规模对线网结构、线路走向及其作用、功能等方面有很大影响。

为了使城市的线网规划具有稳定性、科学性和前瞻性，决策者和建设者必须充分考虑远期甚至远景的城市交通可持续发展要求，如充分考虑我国城镇化发展对城市人口规模与分布的影响；充分考虑小汽车发展后对城市交通道路网的容量、尾气排放限制的影响；充分考虑在远景城市规模下节约使用交通用地和能源的综合交通客运结构。图 4-1 所示为线网建设基础研究的内容及流程。

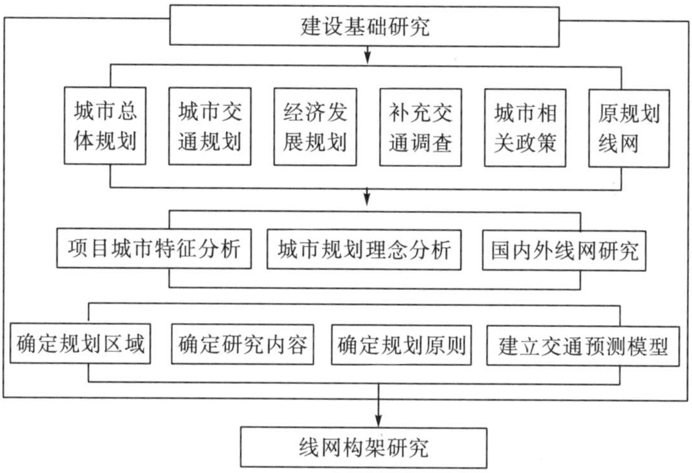

图 4-1　线网建设基础研究内容及流程

3. 线网结构研究

城市轨道交通线网结构是指线网的形态结构，主要是指中心城区线网的形态结构，如网格式、放射式、环形放射式等。不同的线网结构对线网工程造价、客运效率和城市形态发展等有很大影响。图 4-2 所示为城市轨道交通线网结构研究的内容及流程。

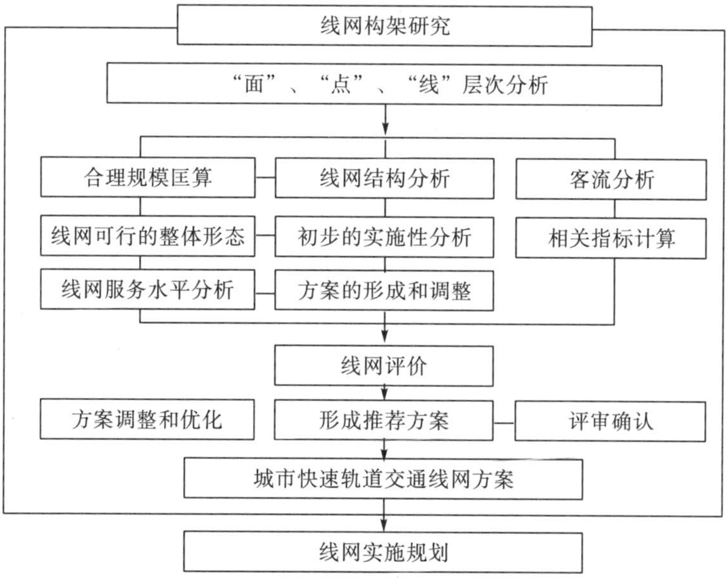

图 4-2　线网结构研究的内容及流程

4. 线路实施规划

线路实施规划包括线路走向、车站分布、线路敷设方式等。城市轨道交通建设技术标准较高，车站规模较大，在城市中调整位置比较困难。因此，轨道交通线网规划阶段需要进行较细致的线路实施规划。图 4-3 所示为城市轨道线网实施规划的内容及步骤。

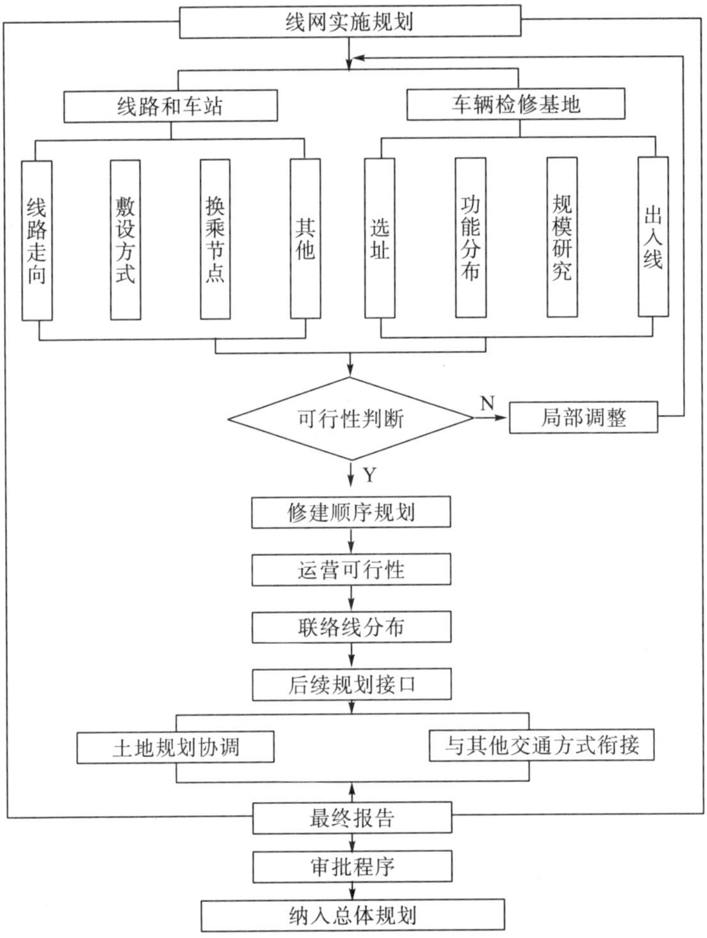

图 4-3 线网实施规划的内容及步骤

线路走向的选择，一般应结合城市道路网和客流流向情况，沿城市主干道和主客流方向布设线路，其线路要尽量经过大的客流集散点，如商业中心、文化娱乐中心、对内对外交通枢纽和大的居民住宅区等。在确定线路起始点位置时，要预留向城市周围重要城镇延伸的可能性，以适应远景城市发展的需要。尤其对一个发展潜力较大的城市，一定要注意将线网设计成“开放式”而不是“封闭式”的，即线网中的线路端点要根据城市规划需要设计成可向外伸展而不是往里收缩的形式。

车站分布规划即确定线路中车站的间距及具体位置。车站分布规划一般和线路走向的选定工作同时进行。因为常会由于车站设置位置不当或技术条件不合适而引起线路的改变，所以在规划线网时，两者要紧密结合，相辅相成，才能选出最优的线位与站位。

敷设方式是指线路位于地面、地上(高架)还是地下(隧道)。它不仅影响线路工程造价，而且会对线路可实施性、实施后的运营维护成本及城市环境等带来很大影响。高架线土建工程造价一般是地下线的1/3～1/2，并且由于不需要通风、照明(白天)、排水提升设备等，可节省大量的能耗和运营维修费用。但高架线可能会对城市产生噪声、景观等方面的不利影响，在规划设计中应进行认真处理。只要处理得当，高架线会给城市增添风景并增加许多新景点，对景观反而能起到画龙点睛的作用；对环境产生的振动噪声污染，也不会超出国家规定的环境保护标准。随着城市中高密度建筑群的增多，在线网规划阶段需要更加注重线路敷设方式规划，否则规划线路将难以实施，而一条线路的调整则可能影响整个线网的合理性及运营效率。

5. 联络线规划

在城市轨道交通线网中，一些高密度运营的线路多数是独立运行的，与其他线路不互通列车。为了便于线网形成有机的整体，在编制线网规划时，一定要认真规划好联络线的分布位置，以便线网各条线路建成后，能机动灵活地调运线网中各线的车辆，不然将给线网的完整性造成无法弥补的弊病。

联络线主要是指两条正线间的连接线，其主要用途有以下几种。

(1)运送厂修(大修)车辆。一条线的车辆大修任务一般不会太多，为了节省工程投资和运营成本，并充分发挥工厂设备的作用，一座城市往往只设置一处修理厂，该厂一般设在第一条修建线路的车辆段内。其他各线需要厂修的车辆，可通过联络线运进工厂(车间)修理，所以，各线联络线的分布，要有利于便捷地向厂修段运送修理车辆。

(2)走行运用车辆。由于城市用地的原因，应当根据《地下铁道设计规范》的有关规定，经过论证可在两条或两条以上线路只设一个车辆段时，每天由车辆段向各线收发列车，除需通过车辆段出入线外，往往还需经过联络线进出各线。

(3)运送新车辆。多线组成的线网，往往不可能每条线的车辆段都设置铁路专用线与地面铁路连接。当某线路车辆段因离地面铁路较远，或因修建工程难、耗资大，或因技术原因不能与地面铁路接轨时，线路上所需的新车辆要通过其他有铁路专用线的车辆段，经两正线间的联络线运进来。当然，在条件允许的情况下，经技术经济分析确定比较合理时，也可通过公路运进新车辆。

(4)同一期工程跨线修建时，两线间需设置联络线，近期作为正线使用。如北京地铁苹果园至北京站线路，其中苹果园至复兴门是线网中1号线的西段，复兴门至北京站是2号线环线的南环。一期工程修建时，在南礼士路至长椿街站间设一双线联络线作正线运行，直至环线建成贯通，两线各自独立运营以后，才停止做正线使用。

(5)特殊用途的联络线。如根据战备等要求设置的联络线。

6. 车辆段与其他基地规划

车辆是城市轨道交通系统运送乘客的交通工具。为了安全、快捷地运载乘客，满足城市交通的需求，要经常对车辆进行维修保养。

车辆段是车辆的维修保养基地，也是车辆停放、运用、检查、整备和修理的管理单位。若运行线路较长(超过 20 km 时)，为了有利于运营和分担车辆段的检修工作，可在线路的另一端设停车场，负责部分车辆的停放、运用、检查和整备工作。出于经济方面的考虑，且当技术达到一定水平时，也可以两条或两条以上线路共设一个车辆段。

城市轨道交通除车辆保养基地外，还有综合维修中心、材料总库和职工技术培训中心等基地，有条件时应尽量将它们与车辆段规划在一起。

7. 线网建设顺序

线网结构、线路走向和车站分布确定后，要根据城市客运交通需求、城市新建与改建计划、工程实施难易程度及工程投资情况等因素确定线路建设的顺序。对近期修建的线路，有条件时还可进行工程投资匡算和经济分析工作，以供决策部门在制定建设规划时参考。

与城市道路网规划比较，城市轨道交通线网规划的研究内容虽与之有相同之处，如线网规模、线网结构和线网建设顺序等，但更多的是不同之处。这不仅表现在需要增加线路规划、联络线规划和车辆段规划等内容，而且体现在轨道交通线网规划的专业性、网络关联性和线网的稳定性等方面，具体体现在以下几个方面。

(1)技术标准高，线路走向及场站位置选择较困难。城市轨道交通系统具有较大的运能，但对线路、车站的技术要求也高。例如，城市轨道交通线路最小平面曲线半径一般在 250 m 以上，在城市区域转向会产生许多拆迁工程；最大坡度一般在 3%以下，线路出入地面会有较长的过渡段，对横向道路交通有一定的影响；普通中间站的长度一般在 100 m 以上，且多为高站台，其位置选择已经不易，而对于一些多线立体交汇的换乘站、占地规模大的停车场和车辆段等场站的选址就更加困难。

(2)城市轨道交通线网规划涉及的内容多，且部分内容与乘客的关系密切，考虑不周将直接影响使用效果。例如，车站上不仅要设上下车需要的站台，而且还需设置大型供电设备、运营控制管理设备等；换乘站的出入口、换乘通道及车站周围的接驳交通设施的规划设计将直接影响到乘客换乘的便捷性；如果规划线路很长，则应考虑提供开行大站车的可能，需要在部分车站规划越行线及道岔咽喉区；不同线路之间需要考虑在合适的地点设置联络线；等等。如果此类内容在线网规划阶段没有深入考虑，在线路建成后改建将十分困难；即使勉强改建，其功能也会受到一定程度的影响，工程费用也可能显著增加。

(3)城市轨道交通系统的类型众多，各类系统的运能级别与技术要求相差很大。例如，根据现行的《城市快速轨道交通工程项目建设标准》，采用 A 型车的线路运能可达 5 万~7 万人/h，相应的平面最小曲线半径为 300~350 m，而 C 型车的线路运能只有 1~3 万人/h，相应的平面最小曲线半径为 50~100 m。又如，独轨车、磁浮车的轨道和线路结构等与轮轨系统差异很大，它们的线路规划原则与轮轨系统也有所不同。

(4)与其他交通系统相比，对城市发展的影响更为深远。城市轨道交通车站聚集的人流量比常规公交车站要大得多，尤其在多线交叉的换乘枢纽处更是如此。例如，上海的人民广场枢纽站有 3 条轨道交通线交汇，轨道交通换乘量就有三十多万人每天，而这里全部公交线路的集散总量只有 10 万人/d；在东京、新宿站等轨道交通换乘枢纽站，每天的客流集散量超过了 100 万人。由于轨道交通客流比较集中，因而对商业、土地、住宅等方面的增值有持久的、巨大的影响。从东京、纽约等大城市的发展状况看，轨道交通车站及枢纽附近一般都高楼林立、商业繁华，土地价格很高。

(5)对城市中心区线网规模、线网结构的规划稳定性要求很高。城市道路网的规划可以每隔 10～20 年分期规划，各期线网规划实施后道路衔接比较容易，而城市轨道交通项目体量大、线路标准高、多为地下或高架工程等，使得改建或扩建十分困难；如果初期规划考虑不周，则可能导致换乘不便、部分区段过于拥挤、线网运营效率低等问题。因此，城市轨道交通建设客观上需要充分论证城市轨道交通线网的规模与结构。但迄今为止，这仍是一个没有得到妥善解决的问题，因为这涉及城市总体规划(未来人口与岗位的规模与分布)、城市综合交通结构(城市公共交通客运系统在城市交通客运系统中分担比例、城市轨道交通系统在城市公共交通客运系统中的分担比例)等长远的和战略性的问题，而我国的城市总体规划的时限一般不超过 20 年。

(6)具有可操作性的城市轨道交通线网规划，与城市轨道交通近期(首期项目建成后第 10 年)建设规划及一系列专项规划是相互关联的。这些专项规划包括换乘枢纽规划、车辆段及停车场规划、供电系统规划、控制中心规划等。例如，停车场的位置将决定线路的起讫点位置，换乘站的位置及布局形式会影响相关线路的走向，线路的实施序列会影响到相关线路的连接方向，等等。而道路网的建设序列很少会影响到道路网规划。

正因为城市轨道交通项目的建设具有网络关联性，所以国家发改委在审批城市轨道交通项目之前，首先要审核“城市轨道交通近期建设规划”，而该规划又依赖于科学合理的“城市轨道交通线网规划”，因此，城市轨道交通线网规划是城市轨道交通项目建设的基础和前提。我国既有的城市轨道交通建设实践也多次证明，不考虑线网的轨道交通线路建设必然会引起大量废弃工程并造成功能下降。

四、规划步骤

城市轨道交通线网规划的过程同其他系统工程问题的解决方法一样，也要经历弄清系统存在的问题，明确规划目标；制定解决所存在问题及实现所提出目标的规划备选方案；评价各个备选方案，提出推荐方案；实施和修订规划等阶段。

城市轨道交通线网规划涉及城市轨道交通需求分析和预测、城市轨道交通线网规模分析和估算、城市轨道交通线网方案设计和分析、城市轨道交通线网方案评价和选择等过程，可以划分为以下工作步骤。

(1)收集和调查历年社会经济(GDP、人均收入)、土地利用(居住人口及岗位分布、流动人口)、路段交通量、客流流量及流向资料，为现状诊断及客流预测提供基础数据。

(2)通过对交通线网各路段的交通量(观测交通量或理论分配交通量)、拥挤度(或饱和度)、车速、行程时间等指标进行分析，对现状交通路网进行诊断分析，发现城市交通现状及目前发展趋势下可能存在的问题。只有深刻认识到城市交通的关键问题所在，才能制定出合理且具针对性的规划目标和提出切实可行的规划方案。

(3)分析未来城市的人口(包括常住人口、流动人口)总量，出行特征(频率、距离、方式)，交通结构等方面的情况，对轨道交通客运需求进行预测。预测结果是方案设计和评价的基础。

(4)城市发展战略研究。由于城市总体规划时限不超过 20 年，不能适应城市轨道交通线网规划时限(30～50 年)的要求，因而需要对远景的城市发展战略目标进行分析论证。其分析论证的重点内容是：远景的城市人口、工作岗位的数量及分布，城市发展形态与布局结构，中心区及市区范围的人口密度及岗位密度。

(5)城市综合交通战略研究。从城市交通总能耗、总用地量、总出行时间等角度论证不同时期的城市轨道交通客运份额合理水平，确定不同时期城市轨道交通客运目标值。

(6)在现状诊断和需求预测的基础上，结合城市综合交通战略、城市轨道交通建设资金供给等因素确定未来(可以分为若干规划期)的轨道交通线网发展规模。

(7)根据轨道交通线网规模，结合客流流向和重要集散点编制线网规划方案。由于轨道交通枢纽点需要具备一定的用地规模、施工条件及公交配合条件，因而线网编制时往往先考虑重要换乘枢纽的点位。不同的规划方案可能对未来城市发展产生不同的影响，进而影响到城市客流流向和流量，因此方案设计与客流预测是相互作用的，在具体预测过程中需要不断重复上述过程。

(8)针对各线网方案，利用预测的客流分布结果进行客流测试，得到各条规划线路各断面、各站点的客流量、换乘量以及周转量等指标，为方案评价提供基础数据。

(9)建立评价指标体系，对各方案进行定性、定量的分析和比较。

(10)选择较优方案，并结合线路最大断面流量等因素确定轨道交通的系统模式。

值得注意的是，上述各步骤都是相互作用的，都可能反复循环。例如，在规划方案评价时，在深入分析既有方案的时候，可能会发现新的更具竞争力的方案；又如新情况出现、新政策的出台必然会影响需求预测结果的变化，这种反复并不罕见。一个好的规划方案是在不断反复的过程中逐步完善的，通过这种反复循环的过程使得规划方案更加切合实际。

但是，必须认识到规划的严肃性，规划方案一旦实施就不应轻易调整；调整规划是要付出代价的，代价大小与所调整线路的结构性程度有关，越是结构性的线路，其调整所付出的代价越大。因此，在规划过程中要尽可能预计到未来的一些结构性、战略性的变化，从而使所形成的规划线网在结构上不发生大的变化，尽量减少未来规划调整所带来的损失。

第三节　轨道交通线网合理规模

一、线网合理规模的含义和指标

规模是从交通系统供给的角度来说的，从一个侧面体现了系统所能提供的服务水平。它主要以线网密度和系统能力输出来反映。其中系统能力输出又与系统的运营管理密切相关。

从系统能力和线网密度来看有 4 种性质的规模度量，如图 4-4 所示。

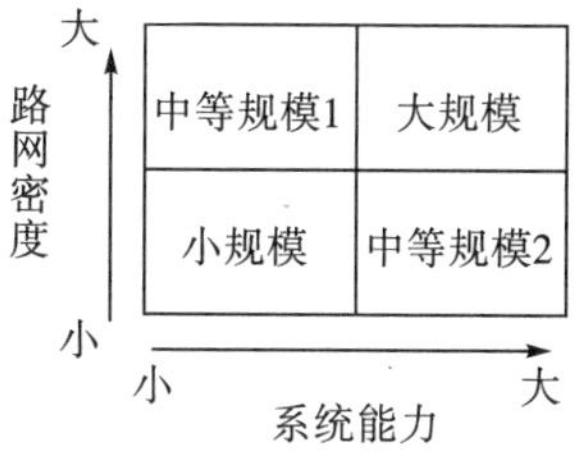

图 4-4 规模度量

(一)合理规模的意义

在进行城市轨道交通线网规划中，一个十分重要的问题就是如何根据城市的现状及其发展规划、城市的交通需求、城市经济的发展水平等，从宏观上合理地规划轨道交通线网的规模。一个规模合理的轨道交通线网，不仅可以充分满足城市日益增长的交通需要，提高公交服务水平，而且可以用较小的投入取得最佳经济效益。

所谓合理规模，实际上就是合理的轨道交通方式的供给水平。由于交通需求和交通供给是动态的平衡过程，因此合理规模也是相对的。线网规模是否真正合理，最终应放入交通模型中进行需求和供给的动态检验。但在进行方案架构研究之前，也应对线网规模进行约束，以使多个方案有共同的比较基础。线网的合理规模是可以进行静态计算的，其主要方法是将诸多可变因素加以稳定，这需要与其他城市进行类比获得经验，又要根据城市的具体情况进行定性分析。轨道交通线网合理规模研究就是以城市总体规划及其远景控制规模为基础确定的。

这里重点要考虑影响线网规模的因素，并进行定性分析。同时，要参考国内外一些城市轨道交通线网建设与使用指标，针对城市的具体特点，从城市的交通出行总量和交通结构以及线网的覆盖面和服务水平上进行定量分析，最后匡算城市轨道交通线网总长度的合理范围。当然，如前所述，这里的合理规模只是匡算，而对规模是否合理的最终检验是交通模型的测试结果。

规模的合理性不仅影响建设投资和客流强度，同时也影响到服务水平的设定和建设用地的长远控制。

线网规模指标包括城市轨道交通线网总长度、城市轨道交通线网密度和城市轨道交通线网日客运周转量。

1. 城市轨道交通线网总长度

城市轨道交通线网总长度（L）表示为

$$L = \sum_{i=1}^{n} l_i(\text{km})$$

式中，l_i——城市轨道交通线网第 i 条线路的长度，km。

L 反映了线网的规模，由此可以估算总投资量、总输送能力、总设备需求量、总经营成本、总体效益等，并可据此决定相应的管理体制与运作机制。

2. 城市轨道交通线网密度

城市轨道交通线网密度（σ）表示为

$$\sigma = L/S \text{ 或 } \sigma = L/Q$$

式中，S——城市轨道交通线网规划区面积，km^2；

Q——城市轨道交通线网规划区的总人口，万人；

σ——总的城市轨道交通线网密度，km/km^2，或 km/万人

城市轨道交通线网密度是指单位人口拥有的线路规模或单位面积上分布的线路规模，它是衡量城市轨道交通服务水平的一个主要因素，同时对形成轨道交通车站合理交通区的接运交通组织有影响。

实际中，由于城市区域开发强度的不同，对交通的需求也不是均等的，往往是城市中心区向外围区呈现需求强度的逐步递减。因此，线网密度也应相应递减。评价城市轨道交通网的合理程度需按不同区域(城市中心区、城市边缘区、城市郊区)分别求取密度。

3. 城市轨道交通线网日客运周转量

城市轨道交通线网日客运周转量（P）表示为

$$P = \sum_{i=1}^{n} p_i l_i$$

式中，p_i——第 i 条轨道交通线路的日客流量，人/日；

L_i——城市轨道交通线网第 i 条线路的长度，km。

城市轨道交通线网日客运周转量是评估城市轨道交通系统能力输出的指标，表达了轨道交通在城市客运交通中的地位与作用、占有的份额与满足交通需求的程度。它涉及轨道交通企业的经营管理，是轨道交通线路长度、电力能源消耗、人力、轨道和车站设备维修及投资等生产投入因子的函数。所以，在一定程度上，城市轨道交通线网的规模还可用能源总消耗量、产业总需求量、人力总需求量等反映生产投入规模的指标来表示，可根据需要选择使用。

城市轨道交通线网的规模在规划实施期内，往往要根据城市发展的需求进行适当调整。相对而言，总长度的调整幅度不应很大。因此，城市轨道交通网的总长度是一个必须确定也是可以确定的基础数据。

二、线网规模的影响因素

合理线网规模的影响因素有：城市的规模、城市交通需求、城市财力因素、居民出行特征、城市未来交通发展战略与政策和国家政策等。其中，城市发展规模又包含城市人口规模、城市土地利用规模、城市经济规模、城市基础设施 4 个方面。图 4-5 所示为城市轨道交通线网规模与其影响因素的有向连接图。

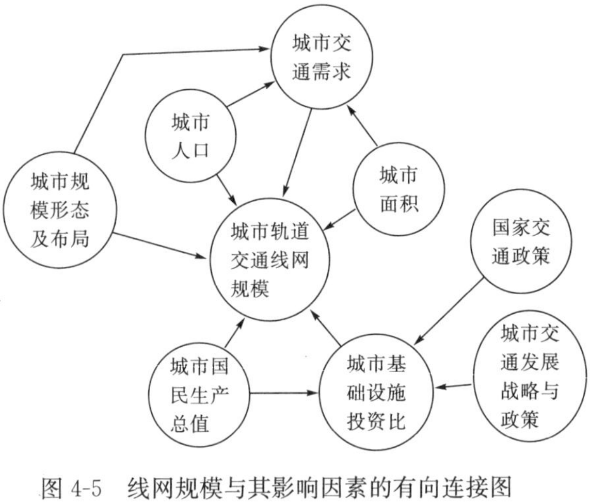

图 4-5 线网规模与其影响因素的有向连接图

三、线网合理规模的研究方法

线网合理规模就是线路长度总量的宏观控制。研究和寻求经济而有效的规模，可防止盲目性；同时使线网方案比较时，具有同等量级的可比性。所以线网合理规模分析是线网规划的一个重要质量控制点。

“合理规模”需要在上述城市特征分析基础上，从“需求”与“可能”两方面来探讨：

“需求”是以城市总体规划和居民出行数量分析为基础，从人口规划、出行强度和交通分配方式角度来分析城市交通需求的规模。另一方面，以城市结构形态为基础，按车站吸引范围和线网覆盖的合理密度，分析其服务水平和需求的规模。

“可能”是指线网近期可能实施的规模，主要取决于城市财政经济实力，按国民经济生产总值分析，通过可能投入轨道交通工程建设的资金额度，即可估计可能修建的线网规模。另一方面也要考虑工程施工的适度规模，要考虑到整个城市的工程施工对环境影响的承受力。

因此，合理规模可以从两方面计算：①交通需求；②线网合理的服务覆盖面。

1. 服务水平法

该方法将规划区分为几类，例如中心区、中心外围区及边缘区，然后或类比其他轨道交通系统发展比较成熟的城市的线网密度，或通过线网形状、吸引范围和线路间距确定线网密度，来确定城市的线网规模。图 4-6 所示为服务水平法的分析步骤。

高密度小运量与低密度大运量的选择取决于我们对服务水平的取舍，从现实的经济实力出发，倾向于选择投资较少的方案，而线网建设的长期性，又必须考虑乘客需求不断提升与服务水平的矛盾。

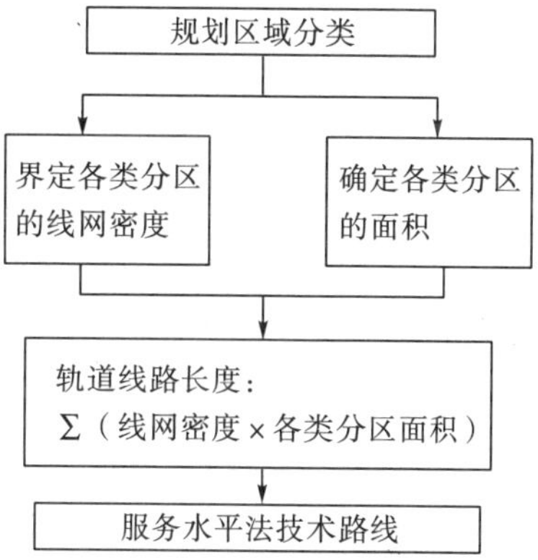

图 4-6　服务水平法分析步骤

2. 交通需求分析法

轨道交通线网规模，可以从出行总量与轨道交通线路负荷强度之间的关系推导而来，具体公式如下：

$$L_{总}=Qa/q$$

其中，$L_{总}$为线网长度(km)；Q 为城市出行总量；a 为轨道交通分担客流比重，一般取 $a=0.3\sim0.6$；q 为轨道交通线路负荷强度［万人次/(km·d)］。以下着重说明各指标参数的标定方法。

1)未来居民出行总量分析

由于线网规划的远景年限往往超越城市综合交通规划远景年限，因此线网规划往往无法得到所需远景年限的出行总量，但却能从远景人口和出行强度的关系去推算：

$$Q=m\tau$$

其中，m 为城市远景人口规模(含常住人口和流动人口)，τ 为人口出行强度 [次/(人・d)]。

(1)城市人口规模。

根据我国的人口政策和人口发展现状，城市人口规模是政策控制影响下的规模，各城市往往都有城市远景人口的控制目标。如果缺乏这一数据，也可由当地权威部门根据城市特点和人口发展规律进行统计及预测。

(2)居民出行强度的分析预测。

居民出行强度的影响因素主要是城市的结构、经济发展水平、交通设施的完善程度等方面。一般情况下，居民出行强度相对比较稳定。例如东京 1968 年的人均出行强度为 2.48 次/(人・d)，1978 年为 2.53 次/(人・d)，10 年内增加 0.05 次/(人・d)，增长不大。根据 1984 年广州市居民出行调查，居民人均出行次数为 2.09 次/(人・d)，1996 年广州为配合本次研究项目，进行了一次小规模的家访调查，调查结果表明，1996 年的人均出行次数为 2.3 次/(人・d)，略有增长。所以从长远看，大部分城市出行强度也不会有很大增长。

据统计，我国部分城市居民出行强度如表 4-1 所示。

表 4-1　部分城市居民出行强度

城市名	城区人口/万人	出行强度/[次・(人・d)$^{-1}$]	调查年份
北京	582	1.61	1986
上海	608	2.90	1982
天津	300	2.44	1981
沈阳	287	2.43	1985
广州	244	2.28	1984
徐州	50	2.46	1982

从表中可以看出，各大城市居民出行强度基本上在 2.5 次/(人・d)左右。

2)交通方式结构分析

交通方式结构的影响因素主要是居民出行的特征、未来交通发展战略以及可能提供的交通方式。目前特大城市的交通发展战略基本都是逐步建立以公共交通为主体，以轨道交通为骨干，各种交通方式相结合的多层次、多功能、多类型的城市综合交通运输体系。

(1)公共交通方式出行占全方式出行的比例。

从国外的情况看，在世界上大城市客运交通中，因为公共交通客运效率比私人交通高得多，所以公共交通在城市综合交通运输中占有明显的优势。如，纽约公共交通年客运量占全市总客运量的 86.0%，东京公共交通年客运量占城市总客运量的 70.6%，莫斯科公共交通年客运量占城市总客运量的 91.6%。

城市远景公共交通方式出行比例应根据城市未来出行的需求与供给平衡关系，通过适合城市特点的数学模型进行预测得来。但合理规模研究的目的是大致推算地铁规模，因此无法事先给出一个公共交通的供给能力，科学预测就失去了基础。所以比较可行的办法是从分析城市居民出行特征入手，结合类比其他城市的情况，根据城市未来交通发展政策，以定性分析的手段进行估计。

目前我国多数城市交通结构不尽合理，最主要的反映就是公共交通比例过低。我国大城市与国外城市相比，道路面积率低、人口密度大，因此必须鼓励高效的交通结构，即鼓励公共交通。类比国外情况，公共交通优先的要求就是大力发展以轨道交通为骨干，以常规公共交通为主体的公共交通系统。远景公共交通的出行比例应在50%以上。

(2)轨道交通方式占城市公共交通方式出行量的比例。

轨道交通占城市公共交通客运量的比重，与城市道路网状况、常规公共交通网密度、常规公共交通服务水平、轨道交通路网密度、运送速度及车站分布有关。从国外一些大城市的轨道交通的运行情况看，巴黎的轨道交通所承担的客运量占城市公共交通客运总量的65%，纽约的轨道交通所承担的客运量占城市公共交通客运总量的54.9%，墨西哥城的轨道交通所承担的客运量占城市公共交通客运总量的42.9%，莫斯科的轨道交通所承担的客运量占城市公共交通客运总量的40%，在20世纪80年代初，曾达到45%。

巴黎的轨道交通线网密度大，服务水平非常高，吸引了大量的客流，其中也包括许多短途的乘客，平均运距只有5.3 km，线路平均负荷强度较低，约为1.64万人次/(km·d)。莫斯科轨道交通的运量基本上已经饱和，近几年随着其他地面交通客运方式的蓬勃发展，轨道交通所承担的客运量占城市公共交通总客运量的比例呈下降趋势，说明莫斯科的线网能力已不能满足城市日益增长的客运需求。

不难看出，远景年轨道交通所承担的客运量占全市公共交通总客运量的比例一般为50%～55%。假设轨道交通的换乘系数和公共交通的换乘系数没有明显差别，那么远景年轨道交通方式占公共交通方式的出行比例同样为50%～55%。近期(2010年)因线网不能全部完成，轨道交通所占公共交通客运量的比例可根据实际情况调整。

3)线网负荷强度

(1)远景线网负载强度。

线网负载强度的影响因素有社会的经济发展水平、城市结构和线路布局等。世界各大城市的线网负荷强度的指标如表4-2所示。

表4-2　线网负荷强度

城市名	地铁线总长/km	年客运量/亿人次	负荷强度/[万人次·$(km·d)^{-1}$]
莫斯科	239	29.0	3.32
巴黎	199	11.94	1.64
墨西哥	175	15.9	2.50
伦敦	423	8.03	0.52
北京	42	5.63	3.67
香港	43.2	7.19	4.56

资料表明，国外轨道交通建设有两种模式：一种是采用高运量、低密度的线网，负荷强度高；另一种是采用低运量、高密度的线网，负荷强度低。像巴黎和伦敦这样的发

达城市着重于提高轨道交通的舒适度和方便程度，以吸引私人交通，减少私人交通工具泛滥带来的城市交通阻塞，所以采用的是低运量、高密度的线网，轨道交通的服务水平很高，效率相对较低；而莫斯科、墨西哥、香港采用的是高运量、低密度的线网，它注重的是提高轨道交通的运输能力和运输效率，以缓解客运需求与公共交通运力严重不足的矛盾。

经验表明，只有建设高运量、低密度的线网，提高负荷强度，轨道交通才能取得较好的经济效益。从统计资料上看，香港、莫斯科的地铁有较好的经济效益，例如香港1990年每人每千米车费收入为0.5元，每人每千米经营开支(含折旧)为0.34元，盈利0.16元，香港地铁1990年线路日平均负荷强度为4.56万人次/(km·d)。英国道克兰轻轨系统每车每千米运营成本最初为3.22英镑，或每车每小时81英镑，其中，工资费占55%，能源占9%，其他占36%(均为1988年价)。

我国各大城市刚刚开始建设轨道交通，轨道交通的建设投资还很有限，在这种情况下，要求用最少的投资来最有效地解决城市交通的问题，同时要求轨道交通能取得较好的经济效益，使得运营和建设能达到一个良性的循环，所以轨道交通适宜选择高运量、低密度的模式。

国外轨道交通日平均线路负荷强度大部分为2.5万~4.0万人次/(km·d)，我国城市轨道交通线路负荷强度可稍高一些，建议为3.5万~4.0万人次/(km·d)。

(2)近期线路负载强度。

莫斯科地铁于1935年建成通车，1940年日平均线路负荷强度达到4.43万人次/(km·d)，随着线网的不断延长，线路负荷强度变化不大，甚至略有减少。从莫斯科地铁50多年来的运营指标(表4-3)分析可以看出：从1960~1991年的31年间，轨道交通线路长度从75.6 km增加到239 km，日平均负荷强度则一直保持在3.2万~3.8万人次/(km·d)。

表4-3　莫斯科地铁五十多年来运营指标

年份	1935	1940	1945	1950	1955	1960	1965	1970	1975	1980	1991
线路长度/km	13	23.3	36.6	43	61.2	75.6	109.8	138.2	164.5	184	239
年运量/百万人次	40.9	377.1	616.5	628.9	927.0	1037.9	1328.7	1628.1	1966.4	2318.2	2900
负荷强度/[万人次·$(km·d)^{-1}$]	0.86	4.43	4.62	4	4.15	3.76	3.32	3.23	3.28	3.45	3.32

由此可见，一个城市线网负荷强度往往不会有很大变化，这个规律在采用低密度、高线网负荷强度的城市中体现得尤其明显。

3. 线网密度指标估算法

由上文可以看出，线网规模分析中估计的成分很多，因此从多方面、多角度进行估算是很有必要的。这里再介绍一种按线网密度指标计算线网规模的方法。

1)按城市用地面积计算

轨道交通线网作为一种公共交通网络应该具备一定的线网密度，对于呈片状集中发展的城市，人口就业密度比较平均，这时候就要求城市建成区都处于轨道交通的吸引范围之内。根据这一特点，可以利用城市建成区面积和线网密度的关系，推导线网规模，即

$$L_{总} = A \cdot \delta_1$$

其中，$L_{总}$为线网长度，km；A 表示城市建成区面积，km^2；δ_1为线网密度，km/km^2。

2)以人口总数计算

$$L_{总} = M\delta_2$$

式中，M 为市区人口数，百万人；δ_2 为线网密度，km/百万人。

在不考虑轨道交通运量的前提下，当整个城市用地都在轨道交通的合理吸引范围内时，轨道交通的覆盖面最大，此时在城市的各个角落都可以乘坐轨道交通。但是覆盖面相同时，线网密度并不相同。

一般在城市中心区，客流的需求是多方向的，但对于拥有棋盘形道路网的城市，实际客流的方向沿城市的道路一般只有 4 个方向，因此轨道交通线网应满足 4 个方向的客流需要。在城市边缘区主客流方向是向城市中心区的，轨道交通线网一般只满足向中心区的客流需要。

根据以上原则，对于拥有棋盘形道路网的城市，不考虑客运量的需要，在市中心区，要求轨道交通的线网全部覆盖并满足 4 个客流方向的需要，把轨道交通线网简化成一个均匀的棋盘形路网，按线路的间距为 1.5 km 计算，路网理论密度约为 1.33 km/km^2 [图 4-7(a)]；在城市中心外围区，轨道交通的线网基本上只考虑向市中心的客流需要，线路间距为 4 km，线网理论密度为 0.25 km/km^2[图 4-7(b)]。

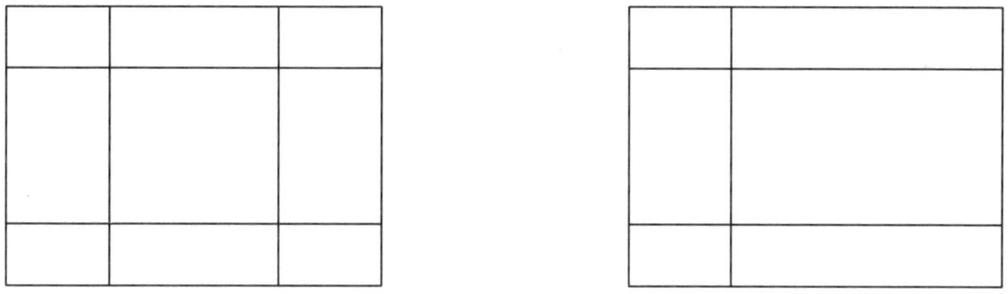

(a)城市中心区线网密度　　(b)城市中心区外围线网密度

图 4-7　线网密度

从目前国外大城市的轨道交通线网的指标上看，伦敦和莫斯科在 30 km^2 的市中心范围内，线网密度分别为 2.0 km/km^2、1.98 km/km^2，两者均为放射型线网。放射型线网的特点是线网分布不均匀，城市中心区的线网密度较高。根据我国城市情况，取 1.2 km/km^2 比较适宜。

世界各大城市轨道交通线网密度如表 4-4 所示。

例：某市中心区的面积为 68.1 km^2，全市远景的总面积为 555 km^2，按上述线网指标计算，线网长度=68.1×1.2+486.9×0.25=203.4 km，则相应于全市平均线网密度为 0.366 km/km^2。

表 4-4 世界各大城市轨道交通线网密度

	伦敦	巴黎	柏林	纽约	东京	北京	香港	莫斯科
面积/km^2	303	105	883	828	575	351	172	900
人口/万人	277	230	317	708	835	432	444	871
地铁总长度/km	388	209	138	432	211	42	43.2	231
客运量/百万人次	775	1225	433	1114	2453	558	804	3182
线网密度/($km \cdot km^{-2}$)	1.28	1.99	0.16	0.52	0.37	0.12	0.25	0.26
线网密度/(km·百万人$^{-1}$)	140	91	44	61	25	9.8	9.73	26.5
线路负荷强度/[万人次·(km·a)$^{-1}$]	199.7	586	312.9	257.7	1158.7	1328.6	1861.5	1380.5

4. 回归分析法

这种方法是先找出影响城市轨道交通网络规模的主要因素(如人口、面积、国内生产总值、私人交通工具拥有率等)，然后利用其他轨道交通系统发展比较成熟的城市的有关资料，对线网规模及各主要影响因素进行数据拟合，从中找出线网规模与各主要相关因素的函数关系式，然后根据各相关因素在规划年限的预测值，利用此函数关系式确定本市到规划年限所需的线网规模：

$$L_{总} = b_0 \cdot P^{b1} \cdot S^{b2}$$

式中，$L_{总}$——城市轨道交通线网长度，km；

P——城市人口，万人；

S——城市面积，km^2；

b_0，b_1，b_2——回归系数，如对世界 48 个城市轨道交通系统进行回归，其中，$b_0=1.839$，$b_1=0.64013$，$b_2=0.09966$。

以上方法分别体现了城市交通需求、城市人口规模和城市用地等主要因素对轨道线网规模的影响，应用时可用以上各式分别计算出应有的线网总长度，然后取其平均值或最大值，作为控制线网规划线路总长度的参考值。

5. 线网长度、线网密度规模指标计算方法的特点

服务水平法的优点是借鉴了其他城市的经验，计算简单，但是却存在类比依据不足，让人难以信服的缺陷。因为影响一个城市的轨道交通线网规模的因素很多，要借鉴其他城市的网络密度来进行类比分析，须得两个城市中影响网络规模的许多因素至少基本相同才具有可比性。但现实中，很难找到两个在多方面都相近的城市。即使有，也很难说就可以拿来作为本城市设计网络规模的依据。因为被类比城市本身的网络规模就可能是不完善的甚至是不合理的。因此，用这种方法很难得出一个令人信服的结果，只能将其结果作为参考值。

交通需求分析法从交通需求满足供给的角度出发匡算线网规模，易于理解，但是计算数据需要进行推算。

线网密度指标估算法的特点是根据城市用地规模和轨道交通服务水平来确定轨道交通线网规模，因此能够保证一定的服务水平。而且由于城市规模比交通流量容易控制，规划线网规模受不确定因素干扰少，可以用来确定规模范围。缺陷是没有考虑轨道交通运量的限制，而且假定将合理吸引范围覆盖整个城市用地也会导致规划线网规模偏大。

回归分析法有较强的理论根据，所得结果容易被大家所接受。但在具体应用中存在着难以找到合适的拟合样本等问题。

总之，以上几种方法各有特点和一定的局限性，它们是对同一事物不同侧面的反映，在实际工作中可共同使用，相互印证，重点是在把握所规划城市或地区的特点和发展趋势的基础上来对线网规模进行匡算。对各模型的差异性结果应经多方面定性分析及综合判定。

第四节　城市轨道交通线网结构

一、线网线路间的基本关系分析

(一)线路布置方式

线路是线网的基本组成要素，从线路的布置方式划分，线网可分为两种基本类型，即分离式线网和联合式线网。

1. 分离式线网

分离式线网各条线路在不同高程的平面上相交，在交叉处采用分离的立体交叉，线网中各条线路独立运营，不同线路上的列车不能互通，乘客必须通过交叉点处的换乘站中转才能到达位于其他线路上的目的地车站，如图 4-8(a)所示。

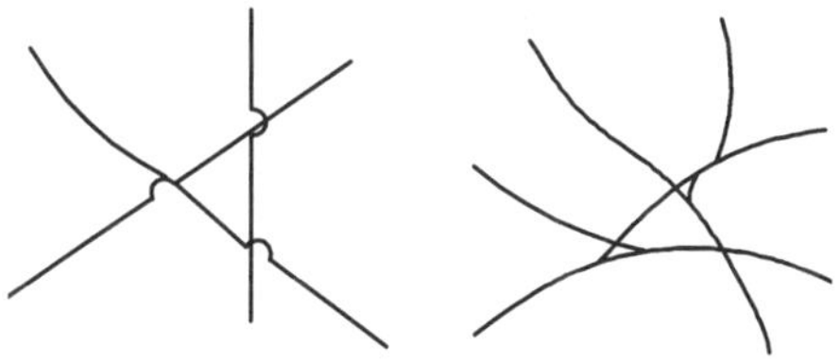

(a)分离式线网　　(b)联合式线网

图 4-8　按线路布置方式划分的线网类型

2. 联合式线网

联合式线网各条线路在同一平面内交叉，在交叉处用道岔连接，因而各条线路之间可以互通列车，在整个线网上可以像城际铁路那样实行联运，乘客可以直接到达位于另一条线路上的目的地车站，如图 4-8(b)所示。

分离式线网与联合式线网相比有明显的优点，因为分离式线网能保证在完全安全的条件下最好地组织大频率和高速度的交通，其缺点是必须换乘和路线系统不可能发展。世界上多数大城市的轨道交通线路是按分离式线网修建的；也有少数城市是按联合式线网修建的，如纽约和伦敦；还有部分城市，如马德里，将这两者组合起来，即在主要线路方向上是相互分离的，而其他线路之间是相互联系的，试图兼备上述两种线网的优点。

我国已建地铁的城市，如北京、上海、广州，以及正在规划轨道交通线网的城市，如深圳、南京、武汉等，都是按分离式线网规划和建设的。因此，下面主要针对分离式线网进行轨道交通线路之间的形态关系分析。

(二)线路之间的形态关系

从两条线路所构成的形态来看，按其交叉点的多少，可分为三类，即线路之间无交叉、线路之间交叉一次、线路之间交叉两次及两次以上。

1. 线路之间无交叉(Ⅰ类)

轨道交通线网中，两条线路之间不交叉的情形大致有三种：两条线路平行或近似平行布置；两条线路虽不平行但相距较远；由于河流等地理因素两条线路之间无法或尚未连通。

在这些情况下，两条线路之间无法实现直接换乘，其换乘通过与这两条线路都交叉的线路进行两次或两次以上的换乘来实现，或是通过其他出行方式来实现，因而这两条线路之间的客流转线很不方便。

各大城市轨道交通线网在市郊以外的延伸线部分，通常各线之间相距较远，彼此之间的换乘需通过中心区的换乘点或其他方式换乘，如上海地铁北郊外的各线(图4-9)。

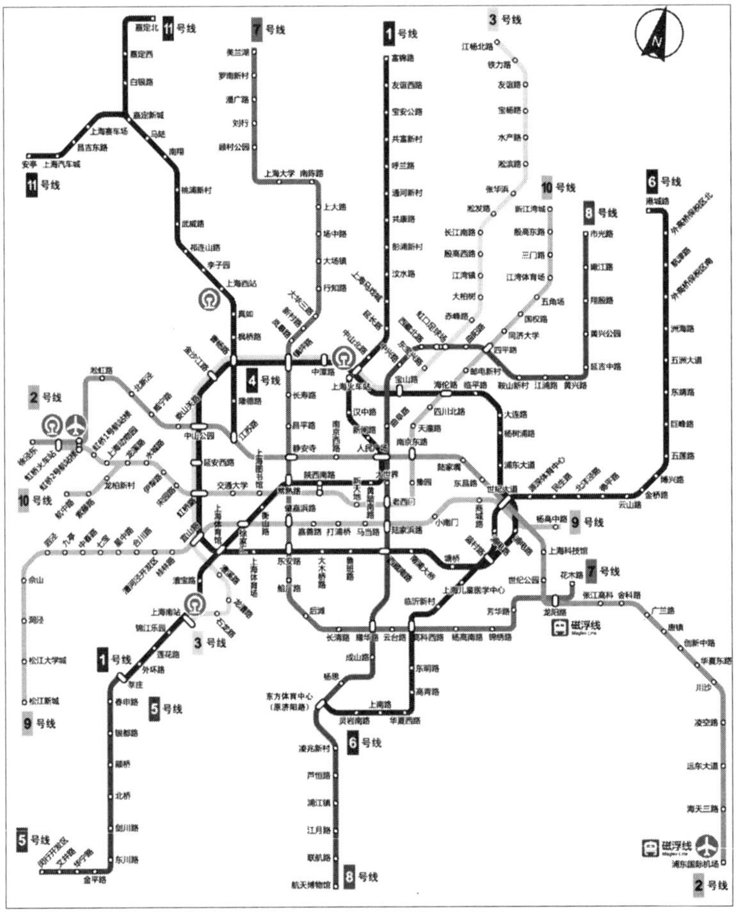

图 4-9 上海地铁线网分布图

澳大利亚的第三大城市布里斯班由于河流将轨道交通线隔开，河流两岸的轨道交通线没有交叉(图 4-10)。

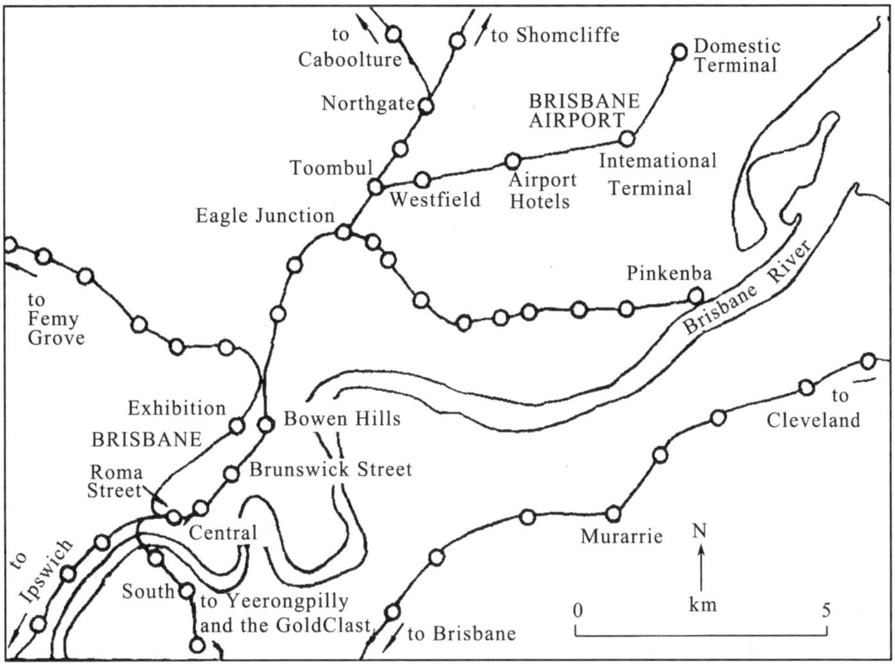

图 4-10　布里斯班城市轨道交通路网示意图

2. 线路之间交叉一次(Ⅱ类)

轨道交通线路之间交叉一次，即两条线路之间存在一个换乘站。线路交叉的形态呈“十”字形、“X”字形、“T”字形及“Y”字形 4 种。“十”字形交叉常见于方格式线网中；“X”字形交叉出现于含有三角形的放射式线网中；“T”字形或“Y”字形交叉则多见于一些树状网络中，如图 4-10 所示的布里斯班城市轨道交通线网。线路之间交叉一次，使得两条线路之间可以实现直接换乘，但是当换乘客流很大时，容易引起换乘客流的相互干扰和混乱。

3. 线路之间交叉两次及两次以上(Ⅲ类)

两条线路之间相互交叉两次，便构成两个交叉点，两者间的距离可以较远，也可以较近，甚至是紧邻的两个站。

在交叉点相距较近的情况下，交点间的线路多为平行或近似平行式的布置，只是在两交点外侧才开始分开。在一些大城市的客流量很大的交通走廊上会采用这种情况。如伦敦地铁的皮卡迪利线与行政区线在哈姆斯密斯至南肯辛顿之间的线路便是平行布置的，在此区间设置了 5 个连续的换乘站。此外，当两条线路在某些地段的换乘客流量特别大，一个换乘站无法满足要求时，也会采用这种方式。如香港的荃湾线与观塘线在太子、旺角和油麻地有三个连续的换乘站，荃湾线与港岛线在中环和金钟有两个连续的换乘站。

交叉点相距较远时有两种常见的结构形态：一种是两条线路在市中心区的两端相交，

交点之间的线路形成一个包围中央商务区的小环，形同鱼状，即所谓的“鱼形”结构，如图 4-11 所示。这种结构将两条线路汇集的客流分别引向市中心区的两端，环绕中央商务区的小环上密布的站点也有利于中央商务区的稳定，同时两条线路上的换乘客流得以在两个换乘站上换乘，这也减轻了换乘站的压力，方便了乘客的换乘。这种结构现已成为许多城市轨道交通系统中的基本构成，在米兰、里约热内卢、多伦多等城市的轨道交通线网中均包含这种结构。中国的南京、广州、上海等城市的轨道交通系统也均包含这种结构类型。另一种是一条穿越市中心区的辐射线与一条环绕市中心区的环线相交，如图 4-12 所示。这种结构的换乘站一般位于闹市区外围，主要由环线的位置决定，其作用不仅在于让乘客方便地换乘，更重要的是可以有效地减轻中心区的过境客流，通过环线使得辐射线上的客流便捷地转换到其他辐射线上，这种结构是构成环形－放射式线网的基本部分，如北京地铁环线。

图 4-11 “鱼形”换乘

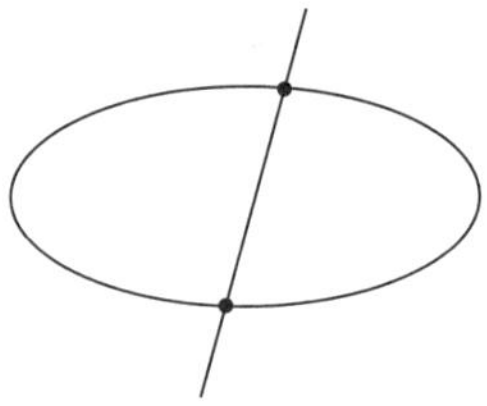

图 4-12 弧弦式换乘

当两条线路交叉两次以上或多条线路交叉时，除星形外，一般都会构成两个以上的交叉点，其形态特征是上述几种基本关系的组合。例如，三角形(Ⅱ类)、“日”字形(Ⅱ类＋Ⅲ类)、“π”字形(Ⅱ类)、“大”字形(Ⅱ类)、放射－环形(Ⅱ类＋Ⅲ类)等形式的线网，如图 4-13 和图 4-14 所示。

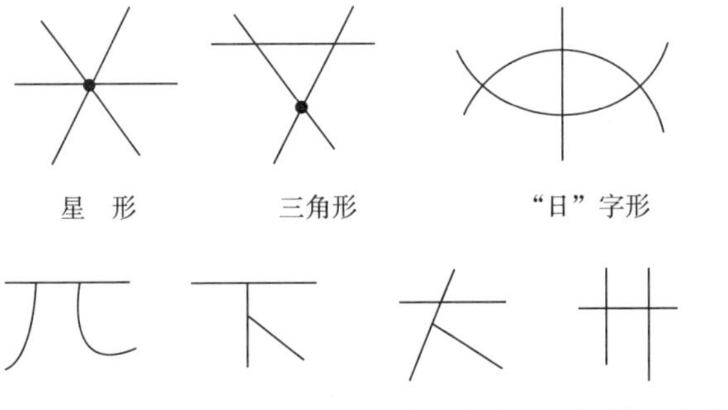

图 4-13 三类线路基本形态关系在三条线路图中的组合形式

二、线网形态结构基本类型

一个城市的轨道交通线路一般有三条以上，这些线路相互组合，并受各个城市具体的人文地理环境等条件制约，形成了千姿百态的线网形态。轨道交通线网的线路越长、条数越多，所构成的线网形态就越复杂。将这些线网形态抽象、归类，可归结为图 4-15 所示的 18 种线网形态结构。这些线网形态结构的一个共同特点是：在城市的外围区轨道

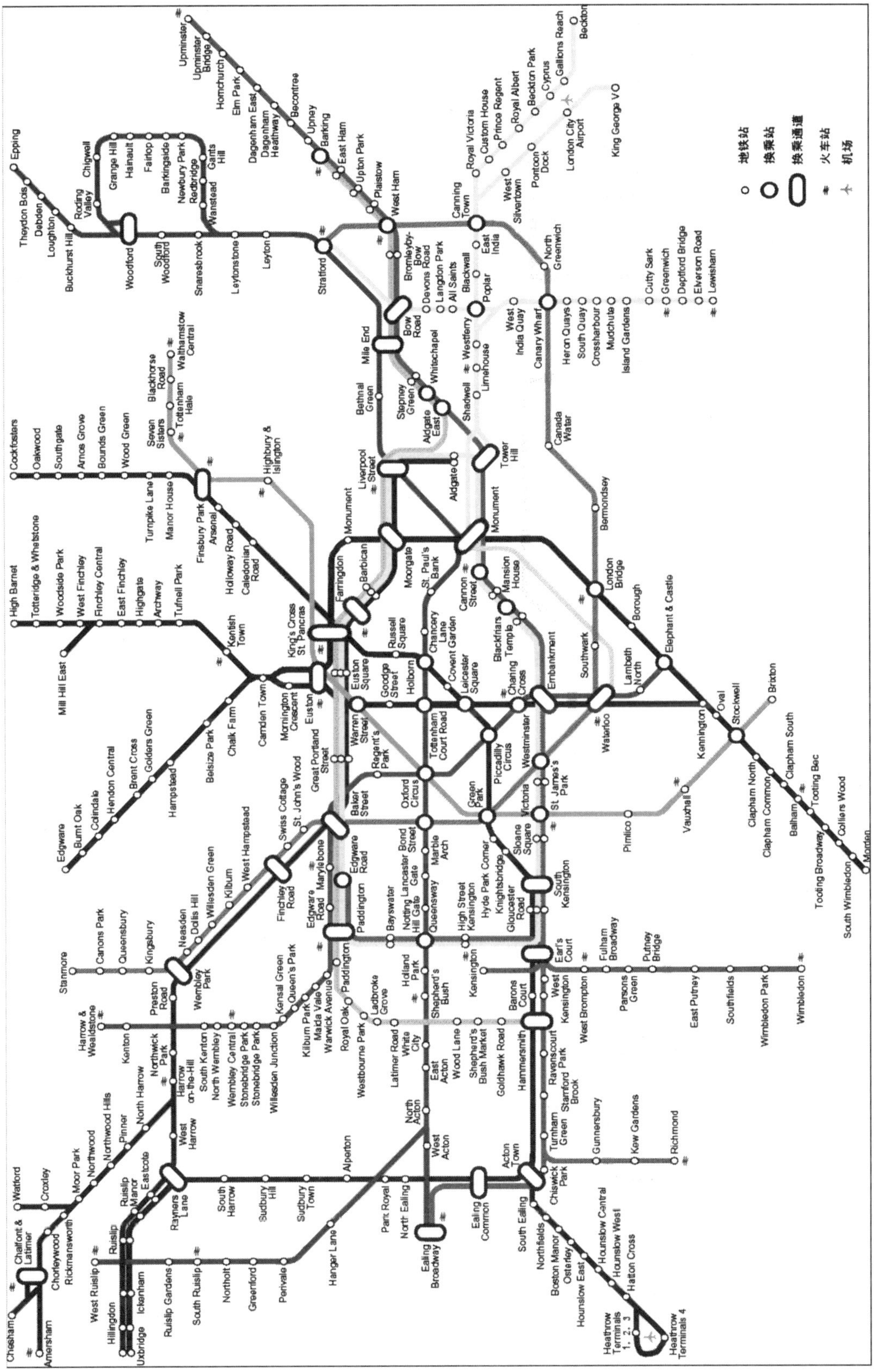

图4-14　伦敦轨道交通线网分布示意图

交通线路呈放射状，密度较低，形成主要的交通轴向；而在内城区轨道交通线路密度较高，形成以三角形、四边形为基本单元的形态多样的网络结构。图 4-15 所示的 18 种线网形态结构中，最常见、最基本的线网形态结构是网格式、无环放射式及有环放射式三种。

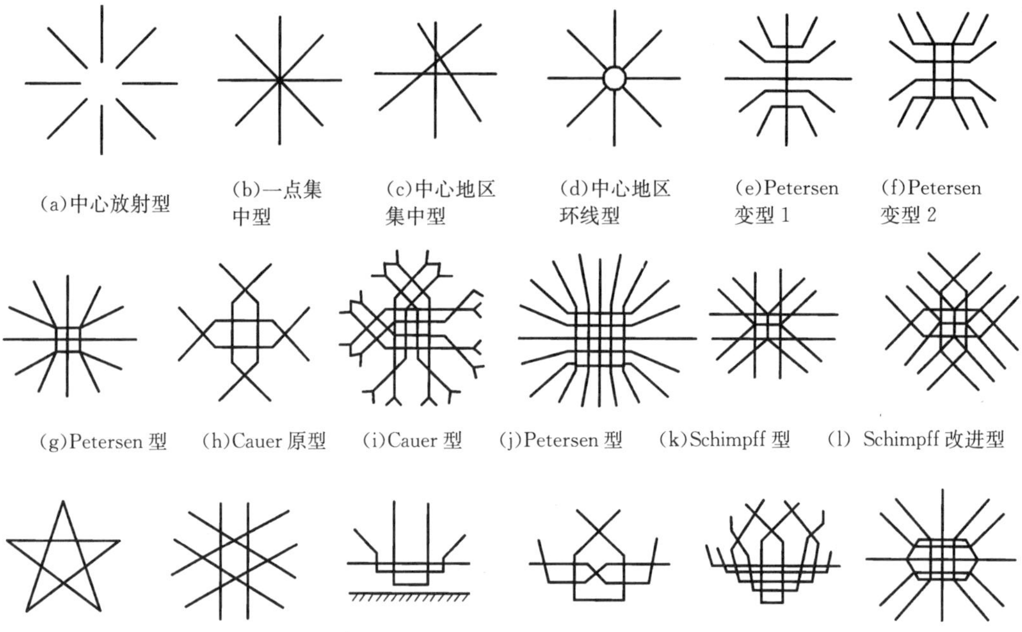

(a)中心放射型 (b)一点集中型 (c)中心地区集中型 (d)中心地区环线型 (e)Petersen 变型 1 (f)Petersen 变型 2

(g)Petersen 型 (h)Cauer 原型 (i)Cauer 型 (j)Petersen 型 (k)Schimpff 型 (l) Schimpff 改进型

(m)五角星形 (n)菱形 (o)Turner 型 (p)Turner 变型 1 (q)Turner 变形 2 (r)Petersen 改进型

图 4-15 轨道交通线网形态结构类型示意图

网格式线网的各条线路纵横交叉，形成方格网，如图 4-16 所示。网格式线网中的线路走向比较单一，其基本线路关系多为平行与“十”字形交叉两种。这种结构的线网线路分布比较均匀，客流吸引范围比例较高；线路按纵横两个走向，多为相互平行或垂直的线路，乘客容易辨识方向；换乘站较多，纵横线路间换乘方便，线网连通性好。此类线网的缺点，一是线路走向比较单一，对角线方向的出行需要绕行，市中心区与郊区之间的出行常需换乘，有时可能要换乘多次；二是平行线路间的换乘比较麻烦，一般要换乘两次或两次以上，当线网密度较小，平行线之间间距较大时，平行线间的换乘是很费时间的。

无环放射式线网是由若干穿过市中心的直径线或从市中心发出的放射线构成，其原始形态如图 4-17 所示。这种类型的线网可使整个区域至中心点的绕弯程度最小，即全市各地至中心点的距离较短，因此其线网中心点的可达性很好，市中心与市郊之间的联系非常方便，有利于市中心客流的疏散，也方便了市郊居民到市中心的工作、购物和娱乐出行，有助于保证市中心的活力。由于各条线路之间都相互交叉，任意两条线路之间均可实现直接换乘，因此线网连通性很好，线网任意两车站之间最多只需换乘两次。由于没有环行线，圆周方向的市郊之间缺少直接的轨道交通联系，市郊之间的居民出行需要经过市中心区的换乘站中转，绕行很长距离，或者需要通过地面交通方式来实现，交通联系很不方便，这种不便程度随着城市规模的扩大而增大。

当三条及以上轨道交通线路在同一点交汇时，其换乘站的设计、施工及运用都很困难，这种车站一般会在 4 层以上，旅客换乘不便，日常运营费用也高，同时庞大的客流量也难以疏散，因此，一般将市中心的一点交叉改为在市中心区范围内多点交叉，形成若干“X”字形、三角形线路关系，这样既有利于换乘站的设计与施工，也有利于乘客的集散，还有利于扩大市中心区的范围。

有环放射式线网由穿越市中心区的径向线及环绕市区的环行线共同构成，基本形态如图 4-18 所示。径向线的条数较多，走向多样，但都经过市中心区。在一些轨道交通线网规模不是很大或建设时期较短的城市，如北京、新德里等，环线一般只有一条，而在一些轨道交通线网规模较大、轨道交通发展比较成熟的城市，如莫斯科、东京等，会出现两条或两条以上的轨道交通环线。

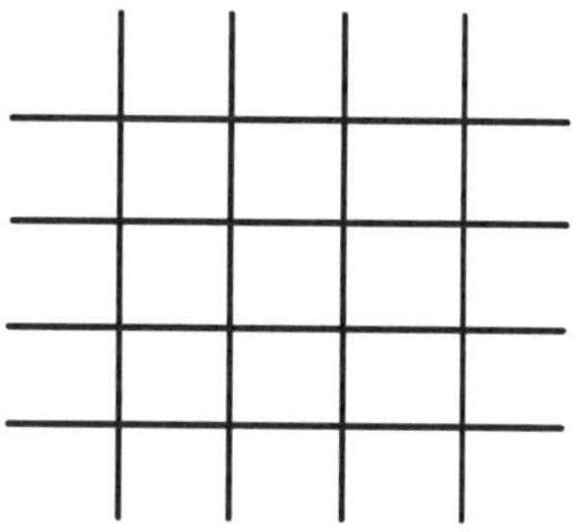

图 4-16　网格式线网结构示意图

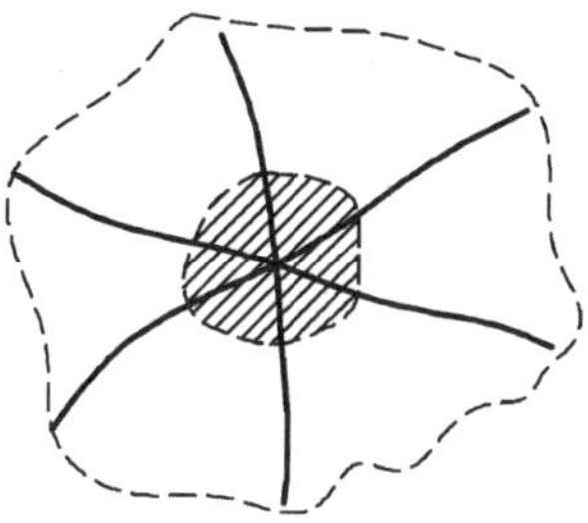

图 4-17　无环放射式线网结构的基本图式

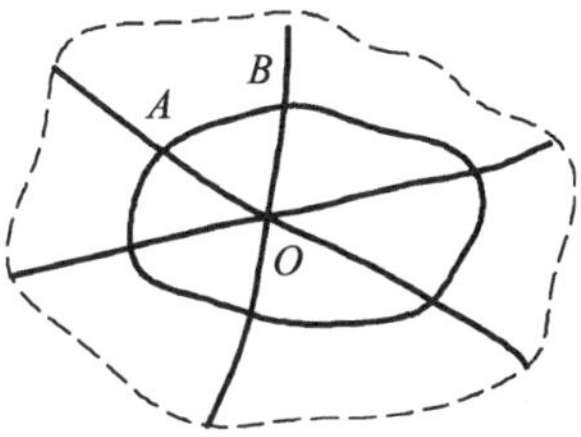

图 4-18　有环放射式线网结构示意图

有环放射式线网结构是在无环放射式线网结构的基础上加上环形线形成的，是对无环放射式的改进，因而既具有无环放射式线网的优点，又克服了其周边方向交通联系不便的缺点。例如，图 4-18 周边方向 A、B 间的出行，有环放射式线网可以利用环线便捷地出行，而无环放射式线网则要通过两条径向线绕行。因此，这种线网对城市居民的出行最为便利。当城市郊区发展成市区后，这种形式的线网便于线网有效地扩展。莫斯科、巴黎等许多城市的轨道交通线网都采用了有环放射式线网。

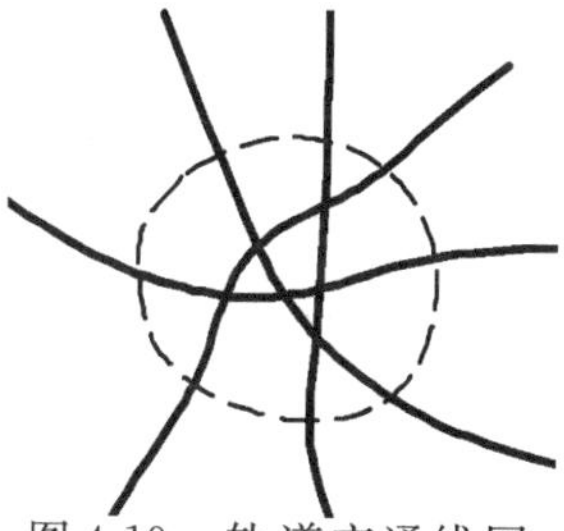

图 4-19　轨道交通线网最佳形态示意图

从对现代大城市的车流和人流的分析可以看出，城市辐射方向(相对于市中心)的交通量最大。据此提出城市轨道交通线网的最佳形态如图 4-19 所示。辐射路线若在市中心区相交，为了避免中心站超载，各条辐射线的交叉点不应集中于一点，而应在若干个车站相交。在大城市里，当城市边缘地区人口稠密时，应采用环线路线。

第五节　城市轨道交通线网设计

线网设计是在一定的线网规模条件下确定线网的形态及各条线路的走向。不同的线网形态对线网运营效率及城市发展都有非常重要的影响。

一、线网设计的影响因素

城市轨道交通设施是城市建设的百年甚至千年大计，它对城市发展的形态、规模、产业布局、居民出行乃至生活方式都会产生深远的影响。设计城市轨道交通线网时，首先必须很好地分析和预测其相关区域内的客流需求，因为迅速有效地运送客流是轨道交通建设的直接且主要的目的；第二，要保证轨道交通能够顺利建成并正常投入运营，其线路位置必须满足城市地形、地质、历史文物等自然条件及人文地理条件的限制要求；第三，轨道交通建成后往往要使用百年以上，为了节省运输成本，减少旅客出行时间，提高线网运输效率，设计时应充分考虑轨道交通线网的运营特点。

1. 与客流有关的因素

(1)城市性质及地位：城市现在及规划的性质与地位，在战略上决定着城市的人口、用地发展规模及潜力，也决定着对其外部区域的影响力。

(2)城市人口及土地利用的规模与分布形态：城市人口密度、房屋建筑密度、工作岗位及商业区的集中程度对客流的产生及其流向有重要影响，因此，要分析现状和规划的城市人口分布及大型客流集散点分布，包括重要的工业区、商业网点、文化中心、旅游点、住宅区等。

(3)市内公共交通枢纽及对外交通枢纽：城市内部公交枢纽、火车站、码头、航空港等是客流集散的重要场所，其现在及规划位置对城市客流的分布也有重要的影响。

2. 与环境及建设有关的影响因素

(1)城市自然地理条件：城市的地质、地形、地貌等自然条件会限制城市轨道交通的线路走向及位置。

(2)城市人文地理条件：必须遵守国家对历史文物、自然风景区等方面的保护性法规，当轨道交通的线路位置与之相抵时必须避让或重新确定线路走向。另外，城市既有的地面建筑物、地下建筑物、地下管线对轨道交通选线也有一定影响。

(3)城市经济基础：轨道交通建设需要花费巨大的投资，城市的经济实力影响着城市轨道交通线网规划规模的合理确定，以及规划线网的按期实施。

(4)轨道交通的建筑特点：轨道交通线路位于地下隧道内还是在高架桥或地面上，以及在地下隧道中，是浅埋还是深埋，所考虑的因素都有所不同。

地下隧道全部位于地下，对通风、照明、消防等设施的要求较高。地面线路及高架线路对通风、照明等设施的要求不高，但要防治噪声，考虑线路建筑形态与周围建筑环境的协调等问题。

地下隧道设施造价高昂、长久耐用，将来很难进行改建；地面及高架线路虽然改建比地铁隧道容易，但如不预先保留有关用地，当线路两侧逐渐建成高密度、难以拆迁的建筑群后，改建也是很困难的。因而必须在线网规划阶段就对线网各条线路的停车场、车辆段、各车站及其疏导客流的站前广场，以及各线路交叉处的换乘站等设施进行统筹规划，分期建设。

当区间隧道为浅埋(埋设深度在 12 m 以下)时，一般采用明挖法施工，这时区间隧道一般采用双线隧道，要求线间距采用最小值；如果车站采用岛式站台，则在靠近车站的地段需要将线间距加宽，形成喇叭状。

当区间隧道为深埋(埋设深度在 12 m 以上)时，区间隧道通常是两条独立修建的单线隧道，且两隧道间保持一定间距。当车站采用侧式车站时，此间距大于站上线间距，因此要在车站两端修建渡线室，用以把车站处的最小线间距加宽到区间线间距。

3. 与运营有关的影响因素

(1)线网结构：同样的线路长度按不同的结构组成的线网，对线网中各线路负荷的空间分布、运输效率以及线网的后续发展等都有影响。

(2)线路的起讫点及换乘站的位置：线路的起讫点决定线路的长度，影响线路的运营组织及效率，还在一定程度上决定车辆段及停车场的位置，同时，它又是特殊的车站，其周围的土地利用强度将大大提高。换乘站的位置将是人流集中的场所，对其周围的土地利用会产生重要的影响，必须与城市规划很好地配合起来。例如，东京的新宿站在建成换乘站之前是个一般的城市区域，但是在此建成换乘站后，大量的人流经由此地，逐渐使其发展成东京重要的副中心。

二、轨道交通线网设计的技术要点

综合分析影响快速轨道交通线网设计的因素，可归纳出轨道交通线网设计的技术要点如下：

(1)线网应在城市总体规划的基础上，根据远景客流预测分析，正确把握土地利用与交通之间的相互关系，合理选择线网布局，使之能适应城市将来的发展。

(2)轨道交通线路应考虑与其他城市地面公共交通、城市对外客运交通枢纽(火车站、轮船码头、长途汽车站、航空港)的联系，以适应城市总体规划的交通结构。如瑞士建立的高速城市交通系统，将地铁与欧洲高速铁路相连，在旅行时间、运输量、费用和安全方面取得了很好的效果。

(3)轨道交通线路要沿主要客流方向布设，并尽可能经过大型客流集散点，如主要工业区、大型住宅区、商业、文化中心、公交枢纽、机场、火车站、码头、长途汽车站等，便于乘客直达目的地，应尽量减少换乘，使其可达性好。

(4)为加强中心城对周围区域的辐射力及吸引力，线路应贯通市中心。一般贯通市中心的线路称为直径线，而一端终点位于市中心的线路称为半径线。从线网体系及线路运输效率方面来看以直径线为宜。

(5)线路尽量沿城市道路干线走向，一方面便于吸引沿线地面交通量，另一方面便于施工，因为无论是线路位于地上还是地下，线路的拆迁工程量均较小，不会碰到高层建筑的桩基等麻烦，还有用地费便宜、线路易于维修管理等好处。另外，随着近年来盾构法施工设备、工艺等技术水平的提高，在道路下方修建地下隧道不会对干线道路产生重大影响。

(6)力争多设换乘点，尽量使城市内任意起讫站点间的乘客出行至多换乘两次即可到达目的地，即尽量避免换乘两次及其以上的情况，因为这会使旅客在途时间大为增加。同时，为提高运输效率，换乘点应分散布置，不宜过分集中。

(7)选择线路走向要考虑城市的自然、人文、地理等制约条件，应选择较好的地形、地质条件，注意历史文物保护，减少对重要地面建筑和地下构筑物的影响。

(8)线路经过中心城区时，宜以地下隧道为主，从而减少拆迁、噪音、振动及其与城市交通的相互干扰；经过郊区时，在不破坏自然风景的前提下宜选择地面或高架形式，以尽量降低建设成本。

(9)规划线路时要考虑车辆段、停车场的位置和连接两线路之间的联络线；当几条线路共用一个车辆段时，应设置连接两线的联络线。

(10)在现阶段规划我国城市轨道交通时，规划线路应涉及城市开发区及新的规划区域。因为我国现在仍是发展中国家，城市化水平还较低，城市的发展还要经历较长时期，城市地域规模快速膨胀，许多郊区地带虽然目前人流、车流都很少，但如果在这些地区规划一些大型集散点，如体育馆、游乐园、大型居民区等，将会引来大量的人流、车流。

三、轨道交通线网设计方法

(一)定量分析法

如前所述，轨道交通线网设计的影响因素十分复杂，可以说直到现在线网设计时仍然是经验占主导地位。但这并不是说轨道交通线网设计排斥定量分析工作，实际上，现在日益更新的定量分析手段正在成为帮助规划者获得经验的一种有效手段。有些研究者从侧面提出了线网设计的定量分析方法。

M. Gendreau 等于 1995 年把启发式算法应用到城市轨道交通规划中，从初始线图式，通过移动网格单元，建立网格系统，寻求相邻单元的较优答案。

目标函数：　　$\min\{a\cdot C+b\cdot P+c\cdot OD\}$

式中，C——造价和成本；

P——线路覆盖的人口；

OD——线路覆盖的交通分布量；

a、b、c——系数。

(二)轨道交通线网设计基本步骤

在轨道交通线网设计过程中，由于认识的局限性，光靠定性分析或少数的几次定量分析都难以获得满意的线网方案，必须切实有效地把定性分析与定量分析有机地结合起来，构成定性分析与定量分析的循环，在这种循环中逐渐推进规划者的认识深度。轨道交通线网设计的基本步骤可归纳如下：

(1)在选择了轨道交通发展模式后，拟定线网规模。

(2)建立城市的初始研究对象——交通网络。该网络的线路包含主要的道路及现有的轨道交通线路，为简化计算分析工作，可以不包括那些次要的道路，因为它们对轨道交通客流分析影响很小。网络的节点也不包含所有道路交叉点，而主要是客流集散点及主要道路的交叉点。

(3)分析交通网络客流特征。收集历年的交通统计资料，进行必要的交通调查，进行城市综合交通的交通分布预测；建立交通方式划分及交通分配模型，对规划年度初始研究对象交通线网进行交通分配，了解线网各交通线路的主要客流走向、分布及大小。

(4)设计轨道交通初始线网方案。综合考虑城市主要客流分布、一定规模下的线网形态特征及其功能特点、城市地理、地形、地质、环境等因素，拟定一个或多个初始轨道交通线网方案。

(5)分析线网方案。对各方案进行定量分析和定性分析：定量分析是根据已建立的评价模型进行计算，获得某些定量评价指标；定性分析是对各方案的社会经济效益进行全面的分析。

(6)进行方案评价、比较和筛选。建立线网评价指标体系，对各线网方案进行比较和筛选。

(7)更新及优化方案。在上述分析、评价与比选的过程中，规划者不只是为了筛选出较优方案，更重要的是要通过分析和比较过程中获得的信息及领悟，更深刻地认识城市交通的现状及其发展变化规律，挖掘出那些被遗漏的、有比较价值的线网设计方案。对形成的新线网方案，连同本轮评价刚刚筛选出来的较优方案一起，进入下一轮分析评价与比选过程。如此循环往复，可以筛选出更有价值的方案。这是一个动态的过程，也是逐步趋优的过程。整个过程如图 4-20 所示。

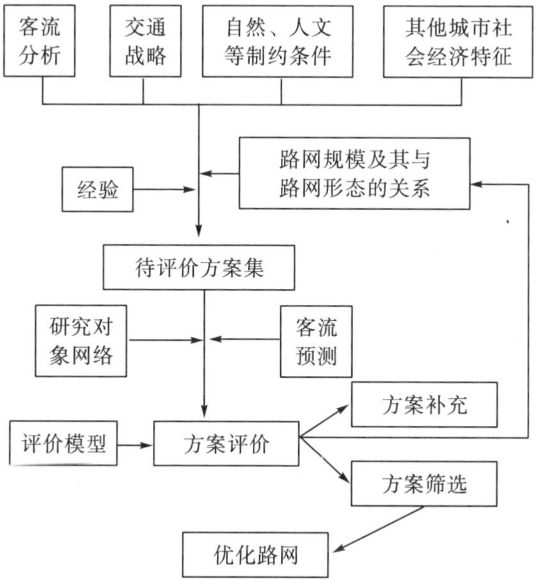

图 4-20　轨道交通线网方案设计过程示意图

(三)轨道交通线路布设

一般情况下，轨道交通线路的起讫点可根据交通小区的客流大小及城市综合运输系统中的交通换乘枢纽位置来确定，或通过线路布设后的运输效率来确定。因此，轨道交通线路的布局规划可分为三种情况：

(1)起、终站点确定的线路选线；

(2)只有起(或终)站点的线路选线；

(3)不定起、终站点的线路选线。

1. 起、终站点确定的轨道交通线路选线

对于这种情况，可采用“收敛扫描法”搜索轨道交通线路。搜索的基本原理为：自确定的起点(小区)出发，根据路线效率最大的原则，向所有的邻接小区方向发展，再以该邻接小区为新的起点，继续向它的所有邻接小区发展，最后收敛于确定的终点(小区)，其发展过程类似于纺锤形图。然后从所有满足线长约束的分支路径中选出路线效率最大的一条或几条，作为最优轨道交通线路集。

路线效率是指每条树状分支路径所能服务的直达乘客数与路径长度的比率，即

$$E_i = \frac{\sum_{j=1}^{n}\sum_{k=1}^{n} L_{ijk}}{L_i} \tag{4-1}$$

式中，E_i ——第 i 条树状分支路径的路线效率；

L_i ——第 i 条树状分支路径的长度；

L_{ijk} ——第 i 条树状分支路径 j、k 站点间所能服务的直达乘客量；

n ——第 i 条树状分支路径所经小区总数。

分支路径所能服务的乘客数，是多种交通方式按方式划分竞争的结果。当规划一条轨道交通线路后，可以认为在原来的交通系统中加入了一种新的交通方式，从而引起各交通方式客流分担比例的变化。轨道交通分担的客流量比例由下式计算：

$$P_1 = \frac{P_p \exp[(\gamma_1 - \gamma_p)/\bar{r}]}{P_p \exp[(\gamma_1 - \gamma_p)/\bar{r}] + (1 - P_p)} \tag{4-2}$$

式中，P_p——原常规公交在客流中的方式划分比例；

P_1——加入轻轨后，轻轨在客流中的方式划分比例；

γ_1、γ_p——分别为轻轨和常规公交车的服务特征值，一般为交通阻抗的倒数；

$\bar{r}$——平均服务特征值，$\bar{r}=(\gamma_1+\gamma_p)/2$。

2. 只有起(或终)站点的轨道交通线路选线

这种情况用普通扫描法。其路线搜索的基本原理是：自所给定的线路起点小区出发，向邻接小区发展，再以各邻接小区为新起点，继续向其邻接小区发展，直至满足长度约束。

在所有可行路径中找出一条或几条最优(路线效率最大)的路线放入轨道线路备选集合中，作为轨道交通路线推荐方案。

3. 不定起终站点的轨道交通线路选线

可将起点定在不同的交通小区，用普通扫描法，依次搜索出一系列只定起点的最优线路，这些最优线路中路线效率最大的一条即为所要搜索的最优轨道交通线路。

通过对以上三种情况及其对策的分析，可以看出，第一种情况最为简单，但人为因素的影响较多，在理论上，其最终的解不是最优路线的可能性最大，路线长度也不易控制；第三种情况由于是不定起点和讫点，在全市区域内进行全面搜索，求出的路线一般是某种程度上的最优路线；第二种情况介于第一种和第三种情况之间，求出的解也有可能不是最佳路线。

还可以看出，以上介绍的三种方法在计算机上实现时都有可能会发生“组合爆炸”，如果以交通中区为基本单位进行轨道交通线路搜索，则搜索次数将大大减少，但会使路线走向范围过大，难以满足精度要求，不能确定轨道交通路线的具体走向。为此，可采用二阶段法，具体步骤如下：

步骤一：以交通中区为基本单位进行轨道交通线路搜索，一般找出 1～2 条最优线路。

步骤二：根据搜索出的轨道交通线路的走向，在图上画出轨道交通线路具体布线时的可行范围，重新组合各交通小区的邻接状况。很显然，这个可行范围内的交通小区数目将远低于全市交通小区的总数，一般前者为后者的 1/3～1/2。

步骤三：在可行范围内，以交通小区为基本单位进行具体线路搜索，直至找到最佳线路。

实验证明，二阶段法明显优于其他三种方法，一般搜索速度可提高 50～100 倍，且最优线路走向与全市范围内按交通小区一次性搜索的结果基本一致。

（四）换乘站在线网设计中的作用

轨道交通线网中，两条或多条线路构成交叉点，即换乘站，它在线网设计中有着特殊的地位及作用。

从日常的线网运营现象看，线路之间的交叉点的个数、位置，决定着线网的形态，影响着线网中各换乘站客流量的大小、乘客的换乘地点、出行时间及方便程度，从而影响整个线网的运输效率。

从交通与城市发展的相互作用看，由于换乘站处有更大的客流要从这里上下列车，久而久之，会导致换乘站处土地利用价值的超常升值（与一般车站相比），并对换乘站周围的土地利用格局和规模产生深远的影响，最终可能会导致整个城市布局结构体系的变化及调整。例如，东京山手线上的新宿站，由于有 7 条以上的轨道交通线路在此交汇，不久便由一般的城市区域逐步发展成东京都重要的城市副中心。

因此，在轨道交通线网规划中，要非常慎重地选择换乘站的位置，而且光靠交通部门的努力是不够的，必须与城市规划部门一起紧密协作，从城市长远发展的战略高度上认识换乘站位置对城市规划结构的重要影响，合理选择换乘站位置，并对其周围空间进行长远而周密的规划。

四、轨道交通接运公交线路规划

城市客运交通系统只有具有合理的结构，才能更好地发挥其功能效率。确定城市客运交通系统合理结构的基础是出行的距离分布。按规划期的系统环境(人口、建成区、社会经济水平等)，及出行者对交通方式的选择，可确定各种交通方式应承担的出行量，由此推算出公共交通系统占总出行量的比例和公共交通客运量。这个宏观指标是制定道路公交与轨道交通的衔接方案的前提。轨道交通的影响范围不仅是轨道沿线两侧，而是全市。

因此，研究轨道建设方案时要从综合客运交通体系发展角度出发，使城市常规公共电、汽车交通和轨道交通有机结合。

另外，轨道交通之所以与常规公共交通不同，其重要的一点就在于轨道交通的客流吸引范围变大了。在某种程度上，吸引范围的变大很大一部分应归功于轨道交通利用常规公共交通的接运作了客流二次吸引，因而，接运公交线网的规划对充分发挥轨道交通线网的运输效率非常重要。

(一)接运站址选取

在轨道交通线路上选取需要并且适合常规公共交通接运的轻轨站点，是对轨道交通线路布设接运公交线路的第一步工作。一般来说，接运站点的选取要符合以下两个基本条件：

(1)要有足够的停放、调遣公交车辆的场地，并且要和轨道交通线路的上下车站点密切联系；

(2)要符合客流需求和其他限制条件。

轨道交通设计客流能力的确定应采用定量和定性相结合的方法，从大城市区域客流出发，研究轨道交通和其他客运方式相互衔接和协调发展问题，使其达到最佳的社会经济效益。

轨道线路设计客流量(设计能力)的确定原则为：

(1)轨道设计客流量要有数据库的支撑。

(2)在城市客流总量预测基础上，深入研究城市客运交通的构成比例，研究其影响因素，将定性分析与定量预测相结合，科学合理地确定城市轨道交通所占城市总客运量的比例。

(3)城市轨道线路和客流设计能力的确定，应当和城市公共电、汽车交通网络协调发展。

(4)轨道线路的设计年限近期为10年，远期为20～30年。轨道线路建设时，应从远期着眼，从近期入手，远近期相结合。轨道交通线路的地下建设部分，其站台长度和客流容量应从远期着眼，一次建成。其地上和地面部分可采用分期建设的办法。

因而，首先要选取足够的用地，即符合条件(1)的若干个可行公共交通接运线路起讫点站址。对于条件(2)，可采用容量限制方法进行可行站址的筛选。

站址是否有必要规划公共交通接运线路，主要由其邻近的轨道线路站点的上、下客流量以及上行、下行方向各断面的断面客流量决定。作为一种中运量的公共交通系统，线路上每个站点的上、下客流量以及各断面的断面客流量有一定的限制，轨道交通车站上、下客流容量见表 4-5。

表 4-5　轨道交通车站规模与上、下客流量

轨道交通车站规模	高峰小时上、下客流量/(万人次・h^{-1})
小型站	0.5 以下
中型站	0.5～2
大型站	2～10
特大型站	10 以上

轨道交通不同于常规公共交通，它是一种适合于中长距离出行的交通工具，长距离的出行应鼓励选择更适合的公共运输工具。因此，轨道交通接运站址的选取，最重要的参考依据是可能被接运的乘客量与乘行距离乘积的总值，而不是单纯的乘客量之和。

（二）接运公交线路布设

轨道交通接运公共交通线路的布设方法有两种：①逐条选线法；②线路推荐法。

1. 逐条选线法

逐条选线法与选接运站址的原理基本相同。接运公共交通线路对轨道交通客流效益的贡献一般应符合以下两个要求：

(1)为轨道交通的上、下客流提供方便快捷的换乘，满足轨道交通系统运行中的运量需求；

(2)加强轨道交通系统作为长距离交通方式的功能特性。

一般来说，接运线路的长度应在 6 km 左右，不宜超过 8 km。如线路过长，则会使接运公共交通线路的功能变得复杂，而不能突出其主要功能——接运功能。从客流效益方面来说，接运线路一般应满足下列要求：

(1)线路走向不与轨道交通线路重复，以免客流重复竞争；

(2)接运公交线路的路线效率应足够大。

接运公交线路的路线效率不同于一般意义上的路线效率，它是通过接运的乘客人数同接运的乘客在轻轨线路上乘行距离的乘积再与接运公交线路长度的比值来确定的，如下式：

$$J_E[i]=\sum_{k=1}^{n}(J_{OD}[k][i]+j_{OD}[i][k])ABS(k-i)/J_L[i] \tag{4-3}$$

式中，$J_E[i]$——轨道交通第 i 个站点始发的公交接运线路的路线效率；

$J_{OD}[k][i]$——轨道交通 k 站点上车，i 站点下车转乘接运线路的乘客数；

$j_{OD}[i][k]$——由接运公交线路下车，再从轨道交通线路 i 站点上车，k 站点下车的乘客数；

$J_L[i]$——接运公交线路长度。

很显然，$J_{OD}[k][i]$、$j_{OD}[i][k]$也要符合轨道交通线路最大断面流量约束和站点最大上、下客流量约束。

为了简化问题，式(4-3)中没有考虑接运公交线路作为一条普通公交线路可能运载的客流，并用轨道交通线路上站点编号差的绝对值替代乘行距离。

在接运公交线路布线过程中，为了抓住接运公交线路的主要客流特征，一般不考虑以下三种出行组合方式：①O—Bus—Rail—Bus—D；②O—Bus—Rail—Bic—D；③O—Bic—Rail—Bus—D。

各参数说明同前文。

在城市客运中与上述两种出行组合方式相竞争的出行方式主要有三种：①O—Bus—D；②O—W—D；③O—Bic—D。

与轨道交通客流的分配原理一样，人们出行时总是选择最方便、最省时的路径。在具体选择出行组合方式时，有一定的随机性，因而出行特性也符合 Logit 模型。这种函数形式是客流分配时的关键，也是轨道交通接运公交线路布设的基础。接运公交线路的布线步骤如下。

步骤一：输入轻轨客流初分配后的竞争方式类客运 O-D 量。

步骤二：检查接运站址集，若该集合为空，表示接运公交线路已全部生成，则结束。

步骤三：以接运站址集中每个站址为起点，按路线效率最高的原则，用普通扫描法生成一条线路，在所有线路中将路线效率最大的一条作为接运公交线网的入选线路，并将生成该线路的站址从站址集合中移走。

步骤四：将入选的接运线路与轨道交通线路共同吸引的客流 O-D 量从总的竞争类O-D量中减掉，并按照这些被吸引的 O-D 量在轨道交通线路各站点之间的分布状况，对轨道交通线路的各站点上、下客流量和断面客流量进行修正，转步骤二。

根据以上 4 个步骤，可围绕轨道交通线路逐条生成一个由轨道交通线路与接运公交线路共同组成的联合网络。

2. 线路推荐法

线路推荐法是一种较为简单易行的方法，它同样是在初分配后获得的轻轨各站点上下客流量、断面客流量以及剩余的竞争类客运 O-D 分布量的基础上，以每个规划接运站址为起点，各搜索出两三条最优的备选路线，分析这些路线的客流效率，形成备选公交接运线路集，决策者可根据实际情况酌情选择。

很显然，以上介绍的两种接运公交线路布线方法中，逐条布线法是一种精度较高的方法。但当规划年份的用地布局或客流分布有可能发生较大变化，或客流预测有较大误差时，线路推荐法也不失为一种有效的接运公交线路布线方法，它综合了计算机的定量模型计算和专家的定性分析，并且可以根据具体情况的变化不断对线路进行筛选修正。

五、线网规划方案的形成

(一)线网架构的基本要素

1. 主要交通走廊

主要交通走廊反映城市的主客流方向，对进行其识别有以下方法。

方法一：经验判断法。

根据城市人口分布情况，设定影响范围，通过对线网覆盖率的判断来确定线路的走向。此法较为简单，只需要将人口与岗位分摊到交通小区中并打印出相应的人口与岗位分布图，在此图上根据经验判断画出线路走向。因此在线网布设时可能与实际客流方向不完全吻合。

方法二：出行期望经路图法。

规划年出行预测得到远期全人口、全方式 OD 矩阵；将远期 OD 矩阵按距离最短路分配到远期轨道线网上得到期望经路图；按出行期望经路图上的交通流量选线，产生初始线网。

方法三：两步聚类法。

先通过动态聚类，将所有的交通流量对分类成 20～30 个聚类中心，而后通过模糊聚类法，以不同的截阵选择合适的分类，并进行聚类计算，最后可获得交通的主流向及流量并结合走廊布局原则及方法确定主要交通走廊。

方法四：期望线网法。

这是由法国 SYSTRA 公司与上海规划设计院合作进行上海轨道交通规划采纳的方法。此法借助于上海交通所开发的交通预测模型，也可称为蜘蛛网分配技术。这里的期望线有别于城市交通规划中通常使用的期望线，更多的考虑了小区之间的路径选择，期望线网可以清晰地表达交通分区较细情况下理想的交通分布状况。它是连接各交通小区的虚拟空间网络，在该网络上才采用全有全无分配法将公交 OD 矩阵进行分配，从而识别客流主流向确定交通走廊。

2. 主要客流集散点

主要客流集散点是在确定轨道交通线路骨架以后确定轨道交通线路具体走向的主要依据。客流集散点按照性质分为交通枢纽、商业服务行政中心、文教设施、旅游景点和中小型工业区等。

3. 线网功能等级

不同运量等级的客运走廊需要确定中运量或是大运量的轨道交通系统，而且轨道交通在城市不同地区对城市发展与支持社会经济活动中发挥的功能也不同，轨道线网功能层次划分正是根据这一特点确定轨道线路的服务水平与等级。轨道线路功能层次可划分为市域快线（在市区与卫星城镇之间为长距离出行提供快速的交通联系）、市区干线（在市区内部为中距离出行提供快速便捷的交通联系）和市区辅助线。

(二)线网架构的一般思想

1. 基于面、点、线的要素层次分析法

轨道交通线网架构的研究应采用定性和定量分析相结合、以定性分析为主的方法。所谓定性分析主要是指对城市背景的深入分析，对方案工程问题的比较论证，对远景各种边界条件的合理判断等。所谓定量分析主要是指利用先进的预测模型，对远景交通需求量分布进行预测。因此，这种规划方法也被形象地称为“规划师和模型师的有效结合”。这里的理论基础主要来自城市规划学和交通工程中的相关理论，它既避免了主观臆断，又避免了过于依赖模型而失去对模糊边界条件的合理把握，比较符合我国的实际情况。

面、点、线既是三个不同的类别，又是三个不同层次的研究要素：

(1)面的分析即整体形态控制，拟定轨道交通线网基本构架；

(2)点的分析即线网服务对象的甄选，进行城市大型客流集散点分析；

(3)线的分析即交通走廊分析，进行线网内各线路可能的路径分析。

2. 研究过程

第一阶段：方案构思。根据线网规划范围与要求，分析城市结构形态与客流特征，进行面、点、线层次分析，通过现场勘探，广泛收集资料，从宏观入手对线网方案进行初始研究，构思线网方案。这些方案除各自的特点外，还有许多共性，成为架构方案研究的重要基础。

第二阶段：归纳提炼。对初始构思方案进行分类归纳后，又经内部筛选提炼，推选出其中的部分方案，向各有关单位征求意见，并要求提出补充方案。经过筛选→方案补充→再筛选的提炼过程，形成基础方案。这次筛选中保留各种有较强个性的方案，合并共性方案，尽量全面听取各种思路和观点，形成代表不同政策倾向、不同线网架构特征和规模的方案。

第三阶段：方案筛选。以基础方案为依据，以线网规划的技术政策和规划原则为指导，根据合理规模和基本构思要求，进一步选择出几个不同线路走向和不同架构类型的方案，成为初步预算方案。

第四阶段：预选方案分析与交通测试。前几阶段的方案深化主要以定性分析为主，从这一阶段开始，需要通过定量分析对方案作进一步的论证，对交通模型进行测试，进入定性与定量分析相结合的系统分析阶段。

第五阶段：调整补充预选方案，并选出候选方案。通过分析和测试，预选方案均各自存在优点和不足之处，需要对其进行优化完善。在此基础上可以对方案进行补充。由于补充方案只是通过定性分析进行优化，其线网调整性能是否真正得到优化还是未知的。因此接下来对补充方案进行同等条件下的交通测试，进一步以定量分析论证，确认补充

方案是优化方案，并推荐为候选方案。

第六阶段：推荐最终方案。在以上定性与定量分析的基础上，又采用线网方案评价系统，对预选方案分组评价、排序，推选出优化方案。

第六节 轨道交通线网方案评价

方案设计与方案评价是相互交融，紧密联系在一起的。就方案评价本身而言，其主要任务包括以下几点：

(1)明确评价对象，形成备选方案；

(2)确定评价目的及准则；

(3)建立评价指标或指标体系；

(4)各评价指标的分析与计算；

(5)选择合适的评价方法，综合各评价指标的分析及计算结果，对备选方案进行比较和选择。

在城市轨道交通线网规划中，需要比选的方面很多，可分为若干层次。

(1)轨道交通总体规模方案：该城市是否要建设轨道交通系统？轨道交通在整个城市交通中的合理比例是多大？这需要将轨道交通方案与其他交通方式(例如高架道路交通方案)进行比较。

(2)轨道交通系统制式方案：如果要建设轨道交通系统，应该建设什么类型的轨道交通系统？是快速轨道交通系统还是轻轨系统？车辆、供电、信号系统选用何种类型？这需要对各种轨道交通制式进行综合比较。

(3)线网规划方案：反映线网布局及结构的方案，例如某一线网规模下不同线网结构形态方案的比选。

(4)线路技术标准方案：例如线路最小曲线半径、车站分布等方案的比选。

(5)线路布局方案：例如，线路局部位置方案、某个车站的形式及规模方案的比选。

不同层次的方案比较，其评价指标及评价方法也有所不同。本节是针对线网规划方案的评价，评价对象是在轨道交通规模及制式基本确定的条件下各种线网结构形态及线路走向方案。

一、评价分析内容及指标

线网方案的评价分析可从技术分析、经济分析、社会效益分析三方面进行。

(一)技术分析

1. 与客流量有关的分析

快速、经济、有效地运送城市客流是城市轨道交通建设的根本目的，因此客流分析是线网方案分析的一个重要方面。常用的评价分析指标如下。

(1)日客运量：轨道交通线网(路线)各车站一日的上客量(或下客量)总和，用来反映线网(路线)的客运效果及作用，其值与线网(路线)长度、规划年度、吸引客流的能力及输送能力等有关。由于每天的客运量会波动，通常用规划年度一年的平均日客运量来表示，单位一般采用万人次/d。日客运量越大，在城市交通中所起的作用就越大，运营收入也越多，为沿线地区创造的社会效益也越大。

(2)日负荷强度：轨道交通线网(路线)客运量与线网(路线)双线长度之比，用来反映线网(路线)中单位长度上每日的载客量，在一定程度上反映线网(路线)的运营效率(单位长度上的运营效果)。当站间距一定时，也能反映每个车站每日的平均集散客流量。通常单位采用万人次/(km·d)。据1990年的统计数据，莫斯科、巴黎、伦敦、北京、香港地铁分别为3.32万人次/(km·d)、1.64万人次/(km·d)、0.52万人次/(km·d)、3.67万人次/(km·d)、4.56万人次/(km·d)。

(3)日客流量密度：轨道交通线网(路线)日客运周转量与线网(路线)双线长度之比，用来反映线网(路线)的运营强度，通常单位采用(万人·km)/(km·d)。1975年莫斯科、东京、北京、纽约、巴黎地铁分别为30.1（万人·km）/(km·d)、20.5（万人·km）/(km·d)、14.0（万人·km）/(km·d)、8.0（万人·km）/(km·d)、8.0(万人·km)/(km·d)。

(4)占出行总量比例：轨道交通线网客运周转量除以相应的全方式的客运周转量所得到的比例，用来反映轨道交通线网在城市综合交通体系中的重要程度。

2. 与线网规模有关的分析

常用的分析指标包括以下三种。

(1)线网长度：即轨道交通线网各条线路的总长度，通常按双线里程统计，单位为千米。

(2)线网密度：常用线网面积密度表示，有时也用线网人口密度表示。前者是线网长度与其所在区域的面积之比，表示单位面积上的轨道交通线网长度，单位为km/km^2；后者是线网长度与其所在区域的人口之比，单位为km/万人，表示每万人占有的轨道交通线网长度。线网密度在市中心区较大，而在郊区较小。

(3)线网面积覆盖度：线网(线路)客流吸引范围(每侧约750 m)与其所在区域的总面积之比，反映线网吸引客流的能力，也在一定程度上反映城市整个区域上的可达性。

3. 与线网结构有关的分析

(1)线网非直线系数D：

$$D=\frac{\sum_{ij}OD_{ij}\cdot l_{ij}}{\sum_{ij}OD_{ij}\cdot d_{ij}} \tag{4-4}$$

式中，D——非直线系数，无量纲；

d_{ij}——交通分区i到交通分区j的直线距离，km；

l_{ij}——交通分区i到交通分区j的最短路径行程，km；

OD_{ij}——交通分区 i 到交通分区 j 出行次数(出行分布量)。

指标 D 是相对于一个具体的出行分布而言的，与线网的结构形态有关，但不涉及乘客具体的出行路线及轨道交通线网的运营组织情况，可以反映一定的出行分布条件下线网结构的优劣程度，或者说是线网结构与出行需求的吻合程度。D 越小，线网结构与出行需求的适应情况就越好。但是，实际出行需求是随时间在变化的，尤其对于发展中的城市，其变化就更大，因此不同时期的出行需求下的 D 值比较是没有意义的。

(2)线网服务质量 Q。在一定的出行起讫点下乘客的出行时间越短，其旅行速度就越高，乘客所得到的服务质量就越好。采用下面的指标 Q 可以直接反映线网在一定的出行需求下的服务质量的好坏。

$$Q=\frac{\sum_{ij}OD_{ij}\cdot d_{ij}}{\sum_{ij}OD_{ij}\cdot t_{ij}} \tag{4-5}$$

式中，Q——线网服务质量指标，km/h；

d_{ij}——交通分区 i 到交通分区 j 的直线距离，km；

t_{ij}——交通分区 i 到交通分区 j 的出行时间，h；

OD_{ij}——交通分区 i 到交通分区 j 的出行次数(出行分布量)。

由上式可以看出，Q 是一个类似于平均出行速度的指标，它所衡量的是线网上全部乘客的平均出行速度，因此 Q 值越大越好。这里的 t_{ij} 是乘客从 i 到 j 的出行总时间，包括到、离站时间，等车时间和轨道交通的乘车、换乘时间，与轨道交通线网结构、线路的运营组织、换乘站的设计、客流组织、各轨道交通车站与地面交通的衔接等因素有关。由于路径选择最终要由其乘用者来决定，出行时间应该是乘客的感觉时间，而各种时间给人的感觉长短又是不一样的，因此应分别给以权值以转化成同一概念的感觉时间。各种时间的权值根据各城市的具体情况而定。如某城市乘车时间为 1.0；等车时间为 1.5；到、离站时间为 2.20；换乘时间为 1.30。对每次换乘，还要加上一段“固定换乘损失时间”，这是考虑到乘客一般不愿意换乘，故把换乘次数作为路径选择的重要阻力因素加以考虑，感觉每次换乘都给自己的出行带来较大的时间损失，其感觉损失时间可取 5.5 min。

(3)换乘系数。轨道交通线网中换乘人次总和除以轨道交通线网出行人次总和，用来衡量乘客一次直达的程度。换乘系数越小，线网中换乘的人数越少，乘客直达率越高。

4. 其他分析

(1)主要客流集散点覆盖率。轨道交通所衔接的城市大型集散点的集散客流量与城市总的产生(吸引)量的比，用来反映其与城市发展布局的协调程度。

(2)单位运能用地。从单位运能的用地来看，城市轨道交通本身的占地要比道路交通少得多。例如，一条快速轨道交通线单向每小时输送能力约为 5 万～8 万人/h，平均速度为 35～40 km/h，轨道交通和道路交通两者输送能力比约为 8∶1。按输送能力相等比较，轨道交通与道路交通的土地占用面积比约为 1∶9；如按周转量相等比较，两者的土地占用面积比为 1∶18。

城市轨道交通不仅本身用地省，而且还会促进城市土地利用的节约化。图 4-21 反映了不同交通方式对城市形态的影响。

(1)图 4-21(a)：除利用两条快速轨道交通线出行外，其他全步行，这样，轨道交通线沿线有很高的高楼集中。

(2)图 4-21(b)：除利用两条快速轨道交通线出行外，其他一半靠小汽车，这样，轨道交通线沿线有中等高的高楼集中。

(3)图 4-21(c)：全部靠小汽车出行，这样，全部区域楼房不太高，但分布较均匀。

因此城市交通设施与城市形态及土地利用的发展有密切的关系，城市主要交通工具的运量越大，所形成的城市内部凝聚力就越强，城市常常呈紧凑的形态。快速轨道交通将在引导城市形态的发展方面起主导作用。

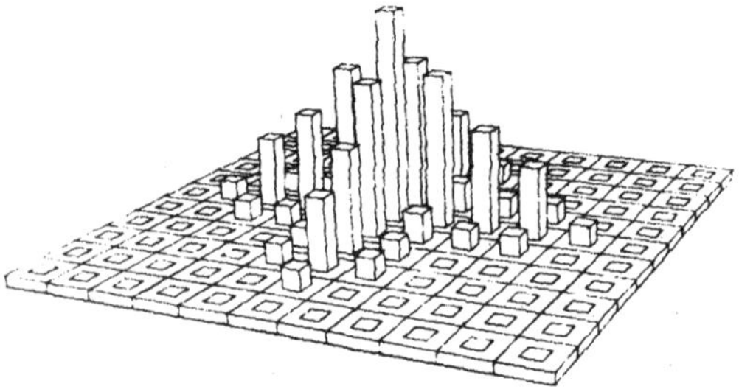

(a)“轨道交通+步行”交通模式的城市形态

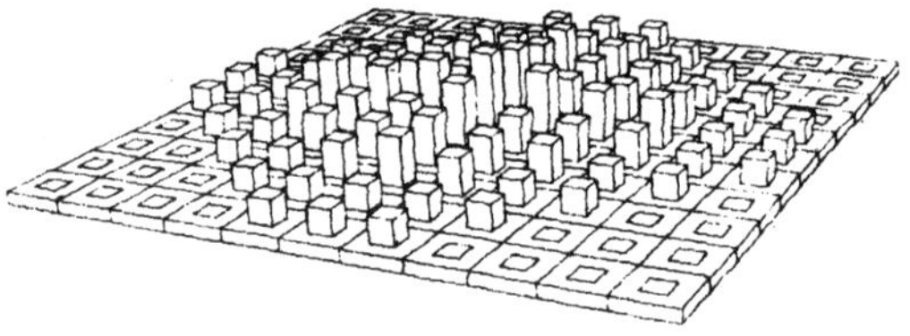

(b)“轨道交通+50%小汽车”交通模式的城市形态

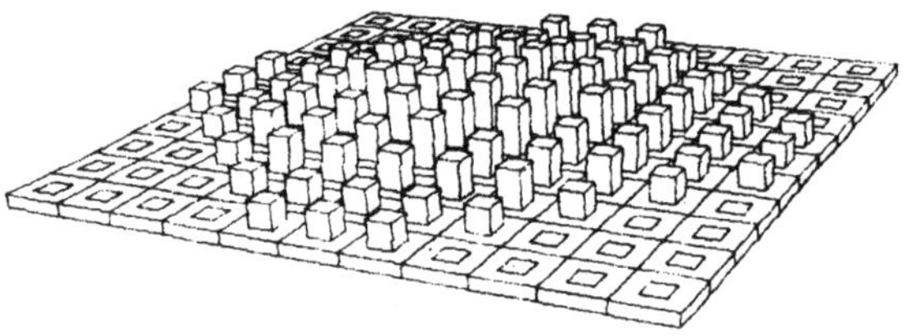

(c)全部采用小汽车出行的城市形态

图 4-21　不同交通方式对土地利用的影响

在一个以小汽车为主导交通方式的城市中，一条快速轨道交通线提供的出行时间节省还不足以刺激土地利用的大规模变化，但在我国现阶段小汽车占有率很低、居民出行主要依靠公共交通的情况下，快速轨道交通线对城市土地利用将产生非常大的影响。例如，上海地铁 1 号线一期工程 1995 年 5 月通车前后，沿线的房地产价格发生了明显的变化。从 1994 年起，上海地铁给沿线房地产造成了有力的竞争优势，房地产价格超过了其他同类地区的价格。以梅垅附近的长桥为例，1991 年长桥房价高于梅垅 1100～1200 元/m^2，1994 年，梅垅、田林和康健小区地铁口附近地区的房价涨幅在 150%以上，远远超过上海市区的平均涨幅。

(二)经济效益分析

1. 投资分析

在规划阶段，轨道交通工程的投资估算比较粗略，可按表 4-6 分别估算。

表 4-6 轨道交通工程总投资估算项目表

序号	项目名称	备注
1	前期工程	征地、拆迁等
2	地下土建工程	包括地下区间线路及车站土建工程
3	地面路基及桥涵工程	包括地面路基工程及桥梁、涵洞工程
4	轨道结构工程	线路上部建筑工程
5	通信信号工程	包括通信工程、信号工程及自动控制系统设备
6	供电系统设备	变电站、所及接触网
7	环境控制系统设备	
8	房屋建筑工程	
9	车辆段及停车场	
10	其他运营设施	包括自动扶梯、电梯、给排水、防灾报警设备等
11	车辆购置费	
12	其他费用	包括预备费、涨价预留费、贷款利息、流动资金等

2. 运营成本及收入分析

轨道交通建成后便可投入运营，运营中将会发生一定的运营成本及运营收入，其各自的组成部分如表 4-7 所示。

表 4-7 轨道交通工程运营成本及收入估算项目表

序号	项目名称	备注
1	运营成本	日运营费用=客流周转量×每千米人均运营成本
(1)	生产人员工资及福利	
(2)	车辆保养材料费	
(3)	牵引电力费和生产性消耗费	
(4)	管理及财务费用	
(5)	折旧费及摊销费	根据固定投资的类型按一定年限折旧
(6)	维修费及大修费	年维修费与大修费按工程费的 2%～3%提取
(7)	其他费用	按企业管理费的 10%计取
2	运营收入	
(1)	票价收入	票价×客运量(客运周转量)
(2)	其他收入	包括轨道交通车站及沿线的广告、经营等票外收入

利用表 4-6 和表 4-7 的数据，即可构造项目现金流量表。经济分析可从企业角度及国家角度进行，前者称为财务评价，后者称为国民经济评价，两者的现金流量构成有所差别。与财务评价的现金流量相比，国民经济的现金流量有如下特点：

(1)在财务评价的现金流量的基础上进行调整，具体的参数选用参照国家计委和建设部 1993 年 4 月颁布的《建设项目经济评价方法的参数(第二版)》的规定。例如，土建工程中的人工费用、轨道工程与房屋工程费用，以及运营费用中的电价均要按影子价格进行换算，同时造价增长预留费应剔除；购地费属于内部转移费用，在国民经济分析中不作为支出，而把计算期内的土地机会成本转化为现值列入投资中；等等。

(2)在项目收益部分加入可以量化的货币指标的社会效益，如节省出行时间效益、土地升值效益等。

其计算公式见表 4-8。

表 4-8 社会效益分析

序号	项目名称	备注
1	表 4-6 与表 4-7 所列项目	
2	可量化的社会效益	
(1)	时间节约效益	年效益=年客运量×(两方案之间的)单程时间差×工作客流系数×人均国民生产总值
(2)	土地升值效益	年效益=(两方案之间的)平均土地利用单价差值×吸引范围内的土地利用面积
3	难以量化的社会效益	
(1)	提高劳动生产率效益	快速、舒适的运营条件所带来的乘客的劳动生产率的提高
(2)	减少交通事故效益	减少交通事故而带来的效益
(3)	增加公共交通出行量	出行便利、舒适及成本降低引起的公交出行量的增加
(4)	改善政府财政目标	政府及公用事业的开支可以节省，以较低的成本为城市地区提供社会服务，减少停车场等基础设施的投资
(5)	促进城区的改建，改善居民生活方式	城市用地的节约化利用，建筑物及人群相对集中，改善居民生活方式，居民消费形态由耗能型转化为低能耗型，必要的出行总量也减少
(6)	促进市中心区的商业发展，居民生活方式多元化	吸引大量的居民及劳动力在市中心区，鼓励组团式的经济发展，CBD 内部的业务交易量扩大，改善了商业效率，促进市中心区的繁荣及居民生活方式的多元化。
(7)	改善环境质量	减少汽车废气污染，营造绿岛效应
(8)	促进社会平等	轨道交通将市中心区与郊区紧密相连，有利于消除各阶层间的隔离，提供所有人参与城市活动的途径，也容易为失业者提供就业机会
(9)	促进文化的繁荣	文化资源的消费在日益增长，但文化活动在很大程度上依赖于面对面的接触，离不开聚集式的城市环境的支撑。

有了现金流量表，就可运用经济评价模型计算内部收益率、净现值、投资回收期等指标，并进行盈亏平衡分析及风险分析。

(三)社会效益分析

城市轨道交通工程是一项公益性事业，除了那些可以量化的直接及间接的经济效益之外，还有许多难以量化或难以货币化衡量的一些效益，见表 4-8。

这些效益也是很重要的，必须在项目选择时予以考虑。

二、经济评价方法

(一)现值法

现值法指将分析期内建设和运营部门在不同时间支出的各种费用按某一预先选定的折现率统一换算成现在的费用(现值)。或者，除了支出的费用外，还将使用者所获得的各种收益也换算成现值一并考虑。前一种费用现值法仅从投资者和经营者的观点出发进行评价，而后一种兼考虑费用和效益的方法，又称净现值法。

某条轨道交通线路建设期为 m 年的投资方案，在分析期 n 年内折现率为 i 的现值计算式可表示为

$$PW_{x1,n} = \sum_{t=-m}^{-1} IC_{x1,t}\,(1+i)^{-1} + \sum_{t=0}^{n}(RC_{x1,t}+MC_{x1,t})(1+i) - SV_{x1,n}\,(1+i)^{-n} \tag{4-6}$$

式中，$PW_{x1,n}$——方案 $x1$ 在 $m+n$ 年内以运营第 1 年为基年的总费用现值，n 通常为 25 年或以上。

$IC_{x1,t}$——方案 $x1$ 在第 t 年的初期投资；

$RC_{x1,t}$——方案 $x1$ 在运营第 t 年的改建费；

$MC_{x1,t}$——方案 $x1$ 在运营第 t 年的运营费；

$SV_{x1,t}$——方案 $x1$ 在分析期末(年)的残值；

i——折现率，与分析期内国民生产总值增长率及通货膨胀有关。

对于城市轨道交通设施来说，效益主要来源于因设施改善而产生的运营费的节省。因而，方案 $x1$ 的效益是通过同其他方案进行比较后确定的。通常选择某个初始方案 $x0$ (零方案)作为基本方案。这时，按式(4-7)确定方案 $x1$ 的相对净现值 $NPW_{x1,n}$：

$$NPW_{x1,n} = PW_{x0,n} - PW_{x1,n} \tag{4-7}$$

式中，方案 $x0$ 的费用现值 $PW_{x0,n}$ 也按式(4-6)计算。

现值低或净现值高的方案，具有较好的经济性，在其他条件相同时，应优先考虑选取。如果净现值为负值，则该方案因不经济而应予以摈弃。

净现值法把投入资金和所得效益联系在一起，并用单一的现值表示，能给出总收益的回答。同时，其计算简单而直观。因而，它是评价公共工程项目投资价值的一个应用很广泛的方法。其缺点是，它给出的是一个收益总量，这往往使投资量大的项目容易被采纳。同时，由于它并未反映出多大的投入取得这些收益的，因而，它不像下文介绍的投资回收期法或效益-费用比法那样容易被人理解和认同。

(二)投资回收期法

所谓回收期是指投资方案所产生的净现金收入补偿原投资所需要的时间长度。投资回收期的计算开始时间有两种，一种是从出现正现金流量的那年算起，另一种是从投资开始时(零年)算起。如按后一种算法，则回收期就是满足下式的 n 值：

$$IC_{x1} = \sum(IP_{x1,t} - RC_{x1,t} - MC_{x1,t}) \tag{4-8}$$

式中，IC_{x1}——方案 $x1$ 在建设期内的总投资；

$IP_{x1,t}$——方案 $x1$ 在运营后第 t 年的运营收入；

其他符号意义同前。

投资回收期法是通过比较两方案的投资回收期来选择方案，越短越好。投资回收期越短，表示所投入的建设资金能够越快地回收，而回收期后的收益就是投资方案的得益了。

投资回收期法可以不必有比较方案，当方案的投资回收期 n 小于或等于国家规定的基准投资回收期 $n0$ 时，说明该方案的经济性较好，方案是可取的。反之，则是不可取的。

(三)内部收益率法

这种方法不预先选取一个折现率进行分析，而是寻求使净现值为零，也即使投入的资金现值与所取得的效益现值相等时的折现率。这个折现率称为内部收益率，英文缩写为 IRR，它反映了分析期内项目对未来恢复资金(投资)的回收能力。当内部收益率大于某个预期的最低回收率时，则该投资方案可认为在经济上是可取的。

使 $NPW_{x1,n}=0$ 时的折现率，需经过多次试运算后才能找到。运算过程为，先选取几个不同的折现率，计算相应的费用和效益现值，找出净现值为正值和负值的两个相邻的折现率值，而后利用线性内插确定净现值为零时的折现率，即为内部收益率 IRR。

$$IRR = I_1 + (I_2 - I_1) \cdot NPW_1/(NPW_1 - NPW_2) \tag{4-9}$$

式中，$NPW1$ 和 $I1$——正净现值和相应的折现率；

$NPW2$ 和 $I2$——负净现值和相应的折现率。

内部收益率可使投资者一目了然地知道能得到的收益水平，因而，这种方法容易被多数人所理解和接受。其另一个优点是，它不像现值法那样先选定一个折现率。实际评价中，合理地选择折现率是既困难又易引起争议的事情。然而，投资水平低的短期项目或方案，会有较高的内部回收率，因而这种方法往往不鼓励投资高的方案。内部收益率的另一个主要缺点是计算工作量大且较复杂。

(四)效益一费用比法

把设施的初期投资和在分析期内的各种资金投入看做费用，将它们按预先选取的折现率 i 转换为现值；把设施的使用者在分析期内使用设施所得到的正收益或负收益看做效益，也将它们按相同的折现值相比，即该方案的效益-费用比。

$$B/C_{x1,i} = PWB_{x1,i}/PWC_{x1,i} \tag{4-10}$$

式中，$PWB_{x1,i}$——方案在折现率 i 时的收益现值；

$PWC_{x1,i}$——方案在折现率 i 时的成本现值。

由于效益是通过与其他方案(如零方案)比较得到的，因而实际操作过程按下式进行：

$$B/C_{1-0} = \Delta PWB_{1-0}/\Delta PWC_{1-0} \tag{4-11}$$

在某一折现率条件下，如果 B/C 大于 1，则此项目方案具有比该折现率更高的获利水平；如果 B/C 小于 1，则说明投入的资金现值超出了所能获得的效益现值，此投资方案的效益水平低于所选用的折现率。

效益-费用比反映了单位投入所能取得的效益，它比净现值能更好地反映出投资的效率，有较强的对比性。对于公共项目来说，也便于政府部门向公众说清通过投入可以得到多少效益。但其主要的问题是，有时难以明确地划分哪些是使用者得到的效益而不是政府支出的节省，或者哪些应属于支出的费用而不是使用者的负效益。这些项放在比值分子或分母内的不同处理，会使不同分析人员得出不同的效益－费用比值，也即得到不同的投资方案评价结果。而这种情况在净现值法中不会发生。

（五）特尔斐法

城市轨道交通项目由于其巨大的初期投资，到目前为止，世界上绝大多数城市的轨道交通，尤其是地铁，都难以像一般工程项目那样在国家规定的基准回收期内回收投资，有些甚至是亏本的。但是，实际上城市轨道交通总体上发挥了很大的效益，它们表现为项目的外部效果，如居民出行时间节约、城市交通拥挤状况改善、城市环境的改善、促进旧城改建目标的实现等。在这些外部效果中，很多是难以货币化，甚至是难以定量描述的，在线网方案拟定和方案比较时如何考虑这些因素的影响呢？特尔斐法可以对此提供帮助。

特尔斐法(Delphi method)是美国兰德公司(Rand Corporation)提出的一种评价和预测方法。特尔斐法采用函询调查，向评价问题有关的专家分别提出问题，对他们的回答意见进行统计整理和综合后，反馈给各个专家再次征求意见，而后反复，直至得出比较一致的意见，对事物作出评价。下面简单介绍特尔斐法的主要步骤。

1. 制定调查表，准备必要的背景材料

根据评价目的，制定具体、明确、便于答复的调查表。此外，也要准备一些与待评价项目有关的资料，供专家们回答问题时参考。这些资料只是客观地提供，不作任何评论，以免影响专家独立判断。资料应有一定的代表性，尽可能反映全面的情况，而不要迎合专家们的偏好。

2. 选择专家

专家是指本专业中有较高理论水平或有丰富经验的人。专家人数不能太少，否则起不到集思广益的作用；但也不能太多，否则意见很难集中。一般以 10～50 名为宜。这些专家在回答问题时应互不联系，他们只是各自与调查小组联系，以免大家商量，答案都一样，起不到这种方法应起的作用。

3. 反馈调查及结果处理

把调查表和资料发给每一位专家，请专家按调查表内容发表自己的意见，并请他们提出还有什么资料可以参考，按期寄回。然后汇集专家意见并加以分析和综合，但不写专家姓名，连同要补充的参考资料，一并再发给各专家，要求他们再发表意见。这个过程一般要进行 3～4 轮。

第一轮：规划小组选择有关专家构成咨询小组，覆盖面要广，分别来自规划局、城市交通部门、有关的设计部门、有关的设计院、高等院校及科研部门等。将同样格式的调查表分别函寄给各位专家。因为所选择的专家对该城市的交通情况比较熟悉，因此第一轮调查表可以不提供背景信息，而让专家们自由地发表自己的意见。调查表中的问题分为定性回答式和定量回答式二类。定性回答式问题和定量回答式问题都要留够空行供专家们提出观点并进行论述。定量回答式问题要求专家对问题作定量回答。一般要求专家在两周内寄回调查报告表。

第二轮：规划小组在收回调查表(一般要求 75%以上)后，对专家们的意见进行汇总、分类、整理，得到几种具有代表性的方案表。

在反馈的调查表中，专家们对某个问题的回答意见可能很分散，常用四分法对它们进行筛选。四分法是先将中位数求出，然后保留中位数附近各 50%的意见供下一轮征询，舍去两边外侧 50%的意见。这样就可以使专家的意见在下一轮中逐步集中。

如果第二轮的征询意见还比较分散的话，直至专家们对问题的意见相对集中为止。注意，最后回收的调查表数量不应少于专家总数的 2/3，这样才能使结果具有代表性。

特尔斐法具有匿名性的特点，可以避免专家受他人，尤其是权威专家的影响，减少心理压力，充分发表自己的意见。特尔斐法还具有多次信息反馈的特点，随着信息的增加及思考的深入，逐渐得到较正确的结果。

(六)层次分析法

城市轨道交通建设涉及很多方面的影响因素，其目标及其相应的评价指标是多样的。方案设计过程中的评价，主要是为了挖掘出有比选价值的线网方案来，因此可以从技术、经济或社会效益中的某个侧面进行分析比较。但是，最终还是要决策出一个用于实施的线网规划来，这就需要将各方面的分析信息综合起来，对各方案进行综合评价。线网规划方案的综合评价涉及多个评价指标，这些指标可能还分多个层次，这样的方案比较就可采用层次分析法。

层次分析法(analytical hierarchy process，APH)，是美国著名数学家萨蒂(T. L. Saaty)教授在 20 世纪 70 年代提出的。它是一种定性分析与定量分析相结合的决策方法，其主要思想是，根据问题性质和要求达到的目标，将问题按层次分解成不同的因素。同一层次(L)内各个不同因素的权重(即重要程度)，可通过它们两两之间进行成对判断比较得到。下一层($L+1$)的因素的重要程度，既要考虑本层次，又要考虑上一层次的权因子。因此，一般要算组合权重并一层一层算下去，一直到最后一层(一般是要比较的各个分方案)。由于它们的相对重要性都算出来了，故哪些方案更重要也就清楚了。层次分析法通常包括下列步骤：

(1)明确问题；

(2)建立分层结构；

(3)同层次求单权重

(4)一致性检验；

(5)同层次求组合权重；

现分析如下。

第一步：明确问题。这要求对整个问题要有明确的认识，搞清楚它涉及哪些影响因素，以及这些因素相互间的关系。

第二步：建立分层结构。把问题分成若干层次。第一层是总目标层。中间是分目标层(准则层)、指标层。最低层一般是解决问题的方案。如何分层次、不同层次中各因素的相互关系如何，这些需要针对具体问题进行分析。在此基础上，画出分层结构(或称递阶结构)图。

轨道交通线网方案决策评价的影响因素，一般包括以下 5 个方面。

(1)城市发展作用：是否满足城市规划的要求，与之配合的程度，能否引导城市的用地开发，网络的规模及其覆盖范围是否合理。

(2)交通功能效果：承担居民出行量的大小，占公共交通的分担率多少，减少道路交通拥挤的程度等。

(3)经济效益：建设费用，运营费用，土地增值的估价，出行时间的节约，投资回收期，费用效益比等。

(4)工程技术方面：城市地理环境及地质构造对线网方案的制约条件。

(5)实施时间约束：城市的社会经济发展要求，建设时间及资金的限制条件。

上述第(4)、第(5)两方面一般在拟定方案时就已经加以考虑，因此在方案比较时重点是考虑前三个方面。具体评价时，要根据各个城市线网规划的具体情况及可能获得的数据资料，合理选择评价指标及其划分。图 4-22 是某个城市的轨道交通线网方案评价指标的分层结构，仅供参考。

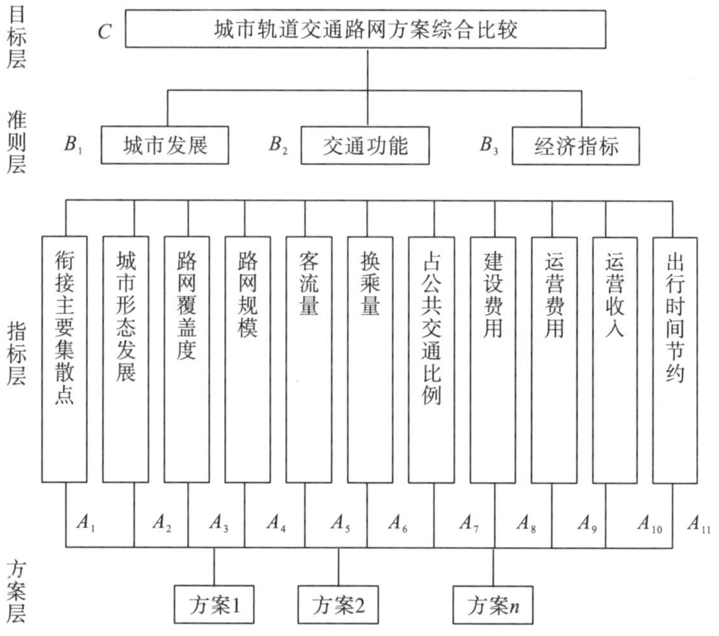

图 4-22　城市轨道交通线网方案评价分层结构图

第三步：同层次求单权重。同层次单权重表示本层次诸因素对上层次某单因素 B 的相对重要性，同时它又是计算各层次的诸因素相对于总目标组合权重的基础。我们可以按某一准则，对该层次的因素进行一对一的比较，按标度（表 4-9）构造出判断矩阵。再通过计算判断矩阵的最大特征根及其对应的正交化特征向量，得出该层因素对于该准则的权重。下面对此作具体说明：

设共有 n 个因素 A_1，A_2，…，A_n，要估算它们的重要性，对它们进行一对一比较，例如将 A_i 和 A_j 进行比较，比较后相对重要性的数据记为 a_{ij}。如果两者同等重要，按表 4-9，$a_{ij}=1$。同理，如果 A_i 比 A_j 稍重要，$a_{in}=3$；反之，如果 A_i 比 A_j 稍不重要，则 $a=1/3$；如果 A_i 比 A_j 的重要性在同等重要和稍重要中间，则 $A_{ij}=2$，以此类推。

显然，$a_{ij}=1$，$a_{ji}=1/a_{ij}$。这样，我们可得到一个 $n\times n$ 阶的判断矩阵 $\mathbf{A}=(a_{ij})$，也可用表 4-10 所示的形式给出。对于矩阵 $\mathbf{A}$，我们先算出最大特征根 $\lambda_{\max}$，然后求出其相应的标准化特征向量 $\boldsymbol{W}$，即

$$\boldsymbol{AW}=\lambda_{\max}\times\boldsymbol{W}$$

这时的 $\boldsymbol{W}$ 的分量（w_1，w_2，…，w_{ij}）就是相应的 n 个因素的重要性，即权重或权系数。

表 4-9 标度及其描述

标度	意义	说明
1	A_i 与 A_j 同等重要	A_i、A_j 为同一分层的两个对比因素 按某准则（即相对于上层次某因素）进行判断
3	A_i 比 A_j 稍重要	
5	A_i 比 A_j 明显重要	
7	A_i 比 A_j 重要得多	
9	A_i 比 A_j 绝对重要	
2，4，6，8	两相邻判断的中值	需要求两个判断的折衷

表 4-10 判断矩阵

B	A_1	A_2	…	A_n
A_1	A_{11}	A_{12}		A_{1n}
A_2	A_{21}	A_{22}		A_{2n}
⋮	⋮	⋮		⋮
A_n	A_{n1}	A_{n2}	…	A_{nn}

判断矩阵的最大特征根和对应特征向量，可以利用线性代数的方法来计算，但是从使用角度来看，有些近似方法计算更为方便。这类方法也有很多种。我们介绍下面两种方法：方根法与和积法。例如已知 n 阶方阵 $\mathbf{A}=(a_{ij})$，分别用方根法与和积法求矩阵的最大特征根和对应特征向量。

1. 方根法

(1)计算 $\overline{w}_i$：

$$\overline{w}_i = \sqrt[n]{\prod_{i=1}^{n} a_{ij}}, \qquad i = 1,2,3,\cdots,n$$

(2)规范化后的 w_i 为

$$w_i = \frac{\overline{w}_i}{\sum_{i=1}^{n} \overline{w}_i}$$

式中，w_i 即特征向量 $\boldsymbol{W}$ 的第 i 个分量。

(3)计算最大特征根：

$$\lambda_{\max} = \sum_{i=1}^{n} \frac{(AW)_i}{nw_i}$$

2. 和积法

(1)按列规范化：

$$\bar{b}_{ij} = \frac{a_{ij}}{\sum_{k=1}^{n} a_{kj}}, \quad i,j = 1,2,\cdots,n$$

(2)计算按行相加和数 $\overline{w}_i$：

$$\overline{w}_i = \sum_{j=1}^{n} b_{ij}$$

(3)规范化后的 w_i：

$$w_i = \frac{\overline{w}_i}{\sum_{i=1}^{n} \overline{w}_i}$$

(4)计算最大特征根：

$$\lambda_{\max} = \sum_{i=1}^{n} \frac{(AW)_i}{nw_i}$$

第四步：一致性检验。由于使用判断矩阵，有时不免产生判断不一致的情况。如果估计中有误差，必然导致特征根和特征向量也有偏差。如果 $\boldsymbol{A}$ 矩阵的估计为 $\boldsymbol{A}'$ 有偏差，我们称 $\boldsymbol{A}'$ 为不相容矩阵。这时就有 $\boldsymbol{A}'\boldsymbol{W}'=\lambda_{\max}\boldsymbol{W}'$，其中 $\boldsymbol{W}'$ 为带有偏差相对权重向量。我们希望能够度量由于 $\boldsymbol{A}$ 矩阵的不相容所造成的 $\lambda_{\max}$ 和 $\boldsymbol{W}$ 的误差。由于只有 $\boldsymbol{A}$ 矩阵完全相容才有 $\lambda_{\max}=n$；一般有 $\lambda_{\max}\geqslant n$，这就可以用 $\lambda_{\max}-n$ 来作为度相容性的指标。因为存在关系式：

$$\lambda_{\max} - n = \sum_{i=2}^{n} \lambda_i, \lambda_{\max} = \lambda_1$$

故采用 λ_i，$i=2$，3，…，n 的平均值作为相容性指标 $C.I.$，即

$$C.I. = \frac{\lambda_{\max} - n}{n-1} \tag{4-12}$$

当$\lambda_{max}=n$时，$C.I.=0$，而一般$\lambda_{max}\geqslant n$，因此，$C.I.\geqslant 0$。当$C.I.$太大时，我们就认为判断一致性太差。一般只要它小于0.1，就认为这个判断是满意的。

第五步：同层次求组合权重。由于上层次一般不只一个因素，例如有m个因素（B_1，B_2，…，B_m）假定对于上层每一个单因素B_i，本层n个因素A_1，A_2，…，A_n的相对权重为

$$w_1^i, w_2^i, \cdots, w_n^i, \quad i=1,2,\cdots,m \tag{4-13}$$

如果已知上一层m个因素的权重分别为a_1，a_2，…，a_m，则本层每一个因素的组合权重应为

$$\sum_{i=1}^{m} a_i w_1^i, \sum_{i=1}^{m} a_i w_2^i, \cdots, \sum_{i=1}^{m} a_i w_n^i \tag{4-14}$$

如此一层一层自上至下求下去，一直到底层所有因素权重都求出来为止。

第五章 轨道交通综合选线

第一节 概 述

城市轨道交通综合选线的任务是在规划线网的基础上，按不同的设计阶段，对拟建的城市轨道交通线路走向，逐步由浅入深进行研究与设计，最终确定最合理的线路空间地理位置，包括线路的路由方案、敷设方式以及站点的选择等。

在线网规划阶段，城市轨道交通综合选线的主要任务是确定轨道交通线网的规划布局，在原则上确定各条线路的敷设方式。为此，需研究确定各条线路的大致走向和线路起讫点位置，给出线网密度等线网服务性指标；研究确定主要换乘车站的规划布局，明确各主要换乘车站的功能定位；分析提出各条线路的敷设方式；研究联络线的分布位置等。

在轨道交通工程设计阶段，需依据项目所在城市的轨道交通线网规划、建设规划以及建设项目在线网中的功能定位和客流特征，确定线路走向，拟定车站位置和相交线路换乘关系，稳定线路起讫点、接轨点和换乘点等。

综合选线贯穿城市轨道交通工程设计的全过程。

可行性研究阶段主要是通过线路多方案比选，完善线路走向、路由、敷设方式，基本确定车站、辅助线等的分布，提出设计指导思想、主要技术标准、线路平纵断面及车站的大致位置等。

总体设计阶段是根据可行性研究报告及审批意见，通过方案比选，初步确定线路平面、车站的大体位置、辅助线的基本形式、不同敷设方式的过渡段位置，提出线路纵断面的初步标高位置等。

初步设计阶段是根据总体设计文件及审查意见，完成对线路设计原则、技术标准等的确定，基本上确定线路平面位置、车站位置及进行右线纵断面设计。

施工设计阶段是根据初步设计文件及审查意见以及有关专业对线路平纵断面提出的要求，对部分车站位置及个别曲线半径等进行微调，对线路平面及纵断面(包括左线)进行精确计算和详细设计，提供施工图纸说明文件。

通过不同的设计阶段，逐步由浅入深进行研究与设计，确定线路在城市三维空间的准确位置。

第二节 线路走向与路由

城市轨道交通线路的选定应根据城市轨道交通线网规划进行。在早期进行的城市轨道交通线网规划中，关于各条线的走向和路由一般已经有了较粗略的规划。然而，城市建设过程中会发生一些变化，例如城市用地规划的调整、建设时序的变化、大的客流集散点重新选址等。这些变化不可避免地对已经规划的线路走向与路由产生影响。因此，工程建设前仍需要对此加以研究。

线网方案既是路网规划及预可行性研究阶段的内容，也是可行性研究阶段的内容，包括线路走向、线路路由、车站分布、辅助线分布、线路交叉形式、线路敷设方式等的选择。

一、线路走向选择

城市轨道交通的主要功能是为城市居民出行服务，所以城市轨道交通线路走向选择的基本原则是沿客流方向布置。同时应考虑有效地利用土地、缩短建设工期、节约建设投资、线路运营后能方便旅客使用等方面的问题，市区线路绝大多数应铺设在城市街道地区的主要道路下面。由于轨道交通一旦建成，改造十分困难，而且费用昂贵，所以线路的走向应经慎重研究比较后选定。城市轨道交通线路走向选择应考虑以下主要原则。

(1)应符合城市轨道交通线网规划和城市发展总体规划要求，沿主客流方向选择并通过大客流集散点(如工业区、大型住宅区、商业文化中心、公交枢纽、火车站、码头、长途汽车站等)，以便于乘客直达目的地，减少换乘。如上海轨道交通 1 号线一期工程将铁路上海南站、徐家汇、人民广场、铁路上海站等大客流集散点作为其必经的控制点，为解决铁路上海南站地区、徐家汇、人民广场及铁路上海站地区之间的南北客流交通发挥了重要的作用。

(2)应符合城市改造及发展规划，通过形成以轨道交通换乘站为核心的城市综合交通枢纽来引导或维持沿线区域中心或城市副中心的发展。如上海轨道交通 11 号线和 14 号线线路走向规划方案的调整，就是为了形成以铜川路换乘站为核心的城市大型综合交通换乘枢纽，以支撑真如城市副中心的建设和发展。

(3)尽量避开地质条件差、历史文物保护、地面建筑和地下建筑物等地域，老城区线路宜选择地下线路。

(4)应结合地形、地质及道路宽窄等条件，尽量将线路位置选择在施工条件好的城市主干道上。同时进行施工方法的比选，合理选择线路基本位置、埋置方式及深度，减少城市轨道交通地下线施工过程中对现有房屋等建筑物的拆迁及城市交通的干扰。在郊区及次中心区有条件地段，可以选择地面线或高架线，以节省建设投资，降低运营费用。

(5)尽可能减少线路通过建筑群区域的范围。线路在道路的十字路口拐弯时，通过十字路口拐角处往往会侵入现存的建筑用地。此时若以大半径曲线通过，虽然对运行速度、电能消耗、轨道养护、乘客舒适性等方面都有利，但会造成通过建筑群地带占用地面以下的区间增长，用地费用增加，征地困难。同时，还会出现基础托底加固等困难工程。

(6)车站应设置在客流量大的集散点和各类交通枢纽上，并与城市综合交通规划网相协调。这样有利于最大限度地吸引客流，方便乘客，使轨道交通成为城市公共交通骨干，使轨道交通车站成为城市交通换乘中心。车站间的距离应根据需要确定，一般为 1～2 km，市郊区域可长些，而市中心区可以短些。

(7)对于浅埋隧道线路、地面线路或高架线路，其位置通常是沿着较宽的城市干道布设，或是通过建筑物稀少的地区，这样可以减少因避让线路穿越建筑群区域桩基或拆迁房屋而增加的麻烦及费用，也为线路施工创造了良好的明挖条件，并增加了车站位置选择的自由度。对于深埋隧道，其线路位置由车站位置决定，一般在其间取短直方向。

(8)应充分考虑城市轨道交通既有及规划线路的情况。当线路预定与远期规划线联络时，先期建设的线路应考虑与远期规划线路交叉点处的衔接，为方便未来线网中的乘客换乘创造条件，虽然费用支出可能有所增加，但较将来改建线路增设换乘设施所需的投资要少。

(9)应考虑车辆段、停车场的位置和连接两相邻轨道交通线路间的联络线。

二、选线基础资料

选线工作开展之前及其过程中，一般由建设单位向设计单位提供下列资料作为开展线路设计工作的依据：

(1)地下铁道(快速城市轨道交通)路网规划(研究)报告；

(2)轨道工程项目建议书(或预可行性研究报告)及其审批文件；

(3)市政府及其上级部门或领导对地铁项目建设的指示；

(4)客流资料；

(5)城市总体发展规划资料；

(6)城市的经济统计资料；

(7)水文气象资料；

(8)工程地质及水文地质资料；

(9)地形图资料；

(10)线路可能经过区域内的文物保护场地及建筑物等资料；

(11)线路可能穿越的街坊建筑区内主要房屋及其基础资料；

(12)线路可能经由区域内的市政及人防设施资料等。

三、线路方向及路由选择

(一)线路方向及路由选择要考虑的主要因素

1. 线路的作用

(1)为城市居民的生产、生活提供交通服务，是修建城市轨道交通系统的主要目的。在为城市交通服务中，还应包括为城市哪一地区或哪一个方向的客流服务，该项工作由路网规划报告或项目建议书所确定，起讫点和必经点即线路走向体现这一服务目的。例如，成都地铁1号线一期工程是为解决成都市火车北站、人民北路、天府广场及世纪城地区之间的南北客流交通，因此火车北站、人民北路、天府广场、世纪城是必经的控制点，如图 5-1 所示。

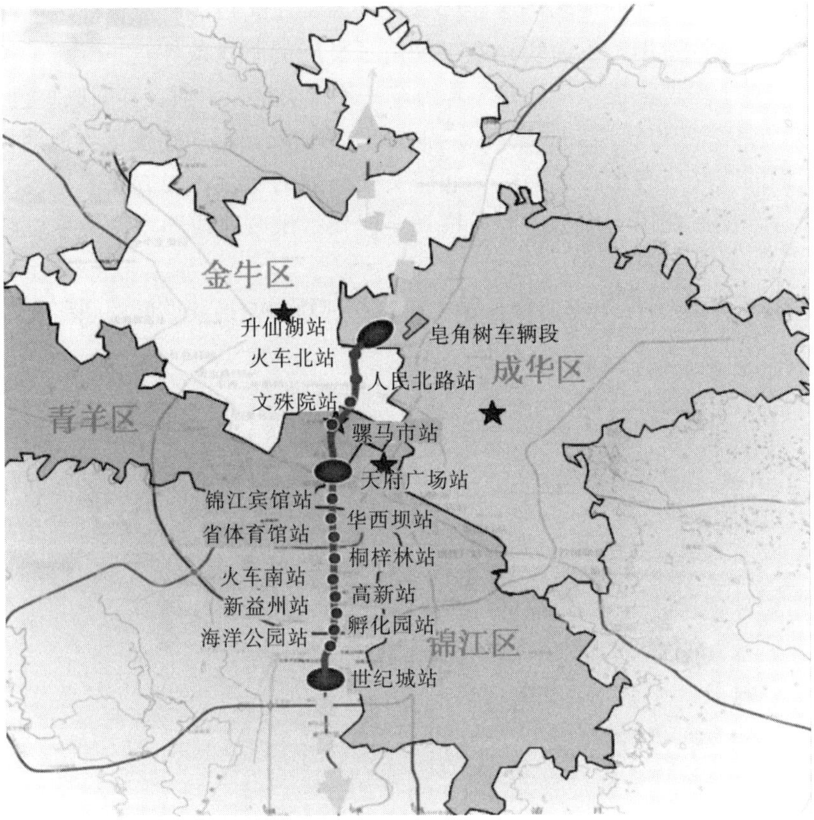

图 5-1 成都地铁 1 号线一期工程线位示意图

(2)其他：包括为战备、物资运输、安装电缆等服务。地下铁道多数建于地下，由于它的隐蔽性，在战争状态下，它可以用来隐蔽人员、物资，调动兵员和开办地下军工厂等。例如，“二战”期间的伦敦、莫斯科地铁都发挥了很好的战备作用。

2. 客流分布与客流方向

无论从城市轨道交通系统的内部效益，还是从方便市民出行的社会效益考虑，都要求城市轨道交通系统最大限度地吸引客流，其线路应尽量多地经过一些大客流集散点，一般要放弃控制点间的最短路由方向。例如，上海地铁 1 号线二期工程衡山路至人民广场，长约 5 km，有复兴中路、淮海中路和延安中路三条路由可选，以复兴中路方案为最短，施工干扰也小，但最后选定线路增加 200 m 的淮海中路方案，理由是淮海中路是繁华商业街，吸引客流比复兴中路大 50%。广州地铁 1 号线一期工程，杨箕至广州火车东站，长约 4 km，中间有天河体育场为控制点，路由有体育西路、体育东路、东莞路三组方案，体育西路方案线路长度最短，客流方向最顺，东莞路方案吸引天河开发区，客流最多，最后选取线路增加 500 m、能吸引天河开发区客流的体育东路方案，如图 5-2 所示。

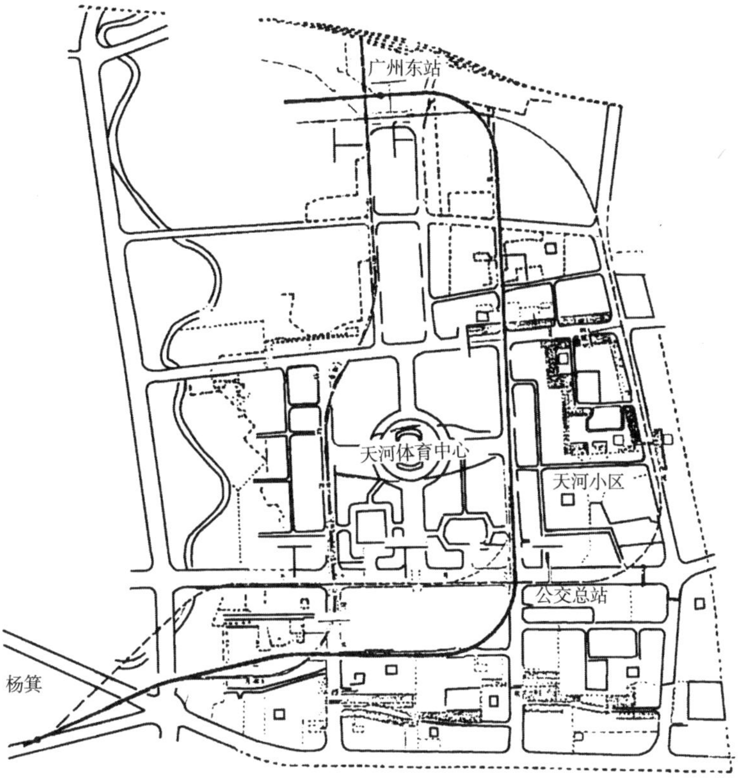

图 5-2　广州地铁天河体育场路段方案

3. 城市道路网分布状况

城市道路分为快速路、主干道、次干道、支路等。快速路、主干道是贯穿整个城市或各区之间的主路，道路宽阔、交通可达性好，道路两侧往往集中了许多重要的机关、单位、商业等部门，人口密度高。城市轨道交通线路一般应选择城市主路敷设，吸引范围内客流多，换乘方便，能更好地为市民服务，运营效益高。只有在特殊条件下或为了转换主路，在过渡地段才选择次干道以下道路敷设。

4. 隧道主体结构施工方法

隧道主体结构施工方法很多，不同施工方法的土建费用和对城市的干扰程度差别很大。在第四系地层中，浅埋明挖法施工的土建费用省，但对城市干扰大，暗挖法反之。所以，目前国内各城市有条件的尽量用明挖，但在市中心区则采用暗挖，如北京地铁复八线的区间采用浅埋暗挖，成都地铁 1 号线市中心路段的区间采用盾构法。

5. 城市经济实力

城市轨道交通项目建设费用高，如地铁每千米造价数亿元。限于财力，在路由选择上，为了降低造价，除有计划地与旧城改建结合之外，还要尽量避免对城市造成大量的拆建工程。此外，各城市根据经济状况需要有计划分期、分批建设。

除上述 5 方面经常考虑的因素之外，城市发展与改造计划，城市的地理环境条件(地形、地质、水文、周边城镇发展)，线路敷设方式等都影响路由选择，在特定条件下还可起主导作用。

6. 线路的敷设方式和技术条件

线路的敷设方式以及采用的技术条件对线路的走向及路由也会产生很大影响，在不满足线路技术要求的地段，需采用绕行或另选路由。

7. 与城市发展的近远期结合

选择线路走向和路由时一个重要的方面就是要考虑城市建设的近远期发展条件，要与城市建设发展时序相协调，发挥城市轨道交通建设对城市建设的牵引作用。

此外，某些场合下，还有一些其他因素有时也会对线路路由产生决定性影响。如某一时期的战备要求、与一些重要设施的衔接要求等。

线路路由方案的研究要在分析上述因素的基础上进行。线路走向和路由方案的研究一般在 1/50000～1/10000 地形图上进行，特殊地段可采用 1/2000 地形图。一般来说，根据线路技术条件和地形地貌，可提出 2 或 3 个方案作为比选和论证的基础。

(二)通过特大型客流集散点的路由选择

一般来说，产生 3 万上下车人次/h 或 20 万上下车人次/d 及以上客流量的地点，称为特大型客流集散点。城市的对外交通枢纽(铁路客运站、航空港、客运码头、长途汽车总站)，市内公交总站，大型商业中心，大型公园广场，大型展览中心，大型体育中心等都有可能成为特大型客流集散点。

线路必须照顾到，特大型客流集散点，并在乘客使用方便的地点设站。当特大型客流集散点离开线路直线方向或经由主路时，线路路由有下列方式可供选择。

1. 路由绕向特大型客流集散点

这是一种主要的选择方式，能为特大型客流集散点提供两个方向的服务，给乘客提供较大的方便，宜尽量选用。例如，北京地铁环线，为照顾北京火车站，线路在崇文门至建国门之间，离开城市主路(图 5-3 虚线)，穿越街区建筑群，在北京火车站站前广场设地铁北京站。

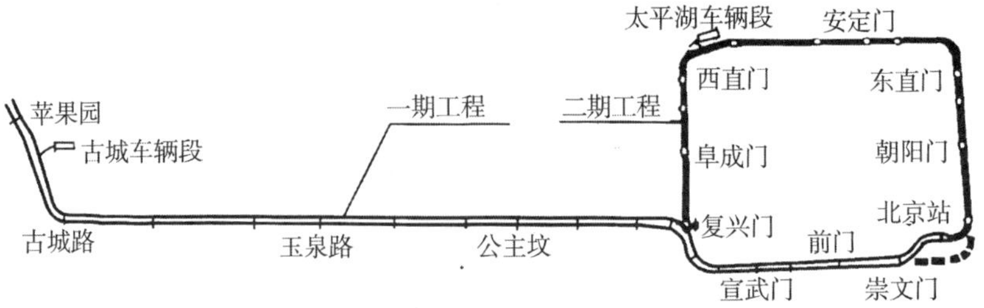

图 5-3 北京地铁一、二期工程图

2. 采用支路连接

特大型客流集散点位于郊区，线路绕向它，长度增加过多，不利于直通客流时，可以考虑采用支线连接。

3. 延长车站出入口通道，并设自动步道

若特大型客流集散点距线路不超过 300 m，但线路绕向它很困难时，可以考虑自动步道方案。

4. 调整路网部分线路走向

这种方式在北京新建的铁路西客站地铁线路预留工程中已采用。原规划地铁路网中，西客站南侧约 700 m 处，有东西走向的丰台—广安门—广渠门线(7 号线)，西侧约 1 km 处，有莲花池—八里庄—阜成门—朝阳门线(6 号线)，为了使 7 号线经过北京西客站，对规划路网作了调整。广渠门—广安门线转向西客站，仍为 7 号线，丰台方向来的线路转向西客站后，继续向北至动物园与 3 号线换乘。西客站地下建换乘站 1 座，供广安门线及丰台线相互换乘。阜成门—八里庄—莲花池线改为由八里庄向西。

5. 调整特大型客流集散点

路网确定后，规划及拟建中的特大型客流集散点应主动靠近车站，统一规划，综合设计，分步实施，可节省建设资金，给乘客带来方便，事半功倍。

(三)路由方案比选

路由对线路工程建设和城市发展影响重大，应对可能的路由方案进行深入比选。路由方案比选的主要内容包括：吸引客流条件、线路条件、施工条件、施工干扰、对城市的影响、工程造价、运营效益等问题。

(1)吸引客流条件包括客流量大小、吸引范围内居住及工作人口多少、照顾客流集散点的多少、乘客便利条件及与其他交通工具换乘条件等。

(2)线路条件包括线路长度、曲线半径大小及曲线总转角大小、车站数目、车站设置条件等。

(3)施工条件包括施工方法、施工场地安排、施工运输道路以及施工难易条件之评价。

(4)施工干扰包括房屋、地下地上管线等拆迁量大小，对道路交通的影响、对商业经营的影响等。

(5)对城市的影响，主要是评价线路路由与城市改造发展规划的一致性及结合程度，包括施工期对城市道路、商业以及居民的影响和运营后线路的景观、噪声的影响等。

(6)费用和工期主要包括施工造价、运营费和工期等。例如，我国轻轨系统区间正线一般情况下最小曲线半径采用 50 m，困难时可采用 25 m；线路最大坡度通常采用 6%，困难时可采用 7%；最小竖曲线半径采用 500 m 等。

在某些特定项目中，根据情况还可能需要增加某些比选条件，以全面反映方案的优劣。

第三节　线路平面位置与敷设方式选择

线路是城市轨道交通工程的基本组成部分。城市轨道交通线路设计分平面、纵断面、横断面三个部分，各自均要满足一定的标准；同时，这三者又是同一个整体不同侧面的反映，设计时必须有机地结合起来。城市轨道交通线路的设计必须满足行车安全、平顺与养护维修工作方便等要求，保证乘客一定的舒适度，符合有关设计规范的要求。

一、线路的敷设方式

城市轨道交通线路敷设方式可分为地下、地面(含路堑、路堤)和高架三种方式。城市轨道交通线路要根据需要采用不同的敷设方式，其用地规划控制条件也将有很大不同，对城市用地、环境以及轨道交通系统自身的工程代价也有重大的影响(表 5-1)。因此在线网规划中，必须对敷设方式进行深入研究。

表 5-1　线路不同敷设方式的特点比较表

序号	项目	特点		
		地面	高架	地下
1	土建难度	小	较小	大
2	相关设备	简单	较简单	复杂
3	投资	小	较大	大
4	自然环境对运营的影响	大	较小	小
5	对城市土地的隔断作用	强	较弱	无
6	对城市环境的影响	较大	大	小
7	用地规划控制面积	较小	小	大

1. 地下线

城市轨道交通地下线的建设一般选择在城市中心繁华地区，它是对城市环境影响最小的一种线路敷设方式。

地下线埋置深度的选择应根据地质情况和地下构筑物情况确定。在城市中，一般以浅埋为好。在工程方案制订时，要由浅入深进行选择比较，以确定最佳方案。

城市规划道路范围内，是城市轨道交通常用的线路平面位置，对道路红线范围以外的城市建筑物干扰较少。

在有利的条件下，地下线置于道路范围之外，可以达到缩短线路长度、减少拆迁、降低工程造价之目的。这些条件是：

(1)地质条件好，基岩埋深很浅，隧道可以用矿山法在建筑物下方施工；

(2)城市非建成区或广场、公园、绿地(耕地);

(3)老的街坊改造区，可以同步规划设计，并能按合理施工顺序施工。

除上述条件外，由于施工难度大和造价高的原因，选线时要尽量避免从既有多层、高层房屋建筑下面通过。

2. 地面线

城市轨道交通地面线是造价最低的一种敷设方式，一般敷设在有条件的城市道路或郊区。为保证城市轨道交通车辆的快速运行，一般为专用道形式，与城市道路相交时，一般应设置为立交。

由于市区一般用地较为紧张，道路交叉口较多，干扰较大，穿越市中心的城市轨道交通线路一般很少设置为地面线。在连接中心城与卫星城之间或城市边缘地带，应尽可能创造条件，设置地面线，以降低工程造价。

地面线位于道路中心带上时，带宽一般为 20 m 左右。当城市快速路或主干道的中间有分隔带时，地面线设于该分隔带上，不阻隔两侧建筑物内的车辆按右行方向出入，不需设置辅路，有利于城市景观及减少交通噪声的干扰。其不足处是乘客均需通过地道或天桥进入。

地面线位于快车道一侧时，带宽一般为 20 m 左右。当城市道路无中间分隔带时，该位置可以减少道路改移量。其缺点是在快车道另一侧需要建辅路，增加了道路交通管理的复杂性。

当道路范围之外为江、河、湖、海岸滩地，不能用于居住建筑的山坡地等，可考虑地铁设于这些地带上，但要充分考虑路基的稳固与安全。地面线一般应设计成封闭线路，防止行人、车辆进入，与城市道路交叉一般应采用立交。

3. 高架线

高架线是介于地面和地下之间的一种线路，既保持了专用道的形式，占地也较少，对城市交通干扰较小。高架线是城市轨道交通中一种重要的线路敷设方式。高架区段中的高架桥是永久性的城市建筑，结构寿命要求按 50 年以上来考虑。

目前，国内外对穿越城区的城市轨道交通甚至道路设置高架线存在一些争议，问题的焦点在于三方面：一是高架线路对市区景观有些影响，可能破坏城市市容；二是高架系统产生的噪声和污染对线路周围环境有不良影响；此外，高架对沿线居民的隐私权有所侵犯，易引起纠纷。

我国是一个发展中国家，一般认为城市道路红线宽度在 40 m 以上时，可以考虑设置高架线。如果工程处理得当，高架线也能够满足城市环境的要求。

高架线路平面位置选择，较地下线严格，自由度更少；一般要与城市主路平行设置，道路红线宽度宜大于 40 m。在道路横断面上，一般宜将桥墩柱置于分隔带上。

高架线路位于道路中心线上对道路景观较为有利，噪声对两侧房屋的影响相对较小，路口交叉处，对转弯机动车影响小。但是，在无中间分隔带的道路上敷设时，改建道路工程量大。

高架线路位于快慢车分隔带上，可充分利用道路隔离带，减少高架桥墩柱对道路宽度的占用和改建，一般偏房屋的非主要朝向面，即东西街道的南侧和南北街道的东侧。缺点是噪声对一侧市民的影响较大。

除上述两种位置外，还可以将高架城轨线路置于慢车道、人行道上方及建筑区内。这种情况仅适用于广场、公园、绿地及江、河、湖、海岸线等空旷地段或将城轨高架线与旧房改造规划成一体时。

总之，上述三种敷设方式的选择应结合城市的总体规划、线路所穿越的地区环境、工程具体技术要求及造价综合比选后确定，其中与城市规划相结合是最重要的方面。由于我国城市道路交通环境复杂，新建轨道交通线路如不能做到全封闭，一般认为也应达到65%以上区域的封闭，才能符合轨道交通的要求。一般在城市中心地区宜采用地下线，其他地区条件许可时宜采用高架线或地面线。

二、线路平面位置选择

1. 地下线路平面位置

城市轨道交通地下线路的平面位置主要有如下两类。

(1)轨道交通线路位于城市规划道路红线范围内，这是常用的线路平面位置形式。它的特点是对道路红线范围以外的城市建筑物干扰较小。图5-4是城市轨道交通地下线路的三种代表位置。

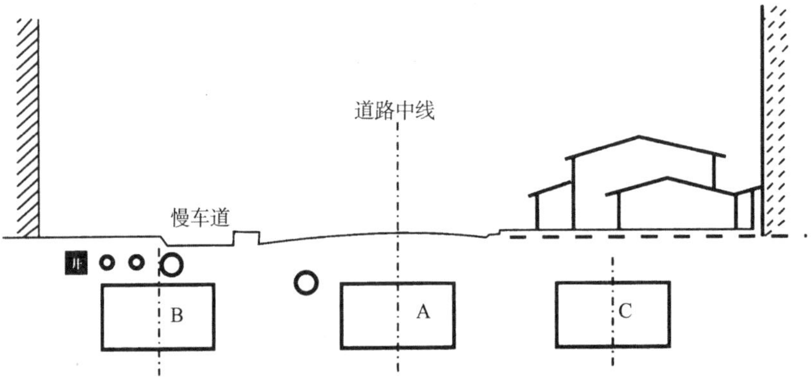

图5-4 城市轨道交通地下线路设置位置示意图

A位：轨道交通线路位于道路的中心，对两侧建筑物影响小，地下管网拆迁较少，有利于线路裁弯取直，减少曲线数量，并能适应较窄的道路红线宽度。缺点是当采用明挖法施工时，会破坏现有道路路面，对城市交通干扰大。

B位：轨道交通线路位于慢车道和人行道下方，能减少对城市交通的干扰和对机动车路面的破坏。

C位：轨道交通线路位于待拆的已有建筑物下方，对现有道路及交通基本上无破坏和干扰，地下管网也极少。但房屋拆迁及安置量大，只有与城市道路改造同步进行，才十分有利。

(2)轨道交通线路位于道路红线范围以外。将轨道交通地下线路置于道路红线范围之外，可以达到缩短线路长度、减少拆迁、降低工程造价的目的。但必须具备如下条件之一：

①沿线区域地质条件好，基岩埋深很浅，隧道可以用矿山法在建筑物下方施工；

②沿线区域为城市非建成区或广场、公园、绿地(耕地)等；

③沿线区域为老的街坊改造区，可以与轨道交通同步规划设计，并能按合理施工顺序进行施工。

除上述条件外，当线路从既有多层、高层房屋建筑下面通过时，不但施工复杂、难度大，并且造价高昂，选线时要尽量避免。

2. 高架线路平面位置

高架线路平面位置选择较地下线路严格，自由度更少，一般要与城市主干道平行设置，道路红线宽度宜大于 40 m。在道路横断面上，轨道交通高架桥墩柱位置要与道路车行道分隔带配合，一般宜将桥墩柱置于分隔带上，如图 5-5 所示。

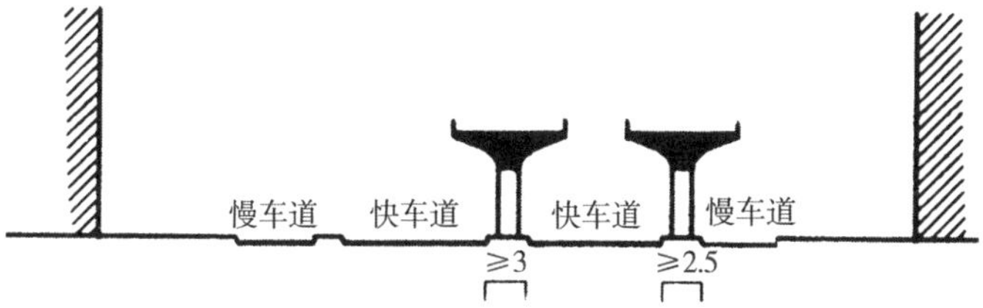

图 5-5 轨道交通高架桥设置位置示意图

(1)高架桥位于道路中心线上对道路景观较为有利，噪声对两侧房屋的影响相对较小，路口交叉处对拐弯机动车影响也小。但是，在无中间分隔带的道路上敷设高架桥时，改建道路的工程量大。

(2)高架桥位于快慢车分隔带上，可充分利用道路隔离带，减少高架桥柱对道路宽度的占用和改建，一般偏房屋的非主要朝向面，即东西街道的南侧和南北街道的东侧。缺点是噪声对一侧市民的影响较大。

(3)除上述两种位置外，还可以将高架轨道交通线路设置于慢车道、人行道上方及建筑区内，仅适用于广场、公园、绿地及江、河、湖、海岸线等空旷地段或将轨道交通高架线与旧房改造规划为一体时的情况。

3. 地面线路平面位置

(1)轨道交通地面线位于道路中心带上，如图 5-6 所示，带宽一般为 20 m 左右。当城市快速路或主干道的中间有分隔带时，将地面线设于该分隔带上，不会阻隔两侧建筑物内的车辆按右行方向出入，不需设置辅道，有利于城市景观及减少轨道交通噪声的干扰。其不足之处是乘客均需通过地道或天桥进入轨道交通站台。

(2)轨道交通地面线位于快车道一侧，如图 5-7 所示，带宽一般为 20 m 左右。当城市道路无中间分隔带时，线路设于该位置可以减少道路改移量。其缺点是在快车道另一侧需要建辅路，增加了道路交通管理的复杂性。

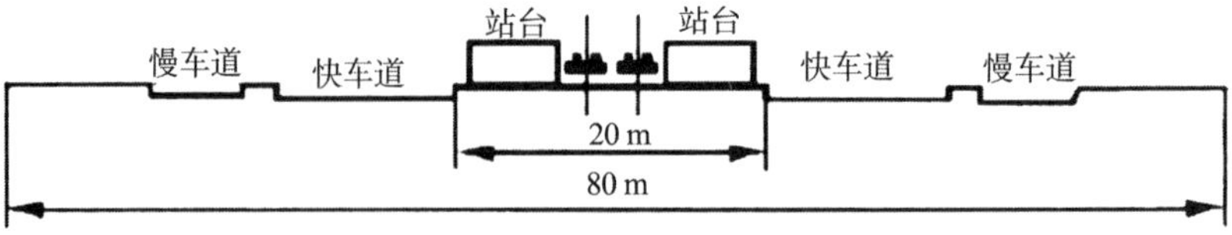

图 5-6 轨道交通地面线设置位置示意图(一)

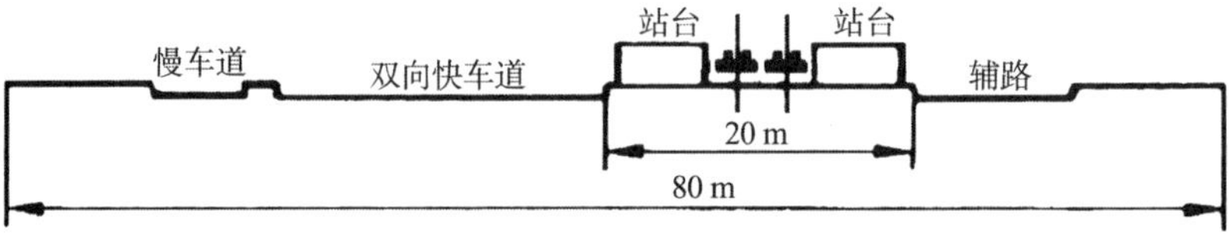

图 5-7 轨道交通地面线设置位置示意图(二)

(3)当道路范围之外为江、河、湖、海岸滩地或不能用于居住建筑的山坡地时，可考虑将轨道交通线路布置于这些地带上，但要充分考虑路基的稳固与安全。轨道交通地面线一般应设计成封闭线路，防止行人、车辆进入，与城市道路交叉一般应采用立交形式。

4. 轨道交通线路与地面建筑物之间的安全距离

(1)地下线与地面建筑物之间的安全距离。为了确保地下线施工时地面建筑物的安全，轨道交通线路与建筑物之间应留有一定距离。它与施工方法和施工技术水平密切相关。采用放坡明挖法施工时，其距离应大于土层破坏棱体宽度。北京地铁一期工程采用工字钢桩加护板支护、深水泵降低地下水位的明挖法施工，由于护板与土层之间有空隙，施工过程中，在距基坑边 10 m 左右的地面，平行线路方向出现明显的裂缝。上海地铁一期工程施工中，无论采用盾构法，还是采用连续墙支护的明挖法，隧道(连续墙)外缘至建筑物间的距离一般不小于 2 m。由于施工过程中采取了措施，从施工结果看，房屋基本上没有受到影响。

(2)高架线与建筑物之间的安全距离。轨道交通高架线与建筑物之间的安全距离，由防火安全距离与防止物体坠落轨道交通线路内的安全距离确定。前者参照建筑物防火与铁路防火规范执行，后者暂无规范，可视具体情况考虑。

(3)地面线与道路及建筑物之间的最小安全距离。目前规范未作出规定，建议按下列值考虑：

①轨道交通围护栏杆外缘至机动车道道牙内缘最小净距 1.0 m(无防护挡墙)或 0.5 m(有防护挡墙)；

②轨道交通围护栏杆外缘至非机动车道道牙内缘最小净距 0.25 m；

③轨道交通围护栏杆外缘至建筑物外缘最小净距 5.0 m(无机动车出入)或 10 m(有机动车出入)。

此外，在决定安全距离时，还应考虑列车运行的振动、噪声的影响。

5. 线路平面位置方案比选

线路平面位置比选主要包括直线位置的比选和曲线半径的比较，其主要比选内容如下。

(1)线路条件比较：包括线路长度、曲线半径、转角等。对于小半径曲线，在拆迁数量、拆迁难度、工程造价增加不多的情况下，宜推荐较大半径的方案，若半径大于或等于 400 m，则不宜增加工程造价来替换大半径曲线。

(2)房屋拆迁比较：包括拆迁房屋数量、质量、使用性质、拆迁难易等的比较。质量差的危旧房屋可以拆。住宅房易拆迁，办公房次之，工厂厂房难拆迁；学校、医院等单位，一般考虑邻近安置；商贸房异地搬迁，在市场经济的条件下拆迁难度大。

(3)管线拆迁比较：包括上下水管网、地下和地上电力线(管)、地下和地上通信电缆线(管)、煤气管、热力管等的数量、规格、费用及拆迁难度比较。大型管道改移费用高，下水管改移难度大。

(4)改移道路及交通便道面积比较：包括施工时改移交通的临时道路面积及便桥，恢复被施工破坏的正式路面及桥梁等。

(5)其他拆迁物比较：不属于上述拆迁内容的其他拆迁。

(6)城市轨道交通主体结构施工方法比较：包括施工的难易度、安全度、工期、质量保证、对市民生活的影响等方面的综合分析评价。

第四节　车站与主要换乘点分布

一、车站分布与设置原则

城市轨道交通系统的车站直接服务于旅客。车站分布与设置一般情况下应参照以下原则。

(1)方便乘客使用。车站站位应为乘客使用提供方便，使多数乘客步行距离最短。尽可能靠近大型客流集散点，为乘客提供方便的乘车条件；尽量通过短的出入口通道，将购物、游乐中心、住宅、办公楼与车站连通，为乘客提供无日晒、无雨淋的乘车条件。对于大型客流集散地段的车站，还应考虑乘客进出站行走路线，尽量避免人流不顺畅、出入口被堵塞和车站站厅客流分布不均匀的现象。对于突发性的大型客流集散点，如体育场，车站不宜靠近观众主出入口处。

(2)与城市道路网及公共交通网密切结合。城市轨道交通路网密度和车站数目均比不上地面公交线路网，必须依托地面公交线路网络，为城市轨道交通车站往返输送乘客，使其成为快速大运量的骨干系统。在城市交通枢纽、地铁线路之间与其他轨道交会处设置车站，使之与道路网及公共交通网密切结合。一般将城市轨道交通车站设在道路交叉口，公交线路在城市轨道交通车站周围设站，方便公交与城市轨道交通之间的换乘。

(3)应与城市建设密切结合，与旧城房屋改造和新区土地开发结合。

(4)尽量避开地质不良地段，尽可能减少对周围环境的干扰。

(5)方便施工，减少拆迁，降低造价。

(6)兼顾各车站间距离的均匀性。车站的站间距应根据现状及规划的城市道路布局和客流的实际需要确定：市内繁华区一般可控制在 1 km 左右；市区边缘或城市组团之间，一般可为 1.5～2.0 km；有特殊理由时，也可增大到 2 km 以上。

二、影响车站分布的因素

(1)城市规模大小。城市规模大小包括城市建成区和规划区域面积及人口。城区面积大、人口多，线路上客流量大、乘距长时，地铁应以长距离乘客为主要服务对象，车站分布宜稀疏一些，以提高地铁乘客的交通速度。反之，车站分布宜密集一些。例如，莫斯科与圣彼得堡市中心区地铁乘客的平均出行距离分别为 10.0 km 和 6.1 km；而同一城市在市区与郊区的乘客的平均出行距离也有差别，莫斯科与圣彼得堡郊区的平均出行距离分别为 14.0 km 和 9.5 km。乘距长时，轨道交通应以长距离乘客为主要服务对象，车站分布宜稀一些，以提高轨道交通乘客的出行速度；反之，车站分布宜密一些。

(2)城区人口密度。我国地域辽阔，分布在南北东西各地的城市人口密度差异很大，如北京市 4 个中心城区(东城、西城、崇文、宣武)人口密度为 2.8 万人/km^2(1991 年)，上海市 5 个中心城区(静安、卢湾、黄浦、虹口、南市)人口密度超过 5 万人/km^2(1985 年)，广州市中心的荔湾、越秀两区人口密度为 5 万人/km^2(1988 年)。人口密度大，同样吸引范围内发生的交通客流量大，因此车站分布宜密集一些。

(3)线路长度。一条线路的长度，短则几千米，长则几十千米。不同的线路长度，车站的疏密宜有所不同，短线路宜多设站，长线路宜少设站。

(4)城市地貌及建筑物布局。城市中的江、河、湖、山和铁路站场、仓库区等，人口密度低，甚至无人，地铁在穿越这些地区时可以不设站，但若有开发公园条件，则应在主出入口处考虑设站。

(5)城市轨道交通路网及城市道路网状况。两条城市轨道交通线路交叉时，在其交叉点应设乘客换乘站；在与城市主干道交叉时，为了让乘坐城市其他交通工具的乘客方便乘城轨，也宜设车站。

(6)车站分布对市民出行时间的影响。车站数目的多少，直接影响市民乘城轨的出行时间。车站多，市民步行到车站距离短，节省步行时间，可以增加短程乘客的吸引量；车站少，则恰恰相反，提高了交通速度，减少了乘客出行的时间，可以增加线路两端乘客的吸引量。市民出行对交通工具的选择，快捷省时这点排在第一位。如对芝加哥市滨湖线的不同站间距进行比较，结果是大站间距(1.6 km)比小站间距(0.8 km)多吸引客流量 3%。

(7)对站间距离的要求。在车站分布数量上，除大型客流集散点及换乘站外，其他车站的设置主要受人们对站间距离要求所支配。对于平均站间距离，国际上有两种趋向：一种是小站间距，平均为 1 km 左右；一种是大站间距，平均为 1.6 km 左右。中国香港地铁平均站间距为 1.05 m，其中港岛线仅 0.947 m；莫斯科地铁平均站间距为 1.7 km 左右。香港、莫斯科都以公共交通为主要运输工具，地铁都有很好的运营业绩。1994 年香港地铁长度为 43 km，每千米线路的年客流负荷为 1865 万人次，承担了全市公共交通的 27.8%。1985 年底莫斯科地铁长度为 214 km，每千米线路的年客流负荷为 1170 万人次，承担了全市公共交通客流的 45%。

我国地铁在吸取世界地铁建设经验的基础上，在《地铁设计规范》(GB 50157—2003)中规定“车站间的距离应根据实际需要确定，在市区宜为 1 km 左右，在郊区不宜大于 2 km”。我国已建地铁平均站间距离如表 5-2 所示。

表 5-2　我国已建地铁平均站间距离

城市名	线别	线路运营长度/km	车站数/个	平均站间距/m
北京	1 号线西段	16.87	12	1534
	环线	23.01	18	1278
天津	一期工程	7.4	7	约 1100
上海	1 号线中段	15.67	13	1306
广州	1 号线	17.97	16	1198

除上述各因素外，线路平面和纵剖面、车站站位的地形条件、城市公交车线路网及车站位置，也会对城市轨道交通车站分布数目造成一定影响。

三、站间距的确定

1. 从乘客的角度优化站间距

单从乘客利益出发，存在乘客总出行时间最短的站间距。乘客一次门到门的单程出行过程包含下面几个部分：

(1)步行至城市轨道交通车站；

(2)等车；

(3)上车；

(4)列车加速至稳定速度；

(5)列车以稳定速度运行；

(6)列车到站制动减速；

(7)中间站停站等候；

(8)下车；

(9)步行至目的地或换乘站换车。

以上几个部分在每个中间站上周期性重复，由此可推导出行总时间公式。设

L：平均每位乘客的在线行程，m；

D：平均站间距，m；

S：停站时间，包括在站的上车、下车、停站等候时间，s；

A：列车在启动加速及制动减速过程中所行距离(假设加速度与减速度相同)，m；

B：启动及制动总时间，s；

V：车辆运行的稳定速度，m/s；

F：乘客平均到站速度，m/s；

T：乘客平均到站行程，m。

等车时间是行车间隔的函数，不直接受站间距的影响，在此不予考虑。如果以步行作为集散(到站、离站)方式，则集散出行时间可以用到站时间乘以 2，出行总时间 TT＝到站行程时间×2＋中间站的个数×停站时间＋区间数×起动加速及制动减速时间＋区间数×每个区间的稳定运行时间，即

$$TT=\frac{T}{F}\times 2+\frac{L}{D}\times S+\left(\frac{L}{D}-1\right)\times B+\left(\frac{L}{D}-1\right)\times\frac{D-A}{V} \quad (5\text{-}1)$$

对于城市轨道交通系统，其最大运行速度、加速度一定，S、A、B、V 可以确定；对某个具体城市，乘客平均出行距离 L 相对稳定，人的步行速度 F 也相对固定；T 与车站的吸引范围有关，通常取 $D/4$。由此，式(5-1)可简化为只有平均站间距 D 一个变量的函数。

站间距很小或站间距很大，总的出行时间都会很高。站间距很小时，每位乘客在线路上的旅行会被很多中间站中断；站间距很大时，乘客到离站的出行时间就会增加，并可能超过在线行程部分所节省的时间。一些行为研究的结果表明，若乘客的步行及等待时间约等于或超过旅行平均时间的两倍时乘客就会感到有所损失，从而会改换其他出行方式。因此，在大、小站间距之间存在着某个总出行时间最短的最优站间距。

2. 最优站间距的变化

不同的城市、不同的轨道交通系统，在实际运营中，其乘客平均出行距离、到站方式及距离、车站内部走行距离、停站时间、车辆的启动和制动性能、车辆最高运行速度等因素都会有所差别，这些因素的差异都会影响最优站间距的大小。通过改变各种因素的值计算最优站间距，可得到如下结果：

(1)如果平均出行距离增大，则最优站间距将增大；

(2)如果加速度或减速度增大，则最优站间距将缩短；

(3)如果稳定速度提高，则最优站间距将增大；

(4)如果到、离站速度增加，最优站间距将增加；

(5)如果停站时间减少，最优站间距将减小。

3. 站间距对工程、运营及城市发展的影响

车站造价很高，其建筑费及设备费在初始投资中占很大比重。站间距越小，车站数量越多，城轨的造价就越高。但是站间距过大，会增加乘客的步行距离。站间距增大，车站数量可以减少，车站造价可以节省，但是乘客步行距离及时间变长，城市轨道交通的客流吸引能力会降低，同时车站的负荷也会有所增加。在站间距缩短、车站数量增加的同时，列车运营费用也会上升。站间距缩短会降低运行速度，进而增加线路上运营的列车对数，还会因频繁地开停车而增加电能消耗、轮轨磨耗等，从而增加运营费用。从

车站在城市中的作用看，如果车站之间的间距合理，各车站会发展成为综合性的公共活动中心及交通枢纽，并逐渐集中社会、生产、行政、商业及文化生活职能于一体，发展成为吸引居民居住和工作的核心。因此，车站的间距大小会对乘客出行时间、运营费、工程费，以及车站在城市中的作用等多方面产生错综复杂的影响，应综合考虑，合理确定。

一般城市轨道交通的合理站间距为 0.8～1.6 km(城区站间距小一些；郊区站间距大一些，为 2～3 km 及以上)。车站可设在广场、干线街道交叉点、铁路车站、运动场或公园附近。在城市轨道交通线路交叉点(包括地铁线路与地铁线路、地铁线路与轻轨交通线路、地铁线路与市郊铁路之间的交叉点)上最好设置车站，以便换乘。在布设城市轨道交通车站时，除了考虑合理站间距的条件外，还要考虑以下因素：

(1)站间距要尽量均衡；

(2)站位应设于汇集大量客流的重要场所附近，并方便和其他交通方式的换乘；

(3)设站要考虑该地区的发展，与城市规划相协调；

(4)具体站位还要考虑施工条件、道路状况、交叉口等道路形态及地面交通情况。

四、换乘点分布

1. 换乘点在线网中的作用

换乘点是线网构架中各条线路的交织点，是乘客转线换乘的重要地点。乘客通过换乘点的车站及其专用(或兼用)通道设施，实现两座车站之间人流沟通，达到换乘的目的。换乘点规划在路网设计中有着重要的地位及作用。从日常的路网运营看，线路之间的交叉点的个数、位置，决定着路网的形态，影响着路网中各换乘站客流量的大小、乘客的换乘地点、出行时间及方便程度，从而影响整个路网的运输效率。从交通与城市发展的相互作用关系看，由于换乘站处有更大的客流要从这里上下，久而久之，会促使换乘站处土地利用价值的超常升值(与一般车站相比)，并对换乘站周围的土地利用格局和规模产生深远的影响，最终可能会导致整个城市布局结构体系的变化及调整。

目前欧美流行的停车－换乘方式在不久的将来很可能成为我国的现实，那时，换乘站在城市发展中的作用及地位将更加重要。我国目前汽车保有量有较大的增长，尽管城市的道路网络还将大规模建设，但绝不可能在市中心区容纳成倍增长的汽车拥有量，大量的小汽车会被排斥到市中心区之外，换乘站将成为有大量乘客换乘的场所。如果在车站附近规划停车场，将会进一步增大这些车站的客流量。相应的，地面交通线路的站点也倾向于在此处布设，进一步增加换乘站附近地区交通的可达性及机动性，随后，其附近地区的土地利用便开始发生重大的变化。因此，在城市轨道交通路网规划中，要非常慎重地选择换乘站的位置，而且光靠交通部门的努力是不够的，必须与城市规划部门一起紧密协作，从城市长远发展的战略高度上认识换乘站位置对城市规划结构的重要影响，合理选择换乘站位置，并对其周围空间进行长远而周密的规划。

2. 换乘方式的基本类型

换乘方式首先取决于两条线路的走向和相互交织的形式。一般常见的有垂直交叉、斜交、平行交织等多种形式，但归纳到换乘方式，可分为同站台换乘、节点换乘、站厅换乘、通道换乘、站外换乘等基本形式。

3. 换乘方式的选择

任何换乘点的换乘方式都应以满足换乘客流功能需要为第一位，同时还要考虑其他相关因素：

(1)换乘点上两条线的修建顺序；

(2)换乘点上两条线路的交织形式和车站位置；

(3)换乘点的换乘客流量和客流组织方式；

(4)换乘点的线路和车站的结构形式、施工方法；

(5)换乘点的周围地形条件、地质条件以及城市规划的地面和地下空间开发要求等。

由此可见，换乘方式的选择首先要定换乘点，再定线路与车站位置(包括车站形式)，同时选择车站换乘方式，最终在进行车站设计时确定换乘结构形式。这就是三阶段——规划、工程可行性、设计的实施程序。所以，在城市轨道交通线网规划阶段，对换乘点的确定是主要的任务。也就是通过对换乘点分布和换乘方式的可能性分析进行论证。

4. 换乘点的分布原则

换乘点的分布应参照以下原则：

(1)线网中任意两条线路应尽可能相交1～2次。

(2)换乘节点应适当分散，避免过分集中在城市中某个狭小区域。

(3)换乘节点最好为两线交叉，以利于分散换乘客流，合理控制换乘站规模，简化换乘站客流组织，降低工程施工难度，节省工程造价，维持车站良好乘车秩序，组织高密度行车，提高运行质量。

(4)换乘节点应尽量避免三条以上线路交叉于一点，否则一方面换乘客流相互干扰较大，另一方面工程难度较大。

(5)换乘点应主要分布于城市重点区域，如中心区或外围特大型客流集散点。

五、车站分布方案评价

由于车站造价高，车站数量对整个城市轨道交通的工程造价影响较大，在进行线路规划时，一般要做2～3个车站数量与分布方案的比选，比选时要分析乘客使用条件、运营条件、周围环境以及工程难度和造价等几个方面，通过全面、综合的评价，确定推荐方案。

不同的城市、不同的轨道交通系统，在实际运营中其乘客平均出行距离、到站方式及距离、车站内部走行距离、停站时间、车辆的启动、制动性能、车辆最高运行速度等因素都会有所差别。

1. 客流吸引力

大型客流集散点往往是城市的政治、经济活动中心，是城市的窗口地段，不但客流量大，而且客流量集中，对地面交通造成很大压力。城市轨道交通通过车站吸引大量客流，对缓解城市交通压力发挥着重要作用，所以城市轨道交通在大型集散点必须设车站。如根据上海地铁运营公司客流统计资料，2005 年上海轨道交通 1 号线莘庄、徐家汇、人民广场、上海站 4 站日均进站客流占全线进站总客流的 50.5%，4 个站平均进站客流为其他车站的两倍。又如，根据北京地铁公司客流调查资料，1991 年地铁 1 号线苹果园、古城路、前门、北京站和环线西直门站，进站人数占总进站人数的 40.4%，每站平均进站人数为其他各站进站人数的 4.7 倍；复兴门换乘站的上车人数为其他各站平均上车人数的 5.4 倍。以上各站的位置是工业区、商业区、火车站、广场、公共交通总站、地铁 1 号线与环线的换乘站等特大型及大型客流集散点。

在车站分布数量上，除大型客流集散点及铁路车站外，其他车站的设置主要受人们对站间距的要求所支配。一般而言，车站分布较密，市民步行到车站的距离短，节省步行时间，可以增加对短程乘客的吸引量；车站分布较疏，减少乘客在车内的时间，可以增加对线路两端乘客的吸引量，但由于乘客步行距离及时间增加，轨道交通在综合交通中的客流吸引能力会降低。从上海轨道交通 1 号线乘客出行特征的抽样问询调查资料中可知，乘客从出发地到轨道交通车站的出行方式中，步行到站的占 45.71%，骑自行车到站的占 5.41%，乘公交车到站的占 41.31%，乘出租车到站的仅占 7.57%；而乘客下车后到达目的地的情况与之相仿。由此可见，1号线乘客的出行方式中以步行为最高，其次是公交方式，其余方式所占比例较小。因此，对同一条线路，小的站间距可以使步行吸引范围外的部分客流进入步行吸引范围之内，因而可以吸引更多的步行到站客流。

2. 乘客出行时间

城市轨道交通车站数目的多少，直接影响市民利用轨道交通的出行时间。出行的总时间可分为以下几部分：从出发地至进入轨道交通车站站厅的时间和从下车出站至目的地的时间(简称为接驳时间，以下同)、在车站的候车时间、乘车时间。

(1)车站分布对乘客接驳时间的影响。根据对上海轨道交通 1 号线的调查分析，乘客步行和骑自行车到站平均费时 14 min，从可以吸引更多步行及骑自行车到站客流方面来看，小站间距无疑会节约乘客的接驳时间。

(2)车站分布对乘客候车时间的影响。对每个乘客而言，在站厅的候车时间主要与其到达的时刻有关；而对乘客总体来说，候车时间主要与发车间隔有关。

(3)车站分布对乘车时间的影响。当采用大站间距时，设站较少一方面可以充分发挥系统的性能以提高列车的走行速度，另一方面还可以减少制动减速和起动加速以及停车所产生的延迟，从而缩短乘客的乘车时间。为了比较大、小站间距对旅客乘车时间的影响，这里通过一个案例来定量分析不同的平均站间距对列车速度和乘车时间所带来的影响。

假定基础资料为：线路全长 18 km，平均站间距分别取为 0.6 km、0.9 km、1.2 km、1.5 km、1.8 km。根据上海轨道交通 2 号线及广州地铁 1 号线采用的德国车辆的技术资料，列车运行的最高速度取为 80 km/h，列车牵引特性曲线如图 5-8 所示，列车常规制动时平均减速度采用 1.0 m/s^2，计算中假定该制动减速度适用于所有负载情况。为了简化计算，线路条件假定为平直空旷地段。

列车基本阻力的计算公式为

$$R = 2.7 + 0.00042\, V^2 (N/kN)$$

式中，V——列车速度(km/h)。

根据列车运动方程式，区段运行时间 Δt、区段运行距离 Δs 的计算公式为

$$\Delta t = \frac{V_m - V_q}{120C_p}(h)$$

$$\Delta s = \frac{V_m^2 - V_q^2}{239.8C_p}(km)$$

式中，V_q——速度间隔内的起点速度；

V_m——速度间隔内的终点速度；

C_p——速度间隔内平均速度所对应的单位合力，$C_p = F - R$(N/kN)。

根据上述基础资料和计算公式，当牵引计算的速度间隔 ΔV 取为 10 km/h 时的计算结果如表 5-3 和图 5-9 所示。计算表明，列车能实现 80 km/h 的最小站间距为 1.012 km。

表 5-3 不同平均站间距对列车运行速度的影响

平均站间距/km	区段可达最高速度/(km·h^{-1})	单个区间运行时分/s	每站停车时分/s	停站次数/次	全程时间/s	旅行速度/(km·h^{-1})
0.6	65	51.47	30	29	2414	26.84
0.9	75	67.17	30	19	1913	33.87
1.2	80	74.87	30	14	1543	42.00
1.5	80	88.37	30	11	1390	46.62
1.8	80	101.87	30	9	1289	50.27

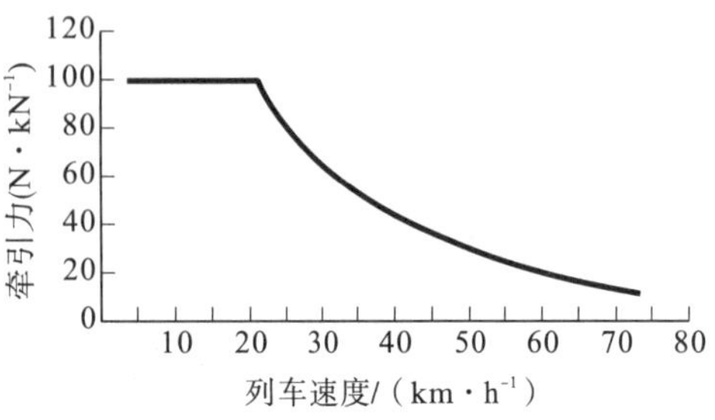

图 5-8 列车牵引特性曲线

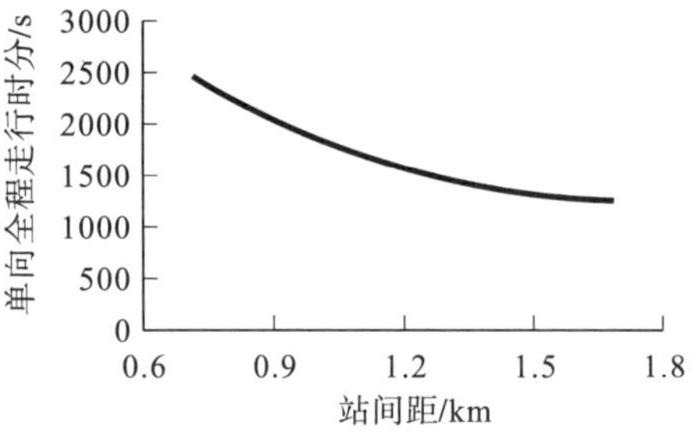

图 5-9 不同站间距单向走行时分曲线

从表 5-3 和图 5-9 可以看出，列车从始发站至终点站的全程走行时间，随平均站间距的增加而减小，但减小的幅度却随站间距的增大而降低，这说明增大站间距不能无限制地减少乘客的乘车时间。根据上海轨道交通 1 号线的调查资料，旅客的平均乘距为 9 km

左右，约占轨道交通 1 号线一期工程全长(已建部分 21 km)的 43%。由此可以推测，对于轨道交通 1 号线的乘客来说，采用 0.6 km 的平均站间距将比采用 1.2 km 和 1.8 km 的平均站间距增加乘客出行时间 6.3 min 和 8.1 min。

3. 工程与运营成本

车站是昂贵的建筑物，其建筑费及设备费在初始投资中占很大比重。根据上海轨道交通 2 号线的概算资料，一般车站长度为 284 m，其土建工程造价约为 6000 万~7000 万元。拆迁工程和车站设备是车站土建造价的 2.1~2.2 倍；而区间每千米土建工程造价为 9000 万~1 亿元。单从土建工程造价比较，车站每延米的造价约是区间的 2.4 倍。

从工程造价角度来看，大站间距可以减少车站数量，从而节约车站的土建工程投资，但同时也将引起部分客流向邻近车站转移，导致邻近站规模增大。因此，从整条线路上看，大站间距虽然会降低工程造价，但究竟能降低多少还需视具体情况而定；而小站间距由于车站数量较多，故车站总投资会相应增大。

从运营角度来看，大站间距可提高列车的旅行速度，从而减少列车的周转时间，故在发车间隔不变的情况下，相应的车辆配属数就会减少；同时，大站间距的设站数量相对于小站间距要少，故相应的车站配套设施和管理维护人员也可相应减少，从而节省日常支出，降低运营费用；而小站间距则正好相反。根据俄罗斯地铁运营统计资料，地铁运营速度约与站间距离的平方根成正比。站间距离缩短会降低运营速度，从而增加线路上运行的列车对数，此外因频繁起停车而增加电能消耗、轮轨磨耗等，均将增加运营成本。

4. 沿线土地开发

从沿线土地开发的方面来看，较密的车站设置将进一步带动沿线土地的开发，促使周边土地升值，从而给沿线区域带来巨大的社会经济效益。图 5-10 所示是日本某地铁线路新设站所带来的周边土地资产升值情况示意图，图 5-11 所示是上海轨道交通 1 号线设莘庄站后所带来的周边房产升值情况示意图。从图 5-10 可以看出，朱町站和新道荣站的设置，分别使沿线土地资产升值了 13.04 亿日元和 14.28 亿日元。从图 5-11 可以看出，1991 年莘庄站附近 2 km 圈内平均房价为 600 元/km²，而 2 km 圈外平均房价为 929 元/km²，即当时莘庄站附近远离轨道交通车站的地块房价高于车站附近的地块房价。但从 1992 年开始，莘庄站 2 km 圈内的多层住宅房价开始显著高于圈外房价，而且进一步呈现更快的上升速度，其上升趋势要强于圈外的房价。这充分说明，轨道交通 1 号线的建设运营和莘庄站的设置，对莘庄站附近房地产价格上涨的影响力是非常大的。

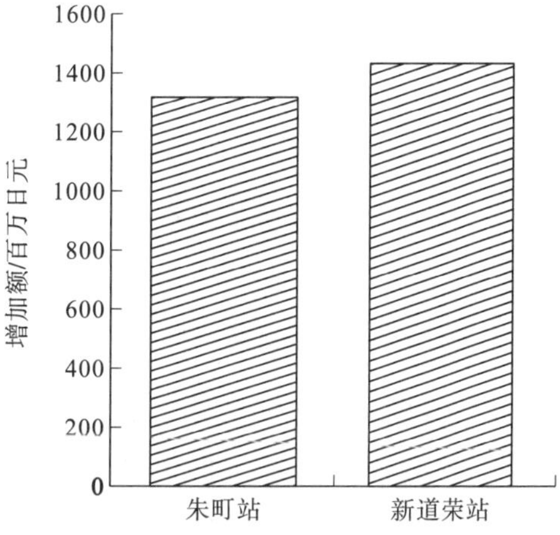

图 5-10　新设地铁站引起的土地资产价值的增加情况

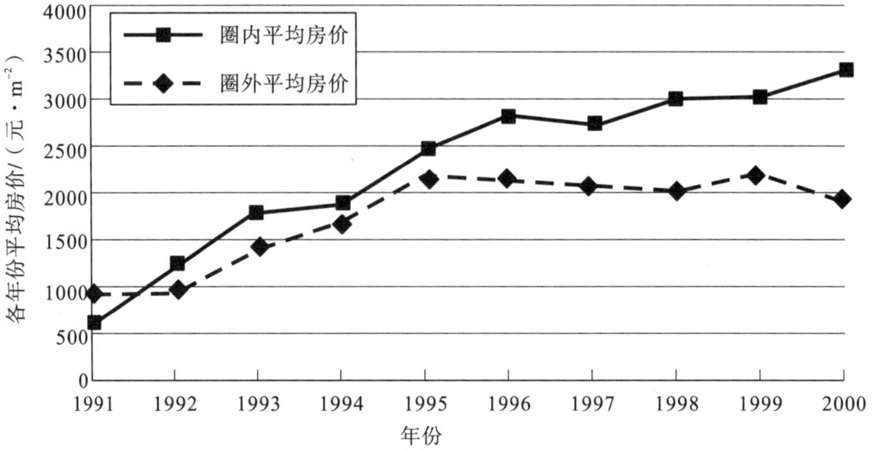

图 5-11　1991～2000 年间莘庄站多层平均房价

综上所述，车站的间距大小会对客流量、乘客出行时间、工程费、运营费以及车站在城市中的作用等多方面产生不同的利弊影响，在分布车站时应综合考虑，合理确定。

我国轨道交通在吸取国际轨道交通建设经验的基础上，在《城市快速轨道交通工程项目建设标准(试行本)》中提出“车站间距应参照城市道路布局和客流吸引范围而定。在市中心区宜为 1 km 左右，在市区外围宜为 2 km 左右”。而在《地下铁道设计规范》中规定“车站间的距离应根据实际需要确定，在市区宜为 1 km 左右，在郊区不宜大于 2 km”。我国已建轨道交通典型线路的平均站间距离如表 5-4 所示。

表 5-4　我国已建地铁典型线路的平均站间距离

城市名	线路名称	线路运营长度/km	车站数/个	平均站间距/m
北京市	1 号线西段	16.87	12	1534
北京市	环线	23.0l	18	1354
上海市	1 号线	21.35	16	1423
上海市	2 号线	19.15	13	1596
上海市	3 号线	24.97	19	1387
广州市	1 号线	18.48	16	1232

六、轨道交通车站分布及运营组织方式的比较分析

1. 上海、东京轨道交通车站分布的比较

上海既有轨道交通线路与东京几条轨道交通线路车站分布的比较如表 5-5 所示。表 5-5 的资料显示：①从最大站间距与平均站间距的实际数据来看，上海与东京的轨道交通车站分布并没有显著的差异，相比较而言，东京轨道交通的平均站间距较小，而最大站间距略大一些；②从最小站间距来看，东京轨道交通的最小站间距明显小于上海既有轨道交通的最小站间距，如日比谷线的最小站间距只有 0.40 km，这可以说明上海比较注意列车系统的运营效率和车站分布的均衡性，而东京更加注重客流集散点的客流吸引能力；③京王线是

一条由东京市区通往郊区，且绝大部分线路位于郊区的轨道交通线路(相当于我国的市郊轨道交通线)，其最大站间距为 2.40 km，而最小站间距只有 0.60 km，平均站间距也只有 1.08 km，最大、最小站间距相差高达 4 倍。由此可见，东京城市轨道交通车站分布充分体现了“以人为本、按需设置”的基本思想，非常值得研究和借鉴。

表 5-5　上海、东京轨道交通站间距比较　　(单位：km)

线路名称		长度	平均站间距	最小站间距	最大站间距
上海	地铁 1 号线	20.97	1.40	0.80	2.10
	地铁 2 号线	19.00	1.58	1.10	1.81
	明珠线一期	24.98	1.39	0.90	2.01
东京	千代田线	21.90	1.21	0.70	2.60
	日比谷线	20.30	1.02	0.40	2.10
	三田线	26.50	1.01	0.60	1.70
	银座线	14.30	0.79	0.50	1.30
	京王线	37.90	1.08	0.60	2.40

2. 上海、东京轨道交通运营组织方式的比较

表 5-5 中所列的三条轨道交通线采用的都是站站停车的运营组织方式，这种方式的优点是行车组织较简单且无需乘客选择车次，比较适合于市区范围。但是，对于那些线路较长，且郊区线路长度比例较高的线路，为了充分发挥轨道交通的优势，在轨道交通基本网络成形后，可以借鉴东京等轨道交通发达城市的经验，采取灵活机动的行车组织方式。例如，对于 0.6 km 平均站间距的线路方案，若采用隔站停车的运营方式，几乎可以达到 1.2 km 平均站间距时的系统运营效率。

特别是在市中心以外地区，客流较分散，采用这种运营方式可以大大降低运营费用和提高运营效率。图 5-12 所示为东京京王轨道交通线的运营组织方案示意图。该线全长 37.9 km，设站 34 座，按照特急、急行、通勤和普通 4 种列车运营方式组织停站方案。其中，特急列车只停靠 7 个车站，平均停车间距高达 6.3 km；急行列车停靠 13 个车站，平均停车间距为 3.2 km；通勤快速列车停靠 19 个站，平均停车间距是 1.99 km；而普通列车则为站站停车，平均停车间距为 1.11 km，以吸引沿线较小规模车站的客流。

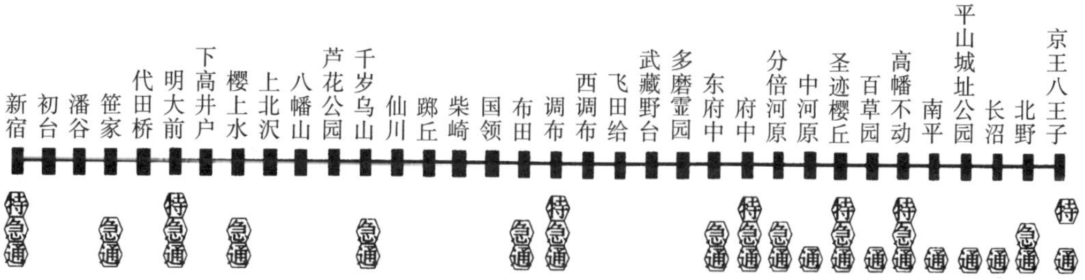

特. 特急停车；急. 急行停车；通. 通勤快速停车

图 5-12　京王线运营组织示意图

因此，在进行城市轨道交通特别是位于郊区的轨道交通线路车站分布时，应尽量避免人为地追求按预定的大站间距进行设站的现象，始终贯彻“以人为本、按需设置、技术可行、经济合理”的车站分布基本理念。当一条线路出现部分较小的站间距时，可以根据客流特点，采用灵活机动的运营组织方式，以尽量同时实现吸引沿线客流和提高旅行速度的目标。

第五节　车辆段及基地选址

车辆段及其他基地可统称为车场。它是城市轨道交通系统中承担车辆检修、停放、运用以及各种运营设备保养维修的重要基地，是线网规划中不可缺少的关键组成部分。车场一般规模较大，最小也要超过 10 万 m^2(10 公顷)。在城市建成区范围内寻找适合车场要求的用地一般很困难，有时甚至要到城市边缘去寻找用地。因此，车场设置条件往往决定了整条线路的可行性。

车场规划内容包括各车场的总体分布、作业分工、场址选择、规模估计，它们被共同作为用地控制规划的依据。

一、车 场 分 类

为了合理用地，提高设备利用效率，有利于组织列车运行，对全网的车场应根据各自承担的任务性质和工作量大小进行分类，一般分成三种类型。

1. 综合检修基地

综合检修基地主要包括车辆大修段、设备维修中心和材料设备库三部分。

(1) 车辆大修段。①承担车辆大修及本线车辆的段修(架修、定修、月修、临修)；②车辆日常技术检查、维修、清扫洗刷和停放；③车辆运用管理。

(2) 设备维修中心。①承担全线空调机、通风机、电机、水泵、自动扶梯、自动售检票机、供电等机电设备的定期修理和维修保养；②承担通信、信号、防灾监控、电力监控、向导标志、管理用计算机等电子设备的检修和维护；③承担车站建筑、隧道、轨道等土建工程的维修保养。

(3) 材料设备总库。承担轨道交通各种机电设备、备品备件、材料以及劳保用品的保管发放。

2. 车辆段

承担本线车辆的段修及清扫洗刷、停放和运用管理等。

3. 停车场

承担本线一部分车辆的技术检查、清扫洗刷、停放和运用管理。

二、车场规划的一般要求与基础条件

1. 一般要求

(1)车场规划的重点是根据规划线网进行车场选址，确定各段的合理分工及建设规模，达到控制建设用地的目的。

(2)根据规范要求，每条线路宜设一个车辆段。当一条线的长度超过 20 km 时，可设一个车辆段和一个停车场。综合考虑技术水平和经济实力，可两条线路共用一个车辆段。

(3)车场应靠近正线，以利于缩短出入线长度，降低工程造价。

(4)各车场线路应尽可能与地面铁路专用线相接，以便车辆及物资运输，部分车场不具备上述条件时，也可通过相邻线路过渡。

(5)各车场任务和分工必须从全网角度统筹规划、合理布局、有序发展。试车线长度应根据场地条件和城市规划要求确定，在可能条件下，应尽量长一些。

(6)全线网车辆的大修任务应集中统一安排，可选定在几个车辆段增设车辆大修任务，不单设大修厂。

(7)培训中心可以灵活设置。

(8)车场用地性质应符合城市总体规划，要求注意环境保护。

2. 基础条件

(1) 车辆检修技术标准。车辆检修技术标准对车辆检修场地规模影响很大，在规划阶段应为将来实施留有余地，因此在制定车辆检修技术标准时，应充分研究可能的各种标准，选取用地规模要求较大的作为规划标准。

(2) 车辆检修制式。目前各国地铁车辆检修采用两种制式：一种是厂修、段修分修制；另一种是厂修、段修合修制。

所谓厂修、段修分修制，就是修建专门的车辆大修厂(不限于 1 个)，承担全线网各线车辆的大修任务。车辆的架修、定修及其以下的修理工作，由各线的车辆段承担。厂修、段修合修制就是不设专门的车辆大修厂，车辆的大修在车辆段内进行。

前一种制式，用于地铁线网规模较大的城市，具有一定的经济性，对于线网规模不大的城市，采用厂修、段修合修制较经济。从国内外情况来看，只有莫斯科和北京采用厂修、段修分修制，其他城市均采用厂修、段修合修制。国内正在修建和计划修建地铁的城市，如上海、广州、南京、青岛和香港等城市也采用厂修、段修合修制。

采用厂修、段修分修制的优点是实行专业化生产，形成规模效益，有利于提高修车质量。其缺点是在工程建设起始阶段须同时修建车辆大修厂和车辆段，由于形成有一定规模的轨道交通线网需经过几十年时间，因此大修厂在建成后相当时间内，因系统规模小，大修车任务量不足，投资效益难以发挥。

采用厂修、段修合修制，上述问题可以避免。另外因车辆做大修所用的大部分机械设备与车辆架修所用的机械设备基本相同，将厂修与段修合并可减小机械设备的重复投资，提高设备利用率。

三、车场选址的技术要点

根据《城市快速轨道交通工程项目建设标准(试行本)》的规定，城市快速轨道交通车辆基地，应在线网规划中统筹安排，明确各车辆基地在全线网中的地位和分工。在每条运营线路中应设一个车辆基地，有条件的地方也可两条线合建一个车辆基地。当运营线路长度超过 20 km 时，可根据运营情况，在适当位置增设一个停车场。

大城市的快速轨道交通系统，一般由城市中心区的地铁系统、轻轨系统、联系郊区市县的轨道交通系统等组成。市中心区的地铁系统一般以建在繁华、人员密集地区为主，其客流量大(3 万人次/h 以上)，服务水平要求高。轻轨系统及联系郊区市县的轨道交通系统一般以建在地面或高架起来为主，其客流量较小(3 万人次/h 以下)，但运营的需要里程较长。

对于城市中心区的地铁系统来说，由于客流量大，列车运行间隔时分小，为保证列车能在规定的时分内按时发出，当运营线路超过 20 km 时，应安排一处车辆段及一处停车场(即一段一场)的车辆基地布局。

对于轻轨系统、联系郊区市县的轨道交通系统来说，由于客流量相对较小，列车运行间隔时分也相对较大，为充分利用车辆基地的检修资源，可数条线路共用一处车辆段，但每条运营线路应当有一处停车场，以满足运营的需要。对于已有一处车辆段或停车场的运营线路，当线路长度超过 20 km 时，不一定再修建另一处停车场，应视车辆段(或停车场)的位置、运营的需要及有无建设场地等情况确定。

车辆基地的布局还需要考虑以下几方面的因素。

(1)尽量靠近正线，以便缩短出入段线长度，降低工程造价。车场用地应有足够的长度和宽度，满足车辆段的使用要求，并留有远期发展空间。

(2)有通畅的道路便于各种车辆进出，与国铁有较好的联系，便于列车车辆、调车机及其他车辆的运转。

(3)用地尽量符合城市总体规划要求。

(4)工程拆迁尽量少，合理用地。

车辆段总体上分为三个部分：咽喉部分、线路部分及车库部分。咽喉部分是车辆段的停车库、检修库与正线的连接地段，有出入段线和很多道岔，它直接影响整个城市轨道交通的正常运行。咽喉部分规划设计中既要注意保证行车安全，满足输送能力的需要，又要保证必要的平行作业，还要努力缩短咽喉区长度，尽量节省用地。线路部分有各种不同用途的停车线、洗车线、牵出线、试运行线以及材料线等。车库部分有停车库、定修库、架修库。停车库除了停放车辆外，还是车辆日常检修保养的场所，所以设有检查坑。架修、定修库作为定期修车用，各库之间应有便捷的联系。车辆段选址的技术要点如下：

(1)车辆段、停车场要选在地势平坦、地质良好、无大的水文地质影响的地域，用地应相对集中，一般为长方形，便于车辆段、停车场的布置。

(2)城市轨道交通线路一般都穿越市区，线路中部多为市中心地区，要征用车辆段那样的大规模用地很困难。因此，往往在郊外征用土地，采取在线路端部设置车辆段的方法。这种方式与线路起讫点在郊外、线路中部穿过市中心的情况相配合，早上车辆由车辆段向市中心方向发车，晚上往郊外方向入车辆段，配车的损失时间减少。

(3)车辆段、停车场及本线路上的折返线三方面总的停车能力应大于本线远期的配属车辆总数。为便于列车进出，一条停车线存放的列车数不应超过两列。

(4)由于车辆段上除了列车停车库外，还有试车线、车辆检修设备、综合维修中心等，为充分利用这些设备，减少车辆段用地总量，应尽量将车辆段集中于一处设置。若分散布置，则所需用地面积将会增大。在技术经济合理、城市用地规划许可时，可以两条线路共用一个车辆段。当一条线的长度超过 20 km 时，为减少列车空走距离，及时对车辆进行检查，可以在线路的另一端设一个停车场。

(5)车辆段和停车场应靠近正线，且位于容易敷设较顺直的出入段线路的位置，以利于缩短出入线长度，降低工程造价，改善使用条件。

(6)车辆段及停车场的选址要考虑防火灾、防水害的要求，周围应有雨、污水排放条件。

(7)各车辆段线路应尽可能与地面铁路专用线相接，以便车辆及物资运输，部分车辆段不具备上述条件时，也可通过相邻线路过渡。

(8)各车辆段和停车场的任务分工必须从全网着眼，统筹规划，合理布局，有序发展。试车线长度应根据场地条件和城市规划要求设定。

(9)整个路网车辆的大修任务应集中统一安排，并集中设一处职工培训中心。

(10)各综合检修基地及车辆段用地规模应按规划分工所承担的作业量，并考虑将来技术发展及适当留有余地进行规划。

(11)车辆段和停车场用地性质应符合城市总体规划及环境保护要求。

在车辆段中，要设置能够对全部保有车辆按列车编组进行停、放的停车线。因此，各停车线的有效长度应为列车长度加 8 m 或其两倍长。虽然这个条件非常苛刻，但是由于列车在运行间隔为 2 min 或其以下的高密度行车状态下列车编组是不可能的，因此原则上要避免分开存车。各存车线线间距视车辆宽度而定，通常为 3.80 m。

车辆段的选址除了要考虑技术条件外，还要考虑经济条件。选址要尽量满足减少拆迁、少占农田的要求，建成后尽量减少对周围居民生活和地面交通的影响。

四、车场用地规模估测

线网规划研究的重要内容之一是确定线网中车场任务、性质、分布位置及其规模。

车场规模的大小与其所承担的检修工作量(综合检修基地、车辆段、停车场)有密切关系，也与车场出入线和站场线路布置形式有关系。

1. 综合检修基地规模的确定

综合检修基地包括车辆大修段、机电设备维修中心和材料设备仓库三部分。车辆大修段中有关车辆大修、架修设施的规模按照它所承担的线路长度和列车运行参数估算出配属的车辆数以及年大修、架修车辆数，用同类工程进行类比，确定车辆检修部分的占地面积。列车停放部分的占地面积按照本线车辆检修作业分工应分担的停放列车数进行估算。机电设备维修中心和材料仓库的用地面积根据它们所承担线路的长度和同类工程的平均用地指标进行估算。将上述三部分用地面积相加，即为综合检修基地的估算面积。

2. 车辆段规模的确定

车辆段架修、定修库及辅助设施的用地面积按照所承担线路的长短及配属车辆数，用类比法确定。车辆段停车库的用地面积，按照本线车辆段与停车场作业分工应分担的停放列车数进行估算。将二者相加即为车辆段的估算面积。

3. 停车场规模的确定

停车场的规模除了车辆停放所需面积之外，还要考虑承担部分车辆的三月修、双周检和洗刷作业所需的面积。

第六节 联络线分布

在城市轨道交通线网规划过程中，对联络线进行合理的布局是线网实施性规划的重要组成部分，也是城市轨道交通线网实施和线路建设的前提条件。城市轨道交通联络线是连接两条独立运营线的辅助线路。其主要功能是发挥城市轨道交通路网的作用，使各线路之间建立一定的联系，保证运营所必需的车流、物流顺畅。

一、联络线的作用

1. 车辆跨线运营

城市轨道交通服务于城市旅客运输，城市轨道交通线路沿城市主要交通走廊布设是线网规划的原则之一。我国现行设计规范规定：每条线路应按独立运行设计。另外为提高线路运输能力，城市轨道交通线路通常很少有车辆技术作业。因此目前国内各城市轨道交通线路均没有车辆跨线运营。国外有些城市轨道交通线路为提高运输效率和服务水平通过联络线实现车辆跨线运营。

2. 调转运营车辆

地铁各城市轨道交通线路同线路配属的运营车辆数理论上是根据线路运输能力计算得出的，但实际运营过程中运营车辆保有量是受不同时期的客运需求、运营商的经济实力、运营管理水平和车辆状况等多方面因素影响的变量。因此，在各城市轨道交通线路之间设置联络线作为调转运营车辆的通道成为必然选择。

3. 运营车辆送修

设计规范规定：每条线路宜设一个车辆段，承担车辆定、架修以下修程；车辆的厂修和车辆段内设备的大修由车辆厂承担。当城市范围内轨道交通线路数远大于车辆厂数量时，通往车辆厂的线路与其他线路，以及其他线路之间必须设置联络线，以保证车辆送修途径的顺畅。另外，当两条线路共用一个车辆段完成存车或修车任务时，与车辆段没有直通的线路必须设置联络线与直通线路连通。

4. 向新建线运送物料

城市轨道交通是大多数人认可的现代化城市公共交通工具，但是在城市轨道交通建设的过程中，特别是在市中心繁华闹市主要街道上占地施工，往往造成空气污染、噪声、扰民、道路拥堵交通不畅等严重的负面影响。因此选用既有线路及联络线作为通道向在建线路运送物料设备等将是较理想的选择。

5. 线路之间车辆救援

联络线除在正常条件下完成以上任务外，在非常情况出现时将成为两条独立运营的城市轨道交通线路之间车辆救援、撤出和转移的通道。联络线作为路网的冗余设施，对于保证城市轨道交通运营安全，提高系统可靠性具有重要意义。

二、联络线的布置形式

1. 双线联络线

跨线运营或者作为临时运营正线使用的联络线可采用双线联络线，如图 5-13 所示。双线联络线分为两种形式：《地下铁道设计规范》(GB 50157—92)中规定“线路之间的相交处应为立体交叉”。双线联络线通常是立体交叉形式，但也存在某些特殊条件下形成的正线平面交叉。

2. 单线联络线

为车辆检修和调转运营车辆设置的联络线可采用单线联络线，如图 5-14 所示。由于《地下铁道设计规范》(GB 50157—92)中明确规定“联络线宜采用单线”，所以这种形式的联络线使用最广范，数量最多。

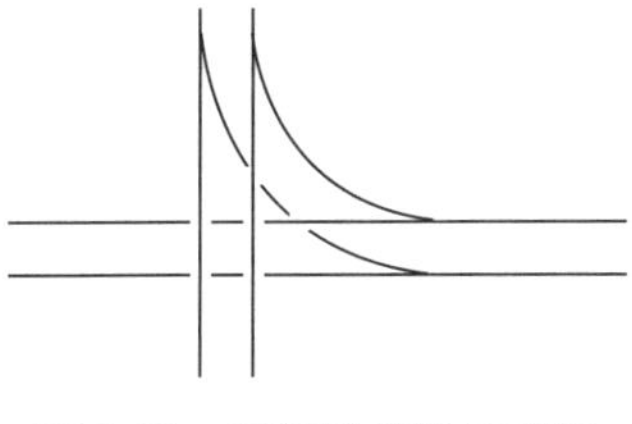

图 5-13　双线联络线示意图

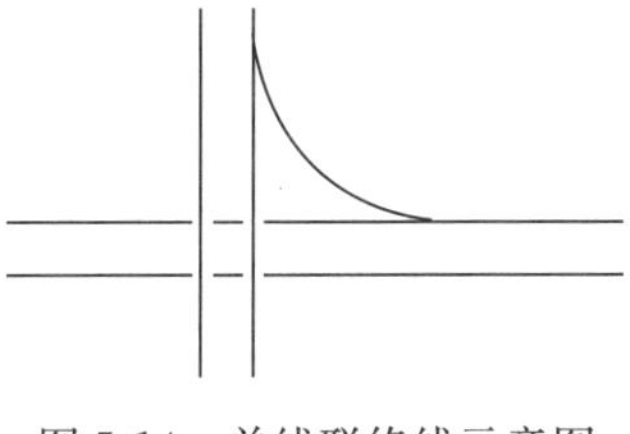

图 5-14　单线联络线示意图

3. 渡线联络线

当两条线路在某站采用同站台平行换乘时，其车站可采用平面双岛 4 线式车站和上下双岛重叠 4 线式车站，车站采用单渡线将两条线路联通形成渡线联络线，如图 5-15 所示。

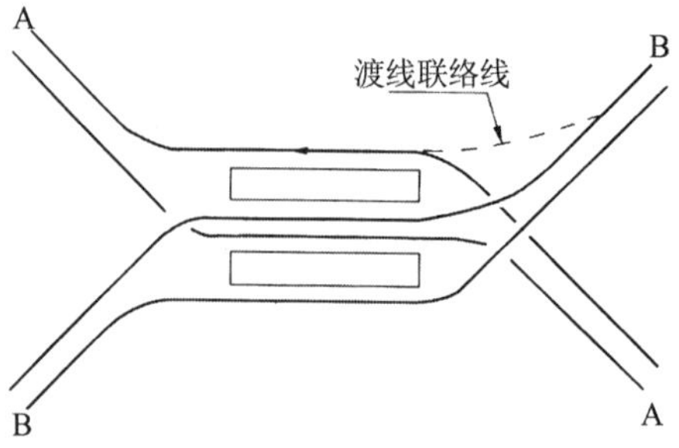

图 5-15 渡线联络线

三、联络线数量分析

在分析联络线规划之前，有必要先研究联络线的数量问题。因为城市轨道交通工程耗资巨大，一处地铁联络线投资少则几百万，所以对于联络线的数量必须慎重斟酌。

(一)联络线的最大数量

1. 各线直通方案

根据联络线的定义，联络线是连接两独立运营线的辅助线路。如果各条线路之间都有便捷的直达通道，显然联络性最好。按照此种要求，设网络中独立的运营线为 n 条，则整个网络所需的联络线总数 L 可表示为

$$L = C_n^2 = \frac{n!}{2(n-2)!} \tag{5-2}$$

如果只有两三条线路，实行线线互连是可能的。当线路比较多时，线线直通互连实际上是不可能也是不必要的，这不仅会造成很大的浪费，同时也会造成系统的混乱。

2. 交点互联方案

轨道交通网络基本上可以说是平面布设的，各城市轨道交通线路的交点通常是建设联络线的选择重点。如果根据线路网的形态在所有的交叉点建设联络线，如图 5-16 所示，则棋盘格网络线总数 L 可表示为

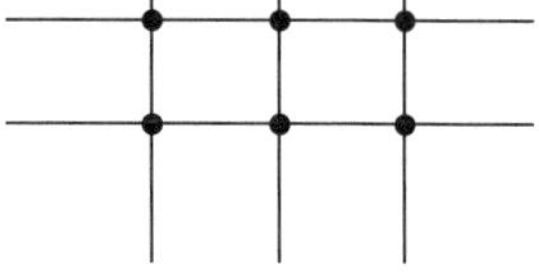

图 5-16 棋盘格网络示意图

$$L = mn \tag{5-3}$$

式中，m——线网中纵向线路条数；

n——线网中横向线路条数。

如图 5-17 所示，中心放射加环线网联络线总数 L 可表示为

$$L = 3 \times (n-1)$$

式中，n——线网中独立运营的线路条数。

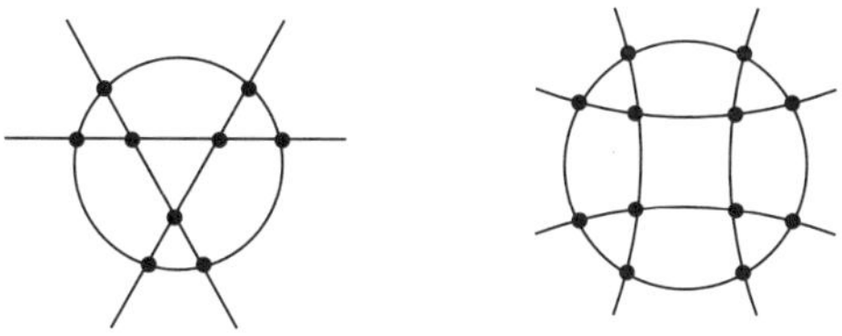

图 5-17　中心放射加环线网示意图

通常城市轨道交通网中可设联络线的最大数是随着线路条数呈几何级数增长的，每增加一条联络线，建设及日常维护费用随之增加。

(二)联络线的最小数量

为寻求最小的建设联络线和日常维护成本，我们探讨保证路网各线路之间联通而联络线数最小的方案。数学中的图论是研究各点之间连通问题的有效方法。其中连通图分为“树”和“环”两种。

1. 最小树方案

按照数学图论中连通图(图 5-18)和最小树原理，在 n 条线所组成的路网中保证互通的联络线的最小数量 L 可表达为

$$L = n - 1$$

应当指出，连通图中独立运营的线路用点表示，联络线用线段表示，图论中也称其为“桥”。

如图 5-18 所示的树形连通图，其特点是图中存在若干只与一个线段(桥)相连接的点，表现在轨道网中即某些线路只通过一条联络线与路网相通，这些线路之间的互通必须通过别的线路迂回和绕行。同时联络线使用频率不均，某些联络线有可能成为负荷很大的瓶颈。因此除线路较少的情况外，按最小树方案建设联络线构造的路网存在一定的问题。例如，图 5-19 中 2 号线到 4 号线须经 3 号线才能到达，调车十分不便。

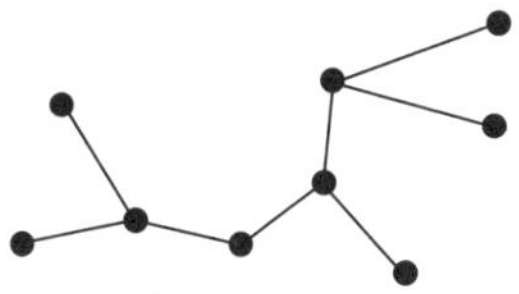

图 5-18　树形连通图

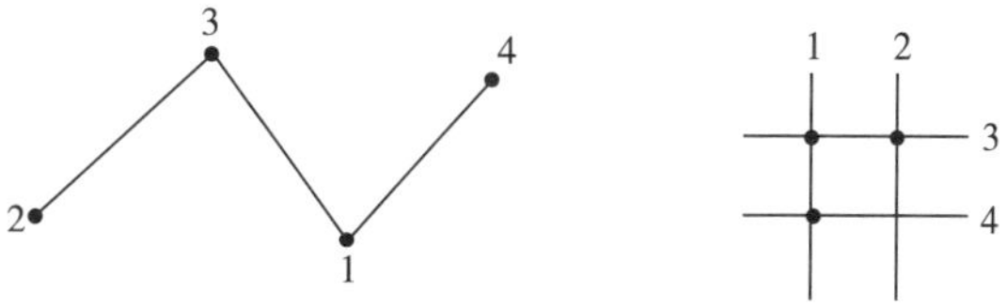

(a) 树形连通图　　(b) 对应的线网

图 5-19　树形连通图和与之对应的线网示意图

2. 单环方案

单环方案连通图如图 5-20 所示。按照图论原理，在 n 条线路组成的路网中再用 n 条联络线可构成一环，其特点是每条运营线路都有联络线通往其他线路，每条线到任意一条线其最长的通过距离不大于 1/2 路网线路总长，各条联络线负荷比较均衡。

3. 多环方案

如图 5-21 所示，在单环方案的基础上每增加一条联络线都会增加网络中的网孔数，同时降低网络中各线路之间的平均通过距离。具体修建多少联络线应权衡联络线建设成本与实际应用中的价值而定。

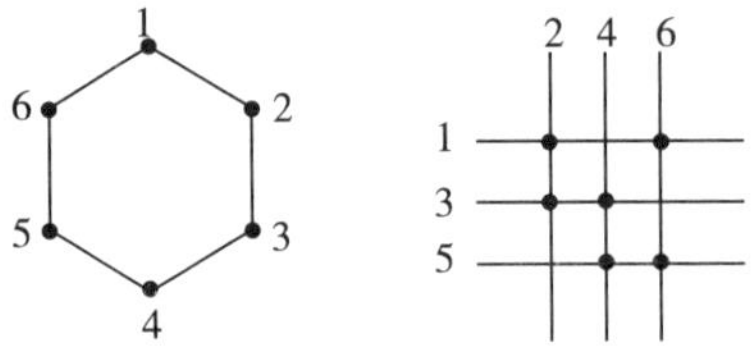

(a) 单环形连通图　(b) 对应的线网

图 5-20　单环形连通图和与之对应的线网示意图

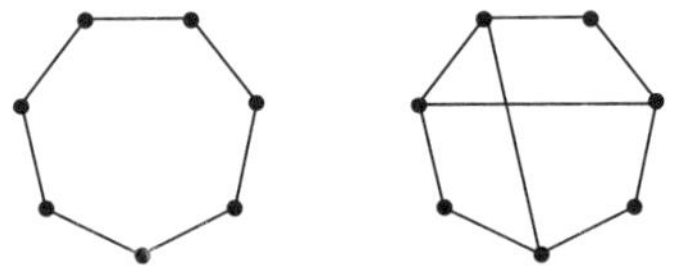

(a)$n+1$　(b)$n+2$

图 5-21　多环方案示意图

根据以上分析，表 5-6 给出了几种典型网络的联络线数量。

表 5-6　典型网络联络线数量表

线路数	各线直通	放射加环	棋盘格	单环方案
5	10	12	6	5
10	45	27	25	10
15	105	42	56	15
20	190	57	100	20

由图 5-22 可明显看出路网中随线路数增加联络线数量变化的趋势。

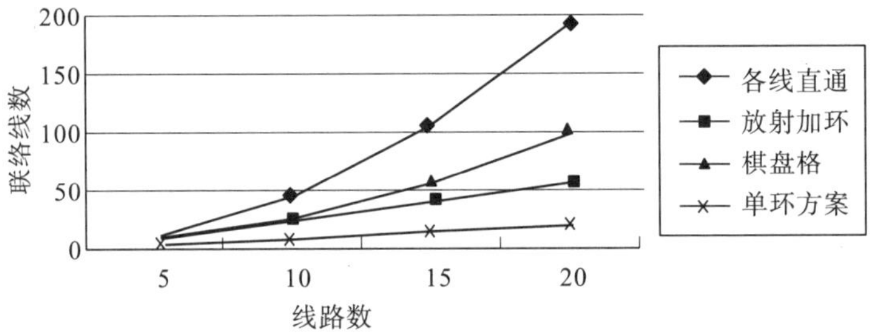

图 5-22　联络线数量变化趋势图

(三)联络线的数量选择

联络线的数量应在满足运营需要和尽可能降低造价的双重约束条件下确定，一般是确定最低数量后用运营条件来进行检验校核。运营条件主要有：

(1)跨线运营的需要。通常条件下线路之间的跨线运营只发生在线路建设的过程中，属于临时运营性质。其运营时间一般不超过该条线的建设周期，约为 3～5 年。

(2)车辆调配、大修的需要。一般城市轨道交通车辆在运营 8～10 年后需进厂大修一次。各条城市轨道交通线路车辆配属通常相对不变，跨线调车仅在车辆更新换代、线路运力调整等情况下才会发生。在独立的运营线路之间的跨线调车作业的列车数仅为正常营业列车数的 10^{-6}～10^{-5}。然而即使是这样低的比例仍是运营不可缺少的需求，它只能说明应尽可能减少建设联络线的数量，而不可以成为在哪条线不建联络线的理由。

(3)运营安全的需要。城市轨道交通联络线是保证运营安全的冗余设施之一。城市轨道交通运营过程中除了有大量车辆设备外，系统中还有众多的乘客，系统运行过程一旦发生险情，联络线将作为转移撤出的通道。仅从这一点来看，运营线上设有 1～2 处联络线也是十分必要的。

(4)满足调车时间需要。在正常运营时间内城市轨道交通线路维持高密度行车、跨线调车等作业只能利用晚上非营业时间封闭线路后进行，因此在路网内的长距离调车受到“天窗”时间的限制。如果按早 5 点到晚 12 点运营，扣除车辆回库、停送电和必要的检查技术作业时间，可用时间只有 3 个小时。如果运营线平均长度为 30 km，则自出发地到目的地跨运营线路不宜超过 2 条，最长的迂回调车距离不宜超过 80～100 km。

综合考虑以上因素，在 3～4 条以下线路组成的网络中可按树形结构设置联络线；在 5～9 条线路组成的网络中可按单环方案考虑设置联络线；在 10 条以上线路组成的网络中，应在单环方案设置联络线的基础上核算最远迂回路径能否满足停运期间内完成调车作业。如不能，应增加联络线，使之构成捷径满足上述要求。

四、联络线设置的一般要求

作为临时运营的联络线应按正线标准建设为双线，作为辅助线的联络线可按下列要求设置：

(1)联络线是一种辅助线路，利用率较低，因此，一般都按单线双向运行设计；

(2)为大修车辆运用设置的联络线，要尽可能设在最短路径的位置上，同时要考虑到工程实施的可能性；

(3)联络线的设置要考虑线网的修建顺序，使后建线路通过联络线从先建的线路上运送车辆和设备；

(4)联络线的布局，应从线网的整体性、灵活性和运营需要综合考虑，使之兼顾多种功能，发挥最大的经济效益；

(5)联络线的设置应根据工程条件并考虑和其他建设项目的关系，在确保联络线功能的同时，减少对其他项目的影响；

(6)联络线尽量在车站端部出岔，以便于维修和管理，困难情况下也可在区间出岔，但应注意避免造成敌对进路；

(7)联络线的设置应考虑运营组织方式，要注意线路制式及限界的一致性。

五、联络线的设计方法

(一)主通道增长法

主通道增长法的基本思路是以通往车辆基地线路为主要通道，在与其他线路的交点处建设联络线形成二级通道，在二级通道线路与其他线路的交点处建设联络线形成三级通道，依此类推连接全网。

1. 设计方法

用主通道增长法设计联络线的方法如下。

(1)在轨道网中明确车辆基地。它可能是车辆大修厂、功能较齐全的车辆段或综合检修基地，其特征是这个基地与多条线路有较密切的服务关系，经常有调车作业等车辆往来。

(2)确定主通道。按照建设先后顺序通常通往车辆基地的第一条线路就是当然的主通道。由于车辆基地多建于城市郊区，同时形成多条主通道的可能性不大。

(3)与主通道有直接交点的后续线路在交点上建设联络线，车辆经由第一条线路进入车辆基地。同时这些线路又形成与另外一些线路相连接的二级通道。

(4)路网中有部分线路与主通道无直接交点，或虽有交点但由于工程或其他原因不可能建设联络线的还需要通过二级通道再与车辆基地相连。

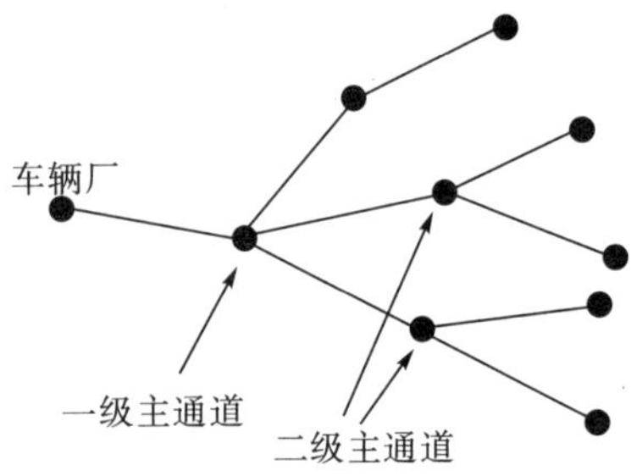

图 5-23 主通道增长法的连通图

这样延续下去，就形成了以车辆基地为根，以主通道线路为干，以二级通道为枝逐级增长互通互连的城市轨道交通网络，如图 5-23 所示。

2. 主通道增长法的优缺点

主通道增长法的优缺点如下：

(1)该设计方法简单直观，联络线建设容易与线路建设顺序相协调；

(2)各条线路与车辆基地都有较顺畅的联系；

(3)主通道增长法规划出来的网络是树形结构，联络线建设数量较少，建设成本较低；

(4)主通道线路上联络线数量过多，建设条件不易满足；

(5)线路调车负荷不均，主通道线路负荷较大，二级通道次之，三级更次；

(6)一部分二、三级通道线路之间的调车作业必须通过主通道绕行，造成这些线路之间联络不畅。

(二)建设成本优化法

建设成本优化法的基本思路是以联络线建设成本最低为目标优化建设方案。因为城市轨道交通规划线网中少则几条多则十几、二十几条线路，在几十上百个自然交叉点中选取联络线的位置，即使采用最少数量原则至少也需要建设十多处联络线。按照理论计算满足各线互连的方案可以列举出上亿个，简直就是天文数字！如果再讨论联络线的具体布置，方案数量还将进一步增大。因此建设成本优化法是在现场调查数据和网络图论基础上尽快提出较为优化方案的方法。

1. 设计方法

用建设成本优化法设计联络线的方法如下。

(1)设定不同地点建设联络线的成本等级。如：空地为 0；平房区为 1；2 层楼房为 2；3 层楼房为 3；……。总之，修建拆迁难度大的成本等级高。

(2)在稳定的城市轨道交通路网规划范围内对每个线路交叉点进行现场调查，将各个象限可能的联络线建设成本等级标注在图上，如图 5-24 所示。

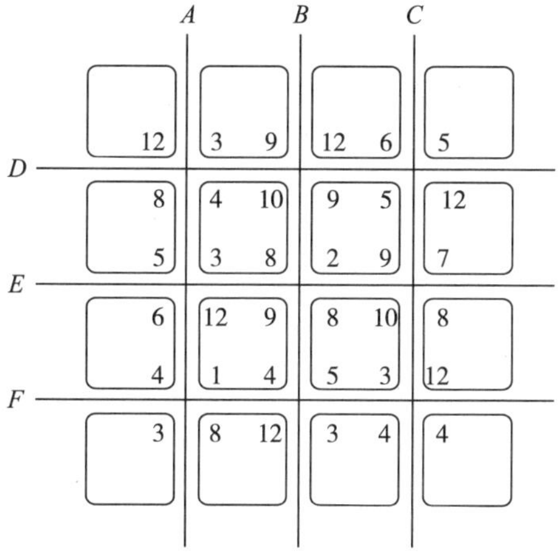

图 5-24　建设成本优化法设计图 1

(3)从城市轨道交通规划的任意一条线路出发，考察沿线各交叉点各个象限成本等级，选择其中最小的进行连接，进入第二条线路，如图 5-25 中 $A—1—F$。

(4)进入第二条线后，考察除第一条线外各交叉点各个象限成本等级，选择其中最小的进行连接，进入第三条线路，如图 5-25 中 $F—3—C$。

(5)继续前面过程，考察各条未连接线交叉点各个象限成本等级，选择其中最小的进行连接，进入下条线路，如图 5-25 中 $A—1—F—3—C—5—D—9—B—2—E$。

(6)将最后一条线与第一条线在交叉点进行连接，形成一个闭环联络线建设方案。

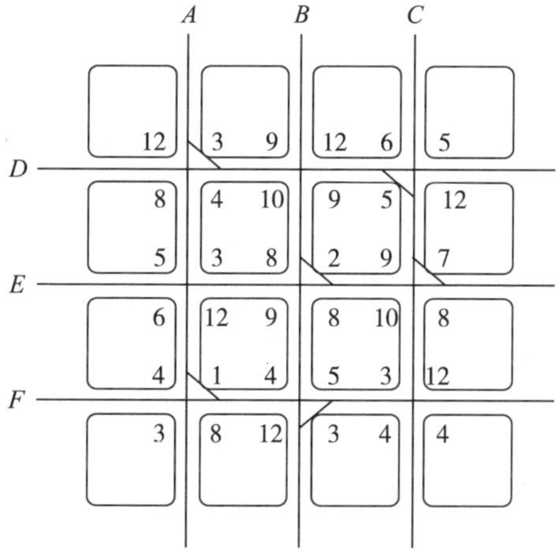

图 5-25　建设成本优化法设计图 2

(7)从其他线路出发重复步骤(3)~步骤(6)，或在某条线相同建设成本不同交叉点不同象限进行连接，得出不同联络线建设方案，如图 5-26 中 A—1—F—3—B—2—E—7—C—5—D—5—A。

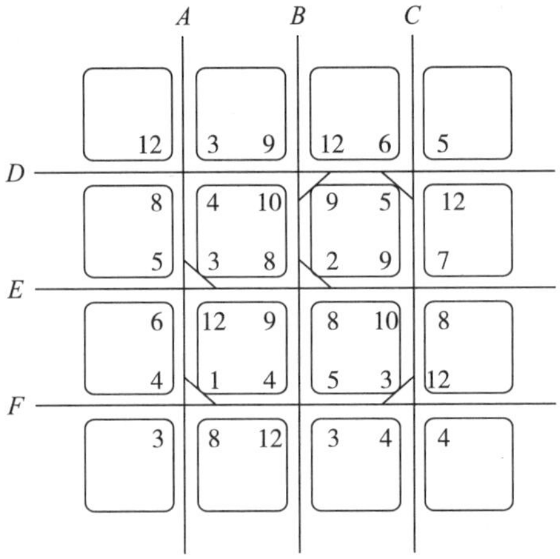

图 5-26 建设成本优化法设计图 3

(8)按联络线建设总成本最低的原则比选出最优方案。

2. 建设成本优化法的优缺点

建设成本优化法的优缺点如下：

(1)该设计方法从城市轨道交通线网规划全局出发，提出总成本最低的联络线建设方案；

(2)建设成本优化法规划出来的网络是单环形结构，联络线建设数量较少，各条线路连通性较好，联络线负荷均匀；

(3)应用该方法编程计算，可迅速提出方案，效率较高；

(4)由于该方法规划的是环形网络结构，某些线路通往车辆基地可能途径多条线路，必要时应加修联络线形成多环方案。

第七节 轨道交通选线实例分析

一、上海轨道交通 1 号线线路走向案例

下面以上海轨道交通 1 号线线路走向选择为案例分析轨道交通选线原理。

上海轨道交通 1 号线线路走向选择的主要依据是客流的资料和城市规划的总体要求。其中，第一期工程确定为南起新龙华，北至新客站，中间经过徐家汇和人民广场两个控制点。为了使选线切合实际，在方案研究过程中，曾对客流量、各控制点间的道路、交通、建筑物、地下管线等现状做了深入调查，并对沿线地形、地貌和地质情况进行了修正测量和勘探。根据所取得的大量资料逐段进行线路的多方案比选。现举例说明徐家

汇—人民广场间线路走向的选定方法。

如图 5-27 所示，徐家汇—人民广场之间线路走向可以考虑以下三个方案。

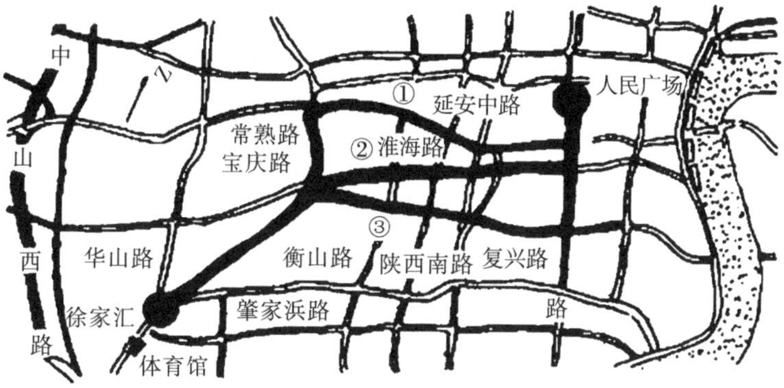

图 5-27　上海轨道交通 1 号线部分线路走向方案比较

第一方案：延安中路方案。线路由徐家汇站沿衡山路向北，经宝庆路过淮海中路，然后沿常熟路，右转进入延安中路。在上海展览馆前，顺着威海路往东，在武胜路、望亭路附近向北至人民广场站。其间设有衡山路站、常熟路站、延安中路站、陕西南路站、重庆北路站和人民广场站。

第二方案：淮海中路方案。线路由徐家汇站沿衡山路向北，自衡山路站北端斜穿乌鲁木齐路进入淮海中路，并沿淮海中路一直往东，过望亭路后朝北，经武胜路、西藏中路西侧到达人民广场站。其间设有衡山路站、常熟路站、陕西南路站、黄陂南路站和人民广场站。

第三方案：复兴中路方案。线路由徐家汇站沿衡山路向北，至宝庆路、复兴路口折入复兴中路。过瑞金二路后，线路北折穿越居住区、复兴公园，在黄陂南路、嵩山路之间过淮海中路，再经望亭路、普安路、延安中路接人民广场站。其间设有衡山路站、跳水池站、文化广场站、重庆南路站、西藏路站和人民广场站。

三个方案比较如下：

(1)淮海中路是繁华的商业街，全日客流量比复兴中路大 50%，高峰小时单向断面流量比复兴中路大 80%。线路取淮海中路，吸引客流多，社会效益和经济效益好。

(2)淮海中路的地下管网管径小且比较陈旧，可结合修建地铁进行综合改造；而复兴中路管线多，尤其是汾阳电话局出局电缆、ϕ700 mm 煤气中压干管及复兴公园地下水库的出水管等，均为重要管道，不宜迁移。

(3)淮海中路路面较复兴中路宽，有利于设置车站，拆迁房屋较少。

(4)延安中路方案与规划的地铁 2 号线走向平行，且相距不远(约 300～500 m)，投资效率低。因此，该方案在网络布局上不甚合理。

(5)淮海中路方案线形比其他两个方案短直。

综上比较，淮海中路方案虽有施工时对交通影响较大的缺点，但从长远来看，在社会效益、经济效益和便利乘客等方面，其优点显然比其他两个方案突出，故本段线路走向采用淮海中路方案。

经过各段线路走向的分析比较，汇总得到上海轨道交通 1 号线新龙华至上海火车站线路的具体走向与车站位置，如图 5-28 所示。

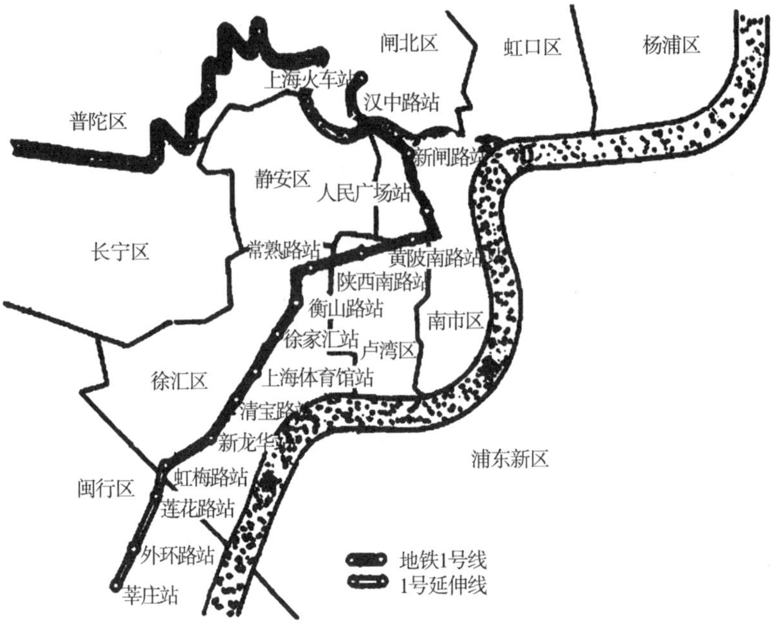

图 5-28　上海轨道交通 1 号线线路走向

二、上海轨道交通 11 号线和 14 号线线路走向选择案例

下面以上海轨道交通 11 号线和 14 号线真如副中心地区线路走向选择为案例，分析轨道交通选线原理。

1. 真如副中心建设规划

上海市目前规划了徐家汇、江湾五角场、花木和真如 4 个副中心，其中真如副中心位于普陀区，规划范围东至岚皋路，南至中山北路、武宁路，西接真北路(中环线)，北临沪宁铁路，规划用地约 6 km^2，其中核心区用地约 1.2 km^2(图 5-29)。

根据《上海市城市总体规划》的要求，真如城市副中心主要功能为商务办公、服务贸易、文化娱乐、商业以及西北物流群落的信息管理中心；服务于普陀区的常住人口和流动人口，满足上海西北地区和全市范围内的广域性消费需求。近期将优先建设以曹杨路/铜川路节点为核心的区域，以尽快形成地区中心，并在远期形成以曹杨路/铜川路节点为核心的商务功能区为主体，以曹杨路为商务主轴和铜川路为商业文化主轴的整体功能结构。

2. 国内外典型城市副中心发展的历史经验与启示

从国际典型城市副中心的发展历程可以看出，城市副中心的功能决定了其位置一般都位于联系市中心与郊外的交通枢纽所在的区域，而且只有在强有力的交通支持的前提下才能得以形成，并长期保持其副中心的地位。

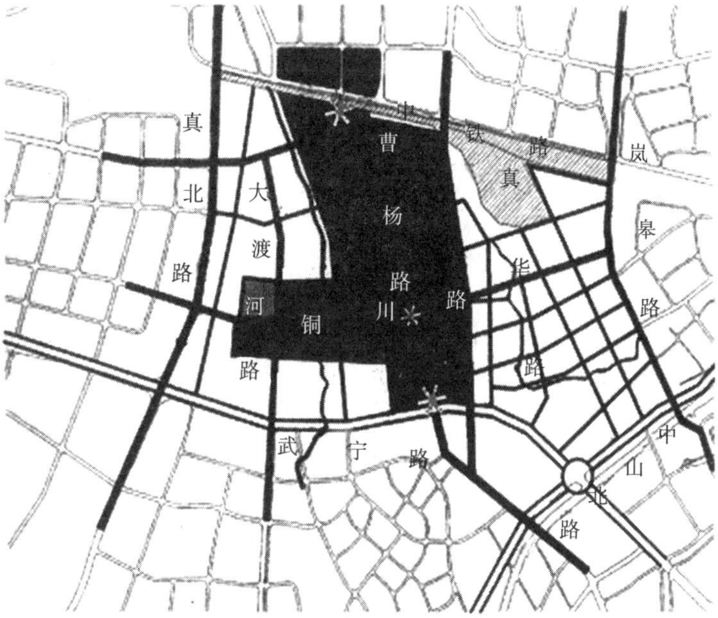

图 5-29　上海真如副中心规划范围示意图

(1)城市副中心的形成需要强有力的交通支持，即城市副中心地区的交通条件必须相对优于其他地区。如东京 6 个城市副中心的建设情况就是很好的一个例证。新宿、池袋、涩谷和上野/浅草 4 个城市副中心由于有数条轨道交通线路(新宿副中心 10 条线路、池袋副中心 8 条线路、涩谷副中心 6 条线路、上野/浅草副中心 10 条线路)在此形成以轨道交通换乘站为核心的大型综合交通枢纽，所以已经发展得非常成熟；上海徐家汇副中心的形成也证明了这一点。而锦系町/亀户和大崎/五反田两个城市副中心只有少量的轨道交通线路为之服务，由于交通优势不明显，所以至今还未能发展成为真正意义上的副中心；真如副中心的现状也说明了这一点。

(2)人口高密度城市的副中心交通问题只有通过大容量的轨道交通枢纽建设才能解决。国外拉德芳斯、新宿、池袋、涩谷等城市副中心的交通设施配置就充分证明了这一点；国内徐家汇副中心的交通拥挤现象也从另一个角度说明了这一点。

(3)要长期维持城市副中心的地位，还需要强有力的交通枢纽作为支撑。城市副中心地位的持久，首先要具备吸引人群、聚集人气的条件，而强有力的交通枢纽就是吸引人群、聚集人气的最重要条件之一。如上海中山公园地区的公交换乘枢纽西移后，出现了原来商业中心日趋衰落的现象。

3. 上海轨道交通 11 号线和 14 号线真如副中心地区线路走向调整方案

根据上海市轨道交通线网规划，上海城市轨道交通远期线网中，有 8 条轨道交通线在普陀区域范围内经过，其中，R3 线(11 号线)、L1 线(15 号线)、L2 线(16 号线)、L3 线(17 号线)与沪宁铁路在上海西站形成大型综合换乘枢纽(图 5-30)。按照原有规划方案，在真如城市副中心范围内，R3 线(11 号线)沿真华路走向，M6 线(14 号线)沿铜川路向东在曹杨路口转向南沿曹杨路的走向，在曹杨路/铜川路节点不能形成以轨道交通为核心的综合换乘枢纽，因而不能对以曹杨路/铜川路节点为核心的真如城市副中心先期开发区域的发展形成有力的交通支撑。

图 5-30　上海真如副中心区周边轨道交通线路原规划

参照国内外城市副中心建设的基本经验，结合真如地区的轨道交通规划，从交通带动真如城市副中心发展的角度来看，在真如副中心先期发展的曹杨路/铜川路节点形成轨道交通换乘枢纽是必要的。如果没有数条轨道交通形成的交通枢纽来支持真如城市副中心的建设，则以曹杨路/铜川路节点为核心的周边区域将难以达到城市副中心功能集聚的效果，从而也就难以成为真正意义上的城市副中心。为此，需要对经过真如地区的轨道交通 R3 线(11 号线)和 M6 线(14 号线)的线路走向及车站位置进行局部的调整，以便在曹杨路/铜川路形成以 R3 线(11 号线)和 M6 线(14 号线)为核心的城市大型综合交通换乘枢纽，支持真如副中心的建设。具体调整方案如图 5-31 所示。

(1)R3 线(11 号线)由南向北穿越中山北路后，在曹杨路口沿曹杨路一直向北，在铜川路路口设站，继续向北在地下斜穿沪宁铁路上海西站，在上海西站下方设站；然后向北逐渐转向新村路、真南路，在同济大学沪西校区大门西侧设站。

(2)M6 线(14 号线)出兰溪路站一直沿铜川路向东，在曹杨路口设站，过曹杨路后在规划的真华路转向南沿规划真华路走向。

(3)R3 线(11 号线)和 M6 线(14 号线)在曹杨路/铜川路交叉口形成换乘枢纽。

(4)将周边公交线路如 833、742 车站移到曹杨路/铜川路交叉口附近，交叉口附近和

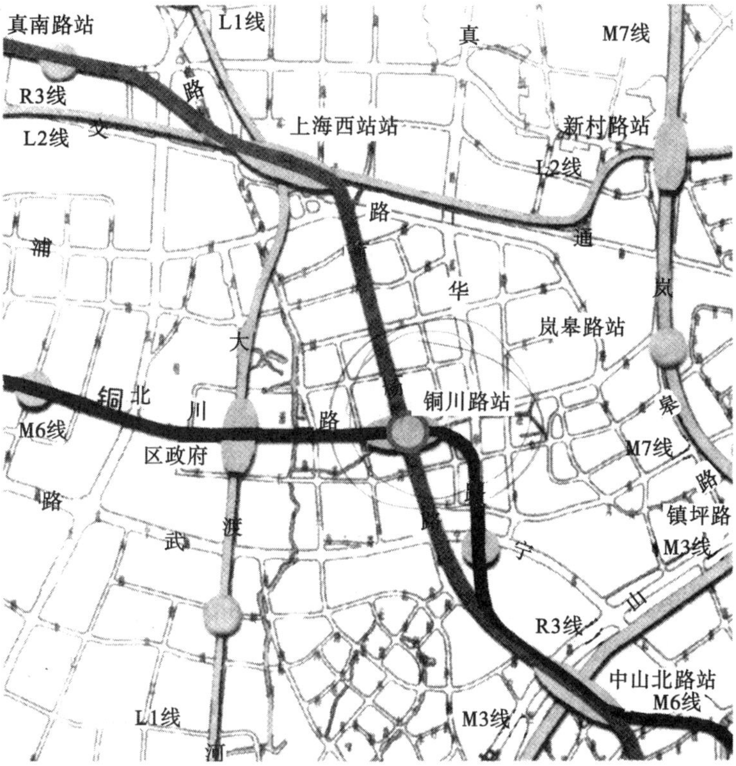

图 5-31　上海真如副中心区域轨道交通线路及车站优化调整方案

周围建筑内设置一定规模的机动车停车场和自行车停车场，与轨道交通形成大型综合换乘枢纽。

通过对以上线路和车站位置的调整，在曹杨路/铜川路交叉口形成以轨道交通为主体的大型综合换乘枢纽，可以更好地适应未来真如副中心大量客流集散的需求，以确保真如城市副中心核心功能区与市级中心及周边地区的快速交通联系，从而加快真如城市副中心的建设步伐。

第六章　线路平面设计

第一节　概　　述

一、线路设计的基本要求

轨道交通工程线路是一条三维空间带状实体。一般所说的线路，是指构造物中心线在空间的位置，以路基横断面上距外轨半个轨距的铅垂线 AB 与路肩水平线 CD 的交点 O 在纵向上的连线表示，如图 6-1 所示，简称为线路中心线。

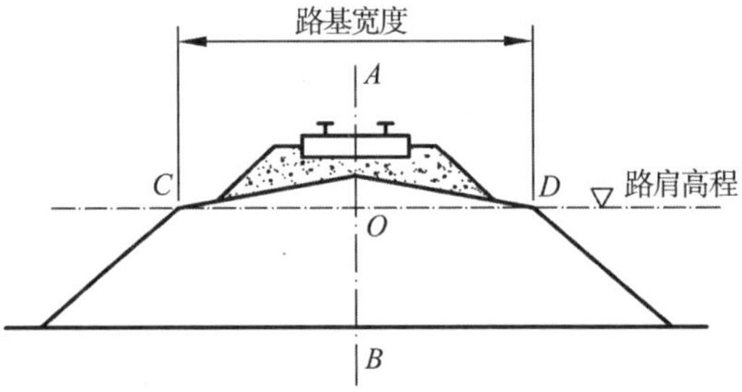

图 6-1　路基横断面

线路在空间的位置是由它的平面和纵断面决定的。线路平面是指线路中心线在水平面上的投影，表示线路在平面上的具体位置；线路纵断面是沿线路中心线所作的铅垂剖面在纵向展直后，线路中心线的立面图，表示线路起伏情况，其高程为路肩高程或轨顶高程。

线路平面和纵断面设计必须满足以下三方面的基本要求：

(1)必须保证行车安全和平顺。主要指：不脱钩、不断钩、不脱轨、不途停、不运缓与旅客乘车舒适等，这些要求反映在轨道交通线路设计相关规范所规定的技术标准中，设计时要遵守相关规定。

(2)应力争节约资金。即既要力争减少工程数量、降低工程造价，又要考虑为施工、运营、维修提供有利条件，节约运营支出。从降低工程造价考虑，线路最好沿地面爬行，但因起伏弯曲太大，给运营造成困难，会导致运营支出增大；从节约运营支出考虑，线路最好又平又直，但势必增大工程数量，提高工程造价。因此，设计时必须根据设计线的特点，分析设计路段的具体情况，综合考虑工程和运营的要求，通过方案比较，正确处理两者之间的矛盾。

(3)既要满足各类建筑物的技术要求，还要保证它们协调配合、总体布置合理。城市轨道交通要修建车站、桥涵、隧道、路基和支挡、防护等大量建筑物，线路平面和纵断面设计不但关系到这些建筑物的类型选择和工程数量，并且影响其安全稳定和运营条件。

因此，设计时不仅要考虑各类建筑物对线路的技术要求，还要从总体上保证这些建筑物相互协调、布置合理。

与城市间铁路相比，城市轨道交通线路设计有如下特点：

(1)线路难以改建，线路设计要作长期的考虑。城市轨道交通线路一经建成运营，无论它在地下、地面还是在地面以上，线路位置的改变都十分困难。不言而喻，隧道与高架线路的改建是非常困难的，即使是地面线路，也会因建成后周围建筑、道路等的建设，其改建会引起很大的拆迁工程，并破坏多年来逐渐形成的环境。因此，城市轨道交通的设计年限较长，初期为建成通车后第 3 年；近期为建成通车后第 10 年；远期应符合城市总体规划规定的年限，且不少于建成通车后第 25 年。

(2)线路允许的设计坡度较大。线路主要用于客运，列车质量较小，基本上不受机车牵引力的限制，因此没有限制坡度的概念。

(3)线路一般为双线，一般车站只有两条正线，通常各条线路设有一个车辆段和一个停车场。城市轨道交通客运量大，必须采用分方向追踪运行；车站没有经常性的调车作业，为节省用地，一般车站不设到发线，车辆集中停放在车辆段和停车场。

(4)运距短，站点密，停车频繁，中等运速。由于城市内客运的运距较短，为保证线路的客流吸引力，站间距通常设为 1～1.5 km。由于站间距短，所以列车速度太高没有实际意义。列车起动加速到最高速度，或由最高速度开始施行制动使列车在车站范围内停下来，都需要一定的距离，其长度与最高速度成正比。站间距离短制约了列车的最大速度。目前国内外城市轨道交通系统选用的车辆实际上最高运营速度都不超过 80 km/h，旅行速度为 30～45 km/h。

(5)车站长度较短。城市客流要求等待的时间较短，因而发车间隔时间不能太长，一般不超过 15 min。在这段时间里聚集的客流量有限，因而列车编组长度比城市间列车短，通常为 4～8 节车厢。这样，供乘客上下车的站台长度通常在 150～200 m。

二、平面基本线形

行驶中的轨道车辆导向轮旋转面与车身纵轴之间有三种关系，即角度为零、角度为常数和角度为变数。与三种状态对应的行驶轨迹线为：

(1)曲率为零的线形：直线；

(2)曲线为常数的线形：圆曲线；

(3)曲率为变数的线形：缓和曲线。

城市轨道交通的线路平面设计，就是将这三种线形进行组合，以便为列车运行提供一个安全、平顺的运行轨迹。从这个意义上看，列车运行轨迹应当具有以下特点：

(1)列车运行轨迹应当是连续且圆顺的，即在任何一点上不出现错头和破折；

(2)其曲率是连续的，即轨迹上任一点不出现两个曲率；

(3)其曲率的变化率是连续的，即轨迹上任一点不出现两个曲率变化率。

满足上述三个条件的城市轨道交通线路平面，是一个由曲线和与之相切的直线组成，且由圆曲线和缓和曲线构成的曲线的曲率连续的线路，如图 6-2 所示。

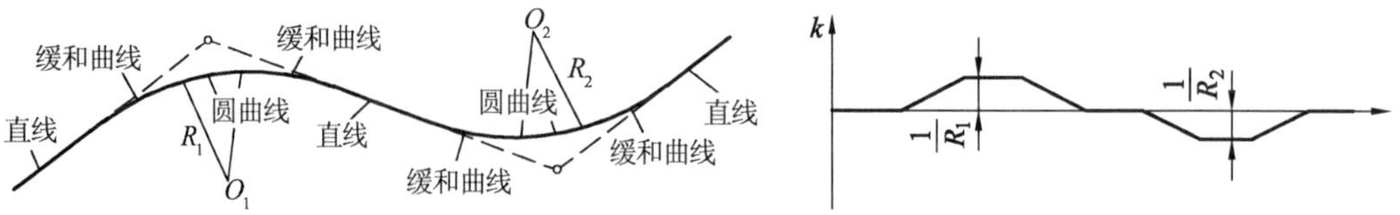

图 6-2 曲率连续的线路平面

线路平面设计的主要技术要素包括：最小曲线半径、夹直线最小长度、最小圆曲线长度、缓和曲线线型和长度等。

第二节 直 线

一、直线设计的一般原则

直线作为平面线形要素之一，具有短捷、直达、列车行驶受力简单和测设方便等特点，但过长的直线不利于城镇地区既有设施的绕避。因此，在选线设计中，应综合考虑工程和运营两方面的因素，合理选用直线线形。

(1)设计线路平面时，相邻两直线的位置不同，其间曲线位置也相应改变。因此，在选定直线位置时，要根据地形、地物条件使直线与曲线相互协调，使线路所处位置最为合理。

(2)设计线路平面，应力争设置较长的直线段，减少交点个数，以缩短线路长度，改善运营条件。只有因遇到地形、地质或地物等局部障碍而引起较大工程时，才设置交点绕避障碍。

(3)选定直线位置时，应力求减小交点转角的度数。转角大，则线路转弯急，总长增大；同时列车行经曲线要克服的阻力功增大，运营支出相应加大。

转角 α 与每辆列车质量克服的曲线阻力功 A_r 的关系式为

$$A_r = w_r \times L_y = \frac{600}{R} \times \frac{\pi \times \alpha \times R}{180} = 10.5\alpha(\mathrm{J/kN}) \tag{6-1}$$

式中，w_r ——单位曲线附加阻力，N/kN；

L_y ——圆曲线长度，m。

二、两相邻曲线间的夹直线长度

在曲线毗连路段，为了保证线形连续和行车平顺，两相邻曲线间应有一定长度的直线段。该直线段，即前一曲线终点(YZ_1或 HZ_1)与后一曲线起点(ZY_2或 ZH_2)间的直线，称为夹直线，如图 6-3 所示。两相邻曲线，转向相同者称为同向曲线，转向相反者称为反向曲线。

(一)最小夹直线长度

夹直线长度应力争长一些，为行车和维修创造有利条件。但是，在城区绕避障碍物困难地段，为减小工程量，可以设置较短的夹直线。但不应短于下列条件所要求的最小长度。

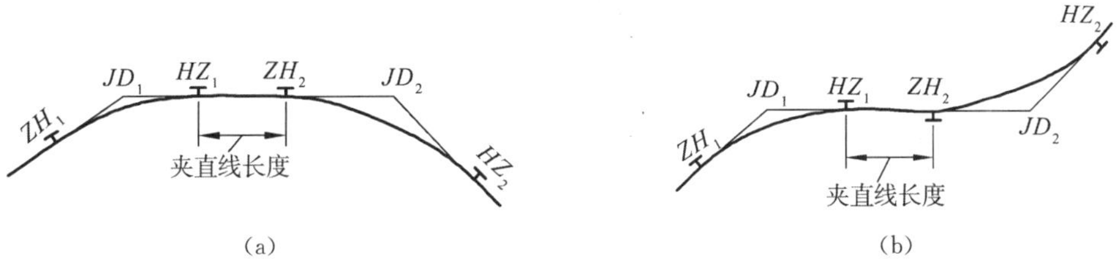

图 6-3　夹直线

1. 保证线路养护维修的要求

夹直线太短，特别是反向曲线路段，列车通过时，因频繁转换方向，车轮对钢轨的横向推力加大，夹直线的正确位置不易保持。同时，由于直线两端曲线变形的影响，夹直线的直线方向也不易保持。

维修实践证明：为确保直线方向，夹直线长度不宜短于 2～3 节钢轨，钢轨标准长度为 25 m，即 50～75 m；地形困难时，至少应不小于一节钢轨长度，即 25 m。

2. 车辆横向摇摆不致影响行车平顺

列车从前一曲线通过夹直线进入后一曲线的运行过程中，因外轨超高和曲线半径的变化，引起车辆横向摇摆和横向加速度变化，反向曲线地段更为严重。为了保证行车平稳、旅客舒适，夹直线长度不宜短于 1～3 节客车长度。我国地铁 A 型和 B 型客车全长分别为 25.0 m 和 20.0 m，故夹直线长度采用 A 型车时不宜短于 25.0 m，采用 B 型车时不宜短于 20.0 m。城际线路速度较高，动车组长度一般为 25.0 m，相应的夹直线长度不宜短于 50m。

3. 车辆振动不致影响旅客舒适

列车通过夹直线时，要跨过夹直线前后的缓直点和直缓点。车轮在缓直点和直缓点处与钢轨冲击引起转向架弹簧的振动。为避免这两次振动的叠加，以保证旅客的舒适，夹直线应有足够长度，保证旅客列车以最大行车速度通过夹直线的时间 t 不小于转向架弹簧振动消失的时间 t_Z。如进一步考虑客车后转向架后轴在后方缓直点产生的振动，不与前转向架前轴在前方直缓点产生的振动叠加，则夹直线长度 L_J 中尚需减去客车全轴距 L_Z 再计算时间。

由 $t \geqslant t_Z = n \times T$，得

$$\frac{L_J - L_q}{V_{\max}/3.6} \geqslant n \times T L_J \geqslant \frac{n \times T \times V_{\max}}{3.6} + L_q(\mathrm{m}) \tag{6-2}$$

式中，t_Z——弹簧振动消失时间(s)，与车辆构造和弹簧装置性能有关；

n——转向架振动消失所经历的周期数，根据试验结果，一般取 1.5～2.0；

T——车辆振动周期(s)，根据试验结果，约为 1.0～1.5 s；

$V_{\max}$——旅客列车路段设计速度(km/h)；

L_q——客车全轴距。

考虑到车辆并非刚体，可取 $L_q=0$，则式(6-2)可简化为

$$L_J=\tau\times V_{max}\quad(\mathrm{m})\tag{6-3}$$

其中，τ 为具有时间量纲的系数，可根据设计速度的高低和工程条件的难易程度确定。当 $V_{max}\leqslant 120$ km/h 时，一般取 0.6，困难取 0.4。城际快速轨道交通线，一般取 0.8，困难取 0.5。

L_J 的计算结果应取为 10 m 的整倍数。按式(6-3)计算确定的不同路段速度时的夹直线最小长度如表 6-1 所示。

表 6-1 夹直线及圆曲线最小长度

运行速度/(km·h⁻¹)		200	160	140	120	100	80	60	45	40	35
工程条件	一般/m	120	100	85	75	60	50	36	30	25	20
	困难/m	80	65	60	50	40	30	25	20	20	20

《地铁设计规范》规定，夹直线长度 A 型车不小于 25 m，B 型车不小于 20 m，车场线应保证夹直线不小于车辆转向架的轴距，即不小于 3 m。

(二)夹直线长度的保证

线路平面设计时，在设置圆曲线和缓和曲线后，应检查夹直线长度是否满足相应的最小长度要求，即应保证

$$L_J\geqslant L_{J\min}\tag{6-4}$$

当曲线地段不设缓和曲线时，相邻两圆曲线端点(YZ_1 与 ZY_2)间直线长度 L_J 应满足下列条件：

$$L_J\geqslant\frac{l_{01}}{2}+L_{J\min}+\frac{l_{02}}{2}\tag{6-5}$$

式中，$L_{J\min}$——夹直线最小长度(m)，按表 6-1 取值，当曲线超高顺坡延伸至直线范围内时，此长度应为直线上左端超高顺坡终点与右端超高顺坡起点间的长度；

l_{01}、l_{02}——相邻两圆曲线所选配的缓和曲线长度(m)。

夹直线长度不满足要求时，应修改线路平面设计。如减小曲线半径或选用较短的缓和曲线长度，或改移夹直线的位置，以延长两端点间的直线长度和减小曲线偏角[图 6-4(a)]。当同向曲线间夹直线长度不够时，可采用一个较长的单曲线代替两个同向曲线[图 6-4(b)]。

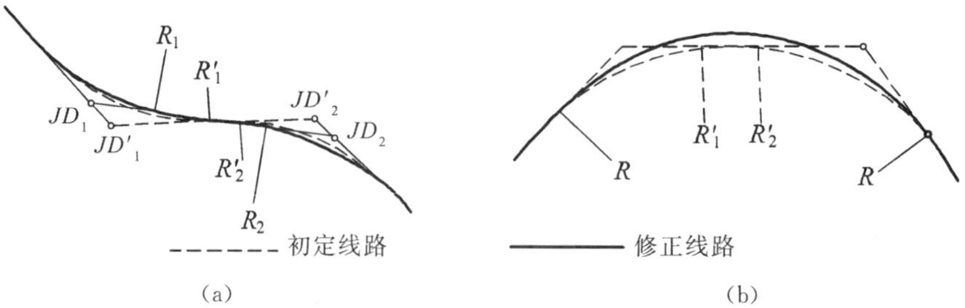

图 6-4 夹直线长度不够时的修正设计

第三节　圆　曲　线

一、平面最小曲线半径

(一)最小曲线半径计算原理

1. 曲线超高的设置及其允许值

(1) 曲线超高的设置。

当列车通过曲线时，产生离心加速度 a_L，其值与列车通过速度的平方成正比，与曲线半径 R 成反比，即

$$a_L = \left(\frac{V}{3.6}\right)^2 \times \frac{1}{R}$$

式中，V——列车通过速度(km/h)；

R ——圆曲线半径(m)。

列车在曲线上行驶时，由于离心力的作用，将列车推向外股钢轨，加大了外股钢轨的压力，也使旅客感到不适。因此需要将曲线外轨适当抬高，使列车的自身重力产生一个向心的水平分力，以抵消离心力的作用，使内外两股钢轨受力均匀和垂直磨耗均等，满足旅客舒适感，提高线路的稳定性和安全性。曲线外轨抬高后产生的外轨顶面与内轨顶面的水平高度之差 h 称为曲线超高，如图 6-5 所示。

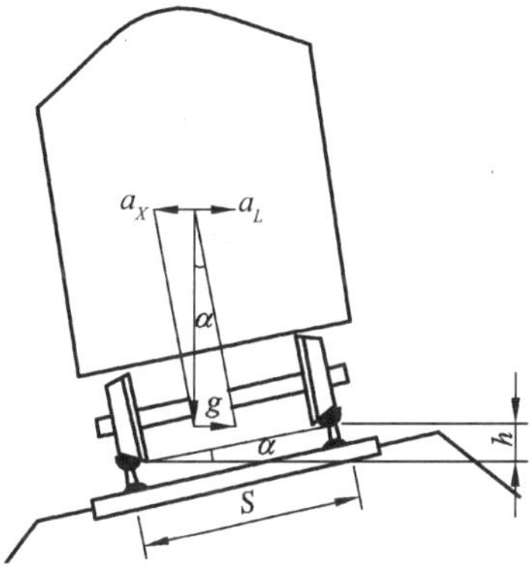

图 6-5　列车离心和向心加速度

曲线超高的设置方法主要有外轨提高法和线路中心高度不变法两种。外轨提高法是保持内轨高程不变而只抬高外轨的方法，为世界各国和我国轨道交通普遍采用。线路中心高度不变法是内轨降低和外轨抬高各为超高值的一半而保证线路中心高程不变的方法，仅在建筑限界受到限制时才采用。

独轨系统、磁悬浮交通等新型城市轨道交通系统，超高通过将轨道表面绕中心线实施，其曲线超高用轨道表面相对于水平面的倾斜角 α(°)或坡度率(%)来表达。

曲线超高在缓和曲线内过渡。对于有砟轨道，曲线超高在道床上实现；对于板式轨道，曲线超高均在底座上实现；对于双块式无砟轨道，桥梁和隧道地段曲线超高在道床上实现，土质路基地段曲线超高在基床表层上实现。

曲线上由于外轨超高 h，使重力加速度在圆心方向产生一个分量，称为向心加速度，其值为

$$a_X = g \times \tan\alpha \approx g \times \sin\alpha = g \times \frac{h}{S}$$

式中，g——重力加速度，$g=9.81\ \text{m/s}^2$；

h——外轨超高(mm)；

S——两轨中心线之间的距离(mm)，对于标准轨距，$S=1500$ mm。

若通过设置外轨超高产生的向心加速度正好平衡掉列车做曲线运动产生的离心加速度，列车的运动状态处于最理想的状态，则 $a_L=a_X$，即

$$\left(\frac{V}{3.6}\right)^2\times\frac{1}{R}=g\times\frac{h}{S}$$

相应的曲线半径与外轨超高值的关系为

$$h=\frac{S}{g\times R}\times\left(\frac{V}{3.6}\right)^2$$

对于普通标准轨距铁路，有

$$h=\frac{1500\times V^2}{3.6^2\times 9.81\times R}=\frac{11.8V^2}{R} \tag{6-6}$$

对于新型轨道交通系统，超高坡为

$$i=\frac{V^2}{3.6^2\times 9.81\times R}=\frac{V^2}{1.27R}$$

磁悬浮铁路和独轨交通轨道超高横坡角为

$$\alpha=\tan^{-1}(V^2/127R)$$

可见，对于任一半径的曲线，随着速度的提高，可通过增大外轨超高值来平衡因速度提高而增大的离心加速度，其外轨超高值的大小与列车运行速度的平方成正比。以上述公式确定的超高 h，当列车以速度 V 通过曲线时，可达到最佳舒适度、内外轨磨耗均等和受力均衡状态，称之为平衡超高(或均衡超高)。

(2) 实设超高最大允许值。

低速列车行驶于超高很大的曲线轨道时，存在向内倾覆的危险。为了保证行车安全，必须限制外轨超高的最大值。

设曲线外轨最大超高为 h_{max}，与之相适应的行车速度为 V，产生的惯性离心力为 J，车辆的重力为 G，J 与 G 的合力为 R，它通过轨道中心点 O，如图 6-6 所示。当某一车辆以 $V_1<V$ 的速度通过该曲线时，相应的离心力为 J_1，J_1 与 G 的合力为 R_1，其与轨面连线的交点为 O_1，偏离轨道中心的距离为 e，随着 e 值的增大，车辆在曲线上运行的稳定性降低，其稳定程度可采用稳定系数 n 来表示。

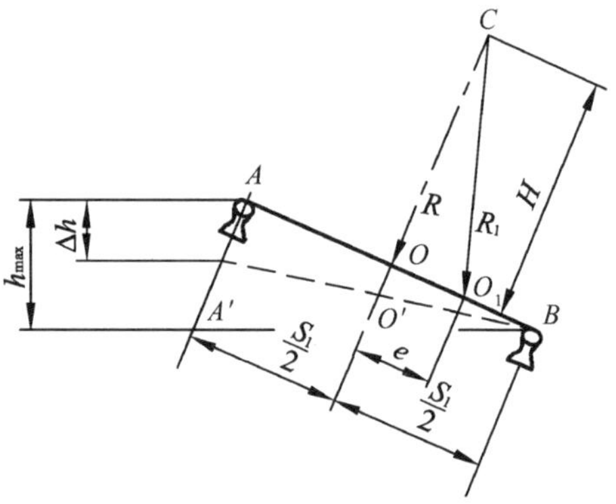

图 6-6 外轨最大超高计算图

令 $n=\frac{S_1}{2e}$，当 $n=1$，即 $e=\frac{S_1}{2}$时，R_1指向内轨断面中心线，车辆处于临界稳定状态；当 $n<1$，即 $e>\frac{S_1}{2}$时，车辆丧失稳定性而倾覆；当 $n>1$，即 $e<\frac{S_1}{2}$时，车辆处于稳定状态，n 值愈大，车辆稳定性愈好。

根据国内外铁路运营经验，为保证行车安全，n 值不应小于 3。对应的最大超高应

满足

$$h_{\max} \leqslant \frac{S_1^2}{6H}$$

式中，H ——车体重心至轨顶面的高度，城市轨道交通地铁动车可取 2000 mm，城际快速铁路动车组取 1370 mm；

S_1 ——两轨头中心线距离。

若普通客车 H 为 2000×1.25 mm，快速动车 H 为 1370×1.25 mm，计算标准轨距铁路的最大超高值分别为 150 mm 和 218 mm。

磁悬浮交通和独轨交通系统的横坡角应满足

$$\alpha_m \leqslant \tan^{-1}\left(\frac{S}{2nH}\right) \tag{6-7}$$

若系数 n 取与轮轨系统安全系数相同的值，即 $n=3$，车辆重心高度 H 为 1200 mm，导向轨钳距 S，则相应的轨面横坡角为

国产样车：

$$\alpha_m \leqslant \tan^{-1}\left(\frac{1860}{2\times 3\times 1200}\right) = 14.5(^\circ)$$

日本 HSST 车：

$$\alpha_m \leqslant \arctan\left(\frac{1700}{2\times 3\times 1200}\right) = 13.3(^\circ)$$

若进一步减小合力作用的偏心距，取 n 为 5，即合力作用线位于距轨面中心线 $S/10$ 的范围内，则相应的横坡角为 6.7°。

考虑侧向风力等因素，上述计算所得的最大横坡角通常应留有 10%～20%的余地，即可设置的轨面横坡角为 6°。

确定曲线最大实设超高还应考虑到当列车在曲线上停车时，旅客对处于倾斜车体中的舒适度反应，以及车辆处于倾斜状态时机构的可靠性条件等。我国铁道科学研究院于 1980 年所做的试验表明，当列车停在超高为 200 mm 或 8°及以上的曲线上时，部分旅客感到站立不稳、行走困难，且有头晕不适之感。

在我国铁路设计速度低于 160 km/h 的普通铁路线上，上下行列车速度相差悬殊的地段，如设置过大的超高，将使低速列车对内轨产生很大的偏压并降低稳定系数。从工程经验出发，规定其最大超高度为 125 mm。

城际快速旅客列车由于对车辆结构和车内设施的优化，提高了舒适性；同时，城际快速旅客列车的速度比较一致，故其超高允许值可以比在客货共线运营时大大提高。国内外取值一般为 150～180 mm。

我国地铁规范规定曲线最大超高为 120 mm。

日本进行了大量的轮轨动力学试验，从 2001 年开始，将曲线最大超高提高到了 150 mm，并且对轨道作了其他一些改进，采用了防震轨枕和弹性轨枕，采用了新的扣件和防脱护轨等。

香港地铁的最大超高设置为 150 mm。

重庆的单轨系统最大超高率达到 12%，横坡角相当于 6.8°。

加拿大庞巴迪宇航公司及日本三崎公司等掌握了一种较新的轨道形式——直线电机轨道交通技术，驱动方式和中低速磁浮车类似，采用直线电机，超高可设置得较大，可为 150 mm。

中低速磁浮轨道交通系统和独轨系统超高横坡角最大允许值为 6°，相应的超高横坡率为 10%。

2. 欠超高度及其最大允许值

按设计速度 V 确定的外轨实设超高所产生的向心加速度只能平衡一种速度的离心加速度。当实际通过速度 $V_G>V$ 时，会产生未被平衡的离心加速度。未被平衡的离心加速度可以理解为外轨超高不足所产生的。当列车以 V_G 通过时，可以用欠超高的形式表示，其值为

$$h_q = 11.8\frac{V_G^2}{R} - h \tag{6-8}$$

欠超高 h_q 与未被平衡的离心加速度 a_L 之间存在如下关系：

$$h_q = \frac{S}{g}a_L = 153a_L$$

中低速磁悬浮轨道交通系统和独轨系统欠超高横坡率为

$$\Delta i = \frac{1}{g}a_L = 100\frac{a_L}{g}$$

式中，h_q ——欠超高值，(mm)；

Δi——欠超高横坡率，(%)；

a_L——未被平衡的离心加速度，(m/s^2)

欠超高使内外轨产生偏载，引起内外轨不均匀磨耗，并影响旅客的舒适度。此外，过大的欠超高度还可能导致列车倾覆，因此必须对欠超高最大值加以限制。

欠超高允许值主要根据旅客列车的旅客舒适度来考虑。一般认为未被平衡的离心加速度 a_{Ly} 为 0.3~0.65 m/s^2 时不致影响旅客的舒适度，最大不超过 1 m/s^2。行车速度越大，要求舒适度越高，允许欠超高应小些。我国城市轨道交通系统取 a_{Ly} 为 0.4 m/s^2，对应的欠超高允许值为 61.2 mm，可取 60 mm。

城际快线的欠超高允许值一般取 0.4 m/s^2，困难条件下取 0.55 m/s^2，对应的欠超高分别为 50 mm 和 80 mm

中低速磁悬浮交通系统未被平衡的离心加速度允许值在舒适度条件良好时取 1.0 m/s^2，舒适度一般时取 1.25 m/s^2。

3. 最小曲线半径计算条件

满足旅客舒适度是轨道交通设计的基本要求。最小曲线半径应保证旅客列车以最高设计速度 V_{max} 通过时，欠超高 h_q 不超过允许值 h_{qy}，以保证旅客舒适度。利用式(6-6)，当曲线设置最大超高，即 $h=h_{max}$ 时，可得满足旅客舒适条件的最小曲线半径 R_{min} 为

$$R_{min} = \frac{11.8V_{max}^2}{h_{max}+h_{qy}} \tag{6-9a}$$

独轨系统最小曲线半径按下式计算：

$$R_{min}=\frac{V_{max}^{2}}{1.27(i_{CM}+\Delta i_{CM})} \tag{6-9b}$$

或者

$$R_{min}=\left|\frac{(V/3.6)^{2}\cdot\cos\alpha}{a_{Ly}+g\cdot\sin\alpha}\right| \tag{6-9c}$$

式中，R_{min}——满足欠超高要求的最小曲线半径(m)；

V_{max}——轨道交通设计速度(km/h)；

h_{max}——最大超高值(mm)；

h_{qy}——欠超高允许值(mm)；

i_{CM}——超高横坡率(%)；

Δi_{CM}——欠超高横坡率(%)；

α——超高横坡角(°)；

其余符号意义同前。

(二)最小曲线半径选择

1. 最小曲线半径计算

最小曲线半径是轨道交通线路允许采用的曲线半径最小值。它是主要技术标准之一，应根据设计速度、车辆类型、旅客乘坐舒适性和运行平稳度等因素比选确定。

(1) 旅客列车设计速度。

旅客列车设计速度是设计线可能实现的最高速度。我国城市轨道交通系统的设计速度如表 6-2 所示。

表 6-2　各种轨道交通车辆运行速度　　(单位：km/h)

主要技术参数	地铁车	轻型轨道车	悬吊式独轨车	跨座式独轨车	线性电机车(MKII 型)	中低速磁悬浮轨道列车	城际客运专线
旅行速度	35～45	25～35	20～30	27～43	38～41	41～49	128～200
最大运行速度	80～100	60～70	65	80	80～100	100～120	160～250

(2) 最小曲线半径计算值。

根据采用的参数，按式(6-9)计算，并结合我国城市轨道交通的工程和运营实践及科研成果，得到各级不同设计速度的最小曲线半径值，如表 6-3 所示。

表 6-3　设计最高速度时的最小曲线半径计算实例

铁路类型		城际轨道交通快线				地铁和轻轨			中低速磁悬浮交通			
设计速度/(km·h^{-1})		200	160	140	120	100	80	70	120	100	80	70
超高/mm(%)		150	150	150	150	120	120	120	(10)	(10)	(10)	(10)
欠超高/mm(%)	一般	40	40	40	40	60	60	60	(10)	(10)	(10)	(10)
	个别	80	80	80	80	80	80	80	(12)	(12)	(12)	(12)

续表

铁路类型		城际轨道交通快线				地铁和轻轨			中低速磁悬浮交通			
最小曲线半径/mm	一般	2500	1600	1250	900	660	420	330	570	400	250	200
	个别	2050	1350	1050	750	590	380	290	520	350	250	150

注：括号内数字为新型轨道交通系统超高横坡率、欠超高横坡率。

2. 最小曲线半径的合理选择

随着大城市向高密度方向发展，城市轨道交通的最小曲线半径标准将会对工程、运营、换乘设计方案等方面产生越来越大的影响。400 m 以下的小半径曲线具有限制列车速度、养护比较困难、钢轨侧面磨耗严重及噪声大等缺点，特别是在轨道交通运量大、密度高的情况下，上述缺点更加突出。因此，曲线半径宜按标准半径系列从大到小合理选用，在实际工作中，最大曲线半径一般不超过 3000 m。同时，从运营角度出发，最小曲线半径应尽量少用，并应有一定限制。我国《地铁设计规范》(GB 50157—2003)规定的线路最小曲线半径标准如表 6-4 所示，《城市快速轨道交通工程项目建设标准(试行本)》规定的线路工程主要技术标准如表 6-5 所示。

表 6-4 线路最小曲线半径

线路/(km·h^{-1})		一般情况/m		困难情况/m	
		A 型车	B 型车	A 型车	B 型车
正线	≤80	350	300	300	250
	>80，≥100	550	500	450	400
联络线、出入线		250	200	150	
车场线		150	110	110	

表 6-5 线路工程主要技术标准

技术名称及线路		A 型车	B 型车	C 型车
最小曲线半径/m	正线	300～350	250～300	50～100
	辅助线	250	150～200	25～80
	车场线	150	80～110	25～80
道岔(*No*/*Ro*)	正线	9/200	9/200 或 7/150	7/150
	车场	7/150	6/110	(待定)

注：①特殊困难地段的技术标准，应按国家现行有关技术规范执行；

②C 型车的线路最小曲线半径为 80 m，是指受流器的车辆；

③*No* 是指道岔号，*Ro* 是指道岔导曲线半径。

美国、日本、法国等国家为了降低工程造价而采取了较为灵活的最小曲线半径标准值，主要线路上的曲线半径比我国的标准小得多。纽约地铁的最小曲线半径为 107 m，芝加哥和波士顿地铁为 100 m；东京、大阪等城市的地铁线路最小曲线半径大部分不足 200 m；巴黎地铁的最小曲线半径仅为 75 m。

在目前车辆条件下，在车站两端可视具体情况降低最小曲线半径标准，同时应尽快投入力量积极研究适应较小半径曲线的新型车辆，以降低轨道交通土建成本，并为改善换乘设计方案提供更有利的条件。

由于轻轨交通运量较地铁小，故最小曲线半径视车型情况可采用比地铁线路更小的数值。

车站站台段线路应尽量设在直线上。因为站台上有大量旅客活动，直线站台通视条件好，有利于行车安全；而且城市轨道交通多为高站台，曲线站台与车辆间的踏步距离不均匀，不利于旅客上下车和乘车安全。在困难地段，站台段线路也可设在曲线上，为了保证行车安全和合理的踏步距离，其半径不应小于 800 m。

中低速磁悬浮系统，满足最高速度下的舒适条件的最小曲线半径，一般取 500 m，困难条件下取 450 m。从运行平稳性看，由于磁浮系统采用灵活的曲线通过机构，其曲线通过半径通常为 50～75 m。因此，在车站前后进出站地段，可采用较小半径，但不应小于 75 m。

在直线电机地铁系统中，由于直线电机采用先进的导向、悬挂系统，具有良好的曲线通过能力，国外部分已建成的直线电机轮轨交通系统，在列车运行速度为 80 km/h 的情况下，正线最小曲线半径仅为 70～100 m。

我国广州地铁 4 号线采用直线电机系统，其正线最小曲线半径一般条件下取 200 m，困难条件下取 150 m；车场线取 60 m。

二、曲线半径对工程和运营的影响

(一)曲线半径对行车速度的限制

旅客列车在曲线上运行时，要产生离心加速度，而曲线外轨超高产生的向心加速度要抵消一部分离心加速度。未被平衡的离心加速度值，不能超过旅客舒适允许的限度。

根据旅客列车以较高速度通过曲线时所产生的欠超高不超过旅客舒适度要求的允许值，可推导出准轨铁路的列车通过曲线时的运行速度与曲线半径、曲线超高及允许欠超高的关系如下：

$$V_R \leqslant \sqrt{\frac{127R(h + h_{qy})}{S}} \tag{6-10}$$

对于轨距为 1435 mm 的准轨铁路，曲线限速计算式为

$$V_R \leqslant \sqrt{\frac{h + h_{qy}}{11.8} \times R} \tag{6-11}$$

式中，V_R——曲线限速，即旅客列车通过曲线时的允许速度(km/h)；

h ——曲线实设超高最大值(mm)；

h_{qy}——允许欠超高(mm)，取值同前述；

S——轨道中心距离，(mm)；

R——曲线半径(m)；

其余符号意义同前。

当曲线超高允许值取 150 mm、120 mm，欠超高允许值取 40 mm、80 mm、60 mm 时，准轨系统的曲线允许通过速度分别为

$$V_R=\sqrt{\frac{R(h+h_{qy})}{11.8}}=\sqrt{\frac{(150+40)R}{11.8}}=4.0\sqrt{R}$$

$$V_R=\sqrt{\frac{R(h+h_{qy})}{11.8}}=\sqrt{\frac{(150+80)R}{11.8}}=4.4\sqrt{R}$$

$$V_R=\sqrt{\frac{R(h+h_{qy})}{11.8}}=\sqrt{\frac{(120+60)R}{11.8}}=3.9\sqrt{R}$$

对于轨距为 1860 mm 的中低速磁悬浮轨道交通系统，当曲线超高横坡率为 10%，欠超高横坡率为 4%和 5%时，曲线允许通过速度计算式分别为

$$V_R\leqslant\sqrt{1.27R(i+\Delta i_{qy})}=\sqrt{1.27(10+4)R}=4.2\sqrt{R}$$

$$V_R\leqslant\sqrt{1.27R(i+\Delta i_{qy})}=\sqrt{1.27(10+5)R}=4.3\sqrt{R}$$

（二）曲线半径对运营费的影响

1. 增加轮轨磨耗

列车经过曲线时，轮轨间产生纵向滑动、横向滑动和横向挤压，使轮轨磨耗增加。曲线半径越小，磨耗增加越大。

钢轨磨耗用磨耗指数（每通过兆吨总质量产生的平方毫米磨耗量）表示。运营部门实测的磨耗指数与曲线半径的关系如图 6-7 所示。显见，当曲线半径 $R<400$ m 时，钢轨磨耗急剧加大；$R>800$ m 时，磨耗显著减轻；$R>1200$ m 时，磨耗与水平直线接近。车轮轮箍的磨耗，大致和钢轨磨耗规律相近，也随曲线半径的减小而增大。

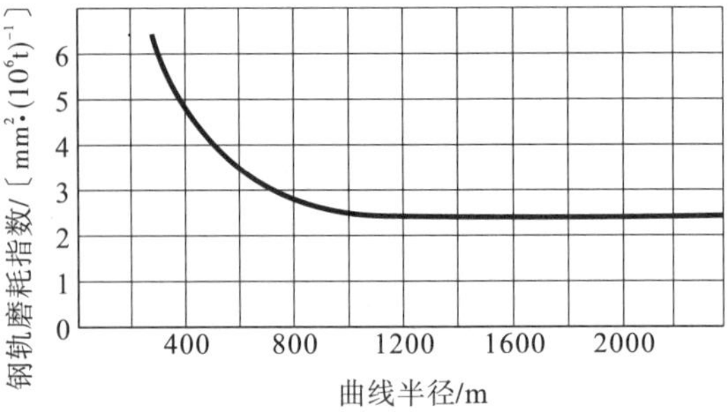

图 6-7 钢轨磨耗与曲线半径的关系曲线

另外，曲线路段的钢轨磨耗，还与坡度大小及机车类型有关。曲线位于平缓坡度上时，因速度较高、牵引力不大，且一般不需要制动，故轮轨间的相互作用力较小，磨耗相应减轻；曲线位于陡峻坡度上时，因上坡时牵引力大，下坡时往往需要制动，轮轨间的相互作用力大，因而磨耗加剧。

国外铁路，除在小半径曲线上铺设耐磨钢轨或采用化学办法处理轨面等外，南非、加拿大等国还在货车转向架上加装径向臂，使车辆通过曲线时自动转向，减少冲击角和

横向推力，使轮轨磨耗降低。高速列车多装有径向轴，客车通过曲线时，可使轮轴保持径向，既可降低磨耗，又可提高曲线限速。

2. 维修工作量加大

小半径曲线地段，轨距、方向容易错动；采用木枕时，容易产生道钉孔扩大和垫板切入枕木等病害，钢轨磨耗严重；电力牵引时轨面更会出现波浪形磨耗，需要打磨轨面、倒轨、换轨。这样，必将增加维修工作量和维修费用。

曲线半径越小，钢轨磨耗越严重，钢轨更换周期越短。根据国内对铁路曲线钢轨磨耗的研究结果推算出的 200 m 半径曲线的换轨周期比 400 m 半径曲线的换轨周期约缩短 40%。由于大部分小半径曲线设在道路交叉口转弯处，且曲线转角多为 90°，此时小半径曲线的曲线长度短于大半径的曲线长度，上述换轨费用还会减少。

3. 行车费用增加

若小半径曲线限制旅客列车的行车速度，则列车在曲线前方要制动减速，曲线地段列车要限速运行，通过曲线后又要加速，如图 6-8 所示。这样，必然使机车额外做功，且增加运行时分和行车费用。

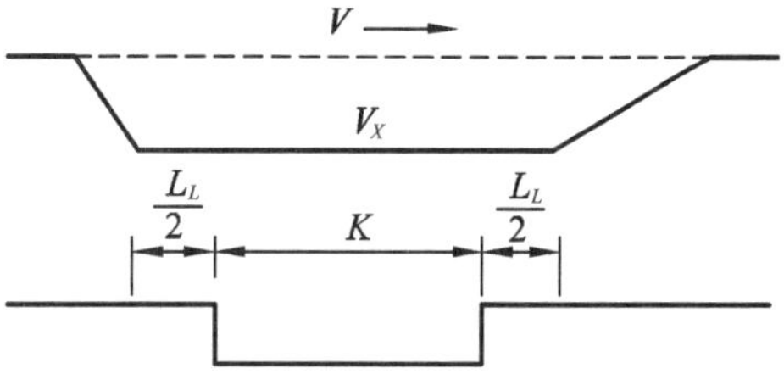

图 6-8 曲线限速示意图

采用小半径曲线，因线路加长、总转角增大，使要克服的曲线阻力功加大，也要增加行车费用。

(三)曲线半径对工程的影响

1. 曲线半径对工程投资的影响

较小的曲线半径，能够较好地适应地形、地物、地质等条件的约束。在大城市中心城区，随着社会经济的快速发展，高层建筑、高架桥等设施大量兴建，其深桩基对轨道交通选线形成很大的约束。在这样复杂的约束条件下，不同的曲线半径标准产生的工程拆迁量的差异很大。如果遇到高层建筑群，一处曲线采用大、小不同的半径造成拆迁工程费的差异高达数千万元甚至上亿元。

2. 增加线路长度

对单个曲线来说，当曲线偏角一定时，小半径曲线的线路长度较采用大半径曲线增加，如图 6-9(a)所示，其增加的线路长度为

$$\Delta L_r = 2(T_D - T_x) + K_x - K_D \tag{6-12}$$

式中，T_D——大半径曲线切线长(m)；

T_x——小半径曲线切线长(m)；

K_D——大半径曲线圆曲线长度(m)；

K_x——小半径曲线圆曲线长度(m)。

对一段线路来说，在困难地段采用小半径曲线，便于随地形曲折定线，从而增加曲线数目和增大曲线偏角，使线路增长，如图 6-9(b)所示。

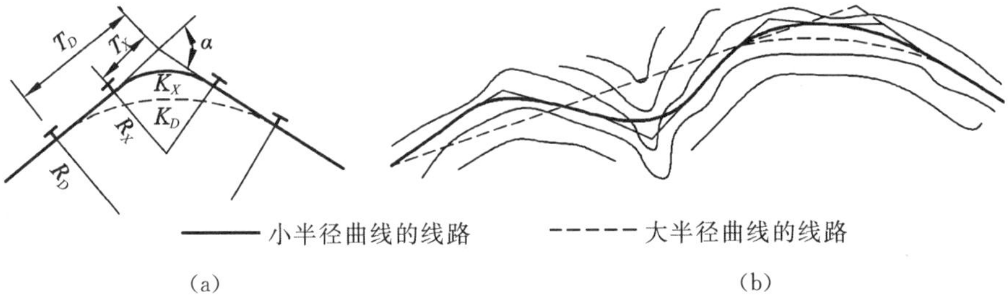

图 6-9 小半径曲线增长线路

3. 轨道需要加强

小半径曲线上，车轮对钢轨的横向冲击力加大。为了防止钢轨被挤动而引起轨距扩大，以及整个轨道的横向移动，轨道需要加强。加强的方法是装置轨撑和轨距杆，加铺轨枕，增加曲线外侧道床宽度，增铺道砟，从而会增大工程投资。

(四)曲线半径对换乘站设计方案的影响

当曲线半径大于 300 m 时，在大城市中心区域的轨道交通线路走向调整的余地较小，从而在设计时大大限制了可提出的换乘方案数量；而当半径降至 200 m 或以下时，交叉线路(尤其是交角小于 60°时)设置平行换乘或其他较短换乘路径的换乘方案的可行性将大大提高。

(五)曲线半径与工程可实施性

在地面或高架线路中，任何小半径曲线均可实施。在地下线路中，明挖、暗挖等施工方法能够适应各种小半径曲线的施工，但对盾构法，目前国内受现有设备的限制，只能实施半径为 300 m 以上的曲线。而日本早已具备实施半径为 80 m 以上曲线的盾构设备，并大量运用于东京、大阪的地铁建设中。

第四节 缓和曲线

曲率半径和外轨超高均逐渐变化的曲线，称为缓和曲线。为使列车安全、平顺、舒适地由直线过渡到圆曲线，在直线与圆曲线之间要设置缓和曲线。

缓和曲线的作用是：在缓和曲线范围内，其半径由无限大渐变到圆曲线半径，从而使车辆产生的离心力逐渐增加，有利于行车平稳；在缓和曲线范围内，外轨超高由零递增到圆曲线上的超高量，使向心力逐渐增加，与离心力的增加相配合；当曲线半径小于 350 m、轨距需要加宽时，在缓和曲线范围内，由标准轨距逐步加宽到圆曲线上的加宽量。

一、缓和曲线的线型

缓和曲线线型近似于缓和曲线曲率的二次定积分，而曲率又和超高具有一定的比例关系，所以缓和曲线线型可以形象地用外轨超高的顺坡形式表示。目前国内外采用的超高顺坡有以下几种主要形式：

(1)直线形超高顺坡，平面为三次抛物线。我国和俄罗斯、英、法、美、日等国客货列车共线运行的铁路($V_{max} \leqslant 160$ km/h)，都采用这种线型。

(2)S形超高顺坡，德国在 $V_{max} < 200$ km/h 的线路上广泛采用。

(3)中间为直线、两端为二次抛物线的超高顺坡，缓和曲线称为 4-3-4 型，在法国 $V_{max} < 160$ km/h 的线路上采用。

(4)半波正弦形超高顺坡，在日本高速客运的新干线($V_{max} = 210 \sim 260$ km/h)上采用。

(5)一波正弦形超高顺坡，于德国福赫海姆—班堡的高速试验线铺设。

我国路网铁路和城市轨道交通的缓和曲线线型一般采用直线超高顺坡三次抛物线形式。

直线形超高顺坡的三次抛物线缓和曲线线型，具有线形简单、长度较短、设计方便、平立面有效长度长、易于铺设养护等优点。尽管直线形超高顺坡理论上在缓和曲线起、讫点处一阶导数不连续，而实际上，由于轨道结构自然圆顺，线路与车辆结构具有一定弹性，因此能使列车运行条件相应改善。另一方面，可通过在维修中规定一定的维修精度，以维持其曲度连续变化。

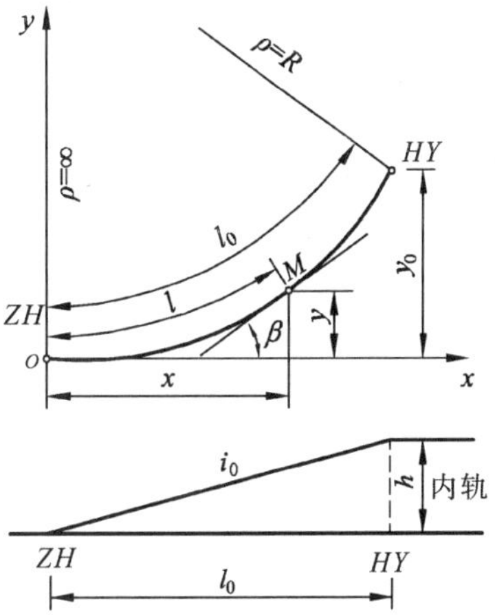

图 6-10　缓和曲线与外轨超高

如图 6-10 所示，三次抛物线形缓和曲线的参数方程、直角坐标方程和外轨超高顺坡坡度的计算式分别为

参数方程：

$$x = l\left(1 - \frac{l^4}{40R^2 l_0^2} + \frac{l^8}{3\,456R^4 l_0^4} - \cdots\right) \approx l \tag{6-13}$$

$$y = \frac{l^3}{6Rl_0}\left(1 - \frac{l^4}{56R^2 l_0^2} + \frac{l^8}{7\,040R^4 l_0^4} - \cdots\right) \approx \frac{l^3}{6Rl_0} \tag{6-14}$$

直角坐标方程：

$$y = \frac{x^3}{6Rl_0}\left(1 + \frac{2x^4}{35R^2 l_0^2} + \cdots\right) \approx \frac{x^3}{6Rl_0} \tag{6-15}$$

超高顺坡坡度：

$$i_0 = \frac{h}{l_0}(‰) \tag{6-16}$$

式中，x，y——分别为缓和曲线上任意点 M 的横坐标和纵坐标；

l ——缓和曲线上任意点 M 距 ZH 点的长度(m)；

l_0——缓和曲线全长(m)；

R ——圆曲线半径(m)；

h——圆曲线上的外轨超高(mm)。

二、缓和曲线长度计算

缓和曲线长度影响行车安全和旅客舒适，拟定标准时，应根据下列条件计算并取其较长者。

(一)缓和曲线长度计算条件

1. 超高顺坡不致使车轮脱轨

在缓和曲线上，由于外轨超高所引起的相对于内轨顶面的外轨顶面纵坡度为

$$i=\frac{\mathrm{d}h}{\mathrm{d}l}$$

对于直线型外轨超高顺坡的缓和曲线，在缓和曲线终点的外轨超高为 h(mm)，缓和曲线长度为 l_{01}(m)，则

$$i=\frac{h}{1000l_{01}}$$

设缓和曲线的最大容许坡度为 i_0，要使 $i\leqslant i_0$，缓和曲线长度应满足

$$l_{01}\geqslant\frac{h}{1000i_0} \tag{6-17}$$

轨道车辆行驶在缓和曲线上时，假设车辆无弹簧，轨道无弹性，则车架一端的两轮贴着钢轨顶面；另一端的两轮，在外轨上的车轮贴着钢轨顶面，而在内轨上的车轮是悬空的，如图 6-11 所示。要使车轮轮缘不致爬越内轨，内轨的悬空高度不应大于轮缘高度，所以超高递增坡度应满足

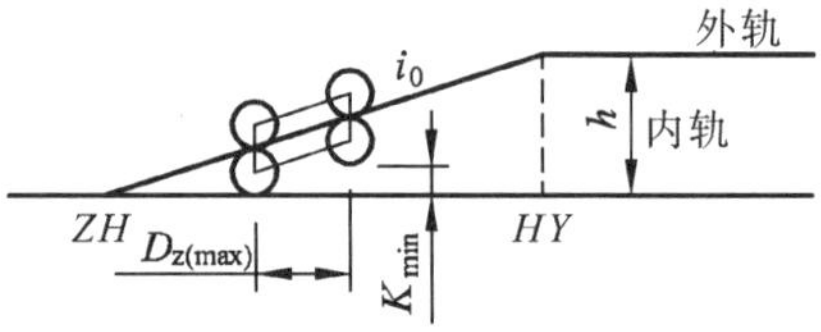

图 6-11 内轮悬空示意图

$$i_0\leqslant\frac{K_{\min}}{D_{z(\max)}}$$

式中，$K_{\min}$——最小轮缘高度(mm)；

$D_{z(\max)}$——机车车辆的最大固定轴距(mm)。

显然，轮缘高度越小，固定轴距越大，安全条件要求的缓和曲线超高顺坡越小。若车辆中最大固定轴距取 6.5 m，轮缘计算高度为轮缘陡峻部分的高度取 20 mm，代入上式得

$$i_0=\frac{K_{\min}}{D_{z(\max)}}=\frac{20}{6\ 500}=3.1(‰)$$

考虑到列车运行过程中车辆走行部分的振动、钢轨磨耗、轨道变形等众多因素，并考虑必要的安全系数，我国《地铁设计规范》规定缓和曲线外轨超高顺坡不宜大于 2‰，困难地段不应大于 3‰；国外铁路的缓和曲线超高顺坡允许值为 1∶400～1∶200。

2. 超高时变率不致使旅客不适

旅客列车通过缓和曲线，外轮在外轨上逐渐升高，其升高速度即超高时变率；为了保证列车通过缓和曲线时的行车舒适度，超高时变率不应大于保证旅客舒适的容许值 f(mm/s)，即

$$\frac{h}{t}=\frac{h}{l_{02}/(V_{\max}/3.6)}=\frac{h\times V_{\max}}{3.6l_{02}}\leqslant f$$

故得

$$l_{02}\geqslant\frac{h\times V_{\max}}{3.6f}\tag{6-18}$$

式中，l_{02}——保证超高时变率不超限时的缓和曲线长度(m)。

$V_{\max}$——旅客列车最高行车速度(km/h)，可采用设计速度，但当曲线限速时应采用曲线限制速度的计算结果。

f——保证旅客舒适的超高时变率容许值率(mm/s)(其值与最高行车速度及工程条件有关，我国在制定相关标准时，超高时变率容许值取值为：客运专线铁路，良好条件下为 25 mm/s，一般条件下为 28 mm/s，困难条件下为 31 mm/s。《地铁设计规范》规定 f 取 40 mm/s。

3. 欠超高时变率不致影响旅客舒适

旅客列车通过缓和曲线，欠超高逐渐增加，其增加速度即欠超高时变率，不应大于保证旅客舒适的容许值 b(mm/s)，即

$$\frac{h_q}{t}=\frac{h_q}{l_{03}/(V_{\max}/3.6)}=\frac{h_q\times V_{\max}}{3.6l_{03}}\leqslant b$$

故得

$$l_{03}\geqslant\frac{h_q\times V_{\max}}{3.6\,b}\tag{6-19}$$

式中，l_{03}——保证欠超高时变率不超限时的缓和曲线长度(m)；

h_q——旅客列车以最高速度通过圆曲线时的欠超高(mm)[可由式(6-8)计算]；

b——保证旅客舒适的欠超高时变率容许值(mm/s)，可根据工程条件难易程度取值，工程容易时取小值，工程困难时取大值。

我国在制定客运专线铁路相关标准时，欠超高时变率容许值取值为：客运专线，良好条件下为 23 mm/s，困难条件下为 38 mm/s。我国《地铁设计规范》计算相关参数时，取未被平衡的离心加速度时变率为 $0.3/\mathrm{m}^3$，即 b 为 46 mm/s。

(二)最小缓和曲线长度计算

综上分析，缓和曲线长度 l_0的计算公式为

$$l_0=\max\{l_{01},l_{02},l_{03}\}=\max\left\{\frac{h}{i_0},\frac{h\times V_{\max}}{3.6f},\frac{h_q\times V_{\max}}{3.6b}\right\}(\mathrm{m})\tag{6-20}$$

按相关工程条件取 f 和 b 的值，按式(6-20)计算并检算，按缓和曲线长度进位取整

为 5 m，不足 20 m 者取 20 m 等要求，结合我国城市轨道交通建设工程实际，得各种设计速度下常用曲线半径的缓和曲线长度如表 6-6 和表 6-7 所示。

表 6-6 常用地铁曲线半径缓和曲线长度表 （单位：m）

R \ L \ V	100	95	90	82	80	75	70	65	60	55	50	45	40	35	30
3000	30	25	20												
2500	35	30	25	20	20										
2000	40	35	30	25	20	20									
1500	55	50	45	35	30	25	20								
1200	70	60	50	40	35	30	25	20	20						
1000	85	70	60	50	45	35	30	25	25	20					
800	85	80	75	65	55	45	40	35	30	25	20				
700	85	80	75	70	60	50	45	35	30	25	20	20			
650	85	80	75	70	60	55	45	40	35	30	20	20			
600		80	75	70	70	60	50	45	35	30	20	20	20		
550			75	70	70	65	55	45	40	35	20	20	20		
500				70	70	65	60	50	45	35	20	20	20	20	
450					70	65	60	55	50	40	25	20	20	20	
400						65	60	60	55	45	25	20	20	20	
350							60	60	60	50	30	25	20	20	20
300								60	60	60	35	30	25	20	20
250									60	60	40	35	30	20	20
200										60	40	40	35	25	20
150												40	40	35	25

注：表中 R 为曲线半径(m)；V 为设计速度(km/h)；L 为缓和曲线长度。

独轨胶轮轻轨系统，当曲线半径小于 2000 m 时，在直线与圆曲线间(除站线及道岔区曲线外)应采用回旋曲线线型的缓和曲线连接。缓和曲线长度不小于按下式计算出的值，最短缓和曲线长度不小于 15 m。

一般地段：

$$L = V^3/14R$$

困难地段：

$$L = V^3/17R$$

式中，V——通过曲线的行车速度(km/h)；

R——曲线半径(m)。

线路平面设计时，缓和曲线长度应根据曲线半径、设计最高行车速度和工程条件合理选用，有条件时宜采用较长的缓和曲线。

表 6-7　城际客运专线常用曲线半径缓和曲线长度表

设计速度/(km·h⁻¹)	200		160		140		120		100		80	
工程条件	一般	困难	一般	困难	一般	困难	一般	困难	一般	困难	一般	困难
12000	40	40	40	40	30	20	20	20	20	20	20	20
10000	50	40	50	40	30	20	20	20	20	20	20	20
8000	60	50	60	50	40	20	30	20	20	20	20	20
7000	70	60	70	50	50	30	30	20	20	20	20	20
6000	80	70	70	50	50	30	30	20	20	20	20	20
5000	90	80	70	60	60	40	40	30	20	20	20	20
4000	110	100	80	70	60	40	50	30	30	20	20	20
3000	150	130	90	80	70	50	50	40	40	20	20	20
2800	170	170	100	90	80	60	50	40	40	30	20	20
2500	—	—	110	100	80	70	60	40	40	30	30	20
2000	—	—	140	120	90	80	60	50	50	40	30	20
1800	—	—	160	140	100	80	70	60	50	40	30	20
1600	—	—	170	160	110	100	70	60	50	40	40	20
1400	—	—	—	—	130	110	80	70	60	40	40	20
1200	—	—	—	—	150	130	90	80	60	50	40	30
1000	—	—	—	—	—	—	120	100	70	60	40	30
800	—	—	—	—	—	—	150	130	80	70	50	40
700	—	—	—	—	—	—	—	—	100	90	50	40
600	—	—	—	—	—	—	—	—	120	100	60	50
550	—	—	—	—	—	—	—	—	130	110	60	50
500	—	—	—	—	—	—	—	—	—	—	60	60

注：当采用表列数值间的曲线半径时，其相应的缓和曲线长度可采用线性内插值，并进整至 10 m。

三、不设缓和曲线的曲线半径

从上述缓和曲线长度计算中可见，设计速度小于 100 km/h 的轨道交通系统，当曲线半径大于 3000 m 时，缓和曲线长度小于 20 m。

列车通过直线与曲线连接点时，如果不设缓和曲线，列车通过直圆点(ZY)或圆直点(YZ)时，未被平衡离心加速度会突然发生变化，圆曲线半径越大，突变程度就越小。列车通过曲线时的舒适度受未被平衡离心加速度大小的影响。当圆曲线半径超过 3000 m 时，这种突变对城市轨道交通行车影响很小。

另一方面，缓和曲线是一段平面曲线不断变化，纵向外轨高速不断变化的曲线。如果缓和曲线太短，其线型的设施和维护均不易实现。

因此，轨道交通曲线地段既要设置一定的缓和曲线，以缓和直线和圆曲线之间的突变；同时，缓和曲线也不能太短，以减轻曲线线形维护的难度。城市轨道交通列车通过曲线舒适度良好的条件是离心加速度变化率不大于 0.3 m/s^3，因此，可以此为设置缓和曲线的分界条件，即不设缓和曲线的圆曲线半径标准应按允许的未被平衡离心加速度时变率计算确定：

$$R \geqslant \frac{S \cdot V^3}{3.6^3 l(S \cdot \beta + 0.5fg)}$$

式中，l——车辆长度，m；

S——轨道中心距，mm；

β——允许未被平衡离心加速度时变率，0.3 m/s^3；

f——允许超高时变率，40 m/s；

g——重力加速度，9.8 m/s^2；

V——设计速度，km/h。

对于普通准轨线路：

$$R \geqslant \frac{11.8V^3 g}{3.6l(1500\beta + 0.5fg)}$$

当B型车 $l=19$ m，速度为100 km/h时，由上式可得 $R=2619$ m，即 $R\geqslant2619$ m时，可不设缓和曲线。当A型车 $l=22.1$ m，速度为100 km/h时，$R\geqslant2251$ m时可不设缓和曲线。

因此，我国《地铁设计规范》(GB 50157—2003)规定：在正线上，当曲线半径大于3000 m时，可不设缓和曲线。当曲线半径等于或小于3000 m时，圆曲线与直线间应根据曲线半径及行车速度设置缓和曲线。缓和曲线长度可以参照表6-6的标准选用。车场线上由于运行速度低，可不设缓和曲线和超高。

四、缓和曲线间圆曲线的最小长度

两缓和曲线间圆曲线的最小长度，应保证行车平稳，并考虑维修方便。

在线路平面设计时，为保证圆曲线有足够的长度，曲线偏角 α、曲线半径 R 和缓和曲线长度 l_0 三者间的关系应满足下式：

$$\frac{\pi \times \alpha \times R}{180} - l_0 \geqslant L_{y(\min)} \tag{6-21}$$

式中，$L_{y\min}$ 表示圆曲线最小长度(m)，采用表6-1中的数值。当圆曲线两端的超高顺坡延伸至圆曲线范围内时，此长度应为圆曲线上左端超高顺坡终点与右端超高顺坡起点间的长度。

城市轨道交通圆曲线长度短，对改善条件、减少行车阻力和养护维修有利。但当圆曲线长度小于车辆的全轴距时，车辆将同时跨越在三种不同的线型上，会危及行车安全、降低列车的稳定性和乘客的舒适度。因此，我国《地铁设计规范》(GB 50157—2003)规定，正线及辅助线的圆曲线最小长度，A型车不宜小于25 m，B型车不宜小于20 m，在困难情况下不得小于车辆的全轴距。

在设计线路平面时，若曲线偏角较小，设置缓和曲线后，圆曲线长度达不到规定值，即式(6-21)得不到满足，则宜加大半径，增加圆曲线长度。若条件限制，不易加大曲线半径或加大后仍不能满足要求时，则可采用较短的缓和曲线长度，或适当改动线路平面，增大曲线偏角。

城市轨道交通线路不宜采用复曲线。在困难地段，有充分技术依据时可采用复曲线。当两圆曲线的曲率差大于1/2500时，应设置中间缓和曲线，其长度根据计算确定，在困难情况下不得小于20 m。

第五节　平面设计计算

在确定出线路平面方案的基础上，要进行线路平面的详细计算。线路平面设计计算一般按以下步骤进行。

一、交点坐标计算

以城市道路红线或建筑物坐标为控制点，首先确定线路任意点的坐标和沿线路走向的直线方位角，以此作为计算的基础。

从起点开始，先用已知直线相交公式及点间距离公式求出起始边长，然后用坐标公式计算交点坐标。用交点坐标及第二直线方位角作为新起始边直线，继续采用上述方法计算第二个交点坐标。这样交替计算边长和坐标直至全线交点坐标计算完成。

二、曲线要素计算

轨道交通曲线根据是否设置缓和曲线，分为简单曲线(未加设缓和曲线)和普通曲线(缓和曲线+圆曲线+缓和曲线)。线路设计时，在选定的交点处，根据线路的设计标准，选用合理的曲线半径，线路平面圆曲线与直线之间根据曲线半径、超高设置及设计速度等因素设置缓和曲线。曲线要素计算方法如图 6-12 所示。

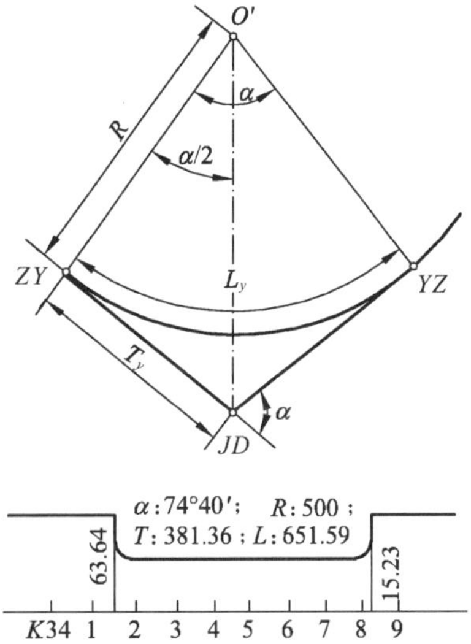

图 6-12　简单曲线

1. 简单曲线

未设缓和曲线的曲线称为简单曲线（图 6-12），其曲线要素包括偏角 α、半径 R、切线长 T_y、曲线长 L_y和外矢距E_y。偏角 α 在平面图上量得，曲线半径R 系选配得出，切线长 T_y、曲线长 L_y和外矢距E_y由下列公式计算：

$$T_y = R \times \tan \frac{\alpha}{2} \tag{6-22}$$

$$L_y = \frac{\pi \times \alpha \times R}{180} \tag{6-23}$$

$$E_y = R \times \left(\sec \frac{\alpha}{2} - 1 \right) \tag{6-24}$$

2. 普通曲线

加设缓和曲线的曲线，称为普通曲线（图 6-13），曲线的构成，通过加设曲线渐变的缓和曲线，使曲线内移 p 和外延 m，其曲线要素为偏角 α、半径 R、缓和曲线 l_0、切线长 T、曲线长 L 和外矢距 E。偏角 α 在平面图上量得，圆曲线半径 R 和缓和曲线长 l_0 由选配得出，切线长 T、曲线长 L 和外矢距 E 由下列公式计算：

$$T = (R + p) \times \tan\frac{\alpha}{2} + m \tag{6-25}$$

$$L = \frac{\pi(\alpha - 2\beta_0)R}{180} + 2l_0 = \frac{\pi \times \alpha \times R}{180} + l_0 \tag{6-26}$$

$$E = (R + p) \times \sec\frac{\alpha}{2} - R \tag{6-27}$$

式中，p——内移距，$p = \dfrac{l_0^2}{24R} - \dfrac{l_0^4}{2\,688R^3} \approx \dfrac{l_0^2}{24R}$(m)；

m——切垂距，$m = \dfrac{l_0}{2} - \dfrac{l_0^3}{240R^2} \approx \dfrac{l_0}{2}$(m)；

β_0——缓和曲线角，$\beta_0 = \dfrac{90l_0}{\pi R}$(°)；

l_0——缓和曲线长度。

曲线要素如图 6-13 所示。

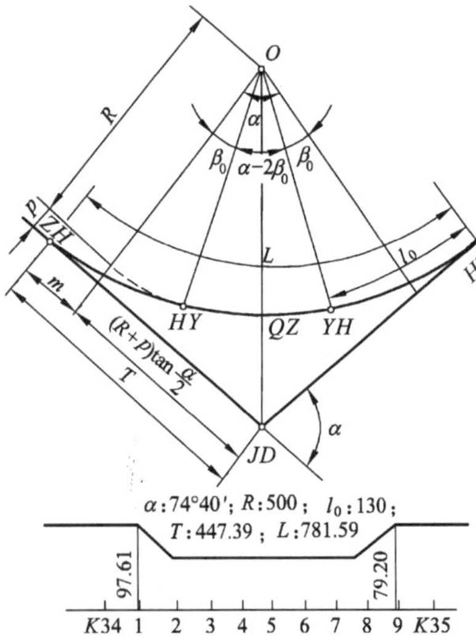

图 6-13　普通曲线

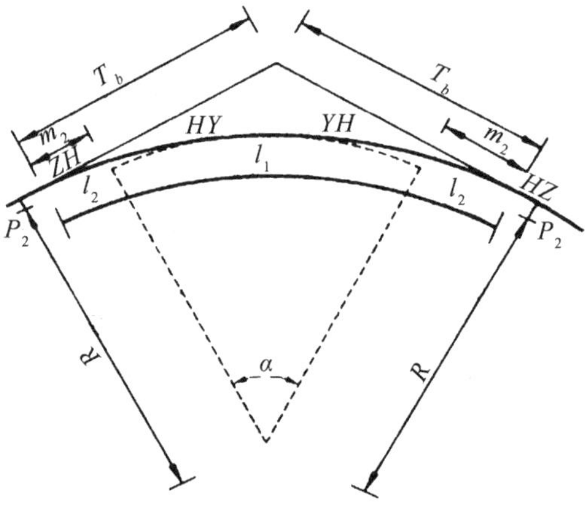

图 6-14　不等长缓和曲线的曲线切线长度计算示意图

当曲线两端设置不等长度的缓和曲线时（图 6-14），其切线长度计算公式为

$$T_{1s} = (R + p_1) \cdot \tan\frac{\alpha}{2} + (p_2 - p_1)/\sin\alpha + m_1 \tag{6-28}$$

$$T_{2s} = (R + p_2) \cdot \tan\frac{\alpha}{2} + (p_1 - p_2)/\sin\alpha + m_2 \tag{6-29}$$

$$L_s = \frac{\pi R\alpha}{180^\circ} + (l_1 - l_2)/2$$

式中符号含义如图 6-14 所示。

三、里 程 计 算

里程计算一般从起点开始，以千米标 K0+000 表示，依此推算各点里程。

里程计算一般包括起讫点、直缓、缓圆、圆缓、缓直、车站中心、道岔中心以及特殊点的里程等。

需要时，左右线的里程分别进行计算，先右线后左线，一般在车站中心里程相同。当左右线线路长度不同时，左线设断链进行调整。

四、关键点坐标及距离计算

这一步主要是采用点线间垂距计算方法，对一些工程控制点距线路的距离以及线路左右线的线间距作计算，以验算和确定工程设计的条件。

以上简要介绍了平面计算的一般做法，不同的设计阶段，计算要求的内容和深度也不一样，应在实践中加以运用和总结，提高设计质量。

第六节　区间正线线间距

城市轨道交通线路并行修建双线地段，相邻两线中心线间的距离称为线间距离(简称线距)。线距根据限界拟定，曲线地段线距需考虑加宽。

一、区间直线地段的线间距

影响线间距的主要因素是列车交会时产生的会车安全、车辆限界、设备限界和列车会车时产生的会车压力波。直线地段的车辆限界分为隧道内车辆限界和高架或地面线车辆限界。高架或地面线车辆限界应在隧道内车辆限界的基础上，另加上当地最大风荷载引起的横向和竖向偏移量。直线地段设备限界宽度是在直线地段车辆限界外扩大一定间隙，即车辆肩部横向向外扩大 100 mm。直线地段的相关限界如图 6-15 所示。车辆基本参数如表 6-8 所示。A 型车参数取自广州地铁 1 号线和上海地铁 1、2 号线；B1 型车参数取自长春客车厂

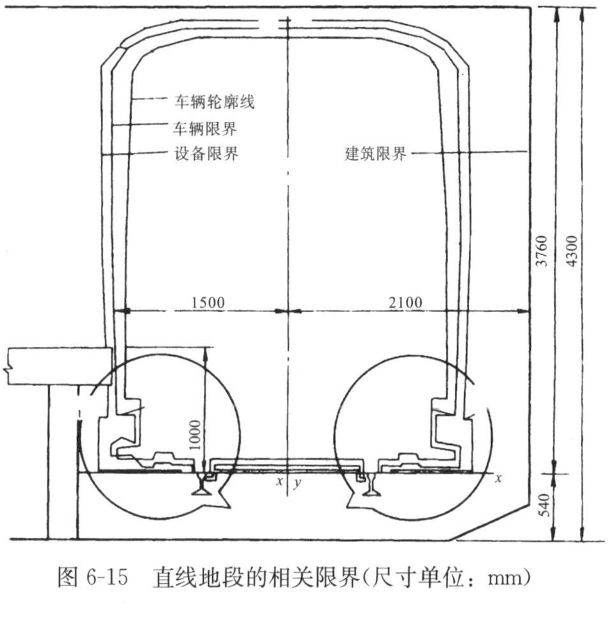

图 6-15　直线地段的相关限界(尺寸单位：mm)

提供的资料；B2 型车参数参照 B1 型车参数设定。

列车交会产生的会车压力波的大小，与交会列车的运行速度、流线型程度、列车宽度、列车长度和线间距有关。为此，双线地段相邻线的线距应足够大，以保证会车的安全。

表 6-8　各型车辆基本参数表　　（单位：mm）

<table>
<tr><td rowspan="3">车型
参数</td><td rowspan="3">A 型</td><td colspan="3">B 型</td><td rowspan="3">CRH</td></tr>
<tr><td colspan="2">B_1型</td><td rowspan="2">B_2型</td></tr>
<tr><td>上部受流</td><td>下部受流</td></tr>
<tr><td>计算车辆长度</td><td>22100</td><td colspan="3">19000</td><td>25000～27000</td></tr>
<tr><td>车辆最大宽度</td><td>3000</td><td colspan="3">2800</td><td>2950～3380</td></tr>
<tr><td>车辆高度</td><td>3800</td><td colspan="3">3800</td><td>3700～4270</td></tr>
<tr><td>车辆定距</td><td>15700</td><td colspan="3">12600</td><td>17500</td></tr>
<tr><td>转向架固定轴距</td><td>2500</td><td colspan="3">2300(2200)</td><td>2500</td></tr>
<tr><td>地板面距走行轨顶面高度</td><td>1130</td><td colspan="3">1100</td><td>1250</td></tr>
<tr><td>受电弓落弓高度</td><td>3810</td><td colspan="2"></td><td>3810</td><td></td></tr>
<tr><td>受电弓最大工作高度</td><td>5410</td><td colspan="2"></td><td>5410</td><td></td></tr>
<tr><td>受流器端部距车体横向中心距离</td><td></td><td>1473</td><td>1440</td><td></td><td></td></tr>
<tr><td>受流器中心距走行轨顶面工作高度</td><td></td><td>140</td><td>256</td><td></td><td></td></tr>
</table>

1. 相邻双线，当两线间无墙、柱及其他设备时

两线间最小距离由两线的设备半宽加安全净距 Y 而定，可按下式计算：

$$D = Y + 2B \tag{6-30}$$

式中，$D_{(1,2)}$——第一、二线间最小线距(mm)；

B——两交会列车的设备半宽(mm)，A 型车取（1500＋100)mm，B 型车取（1400＋100）mm，城际快速线路高速列车取动车半宽，为（1700＋100）mm；

Y——区间两线交会列车机车车辆间的安全净距(mm)，其值大小与行车速度、车辆结构和状态、允许的会车压力波等因素有关。我国目前在制定相关标准时的取值见表 6-9。

按上述方法拟定的线间距见表 6-9。

表 6-9　区间正线第一、二线间最小线距

线路类型	城际快线				城市轨道交通		
最高设计速度 $V_{max}/(km\cdot h^{-1})$	200	160	≤140	≤120	A 型车	B 型车	重庆轻轨
机车车辆间的安全净距/mm	1000	600	500	500	100	100	200
最小线距/m	4.4	4.2	4.0	4.0	3.5	3.3	3.7

《城市轨道交通工程设计规范》规定：区间直线地段，当相邻两线间无墙、柱、纵向辅助疏散平台或设备时，两相邻线路的最小线间距离为 A 型车 3.8 m，B 型车 3.6 m。

2. 隧道、高架线地段线距

直线地段线距为

$$D = Y + 2B \tag{6-31}$$

式中，D——线距(m)；

B、Y——根据不同类型隧道而定，以 m 计，其数值可按下列条件确定。

(1)双孔矩形隧道[图 6-16(a)]。B 为列车行车方向左侧的建筑限界与允许最大施工误差之和；Y 为中隔墙宽度。

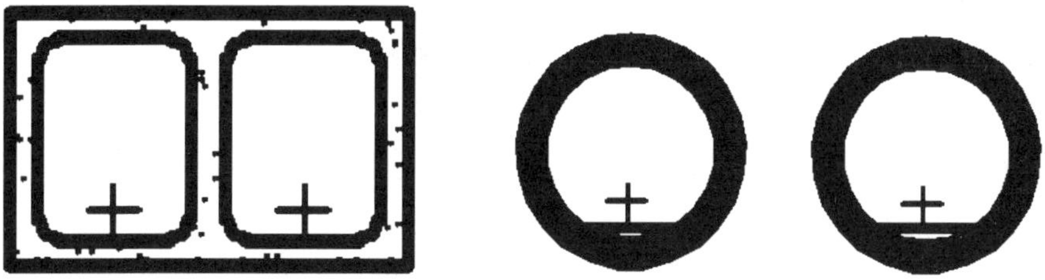

(a)双孔矩形隧道　　(b)圆形隧道

图 6-16　双孔矩形隧道和圆形隧道

(2)圆形隧道[图 6-16(b)]。B 为圆形隧道外轮廓半径；Y 为两平行圆形隧道间的净距，一般不宜小于圆形隧道外轮廓直径。

(3)马蹄形隧道(图 6-17)。B 为马蹄形隧道的外轮廓最大宽度的一半；Y 为两平行马蹄形隧道间的净距，一般不宜小于 4 m。

(4)双线间无构筑物隧道(图 6-18)。B 为列车行车方向左侧的设备限界；Y 为安全距离，取 0.1 m。

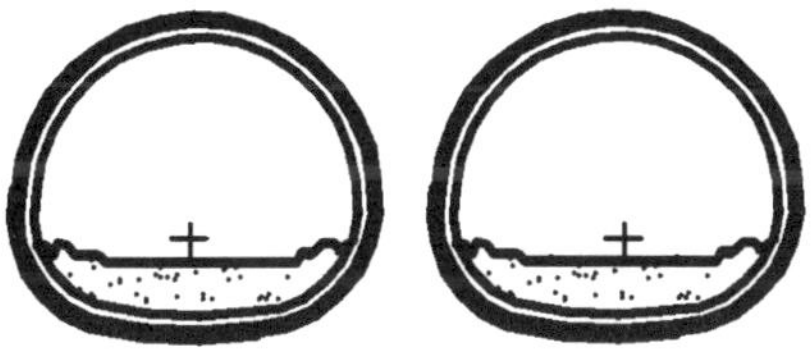

图 6-17　马蹄形隧道

图 6-18　双线间无构筑物隧道

(5)高架线(图 6-19)。B 为列车行车方向左侧的设备限界；Y 为安全距离，取 0.1 m。

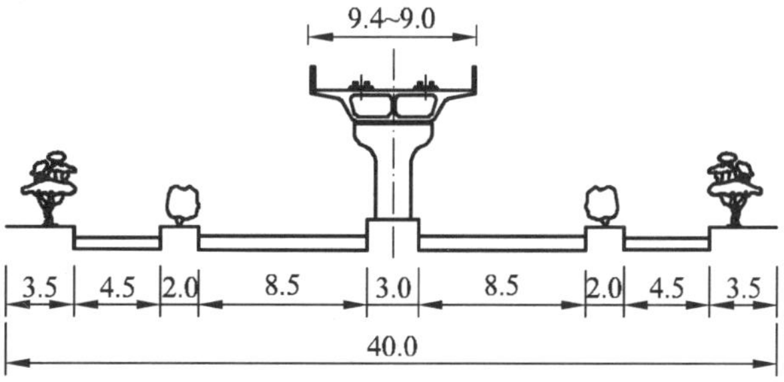

图 6-19　高架线

但按上述 B、Y 值计算出的线距，应与双线桥梁结构所需的最小线距进行比较，取两者中的较大值为最小线间距。

二、区间曲线地段的线距加宽

位于曲线地段的线路，车、线之间几何关系的变化，导致上述基本建筑限界及线距与直线地段有所变化，因此，应根据需要考虑适当的线距加宽。

(一)加宽原因

1. 车辆的几何偏移量

车辆在曲线上时，车辆中部向曲线内侧凸出，其值为 W_1，而两端向外侧凸出，其值为 W_2，如图 6-20(a)所示。

当车体长为 L，转向架中心距为 Z 时，根据圆的几何关系，可求出这两项凸出值：

$$W_1 \approx \frac{Z^2}{8R}, W_2 \approx \frac{1}{8R}(L^2 - Z^2)$$

式中，R——线路曲线半径(m)。

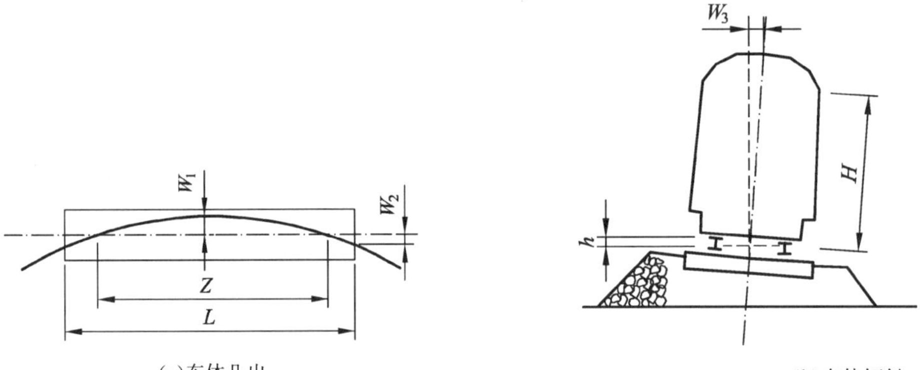

(a)车体凸出　　(b)车体倾斜

图 6-20　曲线上车体的凸出和倾斜

按我国车辆最大长度，A 型车 $L=22.1$ m，B 型车 $L=19.0$ m；转向架中心距，A 型车 $Z=15.7$ m，B 型车 $Z=12.6$ m，则相应的加宽量为

A 型车：

$$W_{1A} = \frac{15.7^2}{8R} \times 1000 = \frac{30811.25}{R}(\text{mm}) \tag{6-32}$$

$$W_{2A} = \frac{22.1^2 - 15.7^2}{8R} \times 1000 = \frac{30240}{R}(\text{mm}) \tag{6-33}$$

B 型车：

$$W_{1B} = \frac{12.6^2}{8R} \times 1000 = \frac{19845}{R}(\text{mm}) \tag{6-34}$$

$$W_{2B} = \frac{19^2 - 12.6^2}{8R} \times 1000 = \frac{25280}{R}(\text{mm}) \tag{6-35}$$

2. 外轨超高引起的车辆偏移量

当曲线设有外轨超高时，车体向内侧倾斜，如图 6-20(b)所示。在距轨面高度 H 处，车体向内侧倾斜值为 W_3(两轨中心距按 1500 mm 计)。

因为

$$\frac{W_3}{H} = \frac{h}{1500}$$

所以

$$W_3 = \frac{H}{1500} \times h \tag{6-36}$$

式中，h——外轨实设超高值；

H——机车车辆限界图中计算点的高度，$H=3850$ mm。

(二)加宽值计算

1. 两端直线地段为最小线距时曲线地段的线距加宽值

(1)当外侧曲线的实设超高 h_W 等于或小于内侧曲线实设超高 h_N 时，曲线线距加宽值为

A 型车：

$$W = W_1 + W_2 = \frac{30811}{R} + \frac{30240}{R} = \frac{61051}{R}(\text{mm})$$

B 型车：

$$W = W_1 + W_2 = \frac{19845}{R} + \frac{25280}{R} = \frac{45126}{R}(\text{mm}) \tag{6-37}$$

(2)当外侧曲线的实设超高 h_W 大于内侧曲线实设超高 h_N 时，曲线线距加宽值为

A 型车：

$$W = W_1 + W_2 + W_3 = \frac{30811}{R} + \frac{30240}{R} + \frac{H}{1500}(h_W - h_N) = \frac{61051}{R} + \frac{H}{1500}(h_W - h_N)$$

B 型车：

$$W = W_1 + W_2 + W_3 = \frac{19845}{R} + \frac{25280}{R} + \frac{H}{1500}(h_W - h_N) = \frac{45126}{R} + \frac{H}{1500}(h_W - h_N) \tag{6-38}$$

实际应用中，线间距加宽值按上两式计算并取整为 5 mm 的整倍数。

独轨胶轮轻轨系统，正线上直线地段两轨道中心间距为 3.7 m，当曲线半径小于 500 m 时，应考虑曲线地段引起的线距加宽；此外还应考虑曲线地段由于设置超高及左、右线超高不等时引起的线距加宽。曲线加宽过渡应在缓和曲线全长范围内完成，加宽值按下式计算：

$$W = (34500/R) - 69 + 2880\ \mathrm{tg}\,\beta + 3700(1 - \cos\alpha)$$

式中，W——加宽值(mm)；

R——曲线半径(m)；

α——曲线轨道梁超高角度；

β——左、右线轨道梁超高角度差值(左右线超高不等时才有此值)。

2. 两端直线地段的线距大于最小线距时的线距加宽值

此时，曲线线距加宽值按下列公式计算确定：

$$W' = (D_{\min} \times 10^3 + W) - D \times 10^3 \tag{6-39}$$

式中，W'——曲线地段线距加宽值(mm)(当小于或等于零时，可不加宽)；

$D_{\min}$——直线地段最小线距(m)；

D——曲线两端直线地段的线距(m)；

W——直线地段为最小线距时曲线地段的线距加宽值(mm)(采用前述方法计算的值)。

(三)加宽方法

双线设计时，并行地段的内外侧两曲线按同心圆设计，曲线线距加宽可采用加长内侧曲线的缓和曲线长度的方法实现，如图 6-21(a)所示。因为圆曲线两端加设缓和曲线后，圆曲线起点 ZY、讫点 YZ 向圆心方向移动，移动距离称内移距离 p。若加大内侧曲线的缓和曲线长度，可使其内移距离增大，从而使两线间的距离加宽。

为了在曲线上使线距由直线上的线间距 D 增大为 $\Delta + D$，当外侧曲线设置缓和曲线后的内移距离为 $p_W = \dfrac{l_W^2}{24R_W}$ 时，则内侧曲线的内移距离为

$$p_N = p_W + W' \times 10^{-3}\,(\mathrm{m})$$

所以内侧曲线的缓和曲线长度应为

$$l_N = \sqrt{24R_N \times p_N} = \sqrt{24R_N(p_W + W' \times 10^{-3})}\,(\mathrm{m})$$

$$R_N = R_W - D - W' \times 10^{-3}\,(\mathrm{m})$$

式中，D 为曲线两端直线地段的线距(m)。

在曲线毗连地段，如果夹直线长度较短，或者曲线偏角过小，不能过多地加长内侧线的缓和曲线长度时，内外线可采用相同的缓和曲线长度，而加宽曲线两端直线段的线距，使其满足曲线加宽要求，如图 6-21(b)所示。

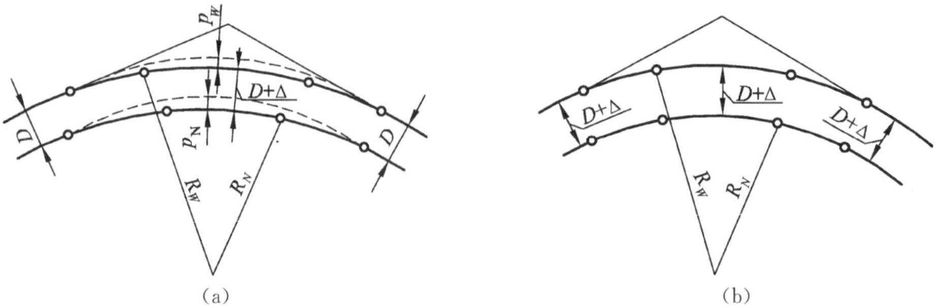

图 6-21　曲线地段线间距加宽

三、区间线路线距变更方法

1. 线距变更方法

(1)车站两端和桥隧地段的线距变更宜利用附近曲线完成。条件不具备时，可在第二线上采用反向曲线完成。

(2)相邻两线采用反向曲线变更线距时，当受圆曲线最小长度限制，可不设缓和曲线，但圆曲线半径不得小于表 6-10 规定的数值。

表 6-10　可不设缓和曲线的最小圆曲线半径

旅客列车设计行车速度/(km·h^{-1})	160	140	120	100	80
最小圆曲线半径/m	12000	10000	5000	4000	3000

(3)相邻两线采用反向曲线变更线距，当受曲线偏角限制难以满足圆曲线最小长度标准时，对旅客列车设计行车速度小于 100 km/h 的地段，可采用较短的圆曲线长度，但不得小于 20 m。

2. 线距变更地段线距计算方法

直线地段线距，根据变更地段两端的线距，按线性内插方法计算。

(1)圆形、马蹄形隧道的最小线距与直线地段相同。

(2)其余类型隧道的最小线距，应在直线地段线距的基础上进行加宽，加宽量应按车辆在圆曲线上的设备限界及曲线超高量计算确定。曲线地段，按三角分析原理计算变更地段的线距。

第七节　第二线平面计算

第二线的平面在直线地段，通常与第一线平行，线间距为直线地段间距 D；在曲线地段，通常采用双线的同心圆，两圆曲线的线距为 $D+\Delta$，Δ 为曲线加宽值。只有在第二线与第一线线距变化地段(一般在曲线地段改变线距)，才需要进行两线的线距计算，也就是第二线的平面计算。第二线平面计算的方法，常采用三角分析法和坐标法等。

一、平面计算的步骤和方法

(一)第二线的曲线要素计算

如图 6-22 所示，第一线在外侧，第二线在内侧，在曲线地段线距由 D_1 加宽到 D_2；ZH_1—HY_1—YH_1—HZ_1 为一线曲线，ZH_2—HY_2—YH_2—HZ_2 为设计的二线曲线。根据几何关系，可求出第二线的曲线要素与内外侧两圆曲线起讫点间的错动量 b_1 与 b_2。

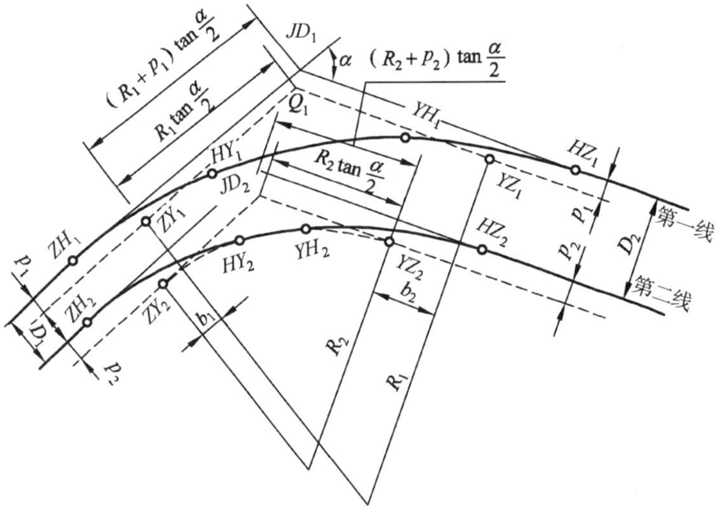

图 6-22 设计曲线的曲线要素

第一线圆曲线起点 ZY_1 与讫点 YZ_1 为第一线切线内移后之切点，切线内移距离为 p_1。ZY_1 点与 YZ_1 点距交点 JD_1 的切线方向距离为 $(R_1+p_1)\tan(\alpha/2)$，距内移切线的交点 Q_1 的切线方向距离为 $R_1\tan(\alpha/2)$ 时，所算得的圆曲线起讫点里程，即图中 ZY_1、YZ_1 的里程。

第二线圆曲线起点 ZY_2 与讫点 YZ_2 为第二线切线内移后之切点，切线内移距离为 p_2，ZY_2 点与 YZ_2 点距交点 JD_2 的切线方向距离为 $(R_2+p_2)\tan(\alpha/2)$，距内移切线的交点 Q_2 的切线方向距离为 $R_2\tan(\alpha/2)$。

1. 选定第二线的圆曲线半径 R_2 与缓和曲线长度 l_0

首先求出假拟的圆曲线半径 R_φ，其曲线起点与第一线圆曲线起点里程相同，据此，即可选出第二线的圆曲线半径。如图 6-23 所示，根据内、外侧圆曲线半径的相互关系，

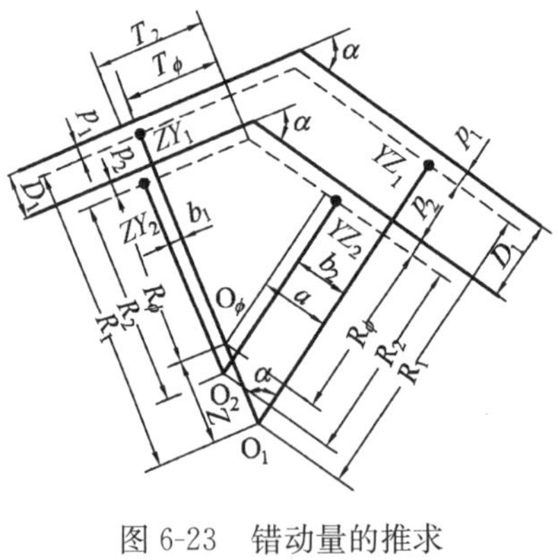

图 6-23 错动量的推求

可列出以下两个方程式

$$R_1 = D_1 - p_1 + p_2 + R_\varphi + Z \tag{6-40}$$

$$R_1 = D_2 - p_1 + p_2 + R_\varphi + Z\cos\alpha \tag{6-41}$$

式(6-41)−式(6-40)，得

$$Z=\frac{D_2-D_1}{1-\cos\alpha} \tag{6-42}$$

然后，计算 R_φ：

$$R_\varphi=R_1-Z-(D_1-p_1+p_2) \tag{6-43}$$

在尚未选出 R_2与 l_2前，可假定 $p_2=p_1$，求出概略的 R'_φ，将 R'_φ 取为 10 m的整数，即第二线的圆曲线半径 R_2。

第二线圆曲线半径取整时，要保证两线间最小线距不小于 4.0 m，所以当两线间切线上的出发线距有一端为 4.0 m时，则：

(1)当第二线在内侧时，R_2应进整为 10 m整数，$R_2>R_\varphi$；

(2)当第二线在外侧时，R_2应舍去不足 10 m的零数，$R_2<R_\varphi$。

然后，按照轨道交通线路设计标准，根据 R_2，选定缓和曲线长度 l_2。据此，可算出 $p_2=\frac{l_2^2}{24R_2}$，即可按式(6-43)计算正确的 R_φ 值。

2. 计算第二线圆曲线要素

α 与第一线曲线相同，则

$$T_2=R_2\times\tan\frac{\alpha}{2},L_2=R_2\times\alpha,T_\varphi=R_\varphi\tan\frac{\alpha}{2}$$

3. 计算第一线圆曲线与第二线圆曲线的起点间与讫点间的错动量

第一线圆曲线与第二线圆曲线的起点间与讫点间的错动量 b_1 与 b_2 如图 6-23 所示，其计算方法如下：

$$\left.\begin{aligned}&b_1=T_2-T_\varphi\\&b_2=\alpha-(T_2-T_\varphi)=Z\times\sin\alpha-b_1\end{aligned}\right\} \tag{6-44}$$

4. 计算第二线曲线主要点的里程

第二线里程按投影到第一线上的里程推算为

$$ZY_2\text{ 里程}=ZY_1\text{ 里程}-b_1,\qquad YZ_2\text{ 里程}=YZ_1\text{ 里程}-b_2$$

$$ZH_2\text{ 里程}=ZY_2\text{ 里程}-\frac{l_2}{2},\qquad HY_2\text{ 里程}=ZY_2\text{ 里程}+\frac{l_2}{2}$$

$$YH_2\text{ 里程}=YZ_2\text{ 里程}-\frac{l_2}{2},\qquad HZ_2\text{ 里程}=YZ_2\text{ 里程}+\frac{l_2}{2}$$

(二)内外侧圆曲线线间距的计算

内外侧圆曲线间线距计算如图 6-24 所示。

(1)两圆心连线在第一线曲线起点法线方向上的投影长度为

$$B=R_1+p_1-D_1-R_2-p_2 \tag{6-43}$$

(2)两圆心距为

$$A = O_1O_2 = \sqrt{B^2 + b_1^2} \text{ 或 } A = \frac{B}{\cos\theta} = \frac{b_1}{\sin\theta} \tag{6-44}$$

(3)两圆心连线 O_1O_2 的延长线与第一线圆曲线起点法线方向间的夹角为

$$\theta = \arctan\frac{b_1}{B} \tag{6-45}$$

(4)第一线圆曲线上任一点 M 到第一线曲线起点的弧长所对之中心角为

$$\varphi = \frac{L_1}{R_1} \times \frac{180}{\pi}$$

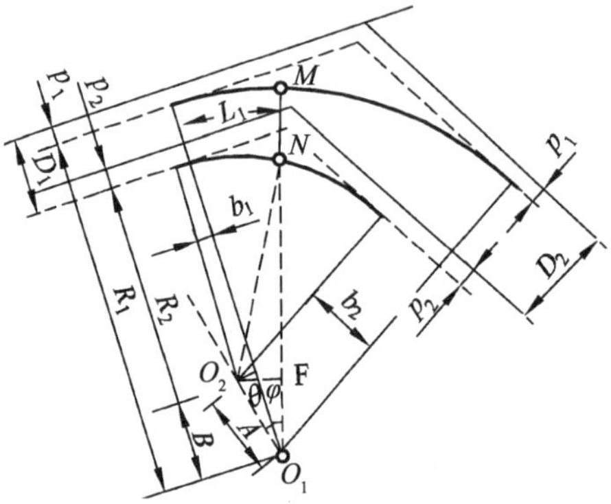

图 6-24 线距的推算

(5)第一线圆曲线上任一点到第二线圆曲线的线距 MN 为

$$\begin{aligned} Y = MN &= O_1M - O_1N \\ &= O_1M - (O_1F + FN) \\ &= O_1M - O_1F - \sqrt{|O_2N|^2 - |O_2F|^2} \end{aligned} \tag{6-46}$$

所以

$$Y = R_1 - A\cos(\theta + \varphi) - \sqrt{R_2^2 - A^2 \sin^2(\theta + \varphi)}$$

(三)缓和曲线范围内线距的计算

求出圆曲线间的线距后，如图 6-25 所示，在圆曲线两端还应计入缓和曲线的移动距离。根据测点所在的位置，可采用表 6-11 中所列公式计算线距 Δ。

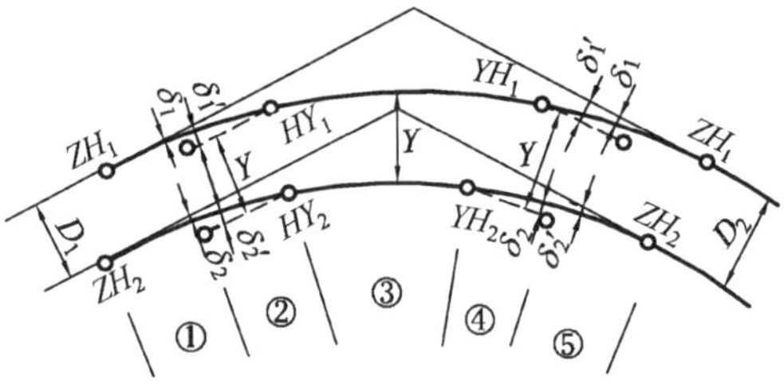

图 6-25 缓和曲线移动

表 6-11 线间距计算式

测点范围	线间距离	δ_1，δ_1'	δ_2，δ_2'	l_1，l_2，l_1'，l_2'
ZY 外侧，未计算 Y 值，测点在缓和曲线上	$\Delta_0 = D_1 - \delta_1 + \delta_2$	$\delta_1 = \frac{l_1^3}{6C_1}$	$\delta_2 = \frac{l_2^3}{6C_2}$	l_1 = 测点里程 $- ZH_1$ 里程 l_2 = 测点里程 $- ZH_2$ 里程
$ZY-HY$，已计算 Y 值，测点在缓和曲线上	$\Delta_0 = Y - \delta_1' + \delta_2'$	$\delta_1' = \frac{(l_1')^3}{6C_1}$	$\delta_2' = \frac{(l_2')^3}{6C_2}$	$l_1' = HY1$ 里程 − 测点里程 $l_2' = HY2$ 里程 − 测点里程
$HY-YH$，已计算 Y 值，测点在圆曲线上	$\Delta_0 = Y$			
$HY-YZ$，已计算 Y 值，测点在缓和曲线上	$\Delta_0 = Y + \delta_1' - \delta_2'$	$\delta_1' = \frac{(l_1')^3}{6C_1}$	$\delta_2' = \frac{(l_2')^3}{6C_2}$	l_1' = 测点里程 $- YH1$ 里程 l_2' = 测点里程 $- YH2$ 里程
YZ 外侧，未计算 Y 值，测点在缓和曲线上	$\Delta_0 = D_2 - \delta_1 + \delta_2$	$\delta_1 = \frac{l_1^3}{6C_1}$	$\delta_2 = \frac{l_2^3}{6C_2}$	$l_1 = HZ_1$ 里程 − 测点里程 $l_2 = HZ_2$ 里程 − 测点里程

注：计算 δ_2，δ_2' 时，因 l_2,l_2' 系第一线上的投影长度，其方向亦非第一线的法线方向，理论上应有误差；但误差很小，能符合精度要求。

二、三角分析法的计算通式

1. 曲线地段改变线距的基本类型

在曲线地段改变线距，用三角分析法计算线距，由于第二线在内侧或外侧，线距由小变大或由大变小以及 R_1 与 R_2 的大小而有多种图式。各种图式的错动量计算式和线距计算式各不相同，但原理并无区别，初学者应绘出平面图，根据几何关系加以推导。绘图时，应在线距较小一端，使 R_1 与 R_2 的曲线端点法线重合，以便于合理的选配第二线的曲线半径。下面列出三种图式的计算式(推导过程略)。

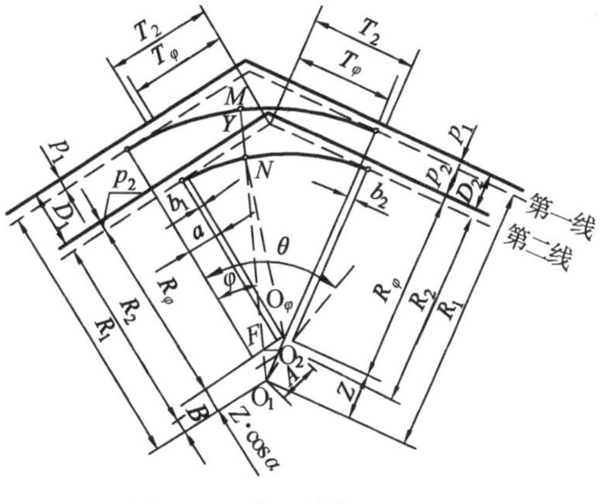

图 6-26　线距计算平面(一)

(1)第二线在内侧，$D_1>D_2$ (图 6-26)：

$$Y=R_1-A\cos(\theta-\varphi)-\sqrt{R_2^2-A^2\sin^2(\theta-\varphi)}$$

(2)第二线在外侧，$D_1<D_2$(图 6-27)：

$$Y=-R_1+A\cos(\theta-\varphi)+\sqrt{R_2^2-A^2\sin^2(\theta-\varphi)}$$

(3)第二线在外侧，$D_1>D_2$ (图 6-28)：

$$Y=-R_1-A\cos(\theta-\varphi)+\sqrt{R_2^2-A^2\sin^2(\theta-\varphi)}$$

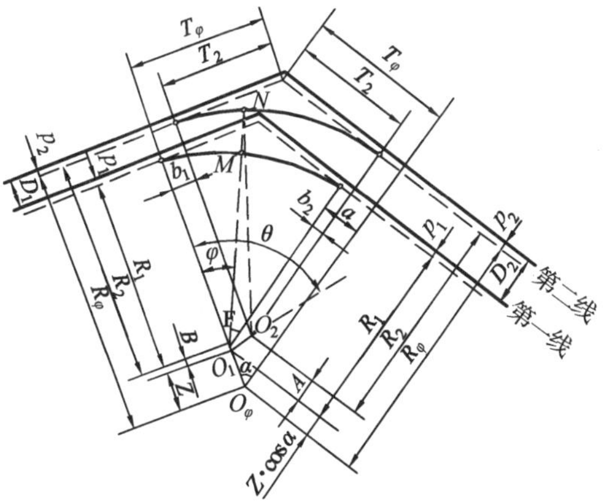

图 6-27　线距计算平面(二)

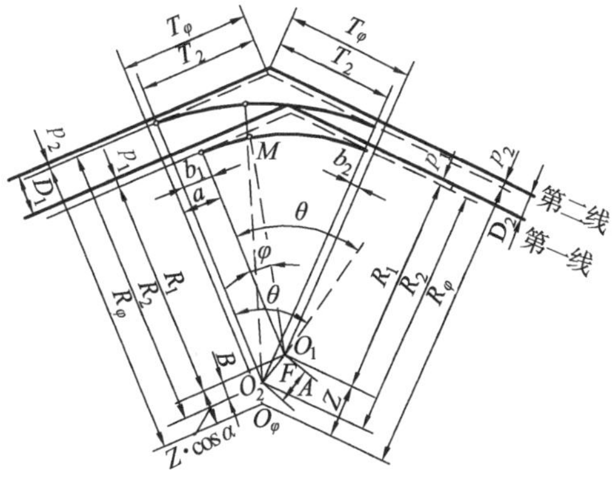

图 6-28　线距计算平面(三)

2. 计算内外侧圆曲线间线距的通用公式

计算线距时，按下述规定引入正负号，则可将多种计算式归并为一个通式。其方法如下：

(1)第二线在内侧，则出发线距 D_1、D_2 取正值；第二线在外侧，则出发线距 D_1、D_2 取负值。

(2)下列公式的计算值，引入正负号：

$$Z = \frac{D_1 - D_2}{1 - \cos\alpha}$$

$$a = Z\sin\alpha$$

$|D_1| < |D_2|$ 时，

$$R_\varphi = R_1 + p_1 - D_1 - p_2 + Z, b_1 = T_\varphi - T_2$$

$|D_1| > |D_2|$ 时，

$$R_\varphi = R_1 + p_1 - D_2 - p_2 - Z, b_1 = a + T_\varphi - T_2$$

$$B = (R_1 + p_1) - D_1 - (R_2 + p_2)$$

$$\theta = \arctan\frac{b_1}{B} \quad (若 b_1 = 0, 则 \theta = 0)$$

若 $B = 0$，则当 b_1 为正时，$\theta = 90°$；当 b_1 为负时，$\theta = -90°$，$A = \frac{B}{\cos\theta}$；若 $B = 0$，则 $A = \frac{b_1}{\sin\theta}$，$\varphi = \frac{L_1}{R_1} \times \frac{180}{\pi}$(恒为正值)。

(3)法线长度计算式：

$$Y = R_1 - A\cos(\theta - \varphi) - \sqrt{R_2^2 - A^2\sin^2(\theta - \varphi)}$$

式中，Y 若为正值，表示第二线在内侧；Y 若为负值，表示第二线在外侧。

(4)线距按表 6-11 所列公式计算。

三、坐标法计算线间距

计算线距的方法，由于思路不同，选用的坐标系统不同，方法也不一样。下面以三角分析法的图式为基础，介绍比较简便的两种方法。

1. 以第一线曲线圆心 O_1 为坐标原点的方法

如图 6-29 所示，第二线在内侧，$D_1 < D_2$。第一线曲线圆心 O_1 为坐标原点，O_1(ZY_1)为 y 轴，与 y 轴垂直指向曲线一侧的直线为 x 轴，各测点位于第一象限，MO_1 为第一线曲线的法线方向。法线长 MN 的计算式如下：

(1) $Y = MN = O_1M - O_1N = R_1 - \sqrt{x_N^2 + y_N^2}$；

(2) $x_N = R_2\sin(\varphi + \gamma) - b_1$；

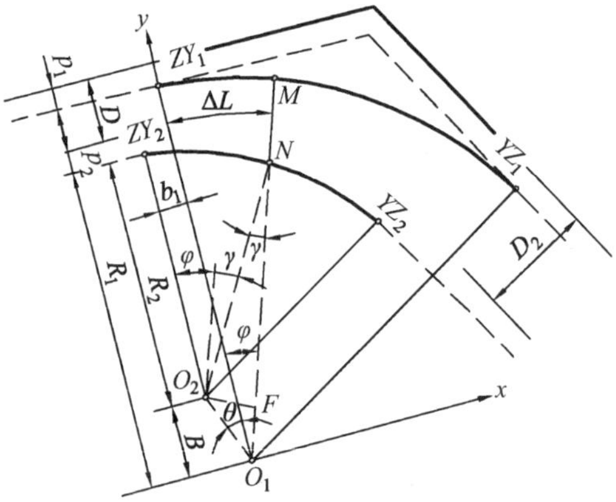

图 6-29 坐标法计算线距(一)

(3) $y_N = R_2 \cos(\varphi + \gamma) + B$；

(4) $b_1 = T_2 - T_\varphi$ 或 $b_1 = R_2 \tan \frac{\alpha}{2} + \frac{D_2 - p_1 + p_2}{\sin \alpha} - R_1 \tan \frac{\alpha}{2} - \frac{D_1 - p_1 + p_2}{\tan \alpha}$；

(5) $B = R_1 + p_1 - D_1 - p_2 - R_2$；

(6) $\varphi = \frac{\Delta L}{R_1} \times \frac{180}{\pi}$，$\Delta L$ = 测点里程 − ZY_1 里程；

(7) $\gamma = \arcsin \frac{O_2F}{R_2}$；

(8) $O_2F = O_1O_2 \times \sin(\theta + \varphi) = \frac{b_1}{\sin \theta} \times \sin(\theta + \varphi)$；

(9) $\theta = \arctan \frac{b_1}{B}$。

其他各种在曲线地段变更线距的图式，亦可绘出示意图，并推导出相应的计算式；还可规定有关符号的正负值，推导出计算通式。

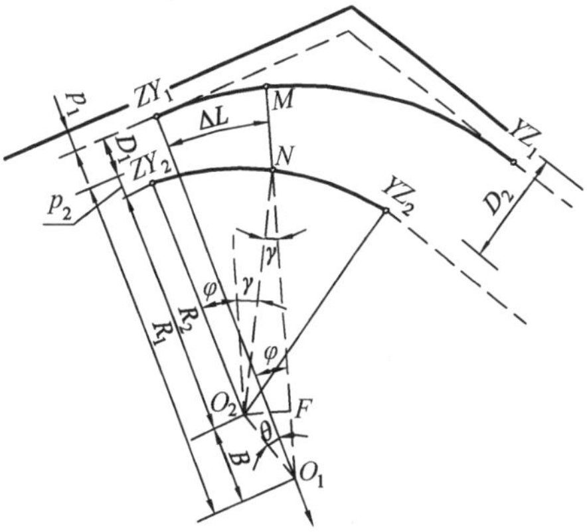

图 6-30　坐标法计算线距(二)

2. 以第一线曲线直圆点 ZY_1 为坐标原点的方法

如图 6-30 所示，第二线在内侧，$D_1 < D_2$。第一线曲线直圆点 ZY_1 为坐标原点，始切线方向为 x 轴，法线方向为 y 轴。法线长 MN 的计算，除第(1)～第(3)三式和上述方法不同外，第(4)～第(9)各式和上述方法完全相同。

3. 线间距的计算

线距的计算式，仍可采用三角分析法中介绍的方法，即表 6-11 所列公式。

(1) $Y = MN = \frac{y_N - y_M}{\cos \varphi}$，$Y = MN = \sqrt{(x_N - x_M)^2 + (y_N - y_M)^2}$；

(2) $x_M = R_1 \sin \varphi, y_M = R_1(1 - \cos \varphi)$；

(3) $x_N = R_2 \sin(\varphi + \gamma) - b_1$，$y_N = R_1 - B - R_2 \cos(\varphi + \gamma)$。

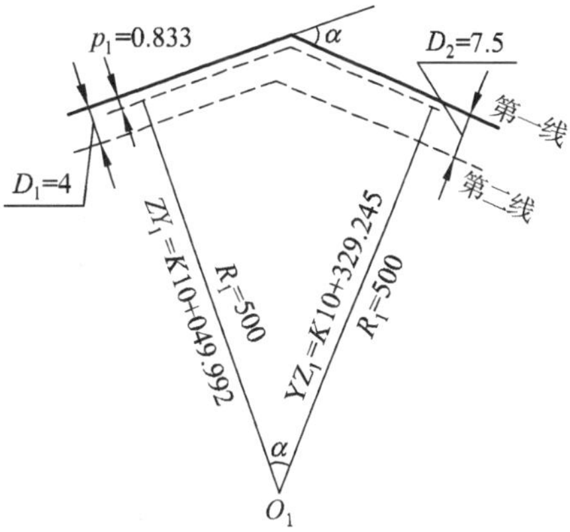

图 6-31　曲线线距加宽实例平面图

四、平面线距计算方法的应用

(一)曲线地段线距加宽计算实例

某曲线第一线和第二线的关系如图 6-31 所示，第一线曲线测点里程、出发线距资料，以及线距计算结果见表 6-12。

表 6-12 线距计算

测点里程	法线长度计算						法线长度	线距计算				
	出发线距 D_1D_2	计算数据与公式						缓和曲线移动距离计算				线距
		R_1	$\theta+\varphi$	$A\cdot\cos(\theta+\varphi)$	$A\cdot\sin(\theta+\varphi)$	$\sqrt{R_2^2-A^2\cdot\sin^2(\theta+\varphi)}$		第一线		第二线		最后线距 Δ_0
			$\theta=8°08'39''$ $\varphi_1=1°08'49''$ $\varphi_{20}=2°17'30.6''$	$A=15.523$	$R_2^2=480^2=230400$			l_1 l_1'	δ_1 δ_1'	l_2 l_2'	δ_2 δ_2'	
1	2	3	4	5	6	7	8	9	10	11	12	13
K9+960	4.000											4.000
+980	4.000											4.000
K10+000	4.000							0.008	0	17.207	0.014	4.014
+020	4.000							20.008	0.027	37.207	0.138	4.111
+040	4.000							40.008	0.213	57.207	0.500	4.287
+060		500	9°17'28''	15.319	2.506	479.993	4.688	39.992	0.213	52.793	0.393	4.508
+080		500	11°34'58''	15.207	3.117	479.990	4.803	19.992	0.027	32.793	0.094	4.736
+100		500	13°52'29''	15.070	3.722	479.986	4.944			12.793	0.006	4.938
+120		500	16°09'56''	14.909	4.322	479.981	5.110					5.110
+140		500	18°27'30''	14.724	4.915	479.975	5.301					5.301
+160		500	20°45'01''	14.516	5.500	479.968	5.516					5.516
+180		500	23°02'31''	14.285	6.076	479.962	5.754					5.754
+200		500	25°20'02''	14.030	6.642	479.954	6.016					6.016
+220		500	27°37'32''	13.753	7.198	479.946	6.301					6.301
+240		500	29°55'03''	13.454	7.742	479.938	6.608					6.608
+260		500	32°12'34''	13.134	8.274	479.929	6.937			5.762	0.001	6.936
+280		500	34°30'04''	12.792	8.793	479.919	7.289	0.755	0	25.762	0.046	7.243
+300		500	36°47'35''	12.431	9.297	479.910	7.659	20.755	0.030	45.762	0.256	7.433
+320	7.500							59.245	0.693	64.238	0.708	7.515
+340	7.500							39.245	0.201	44.238	0.231	7.530
+360	7.500							19.246	0.024	24.238	0.038	7.514
+380	7.500									4.238	0	7.500
K10+400	7.500											
备注	$ZY_1=K10+049.992$ $ZY_2=K10+047.793$ $R_1=500$ $l_1=100$ $p_1=0.833$				$YZ_1=K10+329.245$ $YZ_2=K10+319.238$ $R_2=480$ $l_2=130$ $p_2=1.467$			$ZH_1=K9+999.992$ $HY_1=K10+099.992$ $YH_1=K10+279.245$ $HZ_1=K10+379.245$		$ZH_2=K9+982.793$ $HY_2=K10+112.793$ $YH_2=K10+254.238$ $HZ_2=K10+384.238$		

(二)直线路段改变线距

直线路段改变线距，可以加设一组反向曲线，如图 6-32 所示。反向曲线的曲线半径，一般采用不限制行车速度的半径。通常情况下，应设置缓和曲线，若受最小曲线长度要求的限

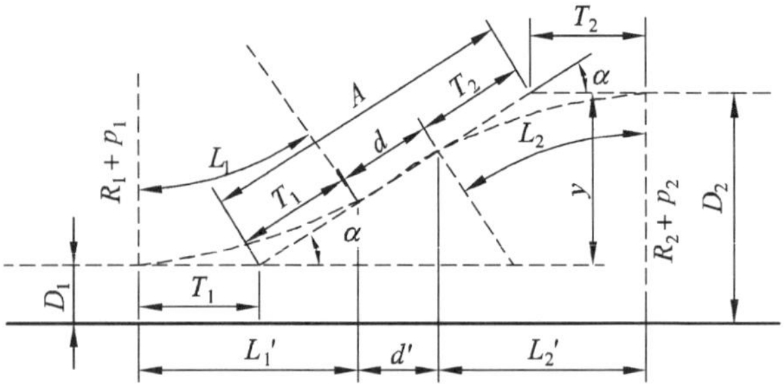

图 6-32 直线路段加宽

制，亦可不设置缓和曲线，两曲线间夹直线长度，一般不小于最小夹直线长度。

直线路段改变线距时，一般已知线距 D_1 与 D_2、曲线半径 R_1 与 R_2、夹直线长度。平面各主要部分与两线间线距的计算步骤如下。

1. 计算转向角 α

令

$$y = D_2 - D_1$$

因为

$$y = A\sin\alpha$$

$$A = T_1 + T_2 + d = (R_1 + p_1)\tan\frac{\alpha}{2} + (R_2 + p_2)\tan\frac{\alpha}{2} + d$$

$$= (R_1 + R_2 + p_1 + p_2)\tan\frac{\alpha}{2} + d$$

又因为

$$\sin\alpha = \frac{2\tan\frac{\alpha}{2}}{1 + \tan^2\frac{\alpha}{2}}$$

所以

$$y = \left[(R_1 + R_2 + p_1 + p_2)\tan\frac{\alpha}{2} + d\right]\frac{2\tan\frac{\alpha}{2}}{1 + \tan^2\frac{\alpha}{2}}$$

将上式展开整理后，得

$$\tan\frac{\alpha}{2} = \frac{-d \pm \sqrt{d^2 + [2(R_1 + R_2 + p_1 + p_2) - y]y}}{2(R_1 + R_2 + p_1 + p_2) - y} \tag{6-47}$$

式中，d=夹直线长度+相邻两端缓和曲线长度的一半，若夹直线长度采用 80 m，则不设缓和曲线时，d=80 m。

将求得的 α 值舍去“秒”数，取整为“分”，其后计算，采用取整后的 α。

2. 计算曲线要素和两线里程差

$$A = \frac{y}{\sin\alpha}$$

$$T_1 = (R_1 + p_1)\tan\frac{\alpha}{2}, L_1 = (R_1 + p_1) \times \alpha$$

$$T_2 = (R_2 + p_2)\tan\frac{\alpha}{2}, L_2 = (R_2 + p_2) \times \alpha$$

$$d = A - T_1 - T_2$$

第二线实际长度为

$$L_1 + d + L_2$$

第二线在第一线上的投影长度为

$$L_1' + d' + L_2' = (1 + \cos\alpha)T_1 + d \times \cos\alpha + (1 + \cos\alpha)T_2$$

两线里程差为

$$(L_1 + d + L_2) - (L_1' + d' + L_2')$$

第二线圆曲线起讫点在第一线上的投影里程为

$$YZ_1 \text{ 投影里程} = ZY_1 \text{ 里程} + (1 + \cos\alpha)T_1$$

$$ZY_2 \text{ 投影里程} = ZY_1 \text{ 里程} + T_1 + (T_1 + d)\cos\alpha$$

$$YZ_2 \text{ 投影里程} = ZY_1 \text{ 里程} + T_1 + A\cos\alpha + T_2$$

3. 法线长度的计算

第二线中线距第一线中线的法线长度，可用切线支距的公式计算，如图 6-33 所示。

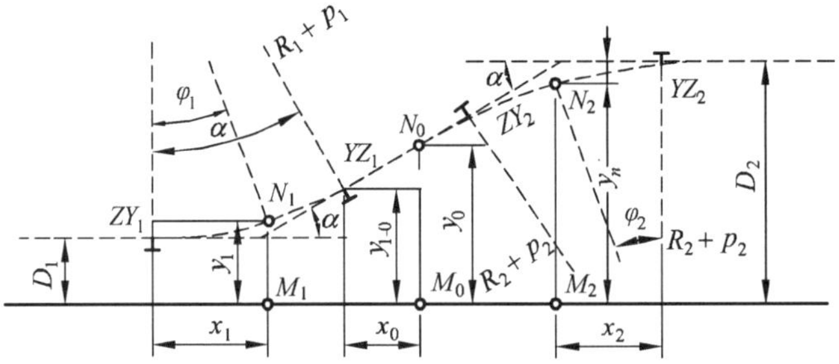

图 6-33 直线路段改变线距

(1)在 ZY_1与 YZ_1之间。

法线长：

$$y_1 = M_1N_1 = D_1 + (R_1 + p_1)(1 - \cos\varphi_1) \tag{6-48}$$

式中，

$$\varphi_1' = \arcsin\frac{x_1}{R_1 + p_1}$$

其中，x_1 =第一线上测点 M_1 里程 $-ZY_1$投影里程

YZ_1点的法线长：

$$y_{1-0} = D_1 + (R_1 + p_1)(1 - \cos\varphi_1) \tag{6-49}$$

(2) 在 YZ_1与 ZY_2之间。

法线长：

$$\begin{aligned} y_0 = M_0N_0 &= Y_{1-0} + x_0\tan\alpha \\ &= D_1 + (R_1 + p_1)(1 - \cos\alpha) + x_0\tan\alpha \end{aligned} \tag{6-50}$$

式中，

$$x_0 = \text{第一线上测点 } M_0 \text{ 里程} - YZ_1 \text{ 投影里程}$$

(3) 在 ZY_2与 YZ_2之间。

法线长：

$$y_2 = M_2N_2 = D_2 - (R_2 + p_2)(1 - \cos\varphi_2) \tag{6-51}$$

式中，

$$\varphi_2 = \arcsin \frac{x_2}{R_2 + p_2}$$

其中，$x_2 = YZ_2$ 投影里程 − 第一线上测点 M_2 里程

4. 线距的计算

ZH_1—HZ_1间距离为

$$D \approx Y + \delta_1$$

HZ_1—ZH_2间距离为

$$D = Y$$

ZH_2—HZ_2间距离为

$$D \approx Y - \delta_2$$

式中，Y 为相应路段的法线长度；δ_1、δ_2为加设缓和曲线后各测点的内移距离，若未设缓和曲线，则δ_1、δ_2为 0。

第八节 线路平面图

一、设计步骤及方法

城市轨道交通平面设计以右线为准，具体设计步骤及方法如下。

(1)确定线路任意点坐标及直线边方位角。根据定线所要求的线路与城市规划道路或指定建筑物的关系，求取线路右线直线边及任一点坐标和方位角。为了施工的方便，轨道交通线路平面及高程控制系统应尽量与城市控制系统取得一致，方位角一般取整到秒，线路长度取整到毫米，交点坐标取值精确到 0.1 mm。当道路中线由多个极小折角、短边组成近似直线时，轨道交通线路应尽量取直，并与城市规划部门协调，得到认可。若控制点在曲线地段，则宜先确定圆心点坐标。有时需要通过变更曲线半径反复计算，才可得出线路的最佳位置。

(2)右线坐标计算从起点开始，先用已知直线相交公式及点间距离公式求出起始边长，取整后用坐标公式计算交点坐标。用交点坐标及第二直线边方位角作为新起始边直线，再用上述公式求出第二直线边长，取整后计算第二个交点坐标。这种交替计算边长和坐标的方法，可以保持线路的计算位置与设计位置一致，误差在 0.5 mm 以内。

(3)曲线要素计算。①曲线半径：初步设计阶段，右线曲线半径一律采用标准整数。施工设计阶段，当左右线为同心圆曲线时，外圆曲线半径采用标准整数；若是最小曲线半径，内圆一般应采用标准整数半径。②缓和曲线长度：初步设计阶段根据曲线距车站的远近，根据经验按地铁规范初步选用缓和曲线长度，如表 6-6、表 6-7 所示。施工设计时根据列车运行速度图，选用缓和曲线长度。

左、右线并行于同一隧道结构内，左、右曲线一般设计为同心圆，线距按限界要求加宽。当右线为外圆曲线时，右线缓和曲线长度按规范标准设计，其左线的缓和曲线长

度按加宽要求，由计算确定加长，并取整到 1 m；当右线为内圆曲线时，缓和曲线长度按加宽要求计算，有条件时，取整到 5 m，外圆再根据内圆缓和曲线长度及线距加宽要求，调整缓和曲线长度至整数米。

当一个较长曲线紧邻车站端部时，靠近车站端可以用较短缓和曲线，另一端用较长缓和曲线，以利于车站站位布置。在曲线两端线距略有差异时，也可以用不等长缓和曲线调整同心圆曲线。

切线长与曲线长按有关公式计算，精度为 0.1 mm，取整到毫米。

初步设计阶段，左线一般不进行曲线要素计算，但夹直线长度紧张地段除外。

(4)右线里程计算。轨道交通里程曾采用百米标表示，现改用千米标表示，如 K8+800，表示为 8 km 加 800 m 处。另外，可以在“K”字前冠以不同的西文字母，表示不同比较方案。对不同设计阶段，一般不需用字母区分，以简化设计工作。

(5)断链使里程失去线路直观长度，也容易造成设计施工中的差错，因此右线在任何设计阶段，里程不宜产生断链。

(6)建筑物控制点与线路相互关系计算。建筑物控制点至线路的垂距及其里程，可用点线间垂距公式计算，也可以用两直线的交点公式计算。

(7)车站中心右线里程及坐标计算。根据定线要求的站位首先计算右线站中心里程。移动车站中心位置取车站里程为整数米，再计算站中心坐标。坐标取值到 0.1 mm。

以下各步骤仅在施工设计阶段进行，初步设计阶段并不要求。

(1)左线交点坐标计算。左右线平行地段，首先从右线控制点上，根据定线要求的线距，计算左线各直线边上任一点坐标，然后按右线交点坐标计算方法，求出左线各交点坐标。左右线非平行地段，根据左右线平面相应的几何关系进行坐标计算。左线单独绕行地段与右线坐标计算方法相同。计算完成后，应检查左右线平面相互关系与设计要求是否相符，线距误差应在 0.5 mm 以内。

(2)内外曲线交点错动量计算。错动量计算可以应用三角方程和点线距离公式。当应用三角方程公式时，曲线两端线距应是精确到 0.1 mm 的计算值，而不是设定值，否则在小转角曲线上将产生较大误差；当采用点线距离公式时，用左右线交点坐标和转换两切线方位角代入公式求得。

(3)左线里程及断链计算。左线里程按右线里程推算，由于曲线内外长度不同等原因，将产生断链。因左线绕行或内外曲线的关系，左线与右线长度不等，但为了设计及施工上的便利，左右线平行直线段同一断面上的里程宜一致。通常在每一处左右线长度不等的地段设置左线断链，尤其在左右线处于同一隧道结构内时，更应如此。但在曲线多的地段，若在每一曲线设一断链，也会给设计及施工带来不便。为减少左线断链数量，可对左线断链进行适当合并。当两个曲线间夹直线较短时，两个断链宜合并为一个；当区间左右线隧道结构分开时，可将两车站间的多个曲线断链合并为一个。断链不应进入曲线范围和车站站界范围。

(4)线路详细坐标计算。左右线均需进行详细坐标计算，包括曲线头尾、缓和曲线头尾、曲线中点、千米及百米里程点、道岔中心、车挡、区间附属建筑物(通风道连接口、排水泵站、隔断门、区间连接通道等)中心(或接口中心)、车站端墙外缘(或竖井中心)等位置的详细坐标计算。线路详细坐标计算，以就近的交点或站中心点为原始坐标点，分段计算，坐标取整到毫米，计算误差允许 1 mm。

(5)左右线距计算。当左右线处于同一隧道，线距发生变化时，或左右线隧道分开，但有附属建筑物连接时，为了隧道结构设计的需要，一般每隔 10～20 m 计算一次线距。线距计算采用解析几何公式，计算误差不大于 10 mm。曲线地段的线距计算以右线法线方向为准。

二、线路平面设计图

线路平面图是轨道交通线路设计的基本文件。线路平面图全面、清晰地反映了轨道交通线路平面位置和经过地区的地形、地物等；线路平面图是设计人员设计意图的重要体现，在轨道工程项目提供部门审批、专家评议、指导施工和线路维护等方面都有重要作用。

在轨道交通工程生命周期的各个阶段都要编制要求不同、用途不同的各种平面图，本小节主要介绍线路平面图的基本要求和图中数据计算的方法。

各设计阶段编制的线路平面图是轨道交通工程设计的基本文件。各设计阶段的定线要求不同，线路平面图的详细程度也各有区别，绘制时应遵循铁路行业制定的线路标准图式。

(一)线路平面图的分类与比例尺

预可行性研究需编制线路平面缩图、线路方案平面图、线路平面图。可行性研究需编制线路平纵断面缩图、线路方案平面图、线路平面图和线路纵断面图。新建铁路可行性研究需编制线路方案平面缩图、线路方案平面图、推荐方案和主要比较方案线路平面图、推荐方案和主要比较方案线路纵断面图，客运专线还需编制联络线、动车组走行线等相关线路平、纵断面图。初步设计阶段需编制线路方案平面图、线路平面图和线路详细纵断面图。施工图设计阶段主要编制线路平面图、线路详细纵断面图和改移道路及平(立)交道设计图。线路平、纵断面缩图是表达线路基本走向的平、纵面概略图，其比例一般是，平面为 1∶50000～1∶500000，纵断面为横 1∶50000～1∶500000，竖为 1∶1000，1∶2000，1∶5000 三种。

线路方案平面缩图绘出推荐方案和各重大线路比较方案，填绘主要地质构造线和重大不良地质范围，比例一般为 1∶50000。

线路方案平面图预可行性研究，应标注控制线路走向的主要不良地质和环境敏感区；可行性研究，应绘出推荐方案和各重大线路方案、线路局部方案，填绘主要地质构造线和重大不良地质范围，并标出有关水利、城市、交通及环境保护特殊地区对线路设计的要求，比例一般为 1∶10000～1∶50000。

线路平面图是线路设计的主要成果，在不同阶段，其比例尺、项目内容和详细程度均不相同。绘出推荐方案和主要比较方案，标注控制线路走向或线路方案的主要不良地质和环境敏感区，填绘不良地质范围及性质。平面应贯通，包括车站和枢纽。平面图的比例，预可行性研究的平面图为 1∶10000～1∶50000；初步设计、施工图设计为1∶2000 或 1∶5000。

预可行性研究和可行性研究，应编制推荐方案和主要比较方案的纵断面图，比例为横 1∶10000～1∶50000，竖 1∶500～1∶1000。

初步设计和施工图设计，编制设计线的详细纵断面图，比例为横 1∶10000，竖 1∶500或 1∶1000。

(二)简略线路平面图

图 6-34 为新建项目的简略线路平面图，可应用于线路方案研究或(预)可行性研究阶段中的概略定线，它包含了线路设计的部分基本信息和资料。

简略平面图中，等高线表示地形和地貌特征，村镇、道路等表示地物特征。图中粗线表示线路平面、标出里程、曲线要素(转角 α、曲线半径 R 等)、车站和桥隧特征等资料。

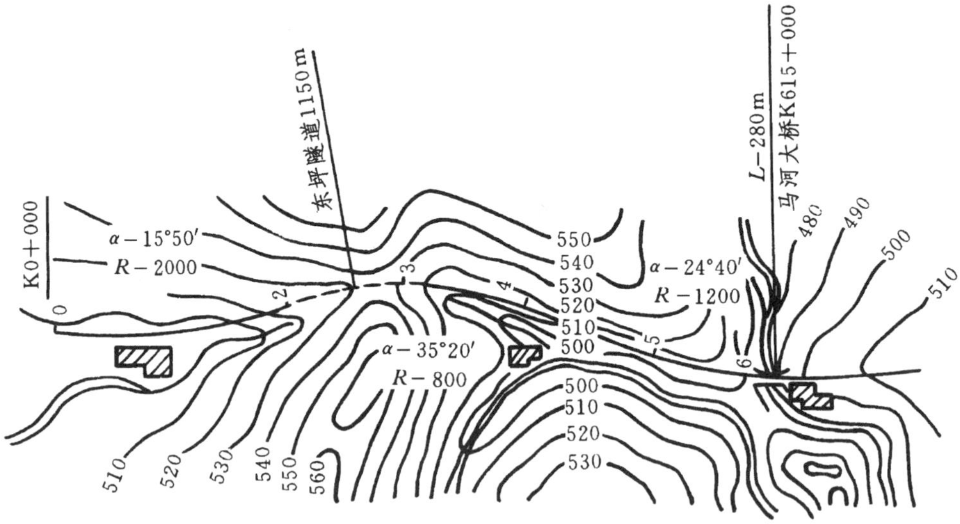

图 6-34　线路概略平面示意图

(三)线路平面图

线路平面图，是在绘有初测导线和经纬距的大比例带状地形图上，设计出线路平面和标出有关资料的平面图，如图 6-35 所示。

1. 线路中线的展绘

线路平面图应展绘推荐方案和主要比较方案的线路中线，并宜绘在同一卷图内。图中应标注设计起讫点里程、方案名称、接线关系。里程标注应在整千米处标注线路千米标，千米标之间标注百米标，里程桩号标注在垂直于线路的短线上，里程从左向右或从右向左增加时，字头均朝向图纸左端。千米标应注写各设计阶段代号，可行性研究为 AK，初测为 CK，定测为 DK 等。其余桩号的千米数可省略。两方案或两测量队衔接处，应在图上注明断链和断高关系。

双线并行地段应绘制左、右线并标注右线里程（城际铁路为左线），注明右线（或左线）绕行起讫点里程关系、绕行线里程、段落编号和断链。线间距变换处应标注设计线间距数值。

2. 曲线要素及其起讫点里程

当纸上定线比例大于、等于 1∶1000 时，应绘制曲线交点，并应标注交点编号。定测放线时，应绘制曲线控制桩（曲线起讫点），并应分别编号。曲线控制桩标注应垂直于线路中心线引出，并应标注符号和里程。

曲线要素应标注在曲线内侧。

新建双线曲线要素应按左线、右线分别标注，左线标注在左侧，右侧标注在右侧适当的位置。内业断链标注在曲线要素下方。

曲线交点应标明曲线编号，曲线转角应加脚注 Z 或 Y，表示左转角或右转角。曲线要素应平行线路写于曲线内侧。曲线起点 ZH 和讫点 HZ 的里程，应垂直于线路写在曲线内侧。

3. 线路上各主要建筑物

沿线的车站、大中桥、隧道、平立交道口等建筑物，应以规定图例符号表示，并注明里程、类型和大小。如有改移公路、河道时，应绘出其中线。

4. 初测导线和水准基点

平面图应绘制初测导线，导线应标注导线点编号、里程、高程及导线的方位角或方向角，如图 6-35 中连续的折线。图中导线点符号为 C，脚注为导线点编号。图中还应绘出水准基点的位置、编号及高程，其符号为 BM。

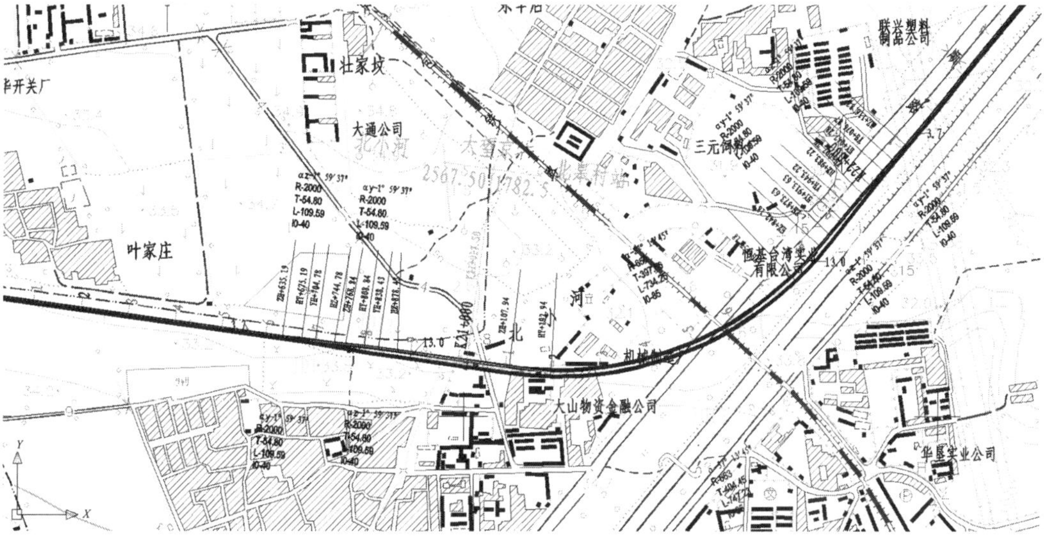

图 6-35 线路平面图

第七章　线路纵断面设计

第一节　概　　述

城市轨道交通的线路纵断面是由坡段和连接相邻坡段的竖曲线组成的。坡段的特征用坡段长度和坡度来表示。坡段长度 L_i 为该坡段前后两个变坡点之间的水平距离。坡段坡度 i 为该坡段两端变坡点的高程 H_i 除以坡段长度 L_i，其值以千分数表示(图 7-1)。坡度上坡取正值，下坡取负值。如坡度为 30‰，即表示每千米高差为 30 m。坡度的计算公式为

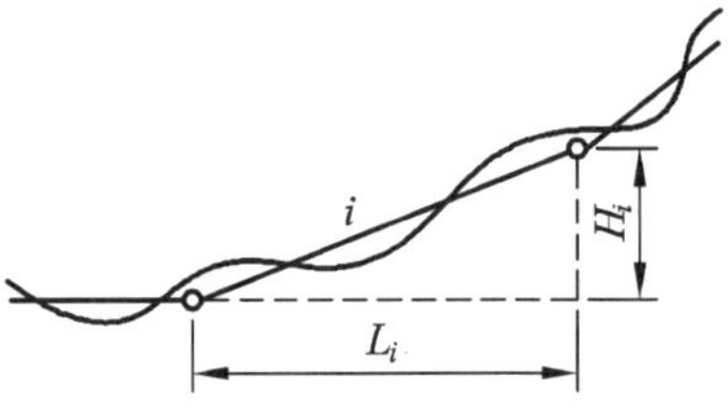

图 7-1　坡长与坡度示意图

$$i = \frac{H_i}{L_i} \times 1000(‰) \tag{7-1}$$

轨道交通线路纵断面设计，主要包括确定最大坡度、坡段长度、坡段连接等问题。

纵断面设计应遵循以下原则：

(1)纵断面设计要保证列车运行的安全、平稳及乘客舒适，高架线路要注意与城市景观相协调，坡段应尽量长些。

(2)线路纵断面要结合不同的地形、地质、水文条件、线路敷设方式与埋深要求、隧道施工方法、地上地下建筑物与基础情况以及线路平面条件等进行合理设计，力求方便乘客使用和降低工程造价。必要时，可考虑变更线路平面及施工方法。

(3)尽量设计成符合列车运行规律的节能型坡道组合的纵断面。车站一般位于纵断面的高处，区间位于纵断面的低处。除车站两端的节能坡道外，区间一般宜用缓坡，避免列车交替使用制动-给电运行。

第二节　线路坡度设计

一、线路最大坡度

轨道交通线路的最大坡度是纵断面设计采用的设计坡度最大值，正线最大坡度是线路的主要技术标准之一，对线路的埋深、工程造价及运营都有较大的影响。因此，合理地确定线路最大坡度具有重要的意义。

轨道交通采用大功率、轻型动车组，牵引和制动性能优良，能适应大坡度运行，一

般情况下最大坡度不受列车质量的限制。轨道交通的线路最大坡度，应根据动车组总功率、地形条件、列车平均走行速度，以及列车编组辆数等因素，经比选后确定。新建线路一般选用较大的最大坡度，以利于适应地形，降低线路高度，减少桥隧建筑物数量，并尽可能取直线路和缩短轨道交通线路与公路、铁路立交和桥梁引线的长度，从而大大节省工程量和工程造价。

城市轨道交通由于载重量小、运距短，坡度已不是限制列车牵引质量的主要因素。城市轨道交通线路纵断面的最大坡度，不包含曲线阻力、隧道内空气阻力等附加当量坡度，与我国路网客货共线铁路设计中的限制坡度定义有区别。

(一)最大坡度确定

正线允许的最大坡度，主要受行车安全(与制动设备性能有关)、旅客舒适度、运营速度三方面影响。

1. 动车功率确定的最大坡度

动车组无论是采用动力集中型还是采用动力分散型，其所确定的线路最大坡度主要取决于动车组的功率、牵引特性和制动性能。

对于特定动车组，动车功率所确定的线路纵断面最大坡度按下式计算：

$$i_{\max} = \frac{(\lambda_y F_j - W_0) \times 10^3}{M \times g} = f_j - w_0 (‰) \tag{7-2}$$

式中，M——列车质量(t)；

F_j——动车组最大牵引力(kN)；

W_0——计算速度下列车的运行基本阻力(kN)；

λ_y——动车牵引力使用系数，取 0.9；

f_i——单位牵引力(N/kN)。

或按下式计算：

$$i_{\max} = \frac{3600 p_k - w_0 \times g \times V_{\max}}{g \times V_{\max}} (‰) \tag{7-3}$$

式中，p_k——每吨列车质量所需功率(kW/t)；

$V_{\max}$——列车运行最高速度(km/h)；

w_0——最高速度时的列车运行单位基本阻力(N/kN)。

根据资料可得城市轨道车辆牵引电机功率与最大运行速度的关系（表 7-1），城市轨道车辆牵引电机最大牵引力与起动加速度的关系(图 7-2)及牵引力与运行速度的关系(图 7-3)。

表 7-1　城市轨道车辆牵引电机与速度的关系(B 型车)

车辆编组形式	最大运行速度/(km·h^{-1})	电机功率值	
		a=0.35 m/s^2	a=0.4 m/s^2
二动一拖（四动两拖）	80	—	186.7
	100	—	233.3
	120	245.0	—

续表

车辆编组形式	最大运行速度/(km·h^{-1})	电机功率值	
		a=0.35 m/s^2	a=0.4 m/s^2
三动一拖（六动两拖）	100	—	207.4
	120	217.8	—
	140	254.1	—
五动二拖	100	—	—
	120	228.7	217.8
	140	366.8	—
五动三拖	80	—	199.1
	100	—	248.9
	120	161.3	—
全动车	120	163.3	—
	140	190.6	—
	160	217.8	—

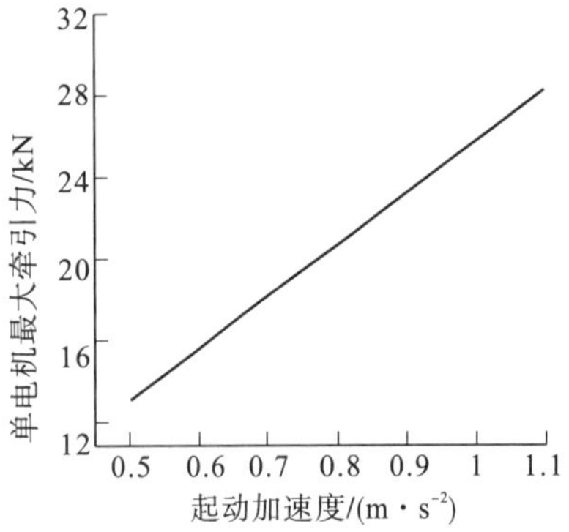

图 7-2 单电机最大牵引力与起动加速度的关系

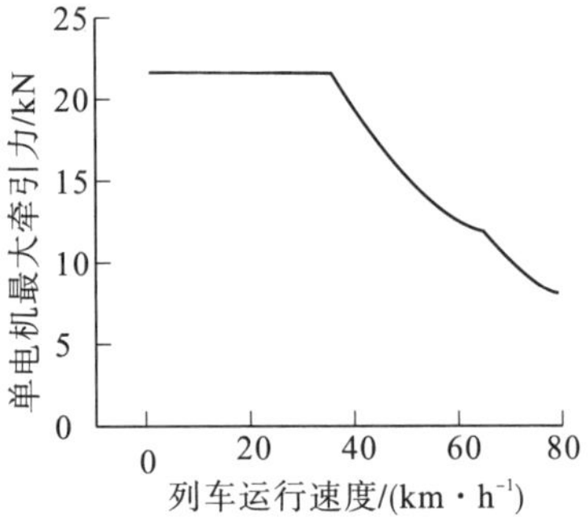

图 7-3 单电机牵引力与列车运行速度的关系

城市轨道交通列车为了适应小站间距的频繁起动、制动，要求具有良好的动力性能，一般采用全动轴或 2/3 动轴列车，起动加速度要求达到 1 m/s^2 及以上，这就意味着列车可以爬较大的当量坡度(最大坡度加上曲线阻力坡度、隧道附加阻力坡度)。

例如，三动一拖动车组以 80 km/h 最高速度持续运行的最大坡度计算如下：

编组质量=动车质量(取 35 t)×3+拖车质量(取 32 t)=137(t)

列车以 80 km/h 恒功运行时，最大牵引力为 22.5 kN，相应的总功率为 1800 kW，计算可知动车组的吨均功率为 13.14 kW/t，单位基本阻力为

$$w_0 = 2.27 + 0.00156V^2$$
$$= 2.27 + 0.00156 \times 80^2 = 12.254(\text{N/kN})$$

则

$$i_{\max} = \frac{3600p_1 - w_0 \times g \times V_{\max}}{g \times V_{\max}}$$

$$= \frac{3600 \times 13.14 - 12.254 \times 9.81 \times 80}{9.81 \times 60} = 48.02(‰)$$

可见，在给定编组条件下，城轨车辆动车组可在48‰的坡道上以80 km/h的速度持续运行。增加动车数量，可增加动车组总功率，从而提高吨均功率；减少编组辆数，可减少列车总编组辆数，从而达到提高吨均功率的目的。

2. 安全条件所限制的最大坡度

从保证行车安全出发，要求列车在失去部分(最大可达到一半)牵引动力的条件下，仍能用另一部分牵引动力，将列车从最大坡度上启动。因此，最大坡度阻力及各种附加阻力之和，不宜大于列车牵引动力的一半。

最大坡度按下式计算：

$$i_{q\max} = \frac{F_q - (Pw'_q + Tw''_q)g}{(\sum T + \sum P)g + \sum R}(‰) \tag{7-4}$$

式中，F_q——最大启动牵引力(N)，取$1000 \times P \times g \times \psi_k$；

P——牵引动车质量(t)；

T——被牵引车总质量(t)；

w'_q——牵引动车单位起动阻力，电力动车取8 N/kN；

w''_q——被牵引车单位起动阻力，取5.62 N/kN；

R——黏着力，$R = P \times g \times \psi_k$(N)；

ψ_k——车辆轮轨间黏着系数，$\psi_K = \frac{0.2}{1 + 0.0059V^2}$，$V = 0$时，$\psi_k = 0.2$，$V = 5$ km/h时，$\psi_k = 0.19$。

这部分主要验算超员载客列车停在大坡道上的启动问题。目前地铁车辆一般采用动、拖车编组方式，两辆动车加两辆拖车编组的列车，运行时一辆动车失去动力为最不利情况，此时，要以一辆动车拉三辆拖车，并在超员情况下，验算最大启动坡度。

一动拉三拖时，$P = 68$ t，$T = 66$ t，$V = 5$ km/h，得

$$i_{q\max} = \frac{1000Pg\psi_k - (Pw'_q + Tw''_q)g}{(T + P + P\psi_k)g}$$

$$= \frac{1000 \times 9.81 \times 68 \times 0.194 - (68 \times 8 + 3 \times 66 \times 5.62) \times 9.81}{(68 + 66 \times 3 + 68 \times 0.194) \times 9.81} = 41.80(‰)$$

据此，各种城轨系统规定的最大坡度如表7-2所示。

表7-2 各种城轨系统规定的最大坡度

主要技术参数	地铁车	轻型轨道车	悬吊式独轨车	跨座式独轨车	线性电机车(MKII型)
编组/(辆·列$^{-1}$)	4～10	1～3	2～4	2～6	4～6
最大坡度/‰	35	60	60～90	60～100	60～80

我国《地铁设计规范》(GB 50157—2003)规定，正线的最大坡度不宜大于30‰，困难地段可采用35‰，联络线、出入线的最大坡度不宜大于40‰(均不考虑各种坡度折减值)，已经考虑了列车动力的丧失及各种附加阻力和黏着力的影响。但随着各种城市轨道

交通车辆的改进，允许的最大坡度值也正在增大。例如，新型的线性电机车允许的正线设计最大坡度可以达到60‰。目前日本东京都营地铁12号线路的正线设计最大坡度已经达到50‰。

3. 城际列车速度与坡度的关系

我国城际列车目前以CRH动车组为主型车，由相关资料得，CRH_1的吨均功率为13.18 kW/t，单位基本阻力为

$$\begin{aligned} w_0 &= 0.88 + 0.00744V + 0.000114V^2 \\ &= 0.88 + 0.00744 \times 200 + 0.000114 \times 200^2 = 6.928(\text{N/kN}) \end{aligned} \tag{7-5}$$

则

$$i_{\max} = \frac{3600\lambda_y p_i - w_0 g V_{\max}}{g V_{\max}} = \frac{0.9 \times 3600 \times 13.18 - 6.928 \times 9.81 \times 200}{9.81 \times 200} = 14.84(‰)$$

可见，在给定编组条件下，CRH_1动车组可在14‰的坡道上以200 km/h的速度持续运行。

和城市轨道交通列车一样，增加动车数量，可增加动车组总功率，从而提高吨均功率；减少编组辆数，可减少列车总编组辆数，从而达到提高吨均功率的目的。因此，城际客运专线的最大设计坡度不受牵引功率的限制。

在列车运行过程中，列车牵引功率必须满足牵引时起动加速能力及最高速度目标值时剩余加速度的要求，高速列车的阻力和牵引质量不同对功率要求也有差异。表7-3是给定功率下列车速度与坡度适应情况分析。

表7-3 列车速度与坡度的适应性分析

动车组最高速度/(km·h⁻¹)	单位质量牵引功率/(kW·t⁻¹)	速度值/(km·h⁻¹)	基本阻力/(N/kN⁻¹)	牵引力/(N/kN⁻¹)	剩余牵引力/(N/kN⁻¹)	平坡上运行剩余加速度/(m·s⁻²)	匀速运行的坡道值/‰
CRH_1/200	13.80	200	8.04	24.00	15.96	0.15	15.96
		180	6.83	26.67	19.84	0.18	19.84
		160	5.72	30.00	24.28	0.22	24.28
CRH_2/200	13.34	200	6.93	24.48	17.55	0.16	17.55
		180	5.91	27.19	21.28	0.20	21.28
		160	4.99	30.60	25.61	0.24	25.61
CRH_5/200	12.19	200	7.78	22.28	14.5	0.134	14.5
		180	6.60	24.85	18.25	0.169	18.25
		160	5.46	27.96	22.50	0.208	22.50

注：功率利用系数采用0.95，牵引力使用系数采用0.9，暂不考虑曲线以及隧道附加阻力的影响。

从表7-3可见，对于最高速度为200 km/h的列车，CRH_1、CRH_2、CRH_5分别在24‰，25‰，22‰的坡道上能以160 km/h的速度匀速运行，分别在15‰，17‰，14‰的坡道上以200 km/h的速度匀速运行。

（二）最大坡度选择

轨道交通最大坡度标准的确定以适应地形、跨越控制高程的需要为主。就地形条件而言，城市轨道交通系统沿线地形平坦，高程控制问题不太突出，无需采用大坡度。但轨道交通线路采用全封闭式的高架结构，即使在地形比较平坦的地区，也应该尽可能选择较大的纵断面最大坡度。这是因为轨道交通线路所经地区经济发达，人口稠密，居民点星罗棋布，公路交通发达，这些地区地形虽然平坦，但线路要通过居民区或要跨公路，或被其他建筑物干扰，因而立交结构很多，如果纵断面最大坡度标准较小，整个线路的平均高度就可能增加，从而使工程造价剧增。在线路跨过需要立交的道路与通航河流时，因桥下要保证必要的净空而使桥梁抬高，若采用较大的坡度，可使桥梁两端引线缩短，桥梁支墩高度降低。

在实际设计纵断面时，线路坡度在满足排水及标高控制要求的前提下应尽可能平缓，一般应在20‰以下。

俄罗斯的地下铁道设计规范(1981年7月1日起执行)规定的地下路段以及隐蔽地面路段的纵断面坡度不大于40‰，而敞开的地面线段的纵断面坡度则应不大于35‰。法国巴黎市区地铁线路最大坡度为40‰，地区快车线最大坡度为30‰，困难地段的坡度还更大一些。我国香港地铁的线路最大坡度为30‰，个别地段允许超过这个值。由此可见，我国《地铁设计规范》(GB 50157—2003)及《城市快速轨道交通工程项目建设标准(试行本)》中规定的最大坡度值，与世界城市轨道交通建设标准是大体一致的。

二、线路最小坡度限制

为便于排水，地下线路区间不能设计成平坡，而应设计成不小于3‰的坡度。

困难地段在确保排水的条件下，可采用小于3‰的坡度；地面和高架桥上正线最小坡度在采取了排水措施后不受影响。

地下车站站台计算长度范围内的线路坡度宜采用2‰，在困难条件下，可设在不大于3‰的坡道上。

地下线路的存车线和车辆折返用的尽端线上，应设2‰的纵向坡度，且由车站到车挡为上坡。道岔宜设在不大于5‰的坡道上，在困难地段可设在不大于10‰的坡道上。

地面和高架桥上的车站站台计算长度范围内线路宜设在平坡道上，在困难地段可设在不大于3‰的坡道上。车场线宜设在平坡道上，条件困难时，库外线可设在不大于1.5‰的坡道上。

车站站台计算长度范围内线路应设在一个坡道上，有条件时宜布置在纵断面的凸形地段上，并设置合理的进、出站坡度。

折返线和停车线应布置在面向车挡或区间的下坡道上，隧道内的坡度宜为2‰，地面和高架桥上的折返线、停车线，其坡度不宜大于1.5‰。

第三节 坡段连接

一、相邻坡段坡度差

纵断面的坡段有上坡、下坡和平坡。上坡的坡度为正值，下坡的坡度为负值，相邻坡段坡度差的大小，应以代数差的绝对值 Δi 表示。如前一坡段的坡度 i_1 为 6‰下坡，后一坡段的坡度 i_2 为 4‰ 上坡，则坡度差 Δi 为

$$\Delta i = |i_1 - i_2| = |(-6‰) - (+4‰)| = 10‰$$

相邻坡段的坡度差，都是以保证列车不断钩来制定的。轨道交通线路上行驶的旅客列车质量小，且车钩采用密接式车钩，因此相邻坡段的坡度差不受限制。

另一方面，列车通过变坡点时，车钩产生附加应力，并致使车辆的局部加速度增加，其值与相邻两坡段的坡度代数差成正比。坡度代数差太大，会影响旅客舒适度。我国《地铁设计规范》(GB 50157—2003)没有对坡度代数差加以限制，但规定了两相邻坡段的坡度代数差等于或大于 2‰时，应设圆曲线形竖曲线连接。根据国内外传统的经验，当两反向坡段的坡度值均超过 5‰时，通常采用一段坡度不大于 5‰的坡段连接。

二、竖 曲 线

在线路纵断面的变坡点处，为了保证行车的安全平顺，设置的与坡段直线相切的竖向曲线称为竖曲线。

常用的竖曲线有两种线形：一为抛物线形，即用一定变坡率的 20 m 短坡段连接起来的竖曲线；另一种为圆弧形竖曲线。因圆弧形竖曲线测设、养护方便，目前国内外均大量采用。我国城市轨道交通线路采用圆曲线形竖曲线。

轨道交通线路的竖曲线的半径应根据旅客舒适度、运行安全和养护维修三个条件拟定。

(一)竖曲线半径

1. 竖曲线半径限制条件

圆曲线形竖曲线的半径应根据以下三个条件拟定。

1)旅客舒适条件

旅客列车通过竖曲线时，产生的竖向离心加速度不应大于旅客舒适要求的允许值 a_{SH}。竖曲线的半径 R_{SH}，根据旅客列车的最高速度 V_{max}用下式计算：

$$R_{SH} = \frac{V_{max}^2}{3.6^2 \times a_{SH}} \tag{7-6}$$

竖向离心加速度的允许值 a_{SH}，国外一般取 0.07～0.31 m/s^2。

若 a_{SH} 分别取 0.08 m/s² 和 0.15 m/s²，则竖曲线半径应分别满足

$$R_{SH} \geqslant V_{max}^2 \text{ 和 } R_{SH} \geqslant 0.5V_{max}^2 \tag{7-7}$$

所以，当旅客列车最高速度 V_{max}=120 km/h 时，R_{SH} 分别为 7200 m 和 5760 m；旅客列车最高速度 V_{max}=100 km/h 时，R_{SH} 分别为 5000 m 和 4000 m。

我国地铁设计参考国内外资料，a_{SH} 值一般取 0.1～0.154 m/s²，困难条件取 0.17～0.26 m/s²，则竖曲线半径应分别满足

$$R_{SH} \geqslant (0.8 \sim 0.5)V_{max}^2 \text{ 和 } R_{SH} \geqslant (0.45 \sim 0.3)V_{max}^2 \tag{7-8}$$

2)保证车轮不脱轨条件

列车通过凸形竖曲线时，产生向上的竖向离心力，使车辆有上浮倾向，上浮车辆在横向力作用下容易产生脱轨事故。

列车以速度 V 运行在半径为 R_{SH} 的竖曲线上时，产生的列车竖向加速度为 a_{SH}，相应的竖向离心力(或向心力)为 F_{SH}。F_{SH} 由下式计算：

$$F_{SH} = m \times a_{SH} = \frac{m}{3.6^2 \times R_{SH}} \times V_{max}^2$$

式中，a_{SH} ——竖向加速度(m/s²)；

F_{SH} ——竖向离心(向心)力(N)；

V_{max} ——列车最高运行速度(km/h)；

R_{SH} ——竖曲线半径(m)；

m ——车辆质量(kg)。

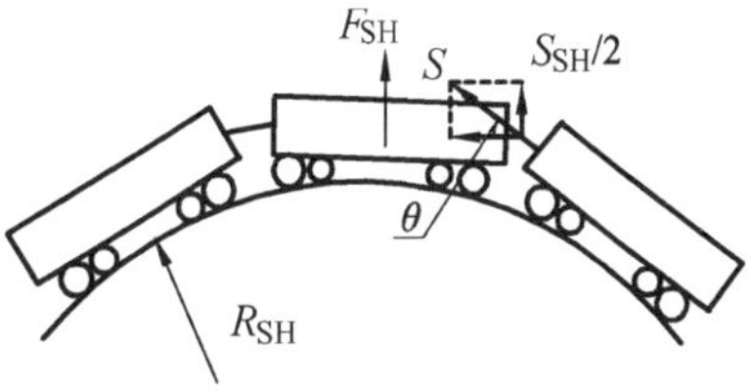

图 7-4　车辆在凸形竖曲线上受力示意图

列车运行在竖曲线上所产生的离心力对列车运行的安全性有影响。

另一方面，列车运行于图 7-4 所示的凸形竖曲线上时，受到向上的竖向离心力 F_{SH} 的作用。考虑最不利运行情况，即假设此时列车进行制动，制动产生的列车纵向压力为 S，其向上的分力为 $S_{SH}/2$，即

$$S_{SH} = 2S \times \sin\theta = \frac{l}{R_{SH}} \times S$$

这两个力的合力 ΔW 对列车有减载作用，其计算方式如下：

$$\Delta W = F_{SH} + S_{SH} = \frac{1}{R_{SH}}\left(m \times \frac{V^2}{3.6^2} + l \times S\right)$$

由此产生的减载率为

$$\frac{\Delta W}{W} = \frac{1}{m \times g \times R_{SH}}\left[m \times \frac{V^2}{3.6^2} + l \times S\right]$$

式中，W ——车辆重力(N)，$W = m \times g$；

g ——重力加速度(9.81 m/s²)；

l ——车辆钩舌距(m)。

根据日本相关资料，从运行安全方面考虑，列车运行在竖曲线上时产生的垂直方向的离心力使轴重减载率不大于 10%，即 $\Delta W/W \leqslant 0.1$，则从运营安全角度考虑的竖曲线半径应满足

$$R_{SH} \geqslant 0.08\, V_{max}^2 \tag{7-9}$$

表 7-4 列出了几种列车最高运行速度与竖曲线半径计算值及建议值的关系。

表 7-4 列车最高运行速度与竖曲线半径

$V_{max}/(km \cdot h^{-1})$	R_{sh}/m	
	计算值	建议值
80	512	600
100	800	800
120	1152	1200
160	2048	2050
180	2592	2600
200	3200	3200

3)养护维修条件

采用大的竖曲线半径，可提高列车通过变坡点的运行平稳性和旅客舒适度；但当竖曲线半径大到一定程度时，养护维修很难达到其设置要求。根据国外养护维修经验，最大竖曲线半径不宜大于 40000 m。

2. 竖曲线半径取值标准

综合分析限制竖曲线半径取值的各项因素可见，对竖曲线最小半径起控制作用的是旅客舒适度条件。在旅客舒适度要求一定的条件下，设计最高行车速度与竖曲线半径的关系如表 7-5 所示。

表 7-5 区间正线竖曲线半径最小值

设计最高行车速度/$(km \cdot h^{-1})$	200,160	120	≤100	
			区间	车站端部
竖曲线半径/m	15000	10000	5000(3000)	3000(2000)

我国《地铁设计规范》(GB 50157—2003)和《城市快速轨道交通工程项目建设标准(试行本)》规定：对正线的区间线路，竖曲线半径一般取 5000 m，困难情况下取 2500～3000 m；车站两端因行车速度较低，其线路的竖曲线半径可取 3000 m，困难情况下可取 2000 m。对辅助线和车场线，竖曲线半径可取 2000 m，而对于 C 型车，竖曲线半径可以取 1000 m。

(二)竖曲线几何要素

竖曲线的几何要素计算如图 7-5 所示。

(1)竖曲线切线长度 T_{sh}

$$T_{sh} = R_{sh} \cdot \tan\frac{\alpha}{2} \approx \frac{R_{sh}}{2}\tan\alpha = \frac{R_{sh}}{2}\tan|\alpha_1 - \alpha_2| = \frac{R_{sh}}{2}\left|\frac{\tan\alpha_1 - \tan\alpha_2}{1+\tan\alpha_1 \cdot \tan\alpha_2}\right|$$
$$\approx \frac{R_{sh}}{2}|\tan\alpha_1 - \tan\alpha_2| = \frac{R_{sh}}{2}\left|\frac{i_1}{1000} - \frac{i_2}{1000}\right| = \frac{R_{sh} \cdot \Delta i}{2000}(m) \tag{7-10}$$

式中，α——竖曲线的转角(°)；

α_1、α_2——前、后坡段与水平线的夹角(°)，上坡为正值，下坡为负值；

i_1、i_2——前、后坡段的坡度(‰)，上坡为正值，下坡为负值；

Δi——相邻坡度代数差的绝对值(‰)。

(2)竖曲线长度：

$$K_{sh} \approx 2T_{sh}(\text{m}) \tag{7-11}$$

(3)竖曲线纵距 y。

因为

$$(R_{sh}+y)^2 = R_{sh}^2 + x^2$$

$$2R_{sh} \cdot y = x^2 - y^2 (y^2 \text{ 值很小,可忽略不计})$$

所以

$$y^2 = \frac{x^2}{2R_{sh}}(\text{m}) \tag{7-12}$$

式中，x——切线上计算点至竖曲线起点的距离(m)。

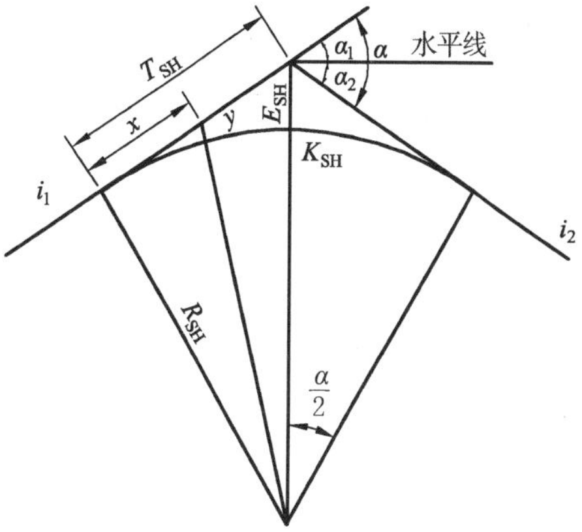

图 7-5　竖曲线

变坡点处的纵距称为竖曲线的外矢距 E_{sh}，其计算公式为

$$E_{sh} = \frac{T_{sh}^2}{2R_{sh}}(\text{m}) \tag{7-13}$$

变坡点处的线路施工高程，应根据变坡点的设计高程，减去(凸形变坡点)或加上(凹形变坡点)外矢距的高度。路基填挖高度应根据施工高程计算。

例：某轨道交通线路凸形变坡点 A 的地面高程为 476.50 m，设计高程为 472.36 m，相邻坡段坡度为 $i_1=6‰$，$i_2=-2‰$，竖曲线半径取 10000 m，求 A 点的挖方高度。

解：A 点的坡度差为

$$\Delta i = |6-(-2)| = 8(‰)$$

A 点的竖曲线切线长：

$$T_{SH} = \frac{10000 \times \Delta i}{2\ 000} = 5 \times \Delta i = 40(\text{m})$$

A 点的竖曲线外矢距：

$$E_{SH} = \frac{T_{SH}^2}{2R_{SH}} = \frac{40^2}{2 \times 10000} = 0.08(\text{m})$$

A 点的施工高程：

$$472.36 - 0.08 = 472.28(\text{m})$$

A 点的挖方高度为

$$476.50 - 472.28 = 4.22(\text{m})$$

（三）设置竖曲线的限制条件

1. 需要设置竖曲线的最小坡度代数差

1）保证列车不脱轨条件

在线路纵断面上，若各坡段直接连接成折线，列车通过变坡点时，产生的车辆振动和局部加速度增大，乘车舒适度降低；当车辆的前转向架中间轴机车车辆重心未通过变坡点前，动车前轮将呈悬空状态；当悬空高度大于轮缘高度时，将导致脱轨，所以必须在变坡点处用竖曲线把折线断面平顺地连接起来，以保证行车的安全和平顺。

脱轨要求的坡度差条件为

$$\Delta i \leqslant \frac{d_{\min}}{L_Z} \tag{7-14}$$

式中，L_Z——车辆重心至前转向架第一轮中心的距离(m)；

$d_{\min}$——轮缘高度(m)。

若车辆重心至前转向架第一轮中心的距离取最大值 5.6 m，轮缘高度取 0.025 m，则相应的坡度差为 4.5‰。

2）轨道自然柔顺条件

根据运营实践，普通轨道在纵距为 5 mm 左右而不设竖曲线时，在施工、养护时变坡点处轨面能自然形成竖曲线，据此可得相应竖曲线半径与最小坡度差的关系如表 7-6 所示。

表 7-6 竖曲线半径与最小坡度差的关系

R_{SH}/m	15000	10000	5000	3000
$\Delta i_{\min}$/‰	1.6	2	2.8	3.6

可见，对于上述曲线半径，当坡度代数差小于 2‰时，变坡点处纵距很小，无需在基础表面做出圆弧，轨道扣件可自动将连接处顺为圆弧。

3）相关规定

综合各项影响因素，并参考国内外研究与实践，我国规定各级铁路需设置竖曲线的条件为：设计速度为 160 km/h 及以上的区段，相邻坡段的坡度差 $\Delta i \geqslant 1$‰时，设置竖曲线；设计速度小于 160 km/h 的区段，按相邻坡段坡度差Ⅰ、Ⅱ级铁路 $\Delta i > 3$‰，Ⅲ级铁路 $\Delta i > 4$‰时设置竖曲线，即在路基面上做出竖曲线线形。竖曲线长度不宜小于 25 m。设计建设小于 100 km/h 的地铁和轻轨，两相邻坡段的坡度代数差等于或大于 2‰时，应设圆曲线形竖曲线连接。

2. 竖曲线与平曲线的重叠设置

碎石道床线路竖曲线范围内，轨面高程以一定的曲率变化；缓和曲线范围内，外轨高程以一定的超高顺坡变化。若两者重叠，一方面在轨道铺设和养护时，外轨高程不易控制；另一方面外轨的直线形超高顺坡和圆形竖曲线，都要改变形状，影响行车的平稳。

因此，竖曲线不得与平面缓和曲线重叠设置；当不设平面缓和曲线时，竖曲线不得与超高顺坡段重叠。

为了保证竖曲线不与缓和曲线重叠，纵断面设计时，变坡点离开缓和曲线起讫点的距离，不应小于竖曲线的切线长(图 7-6)。

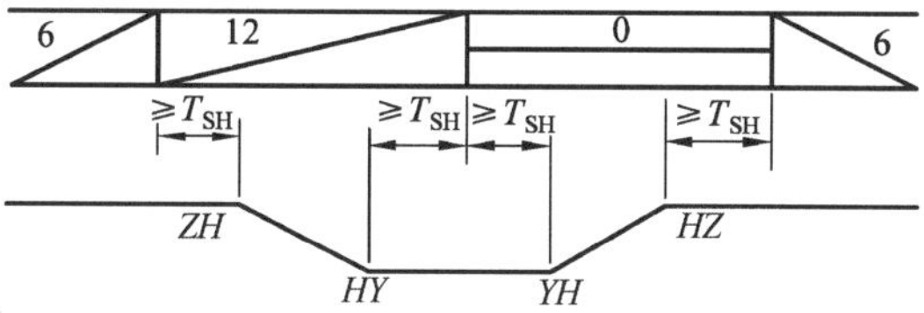

图 7-6 变坡点距缓和曲线起讫点的距离

3. 竖曲线不应设在明桥桥面上

在明桥(无砟桥)面上设置竖曲线时，其曲率要用木枕高度调整，每根木枕厚度都不同，若要按固定位置顺序铺设，会给施工、养护带来困难。为了保证竖曲线不设在明桥桥面上，变坡点距明桥桥面端点的距离不应小于竖曲线的切线长。

4. 竖曲线不应与道岔重叠

道岔的尖轨和辙叉应位于同一平面上，若将其设在竖曲线的曲面上，则道岔的铺设与转换都有困难；同时道岔的导曲线和竖曲线重合，列车通过道岔的平稳性降低。

为了保证竖曲线不与道岔重叠，变坡点与车站站坪端点的距离，不应小于竖曲线的切线长。车站站台计算长度内和道岔范围内不得设置竖曲线，竖曲线离开道岔端部的距离不应小于 5 m。

渡线应设在 5‰以内的坡度上，而且竖曲线不应伸入道岔范围。竖曲线起点至道岔基本轨起点的距离，或距辙叉跟端以外短轨端点的距离，均不应小于 5 m。

第四节 坡 段 长 度

相邻两坡段的坡度变化点称为变坡点。相邻两变坡点间的水平距离称为坡段长度。

从工程数量上看，采用较短的坡段长度可更好地适应地形起伏，减少路基、桥隧等工程数量(图 7-7)；但从列车运行的平稳性要求出发，纵断面坡段长度宜设计为较长的坡段。因此，坡段长度的确定，既要满足列车运行的平稳性要求，又要尽可能地节约工程投资，使两者取得最佳的统一。

图 7-7 不同坡长的纵断面

城市轨道交通线路，为避免列车运营过程中的频繁起伏，提高舒适程度，不宜连续采用“N”形短坡段。采用大坡度路段，宜避免采用“V”形纵断面。

最短坡长的限制主要是从列车行驶平稳性的要求考虑的。

一、保证同坡段两端的竖曲线不重叠

从列车运行平稳性的角度考虑，最小坡段长度应保证同坡段两端所设的竖曲线不在坡段中间重叠，如图 7-8 所示，因此要求坡段长度满足：

$$l_{\min} \geqslant \frac{R_{\mathrm{sh1}} \cdot \Delta i_{\max}}{2000} + \frac{R_{\mathrm{sh2}} \cdot \Delta i_{\max}}{2000} \tag{7-15}$$

式中，$l_{\min}$——最小坡段长度，m；

$\Delta i_{\max}$——相邻坡段最大坡度差，‰；

R_{sh}——竖曲线半径，m。

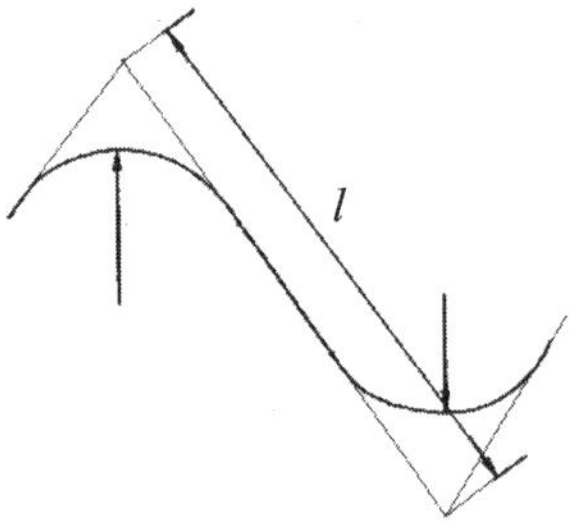

图 7-8 竖曲线不重叠的坡段长度

二、竖曲线上产生的车辆垂向振动不致影响旅客舒适度

列车经过坡段两端的竖曲线时，除了在曲线上产生的离心加速度外，在线形变化点前后由于线路曲率的变化，将产生一定的振动激挠，前后两个线形变化点产生的激挠振动的相位差(即两个激挠振动产生的时间差)受列车运行速度和竖曲线间直坡段长度控制，其激挠振动是否会产生叠加还与列车振动衰减特性有关。

理论上列车垂向运行平稳、旅客乘坐舒适所要求的夹直坡段的最小长度由“列车在竖曲线出入口产生的振动不致叠加”限制(图 7-9)，它与列车振动、衰减特性和列车运行速度有关。根据实验结果，列车在竖曲线出入口产生的垂向振动通常在半个周期前后达到反向最大，在一个半至两个周期内基本衰减完。假设车辆垂向振动的周期为 T(s)，则竖曲线间的夹直坡段最小长度为

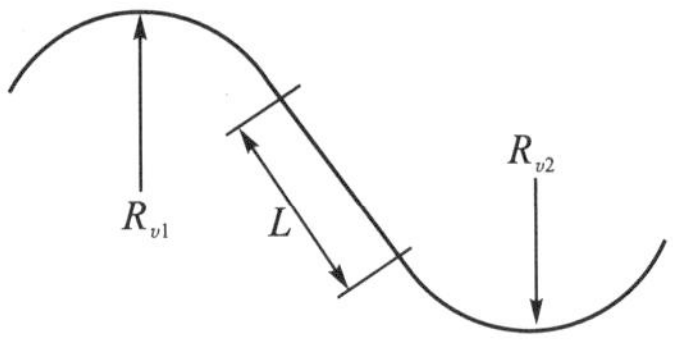

图 7-9 竖曲线间夹坡段长度

$$L_{\mathrm{J}} \geqslant \frac{n \cdot T \cdot V_{\max}}{3.6} + L_{\mathrm{q}} \tag{7-16}$$

式中，t_Z——弹簧振动消失时间(s)，与车辆构造和弹簧装置性能有关；

n——转向架振动消失所经历的周期数，根据试验结果，一般取 1.0～1.5；

T——车辆振动衰减时间(s)，可根据相关试验结果或仿真分析确定；

$V_{\max}$——旅客列车路段设计速度(km/h)；

L_{q}——客车全轴距。

考虑到车辆并非刚体，可取 $L_{\mathrm{q}}=0$；取 $n=1$，则式(7-16)可简化为

$$L_{\mathrm{J}} \geqslant \frac{T \cdot V_{\max}}{3.6} \tag{7-17}$$

轨道车辆经过竖曲线后的振动衰减基本完成需要的时间大约为 1.25～1.65 s，相应的夹坡段长度为 120～160 m，换算长度为 0.35 $V_{\max}$～0.46 $V_{\max}$。

三、旅客列车不同时跨两个变坡点条件要求的坡段长度

为了提高旅客列车运行平稳性，应使旅客列车不同时跨两个或两个以上变坡点，以免列车过变坡点时各个变坡点所产生的附加应力和局部加速度因叠加而加剧，从而影响列车的平稳运行和旅客的舒适。因此，线路坡段长度不宜小于远期列车计算长度。

按每节车厢 19.11 m 计算，当列车编组为 8 节车厢时，约为 150 m；当列车编组为 6 节车厢时，约为 115 m；当列车编组为 4 节车厢时，约为 75 m。

四、最小坡段长度取值

两变坡点之间的坡段长度由两段竖曲线切线长和中间夹坡段长度两部分组成。

由于城轨交通线路的竖曲线半径一般不是定值，坡度代数差又不受限制，因此其切线长部分很难确定统一标准。

轨道交通线路坡段长度应满足下式的要求：

$$l_{min} \geqslant \frac{R_{sh1} \cdot \Delta i_{max}}{2000} + \frac{R_{sh2} \cdot \Delta i_{max}}{2000} + l_{jmin} \tag{7-18}$$

式中，l_{jmin}——竖曲线之间的最小夹坡段长度，线路坡段长度不宜小于远期列车长度，并应满足相邻竖曲线间夹直线坡段长度的要求。

不同速度轨道交通线路最小夹坡段长度可按下式计算确定，或按表 7-7 取值。

$$l_{jmin} = \begin{cases} 0.45\,V_{max}, & \text{一般情况} \\ 0.4\,V_{max}, & \text{困难情况} \end{cases} \tag{7-19}$$

表 7-7　夹坡段最小长度

设计速度/(km · h^{-1})		200	160	120	100	80
工程条件/m	一般情况	90	75	55	45	40
	困难情况	80	65	50	40	35

《地铁设计规范》(GB 50157—2003)规定，两竖曲线间的最小直线长度不宜小于 50 m。

从列车运行品质上看，当凸形纵断面位于曲线时，由于凸形变坡点竖曲线产生向上离心力而相应加大了水平未被平衡的加速度，相对增加了欠超高。在直线上，若坡段太短，将导致列车频繁起伏运行，导致竖向离心加速度变化率增大，也可能使旅客感到不适。因此，纵断面坡段长度的设计，应综合考虑工程量和旅客舒适性因素。在工程量相差不大时，宜尽量设计为较长的坡段。

第五节　坡段设计对行车费用的影响

一、坡度大小对行车费用的影响

一条设计线的动车类型和最大坡度选定后，区间最大持续运行速度等也随之确定。若设计坡度值较大，则上坡时，每千米的燃料或电力的消耗较多，行车时分加长；下坡时，制动限速越低，轮箍闸瓦的磨耗越严重，行车费用也会增多。

如图 7-10(a)与图 7-10(b)所示，坡段长度与坡度大小是相同的，只是进出车站的上、下坡情况不同。(b)型纵断面，列车出站为下坡，有利于列车加速，减少能量消耗；进站为上坡有利于列车减速，减少制动的轮箍闸瓦磨耗；并且区间的平均走行速度也较高。(a)型纵断面则相反。所以(a)型纵断面的行车费用高于(b)型纵断面，故车站宜设在纵断面的凸起部位。

图 7-10　凸形、凹形区间纵断面

二、有害坡段与无害坡段

列车在下坡道上运行时，可借助重力作用，不需动车牵引而向下滑行，坡度越陡，坡段越长，则列车最后滑行的速度越快。但是列车下坡的速度受制动条件限制不能过高，达到限制速度后，即需制动。这种需要制动的坡段，一方面使列车在坡顶具有的位能因制动而消耗一部分，不能充分被利用；另一方面轮箍闸瓦因制动而磨损，增大行车费用，所以称为有害坡段。

若下坡的坡度不大，或者坡度虽大但坡段很短，列车借助重力向下滑行，速度达不到限制速度，因而不需要施行制动。这种不需制动的坡段，位能完全得到利用，又不会引起轮箍闸瓦的磨耗，不致增大行车费用，所以称为无害坡度。

下坡坡道是否需要制动，与坡度大小、坡段长度和列车进入该坡段的初速有关，可绘制速度距离曲线来判断。如图 7-11 所示，$a \sim b$ 坡段为需要制动的有害坡段，其他坡段为不需要制动的无害坡段。

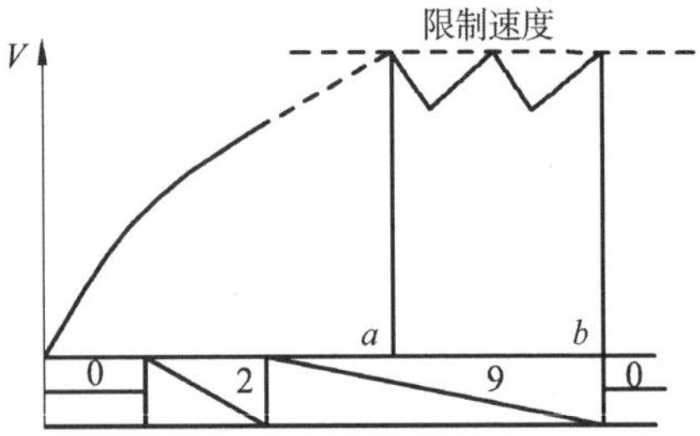

图 7-11　有害坡段的判定

若某个坡度的坡道无论多长，列车在下坡道上滑行时，最后能以限制速度作等速运行而无需制动，这种坡度称为最大无害坡度 $i_{\mathrm{wh(max)}}$。

因

$$P\times w_0'+G\times w_0''=i_{\mathrm{wh(max)}}\times(P+G)$$

故

$$i_{\mathrm{wh(max)}}=\frac{P\times w_0'+G\times w_0''}{P+G}=w_0(‰)\tag{7-20}$$

式中，w_0'——限制速度时动车单位基本阻力(N/kN)；

w_0''——限制速度时拖车单位基本阻力(N/kN)；

w_0——限制速度运行时的列车平均单位基本阻力(N/kN)；

P——全部动车的质量(t)；

G——全部拖车的质量(t)。

三、克 服 高 度

线路的克服高度为线路上坡方向上升的高度，又称拔起高度。上行与下行方向应分别计算(图 7-12)a，b 两点间上、下行方向的克服高度总和分别为

$$\sum h_s=h_s'+h_s''(\mathrm{m})$$

$$\sum h_x=h_x'+h_x''+h_x'''(\mathrm{m})$$

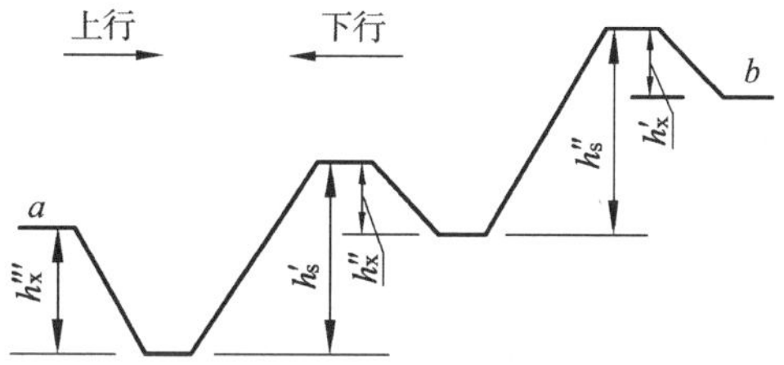

图 7-12　克服高度示意图

克服高度影响列车能量消耗和运行速度。在线路长度不变的前提下，克服高度越大，则燃料或电力消耗越多，行车时分越长，行车费用越高。

所以对不同线路方案进行比较时，应将克服高度作为技术指标之一，衡量方案优劣。

设计纵断面时，要适应地形起伏，也要力争减小克服高度，如图 7-13 所示，只要把纵断面坡顶的设计高程降低，改为虚线坡段，减小克服高度，则行车速度即可提高，行车费用也可降低。

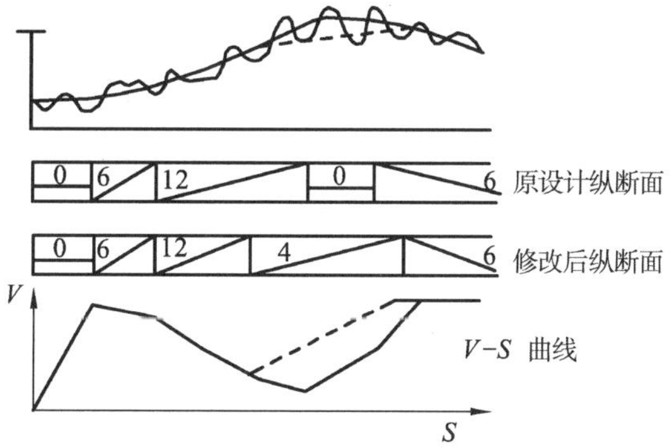

图 7-13　降低克服高度

第六节 线路纵断面设计方法

一、新建项目纵断面设计

对于新建项目，纵断面设计工作包括收集基础资料、确定高程控制点、右线纵断面坡度设计和左线坡度设计等。

(一)收集基础资料

根据不同的设计阶段、设计深度，设计纵断面需综合考虑自然条件、社会环境、工程设计等要求，为此需收集以下资料：

(1)地面线(道路线)及其跨越道路立交桥、河床底、航行水位、洪水位、铁路、高压线标高等资料；

(2)地下管道及主要房屋、人防工程基础标高等资料；

(3)道路、立交桥、铁路、河渠、地下管道等规划标高资料；

(4)地质剖面及地下水位标高资料；

(5)线路平面及附属结构物设计资料。

(二)确定高程控制点

根据设计原则、标准、隧道结构外轮廓尺寸、覆土厚度、桥下净高、距建筑物的最小距离、地铁排水位置等要求，查询相关资料，确定纵断面设计的高程控制点及其控制标高。

(三)右线纵断面坡度设计

1. 右线坡度设计

城市轨道交通以右线为基准线，右线坡度设计贯穿于各个设计阶段。初步设计及以前各阶段，坡段长度宜为50 m的倍数，变坡点一般落在百米里程及50 m里程处。施工设计阶段，右线坡段长度一般取整为10 m的倍数，变坡点落在整10 m的里程上，坡度一般用千分整数表示，以方便其他设计和施工人员应用。设计标高应为轨顶标高。

2. 右线竖曲线设计

竖曲线设计包括竖曲线半径选择、竖切线长度计算及竖曲线高程改正值计算。初步设计阶段只进行竖曲线半径设计，施工设计阶段才进行竖曲线高程改正值计算，精度至毫米。

施工图设计阶段的内容还包括左线坡度设计、左线竖曲线设计、左右线轨顶详细标高计算等。左右线轨顶详细标高计算包括百米及千米标、控制加标、车站中心、道岔中心、附属结构物中心或接口中心、线路最低点、断链，有时还应包括隧道结构变形缝等标高计算。标高值计算至毫米。

(四)左线坡度设计

1. 左线与右线并行于同一隧道内

左线与右线位于同一隧道结构体内，无论隧道结构是单孔(跨)还是多孔(跨)，无论是车站隧道结构还是区间隧道结构，左线坡度应与右线一致，同断面的左右线标高应相等。

曲线地段，左、右线(内、外曲线)长度不同，左线坡度应作调整，使曲线范围内同一法线断面上的左右线标高相同。调整坡度段与原坡段视为同一坡段，调整坡度段的变坡点最好位于缓和曲线中部的整 10 m 里程位置上，并验算左右线同断面标高是否相同，允许标高差不大于 2 cm。在小曲线小坡度地段，可以调整变坡点位置，避免零碎坡段和坡度，但要满足相同断面标高差不大于 2 cm 的要求。调整坡度值与调整变坡点也可以同时进行。

左线与右线常上下重叠于同一隧道内，是一种立体并行形式。这种形式的左线坡度与右线应完全相同，标高相差一常数。

2. 左线与右线分设于单线隧道内

车站范围内的左线坡度及标高宜与右线一致(左右线站台位于同一平面上)或标高相差一常数(左右线站台不位于同一平面上)。虽然车站范围内左线与右线的隧道是单独的，但站台之间、站台与站厅之间都有通道相互联络，左右线坡度及标高一致(或差一常数)，有利于车站各部分的设计与施工。

区间地段的左线坡度不要求与右线相同，坡度设计较为灵活。但左右线宜共用一个排水站，要求左线最低点位置处于右线最低点同一断面处，如错动不应大于 20 m，最低点标高宜相等，但允许有 30 cm 以内高差。左右线之间若有连接通道，其左右线标高宜相同，允许有 50 cm 以内的高差。

(五) 施工方法和工程结构对纵断面设计的影响

地下隧道车站的纵断面设计，除了满足相应的坡度、坡段长度、坡段连接要求外，还要综合考虑隧道类型、拟采用的施工方法及运营特点等因素。

对于浅埋隧道，一般采用明挖法施工，宜接近地面，以减少土方工程量，简化施工条件。同时，又要考虑在隧道上面预留足够的空间来设置城市地下管线，并有足够厚度的土壤层来隔热，使隧道内不受地面温度变化的影响。通常浅埋区间隧道衬砌顶部至地面距离不小于 2 m。由于车站本身要求的净空高度大于区间，因而浅埋车站一般位于凹形纵断面的底部。这种纵断面形式是进站下坡、出站上坡，导致列车进站制动和出站加速都需要耗费更多的能量，不利于运营。

对于深埋隧道，通常位于比较稳定的地层内，其顶部以上的地层厚度要能够形成承载拱，为此应埋深一些。在保证车站净空要求的前提下，深埋隧道的车站应埋浅一些，尽量接近地面，因为这样设计的车站土建工程量较少，还可节省升降设备投资，乘客上下地面的时间也相应减少。在这种情况下，车站位于线路凸形纵断面顶部，便于进站减速、出站加速，节省运营成本。

二、纵断面修改设计

通常在软土地基及软硬土层交界地段，不同施工方法、新老施工段相隔时间久、利用隧道上方场地大量存土等原因，将造成建好的隧道结构不均匀下沉；又由于隧道结构净空限制，致使轨道无法按原纵断面设计坡度及标高铺设，必须修改纵断面坡度及标高。

纵断面坡度修改设计标准与新线设计标准基本相同，允许的最小坡度可用到 2‰，但排水沟要特殊施工，以保持水沟不积水。变坡点位置可以设在整数米的位置，坡度可以用非整数千分坡。

修改纵断面设计的关键工作是准确掌握已完工的隧道结构沉降、断面净空尺寸及其误差情况。设计人员应深入现场，实地检查，在此基础上提出横断面净空测量及加密底板面标高测量要求。一般对底板面标高，沿线路中心线每隔 5～20 m 距离测量一次。对断面净空尺寸及顶板底面标高，一般每隔 10～50 m 测一次。

纵断面修改设计的步骤如下：

(1)审阅线路平面贯通测量及隧道底板标高资料，现场踏勘检查；

(2)提出左右线隧道结构断面净空及标高测量要求；

(3)标绘隧道结构底、顶板净空的放大纵断面图；

(4)分析隧道结构净空放大纵断面图，找出标高控制点；

(5)纵断面坡度修改设计；

(6)检查净空高度及道床厚度是否满足要求。

在困难条件下，限界中可以适当扣除施工误差，道床可做特殊设计，减薄厚度。在采取上述措施仍不能满足净空要求时，由施工单位采取补救措施，扩大隧道净空，并根据施工补救方案进行纵断面修改设计。

三、纵 断 面 图

1. 详细纵断面图的内容

详细纵断面图，横向表示线路的长度，竖向表示高程。

图中应标注主要技术标准、设计起讫点里程、一次施工地段和第二线绕行地段的起讫点里程、接线关系和断链。在纵断面起点和高程断开处应绘制高程标尺。图幅上部应绘制图样、下部绘制纵断面栏(图 7-14)。图中应标注断链关系及水准点编号、高程、所在位置。详细纵断面图宜绘制地质图形符号。

新建双线纵断面图应按右线连续绘制。绕行地段和两线并行不等高地段均应绘制辅助纵断面图。

2. 纵断面栏目

纵断面栏目的内容及格式尺寸应根据建设项目的类别及设计阶段确定。该部分内容标注在图的下方。自下而上的顺序为：

(1)右线平面。它是表示线路平面的示意图。线路平面曲线应用凸起或凹下的折线绘制。凸起部分表示右转曲线，凹下部分表示左转曲线。凸起与凹下部分的转折点依次为ZH、HY、YH、HZ点。在ZH和HZ点处要注上距前一个百米标的距离。曲线要素注于曲线内侧。两相邻曲线间的水平线为直线段，要标注其长度。

(2)车站及配线。车站设置形式分岛式站台、侧式站台和岛侧式站台。岛式站台线路位于站台两侧，侧式站台线路位于站台中间。需要时，站台端部需配置折返线。

(3)左线平面。内容同右线平面。

(4)里程。在整千米处标注千米标数。

(5)地面高程。各百米标和加标处应填写地面高程。在地形图上读取高程时，精度为1/10的等高线距；外业测得的高程，精度为0.001 m。

(6)右线纵断面设计资料，从下而上为：

①设计坡度和坡长。向上或向下的斜线表示上坡道或下坡道，水平线表示平道。线上数字表示坡度的千分数，线下数字表示坡段长度。

②设计轨面高程。图上应标出各变坡点、百米标和加标处的设计轨面高程，精度为0.001 m。

③竖曲线。线路竖曲线应用凸起或凹下的折线绘制。凸起部分表示凸竖曲线，凹下部分表示凹竖曲线。

(7)右线纵断面设计资料，从下而上为：设计坡度和坡长，设计轨面高程和竖曲线。

(8)施工工法，填写设计的施工工法，包括盖挖法、盾构法、明挖法等。

(9)工程地质概况。

(10)断链。标注各长、短链点相关信息。

3. 纵断面图样

图样绘于图的上方，表示线路纵断面概貌和沿线建筑物特征。图样中应绘制设计坡度线和地面线，如图7-14所示。图中细线表示地面线，粗线表示设计坡度线。

纵断面示意图的左方，应标注线路的主要技术标准。

车站符号的左、右侧，应写上距前、后车站的距离和前、后区间的往返走行时分。

设计坡度线的上方，要求标出线路各主要建筑物的名称、里程、类型和大小。

绘出断链标和水准基点标的位置和数据。

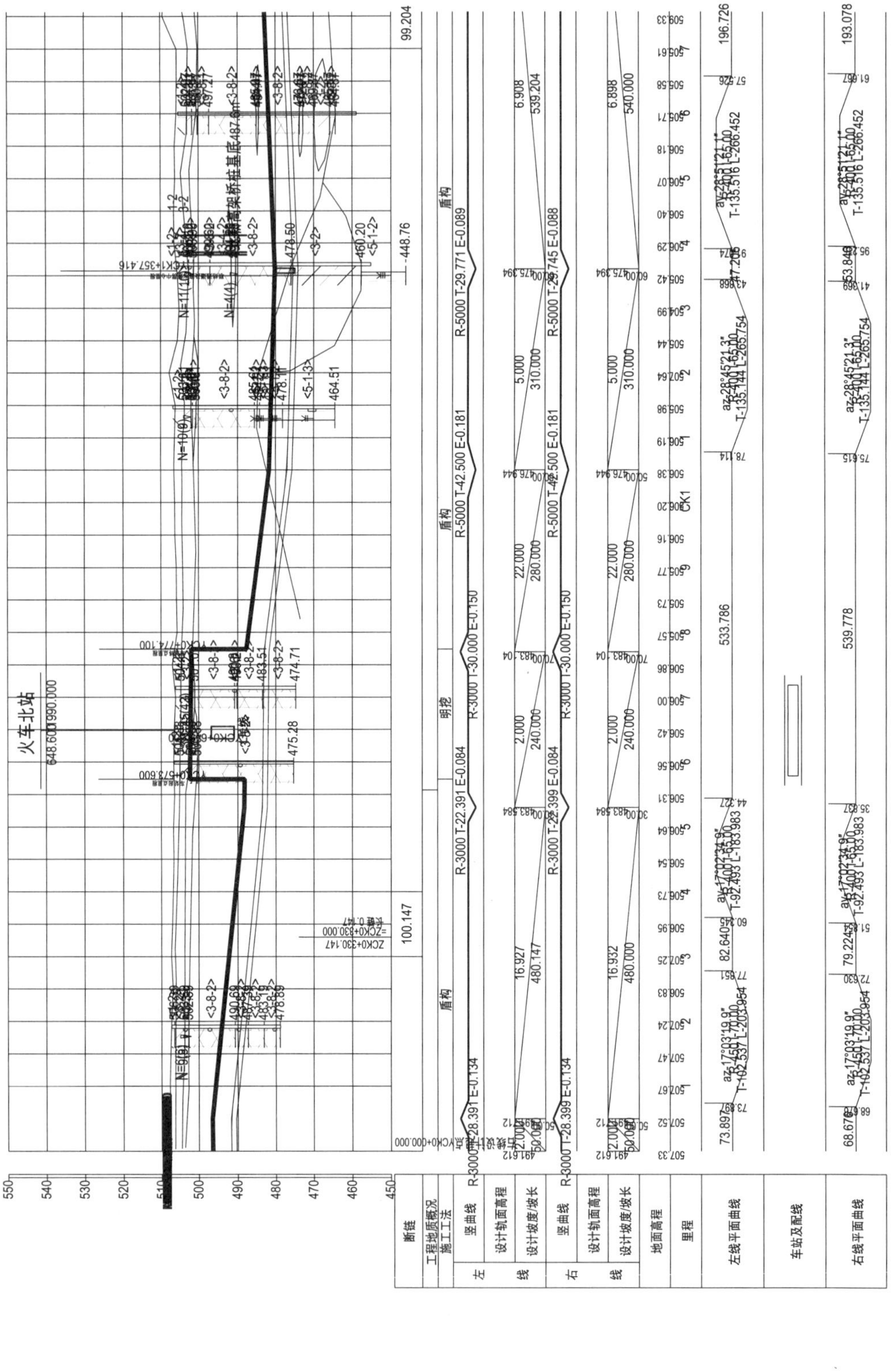

图7-14 详细纵断面图示意图

第八章　限界与横断面

第一节　概　　述

城市轨道交通列车是沿固定轨道快速运动的物体，它需要在特定的空间中运行，根据各种参数和特性，经计算确定的空间尺寸称为限界。为保证安全，各种建（构）筑物和设备均不得侵入其中。

限界是确定行车轨道周围构筑物净空大小和管线及设备安装相互位置的依据，也是设计与施工必须共同遵守的技术规定。

限界设计的任务是在满足城市轨道交通车辆安全运行的前提下，合理地选择桥、隧等结构的有效断面尺寸，以节省工程投资。

限界是由控制点及其连线组成，是保证车辆沿固定轨道安全运行时所需要的空间尺寸。为保证列车运行安全，各种建筑物及设备均不得侵入限界范围。城市轨道交通工程地下隧道的断面尺寸及高架桥梁的宽度都是根据限界确定的。限界越大，安全度越高，但工程量及工程投资也随之增加。因此，合理限界的确定既要考虑对列车运行安全的保证，又要考虑系统建设成本。

限界一般是按平直线路的条件进行制定。对曲线和道岔区的限界，一般应在直线地段限界的基础上根据车辆的有关尺寸以及曲线半径、超高、道岔类型，再分别考虑适当的加宽和加高量。为确保城市轨道限界的统一化、系列化和标准化，我国制定了国家行业标准。

直线电机轮轨交通车辆由于采用直线电机，牵引制动方式依靠直线电机车载定子和感应板之间的电磁力，使得车辆技术规格与地铁限界标准中的旋转电机轮轨交通车辆有很大不同，其限界设计也呈现一些新特征。比如，直线电机轮轨交通车辆降低了车厢地板面高度，使车辆高度及车辆横断面减少，从而减少了隧道限界断面尺寸；直线电机轮轨交通采用轴重较轻的中、小型车辆，可以实现桥梁下部结构的轻量化，减小高架桥工程量和限界断面尺寸等。

第二节　限界的种类

根据城市轨道交通系统的构成和设备运营要求，限界可以分为车辆限界、设备限界、建筑限界和接触轨或接触网限界。它们是根据车辆外轮廓尺寸及技术参数、轨道特性、各种误差及变形，并考虑列车在运动中的状态等因素，经过科学的分析计算后确定的。

一、车 辆 限 界

1. 车辆轮廓线

车辆轮廓线是指地铁车辆在平直线路上，其车辆中心线与线路中心线重合时新造车各部尺寸的标称值。车辆轮廓线由车辆供货商提供。

北京地铁车辆轮廓线如图 8-1 所示。表 8-1 给出了车辆轮廓线的各点坐标。

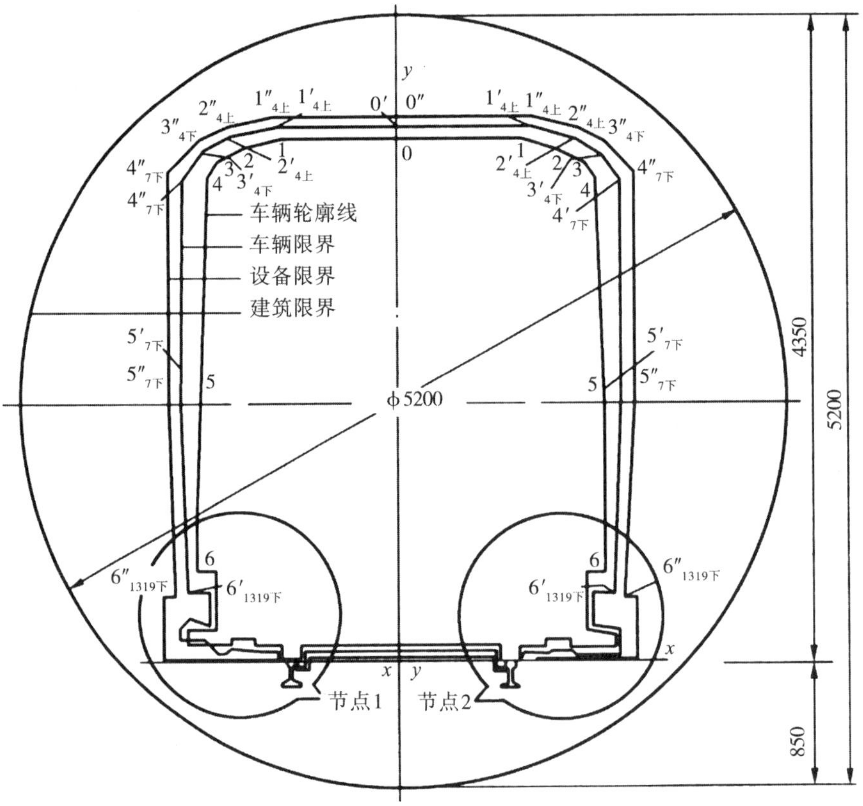

图 8-1 北京地铁车辆限界图（尺寸单位：mm）

表 8-1 北京地铁车辆轮廓线的各点坐标 （单位：mm）

坐标＼点号	0	1	2	3	4	5	6	7	8	9	10	11
x	0	800	1100	1255	1325	1400	1400	1277	1277	1277	1473	1473
y	3515	3515	3435	3350	3250	1860	600	600	350	210	185	105

坐标＼点号	12	13	14	15	16	17	18	19	20	21	22
x	1220	1160	1140	1000	1000	818	818	717.5	717.5	676.5	676.5
y	105	105	150	150	100	100	0	0	−25	−25	−100

2. 车辆限界

直线地段车辆限界是车辆在正常运行状态下形成的最大动态包络线，是以线路为基准的基准轮廓线的最外各点。按车辆在线路上运行时产生的最不利位置确定。其值必须根据车辆技术参数、最大行车速度、轨道参数、接触网（接触轨）参数，并计及各种磨耗值计算确定。

直线地段车辆限界分为隧道内车辆限界和高架或地面线车辆限界，高架或地面线车辆限界应在隧道内车辆限界基础上，另加当地最大风荷载引起的横向和竖向偏移量。

各型车辆基本参数见表 6-8。通常，车辆限界由车辆供货商提供。在车辆各种技术参数还没有正式确定之前，车辆限界可参照有关地铁车辆进行设定。车辆限界坐标如表 8-2 所示。

表 8-2　车辆限界坐标值

坐标＼点号	0	$1_{4上}'$	$2_{4上}'$	$3_{4下}'$	$4_{7下}'$	$5_{7下}'$	$6_{1319下}'$	$7_{1319下}'$
x	0	881	1181	1368	1502	1520	1471	1348
y	3593	3593	3515	3415	3241	1849	463	463
坐标＼点号	J′	8′	9′	$10_1'$	$10_2'$	$10_3'$	$11_1'$	$11_2'$
x	1307	1307	1308	1425	1460	1515	1515	1510
y	463	307	241	275	275	220	140	124
坐标＼点号	$11'\sim12_1'$	$11'\sim12_2'$	$11'\sim12_3'$	10′	11′	12′	13′	14′
x	1455	1382	1365	1504	1504	1251	1191	1167
y	134	146	146	216	44	44	44	70
坐标＼点号	15′	16′	17′	18′	19′	20′	21′	22′
x	1027	1027	845	845	717.5	717.5	649.5	649.5
y	70	60	60	0	0	−45	−45	60

二、设 备 限 界

设备限界是为保证城市轨道交通系统的列车等移动设备在运营过程中的安全所需要的限界。一般说来，设备限界要在车辆限界的基础上，考虑轨道出现状态不良而引起的车辆偏移和倾斜；此外，还要考虑适当的安全预留量。设备限界是一条轮廓线，所有固定设备以及土木工程的任何部分都不得侵入此轮廓线。

直线地段设备限界是车辆限界外的一个轮廓。该轮廓系在车辆限界外，自车体肩部横向加宽 100 mm、边梁下端横向加宽 30 mm、顶部加高 60 mm、受电弓加高 50 mm、车下悬挂物降低 50 mm 后形成的。

直线设备限界与车辆限界之间留有安全间距，主要考虑在车辆限界计算中未涉及的因素，如一系弹簧折断、二系空气弹簧过充或失气以及其他一些未计及因素引起的车辆额外偏移，但不包括事故状态车辆发生的偏移。直线地段设备限界坐标如表 8-3 所示。

表 8-3 设备限界坐标值

坐标＼点号	$0''$	$1_{4\text{上}}''$	$2_{4\text{上}}''$	$3_{4\text{下}}''$	$4_{7\text{下}}''$	$5_{7\text{下}}''$	$6_{1319\text{下}}''$	$7_{1319\text{下}}''$
x	0	917	1218	1406	1593	1600	1545	1545
y	3653	3653	3578	3479	3282	1890	504	432
坐标＼点号	$8''$	$9''$	$10''$	$11''$	$12''$	$13''$	$14''$	$15''$
x	1625	1625	935	935	717.5	717.5	627.5	627.5
y	432	15	15	0	0	−70	−70	15

直线电机轨道交通线路参照《地铁限界标准》，广州 4 号线车辆限界与直线设备限界间安全间距为：肩部横向加宽 70 mm、边梁下端向下及向外加宽 30 mm、顶部加高 50 mm，其他点通过内插计算后得出直线设备限界控制点坐标值。

曲线地段设备限界应在直线地段设备限界基础上按平面曲线半径和静态倾斜及侧滚角计算确定。

三、建 筑 限 界

建筑限界是设备界限的一个轮廓，是指在行车隧道和高架桥等结构物的最小横断面所形成的有效内轮廓线基础上，再考虑其施工误差、测量误差、结构变形等因素，为满足固定设备和管线安装的需要而必需的限界。换言之，建筑限界以内、设备限界以外的空间主要是各类误差、设备变形和其他管线安装所需要的空间，任何建筑物均不得侵入此限界。建筑限界和设备限界之间的空间应能安装各种电缆、水管、消火栓（箱）、动力箱、信号机、照明灯、接触网（接触轨）及其固定设备。该轮廓还应满足在设备限界与设备之间留出 20～50 mm 余隙。

第三节 直线地段的建筑限界

一、建筑限界确定的原则

建筑限界分为隧道建筑限界、高架线建筑限界、地面线建筑限界、车场线建限界等。

建筑限界坐标系是二维直角坐标，规定正交于轨道中心线的平面内的直角坐标，通过两钢轨轨顶中心连线的中点引出的水平坐标轴，以 x 表示；通过该中点垂直于水平轴的坐标轴称垂直轴，用 y 表示。两轴相垂的交点作为坐标的原点 O_{xy}。

建筑限界的确定需遵从以下原则。

（1）城轨列车沿着固定轨道高速运行，需要在特定的空间运行。根据车辆轮廓尺寸和性能、线路特性、设备安装及施工方法等因素经技术经济综合比较确定的空间尺寸称为限界。为了确保运营的安全，各种建（构）筑物和设备均不能侵入限界。

（2）限界是确定城轨系统与行车有关的构筑物净空大小和各种设备相互位置的依据，例如隧道的断面尺寸、桥梁的宽窄，都是依据限界确定的。限界越大，安全度越高，但工程量和工程投资也随着增加。

（3）城市轨道交通建筑限界是按车辆在平直轨道上运行时制定的，而车辆在曲线上运行时，由于车辆纵向中心线是直线，轨道中心线为曲线，因此两者不能吻合。同时在曲线段外轨还要设超高以平衡车辆驶经曲线段时的离心力。所以车辆相对轨道中心线而言就产生平面漂移和竖向加高，其漂移量和加高量应根据不同曲线半径、车辆性能进行计算。

（4）确定限界时，对于结构施工、测量、变形误差、设备制造安装误差，设计、施工和运营中难以预计的其他因素，尚有安全预留尺寸，应分别加以考虑，研究确定。

（5）直线地段的建筑限界是在设备限界基础上，考虑设备和管线安装尺寸后的最小有效断面。在宽度方向上设备和设备限界之间应留出 20～50 mm 的安全间隙。当建筑限界侧面和顶面没有设备或管线时，建筑限界和设备限界之间的间隙不宜小于 200 mm；困难条件下不得小于 100 mm。

二、地下隧道地段建筑限界

1. 地下隧道区间地段建筑限界

隧道建筑限界是在既定的车辆类型、受电方式、施工方法及结构型式等基础上确定的隧道的限界，可以分为矩形隧道限界、圆形隧道限界、马蹄形隧道限界三种类型。区间直线地段各种类型隧道建筑限界，应满足各种设备安装的要求。

（1）矩形隧道限界。

一般地下铁道明挖施工方法下形成矩形隧道。矩形隧道直线地段的建筑限界，水平方向自线路中心线至隧道侧壁距离为设备限界加 50 mm 最大设备宽度；当两线间无构筑物时，按两设备限界之间应有不小于 100 mm 的安全距离计算线间距。

直线地段矩形隧道建筑限界，应在直线设备限界基础上，按下列公式计算确定。

建筑限界宽度：

$$B_S = B_R + B_L \tag{8-1}$$

线路中心线至隧道右侧墙净空距离：

$$B_R = X_{S(max)} + b_1 + c \tag{8-2}$$

线路中心线至隧道左侧墙净空距离：

$$B_L = X_{S(max)} + b_2 + c \tag{8-3}$$

结构底板至隧道顶板建筑限界高度 H：

A 型车和 B2 型车为

$$H = h_1 + h_2 + h_3 \tag{8-4}$$

B1 型车为

$$H = h_1' + h_2'' + h_3 \tag{8-5}$$

以上各式中，$X_{S(max)}$——直线地段设备限界最大宽度值，mm；

b_1，b_2——右侧、左侧设备或支架最大安装宽度值，mm；

c——设备安装误差或安全间隙，mm；

h_1——接触导线安装高度，mm；

h_2——接触网系统高度，mm；

h_3——轨道结构高度，mm；

h_1'——设备限界高度，mm；

h_2''——设备限界至建筑限界安全间隙。

北京城市轨道交通系统规定，直线地段单线矩形隧道建筑限界应符合表 8-4 的要求。

表 8-4　直线地段单线矩形隧道建筑限界　（单位：mm）

	A 型车	B 型车	
		B1	B2
行车方向右侧至线路中心线	2100	2000	2000
行车方向左侧限界至线路中心线距离（设纵向辅助疏散平台）	2500	2400	2400
行车方向左侧限界至线路中心线距离（无纵向辅助疏散平台）	2100	2000	2000
隧道顶部限界至走行轨顶面的高度	4500	4300	4500

B 型车区间隧道直线段矩形隧道限界如图 8-2 所示。

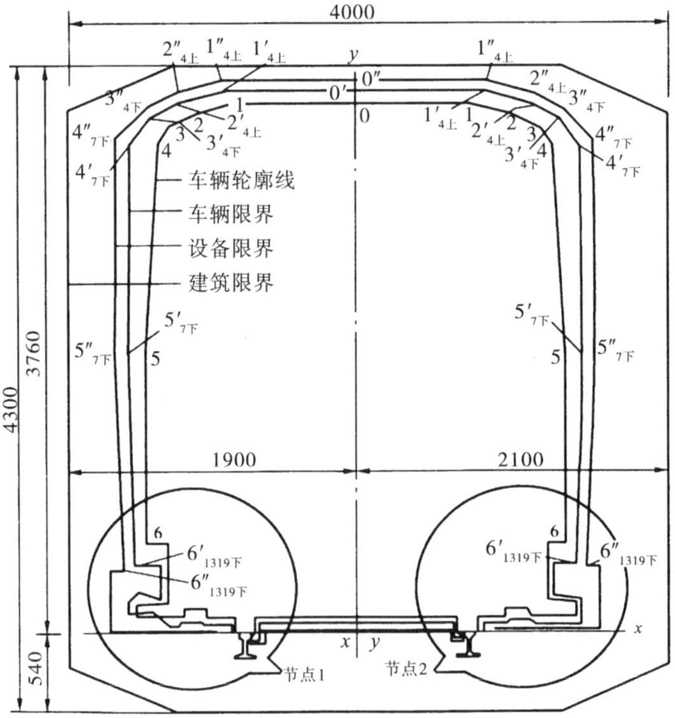

图 8-2　B 型车区间隧道直线地段矩形隧道限界（尺寸单位：mm）

（2）圆形隧道限界。

盾构施工的圆形隧道，不论在直线还是曲线地段，只能采用同一直径的盾构，所以只有按最小曲线半径选用盾构进行施工，才能满足圆形隧道的建筑限界要求。如线路最小平面曲线半径为 R=300 m，则单线圆形隧道建筑限界的直径宜为 ϕ =5200 mm。单线区间直线地段圆形隧道限界如图 8-3 所示。

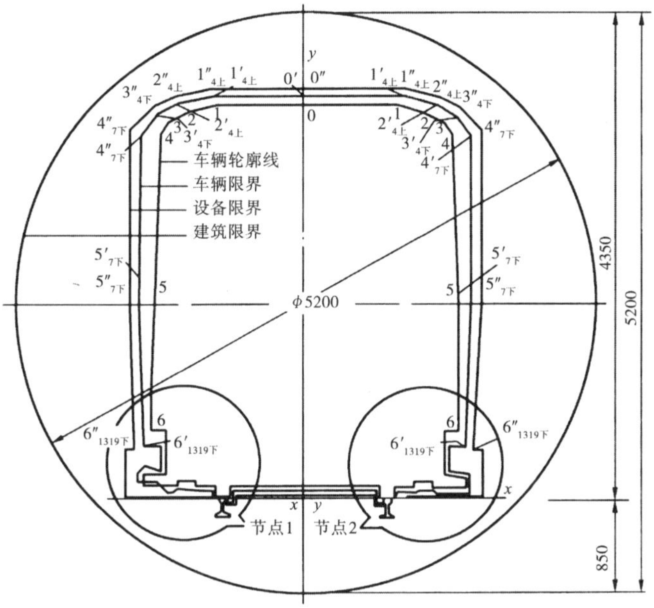

图 8-3　直线地段圆形隧道限界（尺寸单位：mm）

双线大盾构圆形隧道建筑限界，两线间不设置中隔墙工况下，限界圆直径 B 型车宜为 8800 mm，A 型车为 9200 mm；两线间设置中隔墙工况下，限界圆直径 B 型车宜为 9400 mm，A 型车宜为 9800 mm。

（3）马蹄形隧道限界。

矿山法施工的浅埋暗挖隧道，多采用马蹄形断面。马蹄形隧道建筑限界应结合地质条件、管线设备布置位置合理确定。单洞双线马蹄形隧道和单洞单线马蹄形隧道在距走行轨轨顶面 3699 mm 高度评价处，建筑限界与设备限界最小间隙不宜小于 300 mm；在距线路中心 1100 mm 范围内，单洞双线马蹄形隧道轨面至下部建筑限界高度值不应小于轨道结构高度规定值。单洞单线马蹄形隧道建筑限界最大宽度为 5000 mm，最大高度为 4800 mm，如图 8-4 所示。

2. 地下隧道车站地段建筑限界

在车站站台有效范围内，靠近站台一侧，站台边缘至线路中心线的距离，应根据车厢宽度来确定。车站直线段的站台高度应低于车厢地板面，其高度差宜为 50～100 mm。站台边缘距车辆外侧面之间宜采用 100 mm。站台面至钢轨面高度，A 型车为 1050 mm，B 型车为 1020 mm。车站地段矩形隧道限界如图 8-5 所示。节点 1 坐标如图 8-6 所示，节点 2 坐标如图 8-7 所示。

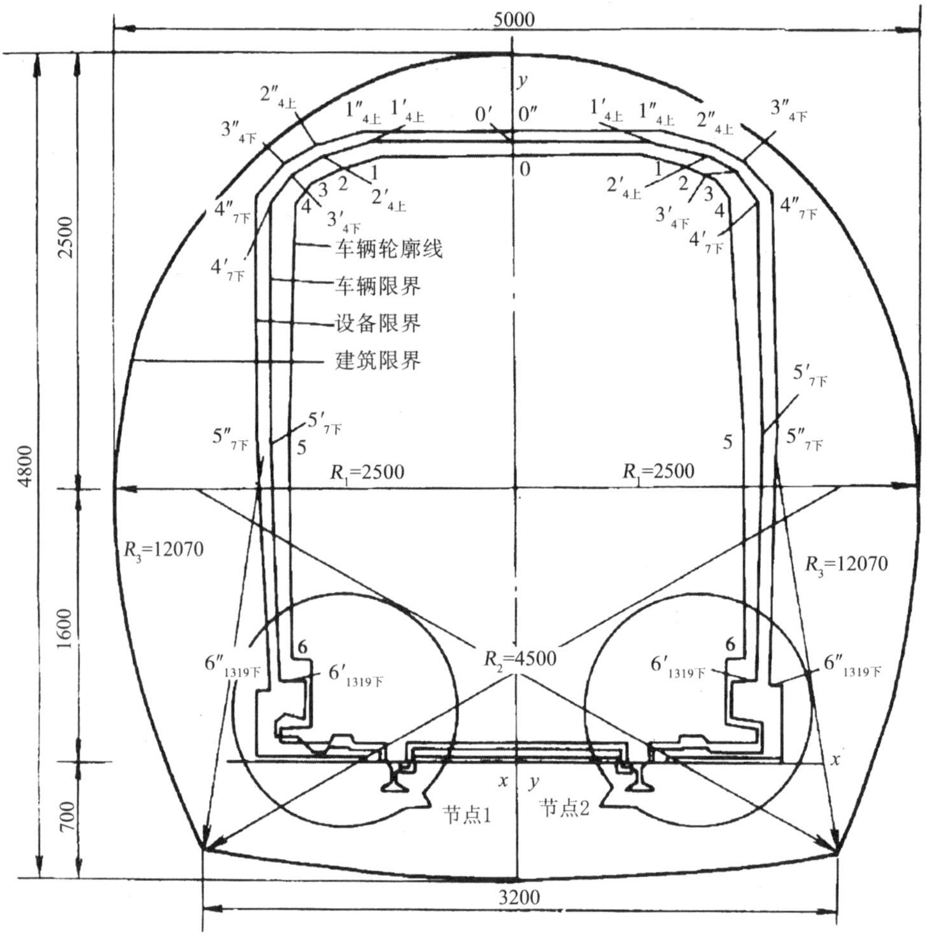

图 8-4 区间隧道直线马蹄形断面隧道限界（尺寸单位：mm）

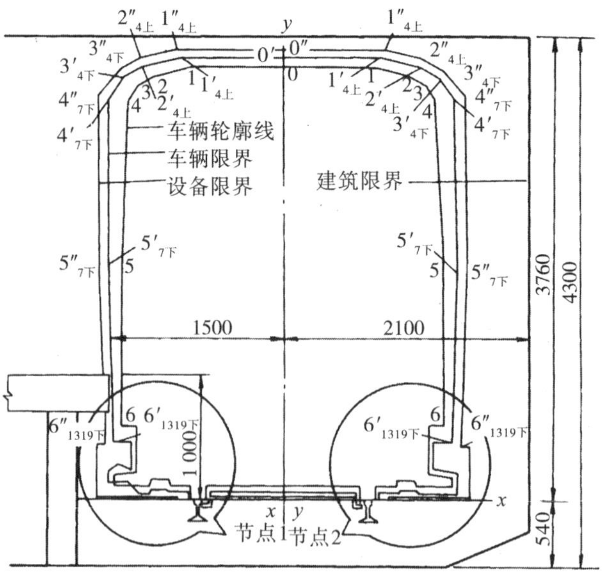

图 8-5 车站地段矩形隧道限界（尺寸单位：mm）

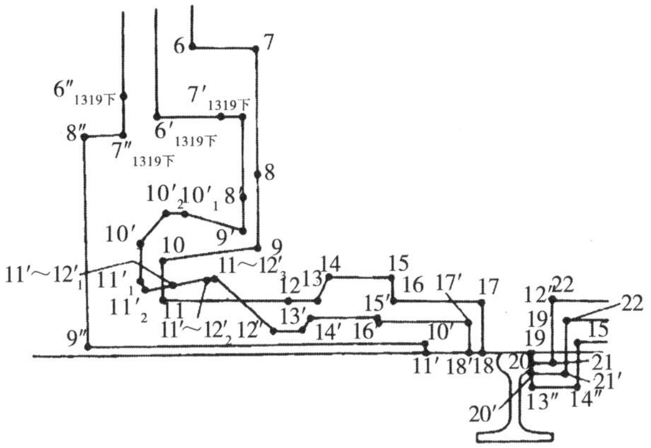

图 8-6　节点 1 坐标

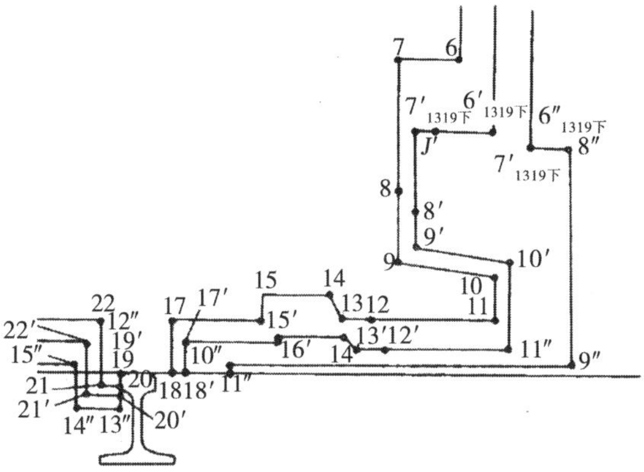

图 8-7　节点 2 坐标

二、高架线或地面线地段建筑限界

1. 高架线或地面线区间地段建筑限界地段建筑限界

在城市地区，地面线上通常需设置人行天桥；在高架线地段，有时也会在城市轨道交通线路上设计高架的人行通道。为保证安全，这种高架的人行天桥需要给城市轨道交通列车及设备留有适当的空间，这就是高架线或地面线的建筑限界。

高架线、地面线的建筑限界，应按照设备限界或车辆限界及设备安装尺寸计算确定；高架线两直线间中心距，应按照选定的高架梁型确定；地面线建筑限界应按路基宽度、两侧排水沟及管线布置方式等确定。

当高架线或地面线线路一侧无人行通道时，建筑限界按照矩形隧道的方法设计。线路一侧有人行通道时，人行通道和设备限界之间的安全间隙应不小于 50 mm。线路一侧设置接触网支柱时，接触网系统最大突出点与设备限界之间的安全间隙应小于 100 mm。高架线采用半封闭弧形声屏障时，其上部设备限界的安全间隙不宜小于 200 mm。线路一侧设置声屏障时，声屏障与设备限界之间的安全间隙应不小于 100 mm。

高建线或地面线两直线间或线路与设备间的中心距应符合下列规定：

（1）当两线间无墙柱及其他设备时，两设备限界之间应有不小于 100 mm 的安全距离；

（2）线路外侧接触网支柱离线路中心线距离，按接触网专业需要确定，但不得侵入设备限界；

（3）地面线曲线地段线间距和构筑物限界，应按照第九章第四节的方法进行加宽；

（4）高架桥上的构筑物或设备突出点至线路中心线距离，应满足其与设备限界之间有不小于 50 mm 的安全间隙。

高架线或地面线的建筑限界高度，A 型车和 B2 型车按接触导线安装高度和接触网系统高度加轨道结构高度确定；B1 型车按设备限界顶部高度和轨道结构高度另加不小于 200 mm 的安全间隙确定。

根据以上原则，可得 B 型车高架桥面建筑限界宽度一般为 8600 mm，线路中心至防护栏内距离为 2400 mm，侧向人行道宽度为 750 mm。若两线之间设接触轨受电，线路间距宜为 3800 mm。

区间高架桥直线段限界见图 8-8，其坐标值如表 8-5～表 8-9 所示。

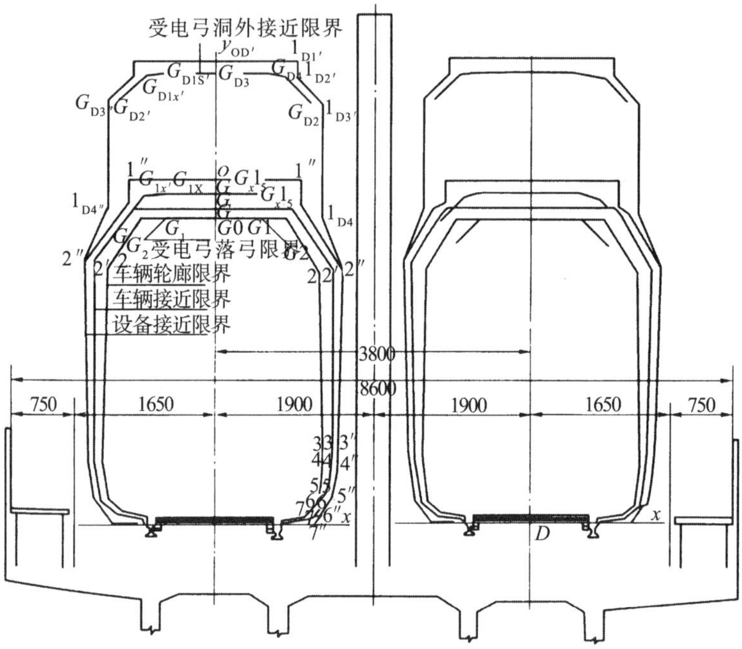

图 8-8 高架桥建筑限界（尺寸单位：mm）

表 8-5 车辆轮廓限界坐标值

坐标＼点号	0	1	2	3	4	5	6	7
x	0	880	1250	1300	1300	1250	1250	1100
y	3700	3700	3100	950	800	360	250	120
坐标＼点号	8	9	10	11	12	13		
x	806	806	717.5	717.5	686	686		
y	80	0	0	−25	−25	80		

表 8-6 车轮接近限界坐标值

坐标点	0′	1_8′	1_b′	1_c′	2′	3′	4′	5′
x	0	978	984	1081	1433	1393	1387	1305
y	3809	3809	3807	3728	3117	967	703	215
坐标点	6′	7′	8′	9′	10′	11′	12′	13′
x	1285	1137	831	831	717.5	717.5	661	661
y	215	70	45	0	0	−45	−45	45

表 8-7　受电弓落弓限界坐标值

坐标点	G_o	G_1	G_2
x	0	600	900
y	3700	3700	3400

表 8-8　受电弓洞外接近限界坐标值

坐标点	G_D0'	$G_Dl'_s$	$G_Dl'_s$	G_D2'
x	0	505	861	1150
y	5500	5518	5470	5160

表 8-9　设备接近限界坐标值

坐标点	$0_D''$	l_{D1}''	l_{D2}''	l_{D3}''	l_{D4}''	$2''$	$3''$	$4''$	$5''$
x	0	986	986	1275	1275	1583	1481	1473	1387
y	5668	5668	5470	5160	3787	3156	1006	742	255
坐标点	$6''$	$7''$	$8''$	$9''$	$10''$	$11''$	$12''$	$13''$	
x	1367	1218	911	911	717.5	717.5	627.5	627.5	
y	255	15	15	0	0	−70	−70	15	

2. 高架车站直线段桥面建筑限界

高架车站通常采用侧式站台。侧式车站桥面建筑限界的总宽度与选用的车辆宽度和侧站台的宽度有关。如选用车辆宽 2800 mm，侧站台的宽度为 4000 mm，其建筑限界的总宽度宜为 14600 mm。站台面至钢轨面高度，A 型车为 1050 mm，B 型车为 1020 mm。高架桥直线段桥面建筑限界见图 8-9。

3. 曲线地段高架桥面区间和车站限界

在曲线地段的区间和车站高架桥面建筑限界，都应在直线地段的各有关尺寸基础上，根据所选用车辆的有关尺寸、平面曲线半径、设置超高进行加宽。

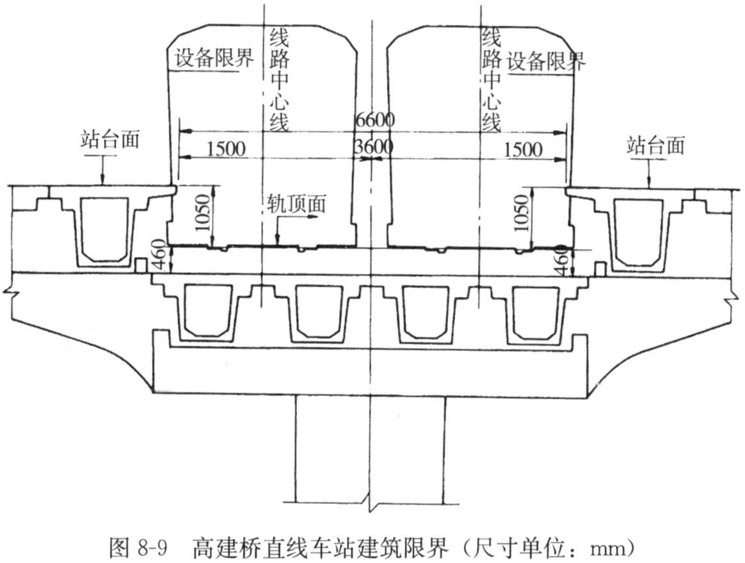

图 8-9　高建桥直线车站建筑限界（尺寸单位：mm）

第四节　城市轨道交通建筑限界加宽方法

车辆在曲线或道岔上运行时，由于车辆纵向中心线是直线，而轨道中心线是曲线，故车辆产生平面偏移。此外，在曲线地段，轨道一般都需要设计一定的超高，它也将引起车辆的竖向中心线发生偏移。因此，对曲线或道岔地段而言，运行中的车辆在平面和立面上都产生一定的偏移量，故其建筑限界应进行加宽和加高。

一、曲线地段限界加宽

1. 平面曲线地段限界加宽、加高方法

在曲线地段，矩形和马蹄形隧道建筑限界应按直线地段的建筑限界加宽和加高，其计算模型如下。

（1）曲线内侧加宽：

$$W_{内} = \frac{l_1^2 + a^2}{8R} + x_4 \cos\alpha + y_4 \sin\alpha - x_4 \tag{8-6}$$

（2）曲线外侧加宽：

$$W_{外} = \frac{L_0^2 - (l_1^2 + a^2)}{8R} + x_8 \cos\alpha - y_8 \sin\alpha - x_8 \tag{8-7}$$

（3）顶部加高：

$$H_{高} = y_1 \cos\alpha + x_1 \sin\alpha - y_1 \tag{8-8}$$

$$\alpha = \sin^{-1}(h/S) \tag{8-9}$$

以上各式中，R ——圆曲线半径，mm；

h ——实设超高值，mm；

S ——内、外轨钢轨中心距离，mm，标准轨距轮轨系统取 1500 mm；

l_1 ——车辆定距，mm；

a ——车辆固定轴距，mm；

L_0 ——车体长度，mm；

（x_1，y_1）、（x_4，y_4）与（x_8，y_8）——计算加宽和加高的控制点坐标。

2. 竖曲线地段建筑限界加高方法

竖曲线的建筑限界，在直线段上应根据不同竖曲线半径及车辆有关尺寸计算的加高量进行加高。

（1）凹型竖曲线：

$$\Delta H_1 = \frac{l_1^2}{8R_1} + a^2 \tag{8-10}$$

（2）凸形竖曲线：

$$\Delta H_2 = \frac{l_0^2 - (l_1^2 + a_2)}{8R_2} \tag{8-11}$$

以上各式中，R_1、R_2分别为凸、凹形竖曲线半径（mm）；其他含义同前。

3. 隧道曲线地段建筑限界设计方法

（1）矩形隧道。

圆曲线地段矩形隧道建筑限界，应在直线地段建筑限界的基础上进行加宽。加宽值按车辆在圆曲线上的设备限界及轨道超高量计算确定。

矩形隧道曲线地段建筑限界应按式(8-6)～式(8-9)的规定进行加宽和加高。

缓和曲线地段矩形隧道建筑限界，应在直线地段建筑限界的基础上进行加宽，加宽值的计算见图 8-10。

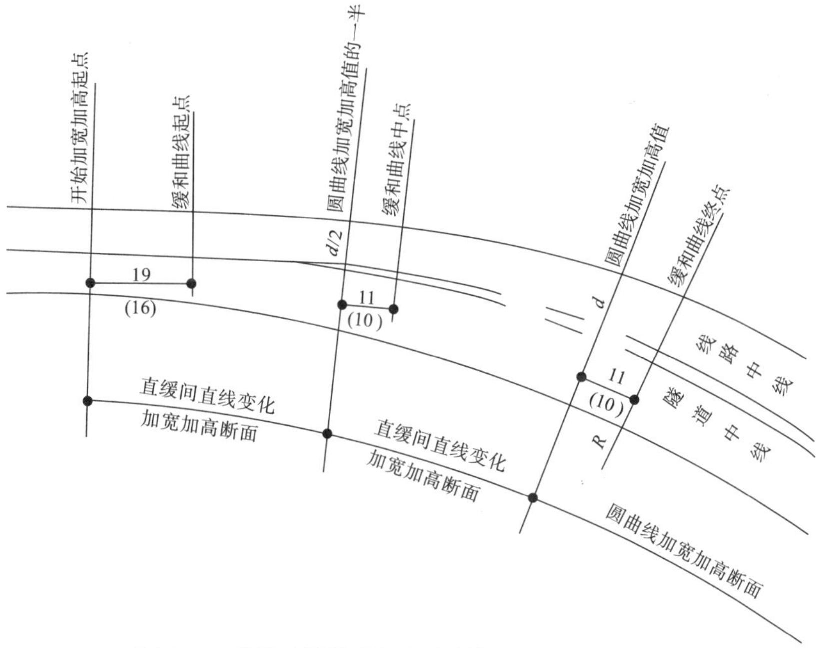

图 8-10　曲线地段隧道加宽量计算图（尺寸单位：m）

注：图中无括号的数字适用于 A 型车，括号内的数字适用于 B 型车。

当计算点位于直线上，但该点到直缓点（ZH）或缓直点（HZ）的距离小于 18.9 m（A 型车）或 15.8 m（B 型车）时，仍按图 8-10 计算加宽量。当曲线无缓和曲线而有超高过渡段时，按图 8-11 计算加宽量。当曲线无缓和曲线且无超高过渡段时，按图 8-12 计算加宽量。当同一计算点出现道岔区加宽和曲线加宽时，应分别计算两者的加宽量，按较大值加宽。受流器车辆的建筑限界加高量按图 8-10 和图 8-11 计算。

（2）圆形隧道和马蹄形隧道。

圆形隧道应按全线最小曲线半径确定隧道建筑限界。圆形隧道在曲线地段应按式(8-12)～式(8-14)的办法解决轨道超高带来的附加加宽值。马蹄形隧道宜按全线最小曲线半径确定建筑限界，也可按直线设备限界增加一种直线地段马蹄形隧道建筑限界，做成曲线和直线两种不同尺寸的马蹄形隧道建筑限界。圆形隧道和马蹄形隧道按全线最小曲线半径确定建筑限界时，可采用隧道中心向线路基准线内侧偏移的方法解决轨道超高带来的内外侧不均匀位移量。

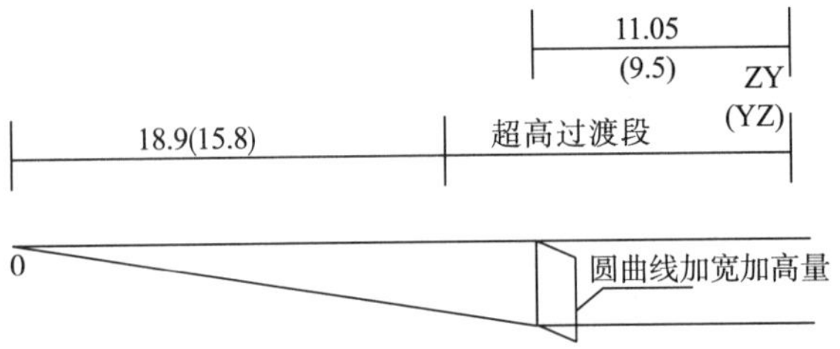

图 8-11　无缓和曲线有超高过渡段加宽加高量计算图（尺寸单位：m）

注：当超高过渡段长度小于 11.05（9.5）m 时，圆曲线加宽加高量终点应与超高过渡段终点重合。

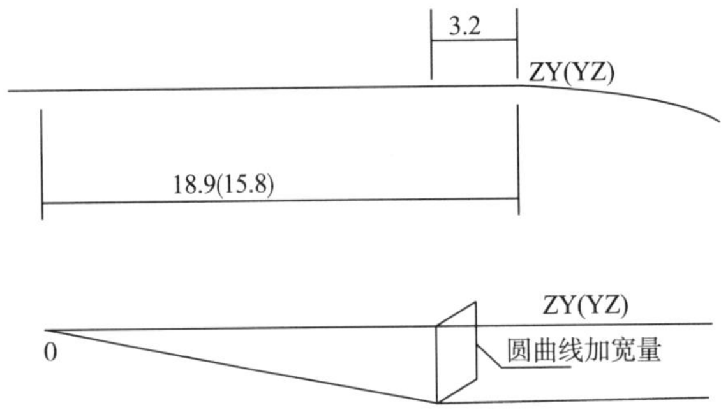

图 8-12　无缓和曲线无超高过渡段加宽量计算图（尺寸单位：m）

隧道中心线对线路基准线内侧的水平位移量为

$$x' = h_0 \times \frac{h}{S} \tag{8-12}$$

由超高引起的竖向位移量可按下列方法计算。

按内轨降低半个超高值、外轨抬高半个超高值的方法设置超高时：

$$y' = -h_0(1-\cos\alpha) \tag{8-13}$$

按外轨抬高一个超高值的方法设置超高时：

$$y' = h/2 - h_0(1-\cos\alpha) \tag{8-14}$$

式中，x'——隧道中心线对线路基准线内侧的水平位移量，mm；

y'——隧道中心线竖向位移量，mm；

h_0——隧道中心至轨顶面垂向距离，mm；

h——轨道实设超高值，mm；

S——内、外轨钢轨中心距离，mm。

二、道岔区建筑限界

在城市轨道交通限界设计中，道岔区建筑限界的计算设计应根据实际选定的道岔类型、车辆技术参数、车辆过岔速度等，在确定的直线地段建筑限界基础上，计算道岔区建筑限界加宽量和安装设备所需的加高量，从而得到道岔区建筑限界。

在道岔区范围内，由于列车需通过道岔侧面的导曲线，所以建筑限界应进行平面加宽。道岔导曲线范围内的加宽量应按下列模型确定。

（1）内侧加宽：

$$W_{内} = \frac{l_1^2 + a^2}{8R_0} \tag{8-15}$$

（2）外侧加宽：

$$W_{外} = \frac{L_0^2 - (l_1^2 + a^2)}{8R_0} \tag{8-16}$$

（3）顶部加高：

$$H_{高} = Y_1 \cos\alpha + X_1 \sin\alpha - Y_1 \tag{8-17}$$

$$\alpha = \sin^{-1}(h_0/S_0) \tag{8-18}$$

以上各式中，R_0——道岔导曲线半径，mm；

l_1——车辆定距，mm；

a——车辆固定轴距，mm；

L_0——车体长度，mm；

h_0——道岔导曲线超高值，mm，若不设超高，则为 0；

S_0——道岔计算点内外轨中心距离，mm。

A 型车在 9 号直尖轨道岔区的建筑限界加宽量计算见图 8-13。

当道岔区轨道没有超高量时，设备限界高度和直线段相同。道岔地段的电缆从隧道顶部安装通过时，建筑限界高度须考虑电缆桥架结构高度的需要：

（1）道岔区在车站内有效站台范围外时，建筑限界高度不必加高。

（2）道岔区在区间矩形隧道内，当采用架空接触网授电时，建筑限界高度必须加高；当采用接触轨授电时，应检查设备限界至隧道顶部净空，必要时，建筑限界应予加高。

第五节　横断面设计

城市轨道交通线路及车站常设在地下隧道内或高架桥上，有时也设在地面上。

1. 地下隧道的横断面

地下隧道的单线区间横断面的常用形式有圆形、矩形和马蹄形，其具体尺寸应根据运营时所采用的车辆及设备的尺寸所决定的各种限界来设计，这些限界包括车辆限界、设备接近限界和建筑物限界，见图 8-14～图 8-16。在双线地段，区间和车站地段的横断面有许多形状，其典型形状如图 8-17 所示。

2. 地面及高架桥上的横断面

当线路位于地面或高架桥上时，其轨上部分的横断面需要满足图 8-18 所示的限界要求，轨下部分的横断面形状视轨下结构而定，常见断面形式如图 8-19～图 8-21 所示。

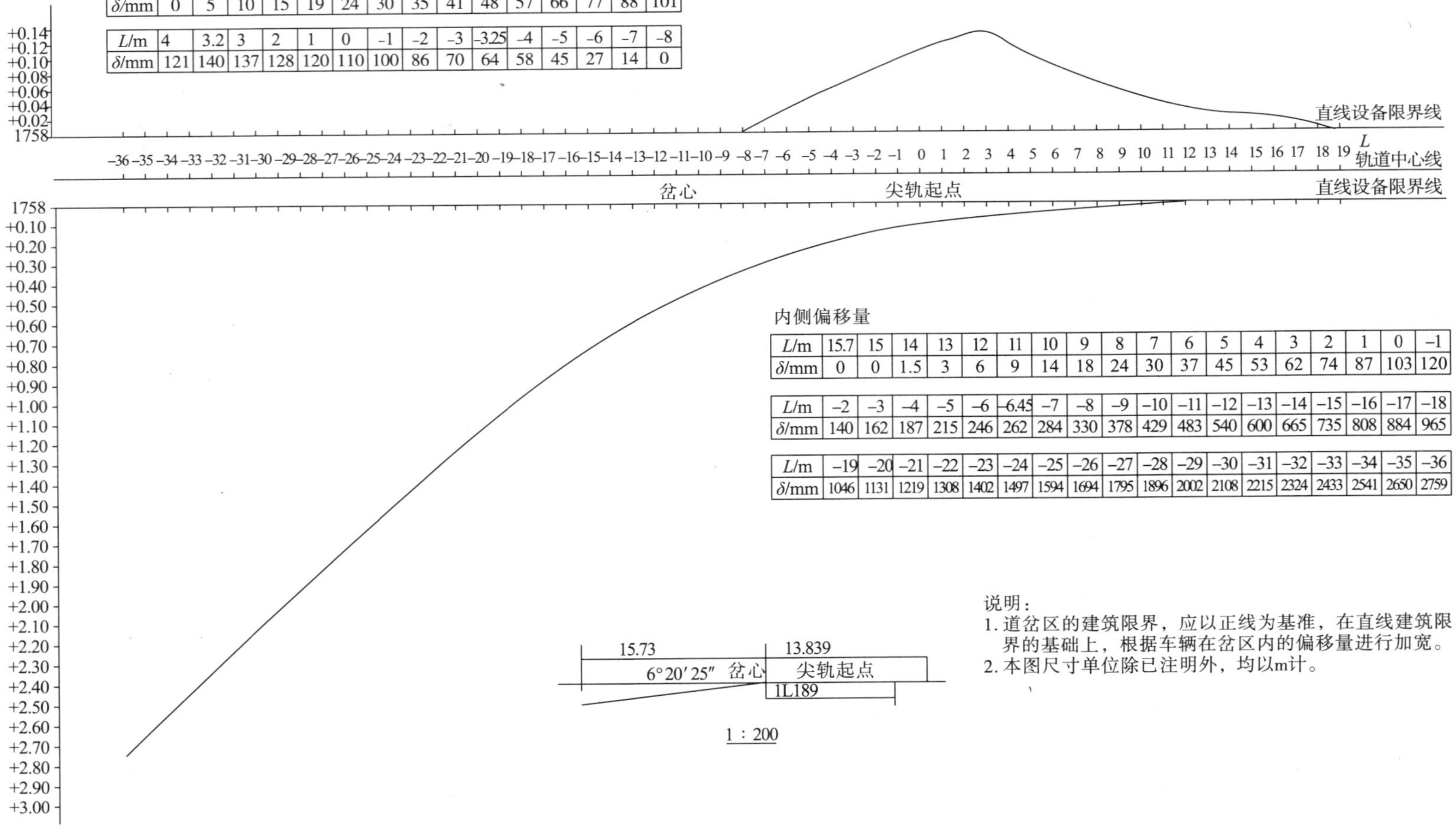

外侧偏移量

L/m	18.9	18	17	16	15	14	13	12	11	10	9	8	7	6	5
δ/mm	0	5	10	15	19	24	30	35	41	48	57	66	77	88	101

L/m	4	3.2	3	2	1	0	-1	-2	-3	-3.25	-4	-5	-6	-7	-8
δ/mm	121	140	137	128	120	110	100	86	70	64	58	45	27	14	0

内侧偏移量

L/m	15.7	15	14	13	12	11	10	9	8	7	6	5	4	3	2	1	0	−1
δ/mm	0	0	1.5	3	6	9	14	18	24	30	37	45	53	62	74	87	103	120

L/m	−2	−3	−4	−5	−6	−6.45	−7	−8	−9	−10	−11	−12	−13	−14	−15	−16	−17	−18
δ/mm	140	162	187	215	246	262	284	330	378	429	483	540	600	665	735	808	884	965

L/m	−19	−20	−21	−22	−23	−24	−25	−26	−27	−28	−29	−30	−31	−32	−33	−34	−35	−36
δ/mm	1046	1131	1219	1308	1402	1497	1594	1694	1795	1896	2002	2108	2215	2324	2433	2541	2650	2759

说明：
1. 道岔区的建筑限界，应以正线为基准，在直线建筑限界的基础上，根据车辆在岔区内的偏移量进行加宽。
2. 本图尺寸单位除已注明外，均以m计。

图8-13　60 kg/m钢轨9号单开道岔区建筑限界加宽量计算图

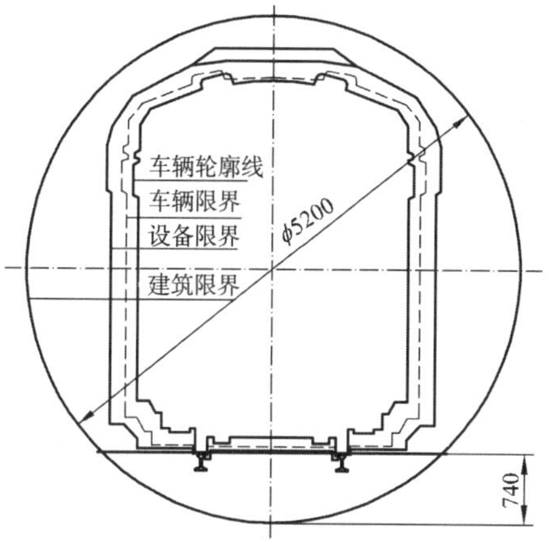

图 8-14　区间直线地段圆形隧道限界图（尺寸单位：mm）

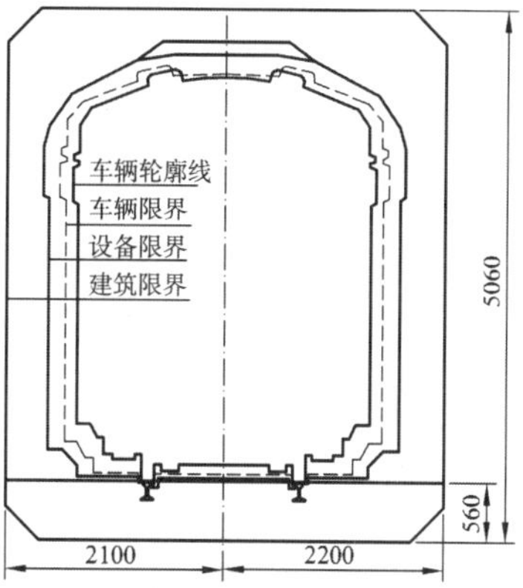

图 8-15　区间直线地段矩形隧道限界图（尺寸单位：mm）

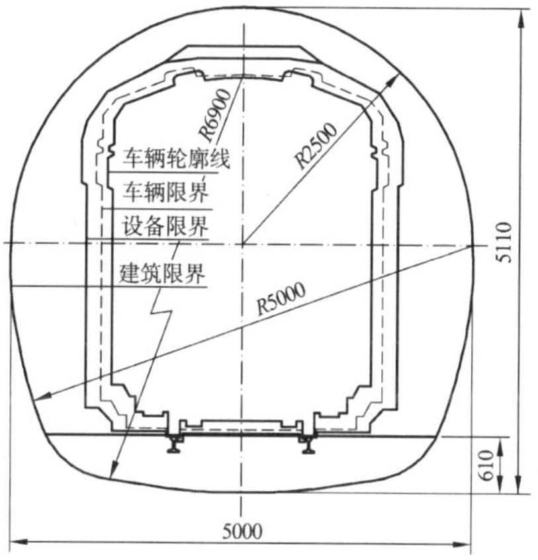

图 8-16　区间直线地段马蹄形隧道限界图（尺寸单位：mm）

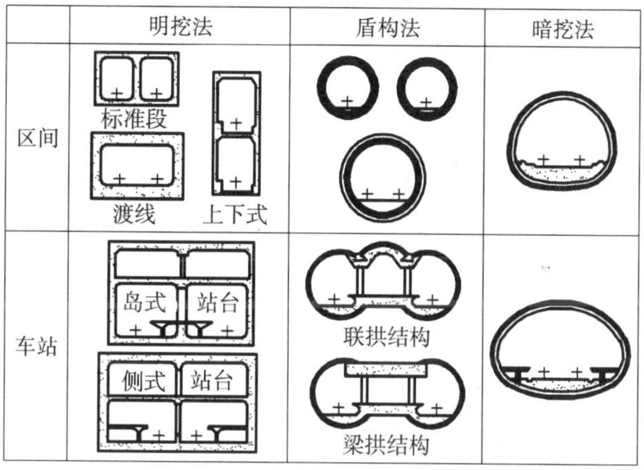

图 8-17　地下隧道典型横断面形状示意图

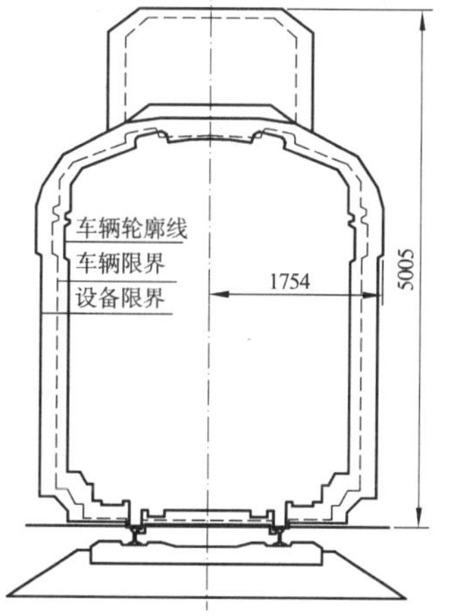

图 8-18　区间直线地段地面、高架限界图（尺寸单位：mm）

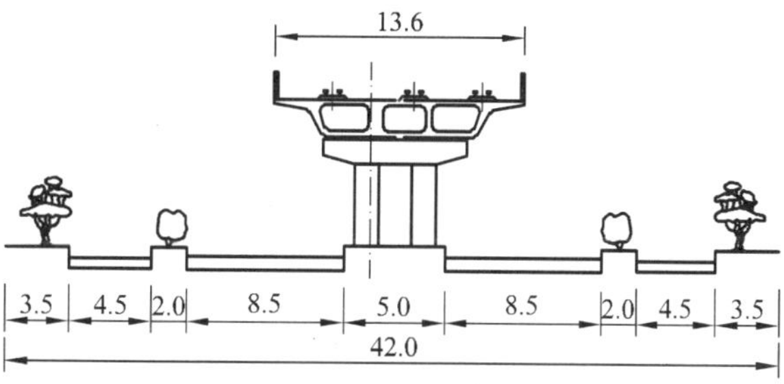

图 8-19　高架存车线路段横断面布置图（尺寸单位：m）

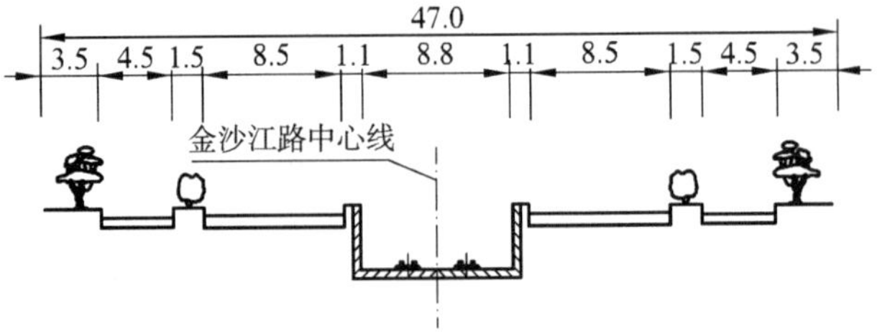

图 8-20 高架路段横断面布置图（尺寸单位：m）

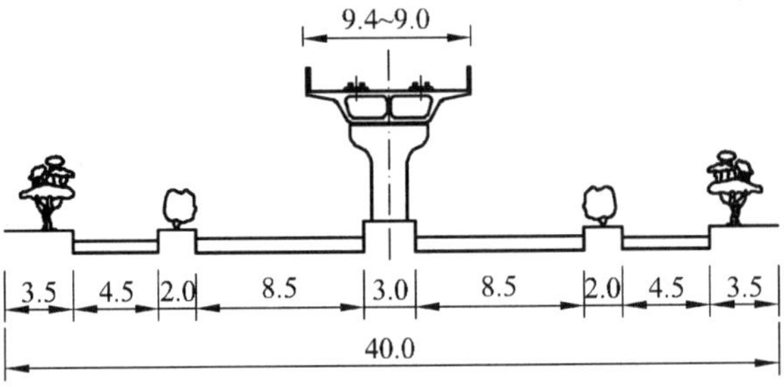

图 8-21 敞开段横断面布置图（尺寸单位：m）

第九章　城市轨道交通车站设计

第一节　车 站 分 类

车站是轨道交通中最复杂的一种建筑物，车站按运营特点可分为中间站、越行站、区域站、联运站、枢纽站、换乘站、终点站、车辆段和停车场。

(1)中间站。仅供乘客乘降车之用的车站，是轨道交通线路中最常见的一种车站，尤其是在轨道交通路网建设初期，线路交叉点数目不多时。其设施比其他各类车站都要简单。

(2)越行站。越行站是每个行车方向具有一条以上停车线的中间站，其中一条供站站停的慢车使用，其他供非每站都停的快车使用(图 9-1)。

图 9-1　越行站示意图

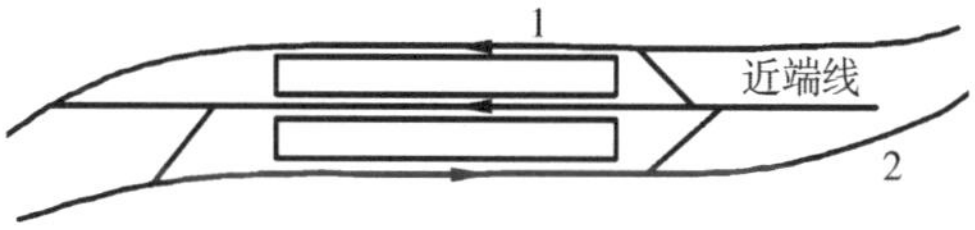

图 9-2　区域站(折返站)示意图

(3)区域站(折返站)。是在车站内有尽端折返设备，能使列车在站内折返或停车的中间站。图 9-2 是一种常见的区域站图式。有了区域站就可以在与之邻接的两个区段上组织不同密度的行车，一般至市中心区的那个区段密度较高，而至郊区的那个区段密度较低。

(4)联运站。可以同时供一条停车较多的管内运输线及一条快车线使用，是单向具有一条以上停车线的中间站(图 9-3)，其各站台之间可用天桥或隧道相联系，因此亦可起换乘站的作用。一般在线路上每隔几个中间站便设一个联运站。

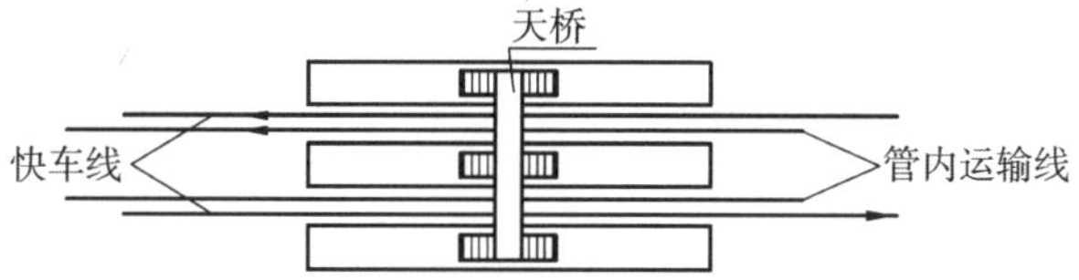

图 9-3　联运站示意图

(5)枢纽站。位于轨道交通线路分岔的地方，其中有一条是正线，可以在两个方向上接车和发车。图 9-4 所示为一种最常用的叉式枢纽站。在这种车站中，股道有两处在同一平面内交叉。因列车从同一车站出发，故 A 点没有撞车危险，而当列车经过 B 点后便进入了自动闭塞区间，故 B 点的交叉亦无危险。

(6)换乘站。能够使乘客实现从一线到另一线换乘的车站。它除了配备供乘客上下车的站台、楼梯或电梯之外，还要配备供乘客由一线站台至另一线站台的设施。

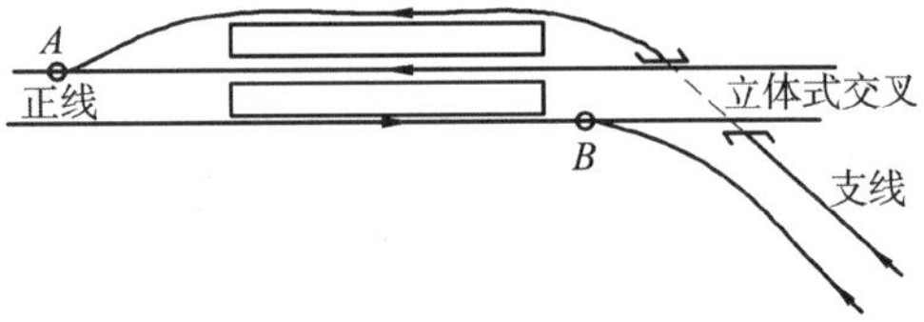

图 9-4 叉式枢纽站示意图

(7)终点站。终点站是位于线路起讫点处的车站，除了供乘客乘降车外，还用于列车折返及停留，因此终点站一般设有多股停车线。当线路需要延长时，终点站可作为中间站或区域站(折返站)来使用。

(8)车辆段和停车场。轨道交通车辆段分为检修车辆段(简称车辆段)和停放车辆段(简称停车场)。在车辆段配备了必要的停车线及检修设备，列车可以在这里进行试运转、段内编组、调车、停放、日常检查、一般故障处理和清扫洗刷，还可以进行车辆的技术检查、月修、定修、架修和临修等作业。停车场是一种简易的车辆段，其与车辆段的差别是线路数目较少，检修设备也较少，因而不能进行定修、架修和月修等技术作业。

本章主要介绍轨道交通中间站、换乘站、车辆段和停车场的设计以及轨道交通系统与其他交通方式的衔接。

第二节 中间站设计

一、中间站布局设计

中间站除了提供给旅客乘降车的功能以外，还具有购物、聚会、城市景观等一系列功能；车站也是空间建筑物与工程结构的结合点，反映了轨道交通系统的特色。因此，轨道交通中间站设计是关于空间、结构、美学三者协调的一门艺术。

1. 中间站构成

通常轨道交通中间站包括以下 5 个基本部分：

(1)站台，供乘客乘、降轨道交通列车的场所；

(2)车站大厅或广场，供乘客聚集或疏散的场所，有些车站还有相当规模的商业空间；

(3)售票厅，为乘客出售车票的场所，当采用自动售检票设施后，售票大厅可以化整为零，只需保留少数补票窗口即可；

(4)轨道交通企业专用空间，如车站办公室、仓库、维修设施及轨道等。

(5)出入口通道，当车站位于地下时，还会有通风道、风亭和其他附属设施。

车站主体根据功能的不同，通常在设计中分为两大部分。

(1)乘客使用空间。乘客使用空间又可分为非付费区和付费区。非付费区是乘客购票并正式进入车站前的活动区域，一般应有较宽敞的空间，根据需要可在这里设售检票设施、银行、公用电话、小卖部等设施。付费区包括站台、楼梯、自动扶梯、导向标志等。

乘客使用空间是车站设计的重点，设计时要注意客流线的合理，以保证乘客方便、快捷地出入车站。

(2)车站用房。车站用房包括运营管理用房、设备用房和辅助用房三部分。运营管理用房是车站运营管理人员使用的办公用房，主要包括站长室、行车值班室、业务室、广播室、会议室和公安保卫室等；设备用房是为保证列车正常运行、保证车站内环境条件良好和在灾害情况下乘客安全所需要的用房，主要包括通风与空调用房、变电所、综合控制室、防灾中心、通信机械室、自动售检票室、冷冻站、配电室等；辅助用房是为了车站内部工作人员正常工作生活所设置的用房，主要包括卫生间、更衣室、休息室、茶水室等。车站用房应根据运营管理需要来设置，各车站尽可能减少用房面积，只配置必要的房间，以降低车站投资。

2. 平面布局设计

车站平面布置的原则是力求紧凑，能设于地面的设备尽量设于地面，以降低造价。

站台是车站中最基本的部分，不论车站的类型、性质有何不同，都必须设置。其余各部分在特殊情况下，可能会被省略或部分省略。城市轨道交通中，乘客在车站逗留时间较短，且没有行李寄存与货物运输等业务。在中间站上，客流只有往返两个方向，因而乘客在站内活动形成的客流线及车站服务设施都比较简单。乘客进、出活动流线如图 9-5所示。

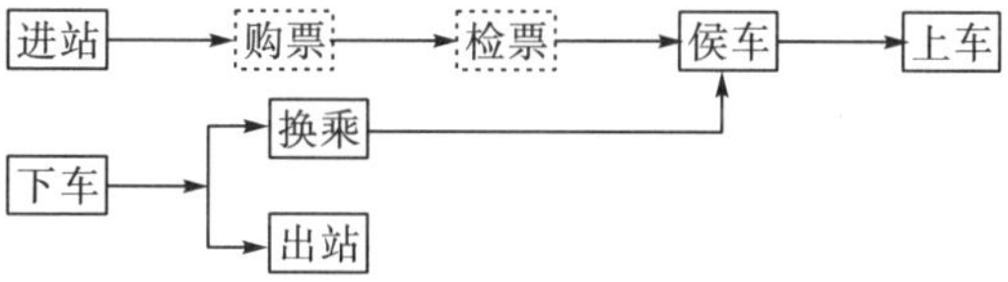

图 9-5　乘客进、出站活动流线示意图

车站总体布局应按照乘客进出车站的活动顺序，合理布置进出站的流线。流线宜简捷、顺畅，尽可能使流线不相互干扰，为乘客创造便捷的乘降环境。

二、中间站站台布置类型

车站按站台形式可分为岛式车站、侧式车站两种基本类型。站台位于上、下行线路之间的车站称为岛式车站；站台位于线路两侧的车站称为侧式站台车站，简称侧式车站；在线路之间和两侧均设置站台的车站称为岛侧式车站。如图 9-6 所示。

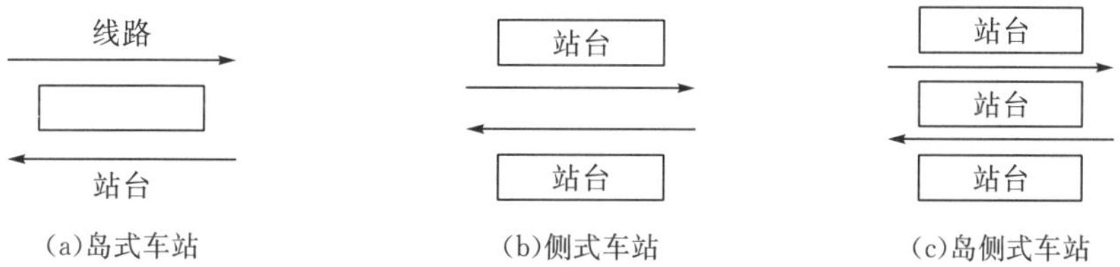

图 9-6　不同站台类型的车站示意图

岛式站台位于上、下行线路之间，可供上、下行线路同时使用。在站台两端或中部有供旅客上下的楼梯通至地面或站厅层。当升降高度大于 5.5 m 时，一般要设自动扶梯。

当车站为深埋(埋设深度在 12 m 以上)时，通常采取盾构法等方法将一条线建成两条独立的单线隧道。如果车站采用岛式站台，车站内线间距(M)由站台宽度(B)和车辆宽度决定，即 $M=B+2.8$(车辆宽度)$+0.1$(安全距离)$=B+2.9$(m)，区间线路的线间距一般等于车站处的线间距。这样，区间隧道可直接与车站隧道相连接。如图 9-7 左半部所示。

当车站为浅埋(埋设深度在 12 m 以内)时，区间隧道一般采用明挖法或盖挖法等方法建成双线隧道，这就要求区间采用线间距最小值。如果车站采用岛式站台，则靠近车站的地段必须将线间距加宽，形成喇叭状，如图 9-7 右半部所示。

侧式车站站台位于线路两侧，线路一般采用最小间距在两站台之间通过。当区间线路为浅埋或高架时，因区间和车站处的线间距相同，故不需修建喇叭口；当区间线路为深埋时，由于区间两条单线隧道间要保持一定间距，此间距大于站上线间距，因此在车站两端需要修建渡线室，以便把车站处的最小线间距加宽到区间线间距(图 9-8)。

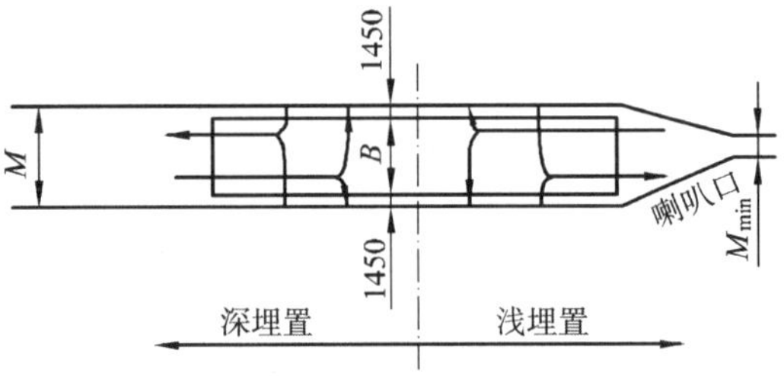

图 9-7　岛式车站与区间线路的连接示意图
(尺寸单位：mm)

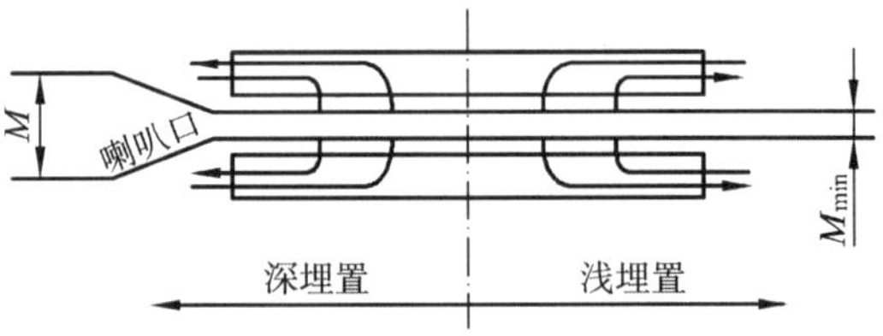

图 9-8　侧式车站与区间线路的连接示意图

侧式站台的最小宽度视其上有无立柱而定，一般为 4～6 m。因站台宽度较小，故不能在站台设置三条梯带(电梯通路)的自动扶梯。因此，必须在车站的一端设置前厅，站台与前厅用楼梯相连，前厅的出口用自动扶梯与地面相联系。必要时，也可在站台中心设置出入口。

岛式站台与侧式站台相比较，在运营方面有以下优点：

(1)站台面积可以更充分地利用，因为当一个方向的乘客很多时，可以分散到整个站台宽度上；而侧式站台则不然，它会出现一个方向的站台很拥挤、另一方向的站台尚未充分利用的不利情形。因此，两个侧式站台的宽度之和一般大于一个岛式站台的宽度。

(2)因所有的行车控制都集中在同一站台上，故运营管理比较方便。

(3)在站台的端部可借助于自动扶梯或楼梯直接通至地面，使得乘客上下很方便。

(4)对于乘错方向的乘客的折返也较为方便，若为侧式站台，则乘客折返时必须通过前厅或跨线设施转换。

此外，当车站深埋时，岛式站台不用设置渡线室和喇叭口；当车站的天花板为拱形时，站厅的最高部分正好在站台上方，故站厅在建筑艺术处理上较好。而用侧式站台时，站厅的最高部分位于线路上方，视觉效果受到影响。

由于岛式站台优点较多，因此国外现有的地下车站绝大多数都采用这种形式。例如，莫斯科地铁中除 1 座侧式站台以外，其余车站都采用了岛式站台。北京地铁 1、2 号线及上海轨道交通 1 号线的绝大部分车站也都采用岛式站台。

然而，当车站位于地面或高架桥上时，修建侧式站台则是有利的。当车站位于地面时，站台上必须安装雨棚，站台外必须设围墙。在这种情况下，没有必要修建过渡线间距的喇叭口，同时，将乘客从站台上疏散出去也没有什么困难。当车站位于高架桥上时，将两条线路放在当中，可以使最大荷载位于桥梁结构的中间，便于增加结构稳定性及节省造价，旅客从两侧到站台也较方便。

在有些特殊的情况下，有可能综合上述两种形式，形成混合型的三站台式车站，即既有岛式站台又有侧式站台。从运营方面看，这种车站可以实现上、下客流的分流，即中央的岛式站台用于上车，而两个侧式站台用于下车。这种站台初看起来似乎能够大大缩短停车时间而提高线路通行能力，但由于乘客上车要比下车慢得多，因而停站时间减少量很有限，效果并不明显。从工程方面看，这种车站造价比岛式高出 50%~100%，占地面积也明显增加，乘客的竖向输送设备布置尤其复杂。因此，三站台式车站用得极少。

三、站 台 设 计

(一)车站长度估算

车站长度一要满足站台长度的要求，二要满足车站设备布置的要求。

1. 站台长度

站台是供乘客上、下列车的平台，设计中一般要保证所有车辆均在站台有效长度之内。站台有效长度是指乘客可以乘降的站台范围，按列车编组计算长度决定。考虑到停车位置的不准确和车站值班员、司机确定信号的需要，通常还预留一段停车误差。其计算公式为

$$L = nl + \Delta l \tag{9-1}$$

式中，L——站台有效长度(m)；

l——车辆长度，包括车钩长度(m)；

n——远期列车的车辆编组数；

Δl——停车误差，一般取 4~8 m。

例如，某地铁线远期为 8 节编组(四动四拖)，动车长 22.8 m，拖车长 22.14 m，停车误差取 6 m，则站台有效长度=4×22.8+4×22.14+6=185.76 m，取 186 m。

2. 车站设备布置要求增加的长度

中间站一般是多层结构，设备不一定全部布置在站台层面上。但是，由于技术上的要求或为了运用上的便利，有些设备必须布置在站台层面上。

表 9-1 列出了放在站台层上的设备用房面积，合计面积约为 1100 m^2。除了设在站台有效长度范围内的约 600 m^2之外，约有 500 m^2设备用房需设在站台之外，大约使车站长度增加 83 m。车站的其他设备布置在站厅层，常用的设备用房面积见表 9-2。

表 9-1 地下标准站站台层上设备用房面积参考表

代号	名称	面积/m^2	代号	名称	面积/m^2
51	迂回风道断面	44×2	47	蓄电池室	30
50	降压变电所	120+150	45	污水泵房	25
49	车站回排风室	30×2	53	废水泵房	30
48	SCADA(电力监控)室	12×4	43	副值班室	20
26	配电室	12×2	44	站台服务室	20
25	1301(自动灭火系统)室	12×2	46	电梯机房	7
42	雨淋阀室	8×4	54	电梯间	5
8	人行楼梯、电梯	100×4	35	清扫室	12
40	库房	12			

表 9-2 地下标准站站厅层设备用房面积参考表

名称	面积/m^2	名称	面积/m^2	名称	面积/m^2
信号设备室	60	环控机房	390×2	车票分类/编码室	25
警务室	12×2	环控电控室	60×2	冷水机组、水泵	150
小通风机房	60×2	问讯财务室	20	车站值班休息室	12
推力风机	84×2	生活用房	100～150	防灾报警设备室	20
区间通风机房	310×2	其他	50～100		

3. 确定车站实际长度

将站台有效长度加上车站设备布置延长部分，车站实际用地长度为 269 m。确定车站控制用地的实际长度，还应考虑由于施工等因素所增加的用地范围，一般增加 2～10 m。因此，一般地铁中间站的控制用地长度为 270～280 m，在 6 节或 4 节编组的轨道交通车站中，还可相应缩短。

(二)站台宽度估算

站台宽度应满足远期预测客流量、列车编组长度、站台上横向立柱数量，以及站台与站厅之间楼梯(自动扶梯)布置形式等因素的需要，并满足最小站台宽度要求。车站的站台类型对站台宽度有较大的影响。

1. 岛式车站

岛式车站的站台宽度按下式计算

$$B_d = 2q \times \frac{\rho}{L} + 2b + n \times \text{柱宽} + \text{楼梯宽} + \text{自动扶梯宽} \geqslant B_{d(\min)} \tag{9-2}$$

式中，B_d——岛式站台宽度(m)；

q——远期每列车超高峰小时上、下车设计客流量之和(人)，为远期高峰小时客流量的 1.2～1.4 倍；

n——站台横断面方向的立柱数目；

ρ——站台上人流密度，ρ= 0.33～0.75 m^2/人，通常取 0.5 m^2/人；

L——站台有效长度(m)；

b ——站台边缘安全带宽度，《地铁设计规范》(GB 50157—2003)规定为 0.45 m；

$B_{d(min)}$——岛式站台允许最小宽度，《地铁设计规范》(GB 50157—2003)规定为 8 m。

一般岛式站台宽度为 8～10 m，横向并列的立柱越多，站台宽度越大。

若站台宽度为 10 m，车站上两条线路的间距为 12.9 m，两侧线路中心线至边墙的宽度正好构成一个区间隧道的建筑限界。按较不利的 5.0 m 考虑，再加上两侧各 5 m 的结构物厚度及施工安全距离，这样使得岛式车站的占地宽度约为 27.9 m。

2. 侧式车站

侧式车站的站台宽度按下式计算

$$B_c = q \times \frac{\rho}{L} + b + b_1 \geqslant B_{c(min)} \tag{9-3}$$

式中，B_c ——侧式站台宽度(m)；

b_1——乘客沿站台纵向流动宽度，取 2～3 m；

$B_{c(min)}$——无柱式侧式站台允许最小宽度，《地铁设计规范》(GB 50157—2003)规定为 3.5 m；

其他符号意义同上。

一般侧式车站的站台宽度为 4～6 m，无立柱时偏小，有立柱时偏大。当每个侧式站台取 6 m 宽，两条线路中心线间距取 4 m，两条线路中心线至各自站台边缘的宽度各为 1.45 m，再加上两侧各 5 m 的结构物厚度及施工安全距离，这样，侧式车站的控制用地宽度约为 28.9 m，比岛式车站略宽。因此，在规划阶段，无论是岛式车站还是侧式车站，车站的规划控制用地宽度可取 30 m，曲线车站需适当加宽。岛侧式车站需要在岛式车站宽度的基础上另外增加两侧站台的宽度。

地面车站因不需两侧约 10 m 的结构物宽度，故其本身占地宽度只需 20 m 左右，但要考虑与周围交通用地及建筑用地的协调。

高架车站在地面层的用地宽度只受桥墩宽度的限制，通常与地面道路协同设计，但在高架层面上需要 20 m 左右的实际占用宽度，为考虑噪声、振动等对周围建筑物的环境影响，通常要求其两侧的建筑物离得更远些。高架车站的结构形式有很多，一般要结合所在的道路及周围建筑物的情况综合设计。

(三)站台高度

站台高度是指站台面至钢轨顶面的高度，与车型有关。站台与车厢地板面等高，则称为高站台，一般为 900 mm；站台比车厢地板面低一两个台阶，称为中站台、低站台，一般为 650 mm、450 mm。采用高站台时，考虑到车辆弹簧的挠度，在车辆满载时，车厢的地板下沉量一般在 100 mm 以内，故站台设计高度宜低于车厢地板面 50～100 mm。

站台的设计要有排水措施。一般来说，站台横断面应设 2%的坡度，地下站可设 1%的横坡。

四、跨线设施及垂直交通

1. 跨线设施

由于城市轨道交通列车的速度快、密度高，要求整个线路封闭程度较高。考虑乘客候车安全，侧式站台上、下行线间加防护栏杆隔开，所以有上、下行越线问题。岛式站台乘客进站也有越线问题，而且行人过街也同样有越线问题。

对地面站来说，除了客流量特别小的情况外，一般均需设跨线设施。地面站的跨线设施可以设计成天桥或地道两种方案。天桥方案较经济，施工方便，对交通干扰少，应优先采用。

地下站一般为岛式车站，这时没有跨线问题。如果为侧式车站或岛侧组合车站，则利用地下一层设置跨线设施，也可以利用站厅解决各站台的联络问题。

高架站应该尽量利用高架桥面以下的结构空间解决跨线功能，也可以在解决高架站的垂直交通时，同时解决跨线问题。但要注意避开道路的交会路口，以满足道路上空的限高要求。如在高架桥上再设天桥，对于乘客来说会加重负担，安全感差，又占用较多高架站台面积，增加高架站结构的复杂性，提高了造价，也影响景观。

2. 垂直交通

地下站和高架站与地面的联系必然通过垂直交通来疏导乘客，天桥或地道跨线设施也需要垂直交通。垂直交通的设计要求位置适宜，路线便捷，宽度合理。

地下车站的出入口位置应根据车站位置的地形、地势等具体条件，并满足城市规划和交通的要求，可设在人行道上、街道拐角处、街道中心广场和街心花园处，以及建筑物内和建筑物旁边。

地下铁道车站的出入口及通道的数目和宽度应根据该地区的具体条件和客流量确定，并考虑紧急情况下，站台的乘客和停在列车内的乘客必须在 6 min 内全部疏散出地下站并上到地面。出入口及通道宽度应根据高峰小时客流量计算确定，采用宽度一般不小于 2 m，最小不得小于 1.5 m。地下通道净高一般为 2.5 m 左右。

高架站的垂直交通布置，通常有两种方式：一种为在街道两侧布置垂直交通，经天桥进入高架车站，即天桥进出方式(图 9-9)。另一种是利用桥下空间，由楼梯通向休息平台，再向两侧高架站台或通向岛式站台，即桥下进出方式。

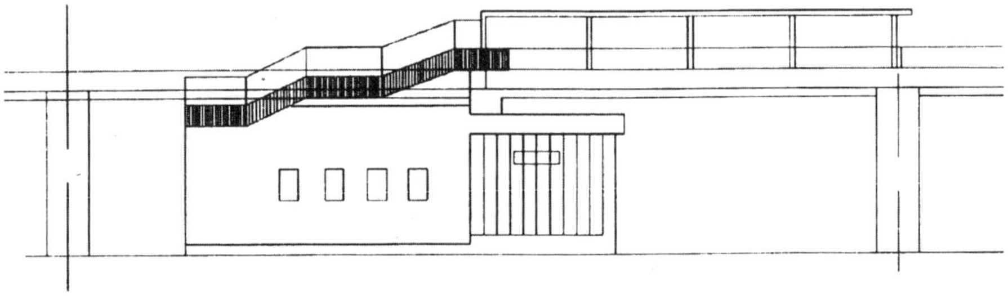

(a)

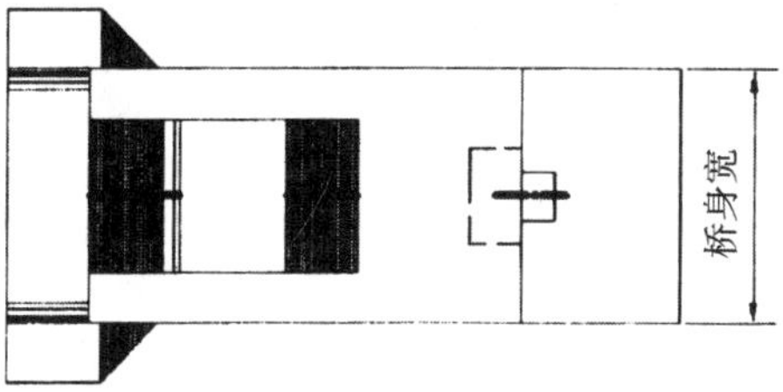

(b)

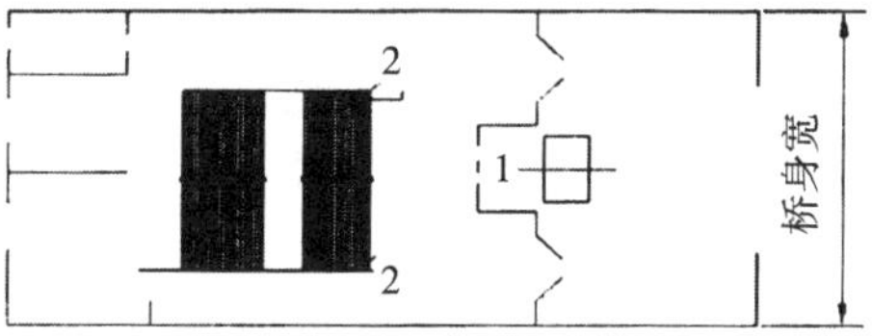

(c)

图 9-9　某高架车站天桥进出方案

1. 售票处；2. 检票处

五、横断面形式

城市轨道交通车站的横断面形式多种多样，图 9-10 是各种中间站的横断面形式。

(a)高架式

(b)地面式

(c)半地下式单柱双跨

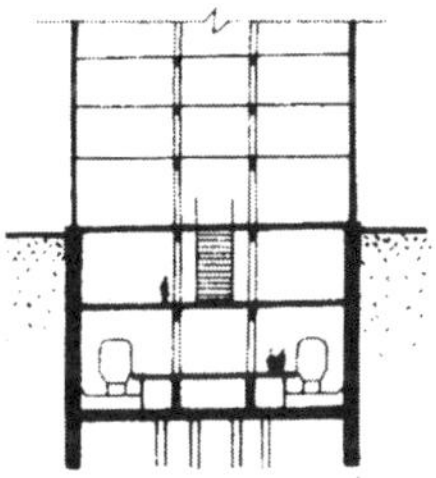

(d)浅埋式

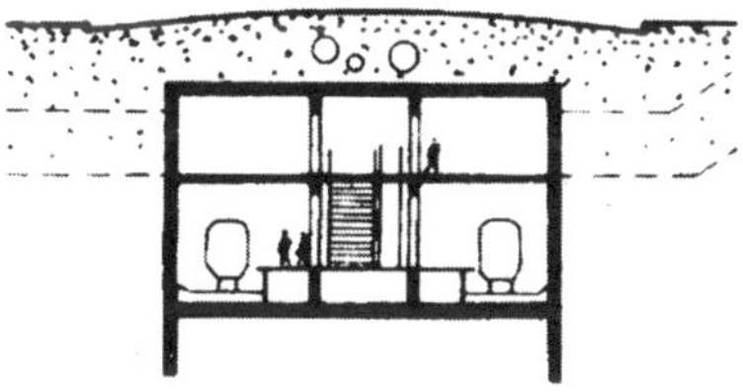

(e)深埋、双柱三跨岛式

(f)双柱三跨双岛式

(g)单拱岛式

(h)单层单柱双跨侧式

(i)双柱三跨岛侧混合式

(j)双层单柱双跨岛式

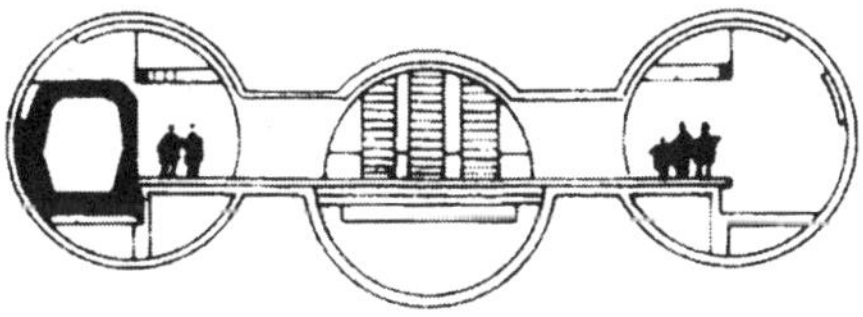

(k)塔柱式

(l)多拱混合式

图 9-10　城市轨道交通横断面形式

图 9-11 是地下中间站常用的两种横断面形式：矩形箱式和椭圆形。

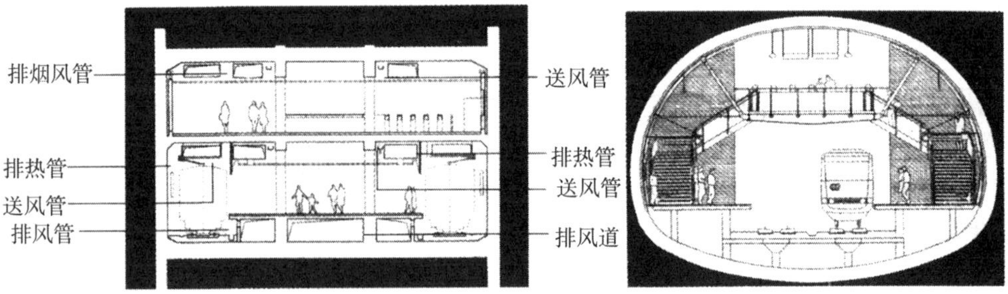

(a) 矩形箱式　　　　(b) 椭圆形

图 9-11　矩形箱式和椭圆形车站横断面

高架车站的横断面形式一般要结合所在的道路及周围建筑物的情况综合设计。

图9-12是道路中央高架车站平面图及横断面的一种图式。通常，为避免车站端部出现喇叭口和方便道路两侧乘客乘降，多采用侧式站台。

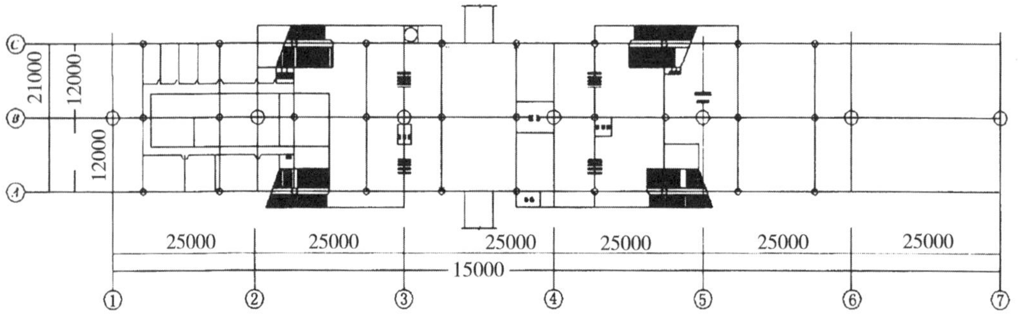

(a)平面图

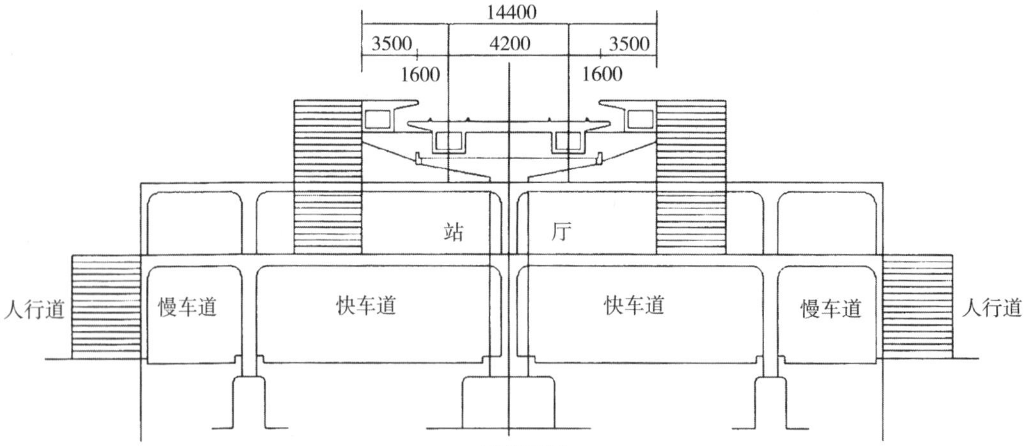

(b)横断面图

图 9-12　道路中央高架车站站台平面图及横断面图(尺寸单位：mm)

第三节　换乘站设计

换乘站是路网中各条线路的交叉点，是提供乘客转线换乘的场所。除了供乘客上、下车之外，还要能实现两线或多线车站站台之间的人流流通。换乘站可以由中间站补充换乘设备而成，或者一开始就建成供两条相交线路使用的联合车站。

一、换 乘 方 式

换乘站的形式按换乘方式分为同站台换乘、结点换乘、站厅换乘、通道换乘、站外换乘 5 种基本类型。下面按换乘方式分别介绍常用的换乘站类型。

1. 同站台换乘

同站台换乘的基本布局是双岛式站台的结构形式，可以在同一平面上布置，如图 9-13(a)所示，也可以双层布置，如图 9-13(b)所示。这两种形式的换乘站都只能实现 4 个换乘方向(A_1—B_1，A_2—B_2)的同站台换乘，而另外 4 个换乘方向(A_1—B_2，A_2—B_1)则要采用其他换乘方式。

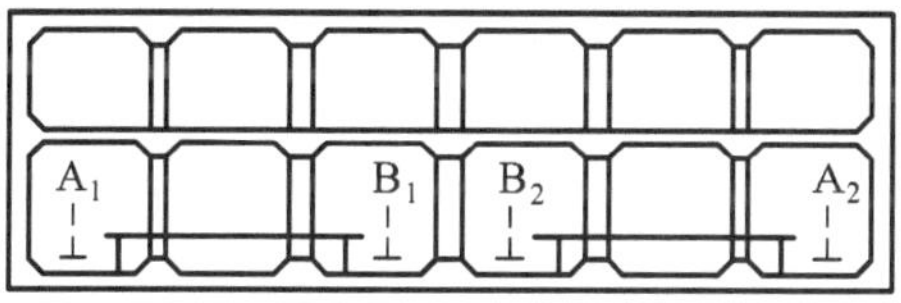

(a)同一平面布置

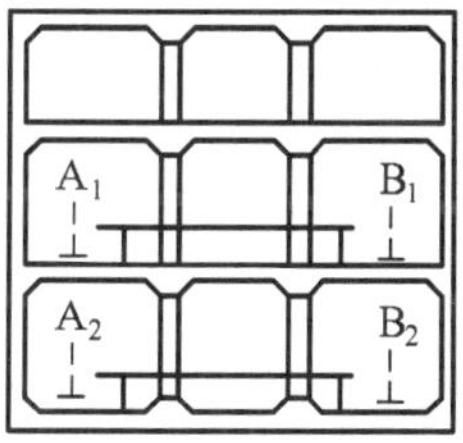

(b)不同平面布置

图 9-13　同站台换乘车站形式

2. 结点换乘

在两线交叉处，将两线隧道重叠部分的结构做成整体的结点，并采用楼梯将两座车站站台连通，乘客通过该楼梯进行换乘。结点换乘方式依两线车站交叉位置的不同，有"十"、"T"、"L" 三种形式。各种交叉方式又有不同的换乘方式，如"十"字形换乘中，常用的换乘站类型有岛式与侧式换乘、岛式与岛式换乘和侧式与侧式换乘，如图 9-14 所示。

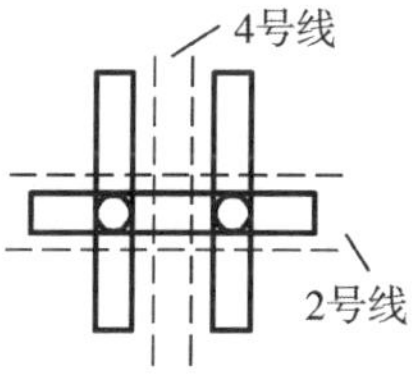

(a)岛式与侧式换乘

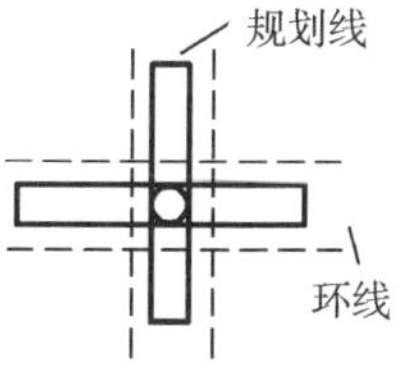

(b)岛式与岛式换乘

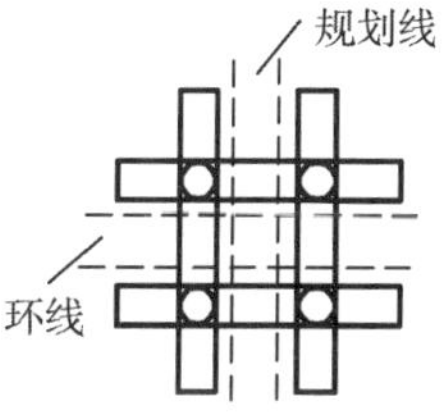

(c)侧式与侧式换乘

图 9-14　"十"字形结点换乘的三种形式示意图

3. 站厅换乘

这种换乘站设置两线或多线的共用站厅，或相互连通形成统一的换乘大厅。站厅换乘站可采用同层并列侧式站台、同层并列岛式站台和上、下层平行侧式站台形式，如图9-15所示。

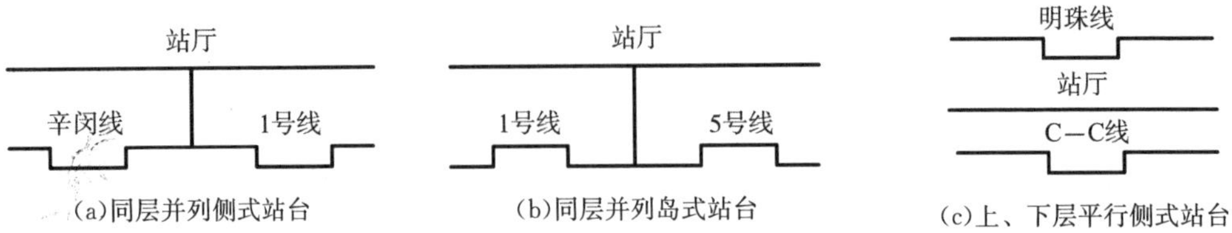

图 9-15 站厅换乘的三种形式示意图

4. 通道换乘

在两线交叉处，车站结构完全分开，用通道和楼梯将两车站连接起来，供乘客换乘。连接通道一般设于两站站厅之间，也可以在站台上直接设置。

(1)当两条轨道交通线路在区间相交时，两线车站布置构成“L”形，两线上的轨道交通车站均应靠近交叉点设置，并用专用的人行通道相连接来完成换乘，如图9-16所示。

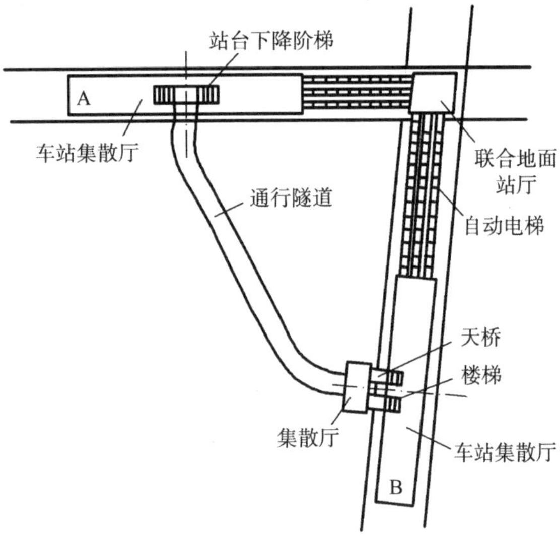

图 9-16 通道换乘方式的地下换乘站

(2)当一条线路的区间与另一条线路的车站“T”形交叉时，可按图9-17所示的换乘站形式组织换乘。位置较高的车站A的集散厅可用一条人行隧道与一个地下站厅(前厅)相连接，该地下站厅则经由自动扶梯隧道而与位置较低的车站B相连接。

除上述4种基本的换乘方式之外，还可采用站外换乘及组合换乘来达到换乘的目的。

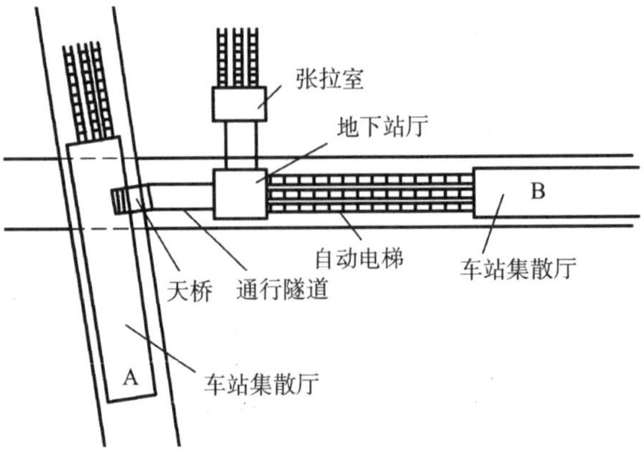

图 9-17 “T”形交叉时的换乘站

二、换乘站布局设计

前文介绍了几种常用的换乘站类型，这里分别对这几种类型的换乘站的布局设计进行介绍。

1. 同站台换乘

同站台换乘是指乘客通过同一站台或相距很近的两个平行站台即可实现转线换乘。乘客只要走到车站站台的另一边或与之相当的距离就可以换乘另一条线路的列车。对乘客来说，这当然是最佳方案，尤其是在客流量很大的时候。但这种车站往往要花费较大的工程投资。由于这种换乘方式要求两条线具有足够长的重合段，近期需要把车站预留线及区间交叉预留处理好，工程量大，线路交叉复杂，施工难度大，因此应尽量选用在建设期相近或同步建设的两条线的换乘站上。同站台换乘布局设计如图 9-13。

若将两条交叉的线路在站上设于彼此平行的位置且运营时不相互干扰，就要求在出站时两线之间立体交叉。线路交叉的方式不同，会对线路长度、曲线数目及交角、线路坡度等产生不同的影响。线路交叉的方式很多，下面列举较常遇到的 4 种情况加以分析。

当线路位于同一水平面内，如图 9-18(a)、图 9-18(b)所示，则两条线路可在车站两端交叉或在一端交叉。

第一种情况：线路在车站两端交叉[图 9-18(a)]，则 A 线及 D 线的两个隧道必须在两处从 B 线、C 线的下方穿过，穿过地点离车站较远，故使线路延长较多。然而由于在同一方向的两股轨道是并列设置的，并且在它们之间设置站台，这样就可以极方便地在最可能的换乘方向 A 线与 B 线之间或 C 线与 D 线之间进行换乘。

第二种情况：线路在车站一端交叉，如图 9-18(b)所示，则相交线路的展线较短，路线运营指标较好，但 A 线与 B 线之间及 C 线与 D 线之间换乘均不方便，因为在同一方向的两股道之间，夹有一条另一方向的线路，必须用天桥或通行隧道跨过这一股道，当客流很大时是不合适的。

第三种情况：如图 9-18(c)所示，B 线及 C 线的两股道在车站范围内正好位于 A 线及 D 线两股道的上方，而且两个方向相同的股道正好位于同一竖直平面内。在这种方案中，线路在车站两端交叉没有任何困难，因为在车站上线路 A、D 及 B、C 的各股道之间标高差相当大，所以交叉点可在车站附近，展线不多。朝最可能方向换乘的旅客，需要从车站的一层走到另一层，但如果换乘设备布置得紧凑的话，这也不会引起太大不便。

第四种情况：上述第三种情况的线路在车站一端交叉，如图 9-18(d)所示，则同一方向的两股道均设在同一平面内，换乘较为方便。而将同一线路的两股道引入高低不同的两个水平面以及在车站线路交叉的一端上立体布置 4 条离站的股道，都是极端困难的。因此，这种交叉方式不予推荐。

若将相交线路的 4 条股道都设置在同一水平面上，即图 9-18(a)及图 9-18(b)所示的情形，则换乘站为两个普通类型的车站，其间以通行隧道连接，如图 9-19 所示。此通行隧道在各股道的下方穿过，并用梯阶与站台相连接，或在建筑物接近限界的上方用天桥与站台相连接，以解决 A、C 线之间及 B、D 线之间的换乘，而 A、B 线之间及 C、D 线之间的换乘已通过同站台换乘实现。

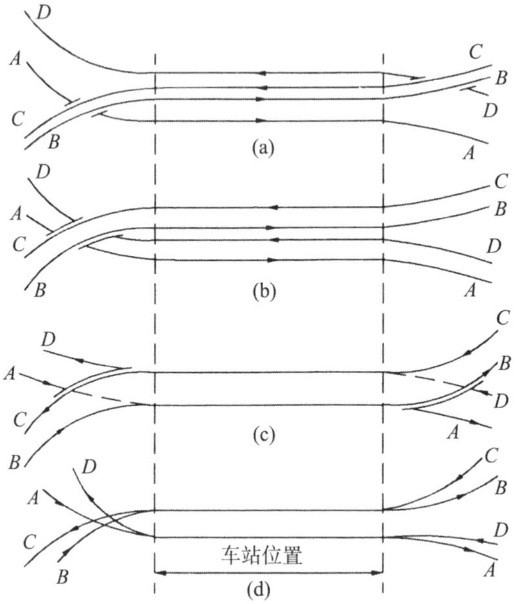

图 9-18　两条线路站台平行布置的 4 种方式

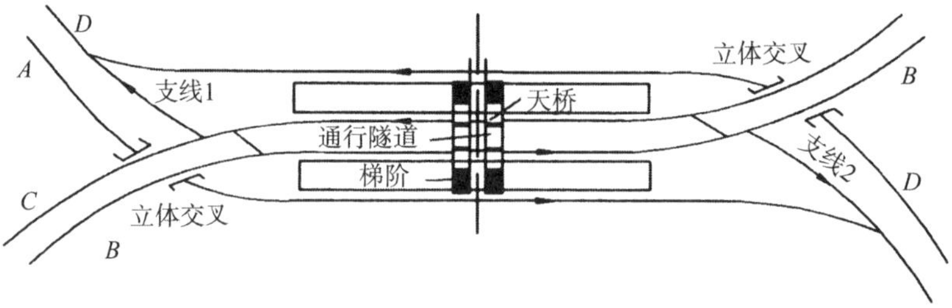

图 9-19　两平行站台之间的隧道连接

若深埋车站按这种方式布置，则两车站间的距离应定得足够大，使它们的施工互不干扰，而且使每一坑道上方均形成其独立的压力拱圈，因此深埋换乘车站的总宽度最大达 70 m。

若浅埋车站也按这种方式布设，则中央两股道之间的距离可减至最小，因为在明堑中修建，该间距取决于设置线路侧墙的要求。设两站台宽均为 10 m，则在这种情形下车站总宽度仅有 36 m。

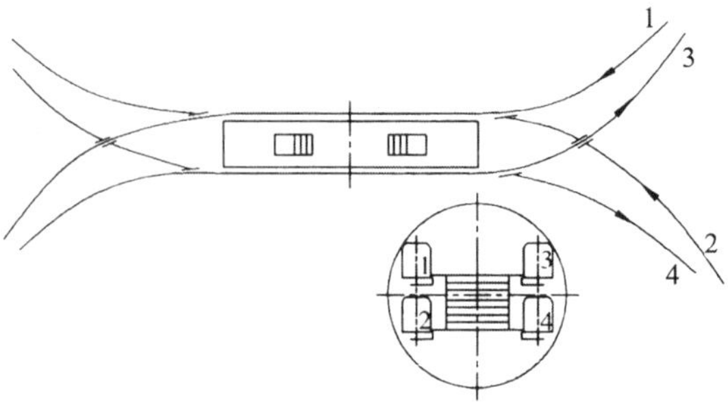

图 9-20　两条线路站台在同一垂直面上平行布置的平面、横断面示意图

若将两股道设在同一垂直平面内时，车站布置应为双层式的，如图 9-20 所示，即有上下两个站台，并用梯阶相连接，其间的高差一般不超过 5.5 m。上层的两股

道设在钢筋混凝土楼板上面，楼板的支撑是车站衬砌及设在下层站台上的立柱。若站台宽度均为 8 m，则双层式车站可设在一个直径为 16 m 的圆周内。

在修建浅埋换乘站时，当街道宽度不能容纳其他类型车站时，采用双层式换乘车站是比较合理的。当车站为深埋时，因两层车站自动扶梯很难布置，故采用这种换乘站有些困难。例如，联结车站一个站台和地面站厅的自动扶梯布置便是一个难题。当然，也可在车站两端各设一套自动扶梯，使之各供一个站台使用，但是对于换乘站来讲，客流是很大的，需要检验其能力是否满足客流要求。

双层车站理念的进一步发展，便是在双层车站上将不同平面内的股道铺设在不同的竖直平面内，如图 9-21 所示。这种车站的特点是上下层站台标高相差较小，使换乘较为方便，但却使区间隧道的交叉条件变得差些。下层站台为岛式的，上层则用两个侧式站台，其间用天桥联结。由于坑道宽度很大，便需要安设中间立柱来支撑顶部拱圈。下层车站的乘客可经由楼梯上到顶层，根据顶层站台必须设在建筑物接近限界以上的条件，该楼梯总高度的最小值约为 3.05 m。在选择交叉方式时，应将客流较小的车站设在下层。这种形式的换乘站因为坑道宽度很大，在软土地层中稳定性差，因此它一般只用于坚固的地层中。

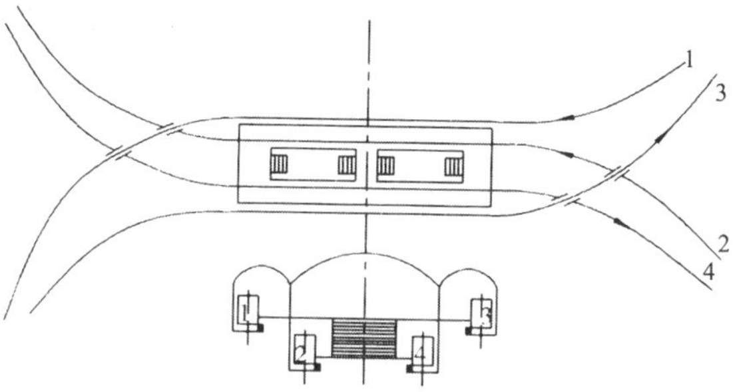

图 9-21 两条线路站台在不同垂直面上平行布置的平面、横断面示意图

这种换乘布置形式在莫斯科地下铁道设计中最早采用(图 9-22)。该车站用两列纵向排列的立柱将地下空间三条隧道连成一个封闭形整体。在车站中央部分的两端设置上、下的楼梯和自动扶梯，把两层车站站台连接起来，完成换乘和进出站的连接。

图 9-22 莫斯科地铁岛式站台与侧式站台上、下平行布置换乘实例

两平行线路不构成交叉，但两线在某站处相距很近，如果两线之间存在大量换乘客流，则可将这两站拉近，并可设计成同站台换乘站。如东京地铁银座线与半藏门线的换乘站——参道站，其布置形式如图 9-23 所示。莫斯科诺金娜广场站、圣彼得堡工学院站等也都属于该类换乘形式。

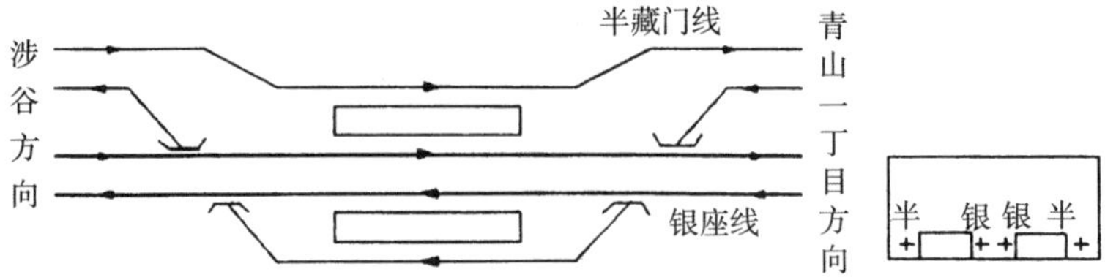

图 9-23　东京地铁表参道换乘站布置示意图

由于每条轨道交通线路有上、下行两个方向，所以两条轨道交通线路之间的换乘组合有 8 个方向。为了使 8 个换乘方向都能进行同站台换乘，可以将两个同站台换乘站组合起来使用。其布置可采用图 9-24 或图 9-25 的布置形式，让其中 4 个方向在一个车站同站台换乘，另外 4 个方向在下一个车站同站台换乘。这样 8 个换乘方向上的换乘距离都很短。

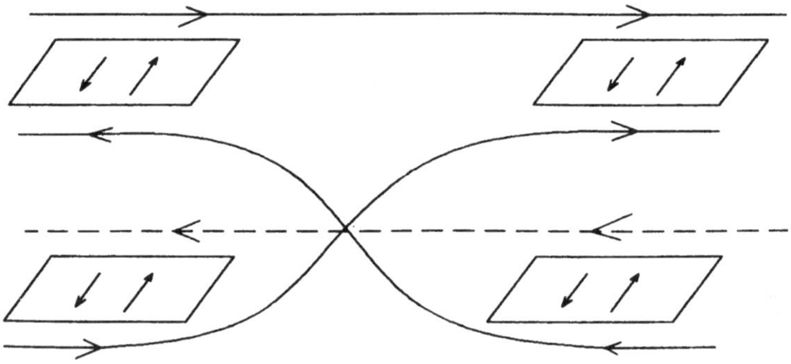

图 9-24　两个同站台换乘站的组合布置形式(一)

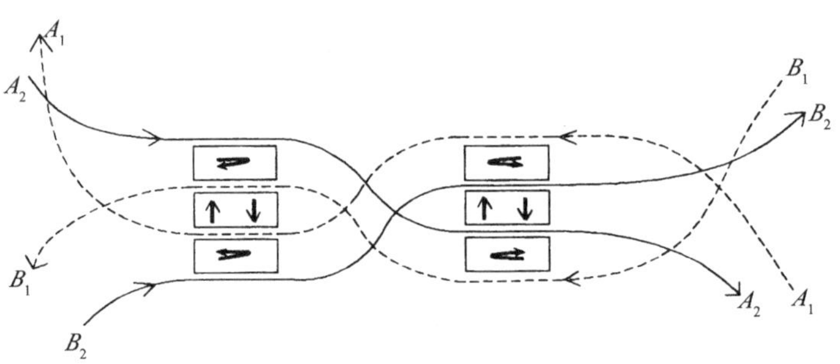

图 9-25　两个同站台换乘站的组合布置形式(二)

例如，中国香港地铁荃湾线和观塘线利用其共用的太子站和旺角站的组合实现了 8 个换乘方向的同站台换乘。其车站站台采用图 9-26 的布置形式，两条线路在站间设置立体交叉，从而使所有换乘方向都能实现同站台换乘。

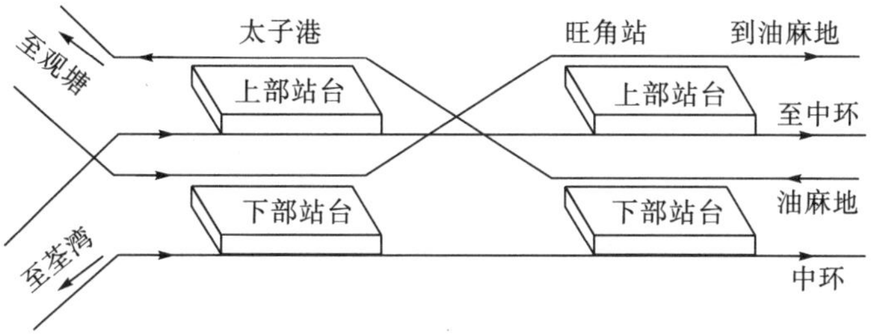

图 9-26　中国香港地铁太子站、旺角站的换乘布置示意图

2. 结点换乘

结点换乘是指在两线交叉处，将两线隧道重叠部分的结构做成整体的结点，并采用楼梯将两座车站站台连通，乘客通过该楼梯进行换乘，换乘高差一般为 5～6 m。

结点换乘方式依两线车站交叉位置，又有“十”字形、“T”形、“L”形三种布置形式(图 9-27)。例如北京西直门站为“十”字形，复兴门站为“T”形，积水潭站为“L”形。

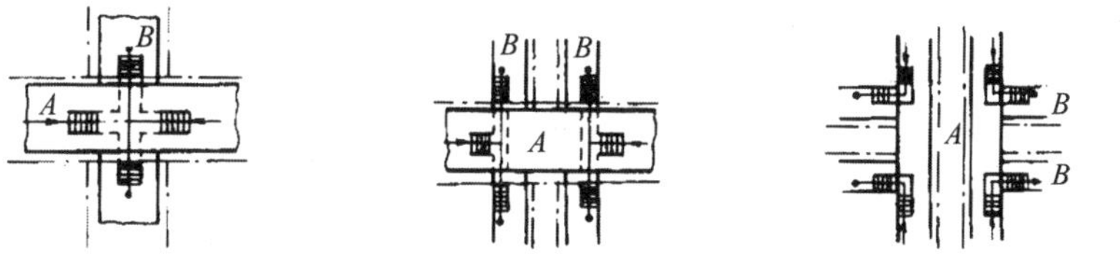

(a)“十”字形换乘（岛式站台与岛式站台相互换乘）　(b)“十”字形换乘（岛式站与侧式站台换乘，侧式站占在下层）　(c)“十”字形换乘（侧式站台与侧式站台相互换乘）

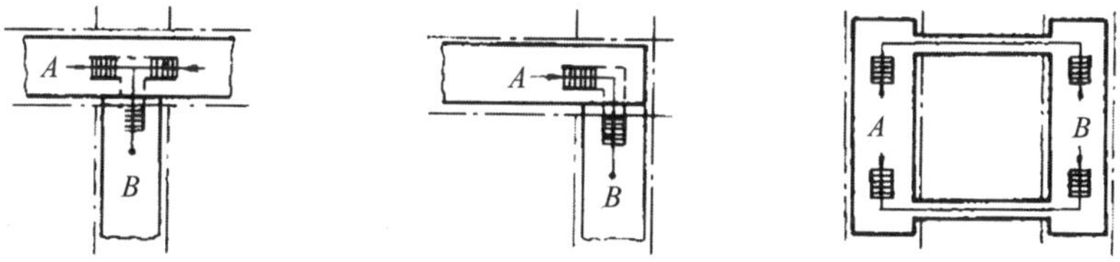

(d)“T”形换乘（上层站台中央与下层站台端部换乘）　(e)“L”形换乘（上、下层站台都在端部相互换乘）　(f)双通道（两个平行车站用天桥、地道、地下站厅换乘）

图 9-27　结点换乘形式示意图

结点换乘方式依两站的站台形式不同，有许多组合形式。以“十”字形换乘为例，常用的换乘站类型如下。

(1) 岛式与岛式换乘：如图 9-27(a)所示，*A* 线与 *B* 线形成岛式换乘，只有一个小换乘厅，换乘能力较小。

(2) 岛式与侧式换乘：如图 9-27(b)所示，*A* 线岛式站台与位于上层的 *B* 号侧式站台换乘，形成两个小换乘厅。

(3) 侧式与侧式换乘：如图 9-27(c)所示，利用上、下两层侧式站台层的“十”字交叉点形成 4 个换乘厅及换乘通道，换乘能力较上述两种都大。

一般结点换乘站的换乘能力较小，但是若换乘站布置设计合理，也能够达到较大的换乘能力。例如，图 9-28 是柏林地铁的一个结点换乘站。该站为三层框架结构，地下一层设有 4 个通向地面的出入口，以吸引和疏散不同方向的客流，并设有直接通向地下二层站台和地下三层站台的自动扶梯。两条地铁线路呈“十”字形交叉，车站站台都采用岛式站台，两个岛式站台通过换乘楼梯相连接，实现不同线路之间的换乘。

结点换乘方式设计的关键是要注意上、下楼的客流组织，避免进、出站客流与换乘客流的交叉紊乱。该方式多应用于侧式站台间的换乘，或与其他换乘方式组合应用，可以达到较佳效果。

两个岛式站台之间采用这种换乘方式连接一般较为困难，因为楼梯宽度往往受岛式站台总宽度的限制，其通行能力难以满足换乘客流需求。如果两条交叉线路的高差足够大，那么可以采用两个车站“十”字形塔式交叉，两站台之间用双层式梯阶相连接。

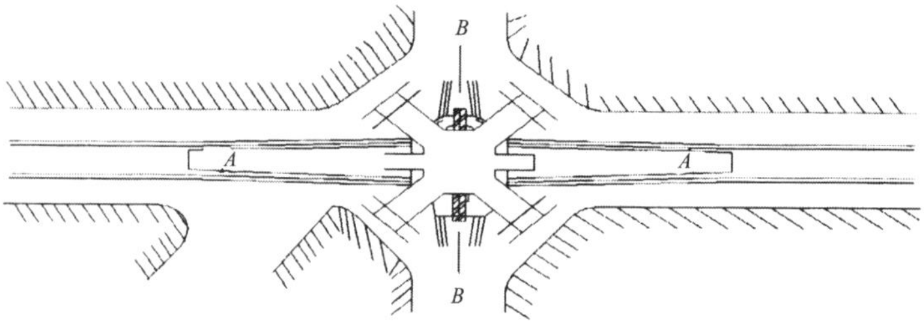

(a) A–A 平面布置

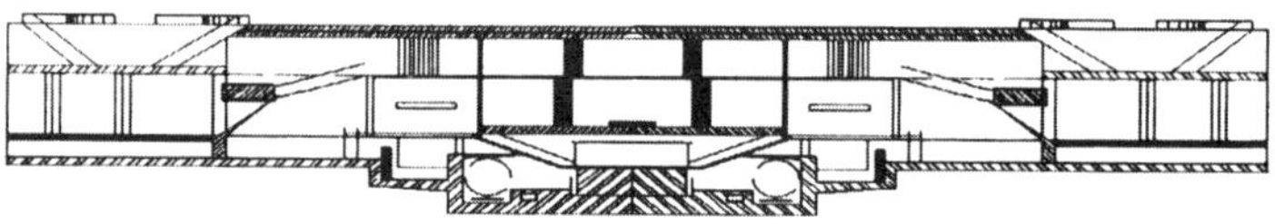

(b) B–B 剖面

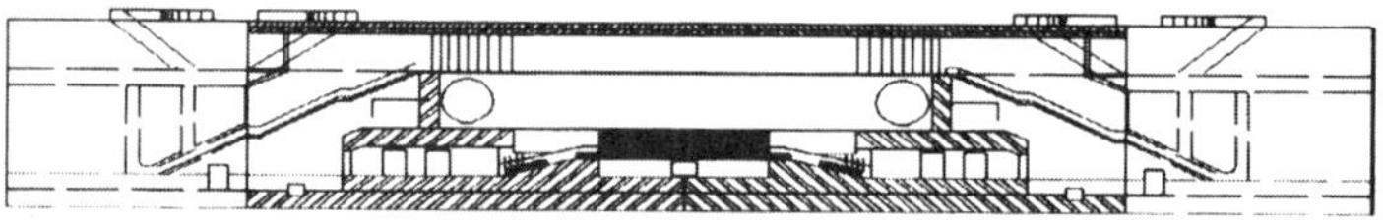

(c) B–B 剖面

图 9-28 柏林地铁交叉式车站换乘示意图

结点换乘方式的结点要求一次做成，预留线路的限界净空及线路位置受到制约，这就要求预留线要有必要的研究设计深度，避免预留工程不到位或过剩等不良现象的产生。

3. 站厅换乘

站厅换乘是指乘客由一个车站的站台通过楼梯或自动扶梯经由另一个车站的站厅或两站的共用站厅到达另一车站站台的换乘方式。乘客下车后，无论是出站还是换乘，都必须经过站厅，再根据导向标志出站或进入另一站台继续乘车。由于下车客流只朝一个方向流动，减少了站台上人流交织，乘客行进速度快，在站台上的滞留时间减少，可避免站台拥挤，同时又可减少楼梯等升降设备的总数量，增加站台有效使用面积，有利于控制站台宽度规模。

站厅换乘方式与前两种方式相比，乘客换乘路线通常要先上(或下)、再下(或上)，换乘距离较大；若站台与站厅之间是自动扶梯连接，可改善换乘条件。

上海轨道交通 1 号线及莘闵线(5 号线)的莘庄站，是采用同层并列侧式站台形式，如图 9-29 所示，通过上一层共用站厅层来完成换乘。这种换乘方式有利于各条线路分期建设。

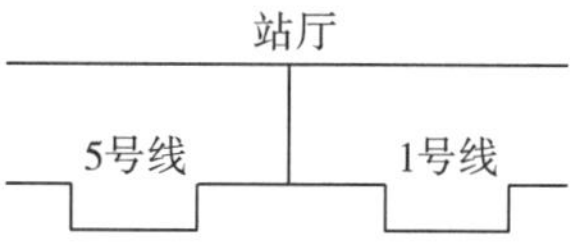

图 9-29　上海莘庄站站厅换乘示意

若浅埋线路与深埋线路交叉，则可按图 9-30 所示的方式修建换乘站。乘客换乘时可通过一个公用的地面站厅。这种换乘方式虽然较经济，但对乘客来说不方便，因为先要上升再要下降。较好的换乘方式是经过连接两个车站中心的一套换乘体系来换车。此换乘体系包括：一座由浅埋车站至地下站厅的通行隧道、一个地下站厅(其地板下方为自动电梯的机器房)、一座自动扶梯隧道及张拉室、一个小集散厅、几个通至深埋车站的通行隧道和通到车站股道上方的天桥，由天桥下至深埋车站站台的楼梯。这种换乘方式所经距离最短，不必爬多余的高度。

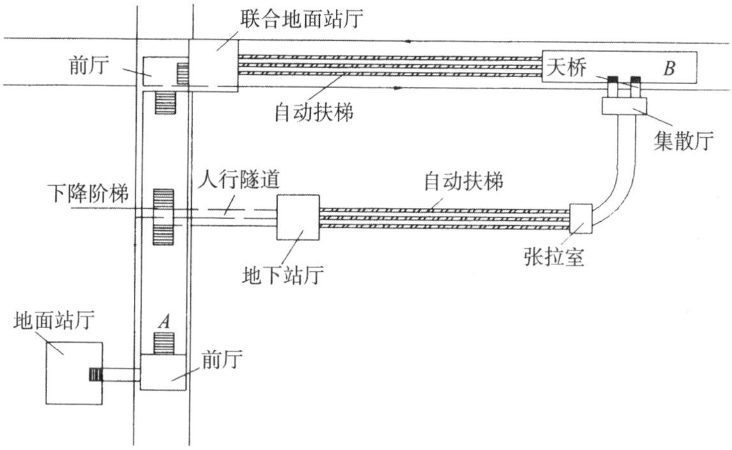

图 9-30　联合地面站厅的换乘站

4. 通道换乘

在两线交叉处，车站结构完全分开，当车站站台相距稍远或受地形限制不能直接通过站厅进行换乘时，可以考虑在两个车站之间设置单独的连接通道和楼梯，供乘客换乘，这种换乘方式称为通道换乘。连接通道一般设于两站站厅之间，也可以从站台上直接设置。

通道换乘方式布置较为灵活，对两线交角及车站位置有较大的适应性，预留工程少，甚至可以不预留，容许预留线位置将来可以少许移动。通道宽度按换乘客流量的需要设计。换乘条件取决于通道长度，一般不宜超过 100 m，这种换乘方式最有利于两条线工程分期实施，预留工程最少，后期线路位置调整的灵活性大。

下列两种情况下常采用通道换乘。

(1)当两条轨道交通线路在区间相交时，构成“L”形，两线上的轨道交通车站均应靠近交叉点设置，并用专用的人行通道相连接。例如上海 1 号线与 2 号线的人民广场站呈“L”形布置，2 号线的地下二层站厅层与 1 号线的地下一层站厅层通过 10 m 宽的地下通道实现换乘。

前文图 9-16 是通道换乘方式的地下换乘站。在位置较高的车站 A 的站台中心安设双向梯阶或自动扶梯下降到人行隧道平面，该隧道在 A 站的站线下方穿过。供乘客双向通行的人行隧道，其宽度通常为 7～7.5 m，长度不应超过 100 m。人行隧道内应有斜坡，且应朝乘客行较多的方向下坡。客流交叉的地点，人行隧道的断面应予以加宽。此人行隧道在靠近位置较低的车站 *B* 的地方，通常分成两个断面较小的隧道，这两个隧道的出口处接有跨越站线的天桥，该天桥端部应设置楼梯通到站台地板面，楼梯则设在车站的塔柱或立柱之间。在人行隧道分支的地方应设置一间集散厅，以便在其中将不同方向的客流分隔开来。

在条件许可时，可利用联合式的地面站厅或地下站厅来换乘，联合式地面(或地下)站厅用自动扶梯与两个车站相连接，而在地面只设一个共同出口。为此，两个车站集散厅的端部至线路交叉点的距离都应当与它们的埋置深度相适应。

也可以同时采用上述两种方案。这时人行隧道的宽度可减小，并只用于单向通行。反向换乘时可通过自动扶梯隧道实现。

(2)当一条线路的区间与另一条线路的车站“T”形交叉时，可按前文图 9-17 所示的换乘站形式组织换乘。位置较高的车站 A 的集散厅可用一条人行隧道与一个地下站厅(前厅)相连接，该地下站厅则经由自动扶梯隧道而与位置较低的车站 B 相连接。

若人行隧道长度不大，则 B 站乘客可经由 A 站的自动扶梯出站，但这样对乘客是不便的，因为他们必须先上到一个多余的高度，而后再经由楼梯下降到 A 站的站台去。若人行隧道很长时，则可使地下站厅直接与地面相连接，以供 B 站乘客出站之用。这样人行隧道仅供换乘旅客使用，A 站的自动扶梯也不致超荷。

例如，莫斯科的普希金、高尔基和契诃夫三个地铁车站布置呈三角形。车站的两端通过自动扶梯和三个地面大厅进、出口连接。换乘通道都衔接着每个车站的中部，这样可以使客流能在不同方向分配并使客流能按站台长度均匀分布(图 9-31)。

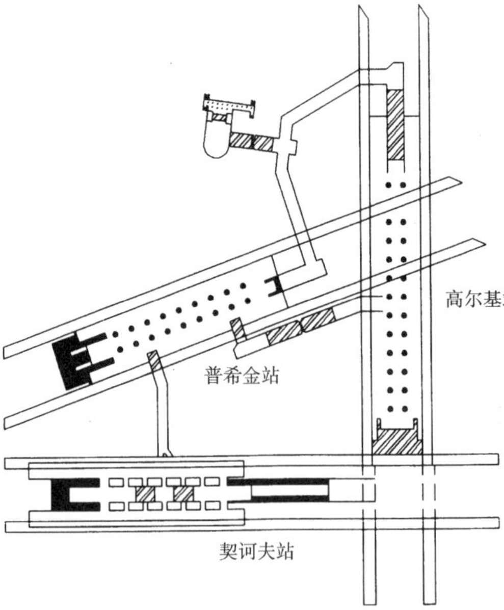

图 9-31　莫斯科地铁车站通道换乘实例示意图

又如，上海轨道交通2号线的中山公园站(地下二层)与明珠线(3号线)中山公园站(高架二层站台、地面站厅)呈“T”形交叉，利用两条地下通道进行换乘(图9-32)。

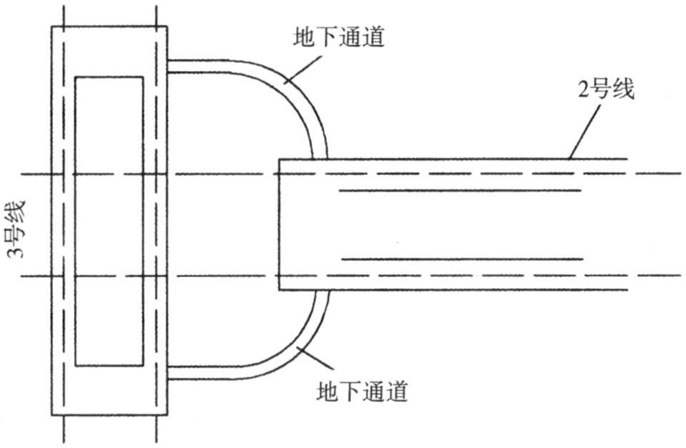

图9-32　“T”形通道换乘示意图

5. 其他

除了上述4种基本的换乘方式之外，还可采用站外换乘及组合换乘来达到换乘目的。

站外换乘是乘客在车站付费区以外进行换乘，实际上是没有专用换乘设施的换乘方式。它在下列情况下可能会出现：

(1)高架线与地下线之间的换乘，因条件所迫，不能采用付费区内换乘的方式；

(2)两线交叉处无车站或两车站相距较远；

(3)规划不周，已建线未作换乘预留，增建换乘设施十分困难。

采用站外换乘方式，往往是没有轨道交通线网规划而造成的后遗症。由于乘客增加一次进出站手续，步行距离长，再加上在站外与其他人流混合，因而显得很不方便。对轨道交通自身而言，是一种系统性缺陷的反映。因此，站外换乘方式在路网规划中应尽量避免。

在换乘方式的实际应用中，若单独采用某种换乘方式不能奏效时，则可采用两种或多种换乘方式组合，以达到完善换乘条件、方便乘客使用、降低工程造价的目的。例如，同站台换乘方式辅以站厅或通道换乘方式，使所有的换乘方向都能换乘；结点换乘方式在岛式站台中，必须辅以站厅或通道换乘方式，才能满足换乘能力；站厅换乘方式辅以通道换乘方式，可以减少预留工程量；等等。这些组合的目的，是力求车站换乘功能更强，既保证具有足够的换乘能力，又使得工程实施及乘客使用方便。

三、轨道交通系统与其他交通方式的衔接

现代大都市是由中心城及若干卫星城(或新城)组成的城市群，中心城本身也由多个副中心组成，市中心、副中心、卫星城等相互之间都有着大量的人流联系。由于城市轨道交通线路较少，其覆盖范围及吸引范围有限，仅依靠轨道交通系统承担是不够的，只有与其他交通方式(常规公共汽车、电车、小汽车、自行车、城市对外交通)紧密衔接起

来，才能使城市轨道交通系统发挥最大的作用。

(一)与常规公交的衔接

城市轨道交通线路与常规公交(公共汽车、电车)的衔接关系反映在线路与站点两方面，当然线路最终还是通过某个站点或一系列站点与轨道交通发生衔接关系。

城市轨道交通线路与常规公交线路的关系是主干与支线的关系。在通常情况下，每条轨道交通线路客运能力是每条常规公交线路的5~8倍，因而轨道交通沿着城市的主要客流走廊布设，其平均乘距也较长，这样可以发挥其大运量、快速、准时、舒适的系统特性。常规公交运能低，但机动灵活且运营成本低，可以布设较多的线路，所以在居民区与轨道交通车站之间形成接驳交通联系，以达到扩大交通吸引范围、减少居民步行距离、方便居民出行的目的。

由于城市交通流量的发展是从小到大的，因而城市交通的发展一般是先有常规公交而后有轨道交通。当轨道交通线路形成以后，通常要对常规公交线路走向及其站点作一些调整。在调整常规公交线路时，通常的做法如下：

(1)在轨道交通沿线取消重合段(或附近的平行段)较长的常规公交线路，将其改设到与轨道交通横向交叉的道路上，或改移到轨道交通服务半径以外的地区；

(2)增加与轨道交通线路横向交叉的常规公交线路，并尽可能缩短两者之间的换乘距离，使常规公交担当轨道交通线路的接驳交通线路；

(3)增加以轨道交通车站尤其是换乘枢纽为起终点的常规公交线路，为轨道交通集散客流创造较好的条件。

轨道交通车站与常规公交车站的衔接一般有三种等级规模。

1. 一般接驳站

一般接驳站为轨道交通中间站与常规公交线路中间站的换乘点。在这类换乘点中，通常考虑公交车站离轨道交通车站的出入口近些，且乘客尽量不要平面穿越交通量较大的干线道路换乘。

在轨道交通建设初期，通常客流量较小，行人穿越街道乘坐轨道交通对地面交通的干扰还不太严重。随着城市的发展以及轨道交通车站对客流日益增大的集聚作用，轨道交通车站的人流量越来越大，这些人流在穿越道路时非常危险，对地面交通的干扰很大。多数轨道交通车站设在干线道路附近，这样就更加增加了危险性及对地面交通的干扰程度。因此，在交叉口附近设置轨道交通车站，车站中心应尽可能位于交叉口中央，并在各个路口都设置出入口。

当轨道交通车站设置在道路一侧时，应充分考虑到干线交通流对未来大量的轨道交通集散客流的阻隔作用，设置或预留行人过街通道。当行人过街通道位于地下时，可与轨道交通车站结合起来布置，以节省工程造价。

在集散客流量较大的轨道交通车站，其出入口的数量不宜太少。我国现有的轨道交通中间站通常只设3~4个出口，而东京等发达城市中轨道交通中间站的出入口数量一般有5~10个，这不仅可以为常规公交接驳提供更多的便利，而且可以缩小每个出入口通道的宽度，把出入口做得小巧玲珑，增添了城市景观，此外，还增大了车站周围用地的商业价值。

2. 大型接驳站

大型接驳站是指位于轨道交通起讫点站、地区中心及接驳换乘量较大的轨道交通车站的换乘点。在此布置的常规公交车站主要为某一个扇面方向的地区提供服务。这里通常作为多条公交线路交汇的公交车站，需提供3～4个车位或线外有超车功能的港湾式停靠设施，规模可达3000～5000 m^2。

大型接驳站的布置宜设于轨道交通车站200 m范围内，有条件时可考虑与轨道交通车站建筑结合；在规划设计时，除考虑尽可能减少人流、车流交叉外，要配备必要的运营服务设施和导向标志。

3. 枢纽站

枢纽站一般是两条以上轨道交通线路交叉处。这种车站的客流集散量很大，日客流集散量可达几十万人次。大型枢纽站的站场规模较大，一般在10000 m^2以上。有些大型枢纽站，由于受用地范围的制约，或为了更有效地进行客流组织，采用立体化布局，实现人车分离、换乘便捷的功能。

例如，图9-33所示是法国巴黎苔芳斯地铁大型枢纽站。该站在规划时就考虑了各种交通之间的综合换乘，将地铁及快车线、国家公路、城市公共汽车线、高速公路、停车场等分别设在不同的层次空间内，构成一个便捷换乘的立体交通体系。地铁之间的换乘放在地下4层，4条地铁线路的站台呈平行布置。换乘量大的线路共用一个岛式站台，乘客从站台一侧步行到另一侧即可实现换乘。其他方向的换乘通过楼梯进入换乘大厅来实现，整体换乘非常方便。

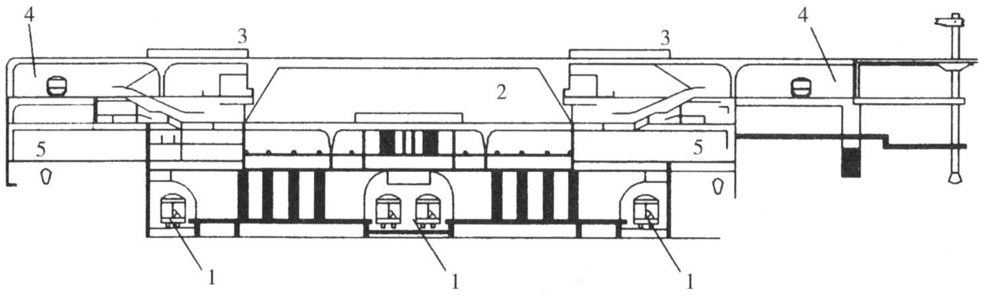

图9-33　巴黎苔芳斯地铁换乘枢纽示意图

1.地铁线路；2.换乘大厅；3.地面出入口；4.城市公交线路；5.公路

(二)与私人交通方式的衔接

私人交通方式包括自行车、助动车、摩托车和小汽车等。目前，我国大城市中使用自行车(含助动车)的比例较高，上海市超过了30%；随着小汽车的售价下降及人民生活水平的提高，购买小汽车的人数越来越多，北京拥有小汽车的家庭已超过30%。因此，在城市轨道交通车站设计中，必须要考虑与私人交通方式的紧密衔接。

1. 与自行车(助动车)的衔接

据北京地铁公司统计资料，20世纪90年代初，北京地铁1号线的玉泉路、古城路、苹果园车站的自行车停放量都超过了1000辆。调查表明，自行车换乘客流来源一般在距车站500～2000 m的范围内。这样，在居民区和市区主要交叉口的车站均应考虑一定规模的自行车停放场地。

自行车的停车场应结合车站出入口周围的用地和建筑物情况进行设置。目前，北京地铁的一般做法是将出入口周围划出一片地作为停车场地，但随着城市的发展，市中心的用地越来越紧张，这种做法难以实施。因此，规模较大的车站可考虑利用地下空间设置停车场。根据轨道交通车站的规模及其可能吸引的自行车停放量，自行车停车场的规模可控制在60～2000 m^2。

2. 与私人小汽车的衔接

随着社会经济的发展，私人小汽车的拥有量也随之提高。例如，巴黎地区有78％的家庭拥有小汽车。许多人乘坐小汽车上下班，大量小汽车进入市区，加剧了道路交通的压力。为缓解这一矛盾，许多城市采用大力发展中心区公共交通、限制小汽车进城的战略。为有效地实施这一战略，在中心区周围的轨道交通车站兴建小汽车停车场是一项必要的引导措施。

小汽车停车场布置灵活多样，可以是地面的，也可以是地下或高架的。

小汽车停车场常采用与大型枢纽站共同兴建的方式，例如日本的名古屋火车站、东京火车站以及马赛的圣夏尔车站等。

名古屋火车站于1976年建成，为一个地下3层、地上20层的综合大楼。其布置如下：

(1)地下部分：地下3层分别布置地下铁道、高速铁路及市郊铁路(私营铁路)，在地下第1、2层的铁路两侧开设了百货商店和专卖商店。

(2)地上部分：第1层为铁路车站、公共汽车总站及停车设施、中心广场(室内)、旅馆大门；第2层为公共汽车站、百货商店；第3、4、5层为百货商店、小汽车停车库；第6层为百货商店；第7层为饭馆街、信贷机构、旅游券兑换中心；第8～12层是旅馆、会议室、宴会厅。

(3)公共汽车站：原在名古屋站四周的三十几个公共汽车站，都集中在名古屋站大楼中的第1、2层，可容纳汽车2600辆，预留发展到3000辆，这不仅大大便利了旅客，也解决了站前拥挤的问题。

(4)名古屋火车站旅客乘降人数：1977年日平均107万人次，其中国铁18万人次，私铁52万人次，地铁26万人次，公共汽车11万人次；在总客运量中，持有定期票的乘客占60％。

总之，小汽车停车场在国外发达城市的轨道交通车站设计中已经普遍受到重视。一般看来，在位于火车站、机场、大型游乐场及旅游胜地附近的轨道交通车站，在条件许可时，最好能预留停车场地的位置，以便于今后条件成熟时建设。

(三)与城市对外交通站点的衔接

城市规模越大，城市与外部的人员交往就越多。上海、北京等大城市，每天进出城市的人员总量高达几十万人，这些人员必须经过火车站、机场、长途汽车站、客运码头等站点。因此，将城市轨道交通车站与这些城市对外交通站点紧密地衔接起来，对方便人们长途出行、节省出行时间是很有意义的。

城市轨道交通车站与对外交通枢纽的衔接方式有三类：地面方式、高架方式、地下方式。在大城市中，由于对外交通站点的客流集散量很大，需要较大的地面广场供常规公交及小汽车使用，如采用地面衔接方式会使步行距离较大，因此较多使用高架方式和地下方式。

火车站一般建筑历史悠久，周围用地容积率很高，高架方式也难以实施，因而火车站的对外交通站点衔接通常采用地下方式，如日本京都的京都车站、福冈的博多火车站、巴黎的里昂火车站都是地面火车站与轨道交通地下站衔接。上海轨道交通 1 号线的上海火车站虽然也是位于地下，但由于平面上与铁路站台相距较远，换乘仍然很不方便。由此可见，不论是采用什么衔接方式，最主要的是要从乘客的换乘功能出发，从平面、立面等不同角度综合地考虑换乘路径的合理性，使得换乘路径尽量短捷而顺畅。

为了改善火车站与轨道交通车站的换乘关系，一般在火车站附近修建城市轨道交通车站时，都伴随着火车站的改建或再建工程。下面介绍巴黎的诺尔火车站及柏林亚历山大广场枢纽站的交通衔接案例。

诺尔火车站位于巴黎市北部，高峰小时运量约 58000 人，车站处于饱和状态，有必要再建。然而，诺尔车站地面场地有限，再建的唯一办法是修建地下车站。同时，巴黎地铁 4 号线的客运压力也很大，巴黎运输公司计划修建一条复线直抵诺尔站，与铁路连接。计划兴建的地铁诺尔站与铁路诺尔站近在咫尺，故巴黎运输公司与国有铁路公司双方决定共同兴建这座车站(图 9-34)。

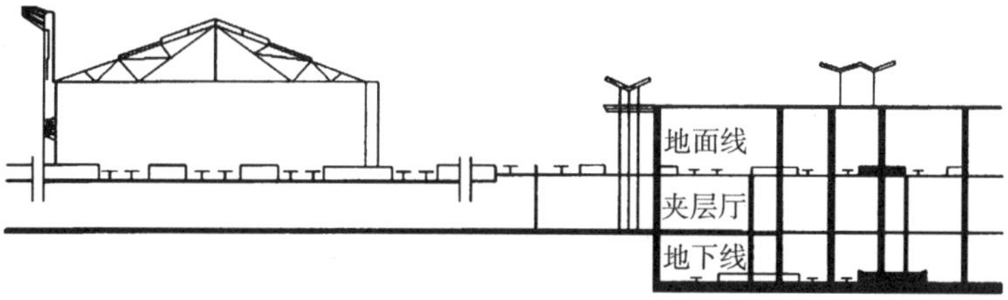

图 9-34　巴黎轨道交通诺尔站与铁路车站的衔接

扩建的诺尔站全长 320 m，平均宽度 48 m，车站结构底板至顶板高约 13 m。车站共分三层，底层为地面铁路与地铁线路的连接车站，为两个岛式站台，各设置两条线路，站台比较宽敞，乘客无需出站即可换乘。中间层又称夹层厅，起集散厅作用。厅内布置着通往上、下层各站台的梯道以及连接地面站的通道。上层为郊区火车站，露天部分为地面铁路备用站。车站各层由换乘梯道及自动扶梯贯通。出站两侧分别为一个售票厅和一条通向街道的地下通道，连接着地面和地下出站。该站的建成大大改善了巴黎北郊地面铁路与巴黎区域快速轨道交通线(RER)的换乘条件，提高了地面铁路与地铁的运输能力。

柏林亚历山大广场交通枢纽有铁路、城铁(S-bahn)、地铁(U-bahn)、有轨电车(M)、公共汽车、出租车等交通方式，规划设计者巧妙地安排各种交通方式的设施位置，达到了既节省用地，又方便换乘的双重效果。该枢纽的布局结构如图 9-35 所示。

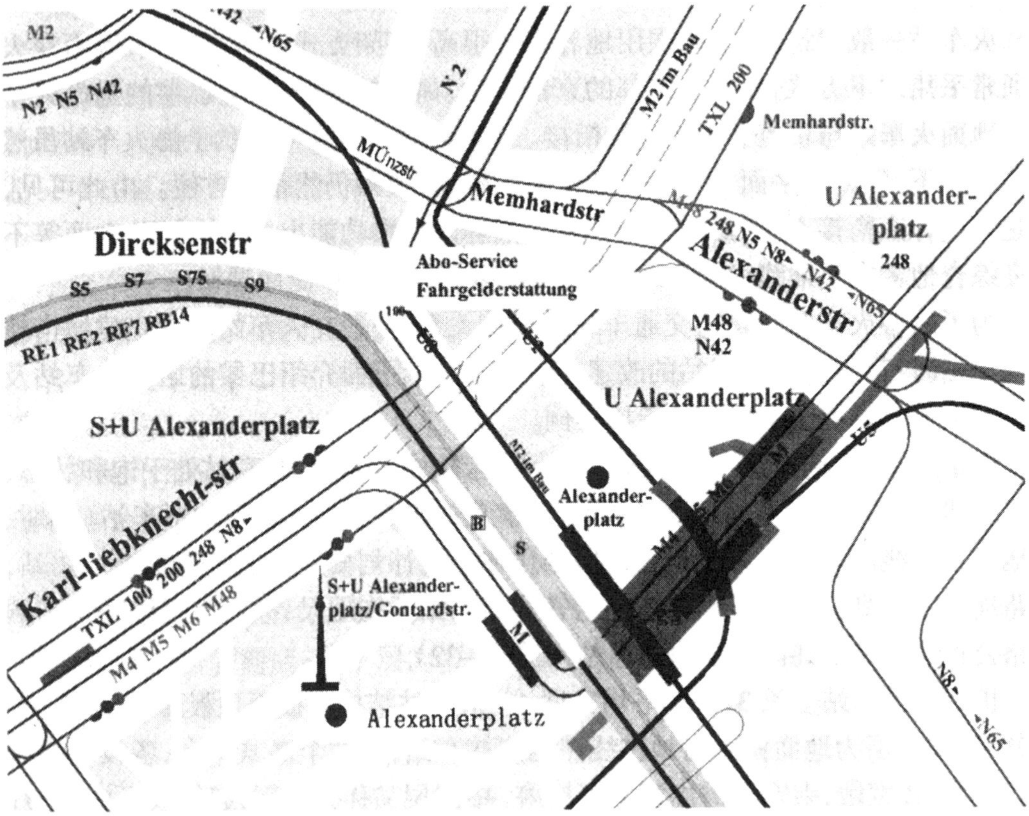

图 9-35　柏林亚历山大广场交通枢纽布局示意图

现对亚历山大广场交通枢纽布局结构及其功能特点分析如下：

(1)利用立体空间，紧凑、合理地安排各种车站的位置，在满足客流集散空间用量的条件下尽可能使各类车站靠近。铁路线、城铁线平行布设，均位于高架一层；有轨电车、公共汽车、出租车位于地面；地铁线位于地下。地下一层为商场及与地铁的换乘通道。这种布局结构不仅可以缩短乘客步行距离与时间，而且可以减少枢纽内集散客流所需的空间用量。

(2)铁路与城铁车站一体化布置，宽度约 36 m，地面层由两条换乘通道把城铁楼梯、站台与铁路楼梯、站台连接起来，使得城铁与铁路之间的换乘距离不到 50 m，既节省土地及空间资源，又实现了便捷换乘。如图 9-36 所示，在高架一层中，铁路车站仅为一个岛式站台，两股站线；与之平行的另一岛式站台及 2 股站线供城铁使用；地面层主要用于商业、旅游等服务业的经营。该站虽然占地不大，但每天接发及通过的列车数量很大。城铁站台停靠 S5、S7、S75、S9 的列车，每天超过 250 对；铁路列车有 REl、RE2、RE7、REl4 等停靠，大约每天有 80 对；此外，每天通过该站的铁路列车在 300 对以上。

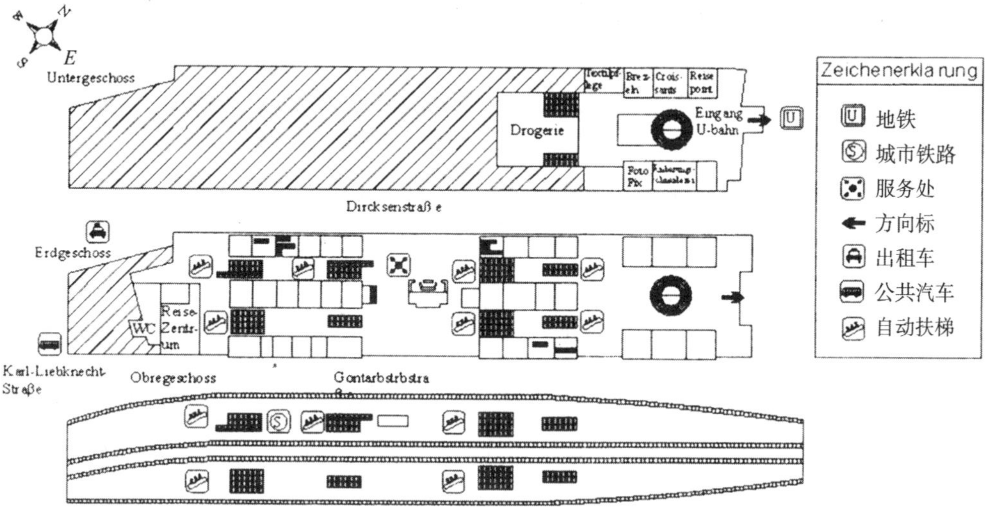

图 9-36　柏林亚历山大广场铁路车站地下、地面、高架层的平面布局示意图

(3)已建的 3 条地铁线呈“土”字形紧凑地布置在城铁线的北侧，并预留了 U10 的站位，见图 9-36。有 4 条地铁线交汇的车站，地下埋深只有 12～14 m，U10 线的预留工程仅通过加宽 U5 线站台(两侧各加宽 6 m)就实现了。各地铁线之间、地铁线与城铁及铁路之间的换乘距离只有 60～180 m，空间利用率很高，还可实现 U5、U10 线的平行换乘。

U8 线及 U2 线平行于城铁线布置，位于地下一层，其站台至地面的垂直距离约 6 m；U5 垂直于 U8，在 U8 及 U2 下方通过，其站台比 U8 及 U2 站台低 6～8 m。U8 及 U2 线的站台为岛式；U5 的站台为侧式，每个侧式站台的宽度约 14 m，这为 U10 线预留了站线位置。将来 U10 建成后，将在地下二层形成一个双岛式 4 股道的车站结构。U5 站台(地下二层)可以用做 U2、U8 站台的换乘通道，为了避免 U10 建成后其换乘通道能力不足，还在地下半层(比 U2、U8 站台高 2 m)修建了平行于 U5 站台的 U2 与 U8 的换乘通道。U5 线站台平面布局如图 9-37 所示。

图 9-37　柏林亚历山大广场枢纽 U5 站台平面布局示意图

(4)枢纽内设置了两个有轨电车车站，进一步提高了枢纽的集散效率。如图 9-35 所示，在铁路车站南侧设有一个有轨电车车站，在 U2、U5 车站北侧又设有一个有轨电车车站，这两个有轨电车车站的间距大约为 350 m。铁路、城铁及 U8 线乘客至有轨电车车站的换乘距离大约为 50 m，U2、U5 至有轨电车车站的换乘距离也只有 50 m 左右。由于在这条有轨电车线路上运行的 M4、M5、M6、M48 与城铁线、地铁线是基本正交的，因此扩大了大容量轨道交通线(城铁及地铁)的辐射范围。

第四节 车辆段与停车场

规划研究阶段车辆段及停车场设计的重点是根据快速轨道交通规划路网进行选址，确定各段、场的合理分工及建设规模，达到控制建设用地的目的。

一、车辆段的功能与设施

车辆段是车辆的维修保养基地，也是车辆停放、运用、检查、整备和修理的管理单位，其设计的优劣直接关系到轨道交通系统的工作质量和运营效率。

1. 车辆段的类型

按照《地铁设计规范》(GB 50157—2003)的规定，地铁车辆段根据功能可分为检修车辆段(简称车辆段)和运用停车场(简称停车场)。车辆段根据其检修作业范围可分为架(厂)修段和定修段。独立设置的停车场应隶属于相关车辆段。

2. 车辆段的主要功能

(1)列车的停放、调车编组、日常检查、一般故障处理和清扫洗刷、定期消毒；

(2)车辆的修理——月修、定修、架修与临修；

(3)车辆的技术改造或厂修；

(4)车辆段内通用设施及车辆维修设备的维护管理；

(5)乘务人员组织管理、出乘计划的编制、备乘换班的业务工作。

根据城市轨道交通线路的情况，有时可以另外设置仅用于停车和日常检查维修作业的停车场或检车区，管理上一般附属于主要车辆段，规模较小，其功能主要如下：

(1)列车的停放、调车编组、日常检查、一般故障处理和清扫；

(2)车辆的修理——月修与临修；

(3)附设工区管理乘务人员出乘、备乘轮班。

定修段的功能介于车辆段和停车场之间。

3. 车辆段的必备设施

(1)车辆段应有足够的停车场地，确保能够停放管辖线路的回段车辆。车辆段的位置应保证列车能够安全、便捷地进入正线运行，并应尽量避免车辆段出入线坡度过大、过长。

(2)车辆段内需设检修车间。检修车间的工作地点为架、定修库和月修库；列检作业在列检库或停车库(线)进行；架、定修库内要有桥式起重机和架车设备、车轮旋削机床及存轮库，必要时应设不落轮车轮镟床；架、定修库内应有转向架、电机、电器、制动机维修间，应设转向架等设备的清扫装置、单独设立的喷漆库；车辆段内还应有车辆配件的仓库。

(3)根据运营管理模式的要求，多数运营单位在段内设运用车间，车间下辖乘务队、运转值班室、信号楼、乘务员备乘休息室、内燃轨道车班等。

(4)车辆段内还应有设备维修车间，负责段内的动力设施及通用设备维修。

(5)车辆清洗设备，并设专用的车辆清扫线。

(6)车辆段内一般还设有为供电、通信信号、工务和站场建筑服务的维修管理单位。

(7)办公楼与其他服务设施，如培训场地、食堂、会议厅等。

车辆段主要由列车停放区、车辆清洗区、检查和小修库、大修车间、机车库组成。一个典型的停放维修电动车组、工程车和机车的车辆段总体布局如图 9-38 所示。

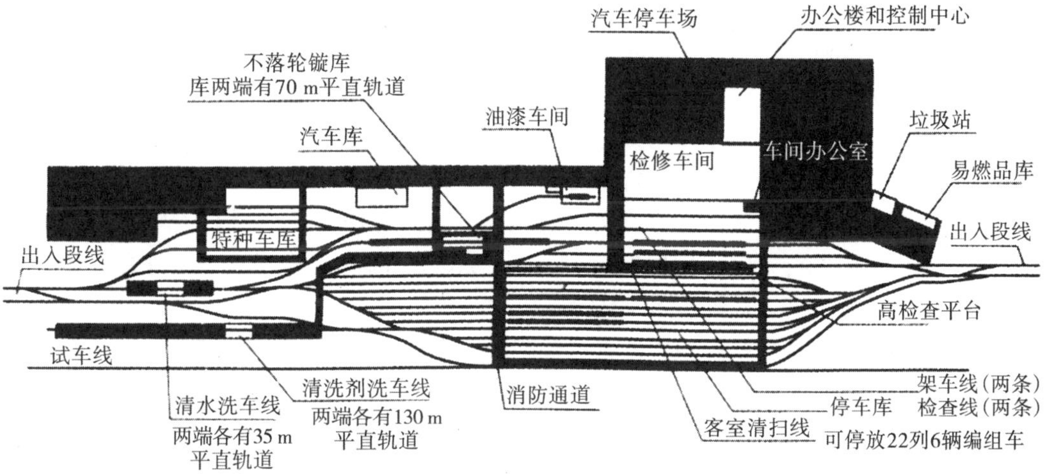

图 9-38　车辆段总体布局示意图

4. 车辆段的线路配置

轨道交通车辆段根据生产需要和所担负的任务范围一般应设置下列线路。

(1)连接线路：出入段线。

(2)停放线路：列车停放线。

(3)作业线路：列检作业线、月检作业线、定修线、临修线、架修线(或大、架修线)。

(4)辅助作业线路：外皮清洗线、吹扫线、油漆线、不落轮镟线。

(5)试验线路：静态调试线、动态试车线。

(6)辅助线路：调机停放线、牵出线、材料装卸线、回转线、国铁联络线、救援列车线。

二、车辆段规模估算

1. 车辆检修制式与修程

目前各国城市轨道交通车辆检修采用两种制式，一种是厂修、段修分修制，另一种是厂修、段修合修制。

厂修、段修分修制，就是修建专门的车辆大修厂(不限于1个)，它承担全线网各线车辆的大修任务。车辆的架修、定修及其以下的修理工作，由各线的车辆段承担。

厂修、段修合修制就是不设专门的车辆大修厂，车辆的大修在车辆段内进行。

前一种制式，用于线网规模较大的城市，具有一定的经济性，对于线网规模不大的城市，采用厂修、段修合修制较为经济。

从国内外情况来看，只有莫斯科和北京采用厂修、段修分修制，其他城市均采用厂修、段修合修制。我国已经修建和正在修建轨道交通的城市，如上海、广州和香港等基本上采用厂修、段修合修制。

采用厂修、段修分修制的优点是实行专业化生产，形成规模效益，有利于提高修车质量。其缺点是在工程建设起始阶段必须同时修建车辆大修厂和车辆段，但形成有一定规模的轨道交通线网须经几十年时间，因此，大修厂在建成后相当长的时间内，因系统规模小，车辆大修车任务不足，投资效益难以发挥。

采用厂修、段修合修制，就可避免上述缺点。另外，由于车辆进行大修所用的大部分机械设备与车辆进行架修所用的机械设备基本相同。因此，将厂修与段修合并还可减少机械设备的重复投资，提高设备利用率。

城市轨道交通车辆的检修规程通常分为列检、月检、定修、架修和厂修(又称大修)。根据修理规程的规定，各种修程包含的主要检修范围和内容如下。

(1)列检：对容易出现危及行车安全的各主要部件(如轮对、弹簧、转向架、受电弓、控制装置、空气制动装置、车钩及缓冲装置、蓄电池、车门风动开关装置、车体、车灯等进行外观检查，对危及行车安全的故障及时进行重点修理。

(2)月检：对车辆外观和一般功能进行检查，即对车辆主要部件的技术状态进行外观检查和必要试验，对危及行车安全的故障进行全面修理。

(3)定修：主要是预防性的修理，需要架车。对各大部件的技术状态和作用作较仔细检查，对检查发现的故障进行针对性修理，对车上的仪器和仪表进行校验，车辆组装后要经过静调和试车。

(4)架修：主要任务是检测和修理大型部件(如走行部、牵引电机、传动装置等)，同时，通过架车对车辆各部件进行解体和全面检查、修理、试验，对计量的仪器、仪表进行校验，车体要重新油漆标记，组装后进行静调和试车。

(5)厂修：全面恢复性修理。要求对车辆全面解体、检查、整形、修理和试验，要求完全恢复其性能，组装后要重新油漆、标记、静调和试车。总之，厂修后的车辆基本上要达到新车出厂水平。

城市轨道交通车辆的检修周期及检修时间标准参见表 9-3。

表 9-3　车辆日常维修和定期检修周期

类别	检修种类	检修周期		检修时间/天
		里程/万 km	时间	
定期检修	厂修	100～120	10～12a	35/32
	架修	50～60	5～6a	20/18
	定修	12.5～15	1.5a	8/6
日常维修	月检		1月	2/2
	列检		每天或双日	

注：①表中分子为近期天数，分母为远期天数；

②表中检修时间是按部件互换修确定的。

2. 车辆段规模估算

在规划车辆段和选址过程中都需要先确定车辆段的规模。整个车辆段的规模主要取决于停车库和检修库两大部分的能力，再辅以其他的场、库。停车库和检修库的需要能力取决于城市轨道交通线初、近、远期不同年限的配属车数量(包括运用车、在修车、备用车)。

1)配属车计算

(1)运用车计算。

①按系统能力计算运用车列数的计算公式：

$$N_y^{xt}=\frac{\frac{2L}{V}\times 60+t_z}{60}\times\frac{60}{t_0} \tag{9-4}$$

式中，N_y^{xt}——按系统能力计算的运用车列数(列)；

L——线路长度(km)；

V——列车旅行速度(km/h)；

t_z——线路两端列车折返时间之和(min)；

t_0——系统设计的最小行车间隔(min)。

②按客流计算运用车列数的计算公式：

$$N_y^{xt}=\frac{\frac{2L}{V}\times 60+t_z}{60}\times\frac{P}{S\times m} \tag{9-5}$$

式中，N_y^{xt}——按客流计算的运用车列数(列)；

P——高峰小时单向最大断面客流量(人/h)；

S——车辆定员(人/辆)；

m——列车编组(辆)。

其他符号意义同上。

③按最低服务水平计算运用车列数的计算公式：

$$N_y^{fw}=\frac{\frac{2L}{V}\times 60+t_z}{60}\times\frac{60}{t_0^1} \tag{9-6}$$

式中，N_y^{fw}——按最低服务水平计算的运用车列数(列)；

t_0^1——按最低服务水平要求的最小行车间隔(min)；

其他符号意义同上。

按系统能力计算得到的运用车列数，可以作为远景车辆段用地最大规模控制的基本依据；而按客流需求和按最低服务水平计算得到的运用车列数取其大者，作为确定远期车辆段实施规模的基本依据。

(2)车辆年检修工作量。

厂修：

$$N_l = S/L_1$$

架修：

$$N_2 = S/L_2 - N_l$$

定修：

$$N_3 = S/L_3 - N_1 - N_2$$

月修：

$$N_4 = S/L_4 - N_1 - N_2 - N_3$$

以上各式中，S——全年车组走行公里(由行车组织专业提供)；

$L1$、L_2、L_3、L_4——厂修、架修、定修、月修的定检千米；

N_1、N_2、N_3、N_4——厂修、架修、定修、月修的年检修工作量(列)。

(3)检修车数量：

$$N_j = (N \times t_1 \times c)/d \tag{9-7}$$

式中，N_j——检修车配属数量；

N——全年检修工作量(列)；

t_1——车辆检修停修时间(d)；

c——工作班制，可采用日勤一班制；

d——全年法定工作天数(251天)。

(4)修列位数：

$$Q = (N \times t_2 \times a \times c)/d \tag{9-8}$$

式中，Q——检修列位数；

N——全年检修工作量(列)；

t_2——车辆检修库停放时间(d)；

a——检修不平衡系数(推荐值：厂修、架修取1.1，定修、月修取1.2)；

其他符号意义同上。

(5)配属车计算：

$$N_p = N_y + N_j + N_b$$

式中，N_b——备用车数量；

其他符号意义同上。

备用车主要是在轨道交通列车发生临时故障时，作为储备列车投入正线运用，其数量的确定应考虑以下因素：①每日列车发生故障的概率；②尽量减少列车为进行临时检修出、入检修基地的占用时间；③当列车发生故障时能尽快地调整运行图，恢复正常运营秩序。因此，建议采取以下备用车计算方法：①在轨道交通线路长度 L 小于 20 km 时，备用车数量取 2 列；②在轨道交通线路长度 L 大于 20 km 时，每增加 20 km 线路，备用车增加 1 列。

2)车辆段规模

车辆段的用地规模与其所承担线路的长短、配属的车辆数、布置形式以及是否与其他设施综合布置等有关。车辆段的用地规模一般在 20～45 hm^2 之间，约 0.20～0.45 km^2；停车场的用地规模一般在 5～20 hm^2 之间，约 0.05～0.20 km^2。例如，上海地铁 3 号线宝钢车辆段，设计停车规模 204 辆，占地 42 hm^2，即 0.42 km^2；该线的新龙华停车场，设计停车规模 120 辆，占地 18.7 hm^2，约 0.19 km^2；广州地铁 2 号线车辆段的停车库设计停车规模为 144 辆，车辆段占地约 26 hm^2，即 0.26 km^2。在规划阶段可以按照 2000～2200 m^2/辆×停车辆数粗略估算，在此基础上进行用地控制。要较精确地计算车辆段或停车场的面积，则应根据具体的平面设计方案，逐项进行估算。

3)几个城市轨道交通车辆段的规模比较

表 9-4 列出了中、日典型城市轨道交通车辆段的用地指标。由表中的数据可以看出，我国既有轨道交通车辆段的用地规模比日本车辆段的用地规模大得多，甚至达到两倍以上。这值得我国的设计者深思。今后在车辆段设计时，应尽量减少占用宝贵的城市土地资源。

表 9-4　中、日典型城市轨道交通车辆段的用地指标

城市名	车辆段名称	收容能力/辆	占地面积/m^2	折合用地指标/(m^2·辆$^{-1}$)
东京	绫濑	410	141810	346
	中野	190	55675	293
	深川	287	82260	287
	志村	400	137665	344
大阪	森之宫	250	115922	464
名古屋	日进	320	141000	441
札幌	西车辆段	170	33836	199
北京	古城	192	169000	880
	太平湖	288	190000	660
	四惠	320	262000	819
上海	新龙华	304	284000	934
	宝钢	378	401900	1063
	北翟路	344	338000	983
广州	芳村	252	266000	1055

三、车辆段的基本图式

车辆段及停车场的平面布置应力求作业顺畅、工序紧凑合理，通常有贯通式及尽端式两种形式，如图 9-39、图 9-40 所示。停车场的平面布置形式如图 9-41 所示。

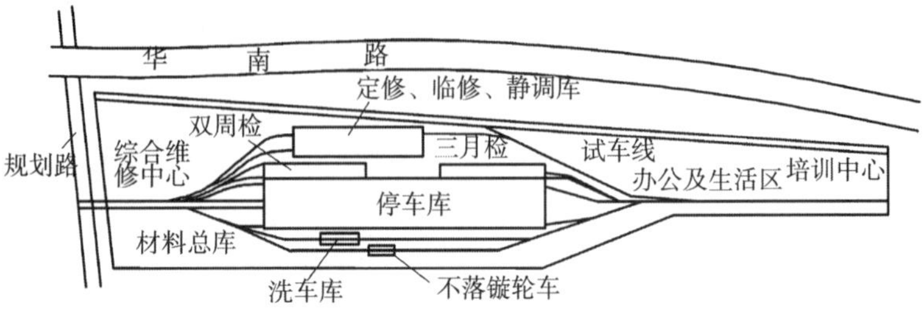

图 9-39　贯通式车辆段平面布置示意图

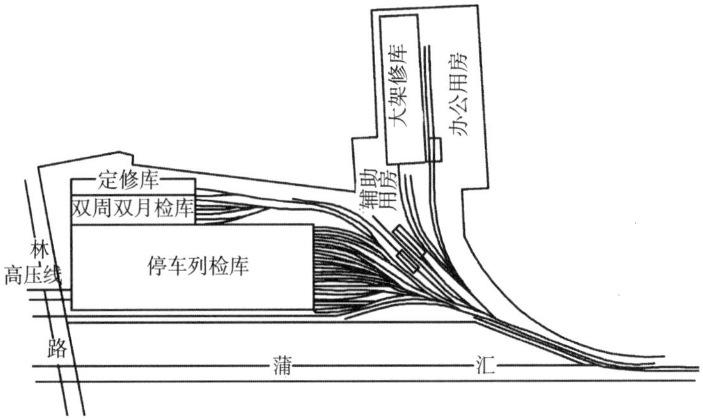

图 9-40　尽端式车辆段平面布置示意图

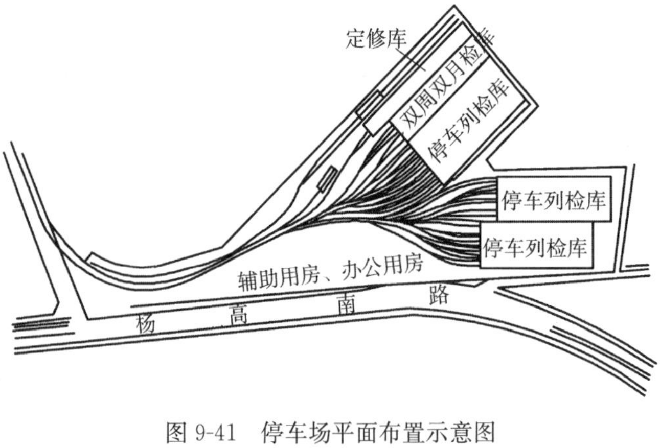

图 9-41　停车场平面布置示意图

根据车辆段内所需的各种线路的使用功能和有效长度，并结合地形的具体情况，车辆段的站场形式可分为贯通式及尽端式两种。贯通式车辆段和尽端式车辆段站场布置形式特点比较如表 9-5 所示。

表 9-5　贯通式车辆段和尽端式车辆段站场布置形式的特点比较

车辆段的布置形式	优点	缺点
尽端式车辆段	①对车辆段的工艺要求相对简单； ②一般位于城市的边缘，对城区环境污染较小； ③车场只有一个咽喉区，在相同的停车条件下，占地面积小，线路短，铺轨工程量较小	①只能一个方向发车； ②列车出入段灵活性差； ③咽喉区交叉作业多
贯通式车辆段	①可向两个方向同时发车； ②两端列车出入段灵活、方便、迅速； ③段内作业顺畅，咽喉区交叉作业少	①对车辆段的工艺要求相对复杂； ②车场两端都布置咽喉区，占地较大，线路较长，铺轨工程量较大； ③段址离城区较近，会对城区产生一定的环境污染

从国内外城市轨道交通车辆段设置的案例来看，车辆段结构形式除平面布置形式外，也存在立体布置的形式。其中，东京都营地铁 12 号线光丘车辆段(三层结构)就是一个典型的案例(图 9-42)。光丘车辆段是钢筋混凝土箱形断面的地上一层及地下两层的三层结构，地下一层主要是车辆的检修线，地下二层主要是停车线，而地面层主要设有转向架作业场所、事务所以及办公楼。这种结构形式可以显著节省日益紧张的城市土地资源，对城市轨道交通的可持续发展具有非常积极的意义。但是，另一方面它将大大恶化地铁车辆维修职工的工作环境，所以在借鉴时应慎重进行研究，并提出改善工作环境的措施。我国北京的古城、太平湖及八王坟和上海的新龙华车辆段均采用平面布置形式。

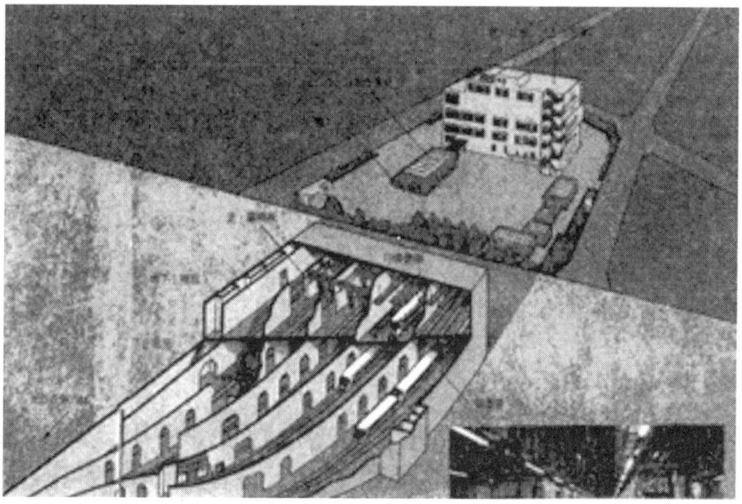

图 9-42　东京地铁 12 号线光丘车辆段

四、车辆段线路设计

1. 车辆段的线路种类及其技术要求

城市轨道交通系统所运用的车辆技术含量大、自动化程度高，与常规铁路车辆段相比，线路配置更为复杂，在工艺设计中应注意下列问题。

(1)出入段线。它是连接正线与车辆段的线路，分单线和双线。尽端式车辆段宜采用双线，贯通式车辆段可在两端各设一条单线。一般车辆段应有两条出入段线，以使进出车不互相干扰，或在信号、道岔等设备出现故障时，不至于影响正常运营。出入段线的出岔方式有平交和立交两种方式，在选用时应考虑以下因素：①远期正线通过能力；②出入段线与接轨站的相对位置；③工程上的可行性和工程造价；④对周围环境的影响；⑤其他特殊要求。一般在满足运营需要的前提下，应尽量采用平交方式，以降低工程造价。

(2)列车停放线。城市轨道交通系统不是全日运营，夜间列车需回段停放。列车停放线的数量应按车辆配属数量减去所设计的检修列位(检修列位一般兼做停放列位使用)来确定，使所有列车夜间可以全部回段停放。由于城市轨道交通列车编组较短，设计时可根据不同的车辆段布局形式，尽端式列车停放线长度按两列位(两节编组)考虑设计，贯通式列车停放线长度按3～4列位(3～4节编组)考虑设计。如果车辆段条件受到限制，设计中也可考虑利用始发站、折返站站线夜间停放部分列车。列车停放线数量应含备用列车停放线。

(3)列检作业线。用于车辆的日常检查。列检作业线的数量一般为运用车数的30%，线间距为4.6～5.0 m，并要求设置检查地沟，检查地沟的长度应满足最大列车编组长度。线路长度可按两列位或三列位设计。列车停放线和列检作业线的线间距要求不一样，设计中可将列车停放线与列检作业线混合设置或分开设置，这主要取决于车辆段布局形式。为便于列检作业，减少调车作业次数，设计中也可采用所有线路设置检查地沟的方法，但工程造价相应增加。

(4)月检线。列车运行一至两个月左右，需要更换某些零部件，牵引、制动系统也要进行检查调试，这些工作需在月检线上进行，每条线都设检查坑，线间距为6.0 m。当库形为尽端式时，月检线应按一列位设置；当库形为贯通式时，月检线可按两列位设置。

(5)定修线。列车运行10万km后要架车进行局部分解，对一些关键部件进行检测、修理。完成这些工作的专门线路称为定修线，数量根据检修台位确定，并设有检查坑，线距为7.0 m。线路长度不宜采用多列位设置，一般采用一列位形式。

(6)架修线。列车运行30万km后，在架修线上进行架车解体，根据检修工作量确定线路数，线距为7.5 m。线路长度不宜采用多列位设置，一般采用一列位形式，甚至可采用半列位(或一个单元)方案。

(7)外皮清洗线。为保持运营列车的清洁，须设置列车外皮清洗线。外皮清洗线有尽端式和贯通式两种布置形式，以贯通式布置方式使用最为方便，但占地过长。设计中采用固定式自动洗车机的清洗线要求满足清洗库前后各一列位长度，且库两端应至少有一辆车长度的直线段，清洗作业时不得影响其他列车的正常作业和运行。一般情况下，列车外皮清洗线单独设置，不宜与列车出入段线共用。

(8)不落轮线。它是保证轨道交通车辆安全运行，提高车辆运行效率的重要设备，对于列车运行过程中因摩擦产生的擦伤、偏磨等不良故障，可以在列车不解体的情况下进行镟轮作业，从而保障列车的安全运行。不落轮线的长度应满足不落轮镟库前后各有一列位长度要求，避免影响其他列车的正常作业和运行。作业区段应为平直线路，以保证镟轮精度。

(9)牵出线。用于车辆段内调车作业，根据段内车库位置设 1～2 条。线路长度至少应满足一列位长度，并设置在方便调车作业、能与车辆段内各线路连通的位置。

(10)试车线。列车经定修、架修或大修后，要求在线路上进行动态试验，检验列车维修后不同速度下的各种工况指标。试车线一般靠近检修库，便于列车上线试验。试车线长度应根据车辆性能和技术参数以及试车综合作业要求计算确定。试车线应为平直线路，困难条件下允许在线路端部设部分曲线，其线路应满足列车试验速度的要求；试车线的其他技术标准宜与正线标准一致。试车线线路上应设置一段检查坑，检查坑长度不应小于 1/2 列车长度加 5 m，检查坑深度应为 1.2～1.5 m，坑内应有照明和良好的排水设施。如果受用地限制，车辆段内无法设置试车线时，也可考虑先在段内进行中低速试验，并利用夜间停运间隙，再到正线进行高速动态试验。

(11)回转线。列车长期运行，会产生轮缘偏磨。在有条件的情况下，可在车辆段内设置回转线。利用列车在车辆段停留时间上线运行，以平衡轮对偏磨情况。回转线可根据车辆段的地形和布置特点，采用灯泡线或三角线，也可根据出入段线的布置情况，采用外“八”字形布置方式。

(12)国铁联络线。在有条件的情况下，车辆段内要求设置与国铁相连的联络线，以沟通轨道交通系统与国铁的联系，解决轨道交通系统材料、大型设备的运输以及新车入段的问题。

(13)调机停放线。用于停放和检修段内配属调车机车，可根据配属的数量设置 1～2 条线路。

(14)救援列车停放线。用于停放救援列车，在城市轨道交通系统发生事故或灾害时进行抢救。一般设在咽喉区附近，并有适当的场地。

(15)底架清(吹)扫线。为进行列车定修及架修(或大修)作业，需设置底架清(吹)扫线，对运行后的列车底架和车下设备进行清洁，以便列车解体和检修作业。线路作业长度按 1 列位长度设计，数量则根据检修工作量确定。为了不影响周围环境，吹扫线应尽量设在车辆段的下风方向。

(16)油漆线。列车大、架修作业后一般应对车体重新喷漆，线路长度可按列位或单元长度设计，数量则根据检修工作量确定，油漆线应设在下风方向。

(17)材料装卸线。车辆段设置材料库，存放供全段使用的原材、备品、备件、工器具等，故应设计材料装卸线引入材料库区，便于外购设备、材料、备品备件的运输。

车辆段的线路种类和数量，按系统规模、车辆选型及检修种类的不同而有所变化，设计时应根据实际情况和工艺要求进行更改。

2. 车辆段线路设计内容

1) 线路平面设计

车辆段线路设计的前提是满足车辆运用及检修工艺的要求，在此基础上进行平面设计。

(1)明确车辆段内各种用途的线路数量，然后确定所使用的道岔号数和最小曲线半径；道岔号数和曲线半径越大，车辆段的咽喉区就越长，占地面积就越大。一般情况下列车在车辆段内低速运行，速度在 15 km/h 左右，完全可以选用小号码道岔以节约占地。俄罗斯地铁规范规定车辆段采用 5 号道岔、60 m 曲线半径，日本地铁多数车辆段采用 6 号道岔、80 m 曲线半径。我国《地铁设计规范》(GB 50157—2003)规定车辆段内应采用不大于 7 号的道岔，目前国内城市轨道交通车辆段均采用 7 号曲尖轨道岔、150 m 曲线半径。

(2)应按《地铁设计规范》(GB 50157—2003) 的规定确定两相邻道岔间夹直线的最小长度、岔心至曲线起点的最短距离及车库前过道的宽度。

(3)咽喉区道岔布置应力求紧凑，以减少占地。道岔与股道以梯线或倍角方式连接，并尽量使若干股道集成一束，有利于节约用地并便于设置股道间的排水沟。

(4)设计中应考虑将运用线路和检修线路分开布置，在其间要有便捷的联络线，并符合工艺流程，减少迂回走行和进路交叉。

2) 纵断面设计

纵断面设计是为了确定车辆段各控制点的标高，是车辆段横向和竖向设计的基础。

(1)结合现状地形、地物的标高、周围道路、河湖水面的标高、当地洪水位或邻近河流的内涝水位等因素，确定车辆段站场路基标高。

(2)根据接轨点标高、站场路基标高及出入段线的长度，设计出入段线及车辆段内线路的纵断面。出入段最大纵坡不超过 40‰，竖曲线半径为 2000 m。

(3)车辆段库内线路宜设计成平坡，库外线路可设在不大于 1.5‰的坡道上，咽喉区最好设计成向段内方向的下坡道，以防车辆溜入正线。

3) 横断面设计

(1)车辆段横断面设计以总平面图、纵断面图、站场排水图为基础，根据站场排水需要确定车辆段断面形式，以及段内各控制点和主要构筑物如线路、房屋、排水沟及地下管线等的标高，计算土石方工作量。

(2)断面横向坡度一般采用 2%，为了避免段内高差过大，站场内均采用锯齿形横断面。

4) 站场排水设计

为了保证安全生产，段内应有良好的排水系统。

站场排水主要是满足车辆段范围内雨水、融化雪水的排除。排水系统由雨水暗管、雨水井、盖板排水沟和雨水口组成。建筑密集区采用暗管排水，股道间及高程受控制地区采用盖板排水沟。沟管的纵向坡度一般不小于 3‰，横向坡度不小于 5‰。沟管的断面尺寸根据汇水面积、径流系数及当地的暴雨强度等因素进行流量计算来确定。段内汇集的雨水应就近排入车辆段附近的江、湖或市政雨水主干管中。

车辆段是城市用地大户，在总图设计中一定要紧凑布置，合理用地，并充分利用空间进行综合开发。线路设计是总图设计的基础，其优劣基本决定了总图设计的合理性，因此在设计中应不断优化线路方案，使车辆段的总体布局更趋于合理，以达到既满足使用功能，又节省用地的目的。

五、车辆段的接轨形式

车辆段出入段线要以满足区间通过能力为前提，同时要考虑城市规划的总体布局，按照节省工程造价的原则进行设计。车辆段出入线设置双线或单线，应根据远期线路的通过能力计算。尽端式车辆段出入线宜采用双线，当为贯通式车辆段时，可在车辆段两端各设一条单线。

车辆段地址确定后，结合车站条件、车场用地情况，以及相关构筑物的现状统筹考虑其与正线的接轨方式，满足车场收、发车的需要，尽量避免敌对进路影响正线运营。出入段线与正线尽量立交，在确保正线通过能力的前提下，可采用平交接轨。在技术可行、经济合理、实施方便且工程量增加有限的前提下，考虑列车调头功能，减少车辆偏磨。

接轨方式按接轨点的不同可分为中部接轨与终端接轨，按与正线的交叉方式可分为平面交叉和立体疏解，具体形式如图 9-43～图 9-50 所示。

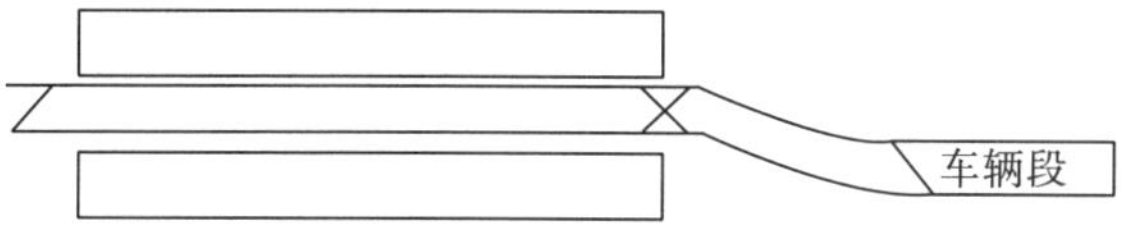

图 9-43　车辆段接轨形式(一)

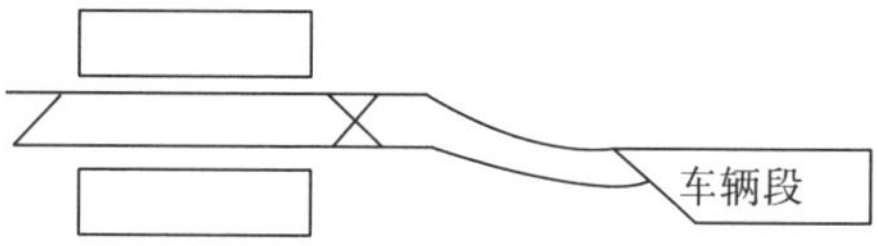

图 9-44　车辆段接轨形式(二)

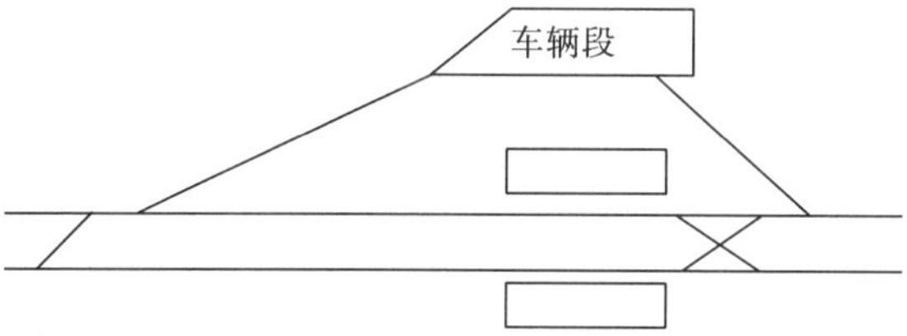

图 9-45　车辆段接轨形式(三)

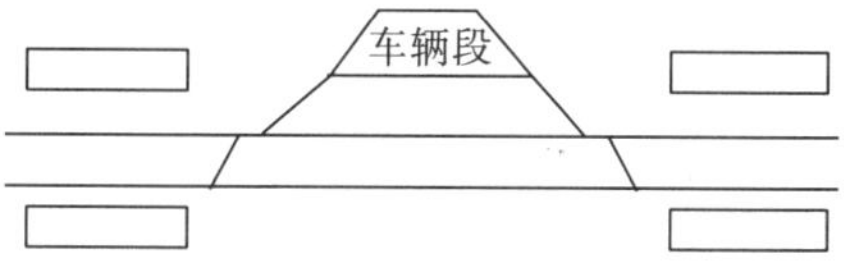

图 9-46　车辆段接轨形式(四)

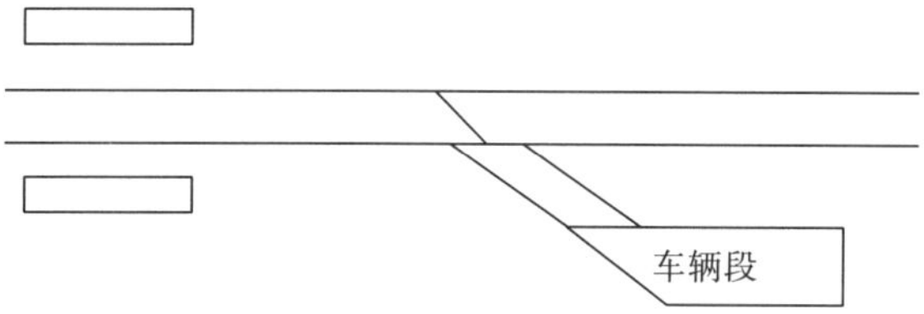

图 9-47　车辆段接轨形式(五)

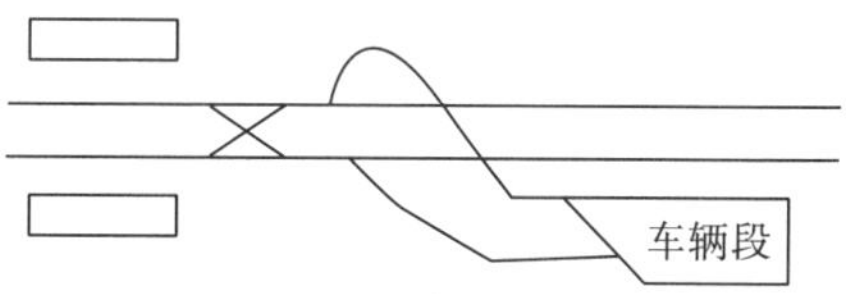

图 9-48　车辆段接轨形式(六)

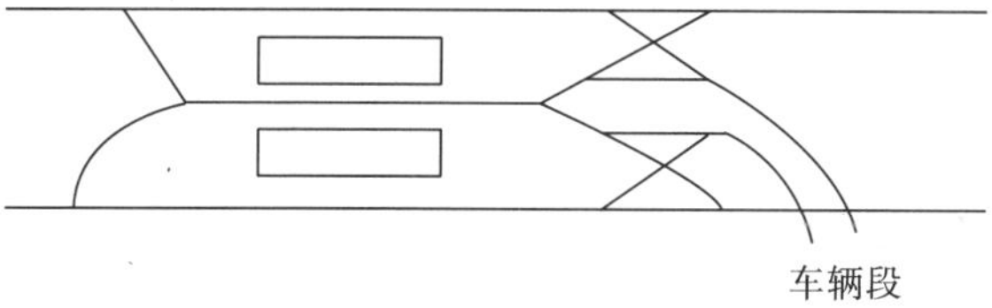

图 9-49　车辆段接轨形式(七)

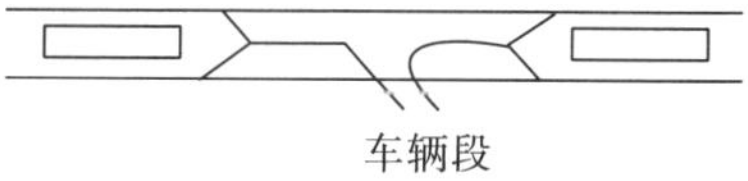

图 9-50　车辆段接轨形式(八)

(1)终端接轨。车辆段设于线路终端，两正线作为出入段线贯通车辆段，如图 9-43 所示。无论是市内还是城际间的轨道交通，从车辆段在全线中的位置及线路系统工程的追踪间隔时间及交路等情况分析，这种接轨方案对运营来讲都是最为理想的。天津地铁1号线刘园停车场即为这种终端式接轨方式。

(2)中部接轨。车辆段两出入段线与线路正线在中部接轨，有如图9-44～图9-50所示的多种形式。中部接轨还可分为平交和立交两种形式，见图9-48和图9-49。

当车辆段设于线路两端而无法采用终端接轨时，根据实际情况可采用图9-44和图9-45所示的两种接轨方式。图9-44所示的接轨方式，终点站采用站前折返，车辆段于站前接轨，与正线平面交叉，出入段线与站前折返渡线相结合，列车行至终点站后直接入段，缩短车辆周转时间，减少车辆配置数量，工程也较省，适合于追踪间隔较大的轨道交通系统。南京地铁一期工程小型车辆段即采用这种方式。

图9-45所示的接轨方式，两出入段线左端与站外区间正线衔接，右端与终点站站后折返线衔接，避免了与正线的交叉干扰，同时增加了车站的折返能力。这种布置形式，运营更为方便、灵活。早晨发车或高峰加车时，左端出入段线可直接发车，故障列车也可及时返库，不必让故障列车运行至终点站后再返库。收车利用右端出入段线入段。该方式在追踪间隔较小的轨道交通系统中优势比较明显，不必进行立交疏解即能满足运营需要。天津津滨轻轨车辆段即采用这种接轨方式。

图9-46所示的接轨方式，左端出入段线发车与正线运营有干扰，需检算后确定能否利用其发车。当系统追踪间隔较大时，两出入线均可双方向使用，运营灵活。若系统追踪间隔较小时，两线固定使用可避免发、收车与正线的运营干扰。

图9-47所示的接轨方式，出入段线与正线平面交叉，当系统追踪间隔较大时，在确保正线通过能力的前提下可采用。其优点是工程投资较省。

图9-48所示的接轨方式，出入段线与正线进行了立交疏解，解决了发、收车与正线的交叉干扰问题。适合系统追踪间隔较小、接轨方向线路较长且客流较多，而另一方向线路较短且客流较少，或接轨方向线路较短而另一端有停车场的车辆段。广州地铁2号线赤沙车辆段即为这种接轨方式。

图9-49所示的接轨方式，两出入段线并行与正线立交，接轨车站采用三线双岛式站台，两出入段线均具备向两正线4个方向发、接车条件，且不干扰正常运营。虽然这种接轨方式运营上非常灵活方便，适应能力强，但车站规模较大，工程投资较高。

图9-50所示的接轨方式，设“八”字出入段线与正线立交，两线双方向使用，上下行发、收车均较顺；与正线形成三角形，具备调头功能，在不增加较多投资的基础上较好地解决了车辆的偏磨问题。它适合于追踪间隔较小，车辆段两端客流较均衡的轨道交通系统。

当然，车辆段与正线的接轨方式还有其他不同图形。设计中应结合实际情况，兼顾与相关道路、管线、建筑物、周边环境的关系，做到技术可行、经济合理、运营安全方便。

第五节　城市轨道交通枢纽规划与设计

城市轨道交通枢纽规划是城市轨道交通系统规划的重要内容。本章首先介绍了城市轨道交通枢纽的定义、功能与特点，探讨了城市轨道交通网络上枢纽规划涉及的要素、原则与基本理念，结合城市轨道交通的特点，研究了城市轨道枢纽规划的技术路线与基本方法，并从建筑布局、交通换乘组织、人流引导、地下空间利用、枢纽商业规划等方面分析了城市轨道枢纽规划的具体方法。

一、枢纽的界定

枢纽站是具有这样一种功能的场所，即当运输对象(旅客、货物)使用某种运输工具，沿特定路线运行到达枢纽站换乘时，该枢纽站能满足改用其他运输工具或使用其他路线运行。一般来说，两种以上运输方式或多条公交线路交汇的场所都可称之为枢纽站。

城市交通枢纽是指城市客、货流集散和转运的地方，可以分为城市客运枢纽和城市货运枢纽。城市客运枢纽是乘客集散、转换交通方式和线路的场所，合理规划、设计城市客运枢纽，是改善公交系统，解决出行换乘，提高公交服务和运营效率的重要环节。

城市轨道交通枢纽作为城市客运枢纽的一种重要形式，是指集多条城市轨道交通线路、不同交通方式、具有必要服务功能和控制设备，为城市对内对外交通、私人交通与公共交通以及公共交通内部转换提供场所的综合性市政设施。因此，城市轨道交通枢纽是在各种交通方式并存条件下为方便乘客、平衡客流而建立的一种交通设施，它能提高整个城市的客运交通服务水平。由于城市规模的不断扩大，居民从起点到终点的一次出行，往往需要使用多种交通工具。城市轨道交通枢纽把私人交通、常规公交和城市轨道交通三个独立的系统组合成一个有机的客运运输整体，给乘客带来极大的便利。

城市轨道交通枢纽的客流和车流来自多方向、多路径、多种目的、多种交通方式，客流方面具有到发量大而集中、多向集散和换乘、各小时段客流不均衡性等特征。因此必须做好客流组织和管理，将换乘客流和到发客流分开，将车流和人流分开，既能各行其道，又能相互贯通、相互转换，构筑为一体化的城市客运交通集散中心。

城市轨道交通枢纽是单一交通功能建筑或集交通功能和商业开发功能于一身的建筑综合体。它的交通功能主要体现为对客流的转移和疏散，它的商业开发功能则需根据具体的项目情况而定。在对城市轨道交通枢纽功能进行定位时应首先确保交通功能的实现。城市轨道交通枢纽由于其自身交通功能的完善和发展势必带来周边区域交通状况的改善，便捷的交通与大量的客流使城市轨道交通枢纽及其周边区域具有巨大的商业价值，往往随着城市轨道交通枢纽的设置，其周边区域内必然形成高密度的商业区、办公区等，这也是城市发展的一个必然规律。作为城市轨道交通枢纽功能的两个方面，其交通功能和商业开发功能同时又是相互制约的。一个城市轨道交通枢纽的规模和形式限定了它所能承受的交通量。商业开发力度的加大必然影响到交通功能的发挥。两种功能之间是一种动态平衡的关系，但一个城市轨道交通枢纽往往达不到理想的平衡状态。所以在设计城市轨道交通枢纽的时候，一定要将它同周边区域的城市规划、交通规划联系在一起，以一种发展的眼光去看待它。作为一个运转良好、功能完备的城市轨道交通枢纽，其自身必须具备强大的适应能力和协调能力，这也是衡量一个城市轨道交通枢纽成败得失的关键。一些交通发达城市的经验告诉我们，只有同城市规划与交通规划相吻合，城市轨道交通枢纽才能将其交通功能、商业功能和社会功能都充分发挥出来。

城市轨道交通枢纽的主要功能就是对枢纽点的到、发客流按不同的目的和方向，实现“换乘、停车、集散、引导”4项基本功能，核心的功能在于换乘。

(1)换乘。来自不同方向、路线及不同交通方式的乘客，需要转乘其他交通方式而发生的行为称为换乘。因为这些乘客属于中转客流，需要经过换乘才能到达最终目的地。

(2)停车。向来自不同方向、路线的不同车辆，提供固定的停车位置和上下客位置。并将不同性质的车辆分区停放，配置合理的道路和场地。

(3)集散。为到达或出发的乘客和车辆实现聚集会合和疏散分流提供客流和车流组织的相关措施，同时还要保证该措施畅通、安全。

(4)引导。对外来客车引导、截流、集中管理，尽量不进市区；引导市内公交车辆与其接驳换乘，向多层次、一体化发展，吸引个体交通向公共交通转移，并提供便捷的换乘方式，在总体上改善市内车辆的运营环境，提高居民出行质量。

二、枢纽的构成

城市轨道交通枢纽一般由城市轨道交通、常规公交、换乘通道、站厅、停车场、服务设施6个子系统组成，见图9-51。

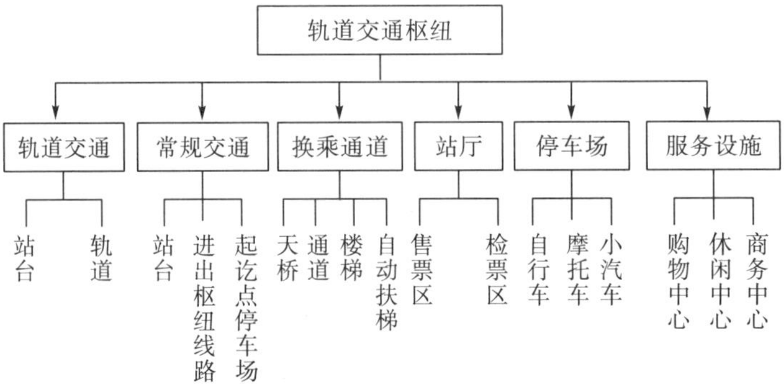

图9-51　城市轨道交通枢纽系统构成

各子系统作为城市轨道交通枢纽的有机组成部分，相互区别、相互联系、相互作用，为实现出行者换乘舒适、安全和换乘时间最短这一总体目标而服务。城市轨道交通和常规公交是城市公共交通体系中最主要的交通方式，枢纽内换乘通道如同一座桥梁将不同交通方式连接起来，出行者可以利用换乘通道，从一线转入另一线，或从一种交通方式转向另一种交通方式，完成出行过程。站厅的合理布设是减少换乘时间的关键之一，静态交通设施是吸引出行者由私人交通方式向公共交通方式转移，实现公交优先战略的重要手段。服务设施可以提高枢纽的开发强度，实现土地的综合利用，同时又可以使出行者在候车时间完成购物和商务等活动，从而减少单纯候车时间和出行次数。

6个子系统相互制约、相互协调，充分发挥各自的功能和优势，促使系统达到整体功能的优化。

三、枢纽规划与设计的基本原则

以往部分城市轨道交通枢纽的规划设计往往带有比较强烈的建筑工程色彩，重视建筑空间、立面、结构、工法等方面的研究，但缺乏对交通功能的研究。城市轨道交通枢纽的建设区域一般都位于城市中心区，土地高密度使用，功能齐全而集中，设施条件千差万别而且彼此之间的关系错综复杂，这就为城市规划工作提出了很高的要求，只有在城市规划具体明确的前提下，才有可能指导具体的城建项目的建设。以交通规划引导城市土地规划和建筑规划，已成为当今城市规划的主流，这一规划思路在以交通功能为主的枢纽规划中显得特别突出。

在确定枢纽规模方面，传统做法比较强调对需求和供给平衡关系的分析。强调需求决定供给，但却忽视供给也能决定需求。规划建设多大的枢纽规模实际上就是确定交通供给能力的过程，交通枢纽的规模决策过程应特别强调动态平衡的思想。

在枢纽内部交通组织设计方面，过去存在的一些做法忽视了枢纽的交通功能。实际上，枢纽内部交通组织的原则十分简单，就是要做到“不同性质和不同方向的交通流分开”，但要做到这一点，需要研究的方面是很多的，一般包括：枢纽内部各功能模块的运营要求和交通特征分析、枢纽内部各功能模块的相互关系、各种交通流流量、流向和时间分布、交通流的引导和干预、枢纽内部交通瓶颈分析以及应急状态下(灾害、大规模突发客流、堵塞)交通疏解。

作为一种大型的公共交通设施，城市轨道交通枢纽对周边道路交通将产生巨大的影响，甚至会影响整个城市个别方向的交通水平。因此必须对区域交通组织的应对措施进行详细的研究，同时还要对这些交通组织方案进行详细的交通评价。

交通组织和影响分析主要包括：

(1)枢纽建成后周边道路能力、交通量和服务水平预测；

(2)道路新建、改建措施的实施条件；

(3)道路系统交通组织(引导和限制)措施；

(4)路口渠化和交通信号控制；

(5)利用详细交通预测模型和交通仿真手段进行交通评估。

在区域交通组织研究中，一般采用加大交通供给水平的措施，忽视了对需求控制措施的研究。实际上，交通供给是无法无限加大的，交通供给根本无法满足不受限制增长的交通需求，因此一个成功的区域交通组织方案，必须重视对需求控制的研究。需求控制一般包括车辆种类和性质控制、车辆形式区域控制、车辆形式时间限制、停车控制、费用控制、区域内土地利用布局和性质的调整。

(一)规划与设计的要素

做好城市轨道交通枢纽的规划必须把握人、车、路、场 4 项规划要素。

(1)人是客流生成的基本要素，规划宗旨应以人为本，为乘客提供方便、快捷、高质量、高水平的服务。

(2)车是车流生成的基本要素，包括各种车辆的载客能力、速度、舒适度等标准。

(3)路是客流和车流组织的基本要素，包括其流动的路径、道路的通过能力等技术条件。

(4)场指枢纽的场地和选址，是规模和环境的控制要素，包括建筑、景观和环境影响。

(二)规划与设计的原则

(1)网络化的原则；

(2)城市化的原则；

(3)发展的原则；

(4)环保的原则；

(5)人性化的原则。

各项原则具体内容前文已有详述，此处不再赘述。

(三)规划与设计的思想

1. 遵循总体规划，做好总体布局

城市轨道交通枢纽的总体布局应服从于城市总体规划和交通规划。在进行城市轨道交通枢纽规划时，应以城市总体规划和城市交通规划为依据，并注意选址的合理性和布局的总体性。在规划时，既要充分尊重历史现实，又要为新的规划发展留有余地，要考虑因地制宜、适当分散、相对集中、灵活布局。

2. 强化建设与管理结合的理念，控制合理的规模

城市轨道交通枢纽的规划内容主要有动态规划和静态规划。动态是指人流和车流，是运营组织的主体。静态是指地面道路、场站和建筑物，是运营配套的基础设施，其中地面道路、场站是为车辆服务的设施，建筑物包括公交站、火车站、地铁站等建筑，是为乘客结集和疏导服务的设施。人流、车流、道路以及场站的流线规划，就是动态与静态的联系。只有通过科学的规划和先进的管理措施，以人为本，强化管理理念，才能发挥城市轨道交通枢纽的综合运营功能，才能控制合理的规模，提高土地利用价值。

3. 重点做好换乘的结构和功能规划，发挥枢纽的最佳效益

枢纽点应具备“换乘、停车、集散、引导”四大功能，其中最重要的功能是换乘。换乘包括内部换乘和外部换乘。位于枢纽的城市轨道交通线，一般不少于两条，且在城市轨道交通线网的交织点上构成换乘站，属于内部换乘。枢纽与地面的出租车、公交车、长途汽车、火车站或机场构成外部换乘。因此对城市轨道交通枢纽的换乘结构进行规划时，既要注意到城市轨道交通的内部和外部的换乘关系，又要兼顾到与其他交通方式之间的换乘关系。

四、枢纽规划与设计的内容与方法

(一)枢纽规划与设计的内容

一个大型城市轨道交通枢纽的规划与设计一般包括以下内容：

1. 背景研究

这部分研究是决定规划成果科学性的前提。背景研究分为现状背景和规划背景两个方面。现状背景研究着眼于对现状问题的分析和寻找造成问题的根源；规划背景研究着眼于领会高层次规划的意图，保证本项规划与设计的延续性。

2. 方法研究

方法研究主要研究具体的枢纽规划与设计项目中选用的方法及工作步骤等。

3. 交通需求预测

交通需求预测是交通规划与设计的基础。在城市轨道交通枢纽规划中进行交通需求预测，一定要考察在一定交通供给(以前期规划为基础)水平下的交通情况，如交通流量、流向、交通结构、转换关系、服务水平、交通敏感程度等等。

4. 方案规划

在参考交通需求预测结果之后，要进行包括设施配置、交通组织和实施计划等的方案设计。这部分研究主要采用多方案比选的方法进行，而且应当详略有别，对影响大的规划要点，其方案深度接近设计，使之相对稳定；对于影响稍次的远期项目，则只为下阶段设计提供明确的指导和灵活变化的空间。方案规划的结果还要经过方案评估检验，因此方案规划和方案评估是一个循环过程

5. 方案评估

方案评估实际上是一个定性分析和定量分析相结合的过程。由于方案规划阶段已经融会了大量的定性分析，因此在方案评估阶段主要进行定量分析。方案评估最主要的手段是交通评估，其次是环境影响和社会经济分析。其中交通评估的基本手段是模型测试。

6. 规划与设计要点

规划与设计的最终目的，就是要对与此相关的下阶段规划设计工作提出明确的规划与设计指导性意见，即规划与设计要点。这部分实际就是规划与设计的汇总提炼过程。

上述过程可用图 9-52 来描述。

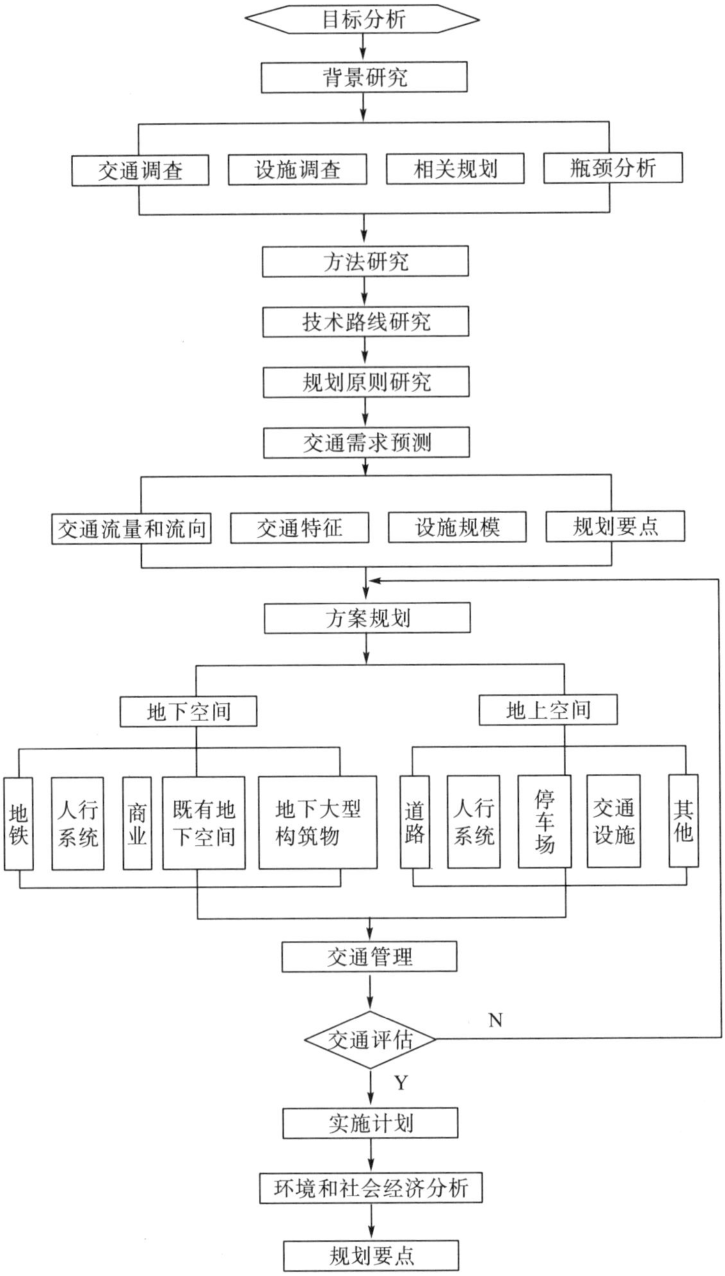

图 9-52 城市轨道交通枢纽规划与设计的过程

(二)枢纽规划与设计的方法

城市轨道交通枢纽建筑的规划与设计方法涉及以下几方面内容。

1. 建筑布局

以常规公交与城市轨道交通的衔接方式来划分布局模式，可以分为以下三种：

(1)放射-集中布局模式。常规公交线网主要以城市轨道交通车站为中心呈树枝状向外辐射，两者线路重叠区间一般不超过城市轨道交通车站路段，并与车站邻接地区集中开发一块用地用做枢纽换乘站场地，作为各条线路终到始发和客流集散的场所，即放射-集中布局模式。这种模式由于始发线路多，常规公交线网运输能力大，乘客换乘方便且步行距离较短，行人线路组织相对简单，对周围道路交通影响较小，但换乘枢纽站用地较大，适合于换乘客流大或辐射吸引范围大的城市轨道交通车站。

(2)途经-分散布局模式。常规公交线网由途经线路组成，换乘公交停靠站分散设置在城市轨道交通车站附近的道路上，即途经-分散布局模式。该布局模式不需要设置用地规模较大的换乘枢纽站场，但线网运输能力较小，部分乘客换乘步行距离较长，行人线路组织相对复杂，换乘客流较大时对周围道路交通有一定的影响，适合于换乘客流较小的城市轨道交通车站。

(3)综合布局模式。上述两种布局模式的复合形式，即综合布局模式。线网由始发线路和途经线路共同组成，且集中布置一个换乘枢纽站和分散布置一些换乘停靠站。

表 9-6 是上述三种布局模式的一些具体实施措施。衔接换乘布局应以城市轨道交通车站为核心来组织，应从交通方式一体化的角度进行全面规划、综合实施。

表 9-6　衔接换乘布局的主要措施

布局格式	系统选择	具体措施	
		硬件措施	软件措施
放射-集中布局模式	换乘枢纽站的区位选择； 始发线路的优化设计； 运能的合理配置	换乘衔接通道的设置； 换乘枢纽站的合理布局； 换乘设施的布局	营运管理的一体化； 联运措施的建立； 联运票价的制定与通票的发行； 联运利益合理分配方案
途径-分散布局模式	换乘停靠站的合理布局； 行人线路的交通组织； 途经线路条数及走向优化	港湾式停靠站的设置； 换乘线路指示牌的设置	
综合布局模式	始发线路与途经线路优化选择和布局； 换乘枢纽站与停靠站合理配置和布局； 常规公交营运的优化组织	换乘衔接通道的设置； 港湾式停靠站的设置； 换乘枢纽站的合理规划	

2. 换乘组织

换乘是交通枢纽的核心问题。任何一座交通枢纽都不是独立存在的，它的存在依托于整个城市的交通网络系统，只有与城市的交通网络系统建立起紧密的联系，充分利用交通网络的优势去分散和疏导客流，才能保证交通枢纽自身的正常运转，因此，必须建立起一套便捷、有效的换乘体系，以便使交通枢纽内聚集的大量客流能够迅速地转移和疏导。在有多种交通工具、功能较为复杂的交通枢纽里单靠某一种换乘形式是无法解决问题的。这就需要根据具体情况灵活地使用多种换乘形式来达到方便乘客换乘的目的。

换乘距离并不单纯是一个数字的概念，确定一座交通枢纽内不同交通工具之间的换乘距离需要对交通枢纽的各构成要素进行综合分析。从乘客角度来讲，换乘距离越短越好。但是，换乘距离的确定首先要受交通工具运行需求的制约。其次，换乘距离过短，会造成客流在某一点上的瞬时大量堆积，反而会影响交通枢纽功能的正常发挥。适当地延长换乘距离实际上是增加了客流疏散的空间。人的个体差异性使集中的客流通过换乘距离的拉长形成较为分散的客流，从而在一定程度上避免了人流拥堵现象的发生。但是过长的换乘距离会增加乘客的疲劳感，降低换乘的便捷程度，直接影响到该种交通方式对乘客的吸引力。由此可以看出，换乘距离的确定需要在相互矛盾的两方面之间寻求一个平衡点。

换乘距离同换乘形式、建筑的空间形式、室内装饰等条件密切相关。不同的换乘形式、空间形式和室内装饰对乘客在换乘时产生的心理感受是不同的。单调、呆板的建筑空间容易使乘客产生疲劳感；而层次丰富，充满自然光线的空间则会削弱乘客的疲劳感。当客观条件决定换乘距离过长时可以通过建筑手段进行弥补。

3. 人流的引导方式

人流的引导是枢纽组织中一个非常重要的环节，合理、有效的人流引导可以合理分配人流，避免人流交叉干扰，提高枢纽空间使用效率。人流的引导方式有以下几种。

1)标志引导

标志引导是最为直接、有效的人流引导方式，也是目前最常用、最主要的人流引导方式。交通枢纽内的标志一般包括识别标志、方向指示标志、信息标志、警示标志和广告等。这些标志同建筑紧密结合，不但强化了建筑空间的可识别性，而且还起到了点缀空间的作用，是交通枢纽建筑塑造空间的一个重要手段。

2)通过建筑空间的限定对人流进行引导

(1)通过连接不同功能空间的通道引导人流。这是在许多交通建筑中常用的一种人流引导方式，它具有目的性强、人流交叉干扰小等优点。一些地铁车站、飞机场航站楼在进行人流组织时常采用通道来引导换乘客流。

(2)通过楼梯、自动扶梯、电梯等垂直交通空间对人流进行引导。通道往往是对人流进行水平方向的引导，而楼梯、电梯则是对人流进行垂直方向上的引导。这些垂直交通空间结合向导标志具有较强的指向性。

(3)通过共享空间来连接不同标高上的功能空间对客流进行引导。这是一些功能较为复杂的交通建筑常采用的人流引导方式。贯穿几层的共享空间可以使每一层的功能一目了然，空间具有较强的可识别性。

3)通过标志物(如进出站闸机、检票亭等)限定空间对人流进行引导

将这些标志物的功能同空间限定、人流引导功能结合起来是一种非常有效率的人流引导方式。这也是一些地铁车站、机场航站楼较为常用的人流引导方式。

4)其他方式

除了以上几种人流引导方式外，还可根据不同情况通过多种手段达到引导人流的目的，如色彩、特定的空间造型及具有标志性的装饰物、灯饰、广告等。

这些引导人流的形式最终的目的是使建筑空间的可识别性增强，使空间内的人流具有明确的方向性，以便高效率地使用建筑空间，促成建筑物交通功能的实现。

4. 地下空间的利用

现代化城市交通枢纽一般都采用立体布局形式，尤其是地铁方式的引入和中心区土地价值飞升，更加速了立体化进程。其中，地下空间开发利用是主要发展方向。一般来

讲，由于地下空间建设工程难度很高，因此往往是在以工程原则为前提下进行方案设计，这样容易造成地下建设交通功能的欠缺。因此一个科学的地下空间开发建设方案应首先围绕以下内容进行：

(1)针对站前地区特点，明确城市交通对地下空间开发建设的原则要求；

(2)从交通需求研究成果入手，确定科学的地下空间开发规模；

(3)规划不同层次的地下设施简略方案，使交通设施条件相对稳定，同时明确空间使用功能，为下一步详细规划和工程设计提供具体的规划要点，并提供相对稳定的空间保证；

(4)对地下空间施工期间的交通组织进行有重点的研究；

(5)从交通需求角度合理规划地下空间的开发建设顺序。

对地下空间开发应从以下 4 个方面考虑：

1)体系

(1)地下空间开发的功能应符合地区土地利用性质；

(2)地下空间开发的交通功能必须与地区的综合交通有机结合，成为区域交通系统的有机组成部分，因此地下空间的交通定位要符合综合交通规划的要求；

(3)地下空间开发应避免单一功能，而应向多功能方向发展，同时将交通功能放在十分重要的位置，使地下空间的交通既能自成体系，又与地面交通有机结合；

(4)地下空间开发的规模决策必须优先考虑对城市交通产生的影响，即对交通需求产生的良性刺激和交通设施的供给能力的提高。

2)实施

(1)既保证规划具有一定的超前性，又要研究效益和代价的平衡；

(2)地下空间开发对交通的考虑应注重可持续发展，科学处理远景和近期的关系，规划方案要有足够的适应能力，原则上土建处理注重远景要求，设备配置注重逐步更新；

(3)地下空间开发必须考虑实施和建设过程中的交通疏导措施，减少对城市的干扰；

(4)根据多方面因素考虑地下建筑的施工方法，科学选择明挖、盖挖和暗挖工法。

3)功能

(1)将不同功能的地下空间相对集中布置，尤其是注意避免其他功能对交通功能空间的干扰；

(2)地下空间开发必须考虑配套停车空间，停车规模既要满足城市发展引起的停车位需求的增加，同时在经济技术充分论证的基础上，又要尽量弥补地上空间停车能力的缺口；

(3)地下空间开发应考虑残疾人通行需求，进行无障碍设计；

(4)地下空间开发应将交通管理组织放在十分重要的位置，用现代化的方法和设施对交通进行指挥和监控。

4)安全与环境

(1)地下空间开发必须考虑灾害状态下的交通疏散要求；

(2)地下空间开发的交通空间必须注意环境处理，做到安全、卫生、舒适；

(3)科学研究地下空间构筑物(如风亭、出入口)对城市地面环境的影响。

5. 城市轨道交通枢纽的商业规划

由于市场运作的需求，城市轨道交通枢纽往往是集众多功能于一身的综合性建筑，甚至开发面积可能会远远多于其客运部分所需的面积。建筑的交通功能和开发功能相结合，不但能够满足市场运作的需求，同时也方便了乘客的使用。

城市轨道交通枢纽可以同多种开发功能相结合，如大型的商业设施、办公楼、酒店、文化娱乐设施等。城市轨道交通枢纽众多的开发功能之中，商业设施的设置对枢纽的交通功能影响是最大的。城市轨道交通枢纽的商业价值来自于便利的交通和大量的客流，它的交通功能和商业价值是相互制约的，商业面积的扩大和商业客流的增多在一定程度上会对枢纽交通功能的正常发挥产生一定的阻碍作用。因此，城市轨道交通枢纽内的商业设施应该遵循其特定的设计原则。

1)商业设施的设计原则

(1)商业设施的设置应以不对枢纽的交通功能产生负面影响为前提，商业设施的客流量和客流组织应满足交通功能的需求；

(2)枢纽的商业功能应同交通功能相结合，充分利用其不同的人流特点使两方面的功能都得到充分的发挥；

(3)枢纽内的商业设施应同周边的城市商业设施相结合，使枢纽内的商业客流分散于周边的城市商业设施之中，以减轻对交通枢纽的压力；

(4)根据枢纽内商业设施的设置情况扩大交通枢纽的功能范围，使其同周边的城市交通网络产生紧密的联系，将大量的商业客流疏散到相邻的城市空间中去。

2)商业设施的设置方式

城市轨道交通枢纽的商业设施有多种设置方式，从商业设施在枢纽内的相对关系来看，分为集中设置的商业设施和分散设置的商业设施两类。

(1)集中设置。集中设置的商业设施一般为大型超市、百货商店等。这些商业设施同枢纽的其他物业开发功能相结合，作为整体开发功能的组成部分，服务于整个枢纽及周边城市客流。在一般情况下，这种集中设置的商业设施规模较大，可以吸引大量枢纽周边的城市客流。因此，在这种情况下枢纽的交通功能同商业功能往往是各自独立的，以交通为目的的客流同以商业为目的的客流通过各种建筑手段被区分开，避免其相互影响。

(2)分散设置。城市轨道交通枢纽的大量客流具有极大的潜在商业价值。一般来说，分散设置的商业设施主要是针对交通枢纽自身客流的商业需求而设置的。所以这部分商业设施往往结合枢纽的等候、换乘空间设置。从国外诸多类似的交通建筑的发展变化来看，城市轨道交通枢纽必须具备灵活应变的能力，而分散设置的商业面积为今后枢纽功能的调整提供了可能性。同时，分散设置的商业设施也是丰富交通枢纽空间形式，调整乘客空间感受的重要手段。设置合理的商业设施不但不会影响枢纽交通功能的发挥，反而会促进交通功能的发挥，同交通功能相辅相成，相得益彰。

第十章　轨 道 结 构

轨道是轨道交通工程的主要技术装备之一，是行车的基础。轨道由钢轨、轨枕、道床、道岔、联结零件及防爬设备等主要部件组成(图 9-1)。它的作用是引导机车车辆运行，直接承受由车轮传来的荷载，并把它传布给路基或桥隧建筑物。轨道必须坚固稳定，并具有正确的几何形位，以确保机车车辆的安全运行。

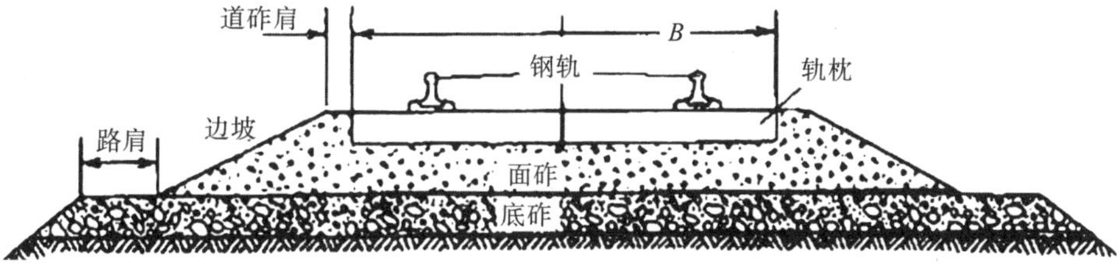

图 10-1　轨道结构组成示意图

无砟轨道是用整体性较好的混凝土道床代替散粒道砟道床的轨道结构形式，轨道的累积变形小，可持久保持轨道几何形位，大幅减少养护维修工作量，在高速铁路和城市轨道交通中应用较为广泛。

城市轨道交通由于行车密度大，因而须运营安全平稳，舒适度好，并能减少维修和养护。城市轨道交通对轨道结构的基本要求如下：

(1)结构简单、整体性强，具有坚固性、稳定性、均衡性等特点，确保行车安全、平稳、舒适；

(2)具有足够的强度、刚度，便于施工，易于管理，可靠性高，使用寿命长，可以少维修或者避免维修，并有利于日常的清洁养护，降低运营的成本；

(3)对于扣件，要求强度高、韧性好；

(4)采用成熟的新工艺、新技术、新材料，满足绝缘、减振降噪和减轻轨道结构自重的需要，尽可能符合城市景观和美观要求。

第一节　钢　　轨

一、基 本 要 求

钢轨是轨道结构的主要组成部分，直接承受地铁(轻轨)列车荷载，并传递到扣件、轨枕、道床和结构底板(路基或桥梁)，依靠钢轨的头部内侧和列车轮缘的相互作用，引导列车前进。在列车静荷载和冲击动力荷载作用下，钢轨产生弹性挠曲和横向弹性变形，钢轨应有足够承载能力、抗弯强度、断裂韧性、稳定性、耐磨性、耐腐蚀性。钢轨的断面形状采用具有最佳抗弯性能的工字形断面，如图 10-2 所示，由轨头、轨腰和轨底三部分组成。

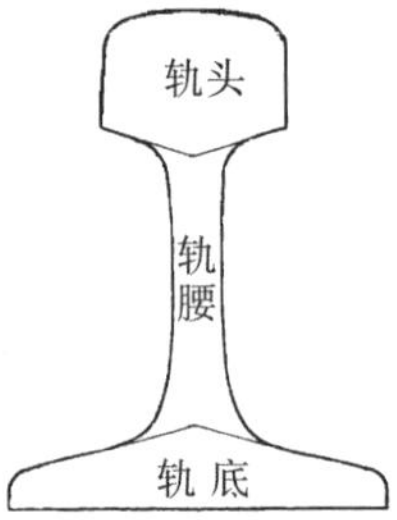

图 10-2 钢轨断面形状

二、选 型

我国生产的钢轨，长度一般有 12.5 m 和 25 m 两种。钢轨的类型习惯上以每米大致质量数来表示。目前我国铁路的钢轨类型主要有 43 kg/m、50 kg/m、60 kg/m、75 kg/m 几种。质量愈大，表示断面强度等性能指标愈高。目前，我国生产的主型钢轨根据材质可分为 U75V、U71Mn 和稀土轨。

城市轨道交通选择钢轨类型主要依据应是运量、旅客运输的安全、舒适、低噪声、长寿命、少维修，并且维修方便、经济合理。目前，我国地铁及轻轨没有统一的选型标准，参照国家铁路的钢轨选型标准："年通过总重为 15 M～30 Mt 时，采用 50 kg/m 钢轨；为 30 M～60 Mt 时，采用 60 kg/m 钢轨。"钢轨类型是按每延米大致重量区分的，选用钢轨原则上应以轨道承受荷载的大小确定。虽然轻轨交通车辆的轴重较轻，如我国轻轨车轴重只有 100 kN，但应保证客运车辆的运行质量和钢轨有较长的使用寿命以及适应铺设无缝线路的需要。

正线钢轨，根据城市轨道交通近、远期客流，一列车按满载计算，乘以全年列车通过对数，再乘以系数（1.1～1.2），可推算出近、远期的年运量。

现在国内外城市轨道交通，有选用重型钢轨的趋势。从技术性能方面分析，60 kg/m 钢轨重量只增加 17.7%，而允许通过的总重量可增加 50%；重型钢轨不仅能增强轨道的稳定性，减少养护维修工作量，而且还能增大回流断面，减少杂散电流。研究结果表明，60 kg/m 钢轨比 50 kg/m 钢轨抗弯强度增加 34%，而弯曲应力减少 28%；使用年限为 50 kg/m 钢轨的 1.5～3.0 倍；由疲劳破坏造成的更换率为 50 kg/m 钢轨的 16%；受列车冲击振动相对较小，较 50 kg/m 钢轨振动约减少 10%，有利于减振、降噪。

因此，城市轨道交通，在经济条件允许时，宜选用重型钢轨。

车场线路运行速度较低，所以选用 50 kg/m 或 43 kg/m 钢轨均是可行的。车场线路道岔较多，线路较短，所以只在试车线上铺设无缝线路。不同类型钢轨衔接，宜采用异型钢轨，也可采用异型夹板连接。

图 10-3、图 10-4 分别为 43 kg/m 和 50 kg/m 级钢轨断面尺寸详图。

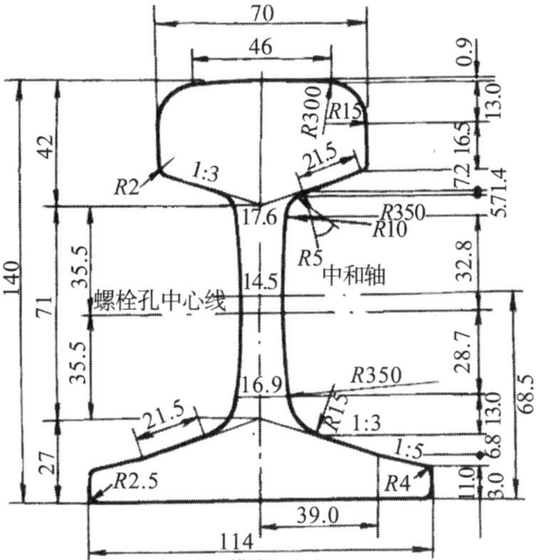

(a)横断面图

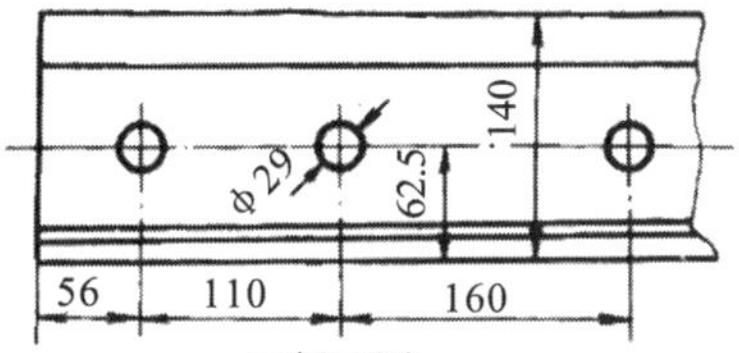

(b)侧面图

图 10-3　43 kg/m 钢轨（尺寸单位：mm）

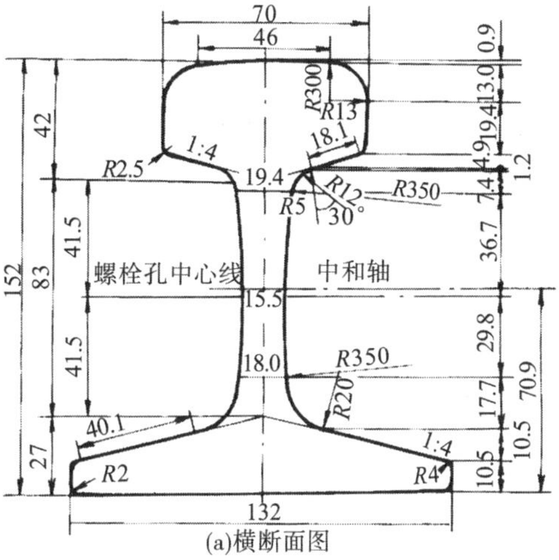

(a)横断面图

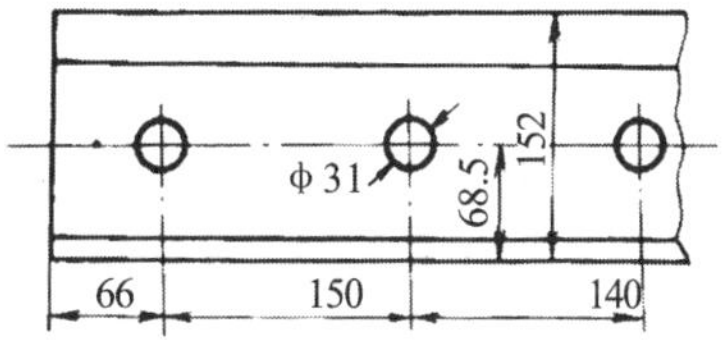

(b)侧面图

图 10-4　50 kg/m 钢轨（尺寸单位：mm）

表 10-1 为国外一些城市轨道系统所用钢轨类型，可以看出，50 kg/m 级钢轨在国外城市用得最多。国产 50 kg/m 和 43 kg/m 钢轨力学特征参数见表 10-2。

表 10-1　国外城市轨道交通系统所用钢轨类型

城市名称	巴塞罗那	布加勒斯特	纽约	东京	伦敦
钢轨重量/($kg \cdot m^{-1}$)	54	49	49.5	50	47.54
城市名称	鹿特丹	马尼拉	汉堡	香港	新加坡
钢轨重量/($kg \cdot m^{-1}$)	46	50.1	49	45	60

表 10-2　国产钢轨特征参数

计算数据	钢轨类型	
	43 kg/m	50 kg/m
钢轨断面面积/cm^2	57.0	65.8
重心轨距底距离/cm	6.9	7.1
重心轨距头距离/cm	7.1	8.1
对水平轴的惯性距/cm^4	1489.0	2037.0
对垂直轴的惯性距/cm^4	260.0	377.0
下部断面系数/cm^3	217.3	287.2
上部断面系数/cm^3	208.3	251.3
底侧边断面系数/cm^3	45.0	57.1
每延米重量/kg	44.653	51.514

三、钢 轨 铺 设

正线地段和半径为 250 m 及以上的曲线地段，应铺设长轨节，即无缝线路。高架线上的无缝线路需作特殊设计。在曲线半径 R<300 m 地段，要铺设耐磨长钢轨，以减少磨耗和接头振动。由于车轮踏面与钢轨顶面主要接触部分是 1/20 斜坡，为了使钢轨轴心受力，钢轨亦要设置向内倾斜的轨底坡。《地铁设计规范》(GB 50157—2003) 规定地下铁道轨底坡为 1/40。

钢轨焊接方法有三种：

(1)接触焊又称电阻焊。该法焊接质量稳定，材质均匀，其强度可以达到母材的95%以上。

(2)气压焊。一种是在工厂进行的大型气压焊，另一种是在工地进行的移动式小型气压焊。气压焊焊接质量与接触焊法相近，其强度为母材的 90%~95%。

(3)铝热焊。铝热焊是焊接中铁的氧化物被铝还原成铁水，同时产生巨大的热量，把高温铁水浇入预热的轨端缝隙而将两轨焊接在一起。铝热焊法设备简单、轻便、成本低，但焊接质量容易受人为因素影响，质量不稳定，一般焊接强度为母材的 70%~90%。北京地铁一期工程钢轨焊接，是先在工厂采用气压焊法，将标准钢轨焊接成长钢轨，再将长钢轨运到现场，采用铝热焊法将长钢轨焊接成长轨节。经过 20 多年地铁的运行，铝热焊接头还相当好。上海地铁 1 号线钢轨焊接也是先在工厂用接触焊法，将标准轨焊成长钢轨，在现场采用移动式气压焊机将长钢轨焊接成为长轨节。

第二节 扣 件

扣件是钢轨与轨枕或其他轨下基础连接的重要连接件，它的作用是固定钢轨，阻止钢轨纵向和横向位移，防止钢轨倾斜，并能提供适当的弹性，将钢轨承受的力传递给轨枕或道床承轨台。扣件由钢轨扣压件和轨下垫层两部分组成。

一、扣件设计原则

(1)扣件应具有足够的强度、扣压力和耐久性。

(2)应有良好的弹性，特别是整体道床上更需要高弹性扣件，使减振性能相当或超过有砟轨道。

(3)有适量的轨距和水平调整量。高架桥上整体道床的扣件需较大的调整量，以适应预应力梁的徐变和桥墩的不均匀下沉。

(4)应有良好的绝缘性能，以减小迷流；应有良好的减振、降噪性能。

(5)扣件结构力求简单，尽量标准化，不仅要通用性好而且造价低，也要保证施工和维修的方便。

(6)扣件的铁部件应作防腐蚀处理。

二、扣件的技术性能

1. 调整量

地铁整体道床上的扣件，轨距调整量+8 mm、−12 mm，高低调整量+10 mm能满足使用要求。轻轨高架线路，轨距调整量适当加大，参考国家铁路预应力梁整体道床的扣件调整量，轨距调整量为+14 mm、−22 mm，高低调整量为+30 mm。

2. 抗横向力

根据北京地下铁道轨道动测资料，曲线半径为200 m，车道行车速度为50 km/h，扣件受到最大横向力为37 kN，所以抗横向力定为大于等于40 kN。

3. 扣压力

根据北京地铁现场防爬试验和多年运营经验，一组扣件的扣压力大于12 kN就能制止钢轨爬行，故对高架桥无缝线路上扣件的扣压力，可适当减少或间隔上紧扣件。

4. 绝缘性能

扣件的绝缘部件工作电阻应大于10^8 Ω。

5. 垂向和横向静刚度

在确保列车安全运行的条件下，根据地铁和轻轨交通车辆轴重及减振的要求，一般扣件垂向静止刚度为200～290 kN/cm，静止横向刚度应为220～600 kN/cm。

6. 扣件强度

扣件垂向受力55 kN，横向受力40 kN，经过200万～300万次疲劳试验，其零件无损坏及磨耗。

三、地铁线路扣件

我国地铁线路使用的扣件为DT系列，其中主要有DTⅠ、DTⅡ、DTⅢ、DTⅣ、DTⅤ、DTⅥ等型号。

1. DTⅠ型扣件

这种扣件为全弹性分开式，见图10-5。扣压件为弹性扣板，扣压力较强，用轨距块调整轨距，原为四边形，调量+4 mm、−8 mm，个别调量不够，北京地铁二期工程现为六边形，其调量为+8 mm、−12 mm，高低调量为−5 mm、+10 mm。轨下设一层10 mm厚的沟槽形橡胶垫板，铁垫板下设一层8 mm厚塑料垫板，主要起绝缘作用。扣件与轨枕连接，在轨枕内预埋玻璃套管，螺栓道钉可拧进取出，使用方便。北京地铁一、二期工程采用了DTⅠ型扣件，经过30多年试铺使用和运营实践，扣件状态良好。

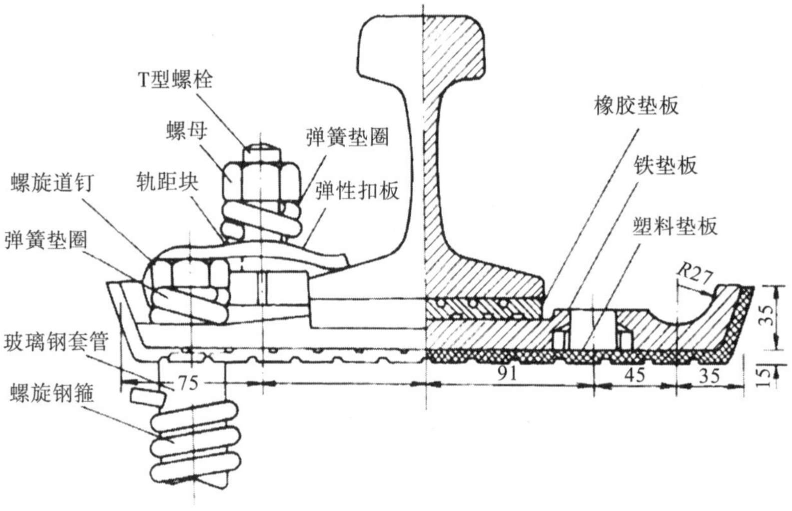

图10-5 DTⅠ型扣件图(尺寸单位：mm)

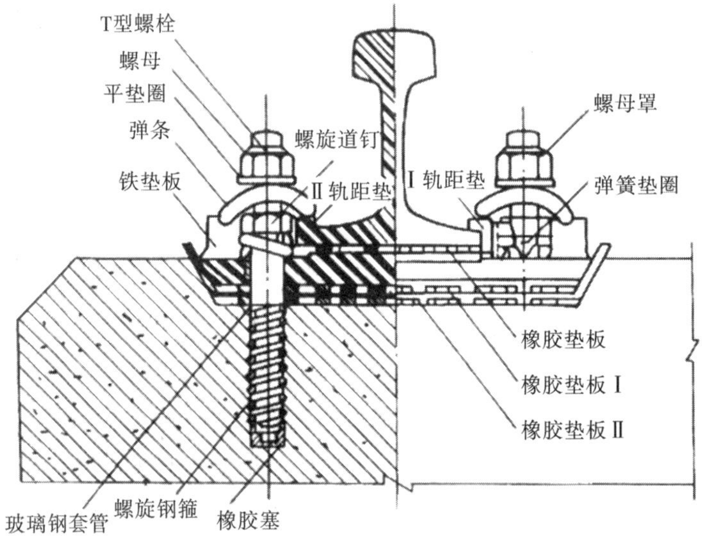

图10-6 DTⅡ型扣件图

2. DTⅢ、DTⅣ型扣件

这两种扣件均为全弹性分开式，二阶减振，结构形式相同，DTⅢ型扣件如图10-6所示。DTⅢ型(图10-6)、DTⅣ型分别用于60 kg/m、50 kg/m的钢轨，适用于整体道床一般减振地段。

主零部件为：

(1)扣压件。采用地面铁路重型的ω弹条，材料为60 Si_2Mn和55 Si_2Mn，弹性扣压力大。

(2)轨距垫。材料为增强聚酰胺 6，不仅可以节约轨距，还能起到绝缘隔振作用，多一道阻挡迷流电荷的防线。为了防止列车振动引起的轨距垫纵向串动，轨距垫卧进铁垫板挡肩内。

(3)铁垫板。材料为 KTH 350-10，一般规格为 328 mm×170 mm×18 mm，铁垫板上梅花孔使 T 型螺栓旋转 90°定位后垂直于钢轨，避免前后滑动。设置铁垫板能增强扣件保持轨距的能力，改善轨枕受力状态，延长扣件和轨枕的使用年限，又能增加扣件高低调整量。

(4)橡胶垫板。设置橡胶垫板可以减缓列车对轨下基础的冲击，弥补刚性道床的弹性不足，从而减少振动和噪声，又能起到绝缘的作用。

(5)螺旋道钉。材料为 Q235、M24 梯形螺纹，其长度应使玻璃钢套管下部空 5～8 mm，以避免进入少量杂质而影响拧紧程度。

(6)玻璃钢套管。材料为酚醛树脂，外径 ϕ39.5，距套管顶部 20 mm 处开始设螺纹，能增加螺旋道钉抗横向力强度。

DTⅢ、DTⅣ型扣件静刚度较小，为 210 kN/cm 左右，弹性较好。减振对比试验较 DTⅠ型扣件加速度传递函数值减少 5～10 dB。北京地铁复八线复兴门至西单段铺设 DTⅢ型扣件；上海地铁 1 号线一般减振地段铺设了 DTⅢ型扣件，运行后使用情况良好。

3. DTVI 型扣件

DTⅥ型扣件为全弹性分开式，类似于英国潘得罗尔扣件，专为青岛、沈阳和上海地铁 2 号线轨道铺设研制，如图 10-7 所示。扣压件为新研制的 DT 弹条，材料为 ϕ18 弹簧钢，扣压力较强，单个弹条扣压力为 8 kN，弹性好，弹程为 10.5 mm。轨距垫材料亦是增强聚酰胺 6，扣压钢轨斜坡按不同的钢轨斜坡设计。轨距垫两端头突角卡住铁垫板上挡肩，避免纵向串动。设有 4 个号码，配合铁垫板调转，轨距调整量为＋8 mm、－16 mm，特殊情况可调＋14 mm、－22 mm。橡胶垫板，在轨下和铁垫板下分别设一层厚 10 mm 和 16 mm 的圆柱形粒子，减振对比试验得出，相当于两层 10 mm 厚橡胶垫板的减振效果。

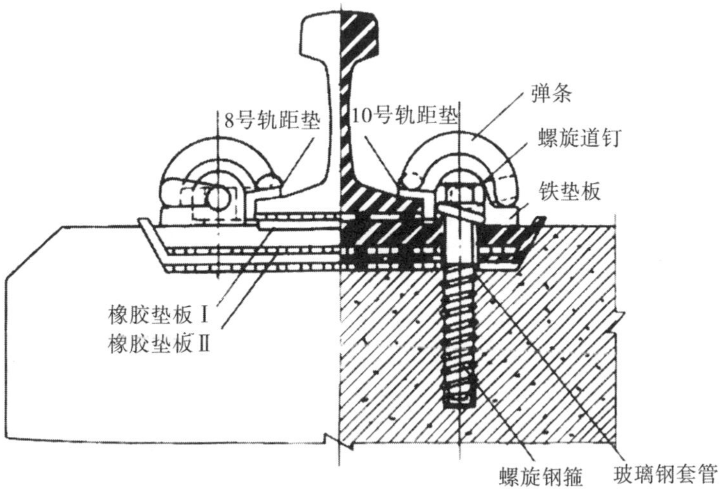

图 10-7　DTⅥ型扣件图

4. DTVⅡ型扣件

DTVⅡ型扣件为半弹性分开式，如图 10-8 所示。该扣件是专为伊朗德黑兰地铁研究设计的，适用于 54 kg/m 钢轨、整体式道床及一般减振地段。轨距垫等材料同 DTⅠ型。

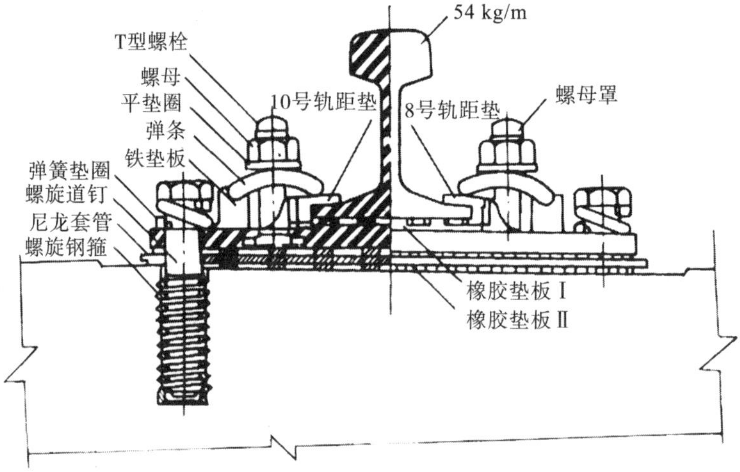

图 10-8 DTVⅡ型扣件图

5. 轨道减振器扣件

轨道减振器扣件（图 10-9）为全弹性分开式、三阶减振，适合于枕式整体道床和较高减振地段。

轨道减振器是国内轨道减振的新形式，能有效地减少振动与噪声。根据减振原理，结合轨道交通特点，确定其外形为椭圆形。减振器的刚度越小，由钢轨到结构底板的振动传递率也越小。但刚度过小，会影响轨道的稳定性和列车安全运行。另外，橡胶反复变形过大，也容易疲劳老化。根据北京地铁实测资料，轨下支承点所受的动载，平均最大值为 32 kN，考虑垂直变形 2.5 mm，所以确定轨道减振器垂向静刚度为 80 kN/cm。

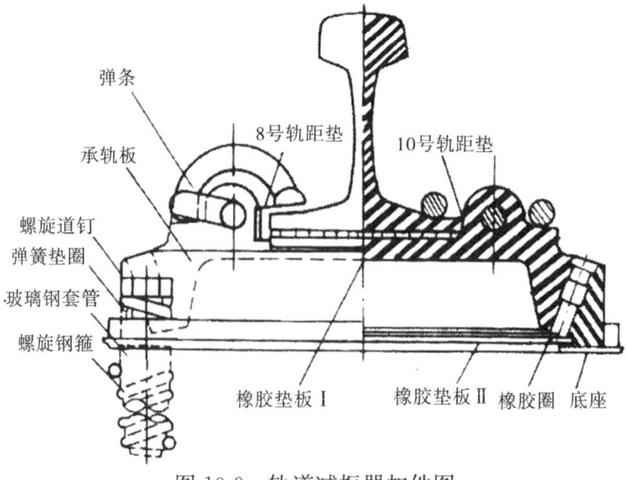

图 10-9 轨道减振器扣件图

6. 检查坑扣件

检查坑宽1200 mm，要求扣件较短，一般均为无挡肩式半弹性扣件，分为Ⅰ型、Ⅱ型和Ⅲ型三种检查坑扣件。

(1)Ⅰ型检查坑扣件。这种扣件为半弹性不分开式，铁垫板焊在预埋于承轨台内的角钢上，轨下设绝缘层。用螺栓和扣板固定钢轨，保持轨距能力强。因扣件结构复杂，零件较多，不能调整轨距，要求安装扣件现场焊接，承轨台面施工精度不宜保证等缺点，逐步为Ⅱ型、Ⅲ型检查坑扣件替代。

(2)Ⅱ型检查坑扣件。这种扣件为弹性不分开式，如图10-10所示。北京地铁二期工程太平湖车辆段和古城车辆段扩建，铺设了这种扣件，扣压件为中间和接头两用的刚性扣板，短的扣压端用于接头。可少量调整轨距，与短轨枕联结的方式亦采用预埋玻璃钢套管。扣件结构简单，零部件少，造价低，施工维修方便，经过十几年运营使用状态良好。

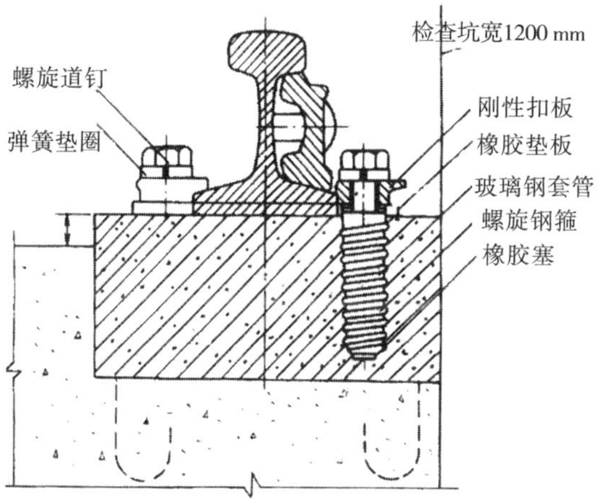

图10-10 Ⅱ型检查坑扣件图

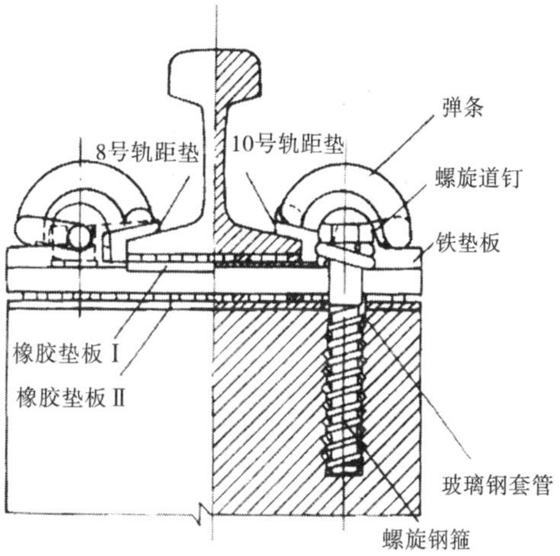

图10-11 Ⅲ型检查坑扣件图

(3)Ⅲ型检查坑扣件。这种扣件为半弹性分开式，如图10-11所示。它与DTⅣ型扣件基本相同，也取消了弹条上的螺栓。上海地铁2号线采用Ⅲ型检查坑扣件。

四、轻轨线路常用扣件

1. 轻轨Ⅰ型扣件

如图10-12所示，通过B型弹条4和T型螺栓1等紧固钢轨，绝缘轨距块兼做绝缘和调整轨距之用。轻轨Ⅰ型结构简单，使用安装方便，通用性好，而且造价较低。其主要技术性能如下：

(1)抗横向力≥400 N。

(2)轨顶标高调整量为10 mm，轨距调整量有备件时为－8～＋4 mm，无备件时为－4～0 mm。在进行扣件设计和研制时，分别对车辆轨道荷载下产生横向力、垂直力、钢轨倾翻力矩、绝缘轨距块和T型螺栓的锚固力进行了理论分析和计算。用于有砟轨道静刚度为50 kN/mm，动刚度为静刚度的1.5倍；用于无砟轨道的静刚度为20 kN/mm，动刚度为静刚度的1.5倍。

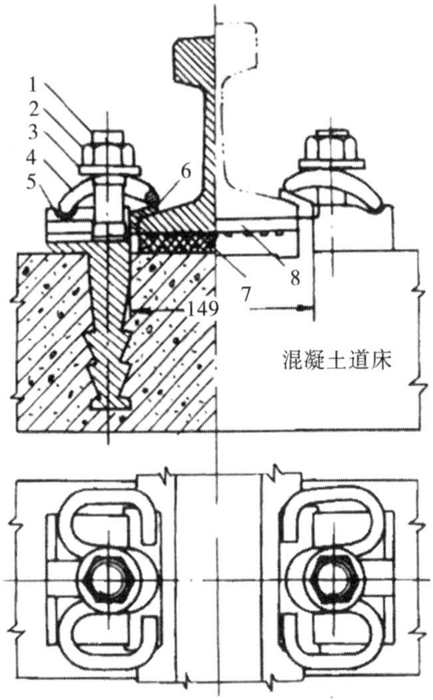

图10-12 轻轨Ⅰ型扣件图（尺寸单位：mm）

1. T型螺栓；2. 螺母；3. 平垫图；4. B型弹系；5. T型螺栓插入座；6. 绝缘轨距块；7. 橡胶垫板；8. 调高垫板

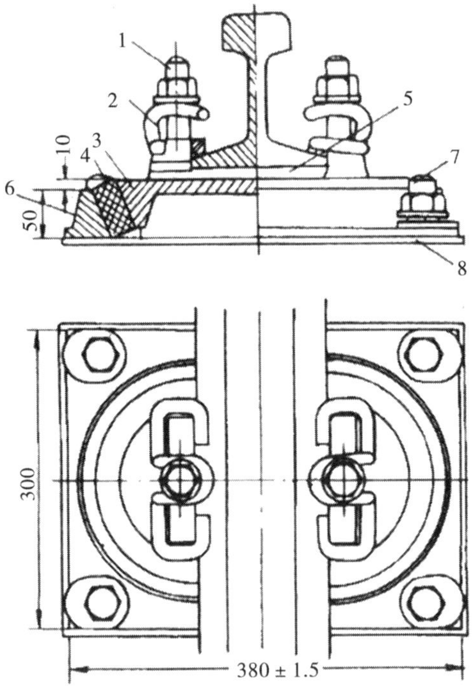

图10-13 轻轨Ⅱ型扣件图（尺寸单位：mm）

1. T型螺栓；2. 弹系；3. 上铁垫成；4. 硫化橡胶；5. 轨下衬垫；6. 下铁垫板；7. 垫板螺栓；8. 垫板衬垫

2. 轻轨II型扣件

如图10-13所示，轻轨Ⅱ型扣件是类似“科隆蛋”的高效能减振扣件。该扣件上下铁垫板用硫化橡胶连成整体，在荷载作用下，橡胶以承受剪力为主，产生较大的剪切变形，因而弹性较好，硫化橡胶既减振又起绝缘作用，具有良好的绝缘性能。另一个突出的特点是扣件承受垂直荷载时，轨下衬垫(用塑料制作)压缩变形小，扣压钢轨的部件不容易松弛。试验表明轻轨II型扣件各项技术性能都优于轻轨I型扣件，但由于构造较复杂，造价高，除非环境要求极高的地段，一般不轻易使用。它的主要技术指标为：

(1)垂直静刚度为8.46 kN/mm，满足不大于10 kN/mm的设计要求。具有良好的弹性，经过百万次疲劳试验，减振垫仍保持完好。

(2)结构设计合理，在30 kN横压疲劳荷载作用下，各部件良好无损，轨距扩大3.5 mm。

(3)减震效果好，加速度幅值从钢轨到承托梁衰减97.7%，加速度自振频率谱从钢轨到承托梁衰减99.3%，有明显的社会环境效应。

(4)绝缘性能好，在洒水状态下，两股钢轨绝缘电阻能满足设计要求。

3. W_{J-1}型扣件

W_{J-1}型扣件为弹性分开式，采用ω型弹条固定件，由预埋于混凝土承轨台内的塑料套管和锚固螺栓配合紧固铁垫板。铁垫板上设有T型螺栓孔座，轨下采用含不锈钢的复合胶垫。铁垫板与承轨台间设置5 mm绝缘缓冲击胶垫，钢轨调高量为40 mm，轨间距调整量为±20 mm，扣压力为4 kN，T型螺母扭矩为80 N·m。W_{J-1}型扣件是九江大桥上无砟枕承轨台道床结构专用扣件，运营效果良好，但也出现了一些问题，如T型螺栓容易歪斜、紧固的螺母易松动、抗扭距不稳定、部分弹条断裂等。

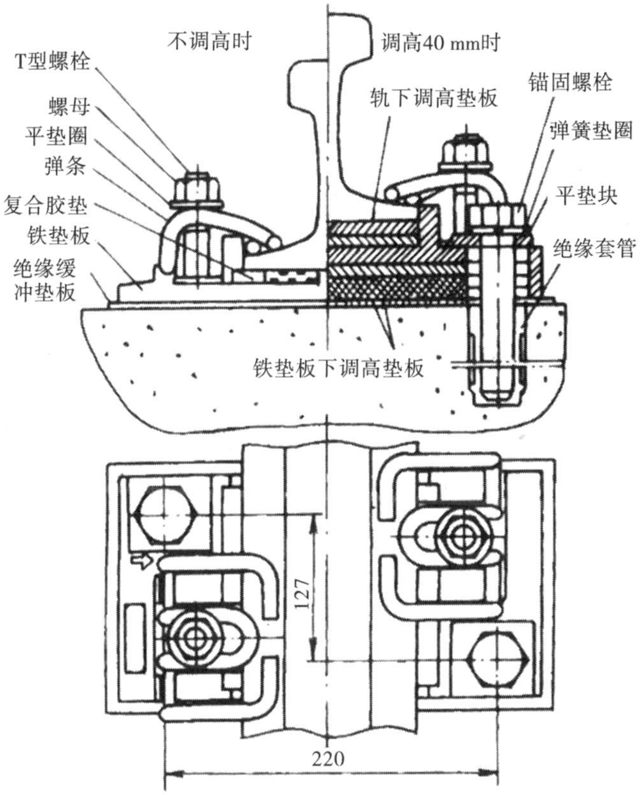

图10-14　W_{J-2}型弹性小阻力扣件图（尺寸单位：mm）

4. W_{J-2}型扣件

该扣件是在W_{J-1}型扣件基础上经过研制改造得到的，如图10-14所示。钢轨调高量为40 mm，其中轨下调整量为10 mm，铁垫板下调整量为30 mm，轨间距调整量为±20 mm(每股轨±10 mm)，可承受最大横向力为40 kN(疲劳荷载)。承轨台上的支承块不设挡肩。扣件垂直点刚度为40～60 kN/mm，锚固螺栓拧紧扭矩为300 N·m，预埋绝缘套管抗拔力大于100 kN。钢轨与承轨台间电阻不大于10^{-8} Ω。

W_{J-2}型轻轨线路扣件先经过铁道部研究院环形铁道试验基地试验，又在上海地铁1号线上试铺运营疲劳检验，证明扣件各种性能良好。扣件能控制轨距不扩大，钢轨不爬行，各种零部件未发现损坏。上海明珠轻轨高架线的无砟轨道结构就是采用的W_{J-2}型轻轨扣件，在长、大高架桥以及大坡度、小半径曲线地段铺设无缝线路，难度较大，是一项技术进步的标志。上海明珠轻轨线的无缝线路与以往铺设的类型有所不同，它的构思是自动放松钢轨内部的温度应力，采用新研制的 W_{J-2} 型小阻力弹性扣件，并在明珠线的大跨度桥中和道岔前后布设钢轨伸缩调节器，使温度应力自行放散，防止过大的钢轨纵向力传递到桥上。全线共设 8 个长轨条，由于钢轨温度力与轨条长度无关，延长轨条长度有助于提高无缝线路防爬锁定能力，因此明珠轻轨线一期最长的轨条达 5.8 km，最短一条由于两座大跨度桥相距很近，又受到钢轨伸缩调节器的限制，其长度只能缩短为 342 m。

五、减振垫层

减振垫层为压缩型橡胶垫板，放在钢轨与承轨台之间。减振垫层结构力求简单，加工容易，用材料省，便于推广，具有 15 年以上的使用寿命，能显著减少车辆振动，降低噪声。

用于无砟轨道减振垫层的基本要求是使用减振垫层的无砟轨道，其振动衰减的性能相当或优于有砟轨道。此时，减振垫层的静刚度应为 13～50 kN/mm。由于轻轨车辆轴重较轻（约为 100 kN），因此减振垫层静刚度可以取此范围的下限数值，即不大于 20 kN/mm。

试验和理论证明，橡胶材料的泊松比近似于 0.5，因而其体积是不可压缩的。要提高其弹性，必须使胶垫能自由地横向变形，即使减振垫层有足够的自由表面积。胶垫的硬度直接影响刚度值，因而适当降低硬度是有益的。胶垫的几何尺寸也对其刚度产生影响，当平面尺寸扩大有困难时，适当增加胶垫的厚度，也将使其刚度合理地降低。

经过多方案比选和试验，国内已研制出用于轻轨交通无砟轨道结构的 16-B 型胶垫，如图 10-15 所示。该胶垫静刚度为 18.7 kN/mm，符合不大于 20 kN/mm 的设计要求。胶垫疲劳试验表明，在特大荷载 75 kN 作用下，胶垫不会产生早期破损。

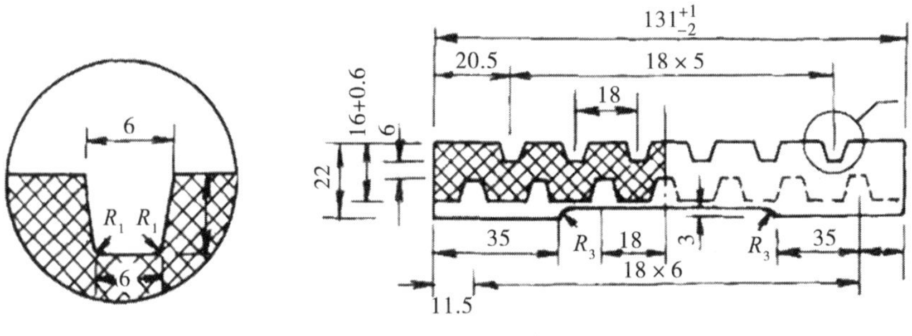

图 10-15 16-B 型橡胶垫板（尺寸单位：mm）

此外，国内还研制了用于有砟轨道的 12-B 型胶垫。该胶垫静刚度为 31.7 kN/mm，可与弹条 I 型扣件配合使用。

用于地面有砟轨枕式道床弹条 I 型扣件如图 10-16 所示。

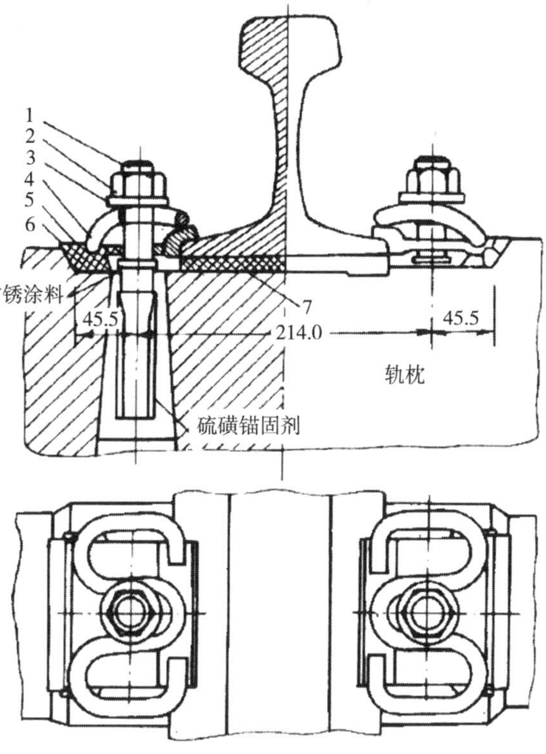

图 10-16　弹条Ⅰ型扣件（尺寸单位：mm）

1. 螺栓；2. 螺母；3. 平垫圈；4. 弹条；5. 轨距挡板；6. 挡板座；7. 橡胶垫板

第三节　轨　　枕

轨枕类型随轨距、道床种类及使用处所不同而异。地下铁道正线隧道内线路一般采用短轨枕或无轨枕的整体钢筋混凝土道床，车场线采用普通钢筋预应力混凝土轨枕，在道岔范围内少数区段采用木枕。高架轻轨线宜采用新型轨下基础，这种新型的轨枕结构不同于传统的道砟道床上铺设木枕或混凝土的轨下基础，而是以混凝土道床为主的构造形式，如上海明珠轻轨高架线，采用承轨台、支撑块整体式道床。因为轻轨车辆轴重小，可以直接采用常规铁路强度最低的预应力混凝土枕，如 9-1 型或 J-1 型轨枕，它们主要的外形尺寸如图 10-17 所示，重量约为 260 kg。每千米直线段轨枕配置根数为 1600 根，在曲线半径 300 m 以下地段，每千米增加 80 根，地面线路为碎石道床上铺预应力钢筋混凝土轨枕。

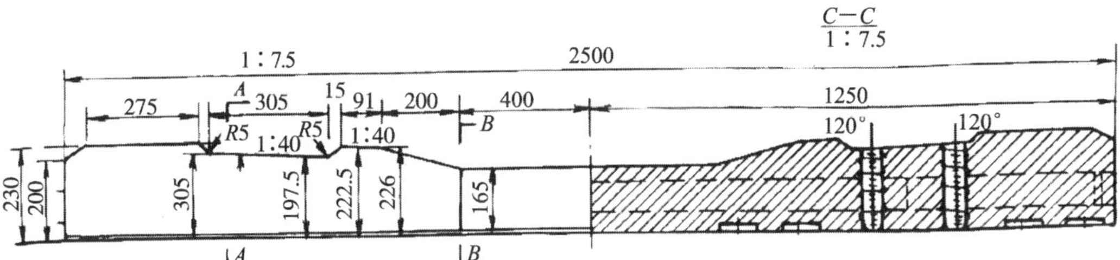

(a)立面

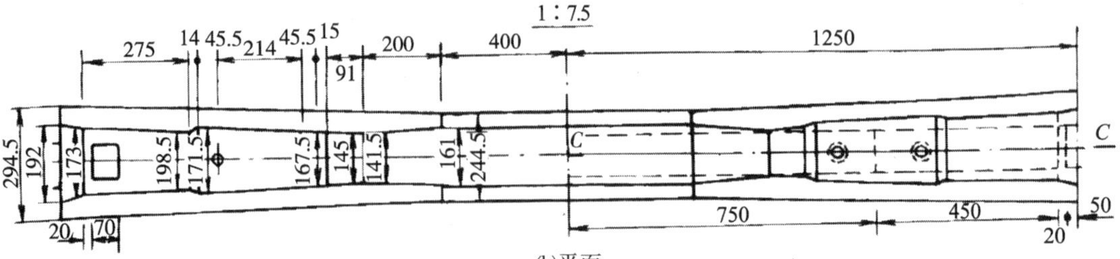

(b)平面

图 10-17 J-1 型轨枕(尺寸单位：mm)

隧道的正线及辅助线的直线段和半径大于等于 400 m 的曲线段，每千米铺设短轨枕数为 1680 对，半径为 400 m 以下曲线地段和大坡道上，每千米铺设轨枕数为 1760 对。地面碎石道床上铺轨枕数同上。车场线每千米铺设轨枕数为 1440 根。

第四节 道　床

一、碎石轨枕道床

碎石轨枕道床的优点是结构简单，容易施工，减振、减噪性能较好，造价低，但其轨道建筑高度较高，因此造成结构底板下降，隧道净空加大，排水设施复杂，养护工作频繁，更换轨枕困难。捣固时，粉尘飞扬，危害工作人员健康。为此，城市轨道交通的隧道内不采用碎石道床，而采用整体道床。高架混凝土桥面上的轻轨线也不采用碎石轨枕道床，而采用新型的道床形式，以减轻桥面荷载，减少维修工作量，同时还可避免列车运行的偶然石子飞落桥面，伤害行人。只有地面线及车场线道岔才采用木枕或钢筋混凝土枕的碎石道床。

地面线的直线段碎石道床顶面宽度为 3 m，车场线为 2.9 m，半径等于或小于 400 m 的曲线地段外侧应加宽 0.1 m。在铺设无缝线路地段及安装接触轨一侧也应适当加宽。为增加轨道横向稳定性，道床的肩宽不应小于 300 mm，在 $R<600$ m 的曲线段，曲线外侧道床肩部加宽 100 mm，碎石道床的最小厚度在直线段轨枕下应为 300 mm，车场线轨枕下应为 250 mm。地面直线和曲线段碎石道床断面分别如图 10-18 和图 10-19 所示。

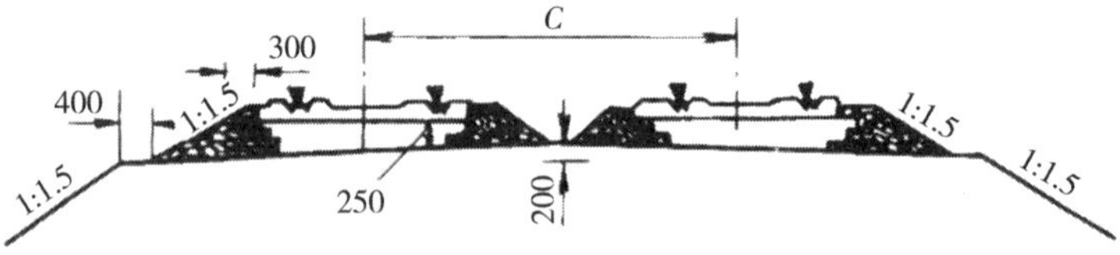

图 10-18 地面点线段道床断面(尺寸单位：mm)

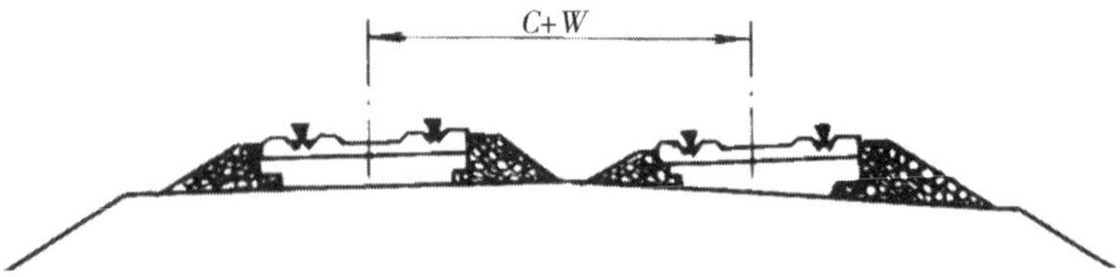

图 10-19 地面曲线段疲乏床断面

为了尽量减少用地，路肩宽可选为 0.4 m。由于双线路基宽度较大，为方便排水，路基中部应设置路拱。图 10-18、图 10-19 中 C 是根据与车辆界线确定的最小间距。对于新研制的轻轨车，当两线间无电柱或其他设施时 C 为 3.2 m；当两线间设 ϕ 0.4 m 电柱时 C 为 3.8 m。在曲线地段还要计入线路间距的加宽值（W）。

二、整体式道床

整体式道床优点是整体性好，坚固、稳定、耐久；轨道建筑高度小，可减少隧道净空，节省投资；轨道维修量小，适应地铁和轻轨交通运营时间长、维修时间短的特点。

1. 无枕式整体道床

该类道床也称为整体灌注式道床，其轨道建筑高度小，道床混凝土强度等级为 C30，自下而上施工，先使用专用施工机具把联结扣件的玻璃钢套管按设计位置预埋在道床内，上面做成承轨台，然后再安装钢轨和扣件。施工方法繁琐，机具复杂，并且进度较慢，承轨台抹面精度不易保证，难以达到设计要求的精度。1970 年北京地铁一期工程十几组道岔整体道床采用此种形式，经过 20 多年运营使用，状态良好。中国香港、美国旧金山、加拿大等地铁也铺设了此类无枕式整体道床。

2. 轨枕式整体道床

这类道床可分为短枕式和长枕式两种。

（1）短枕式整体道床。

这种道床轨道建筑高度一般为 550 mm 左右，道床混凝土强度等级为 C30，轨下道床厚度一般小于 160 mm，一般设中心排水沟，见图 10-20。

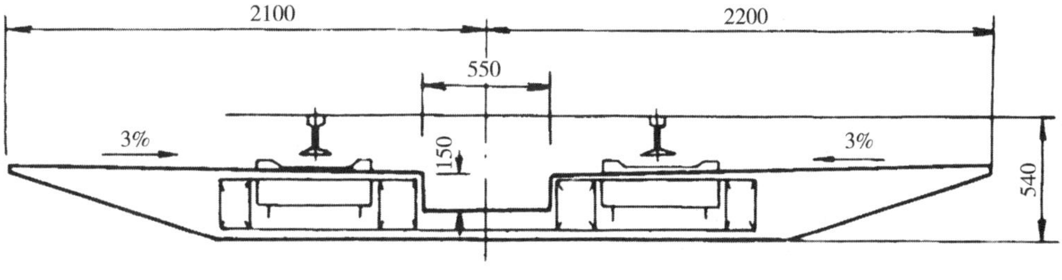

图 10-20　短枕式整体道床图（尺寸单位：mm）

短轨枕在工厂预制，混凝土强度等级为 C50，其横断面为梯形，底部外露钢筋钩，以加强与道床混凝土的联结。这种道床稳定、耐久、结构比较简单、造价较低、施工容易、进度较快。北京地铁一、二期工程近 90 km(单线)均铺设这种道床，经 40 多年运营使用，状态良好。天津地铁亦铺设这种道床。为了减少振动和噪声，我国还研制了弹性短枕式道床、塑料短枕式道床、短木枕式道床。

在短枕与道床间设橡胶减振套，经过光弹性试验，可以降低道床应力，减少振动。北京地铁东四十条站试铺了这种弹性短枕式整体道床，现场测试车辆簧下振动加速度值较一般地段整体道床减少30%左右，减振效果良好。但减振套的材质及更换技术还需进一步研究解决，所以这种道床未能得到推广应用。

塑料短枕式道床的短轨枕采用塑料材质制作，四周及底部还设有橡胶套，具有良好的减振及绝缘性能，国内曾对此种道床进行过研究，但其造价昂贵，未能实施。奥地利等国家地铁铺有此类道床。俄罗斯地铁铺设过短木枕式整体道床，北京地铁在道床弹性过渡段，采用了梯形短木枕式整体道床。因埋在道床内的短木枕更换困难，因此此类道床推广使用亦受限制。

(2)长枕式整体道床。

这种道床设侧向水沟，如图10-21所示。一般长轨枕预留圆孔，道床用纵向筋穿过，加强了与道床的联结，使道床更坚固、稳定和整洁美观。这种道床适用于软土地基隧道，可采用轨排法施工，进度快，施工精度亦容易得到保证。中国上海和新加坡地铁铺设这种道床，使用状况良好。

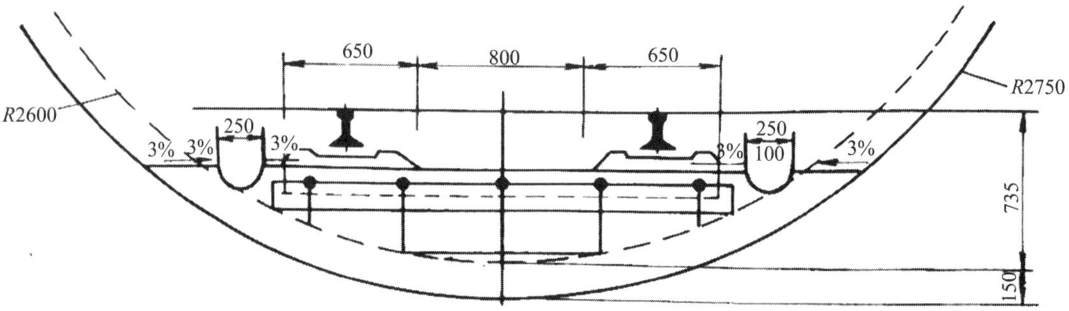

图10-21 长枕式整体道床(尺寸单位：mm)

三、浮置板式整体道床

这种道床在浮置板下面及两侧设有橡胶垫，减振效果明显，如图10-22所示。

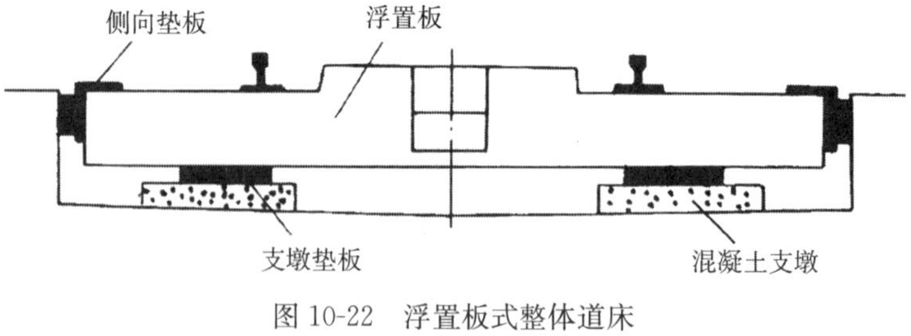

图10-22 浮置板式整体道床

浮置板较重，需要较大吊装机具，施工进度难以保证，更换底部橡胶垫困难，大修时要中断地铁正常运营，造价也高。根据新加坡地铁使用经验，发现浮置板式道床对隧道外减振、减噪效果明显，但地铁车厢内振动和噪声较大，超过了环境保护的标准。德国、新加坡等国家的地铁，我国广州、香港部分地铁区段铺设了这种道床。

四、纵向浮置板式整体道床

针对浮置板式道床的缺点，国内研究了纵向浮置式整体道床，如图 10-23 所示。

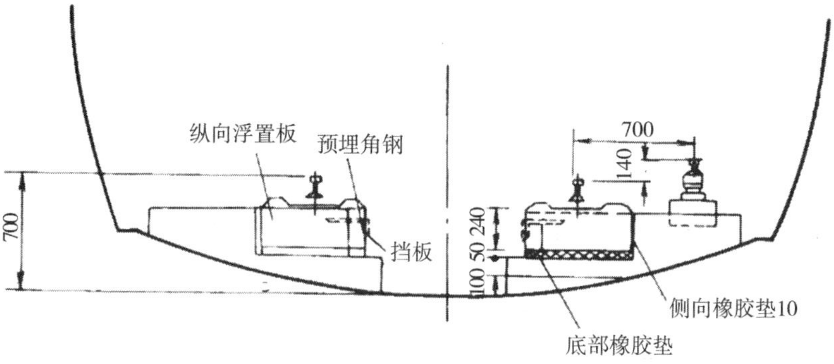

图 10-23　纵向浮置板整体道床(尺寸单位：mm)

该类道床由浮置板、橡胶垫、道床承台和联结挡板等组成，浮置板长(沿钢轨方向)为 2200 mm，宽为 60 mm，高为 240 mm，板重约 730 kg，一块浮置板上设置 4 组扣件，可设挡肩，其端部道床设纵向挡墙，内预埋角钢，用螺栓和挡板压紧浮置板，限制其横向位移，扣件对应部件的侧向及底部与道床承台之间设橡胶垫，起到减振、减噪的作用，亦能调整浮置板的高低，道床设中心排水沟。这种道床的主要优点在于：①浮置板较轻，制造和铺设较为简便；②高低调整量较大，可达+50 mm、−12 mm；③可以维修，不影响地铁正常运营；④减振（尤其是对低频域振动）效果显著。

但这种道床较轨枕式道床施工难度大，要求严格控制施工的精度。莫斯科、基辅地铁铺有这种道床，国内还正在对其进行研究，未正式应用。

五、弹性整体道床

弹性整体道床是指在整体道床与结构底板之间铺设一层 3 cm 厚弹性绝缘材料塑料油膏的混合物或橡胶沥青混凝土，有的还铺旧轮胎，这种道床减振效果显著，但造价很高，国内未有铺设。还有一种弹性支承轨道结构，如图 10-24 所示。

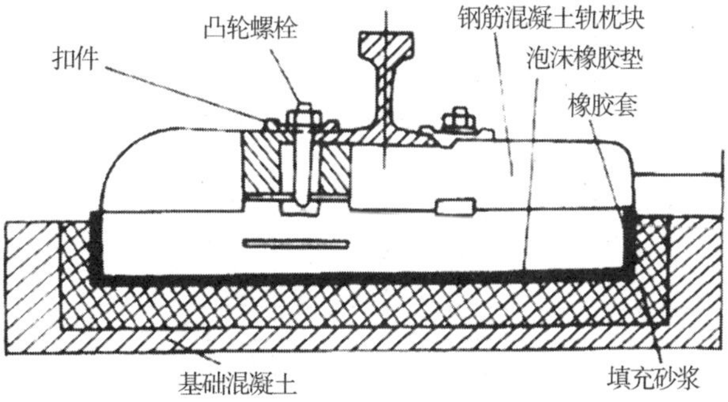

图 10-24　弹性支承轨道结构

双块式轨枕支承块支承在泡沫橡胶上，用橡胶套把泡沫橡胶套在轨枕上，用水泥砂浆把轨枕连同橡胶套与基底混凝土粘牢，现已在美国的华盛顿、巴尔的摩、亚特兰大、费城等城市地下铁路隧道中采用。这种轨道的支承刚度约为 10 kN/mm，具有很好的降低噪声及减振的性能。

六、弹性过渡道床

整体道床和碎石道床弹性不同，衔接处需设置弹性过渡段。北京地铁一、二期工程采用梯形短木枕拼装式整体道床，上海地铁采用道砟厚度渐变办法过渡，使用效果均很好。由于地铁扣件弹性好，采用道砟厚度渐变的办法比较适宜，铺设也简便。

七、高架桥轨道结构特点

1. 有砟轨道结构

在混凝土桥梁上铺设道砟轨枕，与土质路面轨道结构基本相同。这种轨道结构简单，施工方便，防振性能好，铺设无枕线路也比较容易处理，其结构组成可参考前文碎石轨枕道床。国外仍有一些国家轻轨高架线路采用这种轨道结构，如 1985 年建成运营的 14.5 km 的马尼拉轻轨交通系统(全都为高架结构)，采用双块式钢筋混凝土轨枕碎石道床；新加坡轻轨高架桥系统也是采用碎石道砟轨枕结构，但采用木枕。

2. 无砟整体轨道结构

这种结构是通过扣件将钢轨与混凝土桥面联结起来。应用较广泛的是混凝土梁上二次灌注混凝土纵向承轨台。图 10-25、图 10-26 为我国设计的轻轨交通用的高架桥无砟轨道结构，纵向承轨台高 150 mm，分段断开以利排水，两纵向支承间设置防脱轨矮墙，代替通常使用的护轨。

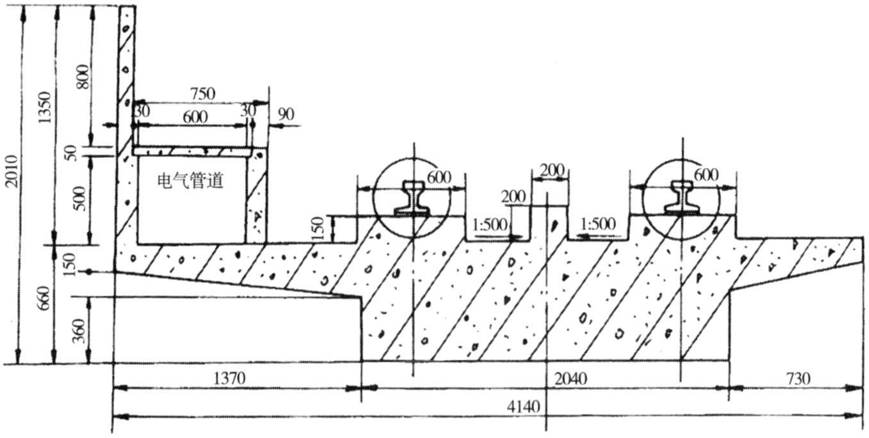

图 10-25 高架混凝土桥无砟轨道结构

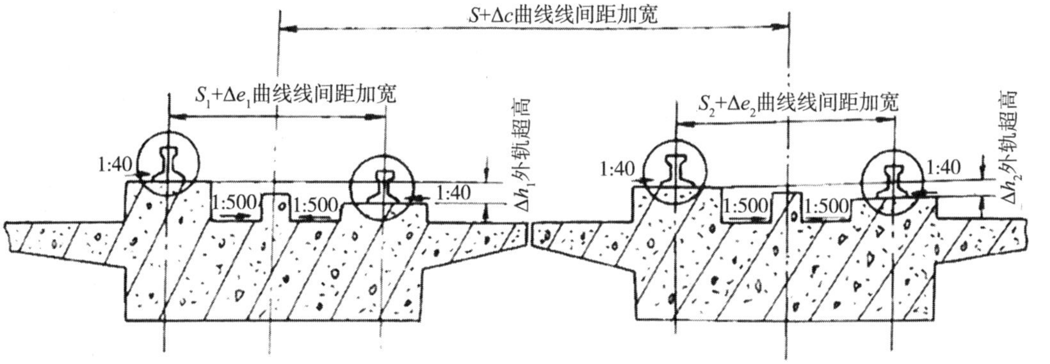

图 10-26　轻轨曲线桥双线无砟轨道结构

上海明珠轻轨线高架桥线路采用支承块、承轨台式新型整体道床结构。支承为钢筋混凝土预制短轨块，在相邻两股钢轨下每间隔一定距离各垫一块，每个支承块顶面预留两只锚固螺栓孔，并与钢轨联结。混凝土设计强度为 C50。支承块底部预留 6 根钢筋，与梁面预埋钢筋联结，以提高与承轨台间锚固强度。

承轨台为现浇钢筋混凝土块体，顶部埋设支承块，其混凝土强度为 C40。承轨台与桥面之间，通过预埋于桥面的联结钢筋，使两者结合为一个整体。承轨台标准长度选为 2.3 m，不仅为施工创造了有利条件，而且当承轨台破损后，便于在不影响运营条件下进行修复，克服了一般轨下整体道床的缺点。两相邻承轨台留有适当间隙(100～120 mm)，以利于桥面横向排水和电缆的穿行。轨道标准高度为 0.50 m，承轨台顶面高度差为 0.05 m，以便于养护作业进行和防脱轨装置的安装。

承轨台式整体道床与其他整体道床施工工艺相比，要求严，难度大。①进行高架桥面梁体施工时，预留好与承轨台相连的预埋钢筋，要做到位置准确，以免施工承轨台时有较大的偏差；②每一个支承块通过扣件固定在钢轨底部，相邻支承块不宜直接相连，各自自由度大，当浇筑承轨台时，每个支承块应准确就位，顶面的坡度必须达到规定的要求，以保证轨底坡设置的标准；③在桥面上进行承轨台作业时，必须采取有效措施，以防止轨道上部构架在施工中横向移动；④支承块承轨台和梁体之间，必须按施工工艺要求，对接触面严格处理，以确保二次浇灌施工缝的结合强度。在高架桥上施工，由于工作面窄，各种施工干扰很大，桥的允许载重又限制了大型铺轨设备的进入。因此研制并采用轻巧、灵活的小型铺轨机具是十分必要的。图 10-27 为上海明珠高架桥上的钢筋混凝土承轨台式新型整体道床。

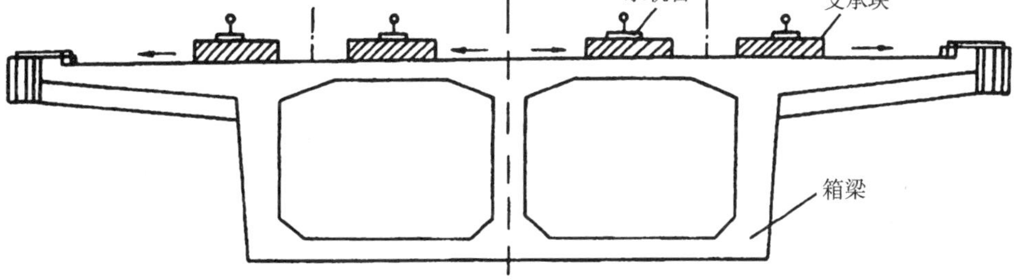

图 10-27　上海明珠轻轨线高架桥上的钢筋混凝土承轨台式新型整体道床

1)桥上无砟轨道结构减振降噪措施

对于无砟轨枕结构，应采用高性能的钢轨扣件，如轻轨 I、II 型和 W_{J-2} 型，扣件节点的静刚度应在 50 kN/mm 以下。扣件刚度越小，其减振效果越显著。为了减低车辆运行冲击噪声，有的在承轨台下铺设泡沫橡胶或其他聚硫和聚氨酯合成衬垫材料，也有的在承轨台上设置弹性聚合物砂浆层等。经过改进后的弹性减振道床比通常道床相比可降低噪声 10 dB，与有砟轨道相比可降低 2.3 dB。

2)桥上无砟轨道结构防止迷流措施

无砟轨道钢轨对地绝缘电阻降低，在暴雨时由于水膜的影响电阻会更低，这点比隧道内的无砟轨道结构更为不利。因此，桥上无砟轨道结构要采取切实可靠的防迷流措施：

(1)采用高绝缘扣件，使钢轨与基础之间多层绝缘，增大绝缘电阻；

(2)在钢轨和基础之间设置绝缘性能很好的聚合物砂浆层；

(3)采取排除迷流措施，即把基础钢筋焊接，引导迷散电流回至变电所，香港轻轨交通采用此种方式；

(4)采用绝缘性能良好的桥梁支座，以增大桥梁结构对地的电阻。

3)桥上无砟轨道结构无缝线路的铺设

当温度变化或桥梁承受车辆荷载产生挠曲时，桥面与铺设于其上的长钢轨产生相对位移而产生附加相互作用力。这些作用力与桥跨大小、温度跨度、温度约束条件、钢轨断面、扣件和伸缩调节器性能、车辆荷载、墩台形式等因素有关。桥上铺设长钢轨无缝线路时，梁轨之间相互作用的各种纵向力和横向力(温度应力、伸缩力、挠曲力、断轨力等)应进行合理组合，既要考虑各种不利情况，又要考虑各种不利情况组合发生。除对焊接长钢轨进行强度、稳定性验算外，还要对桥梁、墩台的结构和部位进行强度和稳定性验算。

第五节 道 岔

一、道岔的功用及类型

道岔是机车车辆从一股轨道转入或越过另一股轨道时必不可少的线路设备，是铁路轨道的一个重要组成部分。道岔由于具有数量多、构造复杂、使用寿命短、限制列车速度、行车安全性低、养护维修投入大等特点，与曲线、接头并称为轨道的三大薄弱环节。它的基本形式有三种：连接、交叉、连接与交叉的组合。常用的线路连接形式有各种类型的单式道岔和复式道岔；交叉形式有直交叉和菱形交叉；连接与交叉的组合形式有交分道岔和交叉渡线等(图 10-28)。

我国最常见的道岔类型是普通单开道岔，简称单开道岔，其主线为直线，侧线由主线向左侧或右侧岔出，如图 10-28(a)所示。单开道岔构造相对简单，其数量占各类道岔总数的 90%以上，具有一定代表性，了解和掌握这种道岔的基本特征，对各类道岔的设计、制造、铺设、养护均有十分重要的意义。

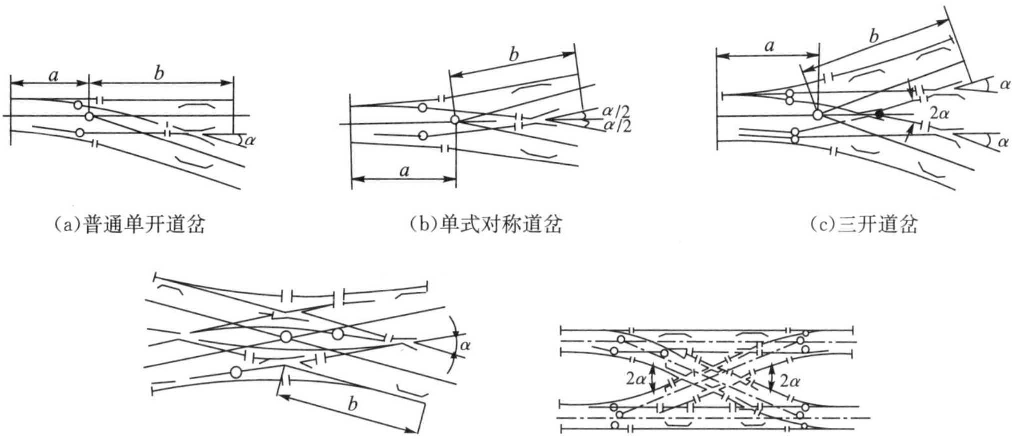

(a)普通单开道岔　(b)单式对称道岔　(c)三开道岔

(d)交分道岔　(e)交叉渡线

图 10-28　道岔类型

a．道岔前长；b．道岔后长；α．辙叉角

对称道岔是单开道岔的一种特殊形式，整个道岔对称于主线的中线或辙叉角的中分线，列车通过时无直向及侧向之分。尖轨长度相同时，尖轨作用边和主线方向所成的交角约为单开道岔的一半；导曲线半径相等时，对称道岔的长度要比单开道岔短，其他条件相同时，导曲线半径约为单开道岔的两倍；在曲线半径和长度保持不变时，可采用比单开道岔更小号数的辙叉。因此在道岔长度固定的条件下，使用对称道岔可获得较大的导曲线半径，能提高过岔速度；在保持相同的过岔速度的条件下，对称道岔能缩短道岔长度，从而缩短站坪长度，增加股道的有效长度。

三开道岔，又称复式异侧对称道岔，是复式道岔中较常用的一种形式。它相当于两组异侧顺接的单开道岔，但其长度却远比两组单开道岔的长度之和短。三开道岔由一组转辙器、一组中间辙叉和两组同号数的后端辙叉所组成。该道岔构造比较复杂，维修较困难，运行条件较差，非十分困难时，不轻易采用。

交分道岔有单式、复式之分。复式交分道岔相当于两组对向铺设的单开道岔，实现不平行股道的交叉，但具有道岔长度短，开通进路多及两个主要行车方向均为直线等优点，因而能节约用地，提高调车能力并改善列车运行条件。交分道岔由菱形交叉、转辙器和连接曲线等部分组成。菱形交叉一般是直线与直线的交叉，由两副锐角辙叉、两副钝角辙叉和连接钢轨组成。

交叉渡线由 4 组类型和号数相同的单开道岔和一组菱形交叉，以及连接钢轨组成，用于平行股道之间的连接，仅在个别特殊场合下使用。

二、单开道岔的构造

单开道岔由转辙器、辙叉及护轨、连接部分组成，如图 10-29 所示。图 10-29 中 AOB 线称为主线，OC 线称为岔线；转辙器前端为道岔始端（A 点），辙叉跟端为道岔终端（B 点），两股道中心线的交点称为道岔中心（O 点）。当列车由始端驶向终端时，称为逆向通过道岔；反之称为顺向通过道岔。站在始端看终端，侧线位于主线左侧称左开道岔，位于主线右侧称右开道岔。

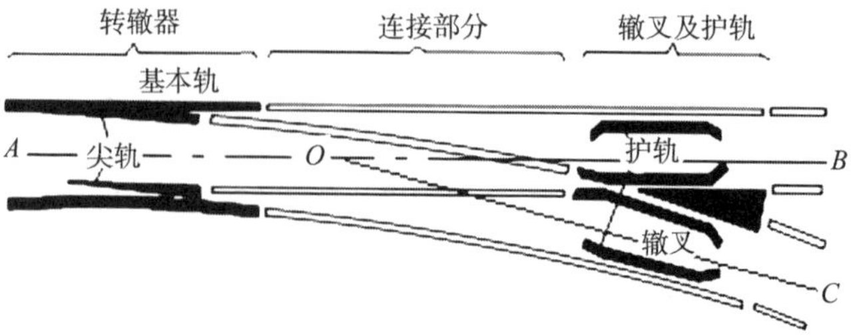

图 10-29 单开道岔组成

单开道岔以它的钢轨每米质量及道岔号数区分类型。目前我国的钢轨有 75 kg/m、60 kg/m、50 kg/m 等类型；标准道岔号数(用辙叉号数来表示)有 6、7、9、12、18 号等，目前我国普通铁路干线上大量使用 60 kg/m 钢轨固定型辙叉 12 号单开道岔。

单开道岔的转辙器，是引导机车车辆沿主线方向或侧线方向行驶的线路设备，由两根基本轨、两根尖轨、各种联结零件及道岔转换设备组成。

辙叉是使车轮由一股钢轨越过另一股钢轨的设备。辙叉由叉心、翼轨和联结零件组成。按平面形式分，辙叉有直线辙叉和曲线辙叉两类；按构造类型分，有固定辙叉和活动辙叉两类。单开道岔上，以直线式固定辙叉最为常见。

叉心两侧作用边之间的夹角称辙叉角，其交点称辙叉理论中心(理论尖端)。由于制造工艺原因，实际上辙叉尖端有 6～10 mm 宽度，称辙叉实际尖端。

辙叉角 α 愈小，道岔号数 N 愈大，两者之间的关系为

$$N = c\ \mathrm{tg}\ \alpha \tag{10-1}$$

我国道岔号数与辙叉角的对应值见表 10-3

表 10-3 道岔号数与辙叉角的关系

道岔号数	7	9	12	18
辙叉角	8°07′48″	6°20′25″	4°45′49″	3°10′47″
道岔号数	30	38	42	62
辙叉角	1°59′57″	1°34′42.9″	1°12′50.13″	0°50′26.56″

护轨设于固定辙叉的两侧，用于引导车轮轮缘，使之进入适当的轮缘槽，防止与叉心碰撞。目前我国道岔的护轨类型主要有钢轨间隔铁型、H 型和槽型三种。护轨的防范范围，应包括辙叉咽喉至叉心顶宽 50 mm 的一段长度，并要求有适当的余裕。辙叉护轨由中间平直段、两端缓冲段和开口段组成，呈折线型，如图 10-30 所示。护轨平直段是起防护作用的部分，缓冲段及开口段起着将车

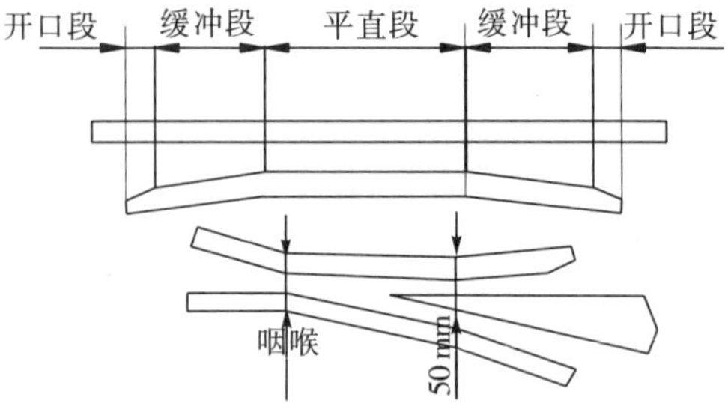

图 10-30 辙叉护轨

轮平顺地引入护轨平直段的作用。缓冲段的冲击角应与列车允许的通过速度相匹配。

连接部分是转辙器和辙叉之间的连接线路，包括直股连接线和曲股连接线(亦称为导曲线)。直股连接线与区间线路构造基本相同。导曲线的平面形式可以是圆曲线、缓和曲线或变曲率曲线。我国目前铁路上铺设的大部分道岔导曲线为圆曲线，当转辙器尖轨或辙叉为曲线时，尖轨或辙叉本身就是导曲线的一部分，确定导曲线平面形式时应将尖轨或辙叉平面一并考虑，圆曲线两端一般不设缓和曲线。导曲线由于长度及限界的限制，一般不设超高和轨底坡。

为防止导曲线钢轨在动荷载作用下的外倾及轨距扩大，可设置一定数量的轨撑或轨距拉杆。还可同区间线路一样设置一定数量的防爬器及防爬木撑，以减少钢轨的爬行。

连接部分一般配置 8 根钢轨，直股连接线 4 根，曲股连接线 4 根。配轨时要考虑轨道电路绝缘接头的位置和满足对接接头的要求，并尽量采用 12.5 m 或 25 m 长的标准钢轨。连接部分使用的短轨，一般不短于 6.25 m，在困难的情况下，应不短于 4.5 m。

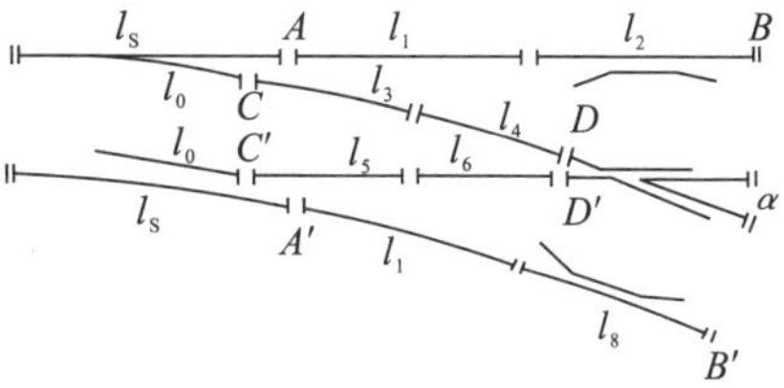

图 10-31 12 号、18 号单开道岔连接部分配轨

我国标准的 12 号、18 号单开道岔连接部分的配轨如图 10-31 所示，相关尺寸见表 10-4。

在跨区间无缝线路中，无缝道岔为一重要组成部分，需与区间线路焊连在一起，道岔区内的所有钢轨接头也需焊接或胶接起来，在绝缘接头处采用胶接绝缘接头，其他部位采用焊接接头。

表 10-4 标准道岔的配轨尺寸

配轨编号	12 号	18 号	配轨编号	12 号	18 号
l_1	11791	10226	l_5	12500	16574
l_2	12500	18750	l_6	9385	12500
l_3	12500	16903	l_7	11708	10173
l_4	9426	12500	l_8	12500	18750

三、岔 枕

我国铁路道岔中，岔枕过去以使用木枕为主，近年来设计和试铺了混凝土岔枕及钢岔枕。

木岔枕断面和普通木枕基本相同，长度分为 12 级，其中最短的为 2.60 m，最长的为 4.80 m，级差为 0.2 m，采用螺纹道钉与垫板联结。

混凝土岔枕最长为 4.90 m，最短为 2.60 m，级差为 0.10 m。混凝土岔枕与Ⅲ型混凝土枕具有相当的有效支承面积，采用无挡肩形式，岔枕顶面平直，岔枕中还预埋有尼龙套管，依靠扣件摩擦及旋入套管中的道钉承受横向荷载，按 ϕ7 mm 配筋。

为了不让转换设备占用轨枕空间，适应大型养路机械设备的需要，提速道岔中还设计并采用了钢岔枕。钢岔枕内腔应满足电务转换设备的安装要求，同时还要考虑允许尖轨或心轨±15 mm的伸缩量。钢岔枕外宽要控制，以保证与相邻岔枕间形成足够的捣固空间。钢岔枕自身还应有足够的刚度，在轮载作用下尽可能减小挠度，保证为上部构件及转换设备提供良好的支承条件。钢岔枕与垫板、外锁闭设备间设有绝缘部件。钢岔枕底部焊有不规则条块，增大与道床间的摩擦系数。

为使道岔的轨下基础具有均匀的刚性，岔枕的间距应尽可能保持一致。转辙器和辙叉范围内的岔枕间距，通常采用0.9～1倍线路的轨枕间距。设置转辙杆的一孔，其间距应当适当增大。道岔钢轨接头处的岔枕间距应与区间线路同类型钢轨接头处轨枕间距保持一致，并使轨缝位于间距的中心。

铺设在单开道岔转辙器及连接部分的岔枕，均应与道岔的直股方向垂直。辙叉部分的岔枕，应与辙叉角的角平分线垂直，从辙叉趾前第二根岔枕开始，逐渐由垂直角平分线方向转到垂直于直股的方向。岔枕的间距，在转辙器部分按直线上股计量，在导曲线及转向过渡段按直线下股计量。为改善列车直向过岔时的运行条件，提速道岔中所有的岔枕均按垂直于直股方向布置，间距均匀一致，均为600 mm。

岔枕长度在道岔各个部位差别很大。岔枕端部伸出钢轨工作边的距离M应与区间线路基本保持一致，即

$$M=\frac{2600-1435}{2}=582.5\ (\text{mm})$$

按M值要求计算出的岔枕长度各不相等，为减少道岔上出现过多的岔枕长度级别，需要集中若干长度相近者为一组，误差不应超过岔枕标准级差的1/2。

第六节 轨 距 加 宽

有固定轴距的车辆，为了平顺圆滑通过曲线线路部分，轨距应有一定扩大，这种扩大称为轨距的加宽。一般轨距加宽是内侧轨向曲线里侧移动。地下铁道曲线上的轨距加宽是按车辆在静力自由内接条件下所需轨距来进行计算的，其值视车辆固定轴距、曲线半径、轨与轮缘的间隙、轮缘的高度、轮距而定，如图10-32所示。

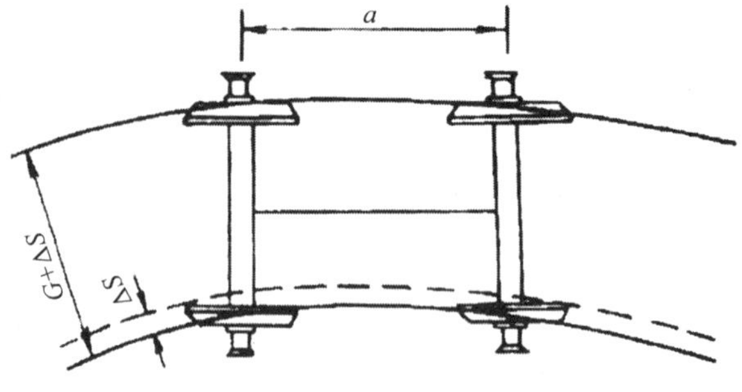

图10-32 轨道交通轨距加宽图

一般曲线半径小于等于200 m时，才进行按标准轨距的加宽，其计算公式为

$$\left.\begin{aligned}\Delta S &= f_0 - \delta_{\min} \\ f_0 &= \frac{a^2}{2R} \times 1000\end{aligned}\right\} \tag{10-2}$$

式中，ΔS——轨距加宽量(mm)；

f_0——外轨矢距(mm)；

R——曲线半径(m)；

a——固定轴距(m)；

$\delta_{\min}$——最小半径(mm)。

由于目前地下轨道车辆固定的轴距尚未统一，因此上述公式计算的同一半径的加宽值就有出入。鉴于国内外对曲线轨距加宽量有逐渐减小的趋势，对上述计算的轨距加宽值还要作一些修正。辅助线和车场线曲线轨距加宽值，可依照规范，按表 10-5 选用。

表 10-5 辅助线及车场线轨距加宽值

曲线半径/m	加宽值/mm	曲线半径/m	加宽值/mm
200～151	5	100～80	15
150～101	10		

辅助线的曲线轨距加宽应在缓和曲线范围内或在直线段递减，车场线的轨距加宽应在直线段递减。

第七节 无 缝 线 路

无缝线路是由标准长度的钢轨焊接而成的长钢轨线路，又称焊接长钢轨线路。它是当今轨道结构中的一项重要的新技术，引起了世界各国的竞相发展。

在普通线路上，钢轨接头是轨道的薄弱环节之一，由于轨缝的存在，列车通过时发生冲击和振动，并伴随有打击噪声，冲击力最大可达到非接头区的三倍以上。接头冲击力影响行车的平稳和旅客的舒适，并导致使道床破坏、线路状况恶化、钢轨及联结零件的使用寿命缩短、线路维修费用的增加。养护线路接头区的费用占线路养护总经费的35％以上；钢轨因轨端损坏而抽换的数量较其他部位大 2～3 倍；重伤钢轨 60％发生在接头区。随着列车轴重、行车速度和密度的不断增长，上述缺点更加突出，从而不能适应现代高速重载运输的需要。

无缝线路由于消灭了大量的接头，因而具有行车平稳、旅客舒适，同时机车车辆和轨道的维修费用减少，线路使用寿命延长等一系列优点。资料表明，从节约劳动力和延长设备寿命方面衡量，无缝线路比有缝线路可节约维修费用 30％～70％。

无缝线路根据处理钢轨内部温度应力方式的不同，可分为放散温度应力式和温度应力式两种。

放散温度应力式无缝线路，又分为自动放散式和定期放散式两种，适用于年轨温差较大的地区。自动放散式是为了消除和减少钢轨内部的温度力，允许长轨条自由伸缩，在长轨两端设置钢轨伸缩接头。为了防止钢轨爬行，在长轨中部使用特制的中间扣件。

由于结构复杂，已不使用。定期放散温度应力式无缝线路的结构形式与温度应力式相同。根据当地轨温条件，把钢轨内部的温度应力每年调整放散 1～2 次。放散时，松开焊接长钢轨的全部扣件，使它自由伸缩，放散内部温度应力，应用更换缓冲区不同长度调节轨的办法，保持必要的轨缝。每次放散应力需耗费大量劳力，作业很不方便，目前已不使用。

温度应力式无缝线路包括单元无缝线路和跨区间无缝线路，单元无缝线路是由一根焊接长钢轨及其两端 2～4 根标准轨组成，并采用普通接头的形式，跨区间无缝线路将道岔也焊接在一起。无缝线路铺设锁定后，焊接长钢轨因受线路纵向阻力的抵抗，两端自由伸缩受到一定的限制，中间部分完全不能伸缩，因而在钢轨内部产生很大的温度力，其值随轨温变化而变化。温度应力式无缝线路结构简单，铺设维修方便，因而得到广泛应用。对于直线轨道 50 kg/m 和 60 kg/m 钢轨，每千米配量 1840 根混凝土枕，铺设温度应力式无缝线路允许轨温差分别为 100 ℃和 108 ℃。

现今世界各国主要是采用温度应力式无缝线路，所以温度应力式无缝线路是本节介绍的重点。

一、钢轨温度力、伸缩位移与轨温变化的关系

一根长度为 l 可自由伸缩的钢轨，当轨温变化 Δt ℃时，其伸缩量为

$$\Delta l = a \cdot l \cdot \Delta t \tag{10-8}$$

式中，a——钢轨的线膨胀系数，取 11.8×10^{-6}/℃；

l——钢轨长度(mm)；

Δt——轨温变化幅度(℃)。

如果钢轨完全被固定，不能随轨温变化而自由伸缩，则将在钢轨内部产生温度应力。根据虎克定律，温度应力 σ_t 为：

$$\sigma_t = E \cdot \varepsilon_t = E\frac{\Delta l}{l} = \frac{Ea \cdot l\Delta t}{l} = E \cdot a \cdot \Delta t \tag{10-9}$$

式中，E——钢的弹性模量，$E=2.1\times10^5$ MPa；

ε_t——钢的温度应变。

将 E、a 之值代入式(10-9)，则温度应力为

$$\sigma_t = 2.1\times10^5\times11.8\times10^6\Delta t = 2.48\Delta t\ (\text{MPa}) \tag{10-10}$$

式(10-10)说明：

(1)两端固定的钢轨中所产生的温度应力与钢轨本身长度无关，仅与轨温变化幅度 Δt 成直线比例关系。从理论上说，钢轨可任意增长而不影响其内部的温度应力值。

(2)降低钢轨内部温度应力的关键，在于如何控制轨温变化幅度 Δt。

(3)轨温每变化 1℃，钢轨每平方厘米断面产生约 25 kN 的压力或拉力。轨温变化幅度与温度应力之间可按式(10-10)相互换算。

一根钢轨所受的温度力 P_t 为

$$P_t = \sigma_t \cdot F = 2.48\Delta t \cdot F(\text{N}) \tag{10-11}$$

式中，F 为钢轨断面积(mm^2)。

不同类型的钢轨，同一轨温变化幅度产生的温度力大小不同。如轨温变化 1℃所产生的温度力，对于 75 kg/m、60 kg/m、50 kg/m 钢轨分别为 23.6 kN、19.2 kN、16.3 kN。

为降低长轨条内的温度力，需选择一个适宜的锁定轨温，又称零应力状态的轨温。在铺设无缝线路中，将长轨条始、终端落槽就位时的平均轨温称为施工锁定轨温。施工锁定轨温不一定等于设计锁定轨温，但应在设计锁定轨温允许变化范围之内。锁定轨温是决定钢轨温度力水平的基准，因此根据强度、稳定条件确定锁定轨温是无缝线路设计的主要内容。

影响轨温的因素比较复杂，它与气候变化、风力大小、日照强度、线路走向和所取部位等均有密切关系。根据多年观测，最高轨温 T_{max} 要比当地的最高气温高 20℃左右，最低轨温 T_{min} 与当地的最低气温大致相同。表 10-6 为我国主要地区的轨温资料。

表 10-6　全国主要地区最高、最低及中间轨温表　(单位:℃)

地区	最高轨温	最低轨温	中间轨温	地区	最高轨温	最低轨温	中间轨温
北京	62.6	−27.4	17.6	兰州	59.1	−23.3	17.9
天津	65.0	−22.9	21.1	西宁	53.5	−26.6	13.5
石家庄	62.7	−26.5	18.1	银川	59.3	−30.6	14.4
太原	61.4	−29.5	16.0	乌鲁木齐	60.7	−41.5	9.6
呼和浩特	58.0	−36.2	10.9	成都	60.1	−5.9	27.1
满洲里	58.7	−46.9	5.9	重庆	64.0	−2.5	30.8
沈阳	59.3	−33.1	13.1	昆明	52.3	−5.4	23.5
长春	59.5	−36.5	11.5	拉萨	49.4	−16.5	16.5
哈尔滨	59.1	−41.4	8.9	贵阳	61.3	−7.8	26.8
西安	65.2	−20.6	22.3	济南	62.5	−19.7	21.4
南京	63.0	−14.0	24.5	南宁	60.4	−2.1	29.2
上海	60.3	−12.1	24.1	长沙	63.0	−11.3	25.9
杭州	62.1	−10.5	25.8	郑州	63.0	−17.9	22.6
合肥	61.0	−20.6	20.2	武汉	61.3	−18.1	21.6
福州	59.8	−2.5	28.7	台北	58.6	−2.0	28.3
南昌	60.6	−9.3	25.7	香港	56.1	0.0	28.1
广州	58.7	−0.3	29.2				

二、线路纵向阻力

轨温变化时，影响钢轨两端自由伸缩的原因是来自线路纵向阻力的抵抗，它包括接头阻力、扣件阻力及道床纵向阻力。

1. 接头阻力

钢轨两端接头处由钢轨夹板通过螺栓拧紧，产生阻止钢轨纵向位移的阻力，称接头阻力。接头阻力由钢轨夹板间的摩阻力提供。

$$P_H = n \cdot s$$

式中，s——钢轨与板间对应一枚螺栓的摩阻力；

n——接头一端的螺栓数。

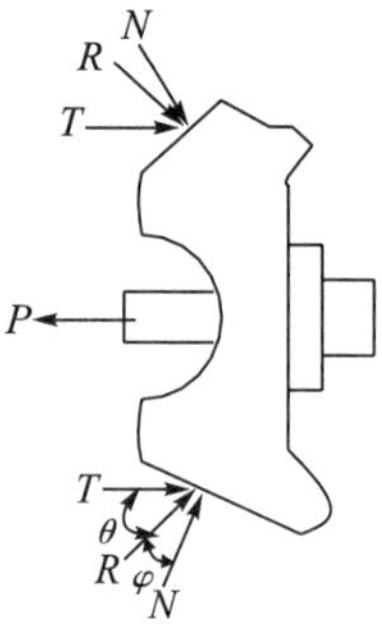

图 10-34 夹板受力图

摩阻力的大小主要取决于螺栓拧紧后的张拉力 P 和钢轨与夹板之间的摩擦系数 f。图 10-34 为夹板的受力情况。

接头螺栓拧紧后产生的拉力 P 在夹板的上、下接触面上将产生分力。图中 T 为水平分力；N 为法向分力，它垂直于夹板的接触面；R 为 N 与 T 的合力，它与 N 的夹角等于摩擦角 φ。

由图 10-34 可知 $T=P/2$，则有

$$R = \frac{P}{2\cos\theta} = \frac{P}{2\sin(\alpha+\varphi)}$$

式中，P——一枚螺栓拧紧后的拉力(kN)；

α——夹板接触面的倾角，$\operatorname{tg}\alpha = i$；

i——轨底顶面接触面斜率，50 kg/m、75 kg/m 钢轨，$i=1/4$；43 kg/m、60 kg/m 钢轨，$i=1/3$。当钢轨发生位移时，夹板与钢轨接触面之间将产生摩阻力 F，F 将阻止钢轨的位移。

$$F = N \cdot f = R\cos\varphi \cdot f = \frac{P}{2\sin(\alpha+\varphi)}\cos\varphi \cdot f$$

一枚螺栓对应有 4 个接触面，其上所产生的摩阻力之和为 s，则有

$$s = 4 \cdot F = \frac{2P}{\sin(\alpha+\varphi)} \cdot \cos\varphi \cdot f$$

$$P_H = n \cdot s = \frac{6Pf\cos\varphi}{\sin(\alpha+\varphi)} \cdot P \qquad (10\text{-}12)$$

对应于一枚螺栓所提供的摩阻力可作如下分析。钢的摩擦系数一般为 0.25，而 $f=\operatorname{tg}\varphi$，则有 $\varphi=\operatorname{tg}^{-1}0.25$；又有 $\alpha=\operatorname{tg}^{-1}i$。将以上相应值代入求 s 的公式，可得到：70 kg/m、50 kg/m 钢轨，$s=1.03P$；60 kg/m、43 kg/m 钢轨，$s=0.90P$。

上式表明，一根螺栓的拉力接近它所产生的接头阻力。在此情况下，接头阻力 P_H 的表达式可写成

$$P_H = n \cdot P$$

接头阻力与螺栓材质、直径、拧紧程度和夹板孔数有关。在其他条件均相同的情况下，螺栓的拧紧程度就是保持接头阻力的关键。扭力矩 T' 与螺栓拉力的关系可用经验公式表示：

$$T = K \cdot D \cdot P$$

式中，T——拧紧螺帽时的扭力矩(N·m)；

K——扭矩系数，$K=0.18\sim0.24$；

P——螺栓拉力(kN)；

D——螺栓直径(mm)。

列车通过钢轨接头时产生的振动，会使扭力矩下降，接头阻力值降低，国内外资料显示，可降低到静力测定值的40%～50%。所以，定期检查扭力矩，重新拧紧螺帽，保证接头阻力值在长期运营过程中保持不变，是一项十分重要的措施。维修规则规定无缝线路钢轨接头必须采用10.9级螺栓，扭矩应保持在700～900 N·m。表10-7为计算时采用的接头阻力值。

表 10-7　接头阻力值

接头条件	接头扭矩/(N·m)								备注
	300	400	500	600	700	800	900	1000	
50 kg/m钢轨接头阻力值/kN (10.9级 ϕ24螺栓)	150	200	250	300	370	430	490		
60 kg/m钢轨接头阻力值/kN (10.9级 ϕ24螺栓)	130	180	230	280	340				普通线路
						490	510	570	无缝线路

哈克紧固件采用带环形勾槽的栓杆配以光面套筒，在拉力的作用下，拉伸栓杆并推卡挤压套筒使其变形，形成与栓杆勾槽咬合镶嵌的紧固联结，哈克紧固接头可以承受高达1130 kN以上的纵向荷载，足以承受无缝线路的温度力。

施必牢采用全螺纹自锁紧防松螺母，与高强度螺栓配合使用，可实现高强度冻结接头，在无缝道岔、缓冲区上推广应用具有现实意义。

MG接头是摩擦钢轨接头的简称。该接头采用提高摩擦阻力的方法实现冻结钢轨接头。MG接头能使钢轨接头阻力值达1700～1900 kN，是原来的3～4倍。它不改变现行接头的结构，不使用胶粘剂，也不使用附加机械零件；接头阻力高，足以在大多数地区的铁路轨道上冻结钢轨接头。

2. 扣件阻力

中间扣件和防爬设备抵抗钢轨沿轨枕面纵向位移的阻力，称扣件阻力。为了防止钢轨爬行，要求扣件阻力必须大于道床纵向阻力。

扣件阻力是由钢轨沿轨枕垫板面之间的摩阻力和扣压件与轨底扣着面之间的摩阻力所组成。摩阻力的大小取决于扣件扣压力和摩擦系数的大小。一组扣件的阻力 F 为

$$F = 2(\mu_1 + \mu_2)P \tag{10-13}$$

式中，P——一侧扣压件对钢轨的扣压力；

μ_1——钢轨与垫板之间的摩擦系数；

μ_2——钢轨与扣件之间的摩擦系数。

据铁道科学研究院试验，如果混凝土轨枕下采用橡胶垫板，不论是扣板式扣件还是弹条式扣件，其摩擦系数 $\mu_1 + \mu_2 = 0.8$。

扣压力 P 的大小与螺栓所受拉力 $P_{拉}$ 的大小有关。以弹条式扣件为例，据图10-35可得 P 的算式如下：

$$P = \frac{b}{a+b} P_{拉}$$

式中，$P_{拉}$——扣压件螺栓所受拉力，与螺帽扭矩有关；

a、b——扣压件着力点至螺栓中心的距离。

扣件摩阻力 F 的表达式为

$$F = 2(\mu_1 + \mu_2) \frac{b}{a+b} P_{拉}$$

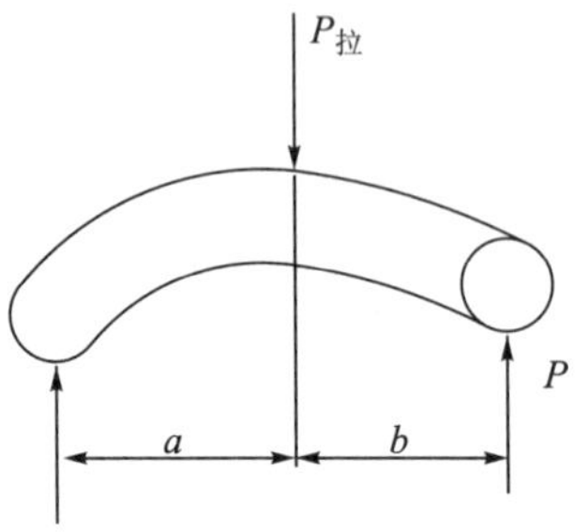

图 10-35 弹条扣件受力图

实测资料指出，在一定的扭矩下，扣件阻力随钢轨位移的增加而增大。当钢轨位移达到某一定值之后，钢轨产生滑移，阻力不再增加。

垫板压缩和扣件局部磨损，将导致扣件阻力下降，如在一个维修周期内，垫板的压缩与扣件的磨损按 1 mm 估计，则不同扣件的摩阻力如表 10-8 所示。

此外，列车通过时的振动会使螺帽松动，扭矩下降，导致扣件阻力下降。为此《铁路线路维修规则》规定：弹条扣件螺栓扭矩为 100～150 N·m。

表 10-8 扣件阻力表 （单位：kN）

扣件类型	Ⅰ型	Ⅱ型	Ⅲ型	W_{J-7}	W_{J-8}
螺母扭矩为 80 N·m	9.0	9.3	16.0	4	4
螺母扭矩为 150 N·m	12.0	15.0		≥9	≥9

3. 道床纵向阻力

道床纵向阻力系指道床抵抗轨道框架纵向拉移的阻力。一般以每根轨枕的阻力 R，或每延厘米分布阻力 r 表示。它是抵抗钢轨伸缩，防止线路爬行的重要参数。

道床纵向阻力受道砟材质、颗粒大小、道床断面、捣固质量、脏污程度、轨道框架重量等因素的影响。只要钢轨与轨枕间的扣件阻力大于道床抵抗轨枕纵向移动的阻力，则无缝线路长钢轨的温度应力和温度应变的纵向分布规律将完全由接头阻力和道床纵向阻力确定。

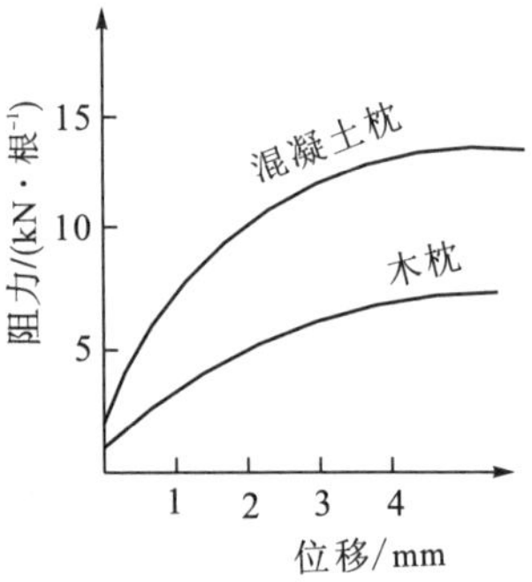

图 10-36 道床纵向阻力与位移的关系曲线

道床抵抗轨道框架纵向位移的阻力，是由轨枕与道床之间的摩阻力和枕木盒内道砟抗推力组成。图 10-36 为实测得到的单根轨枕在正常轨道状态下，道床纵向阻力与位移关系曲线。由图可以看出：道床纵向阻力值随位移的增大而增加，当位移达到一定值之后，轨枕盒内的道砟颗粒之间的结合被破坏，在此情况下，即使位移再增加，阻力也不再增大；在正常轨道条件下，混凝土轨枕位移小于 2 mm，木枕位移小于 1 mm，道床纵向阻力呈斜线增长，表明道床处于弹性工作范围，混凝土枕轨道道床纵向阻力大于木枕轨道。

在无缝线路设计中，采用轨枕位移为 2 mm 时相应的道床纵向阻力值见表 10-9。

表 10-9 道床纵向阻力表

线路特征		单枕的道床纵向阻力/kN	一股钢轨下单位道床纵向阻力/(N·cm^{-1})		
			1667 根/km	1760 根/km	1840 根/km
木枕线路		7.0	—	61	64
混凝土枕线路	Ⅰ型	10.0	—	87	91
	Ⅱ型	12.5	—	109	115
	Ⅲ型	18.3	152	160	—

三、温 度 力 图

温度力沿长钢轨的纵向分布，常用温度力图来表示，故温度力图实质是钢轨内力图。温度力图的横坐标轴表示钢轨长度，纵坐标轴表示钢轨的温度力(拉力为正，压力为负)。钢轨内部温度力和钢轨外部阻力随时保持平衡是温度力纵向分布的基本条件。一根焊接长钢轨沿其纵向的温度力分布并不是均匀的。它不仅与阻力、轨温变化幅度、施工过程等因素有关，而且还与轨温变化的过程有关。

(一)约束条件

1. 接头阻力的约束

为简化计算，通常假定接头阻力 P_H 为常量。无缝线路长轨条锁定后，当轨温发生变化，由于有接头的约束，长轨条不产生伸缩，只在钢轨全长范围内产生温度力 P_t，这时有多大温度力作用于接头上，接头就提供相等的阻力与之平衡。当温度力 P_t 大于接头阻力 P_H 时，钢轨才能开始伸缩。因此在克服接头阻力阶段，温度力的大小等于接头阻力，即

$$\left.\begin{aligned} P_t &= 2.5\Delta t_H F = P_H \\ \Delta t_H &= \frac{P_H}{2.5F} \end{aligned}\right\} \tag{10-14}$$

式中，Δt_H 为接头阻力能阻止钢轨伸缩的轨温变化幅度。

2. 道床纵向阻力的约束

接头阻力被克服后，当轨温继续变化时，道床纵向阻力开始阻止钢轨伸缩。但道床纵向阻力的产生体现在道床对轨枕的位移阻力上，随着轨枕根数的增加，相应的阻力也增加。为计算方便，常将单根轨枕的阻力换算为钢轨单位长度上的阻力 r，并取为常量，由上述特征可见，道床纵向阻力以阻力梯度的形式分布。故在克服道床纵向阻力阶段，钢轨有少量伸缩，轨内还继续产生温度力，且各截面的温度力并不相等，以斜率 r 分布。

(二)基本温度力图

无缝线路锁定以后，轨温单向变化时，温度力沿钢轨纵向分布的规律，称为基本温

度力图。先以降温为例说明。图 10-37 即为基本温度力图。

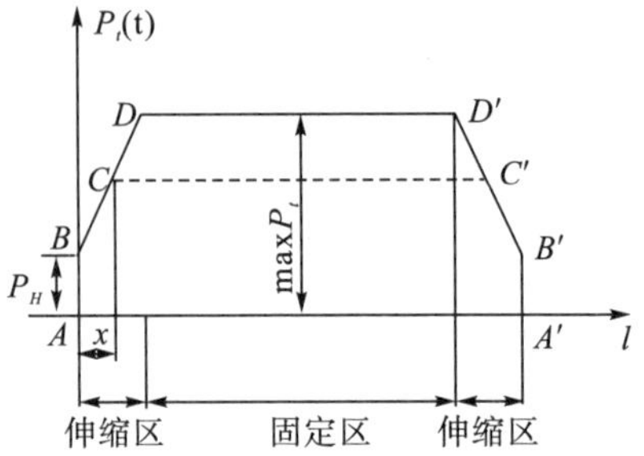

图 10-37　基本温度力图

(1)当轨温 t 等于锁定轨温 t_0时，钢轨内部无温度力，即 $P_t=0$，如图中 AA'线。

(2)当 $t-t_0 \leqslant \Delta t_H$时，轨端无位移，温度力在整个长轨条内均匀分布，$P_t=P_H$，如图中 BB'线。

(3)当 $t-t_0 > \Delta t_H$时，道床纵向阻力开始发挥作用，轨端开始产生收缩位移，同时在 x 长度范围内放散部分温度力，图中 BC、$B'C'$范围内任意截面的温度力 $P_t=P_H+r \cdot x$。

(4)当 t 降到最低轨温 $T_{\min}$时，钢轨内产生最大温度拉力 $\max P_{t拉(\max)}$，这时 x 达到最大值 l_s，即为伸缩区长度。如图中 DD'线。此时 $\max P_{t拉}$和 l_s可按下式计算：

$$\max P_{t拉} = 2.48\, F \Delta t_{拉(\max)} \tag{10-15}$$

$$l_s = \frac{\max P_{t拉} - P_H}{r} \tag{10-16}$$

式中，$\Delta t_{拉(\max)}$为最大降温幅度。

(三)轨温反向变化时的温度力图

上面分析了轨温从 t_0下降到 $T_{\min}$时，温度力纵向变化的情况。实际上轨温是随气温循环往复变化的，这时温度力的变化会与前述正向变化有所不同，且与锁定轨温 t_0的取值有关。t_0可能有大于、等于或小于当地中间轨温 $t_中$的三种情况，则温度力分布图也会有三种不同情况。

$$t_中 = \frac{1}{2}(T_{\max} + T_{\min})$$

现以常见的 $t_0 > t_中$的情况进行分析。如图 10-38 所示，轨温由 t_0下降到 $T_{\min}$时，温度力图为图 10-38 中的 $ABCDD'$(由于温度力图左右对称，图中仅画出了左侧部分)。当轨温开始回升时，温度力的变化情况如下：

(1)当 $T_{\min}-t \leqslant \Delta t_H$时，轨温回升，钢轨的伸长首先遇到接头阻力的抵抗，钢轨全长范围内温度拉力减小，温度力图平行下移 P_H，接头处温度拉力变为零。温度力分布如图 10-38 中 AEE'。

(2)当 $\Delta t_H \leqslant T_{\min}-t \leqslant 2\Delta t_H$时，接头阻力反向起作用，温度力图继续平行下移 P_H，此时接头处承受温度压力，固定区仍为温度拉力，如图 10-38 中 FGG'所示。

(3)当 $T_{\min}-t \geqslant 2\Delta t_H$ 时，正、反向接头阻力已被完全克服，钢轨开始伸长，这时道床纵向阻力起作用，使得部分长度上温度力梯度反向，在伸缩区温度压力以斜率 r 增加，如图 10-38 中 FT 所示。

(4)当 $t=T_{\max}$ 时，固定区温度压力达到 $P_{t拉(\max)}$ 后，由于 $\Delta t_{拉(\max)} > \Delta t_{压(\max)}$，固定区温度力平行下移到 HH'，则 HN 与 FT 的交点，出现了温度压力峰 $P_{峰}$，其值大于固定区的温度压力。温度压力峰等于固定区最大温度拉力与最大温度压力的平均值，即

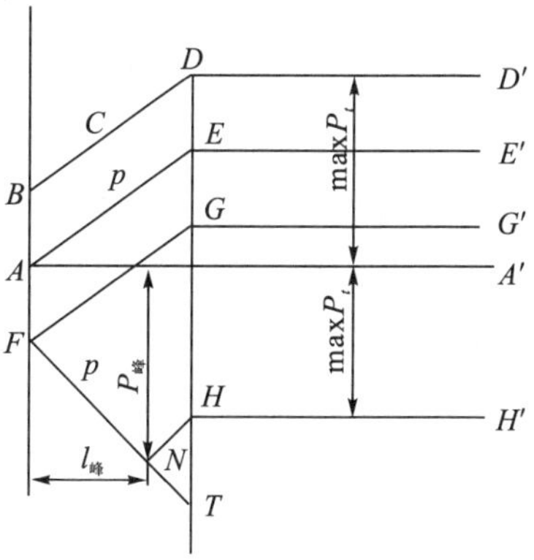

10-38　轨温反向变化时温度力图

$$P_{峰}=\frac{1}{2}\max[P_{t拉}+\max P_{t压}] \tag{10-17}$$

式(10-17)说明，温度压力峰的大小与锁定轨温无关。

$$\begin{aligned} t_{峰} &= \frac{[\max P_{t拉}+\max P_{t压}]-2P_H}{2r} \\ &= \frac{2.5F[\Delta t_{拉(\max)}+\Delta t_{压(\max)}]-2P_H}{2r} \\ &= \frac{2.5F\Delta t_{中}-P_H}{r} \end{aligned} \tag{10-18}$$

式(10-18)说明，温度压力峰的位置相当于中间轨温锁定时的伸缩区终点。

在取锁定轨温等于或小于中间轨温时，则不会在伸缩区出现温度压力峰。

(四)轨端伸缩量计算

从温度力图中可知，无缝线路长轨节中部承受大小相等的温度力，钢轨不能伸缩，称为固定区。在两端，温度力是变化的，在克服道床纵向阻力阶段，钢轨有少量的伸缩，称为伸缩区。伸缩区两端的调节轨，称为缓冲区。在设计中要对缓冲区的轨缝进行计算，因此需对长轨及标准轨端的伸缩量进行计算。

1. 长轨一端的伸缩量

如图 10-39 所示，阴影线部分为克服道床纵向阻力阶段释放的温度力，从而实现了钢轨伸缩。由材料力学可知，轨端伸缩量 $\lambda_{长}$ 与阴影线部分面积的关系为

$$\lambda_{长}=\frac{\Delta ABC}{EF}=\frac{r\cdot l_s^2}{2EF}=\frac{[\max P_t-P_H]^2}{2EFr} \tag{10-19}$$

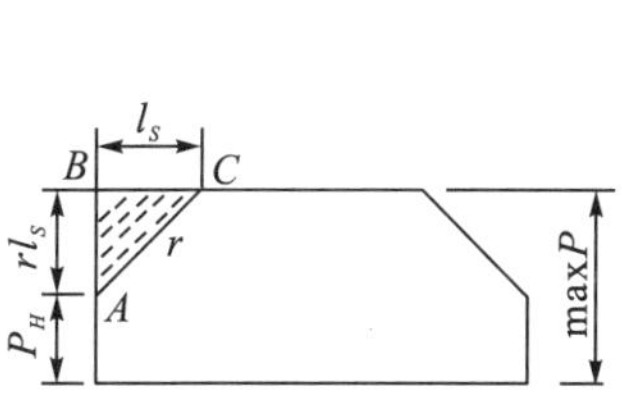

图 10-39　长轨条轨端伸缩量计算图

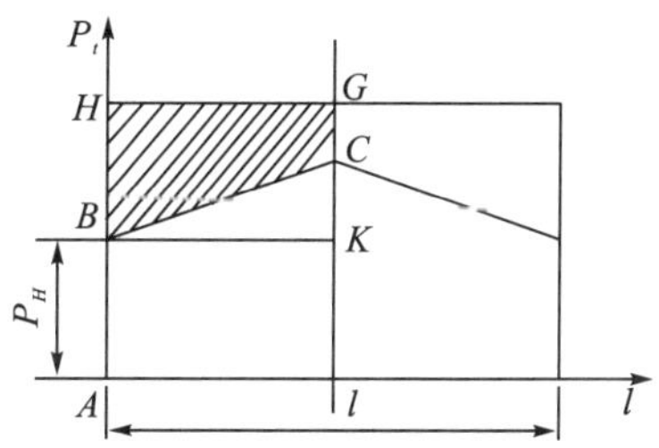

图 10-40　标准轨轨端伸缩量计算图

2. 标准轨一端的伸缩量

标准轨轨端伸缩量$\lambda_{短}$计算方法与$\lambda_{长}$基本相同。标准轨的温度力图如图 10-40 所示。由于标准轨长度短，随着轨温的变化，在克服完接头阻力后，在克服道床纵向阻力时，由于轨枕根数有限，很快被全部克服，以后，钢轨可以自由伸缩，温度力得到释放。在标准轨内最大的温度力只有 $P_H + r \cdot l/2$（l 为标准轨长度）。标准轨一端温度力释放的面积为阴影线部分 $BCGH$。同理，可得到轨端伸缩量$\lambda_{短}$计算公式：

$$\lambda_{短} = \frac{\square BKGH}{EF} - \frac{\triangle BKC}{EF} = \frac{[\max P_t - P_H] \cdot l}{2EF} - \frac{rl^2}{8EF} \tag{10-20}$$

式中，$\max P_t$ 为从锁定轨温到最低或最高轨温时所产生的温度力。

参考文献

北京城建设计研究总院. 2003. 中华人民共和国国家标准，地铁设计规范(GB 50157—2003)[S]. 北京：中国计划出版社

田鸿宾，等. 1998. 世界城市地下铁道[M]. 北京：中国铁道出版社

王炜，等. 1999. 城市交通规划[M]. 南京：东南大学出版社

徐瑞华. 2005. 轨道交通系统行车组织[M]. 北京：中国铁道出版社

鄢巨平，谭仲平. 2002. 日本大都市轨道线网构架分析与思考[J]. 城市轨道交通研究，1：91-95

叶霞飞，顾保南. 1999. 城市轨道交通规划与设计[M]. 北京：城市轨道交通规划与设计

易思蓉. 2009. 铁路选线设计[M]. 成都：西南交通大学出版社

易思蓉. 2009. 铁道工程(第二版)[M]. 北京：中国铁道出版社

张庆贺，朱合华，等. 地铁与轻轨[M]. 北京：人民交通出版社

中华人民共和国住房和城乡建设部. 2009. 中华人民共和国国家标准，城市轨道交通技术规范(GB 50490—2009)[S]. 北京：中国计划出版社

Haruya H. 2000. The development of Tokyo' s rail network[J]. Japan Railway and Transport Review，23：23-31

John A，Terry G. 2000. London's railways—their contribution to solving the problem of growth and expansion[J]. Japan Railway and Transport Review，23：4-12

Peter D. 2000. Development of the New York City rail system[J]. Japan Railway and Transport Review，23：13-22